U0590365

● 本书获首届（1993）中国社会科学院优秀科研成果奖

中国社会科学院文库
经 济 研 究 系 列
The Selected Works of CASS
Economics

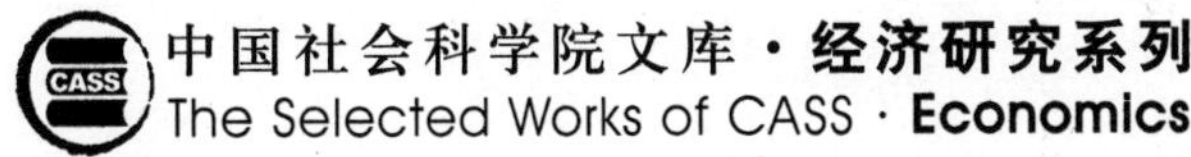

明清时代的农业资本主义萌芽问题

ON THE CAPITALIST EMBRYO IN AGRICULTURE IN THE PERIOD OF MING AND QING DYNASTIES

李文治　魏金玉　经君健　著

中国社会科学出版社

图书在版编目（CIP）数据

明清时代的农业资本主义萌芽问题/李文治等著．—北京：中国社会科学出版社，2007.2

ISBN 978-7-5004-5971-2

Ⅰ．明…　Ⅱ．李…　Ⅲ．农业史—中国—明清时代　Ⅳ．F329.04

中国版本图书馆CIP数据核字(2007)第012391号

责任编辑　冯　斌
责任校对　林福国
封面设计　孙元明
版式设计　戴　宽

出版发行	中国社会科学出版社		
社　址	北京鼓楼西大街甲158号	邮　编	100720
电　话	010—84029450(邮购)		
网　址	http://www.csspw.cn		
经　销	新华书店		
印　刷	新魏印刷厂	装　订	一二零一印刷厂
版　次	2007年2月第1版	印　次	2007年2月第1次印刷
开　本	710×980　1/16		
印　张	27.5	插　页	2
字　数	480千字		
定　价	50.00元		

凡购买中国社会科学出版社图书，如有质量问题请与本社发行部联系调换
版权所有　侵权必究

《中国社会科学院文库》出版说明

《中国社会科学院文库》（全称为《中国社会科学院重点研究课题成果文库》）是中国社会科学院组织出版的系列学术丛书。组织出版《中国社会科学院文库》，是我院进一步加强课题成果管理和学术成果出版的规范化、制度化建设的重要举措。

建院以来，我院广大科研人员坚持以马克思主义为指导，在中国特色社会主义理论和实践的双重探索中做出了重要贡献，在推进马克思主义理论创新、为建设中国特色社会主义提供智力支持和各学科基础建设方面，推出了大量的研究成果，其中每年完成的专著类成果就有三四百种之多。从现在起，我们经过一定的鉴定、结项、评审程序，逐年从中选出一批通过各类别课题研究工作而完成的具有较高学术水平和一定代表性的著作，编入《中国社会科学院文库》集中出版。我们希望这能够从一个侧面展示我院整体科研状况和学术成就，同时为优秀学术成果的面世创造更好的条件。

《中国社会科学院文库》分设马克思主义研究、文学语言研究、历史考古研究、哲学宗教研究、经济研究、法学社会学研究、国际问题研究七个系列，选收范围包括专著、研究报告集、学术资料、古籍整理、译著、工具书等。

为迎接中国社会科学院建院三十周年，我们将历届院优秀科研成果奖中的部分获奖著作重印出版，作为《中国社会科学院文库》的首批图书向建院三十周年献礼。

中国社会科学院科研局

2006 年 11 月

编者的话

在五六十年代，我国史学界曾经对中国资本主义萌芽问题展开过讨论，其中对手工业史的研究成果最为丰富，而在农业史方面则较为薄弱。我们这本书力图在前人研究成果的基础上，运用马列主义基本原理，对明清时代农业资本主义萌芽问题，特别是农业中雇佣劳动的性质问题，进行若干探讨。

雇佣劳动的社会性质乃是区分资本主义和封建主义生产关系的基本因素。本书的四篇文章分别从农业雇佣劳动者法律身份的变化，各种雇佣形态的状况和性质，不同类型的农业经营和各类雇主对雇佣关系性质的影响等方面，对明清时代农业中的雇佣关系问题提供资料，进行分析；并由此出发，结合当时社会经济和上层建筑各方面的条件，对农业中的资本主义的萌芽问题提出初步意见。

这四篇文章，对某些问题的看法并不一致。譬如关于农业自由雇佣劳动出现的时间、关于农业资本主义萌芽的发生过程等问题，就有不同意见。我们把这些文章放在同一本集子里，首先是因为它们都是围绕明清农业资本主义萌芽问题而写的，并且也有互为补充之处。此外，把不同的看法一起摆出来，可以提供给更多同志进行探讨，就能作出更符合历史实际的论断。我们认为，这样做既符合“百家争鸣”的方针，对读者也是一种方便。

这几篇稿子，都曾经严中平同志审阅过，他提出了许多宝贵意见，特此致谢。但要说明的是，文中错误和不妥之处，全由作者负责。

我们诚恳地希望读者提出批评指正。

一九八〇年三月

目　录

明清时代中国农业资本主义萌芽

李文治

一 导论

（一）

解放以来，史学界对中国资本主义萌芽其中包括农业资本主义萌芽问题曾经展开热烈争论，提出了不少宝贵意见，但各家的看法颇有分歧。为了便于深入分析，有必要首先弄清楚资本主义萌芽的含义，即什么是资本主义萌芽。

按照经典作家的论述，资本主义萌芽是指封建社会后期生产关系的变革，资本主义经济关系开始出现，或者说，是资本主义生产关系发生过程的最初形态。马克思分析十四、十五世纪在地中海沿岸某些城市出现的资本主义萌芽时曾经指出这种最初形态的两个特征，一是“奴役状态的形式变换”，即封建奴役关系向资本主义自由雇佣过渡；一是“稀疏地”出现，即这种萌芽只在条件较好的个别地区发生，而不是普遍发展。

中国农业资本主义萌芽的发生过程也不例外，问题是如何结合中国地主经济制进行分析研究。雇佣关系的变化，封建雇佣向自由雇佣过渡，这种变化先在商业性农业发展较早的地区发生，并在封建宗法关系比较薄弱的环节——富裕农民的经营中首先出现。

资本主义生产关系的产生需要一定的条件，并且经历了一个漫长的历史过程。就农业部门而言，到明清时代，农业生产力的发展促成地区分工，逐渐形成某些经济作物种植区。商品经济的发展，地主阶级的土地兼并，促成农民的阶级分化。尤其是农业生产进一步商品化，使孤立狭隘的个体经营方式逐渐不能适应生产发展的要求，较大规模的农业经营遂相应发展。农业经营方式的变化，又促成雇工队伍的扩大。以上种种发展变化，加上农民阶级的各种形式的反抗斗争，导致封建宗法关系趋向松弛化，为封建雇佣向自由雇佣过渡创造了条件，农业雇佣关系的性质逐渐发生变化。就在这个时候，中国农业资本主义萌芽开始出现，也就是资本主义生产关系发生过程的最初形态。

（二）

农业生产力的发展是农业资本主义萌芽发生发展的前提条件，没有这个前提条件资本主义萌芽就很难产生。农业雇佣关系性质的变化，自由劳动的出现，则是鉴别农业资本主义萌芽发生发展的根本标志。

经典作家一再论述自由劳动和资本主义的关系，因为货币的所有者要把货币变成为资本，“就必须在商品市场上找到自由劳动者”。经典作家还一再论证封建奴役关系与自由雇佣劳动的区别，这是由于，资本主义和封建经济的区别主要表现为劳动力社会形态的区别，它是鉴别两种不同生产关系的最基本的决定性的标志。

封建经济向资本主义经济过渡既然表现为劳动力社会形态的变革，由奴役性雇佣向自由雇佣过渡，那么，研究农业资本主义萌芽问题，就必须把这种过渡作为论证问题的基本线索。离开劳动力社会形态的变革而谈资本主义萌芽，是不可能作出正确论断的。例如，早在唐宋时代，就可以找到一些经营地主种植经济作物进行商品生产之类的历史记载，有的作者乃据此把中国农业资本主义萌芽的时间向上追溯到九、十世纪。另一方面，到清代前期，还可以找到相当大量的地主虐待、迫害农业雇工的文献资料，有的作者即根据这类资料作出中国到十七、十八世纪还没有产生农业资本主义萌芽的论断。我们认为，类似上述论断都是值得商讨的。对这一问题所以出现意见分歧，关键在于忽略了劳动力社会形态的变化，没有严格按照经典作家所指出的把封建雇佣向自由劳动过渡作为鉴别农业资本主义萌芽发生发展的根据。

（三）

劳动力社会形态的变革，封建雇佣向自由雇佣过渡，包括经济关系即实际生活与法权关系两个方面。从明清时代农业雇佣关系的发展变化来看，先是经济关系的变化，然后才有法权关系的变革；主雇间法权关系的变革，又进一步促进经济关系的变化。

因此，我们必须结合经济关系与法权关系两者考察雇佣关系的变化。雇佣关系是由雇主和雇工双方构成的相互关系，不同的雇主和雇工在经济关系和法权关系方面可以形成不同性质的雇佣关系。而且，农业雇佣的经济关系与法权关系两者基本是一致的，但有时又是互相矛盾的。如在明代中叶农业资本主义萌芽开始时期，富裕农民和经营地主两者与农业长工的关系，在法权关系方面是相同的，即封建等级关系；在经济关系方面则不完全相同，富裕农民和农业长工的关系是比较自由的，经营地主和农业长工的关系则是超经济的强制关系。又如，清代乾隆年间雇工律例还没有修订以前，中小庶民地主和缙绅地主两者与农业长工的关系，在法权关系方面基本相同，即封建等级关系，而在经济关系方面则有很大差异，由中小庶民地主和农业雇工所形成的雇佣关系是比较自由的。

这就是说，在封建社会后期社会经济发生剧烈变化时，由各种不同类型的农业经营者和农业雇工所形成的雇佣关系，往往存在着经济关系与法权关系方面的矛盾，法权关系的变革往往落后于实际生活的发展，在农业雇佣的经济关系即实际生活已经发生变化之后很久，封建统治者才开始修订雇工律例以承认既成事实。由此可见，在雇工律例还没有修订以前，生产关系已经发生变化，资本主义萌芽已经开始发生。

我们还要看到，由于雇佣关系是由雇主和雇工双方构成的，其由地主形成的雇佣关系，即使法权关系已经发生变革，实际生活中的封建关系还会长期延续。相对法权关系而言，实际生活状况更能反映问题的实质。

雇佣关系中的法权关系尽管有时和实际生活相互矛盾，但法权关系的变革为我们研究雇佣关系的变化提供了一个重要线索，因为法权关系毕竟是实际生活的反映，忽视法权关系的变化就不能弄清楚雇佣关系的发展进程，不可能作出完全符合历史实际的论断。在过去的讨论中，对这方面的重视显然是不够的。

总之，研究农业资本主义萌芽问题，既要看到实际雇佣关系与法权关系的矛盾，又要看到它们的一致性。

（四）

明清时代的农业生产，其由雇工经营的，有各种不同类型的经营者。农业雇工和身分地位不同的经营者可以结成为不同的雇佣关系，从而构成为不同性质的农业经营。

明清时代，有由农民雇主支配的雇佣关系，有由经营地主支配的雇佣关系。而农民雇主又有富裕自耕农和富裕佃农的区别；经营地主又有贵族缙绅地主和中小庶民地主之分。在同一时期，同属雇工经营，由不同雇主和雇工所形成的雇佣关系的性质并不完全相同，从而构成的生产关系的性质也就不同。

特别值得注意的是由富裕农民到经营地主的发展过程。

中国农业资本主义萌芽首先是从富裕农民的雇工经营开始的。农民所有制和地主所有制不同，这时的农民所有制虽然也要受封建所有制的制约，但它毕竟不是封建所有制。在封建社会里，农民处于被统治地位，没有任何政治权力。从而富裕农民和农业雇工所形成的雇佣关系，即使在法权关系方面是封建等级关系，而在实际生活方面基本是自由平等关系。因此，早在明代中叶——十五世纪，首先由富裕农民的经营产生了农业资本主义萌芽。此后又经历了约两百年的漫长岁月，到清代前期，伴随着中小庶民地主的发展，又由这类经营地主形成了比较自由的雇佣关系，在地主经济中又开始产生了农业资本主义萌芽。中国农业经营由富裕农民到经营地主的发展，显示了中国农业资本主义萌芽的发展特点。这种发展变化是由中国地主经济制所制约所规定着的。

在过去的讨论中，虽然已经涉及富裕农民和经营地主两种类型，但对两者发生、发展的先后顺序则没有加以区别，这样就看不出中国农业资本主义萌芽的发展过程。

由富裕农民经营和地主经营的发展，还表明了中国农业资本主义萌芽两条不同的发展道路。富裕农民是由农民小生产者分化出来的、是在农民阶级内部产生的萌芽状态的农业资本家。经营地主是由封建地主过渡而来的，他们放弃原来的土地出租的剥削形式改行雇工经营（也有很多经营地主是由富裕农民发展而成的）。两者虽然都具有资本主义经营的性质，但毕竟还有程度上的差别，由农民分化出来的富裕农民所带有的封建因素比较薄弱，而由封建地主过渡来的经营地主则从母体带来更为浓厚的封建性，它是一种复杂的封建主义和资本主义的结合体。

此外，还有一种类型，即工商业者兼农业经营。如果是兼经营地主，他的性质同经营地主没有多大差别；如果是租地经营，他的性质则近乎富裕租佃农民。还有一种为所开工场提供原料而进行经营的，这是一种比较典型的资本主义农业，这种类型虽然也有所发展，但不占重要地位。

标志着中国农业资本主义萌芽的不同类型的农业经营在历史上出现的时期早晚不同，具有的资本主义因素也有强弱之分。这些关系到中国农业资本主义萌芽的发展过程和发展道路问题，必须予以足够的重视。

（五）

中国地主经济制虽然缺乏严格的土地占有的等级结构，但却有各种不同类型的地主，如庄田贵族地主、缙绅地主、庶民地主、工商业者地主等。这些不同类型的地主基本上可以归纳成两大类，一是贵族缙绅地主，一是庶民地主。这时出现的经营地主主要是庶民地主。清代前期，在地主阶级构成方面一个不同于明代的显著变化，就是庶民地主的发展。

如前所述，雇佣关系是由雇主和雇工双方构成的。至于构成什么性质的雇佣关系，地主的身分地位——即在封建社会中所处的等级关系，具有十分重要的作用。

清代前期，贵族缙绅地主和农业雇工所结成的雇佣关系，在实际生活中仍然是人身依附关系、超经济强制关系，这是过去封建等级关系的延续。而由庶民地主和农业雇工所结成的雇佣关系，人身依附传统逐渐削弱，超经济强制关系趋向松弛。到乾隆后期，彼此之间已逐渐变成为财产不平等的阶级关系，由原来的封建等级关系向自由雇佣关系过渡。雇佣关系在实际生活中的这种变化，在法权关系方面也有所反映，这就是乾隆年间对雇工律例的几次修订。雇佣关系的这种变化，表明生产关系的变化，在这类地主的经营中已经产生了农业资本主义萌芽。

因此，论证中国农业资本主义萌芽问题，必须区别两种不同类型的经营地主。过去的研究对这两类不同性质的经营地主经济不加区别，或笼统地论证为资本主义性质的农业经营，或都看成为封建经济关系的延续，显然是欠妥当的。

（六）

历史表明，中国农业资本主义的萌芽在商品经济发达的地区首先发生，后来在封建宗法势力薄弱的地带继续发展。

明代中叶，商品经济尤其是商业性农业发达的江、浙某些地区，较早地出现了富裕农民的经营。但是，这里的土地占有者主要是豪绅地主。明代中叶后，土地兼并剧烈，地权高度集中，封建宗法传统势力的控制比较顽强，资本主义农业的发生发展受到严重压制。这里农业资本主义萌芽虽然出现较早，但却没有继续发展下去。

在另一些地区，即商品经济发展程度不及苏、松、杭、嘉等府的某些地区，由于封建宗法势力比较薄弱，农业资本主义萌芽却有所发展。如江、浙、皖、赣诸省交界地带，明末农民大起义对地主阶级打击严重的四川，新开垦的东北三省地区等，就是这种情形。在这类地区，农业经营者和农业雇工大多是客籍移民，彼此之间缺乏长期沿袭下来的封建传统关系的束缚，很容易形成自由的雇佣关系，从而有利于资本主义农业的发生和发展。

可见某一地区封建宗法势力的强弱，是和农业资本主义萌芽能否发生、发展的关系十分密切的。只有商品经济的发展，而缺乏其他有利于发展资本主义农业的条件，萌芽状态可以中途夭折。在封建宗法势力薄弱的地区，商品经济的发展对农业资本主义萌芽的发生、发展才更有可能起到催生婆的作用。在过去的讨论中，偏重于商品经济发展的作用，而忽视封建宗法关系的影响，这不能不说是一个缺欠。

（七）

在漫长的封建社会历史时期，中国地主经济制也在发展变化。到明清时代，除少数地区存在佃仆制而外，一般来说，地主已不占有固定的佃农，佃农不终生依附于某一固定地主，农民不被束缚于土地。这时佃农的独立性较强，无论在封建依附关系及农业生产经营方面都有较多的自由。而且在某些时期，农民小土地所有制广泛存在，在地主经济制的制约下，农民所有制与地主所有制相互消长。伴随着商品经济的发展，不仅地权转移日益频繁，而且无论农民和地主都与市场发生更多的联系，他们都要把多余的农副产品投向市场，购买他们所需要的东西。

无论从地权转移及地权分配的变化，或是从农民经济状况的变化及封建依附关系的松解，都反映了地主经济制的灵活性，这种灵活性给农业资本主义萌芽较早地发生提供了某种可能。在农业生产力及商业性农业进一步发展的条件下，较早地从农民阶级中分化出来萌芽状态的农业资本家和自由劳动者，并促成经营地主的发展。

另一方面，中国农业资本主义萌芽虽然出现较早，发展过程却呈现迂回、缓慢乃至停滞状态，这是一个矛盾。所以呈现这种状态，归根结底仍然渊源于地主经济制。

在地主经济制的制约下，其已发展起来的富裕农民往往进一步发展成为经营地主或出租地主；其已发展起来的带有资本主义性质的经营地主，又往往向着土地出租的方向倒退；庶民地主当其占地面积扩大时，则又设法通过各种渠道朝着缙绅地主转化。关于这种发展变化，我们可以找到不少事例。中国农业资本主义萌芽总的发展趋势虽然在继续扩大，但就萌芽的每个生产机体而言却不断在转化、倒退，封建地主又不断地再产生出来。这种发展变化大大延缓了农业资本主义萌芽的发展进程。

在地主经济制基础上形成的中央集权制国家机器的残暴统治，对农业资本主义萌芽的发展也起着严重的阻碍作用。封建政权的支持，是地主阶级实现地租的牢靠保证，而且使地租额和地租率可以增加到难以设想的高度。至于自耕农民，则是封建统治下赋税负担最重的阶层，而且是豪绅地主侵夺及转嫁赋税的对象。就这样，苛重的地租和赋税阻碍着富裕农民的发生和发展，这是一方面。雇主和雇工的封建等级关系则被规定在封建法典上，雇主对雇工的人身迫害和超经济强制得到封建法律的保障，从而严重地阻碍自由劳动的发展，这是又一方面。由此可见，延缓农业资本主义萌芽发展、维护旧生产关系持续的主要力量来自地主经济的顽强性以及在此基础上形成的封建国家机器所实行的政策措施。离开地主经济制，就失去了认识中国封建社会形态发展变化的根据，也就无法认识中国农业资本主义萌芽发展迟缓的原因。至于货币的持有者可以无限制地购买土地而无需投资于农业经营，地租与商业资本高利贷的结合，工农结合的小农经济体制的顽固性等等，这些影响于资本主义农业不能顺利发展的因素都是和地主经济制紧密地联系在一起的，都受到地主经济制的制约。总而言之，中国农业资本主义萌芽发展迟缓的根子是地主经济制。

以上就是我们关于中国农业资本主义萌芽问题的基本观点。

概括地说，我们对于中国农业资本主义萌芽问题的分析研究是从下述诸方面依次展开的，即从社会生产力的增长到社会分工的扩大及商品经济的发展，从农业生产力的提高到经济作物的推广，从农民的阶级分化到农业经营形式的变化，从雇工队伍的扩大到封建宗法关系的松解和雇佣关系的变革，从富裕农民经营、工商业者兼农业经营到庶民地主经营的发展。而封建雇佣向自由劳动的过渡，则是全文贯穿始终的基本线索。

农业资本主义萌芽问题的研究是比较困难的。这种困难主要是由农业经济发展过程本身的特点所带来的，如列宁所指出的，农业是各种倾向错综复杂互相矛盾着的领域，随时可以找到一些事例证实相反的观点。[①] 就是说，农业经济问题的研究不能限于个别事例。如果单纯根据个别事例进行论证，可以根据不同资料作出两种完全相反的结论。因此，我们在紧紧遵循农业自由劳动发生发展这个基本标志的前提下，对其他社会诸条件进行了综合分析。分析当时与农业资本主义萌芽有关的各方面的发展变化，看是否已经具备萌芽发生、发展的条件。至于当时社会上出现的典型事例，只有把它放在一定历史条件之下进行分析才能掌握问题的实质。尤其在明清时代，在各个地区间经济发展极不平衡的前提下，更应当如此。为此，在有关农业经营典型材料极端贫乏的情况下，我们用了较多的篇幅对农业生产及商业性农业的发展、农民的阶级分化及农业雇工队伍的扩大、封建雇佣向自由雇佣的过渡等问题进行了比较详细的论述。根据这些方面的考察，不难看出，明代中叶到清代前期数百年间确实具备了农业资本主义萌芽发生、发展的条件。

二 农业资本主义萌芽的产生条件
——商业性农业的发展

（一）社会生产力的发展

和农业资本主义萌芽发生、发展直接联系着的是商业性农业的发展。列宁在分析俄国资本主义生产关系形成过程时就是从商业性农业的发展开始的。[②] 列宁并且指出商业性农业的发展和资本主义雇佣制的联系，说这种制度“它在全世界都是从商品农业经济中生长起来的”。[③] 列宁又说：“自由雇佣劳动首先应用在种植商业性作物，然后逐渐推广到其他农业作业”。[④] 可见商业性农业一定程度的发展是农业资本主义萌芽的一个极其重要的条件。讨论中国农业资本主义萌芽问题，首先研究一下鸦片战争以前明、清两代商业性农业发展状况是十分必要的。

商业性农业的发展不是孤立进行的，它是伴随着工业生产的发展，商品货币经济的发展，农业生产的发展，总之，伴随着社会生产力的发展而发展

① 参看《列宁全集》，第 22 卷，第 62 页。
② 参看《列宁全集》，第 6 卷，第 306 页；又第 22 卷，第 64 页。
③ 《列宁全集》，第 32 卷，第 206 页。
④ 《列宁全集》，第 3 卷，第 184 页。

起来的。社会生产力的发展是促成商业性农业发展的前提。

明代万历以前的两百年间，清代鸦片战争以前的百八十年间，封建社会秩序相对稳定，这是工农业生产得以顺利发展的有利条件。在较长时期和平环境中，经过人民群众的辛勤的生产劳动，工农业生产都有所发展。

工业的发展对促进商业性农业的发展有着极其重要的作用。列宁指出："要广泛地发展商业性农业，就必须大大增加非农业人口。"① 列宁所说"非农业人口"是指的工业人口，指农业人口向工业人口的转移。列宁又说："工业中心的形成，其数目的增加，以及它们对人口的吸引，不能不对整个农村结构产生极深远的影响，不能不引起商业性农业和资本主义农业的发展。"② 这里，列宁一再指出在商业性农业发展过程中，工业发展及工业人口增长的重要意义。中国封建社会时期，在地主经济制的条件下，农业人口向工业人口转移有着更多的自由，这是工业得以发展的有利条件，也是商业性农业得以顺利发展的有利条件。

明代到鸦片战争前的几百年间，制瓷、铁冶、木材、造纸、丝织、棉纺织、制糖、制茶、榨油、酿酒等业都有不同程度的增长，在某些行业中并且出现了资本主义作坊和手工工场。③ 尤其是这时出现的对农产原料进行加工的手工业的发展，更直接影响于商业性农业的发展。

如丝织业，明朝隆庆年间（1567—1572年），丝织发达的三吴闽越，由湖州贩丝供应；北方丝织业中心山西潞州，由四川阆中贩丝供应。④ 清朝嘉庆（1796—1820年）、道光（1821—1850年）年间，苏州、江宁的机户则买丝于湖州、杭州两府。⑤ 如棉织业，明朝天启年间（1621—1627年），棉织发达的江苏东南区所需棉花，部分从北方贩运。⑥ 这时的上海已发展成为棉纺织重镇，每年有大批秦晋布商来此买布北运。⑦ 乾隆年间（1736—1795

① 《列宁全集》，第6卷，第306—307页。

② 《列宁全集》，第3卷，第20页。

③ 参看彭泽益：《中国近代手工业史资料》，第1卷。

④ 徐光启：《农政全书》卷引，述郭子章《蚕论》。

⑤ （嘉庆）《江宁府志》卷11，"风俗""物产"：《白下琐言》卷8；（道光）《总管内务府则例》，"广储司"二。转见李之勤：《关于中国清初资本主义生产萌芽的发展水平问题》，载《中国资本主义萌芽问题讨论集》，第598页。

⑥ 《农政全书》卷35。

⑦ 褚华：《木棉谱》："吾邑（上海）以百里所产〔棉与布〕，常供数省之用……明季从六世祖赠长史公，精于陶猗之术；秦晋布商，皆主于家，门下客常数十人，为之设肆收买，俟其将戒行李，始估银与布，捆载以去，其利甚厚，以故富甲一邑。国朝初犹然"。褚，清初上海人。

年），棉织业发达的松江，所需原料部分贩自山东、河南。[①] 如制茶业，当明清之际，福建建瓯一县的茶厂不下千家，大厂所需工人由数十至数百不等。[②] 如榨蔗制糖业，明、清之际，四川内江县，"入冬辘轳煎煮，昼夜轮更。"[③] 当时广东的制糖业也在发展，到乾隆年间达到高峰。[④] 台湾的制糖业，当乾隆、嘉庆之际，发展也很迅速，有些制糖厂雇用大量工人。[⑤] 如制烟业，清朝嘉道之际，山东济宁州业烟者六家，"每年买卖至白金二百万两"，六家烟草工人达"四千余名"[⑥]。如酿酒业，早在明代，湖南衡阳府属，酿酒者不下万家。[⑦] 清代前期，直隶、山西、陕西等省的酿酒业也很发达，酿酒制麯所需小麦则由河南贩运。[⑧] 乾隆年间，黄河流域五省酿酒所用粮食每年至一千数百万石。[⑨] 道光年间，贵州怀仁县酿酒厂不下二十家，每年所需粮食不下两万石。[⑩]手工业的发展是农业人口向工业人口转移的反映，农产加工业的发展则是商业性农业发展的指标。明、清时代手工业的发展，对商业性农业的进一步发展起着一定的促进作用。

与手工业发展相联系，商业也在迅速发展。[⑪] 工商业一般集中于城市，工商业的发展又反映为城市的发展。从明代中叶开始，城市的发展相当迅速。如江苏苏州府城，元明之际遭受破坏，正统（1436—1449 年）、天顺（1457—1464 年）年间"稍复其旧"，至成化年间（1465—1487 年）发生很

---

① 尹会一：《敬陈农桑四务疏》，见《皇朝经世文编》卷 36。又据（嘉庆）《一统志》卷 60，"东昌府"二："棉，各县皆有，……江淮贾客贸易，居人以此致富。"

② 蒋蘅：《云寥山人文钞》卷 2，"禁开茶山议"。

③ （道光）《内江县志要》卷 1，第 29 页。

④ 李调元：《南越笔记》卷 14，第 178—179 页。

⑤ 连横：《台湾通史》卷 27。

⑥ 包世臣：《安吴四种》卷 6，"闸河日记"。

⑦ 《耳谈类增》卷 17，"衡郡为乐土"条。转引自韩大成：《明代商品经济的发展与资本主义的萌芽》，见《中国资本主义萌芽问题讨论集》，第 106 页。

⑧ 尹元孚：《禁止采麯疏》，见《切问斋文钞》。

⑨ 方苞：《方望全集》，集外文，卷 11，《请定经制劄子》。

⑩ （道光）《遵义府志》卷 17，第 56 页。

⑪ 从明代中叶到清代鸦片战争前的几百年间，商业发展迅速，商贾活动频繁。据《天下郡国利病书》卷 32，"歙县风土论"。歙县在明朝正德、嘉靖之际"出贾既多，田土不重"。至嘉靖、隆庆之际，"末富居多，本富尽少。"据（万历）《庐州府志》卷 2，"昔以务本，今以逐末"。据屈大均《广东新语》卷 14，"食语"，明清之际，有的务农之家改事商业。据（康熙）《济宁州志》卷 2，"风俗"，"民竞刀锥，趋末者众。"据（民国）《齐河县志》卷 17，乾隆、嘉庆之际是商业最繁荣时期。

大变化，竟使一个久别而重返苏州的人产生“迥若异境”之感。[①] 如吴江县的几个市镇，同里镇早在明朝初期已经“市物腾沸，可方州郡。”平望镇则“弘治（1488— 1505 年）以来尤盛”，居民增至千家，百货贸易有如县城。[②] 盛泽镇是明代后期发展起来的，明嘉靖年间（1522—1566 年）居民不过百家，明清之际则商贾云集，“摩肩连袂，如一都会。”[③] 黎里镇的发展，早在嘉靖年间居民已达二千余家，货物贸易不减城市；[④] 到清朝初期，居民又较明隆庆时（1567—1572 年）增加两三倍。[⑤] 震泽镇的发展，或谓明成化年间（1464—1487 年）居民三四百家，或谓嘉靖年间居民百家，明清之际则变成为有二三千户居民的大镇。[⑥] 浙江杭州之范村市，明万历年间，商贾汇集，“渐成巨镇”。[⑦] 秀水县的濮院镇，万历年间，“日出锦百匹，远方大贾携橐群至，居者渐繁，人可万家。”[⑧] 江西铅山县的河口，明嘉靖至万历的数十年间，由居民二三家的小村发展成为商贾聚集的市镇。[⑨] 山东的清源，明嘉靖年间开始修建新城，后来发展成为“车毂集，人肩摩，商旅往来日夜无休”的都会。[⑩]山东长山县的周村，明清之际开始发展，到康熙后期已变成为各省商贾聚集的市镇。[⑪] 余如广东佛山镇的“千街错绣”，“灯火连昼”；[⑫] 苏州的“比户贸易”，“牙侩凑集”；[⑬] 汉口的“商贾毕集，帆樯满江”；[⑭] 直隶大名的江淮闽蜀之货“齐辐辏至”；[⑮] 山东临清的“四民杂处，商贾辐辏”[⑯] 等等。这些市镇既是手工业的基地，又是商品交换的据点。工商业城市的发

① （嘉庆）《吴门补乘》卷 1“风俗”。

② （嘉靖）《吴江县志》卷 1，“地理志”，“疆域”，第 10 页。

③ （康熙）《吴江县志》卷 17，“物产”。

④ （嘉靖）《吴江县志》卷 1，“地理志”，“疆域”，第 10 页。

⑤ （嘉庆）《黎里志》卷 4，“风俗”，引旧志。

⑥ （乾隆）《震泽县志》卷 4，“镇市村”；又（嘉靖）《吴江县志》。

⑦ （万历）《杭州府志》卷 34，“衢巷”，第 16 页。

⑧ 杨树本：《濮川所闻记》卷 4。转见《中国资本主义萌芽问题讨论集》，续编，第 239 页。

⑨ 费元禄：《鼂采馆清课》卷上。转见《中国资本主义萌芽问题讨论集》，下册，第 1050 页。

⑩ 周思兼：《周叔夜先生集》卷 5，“二城记”。转见《中国资本主义萌芽问题讨论集》，续编，第 88 页。

⑪ （嘉庆）《长山县志》卷 13，“周村义集记”。

⑫ （道光）《佛山忠义乡纪》卷 11，梁序镛：《佛山赋》。

⑬ 《古今图书集成》，职方典，卷 676，苏州府部。

⑭ 钱泳：《履园丛话》卷 14。

⑮ 《天下郡国利病书》卷 5，“大名方物志”。

⑯ （1931 年）《临清县志》，第 1 册，“康熙壬子县志序”。

展，和商业性农业的发展互相促进，如列宁所指出的，一方面，城市“在把农民经济拖到商业周转和资本主义周转中去”；[①] 另一方面，“商业性即企业性农业的产品变成商品”，又促进“国内市场的发展”。[②]

与商业性农业的发展互相联系着的，还有货币经济的发展。货币经济的发展主要表现为货币发行额的增长。[③] 赋税制度的改革——明代的一条鞭法就是在货币经济发展的条件下出现的。这种制度从嘉靖十年（1531年）开始议行，此后逐渐推广，万历九年（1581年）下令推行于全国。[④] 所谓一条鞭法，就是除漕粮外，把向人民征收的田赋、银差、力差以及所派办的各种土贡、徭役，等等都折成银两征收。这是中国田赋史上一次重要改革。到清康熙五十五年（1716年），又实行“摊丁入地”政策，雍正以后逐渐推行全国，从此赋税更加简化。

田赋和徭役向货币税的转化，增加了人民对货币的需要。这时，土地所有者——农民和地主为了交纳赋税，必须出卖部分农产品，就是说有部分农产品是作为商品生产的，是要拿来进行交换的。如河南罗山县，早在明代，人们每于秋收之后，“则亟粜以办公赋”。因此每届秋冬之际，“北人粜贩步小车驱驴往来如织，日去米不下数百石”。[⑤] 如光山县，乾隆年间，农民所收获的粮食，“终岁所入，口食所余，悉以出粜。”因而“邻邑远方车骡运载不

---

① 《列宁全集》，第20卷，第102页。

② 《列宁全集》，第3卷，第51页。

③ 明代，铜币和银币并行。铜钱的铸造，每隔几年、十几年铸造一次，从每一次的铸钱额可以看出货币经济的发展。洪武二十六年（1393年）第一次铸钱，共铸钱189414贯文有奇；弘治十六年（1503年）铸造一次，共铸钱250726贯文（《大明会典》，转见彭信威：《中国货币史》，第685页）。据《明史》卷81，“食货志”，明代多次铸钱，嘉靖三十二年（1553年）一次铸钱95000000贯文。万历年间铸造钱数不详，我们可以历年铸钱炉数考察其发展趋势。据胡成琨：《钱通》卷2，北京铸局在洪武二十六年原为21炉，万历二十年以后逐渐增为六十炉，万历二十九年增置一百炉，万历三十年增置三百五十炉（转见彭信威：《中国货币史》，第690页）。银的使用，正德、嘉靖年间开始盛行，这时并有大量欧美白银流入中国。为了铸造银币，万历间大开银矿，这时铸造的银币数额超过以往各个朝代。据《崇祯长编》卷1，明朝晚年民间流通的银币，据当时估计约有25000万两。货币购买力，就每石米价而言，正德年间约为银0.4两或铜钱三百三十文；嘉靖年间约为银0.45两或铜钱二百八十五文；万历年间约为银0.55两或铜钱四百五十文。在同一时期，米价波动很大，以上只是大约估计的折中数。由货币购买力和货币流通额的对比，可以看出货币经济在当时社会中的作用。清代前期的货币经济，在明代已发展的基础上又前进了一步。

④ 梁方仲：《明代一条鞭法年表》，载中山大学《岭南学报》，第12卷，第1期。万历九年通令之后，由于各地货币经济发展状况不平衡，各地实行情形也参差不齐。

⑤ （乾隆）《罗山县志》卷1，第26—27页，刘广生：《风俗辨》。

绝于塗（途）”。[①] 像这类记载是相当多的，说明赋税货币化在推动商业性农业的发展，从而加强了人民和市场的联系，有如列宁所指出的，人们“由于必须获得货币，自然经济逐步转变为商业性经济……甚至在宗法式经济的残余非常严重的地方，农民从属于市场的现象也相当普遍。”[②]

以上工商业、城市以及货币经济的发展趋势在时间上基本是一致的。这种变化发生于成化（1465—1487 年）、弘治（1488—1505 年）之际，到嘉靖（1522—1566 年）、万历（1573—1620 年）年间有了进一步的发展。在清代鸦片战前的一百多年间，尤其是雍正、乾隆时期，在明代已发展的基础上又前进了一步。

商业性农业的发展和农业生产力的发展是紧密联系在一起的，商业性农业的发展是农业生产力发展的结果，只有在农业生产发展、劳动生产率有所提高的条件下，才能生产出更多的商品粮食投入市场，才能把原来种植粮食作物的土地部分地解放出来改种经济作物。列宁所说的集约地区比粗放地区有更大的商业性，[③] 就是这个道理。没有农业生产的发展，就不会有商业性农业的迅速发展。

由明代到清代鸦片战争以前的数百年间，劳动人民在生产实践中对农具有不少改进。如对主要生产工具——耕犁的改进，从明代中叶到明代后期有几种人力犁的记载，是过去所没有的。在农民缺乏耕畜的情况下，使用改进的人力犁也是一个发展。明成化年间，陕西有“木牛”的创制，由两人或三人驾驶，“一日可耕三、四亩”。[④] 弘治年间，四川富顺县也有制造水车、木牛“以便耕敛”的记载。[⑤] 嘉靖年间，湖北郧阳县使用人耕农具，“力省而功倍，百姓赖焉。”[⑥] 天启年间出现一种叫“代耕”的农具，谓“一人一手之力足敌两牛”，[⑦] 这类记载虽然不免夸张，但反映了农具的进步。其他农具有的也有所改进。如天启年间对耘荡、秧马的改进，力省而功倍。[⑧]

在水利灌溉方面也有所发展。北方平原地带逐渐推广用井水灌溉之法。

---

① （乾隆）《光山县志》卷 13，第 6 页。
② 《列宁全集》，第 6 卷，第 307 页。
③ 参看《列宁全集》，第 22 卷，第 28 页。
④ 谈迁：《枣林杂俎》。
⑤ （同治）《富顺县志》卷 8，第 7—8 页。
⑥ （同治）《郧阳县志》卷 5，“官师志”。
⑦ 徐光启：《农政全书》卷 16。
⑧ 徐光启：《农政全书》卷 21—22，“农器”。

明天启年间，河南、直隶“大作井以灌田”，所使用的灌溉农具有桔槔、辘轳、龙骨木斗三种。龙骨木斗在当时是相当先进的农具。其法是把很多水斗连接起来，车水极为迅速。① 在江苏长江以北的淮、扬、海地区则开始使用风力翻车溉田。② 清康熙年间，江西安远县开始使用龙骨水车戽水，“以溉水田”。③ 乾隆年间，陕西鄠县开始使用水车，一车“一日可溉田十五亩”。④ 山东日照县农民开始在河边扎筒车水溉田。⑤ 道光年间，四川彭县“始作龙骨车”，用骡马转动溉田。⑥ 又据道光《授时通考》，“今作龙尾车，物省而不烦，用力少而得水多，其大者一器所出若决渠焉。累接而上，可使在山，是不忧高田。筑为堤塍而出之，计日可尽，是不忧潦岁与下田。”龙尾车的使用大大提高了劳动效果，“用一人之力常得数人之功。”⑦ 钱泳记述苏州新制龙尾车溉田情形，谓“一日一人可溉田三四十亩。”⑧ 所说也不免夸张，但关于新制水车的记载还是值得我们注意的。龙尾车结构复杂，制造水车用费较大，非一般农民所能制办，不可能普遍推广采用。

讲求水利，扩大灌溉面积，有关这方面的记载更多。以四川而论，明天顺年间（1457—1464 年），中江县开始凿筑堤堰，车水溉田。⑨ 康熙年间，崇庆县兴修水利，溉田万余亩。⑩ 雍正年间，雷波厅改旱地为水田，凡数千亩。⑪ 乾隆年间，彭县、新繁等县开始修筑堤堰引水溉田，或数千亩，或数万亩。⑫ 永川县修筑堤堰三百有余，大者溉田千余亩，小者溉田数百亩，⑬ 等等。以山东而论，明成化十一年（1475 年），修濬小清河，受益者如历

---

① 徐光启：《农政全书》卷 16。

② 刘仙洲据宋应星《天工开物》、方以智《物理小识》所作出的论断。见刘著《中国古代农业机械发明史》。

③ （咸丰）《盛京通志》卷 34，第 82 页。

④ 乔光烈：《下属试行水车檄》。见徐栋辑《牧令书辑要》卷 3。

⑤ （同治）《富顺县志》卷 8，第 7—8 页。

⑥ （光绪）《彭县志》卷 3，第 28—29 页。

⑦ （道光）《钦定授时通考》卷 38。按天启年间徐光启《农政全书》记述泰西水法已谈到龙尾车，当时尚未制作使用。

⑧ 钱泳：《履园丛话》卷 3，“水车”。此外，如雍正年间，天津水稻区有风吹水车，不需人力，“而水自汲入田间”。此种水车不知何时开始制作。见（同治）《天津县志》卷 3。

⑨ （1930 年）《中江县志》卷 3，第 14 页。

⑩ （1920 年）《崇庆县志》卷 2，第 18 页。

⑪ （光绪）《雷波厅志》卷 6，第 17 页。

⑫ （光绪）《彭县志》卷 7，第 33 页。（光绪）《新繁乡土志》卷 3，第 17 页。

⑬ （光绪）《永川县志》卷 2，第 19—21 页。

城、博兴、邹平等县，得膏腴可耕之田凡数百万亩。[①] 清乾隆年间，范县大修水利，筑堤开窪，“岁得麦田四万余亩”。[②] 日照县，也于乾隆年间开始于河边扎筒车水溉田。[③] 此外如江苏、浙江、江西、湖南、直隶等省地方志书中，都有不少关于兴修水利的记载。

经过劳动人民的生产实践，有的地区，在明代已能按不同土质使用不同肥料，改变土壤的性质，“变恶为美”，“少种多收”；[④] 还能辨别棉种的优劣，实行选种。[⑤]

明清数百年间，农民的转徙比较频繁，尤其是经过农民大起义，广大农民到地旷人稀的地区垦荒，同时也把耕作技术传播过去。如四川成都县，有很多湖广和广东的人来这里垦荒，这些人“农事精能，均极播种之法。”[⑥] 如川南的南溪县，本地人多种水稻，外来客籍农民“多临河种地”，“栽烟植蔗。”[⑦] 他们把烟、蔗的耕作技术传播到这里。

农业技术的改进还表现为集约化程度加强，而商业性农业的发展则对农业集约化起着巨大的推动作用。

在自然经济状态下，自给自足的农民经济，“按其本质来说，是以保守的技术和陈旧的生产方式为基础的。”[⑧] 商业性农业的发展，尤其是经济作物的传播，需要改进耕作方法，有些作物需要精耕细作，灌溉、施肥、经营管理都比种植粮食作物需要的人工多，投入的费用大。据明代中叶到清代前期的文献记载，湖州的桑田，锄垦壅培的费用每亩需要二两银子，[⑨] 相当于当时三四石米的价格。四川内江县民种蔗，由种植到榨糖，“其壅资工值十倍平农”。[⑩] 山东济宁州，种烟草和种包谷的人工费用是四与一之比。[⑪] 或谓种

① （道光）《邹平县志》卷1，第16页。

② （1935年）《范县志》卷6，第54页。

③ （1922年）《邛崃县志》卷2，第37页。

④ 徐光启：《农政全书》卷7，“粪壤”。

⑤ 徐光启：《农政全书》卷35，“木棉”。

⑥ （同治）《成都县志》卷2，第2页。

⑦ （同治）《南溪县志》卷3，第2页。

⑧ 《列宁全集》，第3卷，第195页。

⑨ 徐献忠：《吴兴掌故集》卷13，“物产”。转见《中国资本主义萌芽问题讨论集》，下册，第1008页。

⑩ （道光）《内江志要》卷1，第29页。

⑪ （乾隆）《济宁直隶州志》卷3，臧咸：《种蜀黍记》。臧，康熙举人。

烟草所需人工“其工力与区田等”。[①] 经理区田的人工和肥料费用比一般种植方法要大好几倍。广西种烟草的土地，每种烟万株需要农工七至十人。[②] 按照烟草的种植密度，万株约占地三亩有余，种烟所需人工相当于种稻的几倍。此后嘉庆、道光年间，据安徽泾县包世臣记述种烟情形，一亩烟田所需人工“可抵水田六亩，旱田四亩。”[③] 江西新城县的烟田不仅所需人工数倍于稻田，种烟雇工的工资也比种稻的工资高。[④] 而且烟田需要更多的肥料。如广西烟田，每亩需要灰粪二百至三百担，麸料粪水还在外。[⑤] 种烟发达的江西新城县，由于所需肥料日多，种烟之户争出高价购买粪肥，运输粪肥的船只长年不绝。[⑥] 四川彰明县，这里盛产附子，种附子“每亩需牛一耦，用粪五十斛，”所需人工“比他田十倍”。[⑦] 农业经营集约化本身就是农业生产力提高的反映。

这时农业生产的变化还反映为粮食作物的传播，如北方水稻的传播，南方杂粮的传播。尤其是杂粮的传播，在南方有不少省份一度形成锄头上山的高潮，使长江流域以南许多从未开发过的高阜、干旱山丘地带开始实行种植，在清代前期发展尤为迅速。如陕西南部汉水流域洵阳、平利等县，“从前俱是荒山僻壤”，乾隆年间开始垦种。[⑧] 如湖南浏阳县，雍正以前，这里的农民“未知秋粮”，乾隆年间开始种植杂粮。[⑨] 如四川鄷都县，这里的农民从前仅知种植水稻，乾隆二十二年开始种植麦和秫，于是“民食乃足”。[⑩] 这时广东也兴种杂粮，清政府特下令选派山东、河南等省善种旱田的农民到广东传授种植技术。[⑪]

特别值得注意的是高产作物包谷和红薯的传播。包谷又名玉米、玉蜀黍，产自美洲。约在十六世纪中叶前后即明嘉靖（1522—1566 年）年间传入中国，

---

① （乾隆）《济宁直隶州志》卷 3。乾隆年间记载。

② 《清代文字狱档》，第 5 辑，“吴英拦舆献策案”。转见《中国资本主义萌芽问题讨论集》，上册，第 352 页。按山东济宁州的烟田，每亩植三千株。

③ 包世臣：《安吴四种》。包，嘉庆举人，曾官江西新喻县。

④ （同治）《新城县志》卷 1。所记系嘉庆十年事。

⑤ 《清代文字狱档》，第 5 辑，“吴英拦舆献策案”。

⑥ （嘉庆）《浏阳县志》卷 24，第 8 页。

⑦ （道光）《诸城县志》卷 14，第 12 页。

⑧ 毕沅：《兴安州升府疏》。见《清朝经世文续编》卷 28。

⑨ （嘉庆）《浏阳县志》卷 24，第 8 页。

⑩ （道光）《诸城县志》卷 14，第 12 页。

⑪ 《清朝通志》卷 81，“食货略”。

一路由海路传到中国东南沿海地区，一路由西北陆路传入陕、甘等省，一路由西南陆路传入云南。包谷在中国的传播大致可以分成为两个时期，由明代中叶到明代后期是开始传播时期，清代前期是普遍种植时期。嘉靖年间，福建、广西、河南、江苏、甘肃、云南等省已有种植包谷记载。由隆庆（1567—1572年）至天启（1621—1627年），陆续有种植记载的有广东、浙江、山东、陕西、直隶等省。清代前期，全国各省州县多已种植，并且有不少州县的农民已把包谷作为主食之一了。如云南省，由西向东发展，康熙年间已变成通省皆产的作物。[①] 如贵州省，乾隆年间，贵阳、黎平、兴义、咸宁、仁怀、绥阳、独山、镇远及普安厅等地都有关于包谷的记载，其兴义县属，“则山头地角无处无之”；其普安厅属，“民间赖此者十之七”，[②] 其遵义府属，道光年间已成为农民主食，“岁视此为丰歉”。[③] 浙江省包谷的推广也在清代前期，尤其是山丘地带，嘉庆年间已广泛播种。[④] 安徽省在雍正年间开始种植，乾隆以后逐渐推广，如霍山县西南二百里间，乾隆年间，包谷“延山曼谷”，居民“恃此为终岁之粮”。[⑤] 如徽州府属，道光前期，遍地种植。[⑥] 江西省赣州府山区农民，康熙年间，“朝夕果腹多包粟薯芋，或终岁不米炊，习以为常”。[⑦] 湖南省种植包谷始于康熙，历乾隆、嘉庆至道光，已遍及阖省山区，或谓“深山穷谷，地气较迟，全赖包谷、薯芋、杂粮为生”。[⑧] 湖北省则以西北部的郧阳、襄阳，西南部的宜昌等府种植较多。如鹤峰县属，乾隆年间，“田中青青唯包谷”；[⑨] 嘉庆年间，“山农无他粮，惟藉此（糊）口”；[⑩] 道光年间，“邑产包谷”已“十居其八”。[⑪] 四川种植较迟，但传播很快。如夹江县，嘉庆年间，“贫民逢米贵，尝以荞粱玉麦打饼为食。”[⑫] 据道光《内江县志》，这时已发展到“蜀中南

---

① （康熙）《云南通志》卷12。

② 爱必达：《黔南识略》；（乾隆）《绥阳县志》，“艺文”；（乾隆）《独山县志》卷5；（乾隆）《镇远府志》卷16。

③ （道光）《遵义府志》卷17。

④ 张鉴等：《雷塘庵主子弟记》卷2。

⑤ （乾隆）《霍山县志》卷7。

⑥ （道光）《徽州府志》。

⑦ （同治）《赣州府志》卷20。引康熙志。

⑧ 陶澍：《陶文毅公全集》卷9。

⑨ （道光）《鹤峰州志》卷13，吴世贤诗。

⑩ （道光）《鹤峰州志》卷13。

⑪ （道光）《鹤峰州志》卷6。

⑫ （嘉庆）《夹江县志》卷2。

北诸山皆种之”。尤其是四川、湖北、陕西三省交界的山区约数十州县，雍正、乾隆年间开始传播，至道光年间，“遍山漫谷皆包谷。”[①] 黄河流域各省，如直隶、河南、山东、山西、甘肃等省，在清代前期都广为传播，如山东省泰安府属和招远、历城、临清、禹城、东阿、胶州等州县都有种植包谷的记载；[②] 如河南省河南府属和封邱、阳武、原武、新乡、遂平、太康、尉氏、辉县等县也都有种植包谷的记载。[③] 总之，在清代前期，包谷已逐渐变成为中国某些地区广大农民的主要食粮。

红薯在中国的传播时间比包谷晚四十多年，系在明万历（1573—1620年）前期。传入路程和包谷不全相同，系由海路传入东南沿海的福建和广东，一路由陆路传入西南边疆的云南。薯种传入后，很快地传播开来。在明代后期数十年间，福建、广东两省某些地区的农民逐渐把红薯作为主食，或谓“闽广人以当米谷”；[④] 或谓“闽广人赖以救饥，其利甚大”；“甘薯所在，居人便足半年之粮，民间渐次广种。”[⑤] 万历中期，又由福建传播到江苏、浙江两省。[⑥] 清代前期，红薯向全国范围推广。如福建省台湾府，雍正、乾隆间，在民食中已占居主要地位。或谓红薯于七八月间成熟，“田家食至隔年四月方尽。”[⑦] 江、浙两省，清代前期，有的地区“倚以为粮”。[⑧] 江西省赣州府属，康熙年间，农民赖以“朝夕果腹”。[⑨] 广信府属，乾隆前期，山区种薯“日渐繁多”。[⑩] 其云南省一路，据乾隆元年《云南通志》，已经把红薯列为全省通产的粮食作物。四川省的红薯可能就是从云南省传入的。成都府属于雍正十一年已有种薯记载，奉节县则“乾嘉以来渐产”。[⑪] 红薯的传播

---

① 严如熤：《三省边防备览》卷11。

② （乾隆）《泰安府志》卷2；（顺治）《招远县志》卷5；（乾隆）《历城县志》卷5；（乾隆）《临清州志》卷1；（嘉庆）《禹城县志》卷5；（道光）《东阿县志》卷2；（道光）《胶州志》卷14。

③ （乾隆）《河南府志》卷27；（顺治）《封邱县志》卷3；（乾隆）《阳武县志》卷5；（乾隆）《原武县志》卷2；（乾隆）《新乡县志》卷18；（乾隆）《遂平县志》卷3；（道光）《尉氏县志》卷3；（道光）《辉县志》卷4。

④ 王象晋：《群芳谱》，见《中国农学遗产选集》，粮食作物，上编，第609页。

⑤ 徐光启：《农政全书》，上册，第540、546页。

⑥ 徐光启：《甘薯疏序》，见《古今图书集成》，草木典，卷54。

⑦ 黄叔璥：《台海使槎录》卷3。另据朱景英乾隆三十七年所著《海东札记》卷3，“台人亦资以供常餐”。

⑧ （光绪）《青田县志》卷4。

⑨ （康熙）《赣州府志》卷20，第5页。

⑩ （同治）《广信府志》卷1之2，第99页。

⑪ （光绪）《奉节县志》卷15。

是由西向东蔓延的。四川种薯的推广，据道光地方志书，仁寿县“瘠土则以种薯，无处不宜”①；忠州则“近处处有之”；② 内江县则“近时山农赖以给食”；③ 蓬溪县则农民种薯“与稻并重，冬藏土窟，足供数月之食。”④ 黄河流域各省的红薯是乾隆年间传入的。山东省德州，大约乾隆十一、十二年间，已普遍种植。⑤ 山东半岛胶州地区，乾隆十五年开始种植。⑥ 乾隆年间，红薯很快传播全省。如曲阜县，“甚为谷与菜之助焉”；⑦ 如寿光县，“邑多种之”。⑧ 河南省鲁山县，乾隆初已“蔓延”县境。⑨ 乾隆前期，洛阳、南召、汲县、怀庆及开封西南的朱仙镇，都有种薯记载。⑩ 至乾隆中期，红薯已遍及全省。其他各省种薯，陕西省开始于乾隆九年至十一年间，⑪ 直隶开始于乾隆十三年，⑫ 山西省也是乾隆前期开始的，⑬ 传播都很迅速。

包谷和红薯的传入和推广，对我国农业生产及社会经济生活产生了深远影响，对商业性农业的发展具有巨大促进作用。由于两者都是高产作物，提高了单位面积产量。或谓种植包谷，“种一收千，其利甚大。”⑭ 尤其是红薯，“亩可得数千斤，胜种五谷几倍。”⑮ 或谓“芋之收倍于稻，薯之收倍于芋”。⑯ 还由于包谷和红薯的传播，扩大了耕地面积。两种作物比较耐旱，它们对北方的旱地，南方水源不到的山地，以及沿海贫瘠沙地都能适应。由于两种作物的传播，云南、贵州、四川、陕西、湖北、湖南、安徽、江西、浙江等省的山丘地带及山东、江苏和东南沿海各省滨海沙地都得到开垦利用。

---

① （道光）《仁寿县志》卷2。

② （道光）《忠州志》卷4。

③ （道光）《内江志要》卷1。

④ （道光）《蓬溪县志》卷15。

⑤ 黄可润：《种薯》，见《牧令书辑要》卷3。

⑥ 陈世元：《金薯传习录》卷上。

⑦ （乾隆）《曲阜县志》卷37。

⑧ （嘉庆）《寿光县志》卷9。

⑨ （乾隆）《鲁山县志》卷1。

⑩ （乾隆）《洛阳县志》卷2；（乾隆）《商南县志》卷5，“乾隆十一年在河南南召境种。”（乾隆）《汲县志》卷6；《金薯传习录》卷上。

⑪ 陈宏谋：《巡历乡村兴除事宜檄》，见《皇朝经世文编》卷28。

⑫ 黄可润：《种薯》，见《牧令书辑要》卷3。

⑬ 《金薯传习录》卷上。

⑭ 严如熤：《三省边防备览》。

⑮ 陆耀：《甘薯录》。

⑯ （同治）《九江府志》卷9。

在一些贫瘠和山多田少地区，尤其是长期以来缺粮的华北，民食问题暂时获得缓和。在耕地面积扩大的同时，清代前期的人口也在迅速增长，都和包谷、红薯的传播有着密切的关系。对农业资本主义萌芽的发展而言，更重要的是使更多原来种植粮食作物的耕地得以解放出来改种经济作物。①

明、清时代粮食单位面积产量也达到了较高的水平。明正德年间，江苏上海西乡每亩产米三石余，中乡每亩产米一石五斗余。② 正德、嘉靖年间，广东南海县每亩产谷“十石为上功，七石为中功，五石为下功，灾不在此限”。③ 明代后期，江、浙、闽、粤等省，每亩稻谷产量一般为三四石，多的可达到八石。④ 如浙江海盐县，天启年间每亩产米二石五斗。⑤ 河南彰德府属，上地每亩收粮八至十斛。⑥ 清康熙年间，南方亩产上田四石有零，下田二石八斗有零。⑦ 如江苏江阴县，每亩产米二石五斗至三石不等。⑧ 乾隆年间，浙江海盐县，产量较高之地每亩可产米二石四斗至二石五斗。⑨ 嘉庆年间，苏州府属每亩产米三石，麦一石二斗，合计四石二斗。⑩ 以上只是个别地区的个别事例。同一地区的亩产每每很悬殊，上田和下田的产量不同，经营的好坏也会有很大差别，以上记载只能供研究参考。

我们并不否认，明清时代农业生产的发展并非一帆风顺。明代后期，即在高产作物开始传播时期，有的地区，农业生产一度呈现停滞乃至倒退现象。如山东省临邑县，弘治、正德年间是一派兴隆景象；嘉靖前期犹“桑枣连畛”，“积累浑厚”，“盖藏露积”，“号称殷富”；到万历年间开始衰退，日形“萧索”了。⑪ 农村经济倒退趋势，到明清之际尤其严重。在农民大起义前后若干年间，由于封建统治的残酷掠夺和地主阶级对农民的屠杀镇压，有

---

① 关于包谷与红薯的传播问题，参见陈树平：《玉米和番薯在中国传播研究》，载《中国社会科学》，1980年，第2期。

② 朱袒等呈《革弊便民文》，见1918年《上海县续志》卷30，第4页。

③ 霍韬：《霍渭崖家训》，“田圃第一”，“乡俗以五升为斗”，见《涵芬楼秘笈》，第二集。

④ 《天下郡国利病书》，江南、浙江、福建、广东各卷。

⑤ （光绪）《海盐县志》卷8，第7页。

⑥ 《天下郡国利病书》卷53，河南彰德府。

⑦ 王夫之：《噩梦》，第2页。

⑧ （康熙）《江阴县志》卷3，第1页。

⑨ 乾隆四十二年三月二十四日舒赫德题本。

⑩ 包世臣：《安吴四种》卷26。

⑪ （道光）《临邑县志》卷2，第27—28页。但有的地区在万历年间变化不大。据陈三恪：《海虞别乘》卷上：江苏常熟县，万历三十六年大雨成灾，“而民无菜色。”论者谓：“盖犹有盛世之遗风。”说明农村经济尚未显著衰退，还具有抗拒灾荒的能力。

相当广大地区的农业生产急剧衰落。但就明清数百年间总的发展趋势而言，总是在前进的，清代前期发展尤为迅速。

明清两代农业生产发展状况，各个地区间是极不平衡的，有早有晚，有快有慢。明代中叶犹有“苏松熟，天下足”之谚，[①] 到清代乾嘉之际，由“湖广熟”代替了“苏松熟”。[②] 从谚语的变化反映出，到清代前期，湖北、湖南以及四川等省农业生产的发展速度超过了江苏南部。

以上是鸦片战争以前明、清数百年间工商业和农业生产发展的大致情况。商业性农业和大规模农业经营就是在这种条件之下发展起来的，而中国的地主经济制在适应商业性农业发展方面也有较大的灵活性。

（二）商业性农业的发展状况

商业性农业的发展首先表现为经济作物的增长。经济作物的增长，又促成粮食生产进一步商品化。

经济作物是逐渐发展起来的。明代中叶，经济作物的增长已经很显著，其中有些作物发展的时期还要早一些。从清康熙到鸦片战前的百多年间，经济作物又有进一步发展，在某些地区并且出现自给性农业向商业性农业的过渡，形成为地区间的农业生产的分工。乾隆年间，陈玉垣关于湖南经济作物发展状况的描述很可供我们研究参考：“湖南产物之美，安化之茶，衡州之烟，其行最远。若夫艺植之美，则会同为最。辰、沅、永、靖诸山皆种桐树茶树，收其子榨油。会同所产，茶乃独盛。余尝谓会同茶媲美嘉湖之园桑，会同之笋媲美嘉湖之园笋。会同之民何以独擅艺植之利……既而思之，岂有他哉，百姓用力勤而讲求耳。……平江、浏阳之苧，夏间苏杭大贾云集，数十年前所未有也”。[③] 湖南情形如此，其商品经济比较发展的江苏、浙江、广东等省，商业性农业发展程度要更高一些。

河南林县经济作物发展情形也可以供我们参考。据乾隆《林县志》：“县属居民专务稼穑，惟北乡山后，沙石荦确，无地可耕，故其民别以种植为生计，多收果核，即属有年，不以禾黍丰凶为利病也。山所宜木非一，惟柿果、核桃、花椒三物，其利独博……每至秋冬以后，东出水冶，南出六岭，

---

① （光绪）《定安县志》卷7，第17—18页，王士衡：《劝麦说》。

② （嘉庆）《吴门补乘》卷8，第3页，有“湖广熟，天下足”之谚。作者在论及“湖广熟”时，曾涉及四川米谷外运。

③ （嘉庆）《巴凌县志》卷14，第24—25页。

驼运日夜不绝，皆椒、桃、柿饼三物也。……太行深处，亦产药草……其他诸木之中，有槲可饲山蚕作茧；诸草之中，有蓝可作大靛染衣，皆利民用焉。”[①] 一个闭塞的山区县份，农产商品化的情形如此，其交通便利商品经济发达的州县就可想而知了。

以下就几种主要经济作物——棉、桑、蔗、烟、茶以及果树园艺发展状况，作一简略介绍。

中国植棉是从宋元之际开始的。到明代，封建王朝更事大力推广。弘治年间（1488—1505年），邱濬说：棉花“遍布天下，地无南北皆宜之，人无贫富皆赖之，其利视丝枲盖百倍焉。”[②] 至迟到万历六年，明政府已在山东、山西、河南、陕西、湖广、四川、江西及南北直隶征收棉布，说明中国各地皆已植棉。[③] 值得注意的是植棉区的发展，棉花生产商品化。嘉靖年间，昆山、嘉定等县，棉花逐渐成了当地的主要作物。[④] 天启年间，松江府属两百万亩耕地，“大半植棉，当不止百万亩。”[⑤] 太仓州属，“郊原四望，遍地皆棉。”[⑥] 清朝初年，上海县棉田与稻田平分秋色。[⑦] 这时上海所生产的棉花远销福建、广东两省，“楼船千百，皆装布囊累累。”[⑧] 乾隆中期，松江、太仓、通州和海门厅所属各州县，棉田几占全部耕地十之七八。[⑨] 这时江苏省东南地区已发展成为当时产棉的中心。黄河流域的植棉也有发展。明万历年间，山东已有植棉的记载。据万历《临邑县志》，“木棉之产独甲他所”。[⑩] 至天启年间，棉花产量激增，“贩者四方至”。[⑪] 北方由于棉田扩大，产量激增，“吉贝则泛舟而鬻诸南。”[⑫] 清雍正年间，山东六府已皆种棉，而东昌一府最多，“商人贸于四方”。[⑬] 乾隆后期，山东清平县棉田至“连顷遍塍”，所占耕地面积超过豆田和

---

① （乾隆）《林县志》卷5，“风土志”。

② 邱濬：《大学衍义补》卷22。转见《中国资本主义萌芽问题讨论集》，上册，第13页。

③ 王国先等编：《万历会计录》，各卷。参见严中平：《中国棉纺织史稿》。

④ 归有光：《震川先生全集》卷8，“论三区赋役水利书”。

⑤ 徐光启：《农政全书》卷35，“木棉”。

⑥ （崇祯）《太仓州志》卷14，王在晋：《水利论》。

⑦ 《木棉谱》，《上海掌故丛书》，木。转见《中国资本主义萌芽问题讨论集》，上册，第38页。

⑧ 叶梦珠：《阅世编》卷7，“种植”。

⑨ 高晋：《奏请海疆禾棉兼种疏》，乾隆十年。见《皇清奏议》卷61。

⑩ （同治）《临邑县志》卷2，“风俗”，引万历二十九年旧志。

⑪ 邢侗：《来禽馆集》卷18，“先侍御府君行状”。转见《中国资本主义萌芽问题讨论集》，第897页。

⑫ 《农政全书》卷35，“木棉”。

⑬ 《古今图书集成》职方典，卷255“东昌府物产”。

麦田的总和。[①] 河南植棉是在明清之际发展起来的。据吴伟业所作《木棉吟》："今也栽花遍齐豫"。[②] 这时河南出产的棉花已远销江南[③]。直隶植棉，比河南稍晚，但到乾隆年间已相当普遍。保定以南各县州，凡好地多种棉花[④]；如宁晋县属，"种棉者几半县。"[⑤] 乾隆前期，棉花并传播到东北地区。尤其是奉天地区，种棉日多，"率皆售于商贾转贩他省。"[⑥]

桑树的种植虽然渐受植棉发展的排挤，但有些地区仍然很盛。明清之际，浙江湖州府，史称"桑麻万顷"。[⑦] 嘉兴植桑之多，至"不可以株数计"。[⑧] 乾隆年间，由江苏之震泽至浙江之秀水，以抵廉市，六七十里间"阡陌间强半植桑。"[⑨] 在江、浙交界地区，并且有专事出售桑叶的桑园。如湖州府属，所产桑叶不足供应当地需要，而"贩于桐乡、洞庭"。伴随着养蚕的发展，还有的"预租别姓之桑，俗曰秒桑"。[⑩] 可以想见桑叶商品化的程度。在太湖流域，有不少农民靠蚕桑维持生活。如环绕太湖的各村镇，"乡人比户蚕桑为务"。[⑪] 如吴兴县，每到蚕桑季节，"家家闭户，官府勿摄征收，及里闬往来庆吊俱罢不行"。[⑫] 西南的贵州则有柞蚕的发展，乾隆年间首先兴起于遵义，产量相当大。[⑬] 由于经营柞蚕省工而利厚，很快传播到正安州和安顺府。[⑭] 广东南海、顺德两县出现了桑树专业种植区。据嘉庆年间记载："周回百余里，居民数十万户，田地一千数百余顷，种植桑树以饲春蚕。"[⑮] 所说虽不免夸张，但反映了蚕桑的发展。

种蔗的发展，在中国已有长久的历史，到明清时代，福建、台湾、广东、江西和四川则出现了专业种植区。明万历十五年，福建漳南一带，甘蔗

---

① （嘉庆）《清平县志》"户书"，第15—16页。
② 吴梅村：《木棉吟》。见叶凋生：《鸥陂渔话》卷4。
③ （光绪）《畿辅通志》卷231，"河南巡抚尹会一奏疏"。
④ 黄可润：《畿辅见闻录》。转见《中国资本主义萌芽问题讨论集》上册，第351页。
⑤ （光绪）《畿辅通志》卷14，"物产二"，引（乾隆）《河间府志》。
⑥ 和其衷：《陈盛京边防民食疏》。见《皇清奏议》卷142。
⑦ 谢肇淛：《西吴枝乘》，《湖州府志》卷29。
⑧ （光绪）《嘉兴府志》卷32，引《石门邝志》。
⑨ 张仁美：《西湖纪游》，第1页。
⑩ 朱国桢：《涌幢小品》卷2。
⑪ 顾禄：《清嘉录》卷4，第4—5页。
⑫ （乾隆）《湖州府志》卷39，第14—15页。
⑬ （道光）《遵义府志》卷16，第17—18页。
⑭ （光绪）《湄潭县志》卷4，第23页；（咸丰）《安顺府志》卷49，第9—11页。
⑮ 张鉴等：《雷塘庵主弟子记》卷5，第16页。

的种植满山遍野。[①] 明清之际，广东番禺、东莞、增城、阳春等县，蔗田几乎占耕地的一半，其东莞之篁村、河田等村，到处种蔗，号称“千顷”。[②] 乾隆初年，江西大庾县双坑隘一带，遍地种蔗，“绵延数十里”。[③] 乾隆年间，四川简州，沿江之民种蔗作糖，州人“多以此致富”。[④] 嘉庆、道光年间，内江沿江左右，居民“尤以艺蔗为务”。[⑤] 台湾水土气候尤宜种蔗，据康熙三十年记载，“旧岁种蔗，已三倍于往昔；今岁种蔗，竟十倍于旧年。”[⑥] 寥寥数语，生动地反映了台湾蔗田的迅猛发展。

烟草是在明代中叶后发展起来的。大约在万历年间先传播于福建漳、泉二州[⑦]。明朝晚年传播于广东之恩平，浙江之嘉兴，江苏之苏州。[⑧] 清雍正、乾隆之际，福建烟田继续扩大，有的地区烟田竟占耕地十之六七。[⑨] 或谓汀属八邑，过去山区农民皆种食粮，自康熙三十四五年间，流寓这里的漳州农民“以种烟为业”；以后烟田继续发展，占耕地十之三四。[⑩] 浙江嘉兴府属，植烟之风日胜一日[⑪]。广西农家，半数兼种烟草[⑫]。河南之卢氏，湖北之均州，湖南之衡州，山东之济宁，山西之保德，都有种烟的记载。[⑬] 尤其是山东济宁州，清顺治年间开始种植；至雍正年间已“遍地种烟”。北京烟商“来贩收买者不绝”。[⑭] 嘉庆、道光之际，烟田继续扩大。如江苏省，“各处膏腴皆种烟叶”；[⑮] 江西新城县，家家种烟，禁不能止；[⑯] 四川合江县，河坦

① （万历）《闽大记》卷11。转见《中国资本主义萌芽问题讨论集》下册，第1002页。

② 屈大均：《广东新语》卷27，“草语”。

③ （1919年）《大庾县志》卷13，第59页，余光壁：《勘灾道中诗》，乾隆初。

④ （咸丰）《简州志》卷12，第1页。按四川遂宁，早在宋代已到处有蔗田。

⑤ （道光）《内江县志要》卷1，第29页。

⑥ 重修《台湾府志》卷10，第36—37页。

⑦ 方以智：《物理小识》卷9，“草木”。

⑧ （崇祯）《恩平府志》卷7，“物产”；王逋：《蚓庵琐语》，“种植”；（康熙）《苏州府志》卷22，“物产”。

⑨ 郭起元：《论闽省务本节用书》，见《皇朝经世文编》卷36。

⑩ 王简庵：《临汀考言》卷6，“谘访利弊八条议”。

⑪ （光绪）《海盐县志》卷8，第17—18页。

⑫ 《清代文字狱档》，第5辑，“吴英拦舆献策案”。转见《中国资本主义萌芽问题讨论集》，上册，第352页。

⑬ 吴熊光：《伊江笔录》卷2（乾隆）。转见《中国资本主义萌芽问题讨论集》，上册，第352页；又陆耀：《烟谱》，见《昭代丛书》卷46。

⑭ 《古今图书集成》，职方典，卷230，“兖州府部”。

⑮ 包世臣：《安吴四种》卷26，“农二”。

⑯ （同治）《新城县志》卷1。

山谷，种植殆遍；[①] 四川新津县，良田熟地，随处种烟。[②] 陕西城固县清水以北，“沃土腴田，尽植烟苗”。[③] 嘉庆年间，包世臣论述吸烟人数增加及烟田扩大情况可供我们参考。他说几十年前吃烟的人不过十之二三，现在则“男女大小莫不吃烟”，“以致各处膏腴皆种烟叶”。[④]

植茶在中国有悠久的历史，[⑤] 在明清数百年间也有所发展。江苏、浙江、湖南、湖北、四川、广东、云南、福建、安徽等省发展起来不少专业种植区。安徽霍山县，清顺治年间，每到采茶季节，“男妇错杂，歌声满谷，日夜力作不休”。[⑥] 雍正、乾隆之际，云南普洱六茶山周围八百里，“入山作茶者数十万人，”[⑦] 嘉庆年间，福建崇安县武夷山居民数百家，“皆以种茶为业，岁所产数十万斤。”[⑧] 道光年间，福建建瓯县，“茶山蔓延愈广”，该县所辖四乡十二里种植几遍。[⑨]

明清之际，广东、福建果树园艺的发展也很迅速。顺德县之陈村，龙眼树凡数十万株，周围四十余里。南海之龙眼，番禺之荔枝，绵延百里[⑩]。番禺之小坑、火村、罗岗等村三四十里中间，民多以花果为业，黄村和朱村多种梅、梨、橄榄、香蕉，“连冈接阜，弥望不穷。”[⑪] 福建福州、兴化、泉州盛产龙眼、荔枝。福州南门外，“数十里间荔枝、龙眼夹道交荫”。兴化县之枫亭驿，“荔枝甲天下，弥山遍野。”[⑫]

随着经济作物的发展，有些地区出现经济作物排挤粮食作物的现象，明

---

① （嘉庆）《四川通志》卷75，第17—18页。

② （道光）《新津县志》卷29，第38页。

③ 岳震川：《府志食货志》。见《皇朝经世文编》卷34。

④ 包世臣：《安吴四种》卷26，“农二”。

⑤ 据唐人张途：《祁门县新修阊门溪记》，“千里之内，业于茶者七八”，当地之人依赖种茶“给衣食，供赋役”（全唐文，卷802）。这时长江流域很多地区出产茶叶。到宋代，茶产区继续扩大。

⑥ （顺治）《霍山县志》卷2，“茶考”。

⑦ 檀萃：《滇海虞衡志》卷11，第3页。见彭泽益编《中国近代手工业史资料》，第1卷，第305页。

⑧ 章朝栻等：（嘉庆）《崇安县志》，抄本，卷2，第15页。见《中国近代手工业史资料》，第1卷。

⑨ 蒋蘅：《武夷偶述》。见《云寥山人文钞》卷4，第27页。

⑩ 屈大均：《广东新语》卷2，“地语”；卷25“木语”。

⑪ 范端昂：《粤中见闻》卷29，“物部”，第86页。

⑫ 王士懋：《闽部疏》；何乔远：《闽书》卷38，“风俗志”；陈懋仁：《泉南杂志》卷上。均转见韩大成：《明代商品经济的发展与资本主义的萌芽》。

清之际尤其是清代前期，发展比较显著。广东番禺县有将稻田改种龙眼、荔枝的；[①] 福建泉州有将稻田改为蔗田的；[②] 江苏南部，[③] 江西大庾、新城等县，[④] 四川合江县，[⑤] 有将稻田改为烟田的。福建由于种烟日多，而种稻菽麦之地日少。[⑥] 山西保德州，河边淤土，舍禾黍而种烟草。[⑦] 山东济宁州，“膏腴尽为烟所占，而五谷反皆瘠土。”[⑧] 或谓西北五省制酒每岁耗米凡数千万石，而种烟所减之粟米约占制酒所用粟米十分之六七。[⑨] 可见烟田占地之广，在严重地排济粮食作物。又山东宁阳县和胶州，花生的种植发展较快，农民“以落花生代稼”。[⑩] 江苏的松江府和太仓州，[⑪] 直隶南部、中部各州县，[⑫] 有将粮田改为棉田的。粮食作物耕地面积的减缩曾经一度引起封建文人和统治者的忧虑，有的面对经济作物的传播，说什么“深怪习俗惟利是趋，而不以五谷为本计”；[⑬] 有的议论农民种植经济作物是“惟利是图，积染成习。”[⑭] 清政府一度下令禁种烟草，但没收到效果，经济作物发展的猛烈就不难想见了。

随着经济作物的发展，出现了不少专事买卖农产品的商贩和巨额交易。云南普洱产茶区，每到产茶季节，“茶客收买，运于各处每盈路。”[⑮] 福建崇安县，每到采茶之时，“商贾云集，穷崖僻径，人迹络绎，哄然成市。”[⑯] 安徽霍山县，每届收茶之时，“富商大贾、骑纵布野，倾橐以值，百货骈集，

---

① 《广东新语》卷25，“木语”。

② 陈懋仁：《泉南杂志》卷上。

③ 包世臣：《安吴四种》卷26，“农二”。

④ （1919年）《大庾县志》卷2；（同治）《新城县志》卷1。

⑤ （嘉庆）《四川通志》卷75。

⑥ 郭起元：《论闽省务本节用书》。见《皇朝经世文编》卷36。

⑦ 陆燿：《烟谱》，（乾隆）《昭代丛书》本，卷46。

⑧ （乾隆）《济宁直隶州志》卷3，臧咸：《种蜀黍记》。臧咸，康熙十一年举人。

⑨ 方苞：《方望溪全集》，集外文卷11，《请定经制劄子》。

⑩ （咸丰）《宁阳县志》卷6；（道光）《胶州志》卷14。

⑪ 高晋：《奏请海疆禾棉兼种疏》，乾隆四十年，谓“知务本种稻者不过十分之二三，图利种花者则有十分之七八”。见《皇清奏议》卷61。

⑫ 黄可润：《畿辅见闻录》：“直隶保定以南，从前凡有好地者多种麦，今则种棉花。”

⑬ 陆燿：《烟谱》，“生产第一”，《昭代丛书》本，丁集，第1页。

⑭ 高晋：《奏请海疆禾棉兼种疏》，乾隆四十年。见《皇清奏议》卷61。

⑮ 檀萃：《滇海虞衡志》卷11。见《中国近代手工业史资料》，第1卷，第305页。

⑯ 蒋蘅：《武夷偶述》。见《云寥山人文钞》卷4，第27页。

开市列肆。”[①] 山东济宁州，业烟者六家，“每年买卖至白金二百万两”。[②] 陕西城固、南郑等县产烟区，烟商将烟叶运往湖北，烟值“岁糜数千、万两”。[③] 山东东昌府产棉最多，“商人贸于四方”。[④] 贵州遵义柞蚕区，每到成茧季节，秦、晋、闽、粤商人来此收购，“捆载以去”。[⑤]

与经济作物的增长和城市的发展相联系的，是粮食生产商品化。这种变化从粮食流转状况和城市消费粮食数量反映得十分清楚。明代中叶以前粮食运销情况如何，目前缺乏具体资料进行论证。明代后期，江西赣州所产之米运销于豫章、吴会，运粮船只络绎不绝。[⑥] 安徽江北沿岸所产之米，运销长江下游各省。[⑦] 江、浙两省苏州、杭州、嘉兴、湖州等府经济作物比较发达的地区，“半仰给于江、楚、庐、安之粟。”[⑧] 皖南经济作物发展的徽州府属，居民食用“大半取于江西、湖广之稻”。[⑨] 盛产烟、蔗的福建泉州府属，粮食仰给于江、浙。[⑩] 明清之际，由福建向广东运输粮食的船只每年有一千多艘。[⑪] 这时新发展起来的东北垦殖区，所产粮食则向经济作物比较发达的东南沿海地区运销。尤其是康熙二十四年开放海禁以后，每年由东北运往上海的豆麦迅速增加。乾隆年间，由东北开往天津的粮船，由过去的十多艘逐增至数百艘。[⑫] 清代前期，台湾所产之米大量运销大陆，据雍正七年记载，每年所运之米不下四五十万石。[⑬] 乾隆初期，浙江安吉县所产米谷运销境外者“每去其半”。[⑭] 江苏棉产区崇明县，经常由安徽和县、含山等县运米供应，乾隆中期每年运米二十多万石，乾隆后期复增为三十多万石。[⑮] 仍在乾隆年间，湖北省河、湖相交之处，

---

① （顺治）《霍山县志》卷2，“茶考”。

② 《安吴四种》卷26，“农二”。

③ 岳震川：《府志食货志》。见《皇朝经世文编》卷36。

④ 《古今图书集成》，职方典，卷255，“东昌府部”。

⑤ （道光）《遵义府志》卷16，第17—18页。

⑥ （天启）《赣州府志》卷3，“舆地”。豫章，古南昌地名。

⑦ 《古今图书集成》，草木典，卷28，“稻部”。所记系明末情形。

⑧ 吴应箕：《楼山堂集》卷10。转见《中国资本主义萌芽问题讨论集》，下册，第793页。

⑨ 同上。

⑩ 何乔远：《闽书》卷38，“风俗志”。何系明万历至崇祯朝人。

⑪ 屈大均：《广东新语》卷14。

⑫ （同治）《天津县志》卷6，第10页。

⑬ 雍正七年诏书。见连横：《台湾通史》，上册，第44页。

⑭ （光绪）《安吉县志》卷8，第3—4页。

⑮ 高晋：《奏请海疆禾棉兼种疏》，乾隆四十年。见《皇清奏议》卷61。

运粮船只昼夜不绝。[①] 汉口一次大火，被烧粮船达一百多艘。[②] 山东临清州所需粮食，麦、谷由河南贩运，秫、粱由天津贩运。[③] 嘉庆年间，苏州府属无论丰歉，都须由江西、湖广、安徽等省贩运米谷，每年消耗商品粮凡数百万石。[④] 这时一些较大城市所消费的粮食大为增加，苏州、杭州等府城的粮栈，"常积谷至数十万石"。[⑤] 杭州一城每年就需要商品粮食三四百万石。[⑥] 湖北汉口，嘉庆年间贮存商品粮食多至二千万石。[⑦] 明、清时代尤其是清代前期，粮食商品化的程度有着大幅度的增长。

以上只是反映当时商业性农业发展的一些事例。遗憾的是，前人没有给我们留下系统资料供我们进行全面和深入的分析。但从以上事例可以看出这一时期商业性农业发展的大致趋势。我们并不否认，个别地区经济作物的发展，不同地区间的粮食流转，在中国历史上很早就存在了。这里要着重指出的是这一时期的变化。

以上，我们所以用较长的篇幅介绍农业生产力及经济作物的发展，是为了解决这样一个问题，即这种发展和农业资本主义萌芽发生发展关系。列宁曾经指出，自给自足的自然经济，"按其本质来说，是以保守的技术和陈旧的生产方式为基础的。"[⑧] 农业生产的发展，使原来农民狭小的生产方式逐渐不能适应生产力发展的要求，促成较大规模经营的发展，从而也促成农业雇工队伍的扩大，所以说农业生产的发展是农业资本主义萌芽发生发展的条件。尤其是经济作物的发展所促成的农业经营集约化，在耕地面积不变的情况下投入更多的生产费用尤其是更多的劳动，这和资本主义萌芽的发生、发展有着直接联系。这种关系有如列宁一再指出的："按照一般规律，愈是集约化的区域，雇用年工和季节工的农民的百分比就愈高"；[⑨] 农业集约化，"表明了在土地面积减少的情况下经营规模的扩大和雇佣劳动使用的加

---

① 晏斯盛：《请设商社疏》，乾隆七年。见《皇朝经世文编》卷40。

② 钱泳：《履园丛话》卷14。

③ 方观承：《方恪敏公奏议》卷2。

④ 包世臣：《安吴四种》卷26，第3页，"农二"。

⑤ 方观承：《方恪敏公奏议》卷2。

⑥ 李鼎：《李长卿集》卷19，"借箸编"。转见《中国资本主义萌芽问题讨论集》，续编，第89页。

⑦ 包世臣：《安吴四种》卷34，第10页，"筹楚边对"。

⑧ 《列宁全集》，第3卷，第195页。

⑨ 《列宁全集》，第20卷，第101页。

强”。[①] 所以说农业技术的改进，用集约经营代替粗放经营，是资本主义农业的主要特征，也是典型的本质的特征。[②]

列宁根据农业本身所具有的特点，作出了如下科学论断：“农业的集约化过程往往会导致经营规模的扩大，引起生产和资本主义的增长。”[③] 农业集约化主要是在经济作物发展的条件下出现和发展的，它和资本主义农业发生、发展的过程是密切联系在一起的。

（三）商业性农业发展的历史作用——封建经济的解体及农民的阶级分化

商业性农业的发展，必然要导致与农业资本主义萌芽发生、发展相联系着的社会经济方面的某些变化，历史实际也是如此。

第一，商业性农业发展的结果：商品经济渗透农村，封建经济趋向解体。

关于商品经济发展的历史作用，经典作家作过详细的论述。马克思说：“商业对各种已有的，以不同形式主要生产使用价值的生产组织，都或多或少地起着解体作用。”[④] 马克思又说：“它会使生产日益从属于交换价值，因为它会使享受和生活日益依赖于出售，而不是依赖于产品的直接消费。它由此使旧的关系解体。”[⑤] 马克思这里所说的“解体”可以从以下两个方面去理解，一是自然经济解体，一是封建宗法关系松弛化。明清时代，商业性农业的发展以及伴随商业性农业发展而出现的农产品市场的发展，对旧的农村经济乃至旧的封建传统势力，都在发挥其冲击作用。

商品经济和自然经济是互相矛盾的。在商业性农业发展的条件下，农业经营者农民，特别是富裕农民和经营地主，已不单纯为消费而生产，同时也为出售而生产。他们出售部分农产品，购买他们所需要的部分生活必需品。这不只加深了享受豪华生活的地主和市场的联系，也使农民的经济生活日益受市场所支配。如江苏嘉定县的农民，“其民独托命于木棉”。[⑥] 山东临邑县棉区农民之

---

① 《列宁全集》，第22卷，第19页。

② 参见《列宁全集》，第22卷，第31页。

③ 《列宁全集》，第22卷，第25—26页。

④ 《资本论》，第2卷，第371页。见《马克思恩格斯全集》，第23卷。以下引用《资本论》均据全集本。

⑤ 《资本论》，第3卷，第369页。

⑥ 《天下郡国利病书》卷20，江南，嘉定县，据王锡爵：《永折漕粮碑记》。所说系明代晚期情形。

于棉业，“充赋治生倚办为最”；[①] 浙江嘉兴府农民，“公私仰给惟蚕息是赖”，[②] 等等，都是农民经济依赖于市场的直接反映。粮食产品也好，经济作物产品也好，富商巨贾一收购就是几千石，几万石，数万斤，乃至数十万斤。如此大量农产品，都是通过初级市场几斗、几斤收购来的。农产品的收购和出售，必然促进国内市场的发展。农业和工业不同，在生产方面要较多地受到自然条件的限制，如蔗、茶、烟、棉、桑、水果等农作物，最初是在比较适于生长的地区发展起来的，变成为某些地区的专业。地区间的生产分工，必然要导致农产品较大幅度的流转和交换。有如列宁所指出的：“农业的专业化引起了各种农业区域之间、各种农业部门之间和各种农产品之间的交换。”[③] 明清时代，在中国地主经济制基础上建立起来的中央集权制，在维护统一的社会秩序及全国范围的交通运输等方面，为农产品的大幅度流转创造了便利条件。这对商业性农业和农产品市场的发展起着一定的推动作用。

就这样，过去在田地上单纯生产使用价值的农民，现在变成为生产部分交换价值的生产者。自给自足的自然经济开始发生部分解体现象。

农业部门可以有两种截然不同的商品生产。有的农民或地主的生产虽然是为了出售，但是交换来的货币只是为了交纳租税及满足家庭个人的消费，而不是增加投资扩大再生产。这种商品生产，早在明代以前已经出现，即在明清时代也是相当大量的。[④] 它并不带有农业资本主义萌芽的性质。我们这里要着重指出的是，在明清时代，有的农民或地主，他们出售农产品不仅只为了交纳租税及满足家庭个人的消费，而且还为了价值的增殖，通过剥削自由劳动者的剩余劳动扩大再生产。只有这种商品生产所导致的自然经济的解体才和农业资本主义萌芽的发生、发展密切地联系在一起。

关于商业性农业发展对封建关系的冲击是更值得注意的问题。众所周

① （同治）《临邑县志》卷2，“风俗”，引万历二十九年旧志。

② （光绪）《嘉兴府志》卷32，第23页。

③ 《列宁全集》，第3卷，第275页。

④ 乾隆十六年孙嘉淦的《请开禁疏》中说：“至小民之生计，则岂特口食而已哉！必将以釜甑爨，而以铁耕。百工之所为，皆需以粟易之。而又税粮之征，衣服盐蔬之用，婚姻疾病丧葬之费，非粜五谷不由得也。”〔见（光绪）《畿辅县志》卷107〕这里描述了一个粮农靠出卖粮食购买生产用具和生活必需品的自给自足的农户的经济状况。道光年间张春华的《沪城岁时衢歌》说：“木棉未登场，已有下壅之费，益以终年食用，非贷于人，即典质衣物，一有收获，待用者已日不暇给，济得眼前，后来无继矣”；“下农种木棉三、五亩，官租之外，偿债不足，辛苦经年，依旧敝衣败絮耳。”这里描述了一个棉农靠出卖棉花进行简单再生产，勉强维持家庭生活的经济状况。

知，自然经济是封建关系的基础，自然经济解体理所当然地要影响于封建宗法关系的松弛化。经典作家曾经详细地论述过商品经济发展尤其是商业性农业的发展对打破农业生产上的封建束缚的作用。[①] 列宁在分析俄国伴随着商业性农业的发展而出现的农业技术的改进时指出，前者的发展同奴役性的工役制是不相容的，它在排挤工役制。伴随着商业性农业的发展而出现的农业经营形式的变革和严格的封建奴役制也是互相矛盾的，较大规模的农业经营要求自由劳动者。中国明清两代商品经济以及商业性农业的发展正在起着这种作用，它在冲击封建雇佣制，也在冲击封建租佃制。就在这个时候，中国广大农村旧的封建经济关系开始出现松弛趋势，如租佃间和雇佣间封建宗法关系的削弱，长幼、尊卑间宗法血缘关系的变化等。我们并不否认这种变化的出现是多种因素造成的，如农民大起义和其他各种形式的反抗斗争等等。但是，封建关系松弛化是和商业性农业的发展以及农业经营形式的变化分不开的。农业自由劳动就是在封建宗法关系松弛化的过程中出现的。关于这个问题，在下面讨论封建雇佣向自由雇佣过渡时还要详细分析，这里从略。

总之，研究农业资本主义萌芽问题，关于这一时期商业性农业发展对自然经济和封建关系的冲击作用必须予以足够的重视。农业资本主义萌芽发生、发展的过程，就是自然经济解体和封建宗法关系松弛化的过程，两者是互相依赖的，这是历史的辩证法。

有的作者说，"中国资本主义萌芽没有导致封建社会的解体"。这种提法是值得商榷的。马克思指出："资本主义社会的经济结构是从封建社会的经济结构中产生的。后者的解体使前者的要素得到解放。"[②] 这就是说，封建社会解体与资本主义萌芽的发生，一破一立，同时出现。没有封建经济的解体，就不会有资本主义萌芽的产生。

当然，这里所谈的"解体"，并不是说封建社会全面解体。首先自然经济没有全部解体，而只是局部解体。农业经济和工业不同，有它自己的特点，商业性农业和非商业性农业是掺和在一起的。特别是农民的生产，一方面为市场进行生产，同时还为家庭消费进行生产，甚至主要是自给性的生产。在一开始，大多数农民是在满足家庭生活需要的粮食作物以外的小块土地上种植经济作物的。就男耕女织状态的顽固结合而言，还谈不上解体。但

---

① 参见《列宁全集》，第3卷，第143、158、172—173页和第185—186等页。

② 《资本论》，第1卷，第983页。

是从为出售而种植经济作物来说，从出售农产品购买部分生活必需品来说，尤其是从为了价值的增殖而进行商品生产来说，自然经济已处于解体过程之中。其次，封建关系也只是部分解体，这时土地关系所呈现的封建宗法关系松弛化趋势就是解体过程的开始，资本主义萌芽本身就是封建关系解体的有力证据。当然，封建社会解体过程由于受了农业经济本身内在矛盾的限制，发展得特别缓慢。在资本主义关系开始发生时期，它的萌芽状态，如经典作家所指出的，是“稀疏出现”，是“偶然发生”。那么，封建社会的解体过程也只能是从个别地区、个别生产机体局部地发生。我们承认某些地区的某些生产机体的封建经济的变化，并不否认自然经济、封建关系的统治地位。在封建社会里，自然经济、封建关系总是要占据统治地位的。正如毛泽东同志所指出的，中国封建社会时期，“自给自足的自然经济占主要地位”。[①] 这种状态一直到鸦片战争前都没有发生根本的改变。

这里还必须指出，完全否认自然经济走向解体过程的变化固然不妥当，但是，因部分地区或某些生产机体自然经济发生不同程度的变化，从而推论整个封建社会“商品经济已取代自然经济”，从而论断“中国农业已经不是自给自足的农业而是商业性农业”等等，也是值得商榷的。就是经济作物比较发展的江、浙某些地区，也不是所有农业生产都变成为商业性农业。就是在这类地区，耕织结合的自然经济也没有完全被破坏。在中国封建社会时期，在自然经济占居统治地位的情况下，农民出卖部分农产品是常见的事，地主把征收来的地租转化为消费品也要依赖于市场，但不能因此说自然经济不占主要地位。明、清两代都不例外。但是，对研究农业资本主义萌芽问题而言，更重要的是要注意到这一时期自然经济的变化，这种变化正是农业资本主义萌芽的一个重要条件。

其次，更为重要的变化，是商业性农业的发展促成农民的阶级分化。

在封建社会时期，农民阶级有两种不同的分化。在农业资本主义萌芽还没有出现即宋、元以前的一千多年间，由于地主阶级横肆兼并，地权高度集中，广大自耕农沦为佃农和奴仆，这是经常反复出现的历史现象。这种分化只导致地主阶级和农民阶级的尖锐对立，并没有导致农业资本主义萌芽的发生。

值得注意的是新的分化，即由农民阶级中分化出来萌芽状态的农业资本

---

① 《中国革命和中国共产党》，见《毛泽东选集》，第2卷，第595页。

家和自由劳动者。

列宁曾经指出："商业性农业的进步使下等农户的境况日益恶化，最后把他们从农民的行列中推出去。"① 列宁所说的"推出去"就是指农民的分化，其中有部分农民被推出独立生产的轨道而沦为依附于他人的雇工。中国明代中叶和清代前期，农村经济就在发生这种变化。

在商业性农业比较发展的地区，有些农民是作为小商品生产者的身分出现的。他们的生产日益依赖于市场，它们的命运要受市场的自发性所支配。农产品价格涨落无常，小生产的盈亏不能自主，其经济条件较差的农民，甚至在开始进行生产时就负下债务，商人通过贷款、预购等手段把农民的工农业生产置于自己支配控制之下。如广东糖商，"春以糖本分与种蔗之农，冬而收其糖利"。② 或预先"放债糖寮"，到期取货。③ 如福建的夏布商贩，于每年二月间到江西产苎麻地区"放苎钱"，"夏秋收苎，归而造布"。④ 如贵州的柞蚕生产，湖北、四川、云南等省茧客每年来此进行预买活动，"春时买其树，放蚕其上，茧成来收取之"。⑤ 如吴、越商人于春季到福建生产荔枝、龙眼地区估值"扑花"、"扑青"⑥ 等等。这类"放账"、"先价"、"预买"，是商业资本和高利贷结合在一起的剥削形式，两者一齐压在农民小生产者身上。有不少农民，经不起商业高利贷的侵袭，经济状况每况愈下，甚至走向破产边沿。就是粮食作物区，随着商业性农业的发展，农民也在遭受商业资本和高利贷双重剥削。如河南商人，乘二麦未熟之时向农民放债，压价预买小麦。⑦ 如江、浙商贩，秋收时廉价典谷，夏末高价出售，"始则贱价归商，终仍贵价归民。"⑧ 如湖南永绥厅商人，于青黄不接之时贷款农民，秋收以后农民以谷抵债。⑨ 在商业资本高利贷的压迫剥削下，有不少农民丧失了他们的土地，被"推出"了独立生产的轨道。

---

① 《列宁全集》，第3卷，第245页。

② 屈大均：《广东新语》卷14，第21页。

③ （嘉庆）《海澄县志》卷6，第8页。

④ 《中国近代手工业史资料》，第1辑，第20页。

⑤ 李宋昉：《黔记》卷2，第9页，所记系1813—1834年间情形。见《中国近代手工业史资料》，第1卷，第212页。

⑥ 吴振臣：《闽游偶记》，第4页。见《小方壶斋舆地丛钞》。

⑦ 雅尔图：《心政录》卷4，第11页，"为饬禁巧于取利以恤民力事"，乾隆五年。

⑧ 汤聘：《请禁屯当米谷疏》，乾隆十二年。见《皇清奏议》卷44，第10—12页。

⑨ （宣统）《永绥厅志》卷30，第8—9页，巡抚陈宏谋奏疏，乾隆二十九年。

经济作物发展，单位面积产值增加，促进集约经营，为富裕农民的发展创造了条件。

明代中叶，浙江杭、嘉、湖等府民多种桑，每亩产值比稻田为多。嘉靖六年，湖州府桑田“大约良地一亩可收叶八十个，计其一岁垦锄壅培之费大约不过二两，而其利倍之”。① 隆庆、万历之际，湖州、嘉兴一带桑田，每亩所收桑叶多者可达二千斤，可卖银五两。② 五两银子可买米七至十石，产值超过稻田的两倍。江苏南部民多种棉，如太仓州属，隆庆年间，福建商人纷纷来这里采购木棉，“州赖以饶”，③ 可见有不少棉农增加了收入，发家致富。江苏镇泽县，种植果树收入较多，大大激发了果农的生产积极性，或谓“其民勤，虽蓄千金，而樵汲树艺未之或废。”④ 天启年间，江西赣州府民种蓝制靛，“州人颇食其利”。⑤ 这是蓝农发家致富的反映。种植烟草收益更大，据明末人记述，一亩烟田的产值“可以敌田十亩。”⑥ 明清之际，山东运城县民多种棉花，每亩棉田的产值，“五谷之利不及其半。”⑦

清代前期，有关经济作物产值增加及种植经济作物获利较多的记载就更多了。关于棉花的种植，江苏松江、太仓两府州属，棉农“费力少”而“获利多”；⑧ 山东东昌府民多种棉，经商贩运销各地，“民赖以利”。⑨ 关于烟草的种植，或谓“田家种之连畛，颇获厚利”；⑩ 或谓种烟之利，倍于百蔬，五倍于五谷。⑪ 广西省农家以种烟利厚，“大家种植一二万株，小家亦不减二三千。”⑫ 福建永安县民种蔗栽烟，“利较谷倍”。⑬ 汀州府八县农民多种烟，

---

① 《吴兴掌故集》卷13，“物产”。转见《中国资本主义萌芽问题讨论集》，续编，第236页。

② 《乌青文献》卷9，茅坤：《与甥顾儆韦侍御书》。转见《中国资本主义萌芽问题讨论集》，下册，第1040页。按乌镇属长兴县，青镇属桐乡县。

③ 叶润生：《鸥波渔话》。转见《中国资本主义萌芽问题讨论集》，上册，第54页。

④ 《古今图书集成》，职方典，卷676，“苏州府部”。

⑤ （天启）《赣州府志》卷3，“舆地志”。

⑥ 杨士聪：《玉堂荟记》卷下。转见《中国资本主义萌芽问题讨论集》，下册，第899页。

⑦ 《古今图书集成》，职方典，卷230，“兖州府部”。

⑧ 高晋：《奏请海疆棉禾兼种疏》，乾隆四十年。见《皇清奏议》卷61。

⑨ 《古今图书集成》，职方典，卷255，“东昌府部”。

⑩ 王士祯：《香祖笔记》卷3。按王士祯，山东新城县人，顺治进士。

⑪ 方苞：《方望溪全集》，集外文，卷11，“请定经制劄子”。

⑫ 《清代文字狱档》，第5辑，“吴英拦舆献策案”。转见《中国资本主义萌芽问题讨论集》，上册，第352页。

⑬ （雍正）《永安县志》卷9，“风俗”。

"所获之利息数倍于稼穑。"① 四川会理州，"莳烟种蔗，其利百倍。"② 江西新城县，农民追求烟利，纷将稻田改为烟田。③ 山东济宁州种烟尤多，或谓"愚农废农多种烟，五谷不胜烟直钱"，④ 或谓济宁州民纷纷种烟，"齐民趋利若鹜"。⑤ 关于蓝靛的种植，江苏靖江县，在相同的耕地面积上，种蓝的收入为种稻的几倍。⑥ 四川仁寿县，民多种蓝，"一亩可得靛十斤，其利倍于种谷。"⑦ 贵州瓮安县，种蓝收入较多，"业此致富者比比皆是"。⑧ 关于茶、桐、漆、麻、蔗的种植，如湖南巴陵县，乾隆年间，桐、茶价格上涨，"沅陵人颇擅其利。"⑨ 四川合江县，由于种茶可以发家，于是"艺者日众"。⑩ 贵州遵义有以种漆致富的，"家有百株"，"利可埒田十亩"。⑪ 四川江北厅由于种麻利厚，民多种麻。⑫ 简阳县沿江之民，多种蔗榨糖，"州人多以致富"。⑬

由以上记载反映出来，商业性农业的发展，一方面使广大农民丧失土地沦为无产者，同时也为条件较好的农民发家致富提供了条件，他们可以在较少的耕地面积上投入更多的劳动，争取较多的收益，扩大经营规模，发展成为萌芽状态的农业资本家。有如列宁所指出的，商业性农业的发展引起了资本家的统治和农民的分化。⑭ 研究农业资本主义萌芽，要十分重视由于商业性农业的发展所引起的农民的阶级分化问题。

过去在讨论资本主义萌芽问题的过程中，在涉及农民阶级分化问题时，不少作者是从土地占有集中和农民丧失土地方面进行分析，从土地财产的两极分化着眼，这显然是不够的。毫无疑问，土地财产不均现象的出现是全部过程的起点，它是形成剥削与被剥削的重要环节，但必须把这种现象和资本

---

① 王简庵：《临汀考言》卷6，"谘访利弊八条议"。

② （同治）《会理州志》，"历年兵事纪略"。

③ （同治）《新城县志》卷1，"风俗"。

④ 刘汶：《种烟行》。见（乾隆）《济宁州志》卷2，第62页。

⑤ 盛百二：《济州臧氏种蜀黍记》。见（乾隆）《济宁州志》卷32，第19页。

⑥ （康熙）《靖江县志》卷6。

⑦ （道光）《仁寿县志》卷2，第17页。

⑧ （民国）《瓮安县志》卷14，第9页。

⑨ （嘉庆）《巴陵县志》卷14，第24—25页。

⑩ （民国）《合江县志》卷2，第1—2页。

⑪ （道光）《遵义府志》卷17，第18—19页。

⑫ （道光）《江北厅志》卷3，第58页。

⑬ （民国）《简阳县志》卷19，第20页。

⑭ 参见《列宁全集》，第3卷，第250页。

主义萌芽联系起来才有意义。这时出现的土地财产不均现象，有的已经发生质变，并不是过去财产不均的简单重复，而是分化出新的阶级的萌芽，即列宁所指出的，“农业中的商品生产者阶级和农业雇佣工人阶级”。[①] 当然，明代中叶到清代前期，中国出现的富裕农民、经营地主和农业雇工，只能是萌芽状态的资产阶级和工人阶级的雏形，这两个阶级不仅在量的方面只是稀疏出现，在质的方面更带有浓厚的封建性。

研究中国农业资本主义萌芽问题，商业性农业的发展问题之所以值得特别重视，主要在于它对农民阶级分化所起的促进作用。这个问题在下面两节还要详细论述。

由此可见，商业性农业的发展是农业资本主义萌芽产生的一个重要的历史前提。因此，研究农业资本主义萌芽问题，关于农业部门的商品生产、商品交换以及在此基础上所形成的商业资本活动的积极作用必须有一个全面而准确的认识。在过去讨论过程中，有的作者过于降低了商品生产、商品交换的积极作用，他们没有考虑明清时代特殊的历史条件，只注意了商业资本活动对资本主义萌芽的消极影响，而根据马克思的“商人资本的独立发展与资本主义生产的发展程度成反比例”的论断把商业资本和资本主义萌芽完全对立起来，从而忽视了商品经济发展的历史作用。这种观点也是值得商榷的。

马克思指出：“作为商人资本的职能的商业是资本主义生产的前提。”[②] 恩格斯指出资本主义生产方式的产生，“是同商品生产和商品交换的一定的已经存在的杠杆即商业资本、手工业、雇佣劳动直接联系着的”。[③] 遵照经典作家的论断，在一定历史条件下，商品生产、商品交换和商业资本的活动对资本主义关系的产生和发展起着一定的促进作用，商业资本在生产与交换之间架起了互相沟通的桥梁，推动商品生产的发展，促使以使用价值为目的的生产朝着以交换价值为目的的生产转化。显然，明代中叶到清代鸦片战争以前的数百年间，在当时的历史条件下，农业部门的商品生产和交换，以及在此基础上所形成的商业资本活动就在发挥着这种作用，这时商业资本已在起着“资本主义生产前提”的作用，我们对它所起的作用绝不能忽视。

但是，也有的作者由于商品生产、商品交换、商业资本活动和资本主义

---

① 《列宁全集》，第3卷，第144页。

② 《资本论》，第2卷，第128页。

③ 恩格斯：《反杜林论》，见《马克思恩格斯全集》，第20卷，第294页。均据《马克思恩格斯全集》本。

关系的产生有一定的联系，从而夸大了商品经济在资本主义关系产生过程中的作用，忽略了其他历史条件，简单地把商品生产作为资本主义标志，把它和农业资本主义萌芽简单地联系在一起，由商品经济的发展直接引申出资本主义关系。这也是不妥当的。第一，不是所有商品生产、商品交换、商业资本活动都和资本主义关系联在一起。马克思说得很清楚，“商品生产和商品流通是极不相同的生产方式都具有的现象，尽管它们在范围和作用方面各不相同。”[①] 意思是说商业活动在古代就存在了，商业资本是历史上最古老的资本存在方式，在资本主义生产关系没有出现以前商品生产老早就出现于历史舞台了。商品生产并不是独立的，看它和什么相联系。商品生产和封建经济相联系就是封建主义的商品生产，和资本主义相联系就是资本主义的商品生产。商业资本的性质也不例外。第二，商业资本本身不能独创一种生产方式。马克思指出，商业资本“不足以促成和说明一个生产方式到另一个生产方式的过渡。”[②] 经济辩护论者的错误观点之一就在于他们“企图把资本主义生产当事人之间的关系，归结为商品流通所产生的简单关系。”[③] 第三，也是更重要的，商品生产本身不能说明阶级关系，不表明所有制关系，因此不能单纯由交换关系来论证是否资本主义关系的萌芽，因为这是许多生产方式所共有的历史现象。马克思指出：“因此，只知道这些生产方式所共有的抽象的商品流通的范畴，还是根本不能了解这些生产方式的不同特征，也不能对这些生产方式作出判断。”[④]

一方面资本主义关系的产生离不开商品经济；另一方面，单凭商品经济本身也不能产生资本主义。商品经济过渡到资本主义经济还需要其他条件。这种关系马克思曾经明确指出：商业和商业资本“对于旧生产方式，它有多大的分解作用，首先是依存于旧生产方式的坚固性和内部结构。”并且，这个分解过程会归结为什么，那就是，“什么样的新生产方式代替旧生产方式，这不取决于商业，而是取决于旧生产方式本身的性质。”[⑤] 马克思还列举古代和近代的事例加以说明：“在古代世界，商业的影响和商人资本的发展，总是以奴隶经济为其结果……但在现代世界，它会导致资本主义生产方式。由

① 《资本论》，第1卷，第133页。
② 《资本论》，第3卷，第366页。
③ 《资本论》，第1卷，第113页。
④ 同上书，第133页。
⑤ 《资本论》，第3卷，第371页。

此可以得出结论，这些结果本身，除了取决于商业资本的发展以外，还取决于完全另外一些情况。”① 规定着资本主义关系发生、发展的“别的一些事情”，主要是自由劳动的出现。有的作者之所以夸大商品生产、商品交换对资本主义关系发生、发展的作用，关键就在于忽略了资本主义关系产生所应具备的其他历史条件，尤其是自由劳动状况的条件，而把商品经济看成起决定性作用的因素。

这种关系，试就中国古代的历史实际加以分析就很清楚了。中国封建社会早期就已出现了商品生产与商业资本活动，这时的商品经济并没孕育着资本主义萌芽。就是在农业资本主义萌芽已经发生的明清时代，在农业部门也可以有两种性质截然不同的商品生产。关键在于单凭商品生产决定不了生产关系的性质。有的作者把这时农业中出现的商品生产都归结为资本主义生产，这正像马克思所曾经批评过的：把资本主义生产当事人的关系还原为由商品流通产生出来的关系。可见，夸大商品生产、商品交换以及商业资本活动在资本主义发生、发展中的作用，错误的关节点在于没有把立论的出发点建立在剥削关系的基础上，抽掉了当事人的关系，而把论点建立在商品流通的基础上，由商品生产引申出货币关系，又由货币关系引申出资本主义，而由商品生产和交换来决定一个特定的社会结构，从而作出了不符合中国历史实际的结论。这就把非资本主义的农业经营论证为资本主义农业经营，扩大了中国封建社会的资本主义因素；或提前了中国农业资本主义萌芽的时间，把萌芽时间提前了好几个世纪。

总之，研究中国农业资本主义萌芽问题，必须适当地对待商业性农业发展的作用和意义。我们一方面反对从农业的商品生产、商品交换和商业资本活动直接引申出资本主义关系，同时对它在农业资本主义萌芽的发生、发展方面所起的积极作用也要有足够的重视。

最后，让我们再回顾一下经典作家关于商业性农业的发展和资本主义农业发生、发展的关系的科学论断吧！列宁说：“农业中资本主义的增长首先表现在自然农业向商业性农业的过渡上”；② “市场把小生产者联系起来，使他们受自己的支配。产品的交换造成了货币的权力，随着农产品变为货币，

---

① 《资本论》，第3卷，第371页。

② 《列宁全集》，第22卷，第64页。

劳动力也变为货币。商品生产逐渐变为资本主义生产。”[①] 商业性农业转向资本主义生产的过程是：商业性农业的增长引起资本对农业的统治，使生产从属于资本，其中的主要环节是自由劳动的出现。

三　农业资本主义萌芽的主要指标
——封建雇佣向自由雇佣的过渡

（一）自由劳动的出现是资本主义萌芽的主要指标

资本主义萌芽是由封建经济到资本主义经济的过渡，是生产关系由量变到质变的发展过程。马克思主义要求我们研究一个运动过程时应该着重注意量变转化为质变的关节点。那么，由封建经济过渡到资本主义经济这个由量变到质变的关节点是什么呢？要正确地回答这个问题，就要首先区别资本主义和封建主义两种 不同的经济形态。

关于这个问题，恩格斯是从区别两种不同的剥削关系开始的。他在批判杜林关于“资本观念”的错误时，援引了马克思关于“资本”的论断说：“资本并没有发明剩余劳动。凡是社会上一部分人享有生产资料垄断权的地方，无论是自由的或不自由的，都必须有维持自己生活所必需的劳动时间以外，追加超额的劳动时间来为生产资料所有者生产生活资料。”恩格斯接着说：“剩余劳动和这种剩余劳动的产品被别人占有，即超出工人维持自身生活所必需的时间以外的劳动和对劳动的剥削，是到目前为止的一切在阶级对立中运动的社会形态的共同点。”[②] 这就是说，过去所有阶级社会——奴隶社会也好，封建社会也好，生产劳动者超过维持自身生活以外的劳动无不被别人所占有，不能一律看成为资本主义剥削，构成资本主义剥削的关键是自由劳动的出现。

自由劳动和资本主义的关系，马克思曾经一再指出过。他说，自由劳动和自由劳动对货币的交换，“是工资劳动的前提与资本的历史条件之一”；[③] 货币的所有者要把货币变成为资本“就必须在商品市场上找到自由劳动者”；[④] “资本主义的协作形式一开始就以出卖自己的劳动力给资本的自由雇

① 《列宁全集》，第13卷，第273页。

② 恩格斯：《反杜林论》，第226—227页。

③ 《资本主义生产以前的所有制形态》，日知译，第1页。

④ 《资本论》，第1卷，第192页。

佣工人为前提"① 等等。遵照经典作家的论断，没有自由劳动者，就不可能使货币变成为资本。

那么，怎么才构成为自由劳动者呢？

自由劳动必须具备两个条件，一个是"他没有别的商品可以出卖，自由到一无所有，没有任何实现自己的劳动力所必需的东西。"② 即生产劳动者被剥夺了借以实现劳动力以维持自己生活的全部经济条件，跟劳动手段及劳动材料分离；归根到底，即没有任何财产的自由。另一个条件是"工人是自由的人，能够把自己的劳动力当作自己的商品来支配。"③ 即生产劳动者对自己的人身有完全的自由，有权把他的劳动力作为商品出售给任何人。

对前一个条件不能绝对化。如列宁所指出的，只有大机器工业才能最后剥夺工人，"因为简单协作和工场手工业的资本主义在任何时候、任何地方都没使工人完全离开土地，可是丝毫也不因此就不成为资本主义。"④ 在资本主义萌芽时期更不例外，尤其是农业雇工很多占有小块土地。

后一个条件尤为重要。经典作家一再论证说：生产劳动者"只有当他不再束缚于土地，不再隶属或从属于他人的时候，才能支配自身"；⑤ 当劳动者把自己的劳动力在市场上表现为商品而出卖时，"他作为人，必须总是把自己的劳动力当作自己的财产，从而当作自己的商品。而要做到这一点，他必须始终让买者只是在一定期限内暂时支配他的劳动力，使用他的劳动力，就是说，他在让渡自己的劳动时不放弃自己对它的所有权。"⑥ 意思是说，自由劳动出雇之时，只能出卖一定时间的劳动力，不是出卖了一切。马克思又说，劳动力买卖的双方，"彼此作为身分平等的商品所有者发生关系，所不同的只是一个是买者一个是卖者，因此双方是在法律上平等的人。"⑦

由此可见，自由劳动和封建雇佣的区别要从两个方面考察，一是在经济关系即实际生活方面必须摆脱对雇主的前资本主义的封建依附关系，一是在法权关系方面必须解除法律上的身分义务关系。

这就要求，生产劳动者和生产力的购买者，不仅双方开始的结合是自由

① 《资本论》，第 1 卷，第 371 页。

② 同上书，第 192 页。

③ 同上。

④ 《列宁全集》，第 1 卷，第 189 页。

⑤ 《资本论》，第 1 卷，第 783 页。

⑥ 同上书，第 191 页。

⑦ 同上书，第 190 页。

的，在雇佣期间也是平等的。对研究农业资本主义萌芽而言，关于农民出雇是否享有自由平等权利的问题，必须结合实际生活和法权关系两方面进行分析。

构成资本主义生产还需要另一个条件，即进行商品生产。恩格斯指出："只有当这种剩余劳动的产品采取了剩余价值的形式，当生产资料的所有者找到了自由劳动者——不受社会束缚和没有自己财产的劳动者——来作为剥削对象，并且为生产商品而剥削劳动者的时候，只有在这个时候，在马克思看来，生产资料才具有资本的特殊的性质。"① 资本的形成，必须是为进行商品生产而剥削劳动者，这种关系，列宁在论述资本主义农业形成过程时也曾经明确指出："（一）商品生产和（二）不仅是产品，而且劳动力也成为商品。"② 可见，自由劳动和商品生产同是构成资本主义生产不可缺少的条件，没有这两个条件就不能构成为资本主义生产。

在不同的社会里有各种不同性质的商品生产，如奴隶社会的商品生产，封建主义的商品生产，资本主义的商品生产等。是什么性质的商品生产，关键在于雇佣劳动的性质。由此可见，考察生产关系变革的关节点不是别的，而是雇佣关系的变化，即自由劳动的出现。

雇佣劳动有各种不同的历史形态，自由劳动是由封建雇佣过渡而来的，因此，研究资本主义萌芽问题必须注意自由劳动的发生发展过程。

马克思指出："劳动者的奴役状态是产生雇佣工人和资本家的发展过程的起点。这一发展过程就是这种奴役状态的形式变换，就是封建剥削变成资本主义剥削。"③

根据马克思的这段论述，资本主义生产关系发生发展过程的起点，在雇佣关系方面表现为"奴役状态的形式变换"。这个"变换"有一个发展过程。因为它是一个"起点"，是资本主义生产关系开始发生的童年时代，雇佣关系虽然已经发生了质变，已过渡为资本主义自由雇佣，但仍具有从母体带来的浓厚的封建因素。此后的发展是封建奴役因素逐渐削弱，资本主义因素逐渐增长。

下面我们试看经典作家关于封建农业向资本主义农业过渡的论述。列宁

① 《反杜林论》，第227页。
② 《列宁全集》，第6卷，第307页。
③ 《资本论》，第1卷，第783—784页。

在论证俄国农业资本主义发生、发展时，列举了这样一个事例。有一个农场主，他实行改种需要大量劳动力的经济作物，“这样一来，就加强了农业的商业性质和资本主义性质。”列宁接着说：“要过渡到新的经济性和商业性农业，必须用资本主义制度代替工役制。”① 列宁所说即指封建农业雇佣向自由雇佣过渡。

自由劳动的出现对农业资本主义萌芽的发生、发展有着极其重要的意义。列宁曾经一再指出：“农业中资本主义的主要特征和指标是雇佣劳动”；②“农业资本主义的主要表现——自由雇佣劳动的使用”③ 等等。列宁这里所说的“雇佣劳动”是指农民受雇以后的自由劳动，不是指工役制式的雇工。

自由雇佣劳动的出现是资本主义萌芽产生的标志，也是衡量资本主义农业发展程度的标志。所以列宁说：“只有使用雇佣劳动的多少才是资本主义发展的最可靠最直接的标志。”④ 列宁又说：土地面积的大小“远不是任何时候都能说明、也远不能直接说明经济的真正的巨大规模和它的资本主义性质……在这方面，关于雇佣劳动的材料有无可比拟的更大证明力。”⑤

以上经典作家关于雇佣劳动的一系列论证很值得我们重视，研究中国农业资本主义萌芽问题，必须着重分析由封建雇佣向自由雇佣过渡的发展过程。

在有些国家，农业雇工发生的时间是很早的，但并非在历史上一开始出现，他们的劳动就是商品。如俄国某些地区早就出现了工役制雇佣，这种封建雇佣延续了几百年。只有在 1861 年实行废除农奴制的改革以后才出现自由雇佣关系。⑥ 中国农业雇佣出现更早，春秋、战国之际即领主经济向地主经济过渡时期，中国的农业雇佣就已出现了。这时出现的农业雇佣绝不是资本主义性质的雇佣。中国封建社会向资本主义自由雇佣过渡，劳动力变成商品，是在封建社会后期开始的。可见，农业雇佣的出现到雇佣的“奴役状态

① 《列宁全集》，第 3 卷，第 184 页。

② 《列宁全集》，第 22 卷，第 91 页。

③ 《列宁全集》，第 3 卷，第 203 页。

④ 《列宁全集》，第 22 卷，第 34 页。

⑤ 同上书，第 19 页。

⑥ 参见《列宁全集》，第 3 卷，第 171—172 页。据列宁论断，俄国有过两类工役制，一是旧的工役制，它在封建社会延续了几百年；一是 1861 年改革后的工役制，它是向资本主义过渡的形式。

的形式变换”，即劳动力变成为商品，经历了一个相当长的历史阶段。

雇佣关系性质的变化是怎么发生的，是在什么条件下产生的，发生变化的开始形态如何，对研究农业资本主义萌芽而言是一个十分重要的问题。要弄清楚这个问题，需要结合中国历史情况进行具体分析。在中国历史上，农业资本主义萌芽还没有发生以前，贫穷到一无所有的农业雇工早已存在，农民也有出雇的自由。农民在出雇之时，他愿否出雇，出雇给哪一个人，出雇多长时间，给多少工资他才出雇，完全有他的自由，但并不能构成为自由劳动者。因为这时农民的出雇是出卖了一切，如马克思所指出的，“他就出卖了自己，就从自由人变成奴隶，从商品所有者变成商品。”① 就是说，农民在出雇以后，伴随着雇佣契约的成立，马上失去了人身自由。这类雇佣，不是马克思所说的“彼此作为身分平等的商品所有者发生关系”，② 而是出卖了人身自由的封建等级关系。

历史实际表明，中国农业雇佣关系的变化是从明清时代开始的，一开始只有部分农业雇佣发生变化，以后逐渐扩大。这部分农业雇工不仅有出雇的自由，更重要的是出雇以后和雇主所构成的平等关系。这种平等关系的形成也有一个发展过程，先是实际生活中的平等，以后才有法权关系方面的平等。

明清时代农业雇佣关系性质的变化，是和农业生产力的提高，商业性农业的发展，农业生产的地域分工分不开的。这时孤立狭隘的个体经营方式逐渐不能适应生产力发展的要求，较大规模的农业经营相应发展，转而促成雇工队伍的扩大，农业雇佣关系性质的变化就在这种情况之下出现了。

（二）农业雇工队伍的扩大

自由劳动既然是资本主义农业的主要特征和指标，下面让我们看一看中国封建社会后期，由明代中叶到清代鸦片战争以前，农业雇佣劳动的发展状况，以及封建雇佣向资本主义雇佣过渡的历程。

在这一时期，农业雇佣的一个显著变化是雇工队伍的扩大。

土地兼并和农民的阶级分化是促成雇工队伍扩大的两个重要因素。本文为论述方便，关于农民的阶级分化问题已在前面《商业性农业发展的历史作

① 《资本论》，第1卷，第191页。
② 《资本论》，第2卷，第190页。

用》一节作了详细介绍，这里拟着重分析土地兼并和雇工队伍扩大的关系。

农业雇工队伍扩大，必须有广大农民丧失土地，变成为“自由到一无所有的地步”的劳动者。这就要求农民和主要生产资料——土地分离，如马克思所指出的，“对农业生产者即农民的土地剥夺，形成全部过程的基础。”而各国农民丧失土地的过程是不完全相同的，所以马克思又说：“这种剥夺的历史在不同的国家带有不同的色彩，按不同的顺序，在不同的历史时代通过不同的阶段。”①

经典作家这段论述很值得重视，我们要结合中国具体情况分析农民丧失土地的过程。

中国地主经济制：由于缺乏严格的土地占有的等级结构，土地可以买卖，高官富商掌握大量货币之时，每无限制地购买土地，形成地权集中，这是一个方面。在中国封建社会时期，经常发生大规模的农民战争，又促成地权分散。② 在整个封建社会时期，地权分散与集中每互相交错。一般情况是，一个封建王朝的初期或前期，地权趋向分散；中期以后地权多趋向集中。地权分散也常是集中的起点。无论分散与集中，在土地可以买卖的条件下，总是有部分农民出卖他们的土地，即经典作家所说的“土地剥夺”。这在中国也可以说是一种变相的“剥夺”。

是否农民土地被“剥夺”就能变成雇工呢？土地兼并与集中，这种现象在中国封建社会一开始就发生了，同时也出现了农业雇佣。但在封建社会前期，农业雇佣并没得到发展，丧失土地的农民，又以租佃形式被束缚于土地。在中国历史上，土地兼并与农民土地被“剥夺”曾经反复出现，而农民以租佃形式被束缚于土地的现象也一再重复。就是说，土地兼并不一定就促成雇工经营，丧失土地的农民也不就变成为出卖劳动力的雇工。看来，对农业资本主义萌芽而言，农民丧失土地只是一个条件，还必须有其他条件，如商业性农业的发展，农业生产力的提高等，使个体农民狭小的生产方式不能适应生产发展的要求，才能促成较大规模经营不断出现。只有在这种情况下才能促成雇工队伍的扩大。明清时代是具备了这种条件的。

这里拟着重分析和雇工队伍扩大相联系的地权变动问题，即农民土地被

---

① 《资本论》，第1卷，第784页。

② 中国地主经济制，对遗产采行诸子均分制，对地权的集中与分散也起着一定的均衡作用。这里不拟着重论述这个问题。

"剥夺"的过程。这种剥夺有各种不同的情形，有贵族缙绅的土地兼并，这类地主虽然也有进行直接经营的，毕竟是少数，他们一般采行土地出租的剥削形式。在贵族缙绅的兼并下，丧失土地的农民又以租佃的形式被束缚在土地上，这类土地"剥夺"对雇工队伍的扩大影响不大。有中小庶民地主的土地兼并，相对贵族缙绅地主而言，这类地主较多地采行雇工经营的剥削形式。尤其是富裕农民的发展，基本进行雇工经营。由此可见，庶民地主与富裕农民的发展，是促成农业雇工队伍扩大的条件。

这就是说，在中国封建社会时期，不是任何形式的土地兼并与地权集中都是雇工队伍扩大的前提。只在土地购买者不是为了出租，而是采行直接经营，只有在这个时候，雇工队伍扩大才有可能。明清时代，尤其是清代前期，富裕农民及中小庶民地主的发展，使这种可能变成为现实。

就明代而论，中叶以前地权相对分散，农民小土地所有制有过一个时期的发展。由于农民的阶级分化，富裕农民的发展，一度促成雇工队伍的发展。明代中叶到明代后期，地权逐渐集中。或谓成化（1403—1424年）、弘治以前，封建官僚还不讲求"积聚"；至正德（1506—1521年）而大变，官僚缙绅"竞营产谋利"。[①] 明代后期，或谓有田之人一经奸民投献，土地"则悉为世家所有"。[②] 或谓农民投靠显贵，"借佃护身"，"以资福庇"。[③] 或谓农民苦于辽饷加派，将田产贱售于"显贵"。[④] 这时的土地兼并者主要是贵族和缙绅。[⑤] 与此同时，也从富裕农民中发展起来一些中小庶民地主。

地主阶级兼并土地的过程，就是农民丧失土地的过程。这时有广大农民丧失土地，离村流徙。农民离村情形，或谓"相沿至成化（1465—1487年）而始剧"；[⑥] 或谓正德以前，百姓"十一在官，十九在田"，而无游食

① 何良俊：《四友斋丛说摘抄》卷6。何系嘉靖朝人。

② 赵翼：《廿二史札记》卷34，"明乡官虐民之害"。

③ 《乾隆实录》卷18，第22—23页；（嘉庆）《禹城县志》卷5，第2页。

④ 《闽清县志》卷8。

⑤ 在绅权嚣张、贵族缙绅剧烈兼并之下，世家大族才能保持住他们的土地财产，否则难以持续不堕。据王士性《广志绎》卷4："缙绅家非奕叶科第，富贵难于长守。"缙绅地主也起落无常，据周容：《春酒堂文存》卷3，"陈公初牡丹记"：浙江宁波，"自宣德（1426—1435年）以来，吾郡公卿辈出。"若干年后，他们原有土地财产"业易几姓"。（转据《中国资本主义萌芽问题讨论集》，续编，第90页）据归有光《震川先生全集》卷14，"王氏寿宴序"："吾观吴中无百年之家，倏起倏灭，常不一二世而荡然。"

⑥ 王夫之：《黄书》，《噩梦》。

之人；嘉靖（1522—1566年）年间不同了，“去农而游手趁食者又十之二、三矣”。[①] 江苏苏州府属，正德以前，“百姓安于农亩，无有他志”；嘉靖年间，“赋租日增，徭役日重，民不堪命，遂多迁业。”[②] 江西吉、安、昌、广等府农民，也纷纷离乡外出，其中“佃田南赣者十之一，游食他省者十之九。”[③] 由于农民大量流徙，在不少地区出现土、客混杂聚居现象。如福建、广东两省农民纷向南赣迁徙，嘉靖以后，仅移入宜春县的农民即“蔓延至数十万”，他们在这里定居耕种，谓之“棚民”[④]。江、浙农民则向长江中游流徙，“必资荆、湖之粟以为养”。[⑤] 山西沁水农民，由于在当地从事耕桑“不足办赋”，“强半糊口于外。”[⑥] 这类到外地谋生的农民很多变成为定居下来的客民。山东汶水县，“侨寓土著真伪莫辨”，“版籍渐淆”。[⑦] 由于人民的迁徙，户籍册都混淆难分了，可见这里客民为数不少。明代后期，有不少地区出现游民问题。这类游民有的变成了农业雇工。如由万历至明末，福建古田县农民流离到外地作佣工，[⑧] 江西南丰县农民到宁都作佣工，[⑨] 山西辽州农民“多佣力他乡”，[⑩] 山西沁州农民“强半糊口于外”[⑪] 等等。

从明代中叶开始，有一种现象很值得我们注意，即封建文人的著述在涉及农民生计之时每把佣、佃并提。据嘉靖（1522—1566年）《常熟县志》：“富民任小户以治其田，小户出力为人以耕而后治其田。”[⑫] 前者可能指租佃，也可能指的雇工经营；后者显然指的农民出雇。据嘉靖《吴江县志》：“计岁而受值者曰长工……佃人之田以耕而还其租者曰租户”。[⑬] 广东香山黄佐说：“无田而力农佃租岁收至五十石者，定为稍贫；无田而佣工衣食不充

---

① 何良俊：《四友斋丛谈摘抄》卷4。

② 同上。

③ （同治）《兴国县志》卷36，海瑞：《兴国八议》。

④ （民国）《醴陵县志》，“民族志”，第1页。

⑤ 丘浚：《江右民迁荆湖议》。见《皇朝经世文编》卷36。

⑥ 《古今图书集成》，职方典，卷361，“泽州部”。

⑦ （万历）《汶水县志》，康熙重刻，上卷之二，第13页。

⑧ （万历）《福州府志》卷7，“舆地”：“壮者多佣之四方”。

⑨ 魏禧：《魏叔子文集》卷7，“与曾闻庭”。

⑩ 《古今图书集成》，职方典，卷367，“辽州部”。

⑪ 《古今图书集成》，职方典，卷361，“泽州部”。

⑫ （嘉靖）《常熟县志》卷4，第23页。

⑬ 此据（嘉靖）《吴江县志》，“风俗”。另据（康熙）《吴江县志》卷2，“贡赋”：“无产投雇富家力田者谓之长工……租佃富家田产以耕者谓之佃户”。

者，定为极贫。”① 由这类记载表明，在这类地区，部分农民已在靠佣工维持生活，农业雇佣已经相当普遍。

从明代中叶起，不少地区的地方志书出现农业雇工的记载，在商业性农业比较发达的江浙两省尤为突出，试看下列事例：

弘治《吴江县志》：“无产小民投顾（雇）富家力田者谓之长工。先供米谷食用，至力田时撮忙一两月者谓之短工。”②

正德《松江府志》：“农无田者为人佣耕曰长工，农月暂忙者曰短工。”③

正德《华亭县志》：“农无田者为人佣耕曰长工，农月暂佣者曰忙工。”④

嘉靖湖州府属，“无恒产者雇倩受值，抑心殚力，谓之长工。夏初农忙，短假应事，谓之忙工。”⑤

嘉靖《江阴县志》：“受值而赋事曰工”。⑥

嘉靖、万历之际，扬州府属，“无力受田者名为雇工。”⑦

嘉靖、万历之际，嘉兴府属，“富者倩雇耕作，或长工，或短工”⑧。

万历《秀水县志》，“四月至七月望曰，谓之忙月，富农倩佣耕，或长工，或短工”⑨。

明代中叶及以后的百多年间，虽然伴随着农民丧失土地和离村，农业雇工队伍开始扩大，但是雇工的发展还是受到一定程度的限制。这时土地兼并者主要是贵族缙绅，这类地主基本采取土地出租的剥削形式，虽也有直接经营的，毕竟是少数。这时雇工经营的主要是新发展起来的富裕农民，也有的富裕农民进一步发展成为经营地主。在这一时期，就经营者所占耕地面积而言，比重仍然是很小的。

清代鸦片战前的百多年间情形就不同了，农业雇工队伍的扩大前进了一步。

---

① 黄佐：《泰泉乡里》卷5，嘉靖间事。

② 另据（嘉靖）《吴江县志》：“若无产者，赴逐雇倩抑心殚力，计岁而受直者曰长工，计时而受直者或短工，计日而受直者曰忙工。”

③ （正德）《松江府志》卷4，“风俗”。

④ （光绪）《华亭县志》卷23，第4页。引顾撰府志。按该志修于正德七年。

⑤ （同治）《湖州府志》卷29，“风俗”。引王道隆著：《孤城文献》。王嘉靖间人。

⑥ （嘉靖）《江阴县志》。

⑦ 《古今图书集成》，职方典，卷760，“扬州府部”。

⑧ 《古今图书集成》，职方典，卷962，“嘉兴府部”。

⑨ （万历）《秀水县志》。

清代雇工队伍的扩大，不仅和农民丧失土地产权相联系，更值得注意的是和地主身分地位的变化相联系。明代后期土地兼并者主要是贵族和缙绅，他们兼并土地更多地依靠暴力。清代前期地主兼并土地主要通过货币购买，购买者虽然有不少官僚缙绅，这时却发展起来一批中小庶民地主，同时还有不少富裕农民也参加到买地行列中去。总之，这时伴随着商品货币经济发展，地权转移日益频繁。江南地区，如钱泳所说，土地财产“十年之中已易数主”，[①] 其他地区，伴随着农民的阶级分化，地权转移情形当也不例外。如山东省情形，康熙后期，农民多无田地，“俱系与有身家之人耕种”。[②] 如同时期的山西省，“穷黎多无恒产”，“富者田连阡陌”。[③] 乾隆年间，素称殷实的河南省，则“十室九空”，“温饱之家，日渐消乏”，等等。伴随着地权的变化，则是广大农民离村流徙。如山东农民，康熙四十六年离村外出的有数十万人。[④] 康熙五十一年，农民离村到口外开垦的有十多万人。[⑤] 康熙末年，北京聚集的流民不下数十万，这些人都是过去的“著籍农民”。[⑥] 雍正六年，湖北、湖南、江西、广东等省农民到四川谋生的有几万人。[⑦] 嘉庆年间，川、陕间的山区变成了游民聚集之所，来这里谋生的经常有几十万人。[⑧] 福建、广东两省农民则向台湾流徙，仅台湾噶玛兰一地就有两省移民四万多人。[⑨] 湖南邵阳县，嘉庆二十年编查保甲，全县户口土客合计八万四千四百零一户，其中客籍占到一万零一百五十三户，[⑩] 这还是定居下来的农民。湖南、湖北农民向贵州流徙，道光年间，在贵州定居的两省移民有七万多户。[⑪] 这还是不完全的估算。

在清代前期，就是在丰收之年，农民也经常离乡外出寻求生计。雍正年间，“江西收成颇好”，“湖广、广东亦非歉收”，数省农民仍然“轻去其

---

① 钱泳：《履园丛话》卷4。

② （康熙）《东华录》卷72，第1页，康熙四十二年。

③ 山西布政使高成龄奏疏，康熙四十二年。见（光绪）《畿辅通志》卷23，第14页。

④ （康熙）《东华录》卷80，康熙四十六年七月戊寅谕。

⑤ （康熙）《东华录》卷89，康熙五十一年五月壬寅谕。

⑥ 周祚显：《驱游惰以归农业疏》。见《皇朝奏议》卷24。

⑦ （雍正）《东华录》卷12，雍正六年二月甲辰条。

⑧ 严如熤：《三省边防备览》卷11，“策略”。

⑨ 《清朝续文献通考》卷30，嘉庆十四年。

⑩ （嘉庆）《邵阳县志》卷7，第4—14页。

⑪ 罗绕典：《黔南职方纪略》卷1—5。

乡”。[①] 安徽凤、颍一带农民，即“在丰稔之年”，秋收之后也“挈眷外出”。从这时农民“轻去其乡”、“乐于转徙”的情况考察，他们已逐渐突破过去“安土重迁”的旧的习惯传统。

农民丧失土地，很多沦为地主阶级剥削下的佃农，[②] 其离村农民，一部分转入工矿变成工业工人，一部分变成城市游民或小商小贩，[③] 也有不少人变成为农业雇工。所谓“最贫者为人佣工”；[④] 农民“轻去其乡，为贾为佣”；[⑤]“贫者专恃佣趁”；[⑥] 无财力者“劳筋骨以谋生”[⑦] 等等，其中有的就指充当农业雇工。

清代前期，佣佃并提的记载也比明代为多。据康熙《通州志》：“无田之农受田于人，名为佃户；无力受田者，名为佣工。”[⑧] 据康熙《邳州志》：“佃作皆非土著……驽钝者，佣工以自给。”[⑨] 湖北应城县，“有田之家鲜能自耕，或募佣工，或招租佃。”[⑩] 雍正四年，河南巡抚田文镜关于安插流民的措施，“或令人募佃，或雇与佣工。”[⑪] 据乾隆十三年记载，灾民转徙他乡，“或佣工、佃种以食其力。”[⑫] 据乾隆十四年记载，农民“无资充佃，则力佣以自活。”[⑬] 据嘉庆《正阳县志》，“若无田者，赴逐雇倩，计岁而受值，曰长工……有种他人之田，而计亩均分者，曰佃户。”[⑭] 从这时关于佣、佃并提

---

① （雍正）《东华录》卷12，雍正六年二月丙辰谕。

② 如乾隆年间湖南巡抚杨锡绂奏：“今日田之归于富室者大约十之五六，旧时有田之人今俱为佃耕之户。”

③ 据《康熙实录》卷255，四川省一碗水矿区，聚集万余人，都是“无室可居，无田可耕”的贫民。又据《硃批谕旨》胡凤翼奏折，苏州染坊踹布工匠二万余人，都是江宁、太平、宁国等地“俱无家室”的贫民。屈大均：《广东新语》卷14，“食语”：“广州堂县人多务贾……农者以拙业力微，辄弃耒耜而从之”。《天下郡国利病书》：徐州之民，“往往竞通商贩而薄农桑，野有惰农，市多游民。”《古今图书集成》，职方典，卷36：辽州之民，“近（明代后期）多佣力他乡，担负经营，以苟全朝夕”。

④ （顺治）《蕲水县志》卷18，“风俗”。

⑤ （康熙）《衡州府志》卷8，第6页。

⑥ 徐宗幹：《斯未信斋文编》卷1，“劝捐义谷约”，道光。

⑦ 王家相：《敬陈八折收漕不可者十事疏》，道光元年。见《皇朝经世文编》卷390。

⑧ （康熙）《通州志》卷7，第3—4页。

⑨ （康熙）《邳州志》，“风俗”。

⑩ （光绪）《应城县志》，“风俗”。引康熙《樊志》。

⑪ 田文镜：《抚豫宣化录》卷3下，第52—53页，“饬查逃荒男妇以安流民事”。

⑫ （乾隆）《清实录》卷311，第15—16页，乾隆十三年三月丙午谕。

⑬ 刘方霭：《请修补城垣勿用己为疏》，乾隆十四年。见《清朝名臣奏议》。

⑭ （嘉庆）《正阳县志》卷6，“定保甲”。

的文献记载，反映了农业雇佣一定程度的发展。

下面列举一些关于清代鸦片战争以前百多年间出现于各省地方志书中的农业雇佣事例。

据顺治《蕲水县志》，“最贫者为人佣工，或岁计，或计日而岁值焉。”①

康熙年间，江西东乡县，农忙季节，雇主“必先夕而约”，或“未佣而先以值给”②。

康熙年间，宁海州，“农无田者为佣作”。③

湖南《巴陵县志》，“田赋论”：“十分其力，而佣居其五。”④

山东登州府，“农无田者为人佣作，曰长工；农日暂佣者曰忙工；田多人少倩人助己曰伴工。”⑤

山东滋阳县，十月朔，“农家皆设酒肴，燕佣人。”宁阳县，十月一日，田主“辞场圃，犒农工。”沂州，十月朔，“农家皆设酒肴，燕佣人，名曰散场。”⑥

乾隆《平湖县志》：“田多募佣，有长工，短工。”⑦

乾隆《乌程县志》：“防水旱不时，车戽不暇，必预雇月工，名唤短工或伴工。”⑧

乾隆《金山县志》：“农无田者，为人佣耕，曰长工；农月暂忙者曰忙工；田多人少，倩人助己而还之者，曰伴工。”⑨

山东高唐县，农民之贫者“专恃佣趁”。⑩

山西寿阳县，农民“受雇耕田者谓之长工，计日佣者谓之短工。”⑪

贵州，道光《遵义府志》：正月“雇长年，纠犁驱……”⑫

道光《思南府志》：“无常职闲民，出力为人代耕，收其雇值，有岁雇，

① （顺治）《蕲水县志》卷18，“风俗”。

② （同治）《东乡县志》卷8。系康熙年间情形。

③ （同治）《宁海州志》卷5，第2页。引自康熙十年旧志。

④ 《巴陵县志》，“田赋论”。见《皇朝经世文编》卷29。所记嫌夸大。

⑤ 《古今图书集成》，职方典，卷278，登州府“风俗考”。

⑥ 《古今图书集成》，职方典，卷230，兖州府“风俗考”。

⑦ （乾隆）《平湖县志》。

⑧ （光绪）《乌程县志》。所记系乾隆年间情形。

⑨ （乾隆）《金山县志》卷17。

⑩ 徐宗幹：《斯未信斋文编》卷1，“劝捐义谷约”，道光。

⑪ 祁寯藻：《马首农言》，第20页，“方言”。

⑫ （道光）《遵义府志》卷16，第3页。

有月雇，历年久者谓之长年”。[①]

从以上这类事例可以看出，清代前期，在地方志书中涉及农民出雇的记载志书较前增加。说明这一时期农业雇佣，在明代中叶初步发展的基础上又前进了一步。

特别值得注意的是，伴随着农民流徙而出现的农民远离家乡外出佣工现象的大量涌现，这对雇佣关系的变化具有重大意义。如江西东乡县农民到雇值较高的抚州府出雇，东乡县的经营者又雇用来这里出雇的外县农民。[②] 江西新城县，由于植烟区工值较高，“佣者竞趋烟地，而弃禾田。”[③] 湖南巴陵县，“农民世业难以自给……无业者往往远去川、陕佣工。”[④] 山东范县，每当麦收季节，有很多直隶南部农民来这里出雇。[⑤]

清代前期的刑部档案，保存有相当大量的雇佣资料，其中客籍雇工占着很大的比重。以下，我们摘录乾隆五十一至六十年十年间部分有关客籍雇佣事例。

到本省其他州县佣工的，如安徽无为州人到芜湖佣工，[⑥] 宿州人到蒙城县佣工，[⑦] 浙江海宁人到萧山县佣工，[⑧] 湖北松滋县人到长乐县佣工，[⑨] 四川营山县人到仪陇县佣工，[⑩] 蒲江县人到天全州佣工，[⑪] 合州人到邻水县佣工，[⑫] 苍溪县人到昭化县佣工，[⑬] 福建和平县人到嘉义县佣工，[⑭] 长汀人到永安县佣工，[⑮] 广东遂溪县人到石城县佣工，[⑯] 广西全州人到灌县佣

① （道光）《思南府志》卷2，第25页。

② （同治）《东乡县志》卷8。康熙间事。

③ （同治）《新城县志》卷1。嘉庆十年资料。

④ （嘉庆）《巴陵县志》卷14，第3页。

⑤ （民国）《范阳志》卷3，乾隆年间事。

⑥ 中国第一历史档案馆藏：刑科题本，乾隆五十六年十一月十八日刑部尚书阿桂题（以下所引刑科题本，均为中国第一历史档案馆所藏）。

⑦ 刑科题本，乾隆六十年十一月六日安徽巡抚张诚基题。

⑧ 刑科题本，乾隆五十六年六月二十一日刑部阿桂题。

⑨ 刑科题本，乾隆五十六年四月五日刑部阿桂题。

⑩ 刑科题本，乾隆五十八年六月十五日刑部阿桂题。

⑪ 刑科题本，乾隆五十八年六月五日刑部阿桂题。

⑫ 刑科题本，乾隆五十八年九月二十日四川总督惠龄题。

⑬ 刑科题本，乾隆五十九年十月十一日四川总督孙士毅题。

⑭ 刑科题本，乾隆五十九年十月二十三日刑部阿桂题。

⑮ 刑科题本，乾隆六十年七月八日福建巡抚浦霖题。

⑯ 刑科题本，乾隆五十六年十二月七日刑部阿桂题。

工,[1] 贵州正安州人到镇宁州佣工,[2] 河南西华县人到确山县佣工,[3] 鄢陵县人到淅川县佣工,[4] 直隶曲阳县人到唐县佣工,[5] 景州人到涿州佣工,[6] 山西洪洞县人到蒲县佣工,[7] 永宁州人到汾阳县佣工,[8] 霍州人到隰州佣工,[9] 陕西郃阳县人到南雒县佣工,[10] 耀州人到三原县佣工,[11] 中部县人到洛川县佣工,[12] 甘肃陇西县人到通渭县佣工,[13] 山东清平县人到寿州县佣工,[14] 平度州人到莱阳县佣工,[15] 堂邑县及清平县人到临清县佣工,[16] 等等。

而且有不少远到外省佣工的事例。如江苏邳州人到山东滕县佣工,[17] 湖南湘乡县人到四川奉节[18]和万县佣工,[19] 湖南安化县人到四川云阳县佣工,[20] 湖南永州人到云南永善县佣工,[21] 湖南人到四川巫山县佣工,[22] 湖北通山县人到陕西山阳县佣工,[23] 湖北和安徽省人到陕西商州佣工,[24] 四川岳池县人到陕西安康县佣工,[25] 四川通江县人到陕西西乡县佣工,[26] 福建汀州人到陕

① 刑科题本，乾隆五十九年七月二十六日广西巡抚姚棻题。
② 刑科题本，乾隆五十九年二月二十二日刑部阿桂题。
③ 刑科题本，乾隆五十一年五月十八日刑部喀宁阿题。
④ 刑科题本，乾隆五十七年十二月十一日刑部阿桂题。
⑤ 刑科题本，乾隆五十六年二月十日直隶总督梁肯堂题。
⑥ 刑科题本，乾隆六十年二月四日直隶总督梁肯堂题。
⑦ 刑科题本，乾隆五十八年八月二十一日刑部阿桂题。
⑧ 刑科题本，乾隆五十九年二月十八日，刑部阿桂题。
⑨ 刑科题本，乾隆五十九年七月九日刑部阿桂题。
⑩ 刑科题本，乾隆五十六年四月六日陕西巡抚秦承恩题。
⑪ 刑科题本，乾隆五十七年闰四月二十日陕西巡抚秦承恩题。
⑫ 刑科题本，乾隆五十九年一月十三日，刑部阿桂题。
⑬ 刑科题本，乾隆五十七年五月二十三日刑部阿桂题。
⑭ 刑科题本，乾隆五十一年五月二十一日，刑部喀宁阿题。
⑮ 刑科题本，乾隆五十七年闰四月二十一日山东巡抚吉庆题。
⑯ 刑科题本，乾隆五十九年二月十七日山东巡抚毕沅题。
⑰ 刑科题本，乾隆六十年六月十五日山东巡抚王德题。
⑱ 刑科题本，乾隆五十五年十月七日刑部阿桂题。
⑲ 刑科题本，乾隆六十年十月二十一日刑部阿桂题。
⑳ 刑科题本，乾隆五十七年八月二十九日四川总督孙士毅题。
㉑ 刑科题本，乾隆五十九年一月二十六日云南巡抚费淳题。
㉒ 刑科题本，乾隆五十九年五月十二日刑部阿桂题。
㉓ 刑科题本，乾隆五十六年十一月二日刑部阿桂题。
㉔ 刑科题本，乾隆五十八年十月七日陕西巡抚秦承恩题。
㉕ 刑科题本，乾隆五十三年十一月十四日刑部阿桂题。
㉖ 刑科题本，乾隆五十九年六月三日刑部阿桂题。

西洋县佣工,[①] 广东龙川县人到广西兴业县佣工,[②] 广东归善县人到广西平南县佣工,[③] 贵州绥阳县人到云南镇雄州佣工,[④] 贵州人到陕西西乡县佣工,[⑤] 河南安阳人到江苏砀山县佣工,[⑥] 河南滑县人到吉林马兴屯佣工,[⑦] 山西太原人到直隶朝阳县佣工,[⑧] 直隶无极县人到奉天锦县佣工,[⑨] 而山东省人到外省作雇工的尤多。如菏泽县人到河南佣工,[⑩] 郯城县人到江苏阜宁县佣工,[⑪] 郓城县人到江苏长洲县佣工,[⑫] 诸城县人到江苏省海州佣工,[⑬] 益都县人到直隶平泉州佣工,[⑭] 冠县人到直隶赤峰县佣工,[⑮] 莱阳县人到直隶朝阳县佣工,[⑯] 诸城县人到吉林佣工,[⑰] 德州人到吉林珲春佣工,[⑱] 棲霞县人到吉林宁都塔佣工,[⑲] 夏津县人到吉林三姓地方佣工,[⑳] 莱阳和潍县人到奉天府佣工,[㉑] 等等。

此外,在刑部档案中还有很多“外出佣工”、“往别处佣工”、“在外面佣工”之类的记载。[㉒]

农业雇工队伍的扩大,据我们所辑录的雍正、乾隆、嘉庆三朝九十八年

① 刑科题本,乾隆五十七年十月十五日刑部阿桂题。

② 刑科题本,乾隆五十七年七月二日刑部阿桂题。

③ 刑科题本,乾隆五十九年二月十六日刑部阿桂题。

④ 刑科题本,乾隆五十九年三月十日云南巡抚费淳题。

⑤ 刑科题本,乾隆五十九年六月十九日陕西巡抚秦承恩题。

⑥ 刑科题本,乾隆五十九年四月二十一日刑部阿桂题。

⑦ 刑科题本,乾隆六十年十二月十日刑部阿桂题。

⑧ 刑科题本,乾隆五十八年直隶总督梁肯堂题(月日缺损)。

⑨ 刑科题本,乾隆六十年八月二十一日刑部阿桂题。

⑩ 刑科题本,乾隆五十九年十一月四日直隶总督梁肯堂题。

⑪ 刑科题本,乾隆五十七年三月五日刑部阿桂题。

⑫ 刑科题本,乾隆五十七年十月十九日刑部阿桂题。

⑬ 刑科题本,乾隆五十九年三月十六日刑部阿桂题。

⑭ 刑科题本,乾隆五十七年五月二十三日刑部阿桂题。

⑮ 刑科题本,乾隆五十九年二月二十一日直隶总督梁肯堂题。

⑯ 刑科题本,乾隆五十九年十一月十四日直隶总督梁肯堂题。

⑰ 刑科题本,乾隆五十八年三月二十三日刑部阿桂题。

⑱ 刑科题本,乾隆五十七年四月四日刑部阿桂题。

⑲ 刑科题本,乾隆五十七年七月二十三日刑部阿桂题。

⑳ 刑科题本,乾隆五十九年六月九日刑部阿桂题。

㉑ 刑科题本,乾隆五十一年二月八日奉天府尹奇臣题。

㉒ 乾隆五十三年八月刑部喀宁阿题本,五十六年五月六日刑部喀宁阿题本,五十八年五月十八日四川总督惠龄题本,五十九年五月二十八日刑部阿桂题本,五十九年六月二十七日阿桂题本,等等皆有类似记载。

间六百二十八件刑事资料（这只是全部刑档中的很小部分），反映得很清楚。就这部分资料而言，可以看出，越是后期，案件数字所占比重越大，分布的地区越广。

表1　清代前期雇工案件分期统计

（1721—1820年）

年代	长工		短工	
	件数	%	件数	%
1721—1740	19	7.5	21	5.6
1741—1760	37	14.6	44	11.8
1761—1780	43	16.9	50	13.4
1781—1800	48	18.9	83	22.2
1801—1820	107	42.1	176	47.0
合计	254	100	374	100

资料来源：中国社会科学院经济研究所藏：刑档抄卡。

表2　清代前期长工案件地区分布统计

（1721—1820年）

年代	江苏	浙江	安徽	江西	湖北	湖南	四川	山东	河南	直隶	山西	陕西	甘肃	福建	广东	广西	云南	贵州	辽宁	吉林	合计
1721—1740	3	0	1	3	0	0	1	3	1	3	2	0	1	0	1	0	0	0	0	0	19
1741—1760	2	2	4	3	2	0	1	4	5	5	1	1	1	1	1	1	1	2	0	0	37
1761—1780	5	3	5	4	3	0	1	3	3	7	0	0	0	1	3	1	1	3	0	0	43
1781—1800	2	1	3	1	3	1	0	10	1	6	1	2	3	1	4	2	1	1	5	0	48
1801—1820	2	3	7	3	4	0	9	11	8	7	6	9	8	1	4	2	3	4	12	4	107
合计	14	9	20	14	12	1	12	31	18	28	10	12	13	4	13	6	6	10	17	4	254

资料来源：中国社会科学院经济研究所藏：刑档抄卡。

表 3　　清代前期短工案件地区分布统计

（1721—1820 年）

年代	江苏	浙江	安徽	江西	湖北	湖南	四川	山东	河南	直隶	山西	陕西	甘肃	福建	广东	广西	云南	贵州	辽宁	吉林	黑龙江	合计
1721—1740	1	2	1	1	0	1	1	3	1	3	1	0	0	1	3	0	0	0	2	0	0	21
1741—1760	3	1	2	2	4	0	8	0	0	6	8	1	2	2	2	1	0	1	1	0		44
1761—1780	3	4	1	2	1	0	3	2	8	8	1	4	1	4	2	1	2	1	1	1	0	50
1781—1800	2	3	2	3	4	1	8	3	1	13	11	12	2	2	5	0	0	2	4	5	0	83
1801—1820	3	8	8	5	5	1	16	5	17	15	7	21	3	6	5	10	2	5	17	16	1	176
合计	12	18	14	13	14	3	36	13	27	45	28	38	8	15	17	12	4	9	25	22	1	374

资料来源：中国社会科学院经济研究所藏：刑档抄卡。

历史研究所的同志辑录了更大量的刑档资料。在乾隆二十年至六十年凡四十年间《刑科题本》中的“命案”和“土地债务”约两万件档案资料中，涉及雇工案子的约有四千六百多件，占四分之一弱。不仅雇工案件数量大，而且所反映出增长趋势也很显著。如北方的山西省，乾隆十五年至二十年雇工命案六十九件，三十五年至四十年雇工命案一百零八件，五十五年至六十年雇工命案一百四十件。商品经济比较发展的广东省，乾隆十一年至二十年的十年中，雇工命案四十一件，乾隆三十一年至四十年的十年中，雇工命案达一百三十三件。长江上游的四川，乾隆二十年雇工命案九件，三十年雇工命案二十一件，四十年雇工命案三十件。①

伴随着农业经营的发展与农业雇工队伍的扩大，农忙季节需要大量短工，雇工和雇主洽商工资的雇工市遂纷纷出现。农业雇佣发展较早的江苏南部各县，从上述地方志书关于农业雇工的记载情况考察，这一地区的农业雇工市可能在明代中叶就已出现了。② 清代前期，浙江、安徽以及直隶、山东、河南、山西等省，都有关于雇工市的记载。③ 如山东省，农民“当每日日出

① 参见吴量恺：《清代乾隆时期农业经济关系的演变和发展》，载《清史论丛》，第 1 辑，第 6 页。

② 关于直隶容城县农业雇工市，据传说是在明代开始的，附此以供参考。

③ 详见本书魏金玉：《明清时代农业中等级性雇佣劳动向非等级性雇佣劳动的过渡》一文。

之时，皆荷锄立于集场，有田者见之，即雇觅而去。”[①] 山西阳高县，有农民“都到市寻活作”的记载。[②] 这里的市就是劳动力进行交易的场所。如河南林县，农民“持荷农具，晨赴集头，受雇短工，名曰人市”。这种雇佣方式，“习俗称便，繇来已久”。[③] 又河南柘城县，农民自带锄头，“赴集候主雇觅短工”。[④] 如直隶昌平州的一个村镇，地主陈五在雇工市上雇了七个不知姓名的人做工。[⑤] 广东的雇工市，如钦州雇主“在墟觅工”；[⑥] 新会县雇主遣人“出墟雇工人”[⑦]，这里所说的“墟”可能指的雇工市。东北奉天府开原县河清屯，有农民“到工夫市上卖功夫”的记载。[⑧] 以上各省州县的农业雇工市是从什么时候开始的，记载不详，其开始成立的时间，比出现于文字记载的年代肯定要早得多。

农业雇佣既然成了普遍现象，而且有很多客籍佣工，对这些人如何进行约束以维系地方治安，便成为地方官吏一项重要任务。如明朝隆庆、万历之际海瑞所制定的关于把雇工写入雇主户帖的规定：“旬日雇工人止觉察来历，不书；论年月雇工人书入”。如万历年间山西巡抚吕坤制定的关于令雇主管束雇工的规定：“乐户、家奴及佣工、佃户各属房主地主挨查管束”。[⑨] 为了加强雇主对雇工的约束责任，有的户籍册特设“雇工”，一栏，如嘉靖年间的《香山户口册》，寄住客人有“佣工”一项。[⑩] 道光《陵县志》所载保甲户口册式，户主之后列有“男仆若干名”、“雇工若干名”专栏。[⑪] 此外，明代还出现了“雇工议约”格式，如万历年间福建布政使所颁发的雇工格式，把雇工、雇主、介绍人、年工资、照管田园等项一并写入契约。[⑫] 以上这类事例都表明了农业雇佣的发展，这时农民出雇已经不是偶然的事情，有不少

---

① 李渔：《资治新书》，第2集，卷8，周栎园：《劝施农器牌》。

② 刑科题本，乾隆十六年十二月二十日阿思哈题。

③ （乾隆）《林县志》卷5，“集场记”。此志修于乾隆十七年，从“繇来已久”，雇工市的成立可能在康熙年间以前。

④ 刑科题本，乾隆元年九月七日河南巡抚富顺题。

⑤ 刑科题本，乾隆五十六年五月六日刑部阿桂题。

⑥ 刑科题本，乾隆四年四月四日广东巡抚王謩题。按广东省俗称市为墟。

⑦ 刑科题本，雍正二年九月十七日阿尔松阿题。

⑧ 刑科题本，乾隆三十八年八月二十五日管理刑部事务刘统勋题。

⑨ 吕坤：《实政录》“乡里约”。

⑩ 黄佐：《泰泉乡里》卷6，“定保甲”。

⑪ 光绪元年增辑（道光）《陵县志》卷5，第34页。

⑫ 《家礼简仪》二册，福建布政使司左布政范颁行，万历三十五年澄我含刊，转自傅衣凌：《明清农村社会经济》。

农民已经变成为职业雇工了。

对研究农业资本主义萌芽而言，农业雇工队伍的扩大是特别值得注意的历史现象。如把明代中叶以后尤其是清代前期百多年间，伴随着雇工队伍扩大而出现的商业性农业的发展和农业经营形式的变化联系起来考察，更能显示出它的时代意义。

（三）封建宗法关系的松弛趋势与农业雇佣性质的变化

前面所说农业雇工队伍的扩大只表明量的变化，还没有涉及质的变革。这里要着重论述农业雇佣性质的变化，封建宗法性雇佣向资本主义性质自由雇佣的过渡。

中国农业雇佣的封建性表现为雇主和雇工之间的封建等级关系，对雇工而言，雇主是以特权者的身分出现的。农业雇佣的宗法性则表现为主雇间的宗法家长制关系。对雇工而言，雇主是以家长的身分出现的。封建性雇佣向资本主义自由雇佣过渡，意味着农业雇佣的封建宗法关系的松弛化。

雇佣性质的变化不是孤立进行的，必须把它放在整个社会历史条件之下进行考察才能揭示出问题的实质。首先是社会经济关系的变化，以及传统的封建宗法关系的变化，从这些方面来考察，看是否具备了封建雇佣向自由雇佣过渡的条件。我们认为，明代中叶到清代前期的数百年间是具备了这种条件的。

首先是商品经济发展的冲击，它是这种变化产生的一个重要历史前提。我们在本文第二节曾经指出，由于商业性农业的发展，促成自然经济部分解体，封建关系松弛化等等。所有这些变化都会影响于雇佣关系的变化。

如前所述，自然经济是封建宗法关系的基础，自然经济趋向解体必然影响于封建宗法关系松弛化。经典作家曾经详尽地论述过商品经济发展尤其是商业性农业发展对打破农业经营生产上的封建束缚的巨大作用。① 如列宁在分析俄国商品经济的发展及伴随着商业性农业发展而出现的农业技术的改进时指出，前者的发展同奴役性的工役制是不相容的，它在排挤工役制。中国社会历史发展的过程也不例外。从明代中叶起，商业性农业的发展已在开始冲击封建雇佣制。这种变化首先是在富裕农民经营的田场上开始的。

① 参见《列宁全集》，第3卷，第143、158、172—173、185—186等页。

在中国地主经济制的制约下，“缙绅”和“庶民”的区别相当严格。[①] 富裕农民属于“庶民”等级，他们的政治社会地位和享有封建特权的缙绅不同。在实际生活中，缙绅地主和雇工的关系是以贵族“老爷”的姿态出现的，对雇工可以任意驱使虐待；富裕农民一般与雇工一同参加生产劳动，共坐共食，双方是比较平等的。尤其值得注意的是，富裕农民还是农民阶级中的一个阶层，由此形成的所有制不是封建所有制。因此，就以上富裕农民各方面的条件而言，它不利于保持旧的封建雇佣关系，它在瓦解、排挤这种封建雇佣制。因此，在中国封建社会后期，首先由这类富裕农民所形成的雇佣突破了向自由劳动过渡的缺口。

伴随着商业性农业的发展而出现的农业经营形式的变革，同严格的封建奴役制也是互相矛盾的。在农业资本主义萌芽时期，在农业生产完全靠手工劳动的情况下，生产劳动者——人的因素显得特别重要。农业生产收成的好坏，在极大的程度上取决于劳动者的生产技术和劳动态度。因此，农业经营者要想改进生产，提高劳动生产率，争取好的收成，必须设法提高生产劳动者的生产积极性。要达到这种目的，完全靠经济外强制、对雇工施行人身制裁，是办不到的。必须改变旧的封建传统，从提高雇工工资、改善雇工生活待遇方面着手。列宁在论证俄国农业资本主义发展时曾经十分明确地指出了这种关系。

明清时代，影响封建雇佣关系发生变化的封建宗法关系的松弛化，表现在很多方面，也是多种因素所促成的。如前面所谈到的农民的流徙就在起着这种作用，说明农民已在打破“安土重迁”的旧的习惯势力，抛弃他们世代相守的祖宗坟墓，改变聚族而居的历史传统。流徙异乡的农民，作佃户也好，作雇工也好，这类客民和地主的关系不同于土著农民和地主的关系，彼此之间缺乏一向存在着的压迫奴役关系的旧传统，农民阶级不甘于地主阶级的封建压迫，反抗斗争事件遂层出不穷。如四川绵竹县，康熙年间，有很多湖广人来这里垦荒，“屡以客户凌土著”。[②] 其中的土著虽然包括农民在内，但也包括部分地主。嘉庆年间，福建、广东省人到湖南攸县开山种植桐、茶、包谷。闽、粤之人“气类迥分，一有争讼，交构难解。”[③] 以上客民的

① 缙绅指仕宦。在明代，考中举人、贡生，即取得出仕资格，秀才不在缙绅之列。

② （道光）《绵竹县志》卷28，第10页。

③ （光绪）《攸县志》卷54，“杂识”，第8页，“裘令告示”。

反抗斗争，对旧的封建传统也在起着一定的冲击作用。

广大农民的流徙还严重地冲击封建户籍制。农民流徙本身，就说明他们在摆脱户籍制的束缚，争取迁徙的自由。按明清时代制定的法令，“凡冒籍者、跨籍者、越边侨籍皆禁之。”农民是不能轻易脱离原籍的。如农民因灾流徙，按规定要行文勒令流民返回原籍。到清代前期，封建统治有时采行变通办法，如康熙四年，福建农民流徙江西南部的凡数万人，令就地安插，造花名文册。[①] 乾隆初期，有的地区流民很多，乾隆下令：“贫民远图生计，亦不可持之太峻”；对农民觅食他乡者，令各督抚“酌量办理，不必过于严紧。”[②] 清王朝虽然还没有放弃对户籍的控制，但逐渐放弃强迫农民返回原籍的政策措施。

明清时代的赋役改革政策措施，在放松户籍制控制方面也有一定的影响。明代嘉靖之后逐渐推行一条鞭法，清代雍正年间实行摊丁入地，赋役政策的这种改革首先是商品货币经济发展的结果。经过这种改革措施，封建统治者逐渐放松对农民的控制，尤其是少地、无地农民逐渐从封建赋役的压迫下解放出来，获得较多的迁徙自由。从此，农民可以任意到任何地方寻觅雇主，这种活动本身就表明对封建宗法关系乃至封建秩序的冲击。而更值得注意的是，封建户籍制和封建赋役制的变革，乃是封建关系松弛化的反映。

封建宗法关系的松弛化和雇佣劳动者的人身解放过程，也是和农民阶级的反抗斗争分不开的。农民阶级是打击、削弱封建宗法关系的主要力量。

明代中叶以前，发生过很多次较大规模的农民反抗斗争。明代末年，又爆发了高迎祥、李自成、张献忠等人所领导的农民大起义，李自成并且提出“贵贱均田”的政治纲领，[③] 对封建制度进行严重冲击。从“贵贱”二字反映出来，这时农民阶级的斗争的矛头不仅指向地主阶级的土地兼并，而且直接指向封建等级制。“贵贱均田”口号的提出就是针对地主阶级的封建特权的严正抗议。这时在各地建立起来的农民政权，到处执行打击封建贵族和豪绅地主的政策措施，地主阶级的等级特权受到严重削弱。

在明末农民大起义的影响下，黄河、长江、珠江各流域的农民，到处掀起反对人身压迫闹翻身的斗争。如广东顺德县的“奴弑其主”，[④] 新会县农

---

① 林天擎：《乞鉴力役之苦勅部严禁疏》，见王芝珍辑：《筹时要略》，三集，卷4。

② 《乾隆实录》卷367，第5页，乾隆十五年六月戊子谕。

③ 查继佐：《罪惟录》“李自成传”。

④ （咸丰）《顺德县志》卷31。事在崇祯末年。

民“率皆杀其故主”,[①] 高要县农民“忿杀其主以叛”,[②] 清远县佃仆“杀主踞田”[③] 等等。长江流域各省农民的反抗斗争尤为剧烈。四川各州县沦为奴仆的农民，对“平日准人子女，谋人田产，不恤僮仆饥寒劳苦之户”进行了坚决斗争。[④] 或谓张献忠率领义军入川，“一时绅士家豪奴悍仆，戕灭其主，起而相应。”[⑤] 如湖北省，黄安县沦为奴仆的农民，“结党叛主，挥戈过市”;[⑥] 麻城县奴仆数千人，“炮烙衣冠，推及故主”;[⑦] 应城县豪绅地主奴役下的农民，一俟“故家式微”，即行反抗，“士族受其陵轹”。[⑧] 江西省太和县，“豪奴悍仆与主为难”;[⑨] 安吉县奴仆“乘机叛主”;[⑩] 安福、庐陵、永新等县，农民“裂囊为旗，销锄为刃”，以“铲平主仆、贵贱、贫富”相号召；乃至把地主捆在柱子上加以鞭斥，历数他们的罪状：“均人也，奈何以奴呼我！今而后得反之也。”[⑪] 安徽省徽州宋乞则“联络一县之仆”，向地主索要文契，并向地主宣布：“皇帝已换，家主亦应作仆事我辈矣”。参加斗争的有几千人。[⑫] 江苏、浙江两省农民的反抗斗争也相当剧烈，如太湖沿岸各州县，“滨湖之人千百为群，负耒荷梃，大呼报仇。怀怨之人，翕然从之，各集所怒，毁门垣，系子女，举火杀人。”[⑬] 江宁府城，则奴仆“立马主人门，举鞭指画，放言无忌”;“甚者拔刀砍庭柱，叫呼索酒食，不得则恣意大骂。”[⑭] 松江府农民向地主进行索要文契的斗争，他们向地主宣称：朝代已经更换，“奴例何得如初!”于是“一呼百应，各至主门，立逼文契。”由县城至各村镇，“鸣锣聚众，每日有数千人，鼓噪而行。”[⑮] 嘉定县农民，则“什什伍伍，白昼持兵劫主父，使出券以献。”奴仆“坐堂上，饮啗自若”；主人

---

① （道光）《新会县志》卷13。事在顺治二年。

② （道光）《高要县志》卷10。事在顺治二年。

③ （光绪）《清远县志》卷12。事在顺治四年。

④ 李锦山:《滟滪囊》卷1。事在张献忠占领四川时期。

⑤ 李锦山:《蜀碧》卷4。

⑥ （同治）《黄安县志》卷10,“兵事”。

⑦ 王葆心:《蕲黄四十八砦纪事》卷1；又（光绪）《湖北通志》卷69,“兵事”。

⑧ （光绪）《应城县志》卷1,“风俗”，引李志。

⑨ （光绪）《太和县志》卷9,“政事”。事在顺治二年。

⑩ （光绪）《庐陵县志》卷5下。

⑪ （同治）《永新县志》卷15，第7—8页。

⑫ 江同文辑:《思豫述略》。转见傅衣凌:《明清农村社会经济》，第127页。

⑬ 张履祥:《杨园先生全集》卷38，第16—17页。

⑭ 杜浚:《变雅堂遗集》，文六。转见傅衣凌:《明清农村社会经济》，第103页。

⑮ 《研堂见闻杂录》，事在顺治二年。

“跪堂下，搏颡呼号。”[①] 其受农民起义影响较小的通州农民，也掀起反人身压迫的斗争。过去长期在地主压迫下的奴仆，或见主人势衰，“则哗而去”，或主人“稍绳以法，辄操戈而反噬。”[②] 黄河流域以河南之光山、商城、固始等县的斗争最为激烈，沦为奴仆的农民，纷纷迫令地主书立退约，争取人身解放。[③] 如光山县，沦为“世仆”的农民，“倡私家不得蓄奴仆”之说，“群执其家主以叛，至有焚掠主室杀其子姓者。”[④]

以上各省州县农民所掀起的打击“故主”、逼索卖身文契、争取人身自由的斗争，不只严重地冲击和削弱封建宗法关系，并且对农业雇工的解放也起着一定的促进作用。在轰轰烈烈的奴仆反抗运动中，有些雇工也参加到斗争行列中去。如顺治年间广东潮阳县佣工班三联络当地奴仆所进行的斗争；[⑤] 江西宁都县宋氏佣工刘若一联络刘达伯等人所进行的斗争；[⑥] 雩都县佣工李廷玉联络广东客民所进行的斗争，[⑦] 等等。在以上历次斗争中雇工都发挥了重要作用。[⑧] 以后宁都县的农业雇工还进行了有组织的合法斗争，他们针对地主的违法迫害行为，并且“讦告官府”。对这次雇工的斗争，封建文人曾横肆污蔑，说什么“工人有病及虎伤、水溺等类者，则其党乘机抢掠，声言（被地主）谋死……朋行索骗。”雇工的斗争甚至影响于地主的农业经营，封建文人对此十分忧虑，如魏禧所说：长此下去，有田之家“将来畏祸，不敢佣地工，田必荒矣”；乃至发出“佣工之家人人自危”的哀鸣。[⑨] 对这次斗争，地方官府也束手无策，可见参加斗争的佣工之众多和斗争规模之大了。

康熙初年，湖北应城县也发生雇工斗争，“佣佃之人至与田主相抗衡”。[⑩] 又清代前期的刑部档案中，有关雇佣关系的案件占着相当大的比重，

---

① 黄淳耀：《陶庵集》。

② （光绪）《通州志》卷1，“风俗”。

③ （嘉庆）《汝宁府志》卷23，第80页；（光绪）《光州志》卷6，第33页。

④ （民国）《光山县志约稿》卷3，名宦下。转见傅衣凌：《明清农村社会经济》。事在顺治十七年。

⑤ （光绪）《潮阳县志》卷13，“纪事”。

⑥ （同治）《雩都县志》卷6，“武事”。

⑦ 同上。

⑧ 明清时代的文献资料，每把农业雇工称之为“佣奴”，而且这时雇工和奴仆也没有严格区分，在封建法典上，雇工的雇主和奴仆的买主都是以“家长”的身分出现的，都明确规定所谓“主仆名分”。雇工的反抗斗争也好，奴仆的反抗斗争也好，都反映封建宗法关系的松弛化，也都会给封建宗法关系以严重冲击。

⑨ 魏禧：《魏叔子文集》卷7，“与曾庭闻”。

⑩ （光绪）《应城县志》卷1，“风俗”，引康熙樊志。

其中很多是反对地主阶级的人身压迫的。[①] 又清初写作的《醒世姻缘传》有这样一段描绘："那些觅汗，雇与人家作活，把那饭食嫌生道冷，千方百计的作梗。该与他的工粮，定住了要那麦子绿豆，其次才是谷黍。"[②]

从以上文献资料所反映的农业雇工所进行的各种形式的反抗斗争，说明他们正在突破封建宗法制度的束缚，争取工资待遇和人身自由，甚至向压迫他们的"干犯名义"的封建条例宣战了。[③]

在农民阶级的反抗斗争的激荡下，租佃关系也在发生变化。经过元末农民大起义，明初制定的律例，废除了过去佃户对地主在法律上的等级规定，[④] 只在"乡饮酒礼"中载明"以少事长之礼"。相对宋、元而言，这是一次巨大变革。明清之际，佃农的抗租斗争以及反人身压迫斗争更加剧烈。在农民阶级反抗斗争的冲击下，地主对佃农的超经济强制的权力严重削弱。就在这种形势之下，封建统治者采行了一系列制止豪绅地主欺压佃农的政策措施。如顺治年间江苏巡抚卫贞元提出的禁止凤颍豪绅"将佃户称庄奴"的建议，[⑤] 康熙初年江西学政邵延龄在吉安、赣州等府所采行的禁止地主"以佃为仆"以"破数百年陋俗"的措施。[⑥] 康熙二十年，清廷并且发布指示："今绅衿大户，如将佃户欺压为奴等情，各省该督抚即行参劾。"[⑦] 所有封建统治者这类政策措施，都是租佃间封建关系松弛化的反映。雍正年间（1723—1735年），律例中又增加禁止佃农"拖欠租课、欺慢田主"之类的条款，有犯者，"杖八十，所欠之租照数追给田主。"[⑧] 接着，各级地方政权连续发布强制农民交租的告示，并作了严酷的惩罚规定。[⑨] 所有这类强化国家机器作用的政策措施，都意味着地主阶级对农民阶级的直接行使强制权力

① 刑档。

② 《醒世姻缘传》，第26回。

③ 据明清律例，雇工控告雇主是非法的，是以下犯上，叫作"干犯名义"。即使所控属实，也要坐雇工以"控告家长"之罪，判处两年半徒刑。

④ 据《建炎以来系年要录》卷75，宋绍兴四年四月丙午条，地主殴佃客致死，"初无减等之例，至元丰始减一等……至绍兴又减一等，止配本城。"据《元史》卷105，"刑法志"，地主打死佃户，止杖百七。征烧埋银五十两。明律废除了佃户和地主在法权关系方面的等级关系。

⑤ （康熙）《江南通志》卷65，徐国相：《特参势豪勒诈疏》，顺治十七年。

⑥ 《碑传集》卷81，邵长蘅：《提调江西学政按察使司佥事邵公延龄墓碑》。

⑦ 孙纶等编：《定例成案合镌》卷12，第51页。

⑧ （道光）《大清律例》卷27，第26页。

⑨ 如雍正年间广东清远县禁佃农"踞耕逋租"告示，嘉庆年间湖南巴陵县禁佃农"抗欠霸踞"告示；道光年间江苏山阴县"霸田抗租"告示等。见《中国近代农业史资料》，第1辑，第78—80页。

的削弱，地租的实现愈有赖于封建官府的保证了。

租佃制的某些发展对租佃间封建关系松弛化也是有影响的。如永佃制的发展，还有所谓“一田三主”，对地主权势都起着一定的削弱作用。如福建漳州府，一田有“租主”、“产主”、“佃户”三者，“而佃户又以粪土银私受其间”，于是出现“业经转移，佃仍虎踞”现象，遂有“久佃成业主”之谣。而且“一田三主”的租佃制在漳州府属“所在皆然”。① 如江苏无锡县，佃户享有田面权，田面权的价格与田底不相上下，于是“佃民桀黠者权反过于业产”。论者谓“异时患业户鱼肉其佃者，今佃民颇无畏惧，莫可谁何”。② 说明农民在取得永佃权之后，对土地可以自由支配和使用，经营的独立性大为增强，他们遂运用这种制度向地主进行斗争，地主却束手无策。③

如果说永佃制的发展促成租佃封建关系松弛化，那么，押租制的盛行则是封建关系松弛化所产生的结果。押租制是在清代前期发展起来的。押租一般是货币租，押租发展本身主要表明商品货币经济的发展，这里要着重指出的是，这时地租的实现需要靠押租来保证，表明地主所享有的超经济强制权力在趋向削弱。④

以上租佃制的发展变化虽然还不是全国普遍现象，至少在相当大的地区已在发生这种变化。值得注意的是，租佃间封建关系的松弛化与雇佣间封建宗法关系的松弛化，其发展趋势是一致的，是互为影响的。

这里还须指出，明清之际所爆发的奴仆、雇工、佃农的反抗斗争，很多不是单枪匹马孤零零的个人斗争，而是大规模的有组织、有计划的反抗斗争，说明这时农民的阶级意识已在加强，斗争艺术有所提高。我们还可以从

---

① 《天下郡国利病书》，第16册，“福建”，第25页。

② （乾隆）《无锡县志》卷11，第3—4页，“风俗”。同治刊。永佃制发生的年代可能很早，在明清之际有所发展。

③ 永佃制，一般来说，是对农民有利的。但在地主绅权嚣张的情况下，永佃制反而变成为地主保证地租剥削的有利条件。鸦片战后，官僚地主集中的苏州府属就出现过这种情形，如陶煦所说：“至于田，则城市之人皆以田连底面者为滑田，鄙弃不取，而壹取买田底，以田面听佃者自有之。盖佃者无田面为之系累，则有田者虽或侵刻之，将今岁受困，来年而易主矣。（农民享有永佃权者）惟以其田面为恒产所在，故虽厚其租额，高其折价，迫其限日，酷烈其折辱敲吸之端，而一身之所事畜，子孙之所倚赖，不能舍而之他。甚者有田之家，或强夺佃者之田面以抵其租，而转以售于人，彼佃者虽无如何，亦终倦倦不忍去也。”见《租覈》，第11页。

④ 参见江太新《清代前期押租制的发展》，载《历史研究》，1980年第3期。又由于押租制的通行，农民在开始租地时即须支付一笔相当大的金额，必然要影响于农业的投资，这对农业生产的发展是不利的。

这些方面考察它对封建宗法关系的冲击作用，尤其是对雇佣间封建宗法关系的冲击作用。

就在这个时期，整个封建社会的封建宗法传统势力也在发生变化。明人管志道就这个问题一再发表议论。他说："开国以来之纪纲，唯有日摇一日而已。纪纲摇于上，风俗安得不摇于下！于是民间之卑胁尊，少凌长，后生侮前辈，奴婢叛家长之变态百出，盖其所由来者渐矣。"① 管又说："近乃有起家巨富之豪仆，联姻士流，多挟富而欺其主。亦有奋迹贤科之义孙，通多仕籍，则挟贵而卑其主，此士风之大变也。"② 变化的关键是混淆了少长、贵贱的关系，所以管又说，成化、弘治年间，"民风转厚"，那时"少者习于事长，贱者亦习于事贵。"到万历年间风习大变，"盖至于今二义俱不守矣。"③ 管所说"二义"即指少长和贵贱（及良贱）关系。大约同一时期，伍袁萃说："（旧例）令甲倡优隶卒之子，不许入学。迩来法纪荡废，黉序之间，济济斌斌，多奴隶子……甚至登甲第，入翰苑，猎取清华者，岂不辱朝廷羞当世士耶！"④ 他所感慨的也是贵贱的变化。如江苏吴江县，明初"贵贱有等"；"正德以前，此风尚好"；至嘉靖而大变，所谓"近年以来，纵肆无忌，而隶卒尤甚。"⑤ 如江苏淮安府属，成化以前，"长幼之序不紊，途遇长者必让避。"嘉靖以后，"童稚辄乘肩舆，行不让长，靡靡颓风渐不复挽。"⑥ 如湖北武昌，万历以前，"士俗民风经百余年而未变"；万历后期开始发生变化，"风气寖薄"；清康熙、雍正年间变化更大，至"贵贱无分，少长无序"。⑦ 福建福宁州属发生类似变化，据万历年间记载，"浑厚之过，其流至于尊卑无别，良贱不分。"江苏萧县，据清顺治年间记载，明万历以前"尊卑有序"，"近则稍稍陵夷矣"。⑧ 四川泸州，据康熙年间记载，"世至今日，夸多斗靡，极欲穷奢"，"少长失伦，讼风渐炽"，"尚浇薄，废雅道，相沿成习。"最后作者叹息说："古风何时再复?"⑨

---

① 管志道：《从先维俗议》卷2，第57—58页。见《太昆先哲遗书》。

② 同上书，卷2，第60—61页。见《太昆先哲遗书》。

③ 同上书，卷2，第12—13页。见《太昆先哲遗书》。

④ 伍袁萃：《林居漫录》卷2，转见《中国资本主义萌芽问题讨论集》，下册，第1074页。按袁系明万历间人。

⑤ （嘉靖）《吴江县志》卷13，"风俗"。转见《中国资本主义萌芽问题讨论集》，下册，第1075页。

⑥ （天启）《淮安府志》卷2，"风俗"。

⑦ 《古今图书集成》，职方典，卷1120，"武昌部"，第32页。

⑧ （顺治）《萧县志》卷7，第1页。

⑨ （康熙）《泸志》卷11，"风俗"。

江苏安东县，“衣服云锦，佣贩优隶溷于儒绅，衣冠相杂，无分贵贱。”作者最后说：“风俗之不古亦云甚矣”。[1]

北方各省的变化大致相同。如山西长治县，“乡保揖让于绅衿，伍佰侵凌于阀阅，奴隶玩弄于主翁，纲常法纪扫地无余”。[2] 如河南南阳府，天启、崇祯之际，“风俗失旧，人心不古”，“少凌长，小加大，淫破义，贱害贵，礼教尽失，人心陷溺。”[3] 如陕西华州，“老必逊幼，贱必拟贵”；“人心趋于凋残”[4]。如山东益都县，“以黔首而貌儒者之衣冠”；“以仆隶而效荐伸之饮馔”；“亦且无等”。[5]

以上各个地区封建习俗的变化，主要是尊卑、贵贱、良贱之间相互关系的变化。各地区间发生变化的时间虽然不同，封建宗法关系松弛化的发展趋势却是一致的。

所谓“贵贱”、“良贱”主要指封建等级关系，“尊卑”主要指血缘宗族关系。所谓“长幼失序”、“尊卑无别”就是指的这种变化。在商品经济发展的冲击下，血缘关系在趋向松解，大家庭制在没落。嘉靖年间浙江东阳县已经出现“男壮出分，竞争家产”现象。[6] 乾隆年间，江苏沛县已经是“兄弟相阋，什家而九。”[7] 货币关系在严重地冲击血缘宗法关系。

但是，中国封建社会时期，尊卑关系和贵贱、良贱关系又是经常结合在一起的，如主人和奴仆的关系、雇主和雇工的关系、地主和佃仆的关系，本来是贵贱或良贱等级关系。但是，奴仆的主人，雇工的雇主，佃仆的地主，又都是以家长的身分出现的，双方的相互关系又是以尊卑的关系出现的，在贵贱等级之上又加上了一套宗法家长制的锁链。这时封建宗法关系的变化更主要的是这方面的变化，地主阶级所忧心忡忡、为之一再感伤惋惜的也是指这方面的变化。明末福州的谢肇淛说：“主家凌替落薄”，而“俛首于奴之子孙”；他对这种变化的评价是“今世流可谓混淆之极”，“世世悠悠，可为太息者也。”[8] 清代初年枣阳县县官柯耸说：“主仆之分，等于冠履；上下之

① （康熙）《安东县志》卷1。

② （乾隆）《长治县志》卷9，“风土纪”。

③ 《古今图书集成》，职方典，卷457，“南阳府风俗考”，第15页。

④ （康熙）《华州志》卷2，“风俗”。

⑤ （康熙）《颜神镇志》，（益都县）卷2，“风俗”。

⑥ （嘉靖）《浙江通志》卷65，第3—4页。

⑦ （乾隆）《沛县志》卷1。

⑧ 谢肇淛：《五杂俎》卷3，“地部”。

辨，关系纪纲。”他一方面缅怀往昔的“盛世”，同时对当时的变化起劲地诅咒，说什么“悍仆负恩，时多跋扈”；“风俗嚣凌，莫此为甚”。①

从以上事例不难看出，由明代中叶到清代前期数百年间，伴随着商品货币经济的发展，及农民阶级各种形式的反抗斗争，人们的精神面貌逐渐发生变化，宗法伦理已经不是天经地义神圣不可侵犯，森严的封建等级关系正在发生动摇，中国封建社会进入了一个动荡时代。中国的自由劳动就是在这种历史条件之下形成的。为什么在明代以前的千多年间，一再出现农民离村现象，并且很早就已出现农业雇佣，而没有形成自由劳动者；只有到了明代中叶，尤其是清代前期才出现自由的农业雇佣，问题就可迎刃而解了。

关于雇佣性质的变化过程，历史文献记述过于简略，而且可以有不同的解释。如果把这类简略的记述放在当时的历史条件下进行考察，还是可以看出一些变化趋势的。如早在明弘治年间，有的经营者就把“有佣无奴”看成一项值得歌颂的美德，这正是雇工地位发生变化的反映。清顺治、康熙之际，金镇说：“若雇工、佃户，原为力役之人，岂同臧获之辈，概行凌虐，大非人情。”② 道光年间，《思南府志》的作者也提到对农业雇工“不能以主仆概之”。在实际生活中，伴随着雇佣关系的变化，雇工和奴仆的区分越来越严格了。

就在这种历史条件下，明清之际，《农书》和《补农书》的作者沈某和张履祥，从雇工经营的农业生产实践中，体会到改善农业雇工待遇的必要，并提出了改善雇工待遇的具体办法。沈某是浙江湖州府人，他在总结使用雇工的经验时有这样一段议论：“做工之法，旧规：每工种田一亩，锄、荡、耘每工二亩。当时人（指雇工）习攻苦，戴星出入，俗（雇工）柔顺而主（雇主）令尊，今人（雇工）骄惰成风，非酒食不能劝，比百年前大不同矣。”沈氏《农书》写于崇祯年间（1628—1644 年），“百年前”泛指嘉靖（1522—1566 年）以前。意思是说从前地主对雇工可以任意发号施令，雇工不敢不从，现在雇工不大听地主使唤了。沈氏从使用雇工的经历总结出了一条行之有效的经验，即采行物质笼络的手法。他说：“供给之法，亦宜优厚。炎天日长，午后必饥；冬日严寒，空腹难早出。夏必加下点心，冬必予以早粥。若冬月雨天罱泥，必早予热酒，饱其饮食，然后责其工程；彼既无辞谢

① （同治）《枣阳县志》卷 30，“志余”，邑令柯耸：《详抚院林公文》。

② 李渔：《资治新书》卷 7；金长真：《请严主仆》。

我，我亦有言诘之。”① 张履祥是浙江桐乡县人，他的《补农书》成于清初顺治年间（1644—1661 年），据他总结使用雇工的经验有以下几点。他说：“至于工银酒食似乎细故，而人心得失恒必因之”；“谚云：食在厨头，力在皮里。又曰：灶边荒了田地”；“俗曰：做工之人要三好，银色好，吃口好，相与好。”“银色”即他所说的“工银”；“吃口”即他所说的“酒食”；两者都是从经济生活方面讨好雇工。所谓“相与好”就是用思想感情笼络雇工。在他看来，只有这样做才能鼓舞雇工的生产积极性，雇工才肯卖力参加生产劳动。他还责备一些雇主对雇工“劳苦不知恤，疾痛不相关”，说这是“最失人心处”。他还谈到如何区别对待雇工：“唯惰者与勤者一体，则勤者亦怠矣。若显然异惰与勤，则惰者亦不能平。唯有察其勤者而阴厚之，则勤者既奋，而惰者亦服。”② 从他所说的“惰者亦不能平”，可以看出他所顾虑的是佣工的反抗斗争。

沈、张二人本身就是使用雇工的经营者。他们不只注意到农业生产技术和经营方法，更重要的是从他们的议论和主张反映出明代中叶以来雇佣关系的某些变化。

关于农业雇佣关系的变化，就开始发生时期而言，长工和短工不同，短工很早就以自由的身分出现了，长工的变化却经历了一个漫长的历史过程。从文献资料透露出来，明代的农业长工一般都书立雇约文契，这种文契就是加在农业雇工身上的枷锁，它是雇工对雇主发生人身依附关系的凭证。至迟到明万历前期，在实际生活中已经出现不书立文契的长工，这种不书立文契的长工，法律地位是不明确的，发生刑事案件，可以按雇工人判处，但也有的按“凡人”判处，这可能是一种过渡形式。说明从这时开始，有的农业长工逐渐摆脱对雇主的人身依附关系。③ 至于不书立文契的长工所占比重如何，文献缺乏记载，似乎还不是普遍现象，而只是个别事例。到清代前期则发生比较大的变化。农业长工实际生活的这种变化，从清代有关雇工的判例中反映的非常清楚。

---

① 《沈氏农书》，“运田地法”。

② 张履祥：《补农书》，“总论”。

③ 明万历十六年（1588 年）都察院讨论雇工律例的时候，制定了“立有文券、议有年限者以雇工人论”的条例。根据这个条例，其不书立文券的长工，似可以不以雇工人论。这个条例很可能是雇佣关系实际生活的反映。但也不能把是否“书立文契”绝对化，即在清代，也有不立文契年限而实有主仆名分的雇工。我们这里要着重指出的是，在明万历前期已经出现不书立文契而逐渐摆脱对雇主身分义务的长工，这是值得注意的变化。

清代前期，农业雇佣关系的变化又可分为两个阶段，乾隆五十一年（1786 年）以前是一个阶段，在这一时期内，农业长工不写立雇约文券逐渐发展成为普遍现象。据我们所辑录的刑档资料中的九十四件长工事例，其中除情况不明者三十四例外，计写立文券者七例，而不写立文券者却有四十七例，占相当大的比重，这是雇佣关系实际生活（经济关系）发生变化的直接反映。尤其值得注意的是，到乾隆中期，“无主仆名分”雇佣事例开始出现，共有六例。①（见本文附录一）

值得注意的是“未立文契”雇工的发展。“未立文契”的长工不管他在法律上的身分地位如何变化，② 这类雇工的发展表明雇佣实际生活的变化，如当时陆耀所说：“查雇工人例以文契为凭……乃有服役数年后，犯事到官，仍以未立文契论比平人者。”③ 这里所说虽指明“服役”性雇工，农业雇工当更不例外。总之，清代乾隆中叶以前的百多年间农业雇佣关系的变化主要表现为“写立文券”到“未写文券”的发展，身分性雇佣向自由雇佣的过渡。其“未写文券”的长工如果说在明代还只是个别事例，那么，清代乾隆五十一年以前的百多年间发生了显著变化，逐渐变成为普遍现象。

从农业自由雇佣发展趋势考察，大概在乾隆五十一年以后，又逐渐发展成为只有对雇主具有“主仆名分”的雇工才具有人身隶属关系，而且这类有“主仆名分”的雇工在全部农业雇佣案件中所占比重很小。

兹以议订雇工律例的乾隆五十一年作为分界线，就所辑录的部分刑档资料加以分析，上述变化就十分清楚了。如前所述，乾隆五十一年以前的九十四件长工事例，其“写立文契”即确定对雇主有人身隶属关系的有七例。乾隆五十二年至嘉庆二十五年的长工事例，其注明有“主仆名分”即对雇主有人身隶属关系的所占比重显著减少，在一百五十件长工事例中只有一例。④

---

① 有无“主仆名分”的规定始见于乾隆三十二年修订律例：“虽无文契而议有年限，或不立年限而有主仆名分者”。乾隆五十一年以前刑案判例出现“无主仆名分”，概源于此。参考本书经君健：《明清两代农业雇工法律上人身隶属关系的解放》一文。

② 详本文“农业雇佣法权关系的变革”一节，这里从略。

③ 陆耀：《切问斋集》卷 13，“条议”。

④ 有关长工刑事案件一百五十件事例，注明“无主仆名分”、“平等相称”及“未立文契”的七十五件，情况不明者七十四件，注明“有主仆名分”者只有山东邹平县一例。尚有直隶天津的厨工，山西介休县的车夫，湖北江夏县的打杂服役工等三个事例，因都非农业雇工，未计算在内。以上系就中国社会科学院经济研究所所存部分刑档抄卡所作统计。此外，另据其他记载，还见到几件有主仆名分的事例，但是否农业雇工，从原记载无法判别，这里不一一论列。

（见附录二）当然，刑档资料本身有一定局限性，有主仆名分的雇工所占比重不应如此之小，刑档资料的反映和雇佣实际生活具体状况可能有一定距离，不会十分准确，但可据以考察这一时期雇佣关系变化的发展趋势。这时农业雇佣关系又进入了一个新的发展阶段。

为了论证清代前期农业雇佣关系的变化，我们列举了大量雇工判例。这类判例，归根结底是雇佣实际生活发展变化的反映，表明主雇间封建宗法关系松弛化。

从以上论述的关于明代中叶到清代前期二三百年间农业雇工队伍的扩大、雇佣间封建宗法关系的松弛化，可以看出，封建雇佣已逐渐向资本主义自由雇佣过渡，即马克思所说的“奴役状态的形式变换”。

（四）农业雇佣法权关系的变革[①]

明清时代农业雇佣关系实际生活的变化，使原来有关农业雇佣封建法权方面的规定已经不相适应，迫使封建统治者不能不考虑加以适当变革了。关于这个问题，本书经君健同志的两篇论文已经作了详细论述，[②] 这里拟结合中国雇佣关系发展变化的历史作些简略介绍。

据明代律例，身分性雇工的法律述语叫做“雇工人”。雇工人和雇主的相互关系是封建等级关系，雇工人是以佣奴的身分出现的，雇主是以家长的身分出现的。双方发生刑事案件，雇主减轻刑罚，雇工人加重处罚。律例明确规定，“雇工人骂家长者杖八十徒二年”，雇主骂雇工人被认为是“合法”的，不作任何处罚；雇工人殴雇主，轻者徒杖，重者判处死刑；雇主殴雇工人减罪三等，而且非折伤体肤不能构成罪状；雇工人谋杀雇主，不论已遂未遂，都判处死刑；雇主殴死雇工人，“杖一百徒三年”，而且可以花钱赎罪。[③] 这就是说，雇工和雇主的雇佣关系一旦成立，双方在法律上即变成为类似佣奴和家长

---

① 农业雇佣的法权关系，宋、元以前如何，未作研究，情况不明。以唐代而论，佣工已相当流行，如四川九陇人张守珪种茶，每岁采茶人工凡百余人，“男女佣工者杂处其中”（《太平广记》卷37，张守珪条）。这时并有“日佣人”（日工）、“月佣人”（月工）名称（《太平广记》卷74，陈生条）。唐代各地有“佣工”之名，而唐律却无“雇工”专条，而另有“部曲”。明律将“雇工人”与“奴婢”并提，唐律将“部曲”与“奴婢”并提。据薛允升：《唐明律合编》卷22：“再唐律之所谓部曲，明律大半改为雇工人。”按唐代农业长工和雇主具有严格人身隶属关系，但唐律无雇工条例，雇工当包括在部曲之内。据此，唐律之“部曲”当即明律之“雇工人”。

② 见本书经君健同志的文章。

③ “杖一百”的赎价是十石米或一两八钱银子，“徒三年”的赎价是三十五石米或十两八钱银子。

的关系，给雇工身上加上一重身分义务。这样，雇工是在一定的时间内按照佣奴的条件出卖给雇主，他所出卖的不只是他的劳动力，而且包括着他的人身自由。①

清朝建国，基本上承袭了明代有关“雇工人”的律例。

我们在前面已经一再谈到，从明代中叶起，农业雇佣关系的实际生活已在开始发生变化，如雇工队伍的扩大，主雇间封建宗法关系的变化等。明清之际，这种变化更加剧烈。封建统治者所制定的维护严格人身隶属关系的雇工律例，和实际生活中封建宗法关系日趋松弛化的农业雇佣，彼此之间的矛盾日益尖锐，封建统治者不能不考虑对原有雇工条例加以修订和补充了。

明万历五年（1577 年）曾经有过这样的议论：“议者率以雇募用工者作凡人论”。② 意思是说，谈论雇工问题的人多把雇工看作“凡人”，即主雇间没有身分义务关系。这类议论显然是雇佣关系实际生活发展变化的反映。像这类看法可能已经出现很久了，不一定是从万历朝才开始的。但关于雇工律例的修订则是从万历年间开始的。万历十五年，都察院左都御史吴时来上奏疏说：有关雇工事宜，“合令法司酌议，无论官民主家，有立券用值工作有年限者，皆以雇工人论；有受值微少工作止计月日者，仍以凡人论”。③ 万历十六年，正式载入律例。从“仍以凡人论”可以看出，在万历十五年以前，以月日计的短工就已以“凡人”的身分出现了，现在仍然沿袭过去的传统惯例。至于短工的“凡人”地位是从什么时候开始的，在《大明律》上没有明文涉及④。但无论如何，从此在明律上明确了短工的“凡人”身分，凡短工和雇主发生刑事案件都按“凡人”论处。

这里的“凡人”是个历史范畴，是封建社会中处于封建统治下的一个社会等级，他的法律地位在“雇工人”和奴婢之上，而和所有没有仕宦官衔的“庶民”处于平等地位，也就是马克思所说的“法律上平等的人”。

对短工在法权关系方面的“凡人”身分问题重新加以明确，这是一个值

---

① 详见本书经君健：《明清两代“雇工人”的法律地位问题》一文。

② 龚大器等：《招拟指南》卷首。

③ 《万历实录》卷 191，第 7—8 页。

④ 短工的雇主不是固定的，今天出雇给这一个人，明天又出雇给另一个人，像这种情况很难形成身分义务关系。短工即使有按雇工人判处的，可能是特殊情形。一般农业短工是否划在雇工人范畴，尚未见到具体记载，暂且存疑。

得注意的问题。列宁曾经明确指出短工在农业生产中的重要意义："雇佣短工在农业中是起着特别重大的作用的"。[①] 这是由于农业生产部门和工业不同，它要受季节性的严格限制，在一年四季之中闲忙差异很大。伴随着商业性农业的发展，短工在农业生产中遂起着更为重要的作用，按数量而言，农业短工要比长工多得多。此外，短工和雇主所形成的雇佣关系，封建因素比较薄弱，有较多的人身自由。农业短工在明代是否曾以雇工人的身分出现是值得怀疑的，即使曾以雇工人的身分出现，他们首先摆脱法律上封建的身分义务的束缚，也是合乎历史发展规律的。

短工总是较早地发展成为自由劳动者，这种关系经典作家曾经一再指出过。马克思在分析农民转化为自由短工的过程时说："这种在农村里的转化，虽则只是到了最后才达到它的完成和它的最明确的形式，但也象各处一样，在那里转变〔指向自由短工的转变〕已经开始了。"[②] 马克思的这段议论就是指农业短工要比较早的变成为自由劳动者。恩格斯在分析资本主义开始出现时的情况说："最初的资本家就已经遇到了现成的雇佣劳动形式。但是，那时雇佣劳动是一种例外，一种副业，一种救急办法，一种暂时措施。不时出去打短工的农业劳动者，都有自己的只能借以糊口的几亩土地。"[③] 由恩格斯这段议论说明，最早出现的带有资本主义性质的农业经营是从雇佣短工开始的。列宁并进一步论述短工与资本主义农业的关系："一批农村雇工、特别是短工的形成，是富裕农民存在的必要条件"；[④] "短工是最能说明农村资产阶级的标志的"。[⑤]

从中国历史上农业短工的发展，完全证实了经典作家的科学论断。

伴随着短工的发展，大约从明代中叶开始，在有些地区还发展起来雇主和雇工进行劳动力商品交易的雇工市，这种关系在前面已经论及。农民离开家乡，到工资较高的地区去作季节工的，主要是通过雇工市寻找雇主的。到清代前期，这类雇工市并且有进一步发展，几乎在全国各省普遍出现。想出雇的农民在早晨齐集雇工市等候雇主招雇，双方可以在市上争议工资，从这方面反映出雇佣关系一定程度的自由。这些打短工的农民，可以带着锄头、

---

① 《列宁全集》卷3，第56页。

② 《资本主义生产以前的所有制形态》，曰知译，第55页。

③ 《反杜林论》，第296页。

④ 《列宁全集》，第3卷，第146页。

⑤ 同上书，第73页。

镰刀到任何地方去出雇，他们把自己的劳动力当作自己的商品，今天可以卖给这一个人，明天又可以卖给另一个人，而且纷纷到工资较高的州县去出雇，这正像马克思所说的，“拍卖给出钱最多的人。”① 在短工有所发展并已成为大量的社会现象的情况下，对于短工在法律上的“凡人”身分地位就有加以明确的必要了。

关于农业长工废除在法律上的身分义务关系问题，也在这个时期逐渐提到日程上来，但进一步实现则经历了一个更为曲折而漫长的过程。

农业长工解除法律上的身分义务关系是从“未立文券”的雇工开始的。据万历十六年修订的律例：“官民之家，凡倩工作之人，立有文券，议有年限者以雇工人论”。② 据此，其“未立文券”的长工，法律地位是不明确的。如果主雇间发生刑事案件，雇工可以按雇工人拟处，也可以按“凡人”拟处。据明后期冯梦龙所编写的《醒世恒言》处理地主卢柟打死雇工钮成一案，是以写立雇约文契为凭的。同是一个钮成，立有雇约文契就按雇工人的身分判处，无雇约文契就按“平人”的身分判处。③ 又前引清前期人议论，“查雇工人例以文契为凭”等等，看来，清代前期判案一度沿袭明代后期着重雇约文契的惯例。但是这种惯例在律例上并没有明确规定，乾隆三十二年遂出现一次倒退，据这一年修订律例，把“虽无文契而议有年限者依雇工人定拟”。从此，“未立文券”的长工在法律上明确为“雇工人”。此后吴坛于乾隆四十五年编成的《大清律例通考》，所说“雇工一项，民间多有不立文契年限而实有主仆名分者，”④ 盖即源于乾隆三十二年修订律例。这条规定一直延续到乾隆五十一年议修律例时才废除掉。

关于农业长工法权关系的重大变革主要发生在乾隆后期，即乾隆五十一年提出的关于雇工律例的修订，乾隆五十三年正式写进大清律。

据新修律例：“若农民、佃户、雇请工作之人，并店舖小郎之类，平日共坐共食，彼此平等相称，不为使唤服役，素无主仆名分者，亦无论其有无文契年限，俱依凡人科断”。⑤ 就是说判别是否雇工人的标准取决于主、雇双

---

① 《马克思恩格斯全集》，第6卷，第478页。

② 《万历实录》卷194。

③ 《醒世恒言》卷28，“卢太学诗酒傲诸侯”。此书似编写于万历、天启之际。

④ 吴坛编：《大清律例通考》卷28，“奴婢殴家长条”。系吴按语。

⑤ 《大清律例》，“刑律”，“斗殴”。据此条例，从是否“共坐共食”，“彼此平等相称”和服役决定有无主仆名分，由有无主仆名分决定是“雇工人”，还是“凡人”。

方是否“平等相称”和是否“服役”。如果主、雇之间“平等相称”，雇工不为雇主服役，虽然立有文契、议有年限，也解除法律上的身分义务关系。这是一个很大的变化。

新条例中的“佃户”含义比较明确，“农民”所包括的范围则比较广泛，系泛指没有缙绅官爵头衔的所有“庶民”，其中不只包括自耕农民和庶民地主，从目前所见到的判例考察，还包括部分具有秀才、监生等低级功名的中小地主。相对贵族、缙绅等大地主而言，这类中小地主和雇工的关系，在实际生活中是比较平等的。根据新修律例，由这类雇主和雇工发生刑事案件时，双方都按“凡人”判处。从此，这部分长工解除了法律上的身分义务关系。

对研究农业资本主义萌芽而言，长工的解放较之过去明确短工法律上“凡人”地位问题更为重要。农业长工的普遍使用表明资本主义萌芽有更进一步的发展，有如列宁所指出的，“在上等农户中，雇佣雇农（指长工）的农户数有时甚至大于雇佣短工的农户数。这一事实明显地表明，在上等农户中，以经常使用雇佣劳动为主的真正的有雇农的农户形成了。”① 可见自由长工的出现，是雇佣关系史的一个具有重大意义的发展。

新修律例中区别是否雇工人的两个标准，无论是服役与否（即参加生产劳动）的标准，还是是否“共坐共食”、“彼此平等相称”的标准，是从同一原则出发的，即维护贵族、缙绅及有权势大地主的利益。因为只有贵族、缙绅及有权势的大地主才能豢养服役性雇工，这类地主也不会与雇工“共坐共食”、“平等相称”。新律例的规定显然是把在这类地主奴役下的雇工排除在解放之外。中小庶民地主和富裕农民，他们一般很少用服役性雇工，他们一般也多和雇工“平等相称”，还有的与雇工一同参加生产劳动。在他们剥削下的雇工基本都变成为法律上平等的人。可见乾隆朝雇工律例的修订，是伴随着中小庶民地主和富裕农民雇工经营的发展而出现的。

按照劳动的性质区分雇工的性质的原则是合乎历史发展规律的。相对于为私人服役的雇工而言，从事物质生产的雇工总是比较自由的，这类雇工比较容易发展成为带有资本主义性质的雇佣劳动者。与雇主共同劳动、共同生活的雇工首先解除法律上的身分义务关系也是容易理解的。如在中小地主尤其是在富裕农民田场上劳动的雇工，在实际生活中也是比较自由的。在经营

① 《列宁全集》，第3卷，第86页。

经济作物的场合下，这类经营显然是为了从雇工身上榨取剩余劳动实现价值的增殖，从而是具有一定的历史意义的。

雇工律例的修订，一方面是雇佣实际生活发展变化的反映，同时它又反过来促进自由雇佣进一步发展。从清代刑档保存下来的雇工案件考察，作为“凡人”判处的几乎成了普遍现象。如前面列举所辑录的乾隆五十二年至嘉庆二十五年间一百五十件农业长工事例，注明“共坐共食”、“平等相称”、“无主仆名分”的占着很大比重，其注明“有主仆名分”的只是个别事例。这就充分说明，在这一时期，农业经营中具有新性质的自由劳动者在继续扩大，有更多农业雇工摆脱了封建等级法权关系的压迫。①

当然，关于长工的解放是很不彻底的，按新律例，其在贵族、缙绅及具有封建权势的大地主奴役下的雇工，尤其是服役性雇工，还没有获得法律上的平等权利，在实际生活中还处于地主超经济强制下的无权地位。②

以上，我们从农业雇工队伍的扩大、封建宗法关系的松弛趋势、雇佣法权关系的变化等方面考察了封建雇佣向自由雇佣的过渡。这种过渡表明雇主和雇工相互关系的变化，表明生产关系性质的变化，这就是我们论证中国农业资本主义萌芽问题的重要依据。

最后，谈一谈我们对过去某些同志在农业雇工问题看法上的一点意见。

关于封建雇佣向自由雇佣的过渡，既要看到商品经济发展的作用，也要看到农民的阶级斗争的作用；既要看到雇佣间经济关系的变化，也要考虑封建法权关系的作用；既要承认封建雇佣向自由雇佣的过渡，又要正视旧有封建雇佣关系的延续。过去有不少同志对农业资本主义萌芽问题进行了研究，并作出了不少有益贡献，但在涉及雇佣劳动问题时，也提出了一些值得商榷

---

① 关于农业雇工解除法律上身分义务关系的发展过程，详见本书经君健同志的两篇文章，这里从略。其解除法律上身分义务的雇工，有的在实际生活中仍然受到地主的人身压迫。这个问题以后还要详细论述。

② 据我们所接触到的乾隆五十一年修订雇工律例以后有关雇工的几百件刑事案件，农业雇工很少按雇工人判处的。其服役性雇工则否，试举数例。嘉庆三年，直隶天津县徐育英雇王升作厨子，每月工钱五百文，判词是：“未立文契，素有主仆名分”。（嘉庆三年九月二十六日直隶总督胡季堂题，刑档）仍在嘉庆三年，山西介休县王生雇阎宁赶车，每年工钱十二千文，判词是，“未立文契，向有主仆名分”。（嘉庆八年四月十五日山西巡抚伯麟题，刑档）以上两案是雇工和雇主以外的第三者发生刑案件，也按雇工人判处。嘉庆十年，湖北江夏县张世兰雇熊太“打杂服役”，每月工钱五百文，熊太刀伤雇主，按“素有主仆名分”判处。（嘉庆十七年五月二十四日湖北巡抚张映汉题，刑档）从刑档资料可以看出，其服役性雇工，并非在成立雇佣关系之初即说明有主仆名分，而是在发生刑事案件之后，官府判案之时按服役情况判断雇佣性质的。

的观点。

过去在论证封建雇佣向自由雇佣过渡时，已经有很多作者注意到商品经济发展的影响，但也有不少作者忽略了农民阶级反抗斗争的作用。马克思曾经指出，生产劳动者摆脱封建束缚转化为工资劳动者的过程，“表现为生产者从封建义务和行会束缚解放出来的运动”。封建雇佣关系既然是人身压迫奴役关系，不经过劳动人民的斗争要想摆脱封建义务的束缚是比较困难的。自由劳动的出现，首先是商品经济发展对封建宗法关系进行冲击的结果，同时和农民阶级反对封建压迫争取人身自由的斗争也是分不开的。

还有的作者把雇佣劳动的概念抽象化，没有考虑雇工的法律地位。或者根据雇佣契约遽然断定雇工和雇主是什么“平等”关系；或者认为农民只要摆脱封建租佃关系的束缚变成为农业雇工，就发生了质的变化，就转化为以“契约关系”为基础的自由劳动者；或者单纯根据农业经营者雇工人数及支付货币工资等论证资本主义关系。在这里，作者只注意到生产劳动者与生产资料的分离，但忽视了经典作家所指出的自由劳动必须是“法律上平等的人”这条基本原则，同时也曲解了经典作家所说的“契约关系”的具体内容。经典作家所说“契约关系”是一个历史范畴，是指资本主义货币关系。中国封建社会的雇佣契约完全是另一回事，这种契约关系和资本主义契约关系是互相对立的，它是地主阶级压迫农民阶级的工具。明代到清代乾隆五十一年以前的雇工律例有所谓“立有文契”，对地主阶级来说，它是取得迫害雇工权利的凭证；对雇工来说，它是出卖人身自由的抵押。因此，在谈论契约问题时必须首先搞清楚是什么性质的契约，要弄清契约所反映的社会关系实质。资本主义的雇佣契约，当劳动力的所有者在市场上把它作为商品出售时，如前所述，必须是“法律上平等的人”，“不放弃对于劳动力的所有权”。中国封建社会的农业雇工，尤其是经营地主奴役下的长工，在没有解除法律上的身分义务以前，是否已经具备经典作家所说的自由雇佣的条件，要作具体分析，不能一概而论。按照封建律令，这时农民所出卖的不只是他的劳动力，还出卖了他的人身自由，放弃了对自己劳动力的所有权。农民一经出雇，有如马克思所指出的，从一个自由人变成了奴隶，从一个商品所有者变成为商品。这时地主所支付给雇工的一定工作时间的工资实际是支付给他的一定时间的身价。在农业长工解除法律上身分义务以前，必须适当地考虑封建法权方面的作用。

有的作者注意到雇工律例，但又认为它在实际生活中已不发生作用，说该律例在明代后期已经“名存实亡”，就是说，这时的农业雇工已经是资本主义自由雇佣。毋庸否认，明代后期雇佣关系是在发生变化，但只是局部的变化，并不是所有封建雇佣都已发生质变。这时封建雇工律例不是“名存实亡”，而是还在发挥作用，雇工和雇主间发生的刑事案件还在按等级律例加减判刑。这种关系在明人小说《二刻拍案惊奇》和《醒世恒言》中都有反映。[①] 清代也不例外。乾隆五十一年五月，山东寿张县发生了雇工齐刚杀死雇主之妻胡氏的案子，地方官吏根据律例将齐刚判处“依雇工谋杀家长律拟以凌迟处死”。这个案子报到刑部，恰好这时已修订律例，按新律“平日共坐同食，彼此平等相称”，“并无主仆名分”，改判为“斩监候”。[②] 我们再举一个事例，乾隆五十九年，四川巫山县宋謈兄弟，一个生员，一个监生，他的两个雇工黄加柳、黎其贵“均有主仆名分”。[③] 一直到嘉庆年间，有的雇工和雇主的刑事案件仍是按雇工人谋杀“家长”的罪名判处的。

有不少作者把历史上出现过的雇佣都理解为自由雇佣，这种看法显然是不正确的。基于地主经济制的特点，中国封建地主进行剥削很早就采取两种形式，即土地出租与雇工直接经营。在劳动形态方面所体现的奴役制也是两种形式并存，即佃农制与雇佣制。从而农业雇佣遂成为中国历史上一种非常古老的现象（当然，租佃制始终占据统治地位，地主雇工经营只占极小比重）。把历史上出现过的农业雇工都看成为自由雇佣，从而论证中国农业资本主义萌芽，显然是不妥当的。这样论证的结果，必然要把农业资本主义萌芽的期间大大提前，乃至上而溯至唐宋，这和中国的历史实际是不相符合的。

但也有的作者过分强调中国封建社会时期农业雇佣的封建性，否认自由劳动的存在。这种论断的缺欠在于忽视了明清时代雇佣关系的变化。如果把明代中叶至清代鸦片战争前的所有雇佣都笼统地论证为封建雇佣的延续，也是不全面的。在这一时期，随着社会经济的发展，农民阶级反抗斗争的冲击，雇佣关系已在发生变化，在由量变逐渐发展到质变，有一部分雇工在向自由劳动过渡。我们对中国的农业雇佣要根据封建社会不同的历史时期和雇

① 《醒世恒言》第三十五回记卢柟与钮成事，判词：“雇工人死，无家翁偿命之理”。又《二刻拍案惊奇》卷31，富大打死雇工陈福生，“怎当得将律例一查，家长殴死雇工人只断得埋葬，问得徒赎，并无抵偿之条。”

② 刑科题本，乾隆五十一年五月二十一日，刑部喀宁阿题。

③ 刑科题本，乾隆五十九年五月十二日，刑部阿桂题。

佣关系实际生活的发展变化加以区别。按照上述作者的论断，到中国封建社会后期的明清时代还只有一种封建雇佣，这就从根本上否定了中国农业资本主义萌芽。这种看法也是值得商榷的。

四　农业雇工经营的三种类型及其社会性质

（一）农业资本主义萌芽的发生时期和发展过程

中国封建社会时期，商品经济的发展已经孕育着资本主义萌芽，鸦片战争以前已在遵循着封建社会走向资本主义社会的一般历史发展规律向前发展，农业生产部门也不例外。问题是如何恰当地估计中国农业资本主义萌芽的发展状况。这里有两个问题需要解决，一个是中国农业资本主义萌芽发生的具体时间，即从什么时候开始发生的；一个是中国农业资本主义萌芽的发生、发展过程，即首先从哪种类型的农业经营产生的，又是怎样发展扩大的。

前面讨论了农业雇工性质的变化和农业资本主义萌芽的关系问题，并对雇佣关系的变化反映生产关系的变化问题进行了论证，尤其是对雇佣关系变化进行了比较详细的论述。这是由于雇佣关系的变化意味着剥削性质的变化，它是研究农业资本主义萌芽的主要依据。前面还论述了农业雇工法律地位的变化，明万历十五年（1587 年）明确了短工的法律地位的平等关系，清乾隆五十一年（1786 年）解除了部分长工法律上的身分义务。明清两代对雇工律例的修订为我们研究中国农业资本主义萌芽的时期问题提供了一个重要线索。法权关系是经济关系在上层建筑领域的反映，研究封建社会内部农业资本主义萌芽问题，农业雇工在法律上获得平等地位的年代无疑是关键性年代。但作为维护剥削阶级利益的法权关系的变革往往落后于经济关系的发展。当封建法权关系尚未变革，而农业雇工在实际生活中已经开始摆脱封建束缚的时候，这时已经出现了资本主义自由劳动的萌芽。现在，农业雇工的这种自由又得到法律上的承认，从而构成为比较完全意义上的自由劳动者了。这种农业雇工有如马克思在分析自由雇佣劳动时所指出的，雇工在经济关系中“已经不是依附于或隶属于另一个人”；他们在法权关系上已经是“法律上平等的人”。

据此推断，中国农业雇佣关系的变化，在雇工律例修订以前已经开始发生了。关于这个问题，结合中国农业雇工发展状况考察就更加清楚。商品经济及经济作物发达的江南地区，早在明代弘治（1488—1505 年）、正德（1506—1521 年）两朝，农业长工和短工已经作为当地贫苦农民出卖劳动力的一般方式写在地方志书上。不难设想，农业长、短工的广泛出现还会更早一些，至迟在弘治前的成化（1465—1487 年）乃至天顺朝（1457—1464 年）已经开始了。至于在实际生活中农业雇工平等地位的形成过程，结合明清两代商品经济发展状况，农业生产力发展水平，以及封建宗法关系的变化等方面考察，可以作如下判断：农业短工虽然在万历前期才明确其在法律上的“凡人”地位，其实在很久以前就以自由的身分出现了。至于农业长工性质的变化，在实际生活方面也是比较早的，可能在万历初年就已开始了，到清代前期并有进一步发展，到乾隆年间反映于雇佣法权关系的变革。据此，中国农业资本主义萌芽，大概在十五世纪已经在个别地区开始稀疏出现，在十七、十八世纪之际又有比较显著的发展。

关于第二个问题，即中国农业资本主义萌芽的发展过程，这是一个更为复杂的问题。在这一时期发展起来的农业雇工经营有几种不同的类型，如富裕农民的雇工经营、工商业者兼营的雇工经营和地主经营。就这三种不同类型的农业经营来说，农业资本主义萌芽首先是从哪一类型农业经营产生，产生的过程又如何呢？我们首先要解决这个问题。

如前所述，雇佣关系的变化，封建雇佣向自由雇佣过渡，反映了生产关系性质的变化。而雇佣关系的过渡又包括两个方面，一是雇佣关系的经济关系即实际生活，一是雇佣关系的法权关系。那么，这就要解决由哪一类型农业经营首先在雇佣关系方面完成这两个过渡。

我们虽然把法权关系的变革作为研究雇佣劳动性质变化的线索，但不能单纯根据法权关系判断农业雇工是否自由劳动者。如前所述，法权关系的变化往往落后于经济关系的变化，在封建社会后期资本主义萌芽刚一发生的时候尤其如此。即雇佣关系实际生活已经发生变化，而封建的等级法律仍然原封未动。而且封建法典作为上层建筑也往往不能完全反映基础的真实情况。有时雇工与雇主双方在法律上已经构成对等关系，而雇工在实际生活中并没有得到真正的平等，仍不能摆脱地主阶级的超经济强制。总之，相对经济关系而言，法权关系还是一个次要的方面，经济关系才表明事物的实质。雇工和雇主是否在实际生活中具有自由平等关系更为重要。

因此，关于农业资本主义萌芽问题的研究，必须注意解决下述问题，即由哪一类型农业经营所构成的雇佣关系在实际生活中首先突破传统的封建束缚出现自由平等关系，哪一类型农业经营的农业雇工在实际生活中遭受更严重的封建压迫，甚至在等级身分的法权关系已经变革之后，还不能得到真正自由；又在哪一类型农业经营剥削下的雇工比较容易解除法律上的身分义务，哪一类型农业经营所形成的雇佣关系在解除法律上身分义务的过程中会遇到严重障碍等等。在封建社会时期，尤其是封建社会后期的明清时代，在地主经济制的制约下，由各种不同类型的土地所有者和雇工形成为不同的相互关系。因此农业雇工是否已经变成为自由劳动者，封建生产关系是否已经发生质的变革，要结合不同类型的农业经营即雇主的身分地位进行具体分析，不能不加区别地笼统论断。

我们认为，首先由富裕农民的雇工经营形成为自由的雇佣关系。在明代中叶，农业短工基本是自由的。其在富裕农民田场上进行生产劳动的农业长工，由于与雇主共同劳动，生活在一起，他们虽然还没有摆脱法律上的雇工人的身分地位，但和雇主所结成的雇佣关系，在实际生活中基本是自由的。因此，大约在十五世纪即明代中叶，首先由富裕农民的经营产生了农业资本主义萌芽。

此后经历了约两百年漫长岁月，到十七八世纪之际，即清代前期，伴随着中小庶民地主的发展，在他们田场上进行生产劳动的农业雇工，在实际生活中也逐渐取得较多的自由，这类经营地主的社会性质也逐渐发生质变，由封建生产关系向资本主义生产关系过渡。

以上由富裕农民到经营地主的发展，表明了中国农业资本主义萌芽的发生、发展过程，也显示了两种不同的发展道路。前者是小生产者的分化道路，由农民阶级分化出来萌芽状态农业资本家和雇佣工人，这是工种缓慢演进的发展形式，所具有的封建因素比较薄弱。后者有的是出租地主改行雇工经营的，这是由封建经济向资本主义经济过渡的形式，这种经营形式从母体内带来浓厚的封建性。

那么，怎么区分富裕农民和经营地主呢？这就要从中国农业经济具体情况出发。我们既然把封建社会后期的明代中叶作为农业资本主义萌芽的起点，就必须区别这时出现的经营地主和富裕农民所具有的不同特点。这时两者的区别主要表现于参加生产劳动情形和生活状况，尤其是和雇工的相互关系。地主一般不参加生产劳动。尤其是缙绅地主，不但不参加生产劳动，对雇工更是以地主老爷的身分出现的，这类地主平日深居简出，足不履田畴，不知稼穑为何物，经营管理完全依靠雇工或管家。富裕农民则不然，一方面使用雇工，同时自己也参加生产劳动，一般与雇工共坐共食，和雇工的关系是平等自由的。

还有一个问题也需要附带说明，即雇用多少雇工才能构成为农业资本主义萌芽。我们认为是否带有资本主义萌芽的性质，关键在于生产的目的性。如果单纯为了满足家庭需要，雇佣多少雇工都不能构成为资本主义生产关系。如果雇工经营是为了进行商品生产，并剥削雇工的剩余劳动增殖财富扩大再生产，即使雇佣工人数目很少，仍然具有资本主义萌芽的性质。遗憾的是，有关这个问题的研究，前人没有给我们留下足够的文献资料。又是进行商品生产，又是使用雇工，又是为了扩大再生产，像这样的具体事例是很少见的。尽管如此，我们认为这个问题还是可以解决的。如果把这时出现的商业性农业的发展，农业雇工队伍的扩大，以及“力农致富”等因素联系起来考察，可以作出如下论断：富裕农民和经营地主的雇工经营基本是进行商品生产的。关于雇工人数问题，因为是萌芽状态，我们把使用雇工作为一个起点，即使一个经营者雇用一两个雇工也好，都作为资本主义萌芽来处理。当然，这类雇用一两个雇工的经营者，有如经典作家所说的，还不能称其为“十足的资本家”，这类农业经营还算不上资本主义经营方式。但从这里已经开始了资本主义剥削方式的萌芽，或者说出现了最原始的萌芽状态的资本主义生产关系。而且较大规模的雇工经营，常是从雇用一二个雇工这类小经营发展起来的。从这个意义上说，雇用一二个雇工的富裕农民的经营乃是农业资本主义萌芽的起点。

（二）富裕农民的农业经营

（1）富裕农民的发生过程

富裕农民的发生过程，由于各个地区的具体条件不同，可能有各种不同的途径，但首先是在商品经济比较发达的地区发生的，它的进一步发展则在封建宗法势力比较薄弱的新垦区。一般是从种植经济作物开始时，是从家内协作逐渐发展到雇工经营的。

前面我们已经一再谈到，明代中叶到清代前期的二三百年间，商业性农业的发展加速了农民的阶级分化，在阶级分化过程中出现了一些经济条件较好的富裕农民。这部分农民田场收入较多，除供给家庭生活需要之外每年还有一些剩余。由于他们的经济条件较好，扩大财富的可能性较大，从而发家致富的欲望比较强烈，这类农户的农业经营，除满足家庭必需的粮食之外，每兼种一些经济作物，或以种植经济作物为主，在较小的土地上投入更多的劳动，进行集约经营，以谋取更多的收益。

当然，关于经济作物的种植，也有几种不同的情况。一种是农民小生产者，他们种植经济作物虽然也是为了出售，但是，他们的出售只是为了满足家庭生活需要。如江、浙农民栽桑、养蚕、缫丝，很多是这类个体小生产者。清初，浙江桐乡县张履祥说过："计桑之成，育蚕可二十筐。蚕苟熟，丝绵可得二十斤，虽有不足，补以二麦可也，一家衣食已不苦乏。"① 在产棉地区，农民植棉、纺线、织布出售以弥补家庭生计的情形更加普遍。山东钜野县，农妇纺织，"得有赢余，以为添补衣履之用"。② 招远县农民，"惟纺织木棉以自衣被"。③ 江苏嘉定县，"躬耕之家，织布以易银，易银以输赋"。④ 这类小生产，他们是为买而卖，为了购买家庭生活必需品和交纳赋税出卖他们的农副产品。这类小生产虽然也兼种经济作物，但不能构成为资本主义性质的农业生产。

前节有关江苏、浙江、江西、四川以及山东等省农民种植经济作物的一系列论述，如种植桑树，单位面积产值较稻田为多，"其利倍之"；种植棉花，"费力少"而"获利多"，"民赖以利"，"州赖以饶"；种植烟草，一亩产值"敌田十亩"，农家种之"颇获厚利"；种植甘蔗，"利较谷倍"，"多以致富"；种植蓝靛，"利倍于谷"，"业此致富者比比皆是"等等，不仅反映了农民种植经济作物已经摆脱了家庭生活需要的范围，而且反映了部分农民通过经营经济作物发家致富、扩大再生产的发展过程。

这时也出现了一些经营地主，有的也从事经济作物的种植。但是从当时的历史条件考察，有理由作出如下论断：个体农民尤其是富裕农民是经济作物的主要种植者，只是他们的生产活动没有被记载下来罢了。经济作物的种植和粮食作物不同，由培植、施肥、锄壅到采摘收藏，处处都需要精心管理，大地主尤其是缙绅地主一般是不屑于亲手从事这类生产活动的。这种情形张履祥在《补农书》中曾经作过逼真的刻画。他说：地主"思不逮乎雨旸，趾不举乎疆场"；"东西阡陌弗之辨，秫秔菽麦不之别"；"燕息深居，坐资岁入，几不知稼穑为何事。"中国地主兼并土地主要是为了收租而不是

① 张履祥：《补农书》，附录一。

② （道光）《钜野县志》卷23，第17页。

③ （顺治）《招远县志》卷4，第9页，道光刻本。

④ （康熙）《嘉定县志》卷4，"风俗"。

为了经营。明清两代关于地主的论述，或谓“惟知有田则有租”,[①] 或谓“但知收租而不修堤岸,”[②] 或谓“知兼并而不知尽地之利”。[③] 他们只要能收到地租，享受骄奢淫逸的生活，是不关心农业生产过程的。富裕农民则不然，他们不仅是生产劳动者，而且熟悉农业技术和经营管理。他们的经济条件也比较好，有力量对农业生产进行更多的投资。他们也愿意在经营管理方面花费更多的心计和投入更多的劳动。正如列宁所指出的，在商品经济整个环境下，小农户每为巩固和扩大自己农户的财产而斗争，为了更多更省地使用他人的劳动而斗争。[④] 或者说，农民为了赢利而在积极进行商业性农业生产，首先是经济作物的生产。

富裕农民的发生和发展，商业性农业的发展是一个重要条件，而富裕农民发生发展的起点则经常是家庭协作。列宁曾经根据德、俄两国有关富裕农民发展的统计资料作过这样的论断：“在一般农户中家庭协作是建立资本主义协作的基础”。[⑤] 列宁在另一篇文章中分析富裕农民发展条件时说得更加具体，即家庭劳动力多，其中有二人至三人外出作零工，把工资收入作为家庭公共积累，再加上一些有利的条件，这个家庭的收入大大超过家庭需要的开支，然后把省下来的钱从事扩大农业经营规模，进而使用雇工。在广大农民经济状况恶化的过程中，这类农民的财富逐渐增多起来。[⑥]

中国封建社会早已存在的大家族习俗，是农民家内劳动协作的有利条件。明清时代，数世同居的大家族是普遍存在的。康熙年间，直隶西宁县苗适蕃家，“力农起家”，“五世不异爨，家及百口”。[⑦] 直隶宝坻县王居仁家，“家世业农”，七世同居，“举家百余人”。[⑧] 乾隆年间，广东大埔县林油然，“务本力农，子孙几及百人，五世同居不分爨”。[⑨] 嘉庆年间，直隶枣强县王礼，五世同居，子孙六十余人，“各有专业”。[⑩] 像这类事例，在地方志书中

---

① 蔡虚生：《西园闻见录》卷25，“治生”，转见胡如雷：《中国封建社会形态研究》，第51页。

② 钱诹：《履园丛话》卷4。

③ 《古今图书集成》，职方典，卷1112，“湖广总部”。

④ 参见《列宁全集》，第16卷，第434页。

⑤ 《列宁全集》，第16卷，第433页。

⑥ 参见《列宁全集》，第1卷，第101页。

⑦ （光绪）《畿辅通志》卷241，第31页。

⑧ （光绪）《畿辅通志》卷228，第38页。

⑨ （乾隆）《潮州府志》卷30，第15页。

⑩ （嘉庆）《枣强县志》卷14，第39页。

屡见不鲜。道光年间，直隶蓟州郝氏，“七世同居，食指千计，男耕女织，家法严整。”① 郝家子孙虽然有的读书应试，但也有不少人参加生产劳动。当然，以上这些事例不一定都是富裕农民，甚至主要是地主，但反映了大家族的普遍存在。其中有的是利用劳动力多而进行协作的。对农民而言，家内劳动协作对发展农业生产、改善家庭经济状况是起着积极作用的。有些富裕农民就是由于家内劳动力多通过协作发展起来的。如四川汉州的黄正义，家内男劳动力较多，从“插占土地”考察，黄家过去是没有土地的。他家“凡五世皆横经秉耒，孝弟力田。”到乾嘉之际，耕地逐渐扩展到五百亩，后来继续扩充到二千五百亩。② 如温江县的王应斌，乾、嘉之际众兄弟分居时耕地不及十亩。王氏“督四子耕田，不少宽假，后增产至二百亩。”③ 如温江县的王天成，幼年土地不多。道光年间，“兄弟力农三十余年，增置田产近四百亩。”④ 如彭县的刘、吴两姓，大概在道光年间，两家合伙租佃，共有六个男劳动力，经过四十多年的经营，家道小康。⑤ 看来以上数家发家致富，都是靠家里，壮劳力多，通过协作。另据嘉庆《浏阳县志》，广东的富裕佃农，有的也是由于家里壮劳力多而得到发展的。⑥

但是，富裕农民的发生和发展，家庭协作只是一个起点，更重要的是靠剥削别人的剩余劳动发展自己的经济。当这类农民进一步发展时，当他们的经营规模超过家庭劳动力所能承担的界限时，就要使用雇工。如列宁所指出的：“家属工人特别多的殷实的一般农户，由于愈来愈多地使用雇佣劳动，便变成资产者农户。”⑦ 列宁又说：“所以一批农村雇农，特别是短工的形成，是富裕农民存在的必要条件。”⑧ 明清两代雇工市场的出现，就是农业短工发展的有力证明。我们接触到的清代几百件有关雇工的刑事案件，短工案件占着相当大的比重。这一时期农业长、短工的迅速发展就是和富裕农民的发展密切联系在一起的，富裕农民的发展促进了农业雇工队伍的发展。这种关系我们在前面已经论及了。

---

① 陈康祺：《郎潜纪闻》卷8，第5页。《清代笔记丛刊》本。
② （同治）《汉州志》卷22，第7页。
③ （民国）《温江县志》卷8，第36页。
④ 同上书，第28页。
⑤ （光绪）《彭县志》卷7，第35页。
⑥ （嘉庆）《浏阳县志》卷37，第1—10页。
⑦ 《列宁全集》，第16卷，第433页。
⑧ 《列宁全集》，第3卷，第146页。

关于农民的阶级分化问题，我们在前面论述商业性农业的发展及雇工队伍的扩大时，已经一再谈到。在明代中叶，部分富裕农民就在阶级分化过程中发展起来。成化年间（1465—1487 年）江苏长洲县吴宽说过：“三吴之野，终岁勤动，为上农者不知其几千万人。”① 又据弘治年间（1488—1505 年）的一个作者记述：“上农累赀钜万；次农自足产业，不仰给于人；下农无寸土一椽，全仰给于人。”在中国史书上，“农民”的含意范围很广，它可以包括佃、雇农和自耕农，甚至还可以包括庶民地主。这里的“上农”就包括比较富裕的农民和庶民类型的经营地主。我们要注意的是，从这类记载表明了农民经济状况的差别，反映了农民的阶级分化。

就在这一时期，富户纷纷追逐土地，并就土之所宜发展不同的农作物，进行不同类别的经营，如张羽记述浙江吴兴县情形所说：“吴兴为东南沃野，山居竹木材章，永居菱芡芰荷，田畴秔稌，陆地桑麻菽麦蔬果，此其利皆可致千金。故富民率好为兼并。爱地重于金玉；虽尺土不以假人。其为卉木花草，芬葩艳丽，可以娱耳目而妨地利者，悉弃不好。”②

这时有些地区还出现了一些“力农致富”的记录，商品经济比较发展的江苏南部各州县尤其显著。嘉靖年间，崑山县经营农业发家的，如魏钟、魏璧父子“以力稼致富”；③ 张某“以多耕致饶足；”④ 吴纯甫经营果树，种桔千株，“市鬻财自给”；⑤ 陈端世代业农，到他父亲陈太掌管家务时期以力农致富，到晚年买地一千亩。⑥ 又嘉定县张某，以“力田积居，家至不赀”；⑦ 太仓州张某，以商贾失利改事农业，亲自参加生产劳动，逐渐富裕；⑧ 吴江县顾氏，“世以桔柚为业，园圃甚茂。”⑨ 明代后期，有的修筑堤埂使洪荒变成沃壤，“用此法力耕，以致富厚。”据当时朱国桢记述，“余目所经见，二

① 吴宽：《匏翁家藏集》卷 36，“心耕记”。这里的“上农”，包括农民和地主。

② 张羽：《张来仪文集》，“芙蓉庄记”。转见《中国资本主义萌芽问题讨论集》，续编，第 91 页。

③ 归有光：《震川先生全集》卷 25，“魏诚甫行状”。

④ 《震川先生全集》卷 13，“张翁八十寿序”。

⑤ 《震川先生全集》卷 25，“吴纯甫行状”。

⑥ 《震川先生全集》卷 18，“明故例授苏州卫千户所正千户陈君墓志铭”。

⑦ 《震川先生全集》卷 18，“鸿胪寺司宾署丞张君墓志铭”。

⑧ 王士贞：《弇州山人稿》卷 95，“明封文林郎浙江处州府推官东林张翁墓表”。

⑨ 叶绍袁：《湖隐外史》，“庶姓”第 32 页。转见《中国资本主义萌芽问题讨论集》，上册，第 551 页。

十里内，有起白手致万金者两家”。[①] 以上这些人虽然很多发展成为封建地主，但他们都经历了“力农致富”的发展过程。

到清代前期，伴随着商业性农业的发展，有更多的人通过经营农业起家，雍正年间有人作了如下一段概括论述：“其起家，大抵本富十之六，末富十之四，奸富十之一”。[②] 这里的“本富”主要指地主。所谓“起家”于“本富”，是指通过剥削农民增殖土地。其中可能有的采取土地出租形式，有的通过雇工经营形式。但就发家过程而言，“力农”总是一个起点。从“本富”“起家”四字反映了“力农致富”的发展过程。

以下试就在清代刑部档案中所接触到的一些雇佣事例考查清代前期富裕农民的发展状况。

一种是关于雇主与雇工一同劳动的案件。这类案件很多，列举乾隆五十三至五十七年、嘉庆二十至二十四年间一些事例：

吉林三姓地方，雇主田喜，雇周兴、徐万成、刘诚、王义功佣工，由雇主妇女做饭。[③]

盛京广宁县，雇主陈世柱与雇工高现金一同捆烟。[④]

盛京盖平县，雇主卢礼与雇工宋世发一同耕种。[⑤]

直隶朝阳县，孙棠雇温增、宋惠佣工，孙棠一向种地度日。[⑥]

山西丰镇、胡根狗先后雇冯发、侯满堂、庞顺佣工，胡根狗一同下地工作。[⑦]

山东昌邑县，雇主邵福香与雇工邵小住一同耕地。[⑧]

河南孟县，雇主谢逢运与雇工杜添水一同下地劳动。[⑨]

四川云阳县，雇主汪尚行与雇工曹开榜一同赴山工作。[⑩]

四川屏山县，雇主李汝楫与雇工姚成华一同下地，李汝楫上山砍竹。[⑪]

---

① 朱国祯:《涌幢小品》卷1，“堤利”。

② （光绪）《常昭合志》卷6，第6页。

③ 刑科题本，乾隆五十九年六月九日刑部尚书阿桂题。

④ 刑科题本，乾隆五十九年二月十三日盛京刑部侍郎宜兴题。

⑤ 刑科题本，嘉庆二十年十一月六日，刑部尚书董诰题。

⑥ 刑科题本，乾隆五十九年十一月四日，直隶总督梁肯堂题。

⑦ 刑科题本，乾隆五十九年七月二十六日山西巡抚蒋兆奎题。

⑧ 刑科题本，嘉庆二十年十月十九日刑部尚书董诰题。

⑨ 刑科题本，嘉庆二十年三月十四日刑部尚书董诰题。

⑩ 刑科题本，乾隆五十七年八月二十九日四川总督孙士毅题。

⑪ 刑科题本，乾隆五十五年二月十三日四川总督孙士毅题。

四川隆昌县，雇主李定仪与雇工洪丙子、陈老五下地犁地。①

湖北当阳县，张学海雇贾启民佣工，张学海“种地营生”。②

湖北公安县，余开元雇李起英佣工，余开元下地锄草。③

湖南醴县，雇主张际漠带领雇工张夜伢子、苏德茂等到山地割草。④

湖南会同县，雇主廖勇与雇工吴盛礼、吴潮钲等携带刀锄修整田塍。⑤

浙江上虞县，陈沅益雇沈添佣工，陈沅益在田工作。⑥

浙江西安县，雇主叶耀文与雇工黄胖一同放水灌田。⑦

福建彰化县，雇主刘连涛与雇工陈兴携带铁钟下田工作。⑧

广东石城县，雇主杨咏兴与雇工袁何，平日同桌吃饭，杨咏兴耕种度日。⑨

广东某县，雇主刘奉文带同雇工刘发孙赴田工作，刘在田边削草。⑩

广西雒容县，雇主廖备与雇工廖老二、廖沅等在地耕种。⑪

广西弥勒县，郭璋用银一百二十九两买地若干亩，带雇工李小三犁地。⑫

广西宜山县，雇主莫士仪与雇工张老土、莫扶伦、覃扶秀等赴田工作。⑬

以上这类与雇工一同参加生产劳动的雇主基本是富裕农民。在清代刑档中，这类事例是相当大量的。

我们在前面论述农业雇佣性质的变化时，列举了大量雇主与雇工“平日共坐同食”、“一同坐食”之类的雇佣事例。这类事例，雇工无论是长工或短工，雇主主要是与雇工一同劳动的富裕农民。地主尤其是缙绅地主是不会与雇工“共坐同食”的。

特别值得注意的，有的经营者雇用一两个或两三个雇工，种植经济作

① 刑科题本，嘉庆二十年十一月十四日四川总督常明题。
② 刑科题本，乾隆五十五年七月九日湖北巡抚毕源题。
③ 刑科题本，乾隆五十七年四月一日湖北巡抚福宁题。
④ 刑科题本，嘉庆二十一年三月十二日湖南巡抚巴哈布题。
⑤ 刑科题本，嘉庆二十年三月二十日湖南巡抚广厚题。
⑥ 刑科题本，乾隆五十七年三月二十五日浙江巡抚福松题。
⑦ 刑科题本，嘉庆二十年二月二十一日浙江巡抚颜检题。
⑧ 刑科题本，嘉庆二十一年八月五日福建巡抚王绍兰题。
⑨ 刑科题本，乾隆五十六年十二月一日刑部尚书阿桂题。
⑩ 刑科题本，嘉庆二十年十一月十二日广东巡抚董教增题。
⑪ 刑科题本，嘉庆二十一年三月八日刑部尚书崇禄题。
⑫ 刑科题本，嘉庆二十一年云南巡抚陈若霖题。
⑬ 刑科题本，嘉庆二十一年六月十三日广西巡抚庆保题。

物，进行商品生产，这类雇主主要是富裕农民。

其雇工种蓝的，雍正、乾隆之际，浙江泰顺县谢启恒雇林恒山帮种蓝靛，每月工价银六钱。[①] 乾隆十七年，浙江汤溪县谢启常雇林乔嵩连续种蓝靛三年，每年工银八两二钱。[②] 雇工种蔗的，乾隆二年，广东电白县冯泮上雇苏亚养砍蔗，按日给付工资。[③] 乾隆二十八年，福建台湾府诸罗县张波兼设糖廍，一向雇陈秘“研蔗看牛。”[④] 按台湾设糖廍的多系蔗农，陈波大概是种蔗兼制糖的经营者。其经营烟草的，如嘉庆元年广西藤县黄建安雇陈再添种烟，每年工钱三千文。[⑤] 嘉庆四年，直隶建昌县赵满仓雇褚太和栽烟，每日工钱一百五十文[⑥]。雇工种棉的，嘉庆十一年，山东曹州吕居仁雇张标、齐三看守棉田，收棉后给工钱五千文。[⑦] 像以上这类种植经济作物的事例，显然是为了谋取盈利而进行经营的。又从所雇用人数考察，基本是富裕农民所经营。

以上从明代经营者种植经济作物及力农发家情况，清代雇主亲自参加生产劳动事例和主雇间“共坐同食，平等相称”的雇佣关系，以及雇工种植蓝、蔗、烟、棉的经营情形，反映了这一时期富裕农民的发展状况。

富裕农民的经营具有以下作用和特点。第一，富裕农民的发展促成雇佣关系的变化。

在前面已经谈到，富裕农民是农民阶级中的一个阶层，无论是富裕自耕农还是富裕佃农都不是封建所有制。在封建社会中，他们没有政治特权，因此，他们不像高高在上的地主老爷那样对雇工实行超经济强制，而只能实行经济的强制。由于他们和雇工一起生产劳动，共坐同食，在实际生活中和雇工遂形成为自由平等关系。因此，早在明代中叶，首先从这里打开由封建雇佣向自由雇佣过渡的缺口，出现资本主义自由劳动的萌芽。这类富裕农民雇工经营，到清代前期并有进一步发展。

由富裕农民的经营在雇佣关系方面所形成的这种发展变化，有如列宁对由俄国富裕农民的发展所形成的雇佣关系所作的科学分析：雇主和雇工彼此

---

① 乾隆三年二月二十六日刑部尚书尹继善题，刑档。

② 乾隆十九年闰四月二十四日刑部尚书阿克敦题，刑档。

③ 乾隆四年五月二十日广东巡抚王莫题，中国社会科学院经济研究所藏：刑档抄卡。

④ 乾隆三十年福建巡抚题（原缺月日及巡抚姓名），刑档。

⑤ 嘉庆五年广西巡抚题（原缺月日及巡抚姓名），刑档。

⑥ 嘉庆五年七月二日管理刑部事务董诰题（建昌县属承德府），刑档。

⑦ 嘉庆十三年山东巡抚题（原缺月日及巡抚姓名），刑档。

之间的相互关系，由过去单纯不平等的宗法关系转变成为财产上不平等的资本主义关系；[①] 这种雇佣关系已经撕毁了过去掩盖阶级关系的传统的等级的外衣，资本主义阶级关系开始表现出来。[②]

由于富裕农民的发展，在实际生活中所形成的雇佣关系的变化，在法权关系方面也有所反映。如在前面一再谈到的，明万历十五年明确短工在法律上的平等关系，我们认为主要是富裕农民发展的反映，富裕农民发家总是从使用零星的短工开始的。据此后清乾隆五十一年议增的新律例，所说“若农民、佃户雇请工作之人”，明确指出“农民”、“佃户”两类雇主，这里的“佃户”主要指富裕佃农，“农民”则包括富裕自耕农和中小庶民地主。据此，乾隆年间雇工律例的修订基本是富裕农民和庶民地主发展的反映，是两类农业经营发展促成雇佣关系发展变化的反映。

第二，从富裕农民的雇工经营开始了资本主义简单协作的萌芽。封建社会的个体小生产，生产资料由劳动者分散使用，经济生活方面自给自足，保守、落后、墨守陈规、生产力低下就是这种生产的主要特点。富裕农民的生产开始改变这种生产状态，他们除掉家内劳动之外，还使用少数雇工，比较多的人在一起劳动，在这里出现了劳动社会化的萌芽。富裕农民的生产规模要大一些，生产资料的使用比个体小生产要集中一些。生产资料的集中与劳动的社会化，对农业生产的发展必然有一定的促进作用，因为个体劳动与集体劳动，分散的生产资料与集中的生产资料，在生产过程中所发挥的效果是不相同的。生产资料集中与劳动社会化本身就意味着生产力的提高。富裕农民对农业生产发展的推动作用，下面还要详细论述。这种发展变化和资本主义关系的产生有着直接联系，有如马克思所指出的，资本主义生产，“这一变化的前提，即在同一个劳动过程中同时雇佣较大量的雇佣工人，构成资本主义生产的起点。”[③] 这时富裕农民所掌握的生产资料虽然有限，使用的雇佣劳动为数不多，但就生产力的发展而言，较之个体农民却向前推进了一步，开始了简单协作的萌芽，具有了企业生产的某些性质。

第三，伴随着农业劳动生产率的提高，产生了资本主义剥削的萌芽。明清时代农业生产的发展，为富裕农民剥削农业雇工的剩余劳动扩大再生产创

① 参见《列宁全集》，第15卷，第72页。

② 参见《列宁全集》，第3卷，第21页。

③ 《资本论》，第1卷，第372页。

造了条件。富裕农民使用雇工，他们的农业生产已不单纯为了生产使用价值，还为了生产部分出售的商品，谋取赢利。归根结底，是为了从雇工身上榨取剩余劳动扩大再生产。有如马克思所指出的，“而在剩余劳动期间，劳动力的利用为资本家创造出无须他付出代价的价值。”① 所以说，在自由劳动存在的条件下，富裕农民对雇工的剥削是带有资本主义性质的剥削。

由以上分析可以看出，富裕农民的经营和地主经营不同。在明代，经营地主和雇工的关系是封建等级关系，是宗法家长制统治关系。就是到清代前期，在中小庶民地主获得发展并具有农业资本主义萌芽性质的条件下，而由以形成的雇佣关系仍带有浓厚的封建性。由富裕农民所形成的雇佣关系虽然也带有某些封建的残余，但同和由经营地主所形成的雇佣毕竟不同。富裕农民和一般农民也不同，一般农民只在狭小的土地上不断地重复他的简单再生产；富裕农民经营规模较大，他在剥削旁人剩余劳动的基础上不断扩大再生产。

农民各阶层在经济条件上的差别，在中国历史上本来很早就已存在了，只有到明代中叶，在农业生产有所提高和商业性农业进一步发展的条件下，在封建宗法关系趋向松弛化的情况下，富裕农民的发展才能突破旧的生产关系，具有资本主义萌芽的新内容。

但是，在地主经济制的制约下，中国带有资本主义性质的富裕农民的经营是在错综复杂的社会矛盾的罅隙中发生和发展的，经历了极其曲折复杂的过程，并非一帆风顺。以明代情形而论，富裕农民尽管有所发展，其发展水平毕竟受到一定程度限制，还经不起封建势力的酷暴摧残。到明代晚期，由于朱明贵族和豪绅地主的暴力掠夺，广大农民沦为地主阶级的奴仆，农村经济关系严重倒退，富裕农民的发展道路受到严重阻碍。经过明末农民大起义，扭转了农村经济关系的倒退形势，为富裕农民的发展再次创造了条件。但这时又出现另外两个不利的因素，一个是清室贵族在北方进行的圈地政策，对这个地区的农业生产起了严重破坏作用；一个是经过明清之际的长期战争，由于明、清官兵的杀掠破坏，给农业生产的恢复和发展造成一定困难。因此，带有资本主义性质的富裕农民虽然早在十五世纪即明代中叶已开始发生，却经历了约两百多年的漫长岁月，到清代乾隆年间才有进一步的发展。

---

① 《资本论》，第1卷，第583页。

(2) 富裕自耕农

富裕农民有两种类型，一种是富裕自耕农，一种是富裕佃农。

富裕自耕农的发展需要一个前提，即农民小土地所有制的广泛存在。

中国地主经济制，缺乏严格的土地占有的等级结构，土地可以买卖，农民只要掌握货币就可以购买土地，农民还可以通过开垦取得土地产权。因而在中国封建社会时期，占有土地的自耕农在不断地产生，自耕农广泛存在遂成为中国某些历史时期的普遍现象。对祖先遗产的诸子均分制，使地主土地一再分割，对地权的分散也是有影响的。

当然，我们也不否认，在一般情况下，地主所有制常占据统治地位；农民小土地所有制，就所占耕地面积而言，相对来说还是比较小的。

在中国历史上，地权分配的发展趋势，常以农民战争为转移。在经过农民大起义对地主阶级实行一次严重打击之后，在每一个新建的封建王朝的初期，地权每趋向分散，农民小土地所有制总要获得一个时期的发展。① 由于自耕农是农民阶级中一个不稳定的阶层，在地主阶级兼并掠夺下又很快发生变化，不过几十年的工夫，地权又逐渐集中，明清两代都不例外。尽管有的地区地权集中过程比较缓慢，但总摆脱不掉地权集中的发展规律的制约。富裕自耕农民的发展，地权分散是个前提。在地权由分散到集中的过程中，即在部分农民丧失土地的时候，少数经济条件较好的农民却乘机购买土地，扩大经营规模，进行雇工经营了。

明代前期，地权分配状况缺乏具体记载，但我们可从洪武年间的政策措施进行考察。洪武五年诏："兴兵以来，所在人户抛弃产业，逃避他方。天下既定，乃归乡里。中间若有力少而旧田多，不许依前占护，止许尽力耕种到顷亩以为己业。若去时丁少，归时则丁多而旧产少者，许于附近田内，官为验丁力拨付耕种为业。敢有以为旧业多余占护者，论罪如律。"② 封建统治者为了奖励垦荒，在地权方面采行了抑裁地主包揽兼并的政策措施。所谓力少田多"不许依前占护"，实际是剥夺地主的"原主"产权而重新分配。明

① 这种关系每反映于古人的议论，如蔡虚斋在所著《西园闻见录》，第4卷，"教训"所说："自古乱世则大家先覆，"即指农民战争对封建土地关系的冲击。地主所有制的削弱，意味着佃雇农向自耕农的转化。转见胡如雷《中国封建社会形态研究》。

② 《明典章》，"洪武五年五月诏"，转见韦庆远：《明代黄册制度》，第38页。据同年另一诏书，令农民在元代沦为豪势奴仆者，"即放为良"。又据洪武十年三月诏书，令将豪强诡寄田亩"出官首告"。所有这种政策措施，都将促使自耕农的发展。

政府的垦荒政策适当地照顾了无地少地农民，对自耕农的发展起了一定的促进作用。关于这一时期自耕农发展状况，试从以下几个不同角度进行一些考察。

据明人关于农村经济状况的论述，每把自耕农和佃农并提，说明自耕农占着一定比重。前述“上农自给自足，不仰给于人。”这里的“上农”虽然不排除地主，但主要指农民小土地所有者。余如关于赋役的论述，明末以赋役繁重，“致令田少者或十亩或数十亩，破家荡产。”[①] 明末的这种变化，正是明代中叶农民小土地所有制普遍存在的反映。如关于农民仰赖纺织副业弥补家庭生计的论述：“田家收获，输官偿息外，未卒岁室庐已空，其衣食全赖此”。[②] 这里也泛指负担田赋自耕农民。

一直到地权集中的万历初期，在同一地区，地权分配状况也不完全相同。据皖南地区保存下来的个别图甲鱼鳞残册，所反映出的地权分配就有很大差别，有的地区地权比较集中，如皖南某县的一个村庄共有九百一十六户，其中占田五至十亩者一百零九户，占全村耕地面积的百分之十二弱，其余耕地的绝大部分为地主占有。[③] 也有的地区地权比较分散，如休宁县某图第六、十两甲，有田者四十五户，其中占田十至二十亩者却达二十二户，[④] 农民小土地所有制占着相当大的比重。

自耕农的经济地位是不稳定的，在农民阶级分化、广大自耕农没落的过程中，部分条件较好的自耕农逐渐发展起来，变成为富裕自耕农。这种发展变化，从这一时期所出现的一些地主发家事例可供我们研究参考。

明弘治年间（1506—1521 年），山东濮州许卫，家“本中人之产”，大概就是一个自耕农民。他后来以兼营酿酒作坊和养猪致富。这大概是一个以副业养农致富的事例。尽管许卫后来变成大地主，他毕竟经历了富裕农民的发展阶段。大约同一时期，江苏长州县张敞，原来只有几十亩地，“以田为家”，靠务农维持生活。此人“昧爽率佣保趋田中力作”，大概雇用了几个雇工。他在生产实践中熟悉了种植方法，“莳艺耘耨咸有法度，视他农率倍入。”经过多年的经营和对雇工的剥削，逐渐扩大田场规模，耕地面积“什

① （康熙）《吴江县志》卷 16，第 82—84 页，雷珽：《均田均役序》。

② （光绪）《华亭县志》卷 23，“杂志”，引顾府志。

③ 据皖南某县村鱼鳞图册。

④ 中国社会科学院经济研究所藏：休宁县红册。

倍”于当初。[①] 这也是一个富裕农民发家的事例。又嘉靖年间昆山县陈氏，世代业农，至陈泰管理家务时，耕地逐渐扩大到一千亩；[②] 昆山魏壁，“以力穑致富”；[③] 嘉定县张氏，“力田积居，家致不赀”，[④] 等等。这些人虽然都变成了地主，但从“世农”、“力穑”、“力田”之类用词考察，都经历过富裕农民的发展阶段。明代中叶以前出现的封建秩序长期稳定和社会经济繁荣景象，就和自耕农民的广泛存在以及在此基础上所出现的富裕农民的发展有着密切联系。

明代后期发生剧烈变化，朱明贵族和豪绅地主通过奸民“投献”和农民“投靠”等手法疯狂地掠夺农民土地，广大自耕农民沦为依附于地主的佃农和奴仆，农民小土地所有制所占比重急剧下降，富裕农民的发展遭受抑制和破坏。经过明末农民大起义，不少大地主被打下去了，他们霸占的大面积土地很多被分割了，有不少农民通过各种形式的斗争取得土地产权，摆脱了封建土地所有制的压迫束缚，变成为小土地所有者，地权分配再一次发生剧烈变化。从此，中国富裕农民又获得了发展机会。

明清之际，一方面封建地主急剧衰落，同时在不少地区出现了大片无主荒地，如黄河流域的甘肃、陕西、山西、河南、山东等省，长江流域的四川、湖北、安徽等省，都有大面积抛荒土地，这是农民小土地所有制得以发展的有利条件。其中尤以地主豪绅遭受打击严重的四川为最，该省在明万历年间耕地为十三万四千八百二十八顷，清康熙十年清查之时，全省熟地才一万四千八百一十顷。[⑤] 这时全省抛荒地约有十二万顷左右，占原额耕地面积的百分之八十以上。

清王朝的招垦政策对地权分配是有一定影响的。顺治十三年到康熙二十年前后二十六年间，采行过令“殷实人户”招垦二十顷以上者“录用”，[⑥]“文武乡绅”招垦五十顷以上者“记录”、“旌奖”[⑦] 的政策措施，这种办法对掌握大量货币财富的豪绅富户从事大面积包揽兼并肯定会有一定刺激作用。但是还要考虑到，在当时农民从事垦荒易于取得土地产权的条件下，他

---

① （乾隆）《长州县志》卷23，“人物”。
② 归有光：《震川先生全集》卷18，“明故例授苏州卫千户所正千户陈君墓志铭”。
③ 《震川先生全集》卷25，“魏诚甫行状”。
④ 《震川先生全集》卷18，“鸿胪寺司宾署丞张君墓志铭”。
⑤ （雍正）《四川通志》卷5，“田赋”。
⑥ 《顺治实录》卷103，顺治十三年七月癸丑。
⑦ 《顺治实录》卷109，顺治十四年四月壬午。

们不会甘心作地主的佃户，这种政策措施的效果不一定很大。顺治十年，清王朝为恢复农业而兴办屯田时，有过这样的规定：荒田虽然有主而没有耕种纳税的，及已应招开垦而不能按规定年限起科的，都划为官田另行招垦。[①]在一般情况下，农民领垦的荒田面积不会很大，他们办理开垦手续之后不会使土地长期抛荒。其不能按规定年限升科纳粮的主要是豪绅富户，他们大面积包揽，找不到农民给他们开垦耕种。顺治十四年还有过这样的规定，其贡、监、生员等名下有主荒地，“如本主不能开垦，该地方官招民给与印照开垦，永为己业。”[②] 看来清王朝对富户、豪绅垦荒进行奖励的同时，对他们包揽官荒而不开垦以及放荒自己的土地等都作了一些限制规定。从这些方面分析，虽然会有些豪绅地主通过包揽垦荒而兼并土地，但数量不会很大。顺治间采行的屯田也和一般军屯不同，系由官府置备牛具召民开垦，先纳官租三年然后给为永业，这也有利于农民小土地所有制的发展。

清王朝对于大面积荒田主要是招民开垦。封建统治者为了把农民固定在土地上以便进行统治和剥削，一再发布关于开垦荒地“永为世业”、“永给为业”、“永准为业”之类的诏令，用承认垦民土地产权的政策措施广行招徕。如顺治六年令，各地无主荒田，令民“开垦耕种，永准为业”。[③] 康熙年间，并一再放宽垦荒升科的年限。[④] 雍正元年定，山西、河南、山东等省无力垦荒农民，由官借贷耕牛和种子，俟秋收之后偿还，“起科之后，官给执照，永远为业。”[⑤] 如宁夏地区，雍正六年定，外地来这里垦荒的，每户分给土地一百亩。[⑥] 如陕西省，乾隆六年定，邻近农民来这里垦荒的，平衍易收之地每丁授田五十亩，山岗砂石地每丁授田一百亩。[⑦] 如云南、贵州两省，雍正五年定，“其垦熟田地归于佃户，民间自垦者照年限起科，其田俱给照为业。”[⑧]

封建统治者为了保证税收以广招徕，并对垦民产权规定了适当的保护措

① 《康熙会典》卷24，户部八，赋役，《皇朝经世文编》卷34；卢纮《屯田议》。

② 《顺治实录》卷109，顺治十四年四月壬午。

③ 《顺治实录》卷43，顺治六年四月壬子。

④ 垦荒升科，一般定为三年。康熙十年放宽为四年，康熙十一年放宽为六年，康熙十二年放宽为十年。以后又缩短升科年限，屡有变动。

⑤ 《皇朝文献通考》卷3，“田赋”。

⑥ 同上。

⑦ 《皇朝文献通考》卷4，“田赋”。

⑧ 《皇朝文献通考》卷3，“田赋”。

施。如康熙二十二年关于河南省垦荒的规定，地荒数年无人完粮者，垦熟之后，“不许原主复问”。[①] 雍正十二年，令各省州县出示晓谕，凡开荒地亩，限原主于五月内认领，逾限不报，“即将执照给原垦之人承种管业。”[②] 封建统治者虽然仍在承认原主产权，但从限定认产限期而言，却给予了垦民取得土地产权的机会。

特别值得注意的是有关四川省的招垦政策。顺治十年，令四川荒地听民开垦，“官给牛种”，以后由垦民“酌量补还价值”。[③] 康熙二十九年，令四川“流寓之人愿在居住垦荒者，将地亩永为世业”。[④] 雍正六年，令由外省到四川垦荒的农民，每户给水田三十亩，或旱地五十亩。[⑤] 封建统治者分配土地时并且考虑到劳动力的多寡，若有子弟及兄弟之子成丁者，每丁另增水田十五亩或旱地二十五亩。就这样，四川省各州县有不少垦民取得土地产权。

以下是垦民取得土地产权之见于地方志书的一些事例：

大邑县，清朝初期，土著少，客民多，“率多秦、楚、豫、章之人，或以屯耕而卜居。”[⑥] 这里的“屯耕”就是指的占地开荒。

铜梁县，清初来这里垦荒的，首推贵州、湖广人，其次江苏、福建、广东人，这些垦民“各据壤土”，[⑦] 即取得土地产权。

郫县，清朝初年，户口锐减，来这里垦荒的以广东，湖广人较多，其次山西、陕西、福建、江西等省人。农民垦荒谓之“插占”，[⑧] 即占为己有。

定远县，清初来这里开垦的主要是湖南省人，“垦荒占田，遂为永业”。[⑨]

新繁县，清初先有湖广人移入，继有江西、福建、广东三省农民移入，也有少量陕西人。“始至之日，田无业主，听民自占垦荒，或一族为一村……有一族占田至数千亩者。”[⑩]

苍溪县，清初外省农民纷纷移入。康熙初年，全县丁粮户共有六百余

① 《康熙实录》卷108，第11页。
② （光绪）《大清会典事例》卷166。
③ 《皇朝文献通考》卷3，“田赋”。
④ （光绪）《大清会典事例》卷166。
⑤ 《皇朝文献通考》卷3，“田赋”。
⑥ （同治）《大邑县志》卷7，“风土”，第2页。
⑦ （光绪）《铜梁县志》，抄本，第1册，“人类”。
⑧ （光绪）《郫县乡土志》，“人类”，第16页。
⑨ （光绪）《定远县志》卷1，第43页。
⑩ （光绪）《新繁乡土志》卷5，第1页。

户，本省农户占十分之四五，湖南省籍占十之三四，广东、贵州、福建省籍占十之一二。这类客民皆“插土为业”,① 即取得土地产权。

万源县，清初客民垦山，“荒山无主，由人手指，由某处至某处，即自行管业”。②

乐至县，康熙前期，外省农民纷纷移入，即行插占认垦，给照为业。③

云阳县，清初客民移入，“占田宅长子孙”，先开水田，继开山地。④

经过土、客农民几十年的辛勤劳动，四川广大地区逐渐开垦成熟。康熙年间全省熟田才一万四千八百一十顷；雍正二年熟田增为二十一万四千四百五十顷。雍正四年熟田续增为二十二万三千二百三十一顷；乾隆、嘉庆之际熟田又增为四十六万三千四百八十六顷。⑤ 如彭县，清初居民稀少，土地荒芜，乾隆初年发生巨大变化，民力“岌岌吴楚”，“山坡水涯，耕垦无余。”⑥ 如新都县，康熙六年以前，“有可耕之田，无可耕之民”；乾隆、嘉庆之后，则“无荒可垦”。⑦ 农民小土地所有制就在插占、垦荒的过程中发展起来。

这时到四川垦荒的以湖南省籍人最多，或谓“携家入蜀者不下数十万”，其中并有“占人已熟田地者”,⑧ 还有的农民将荒田垦种三年之后，为“躲避纳粮”而又他往者。⑨ 从这类记载也足以说明垦民是能够取得土地产权的。

除四川而外，还有不少地区，在农民战争的影响下，封建土地所有制有所削弱；有的地主逃死，土地荒废。在这类地区，有不少农民通过开垦取得了土地产权。如山东省，顺治十一年至十三年报垦荒地凡一十七万零八百二十顷有奇。⑩ 顺治十七年，山东濮州有大量无主荒地，由地方官吏招集顺、永、保、河等府失业南下之民垦种。这些垦民统谓之“北民”，“任土作贡，聚庐托处”。⑪ 如河南

① （民国）《苍溪县志》卷10，第8页。

② （民国）《万源县志》卷5，第46—47页。

③ （民国）《乐至县志》卷3，第6—7页。

④ （民国）《云阳县志》卷13，第3页，“田人不足以给，则钼荒蒌辟林麓以继之，先垦高原，继劚峻岅。”

⑤ （雍正）《四川通志》卷5，“田赋”；又（民国）《新城县志》，第2编，第4—5页。

⑥ （光绪）《彭县志》卷10，第39—42页。

⑦ （民国）《新都县志》，第2编，第4—5页。

⑧ （嘉庆）《四川通志》卷64，第13页。

⑨ 《皇朝文献通考》卷2，“田赋”。

⑩ 户部档案。

⑪ （康熙）《濮州志》卷2，第53页。此项新垦地亩，一度被圈占，后禁止。

省，顺治十五年报垦荒地九千余顷。[①] 康熙三十五年，河南西平县县令梅廷栻，为了招徕垦民还实行减轻田赋的措施，按实垦田的一半上报，并放大丈量土地的弓尺，垦民把这种弓尺叫“梅公功德弓”。[②] 如陕西兴、凤两府州，乾隆年间，四川、湖广、河南、山西、安徽等省农民陆续来垦荒山，“久而益众，俱成村落”，“户口骤增至十数余万”。[③] 农民纷纷移垦，也是为了取得土地产权。如安徽省安、庐、凤三府属，康熙十二年至十四年报垦荒地三千余顷。[④] 因此有不少地区，由于农民可以通过垦荒取得土地产权，自耕农所占比重显著增加。如霍山县，乾隆年间，“中人以下，咸自食其力，薄田数十亩，往往子孙世守之，佃而耕者什仅二三。”[⑤] 这里的农民小土地所有制显然占据统治地位。

清代前期，其未受农民战争直接冲击或受冲击而影响不大的地区，地权也在发生变化。当然，在这类地区，农民取得土地产权的机会不似前一类地区之广泛，而且取得土地产权的方式也不相同。

清代前期，地权转移频繁，土地商品化有所增强，这时地权转移主要通过买卖。这种发展变化，毋庸否认，对掌握大量财富的地主商人的兼并活动更为有利，但相对主要依靠暴力兼并的明代后期而言，农民毕竟有了较多购买土地的机会。清代前朝，封建秩序相对稳定，适当地革除了明代后期严重的赋役转嫁现象，农民解除了“有田为累”的顾虑，这种变化对农民争买土地也有一定影响。

清代初期，地价比较低廉。明代中叶，江苏省常熟、昭文等县，每亩土地值银五十余两，好田高至百两。崇祯末年，连年灾荒，加上农民的反抗斗争，以及辽饷加派的繁重，田价剧跌，每亩仅值银一二两。清初田价稍升，顺治初年每亩也才值银二三两，康熙初年渐增至四五两，[⑥] 相当明代中叶地价的十分之一。其浙江、江西以及广东、广西等省，清初地价变动情况如何，一时难以找到具体记载，但都较明代中叶为低是不难想象的。在这类地

---

① 《康熙实录》卷120，第18页。

② （咸丰）《安顺府志》卷36，第19页。

③ 毕沅：《兴安州升府疏》，见《清朝经世文编续编》卷28，第1页。

④ （光绪）《安徽通志》卷69，“田赋。”

⑤ （光绪）《霍山县志》卷2。

⑥ 参考（重修）《常昭合志》卷22。钱泳：《履园丛话》卷3记载无锡、金匮两县地价与常熟、昭文相同。乾嘉以后，常、昭田价上涨。嘉庆二十年后，高乡每亩制钱十千文，低乡每亩二十余千文，最贵田每亩至三四十千文，农民买田逐渐困难。

区，农民取得土地产权的过程和四川、山东、河南、山西等省之通过垦荒者不同，主要也是通过买卖，而且有广大农民参与了土地买卖活动。

据我们所接触到的康熙朝至嘉庆朝五百六十一件有关土地纠纷案件，土地买卖在二十五亩至五十亩之间的二十九件，五十亩以上的三十一件，其由二分至五亩的案件凡三百二十一件，占全部案件的百分之五十七以上。在这三百二十一件中，由二分至三亩的又占二百四十六件，约占全部案件的百分之四十四。这类小面积土地买卖主要是农民之间的相互买卖。我们可从这类小面积的土地买卖考察农民小土地所有制的广泛存在（见表4）。

表4　　清代前期土地买卖地块分组统计

（1673—1820年）

组距（亩）／地块合计／省别	0.2—5亩	5.1—10亩	10.1—15亩	15.1—20亩	20.1—25亩	25.1—50亩	50.1—100亩	100亩以上
合计	321	104	37	26	13	29	8	23
直隶	15	6	4	2	1	1	1	8
河南	29	10	9	5	0	3	1	1
山西	21	8	2	2	0	1	1	0
山东	25	5	1	0	1	3	0	1
陕西	9	3	1	0	0	1	0	1
甘肃	5	3	0	0	0	1	0	1
江苏	36	6	2	2	1	1	1	4
浙江	29	8	0	0	0	1	0	0
安徽	17	10	2	6	0	3	0	2
江西	26	6	2	2	2	2	0	0
湖北	26	10	3	0	2	2	0	0
湖南	28	7	1	1	0	2	1	1
四川	29	12	6	1	3	7	3	4
广东	26	10	4	5	3	1	0	0

注：有的资料土地面积写为一石，一分，均折成亩列入表内。又0.2—5亩组距共321块，其中0.2—3亩者占246块。

资料来源：中国社会科学院经济研究所藏：刑档抄卡。

自耕农随时都在发生分化，土地买卖关系的发展就是阶级分化的具体反映。兹仍以四川为例。康熙前期，四川乐至县农民主要通过“插占”占有土地。嗣后“田地益辟，烟户渐蕃，遂无插占，而买卖田房以著”。[①] 经济条

① （民国）《乐至县志》卷3，第6—7页。

件较好的农民，乘地价低廉购买土地，进而剥削农业雇工，变成为富裕农民，乃至发展成为经营地主。所谓“远人担簦入川，多致殷富”,[①] 就是反映的这种变化。

由雍正至道光前后约百年之间，四川省各州县地方志书中记述了不少“力农致富”的事例。在康熙、雍正之际，湖南邵阳李茂亮、李茂林、李茂椿等人徙居云阳，“开垦荒地”，“益治产业”。以后并购买荒地招佃垦殖。经过几十年的经营，“自盐渠至路阳，延袤数十里，沃壤相属。”[②] 乾隆年间，合江县的穆为元，“种茶数十万株，用以起家”。[③] 云阳县的彭宗义，初由湖北入川时佣工度日，后来用积蓄的工资购买土地，亲自经营，“购田谷至数百石”。[④] 大约同一时期，彭自圭、旷希贠、涂开盛、[⑤] 谢大成[⑥]数家，或父子力农致富，或以农兼商致富。巴州的赵士秀，先为佣工，后积资买地，家遂富裕。[⑦] 简阳县的曾奎德，初到四川垦荒时，“家计仅足以供衣食”。曾氏于农业生产“百计经营”，“田亩穑事极为精练”，中年以后，“家日寖昌”。[⑧] 嘉庆年间，温江县的陈怀斗，教子“勤耕苦积，家政日饶，置田数百亩。”[⑨] 道光年间，温江县的王大道、王天成，[⑩] 井研县的吴芝罔，[⑪] 金堂县的邱某，[⑫] 荣昌县的胡富恒，[⑬] 大竹县的江国荣，[⑭] 铜梁县的刘世栋，[⑮] 彭县的王于德，[⑯] 以上数家，起初有的“贫无立锥”，有的靠租佃过活，有的只有少量土地，经济状况都不宽裕，甚至十分贫困。以后经过若干年的耕作经营，购买土地，“力农致富。”

---

① （民国）《云阳县志》卷13，第3页。
② （民国）《云阳县志》卷25，第1—2页。
③ （民国）《合江县志》卷2，第1—2页。
④ （民国）《云阳县志》卷26，第12页。
⑤ （民国）《云阳县志》卷26，第12页；卷27，第4—5页。
⑥ （民国）《云阳县志》卷27，第3页。
⑦ 四川总督保定题本，乾隆五十九年九月二十六日。
⑧ （民国）《简阳县志》，“舆地篇”，第21页。
⑨ （民国）《温江县志》卷8，第49页。书中所记陈发家年代不详，系参酌他人列传前后次序估计。
⑩ （民国）《温江县志》卷8，第28页。
⑪ （光绪）《井研县志》卷36，第10页。
⑫ （民国）《金堂县续志》卷10，第28页。
⑬ （道光）《荣昌县志》卷30，第20页。
⑭ （民国）《大竹县志》卷9，第28页。
⑮ （光绪）《铜梁县志》卷9，第28页。
⑯ （光绪）《彭县志》卷7，第27页。

以上是四川省富裕自耕农民发生、发展的一些事例。其中虽然有不少人发展成为地主阶级的成员，但总要经历富裕自耕农的发展阶段。如果说，明代中叶后江苏南部富裕自耕农的发展是和当地商品经济以及经济作物的发展相联系，那么，清代前期四川富裕自耕农的发展，除商品经济、经济作物发展因素之外，更重要的是和农民战争对封建土地所有制的冲击相联系，是在封建所有制急剧衰落的情况下发展起来的。

湖南、江西等省，有些州县地权变化不大，另有些州县农民小土地所有制占着一定比重，还有的发展成为富裕农民。

如湖南永州府属，清朝初年，“其民皆由招徕而至，垦辟荒土，久而富饶，人皆事农，不言他事。”寥寥数语，描绘了一个家给人足的自耕农民聚居的乐土。嘉庆以后，农民经济状况逐渐发生变化，有的农民发展成为地主，放弃耕作而从事招佃收租。[①] 如江西萍乡县，据乾隆年间记载，“农夫八口之家，耕不过二、三人，田不过十数亩，收不过数十石，完官租，应私役。”[②] 这里所说“完官租”，也是泛指具有土地所有权的自耕农。江西新城县，嘉庆年间植烟发展，烟田所占耕地面积，大小户合计约有三、四万亩，[③] 种烟之户约在千家以上。种烟户都是些什么人呢？从“合一家老幼尽力于烟”、“莳烟家借债屯粪”及烟户“日买食米”种种情形考察，这些种烟户主要是亲自参加生产劳动的农民户。又其中租田种烟的不过数十家，相对种烟总户数而言，不过占百分之四到百分之五。就是说百分之九十五以上的种烟户都是土地的所有者，这部分土地所有者之中当然也会包括部分经营地主，但从上述种烟户的经济条件考察，绝大部分是自耕农民。从有关新城县种烟情况的记述，不仅说明农民小土地所有制的广泛存在，还反映了农民的阶级分化和富裕农民的发展。兹按植烟户一千多家、烟田三、四万亩计，每家平均种烟二十多亩。但实际情况不可能如此整齐划一，各烟户种地有多有少，少的可能只有几亩、十几亩，多的可能到三四十亩乃至七八十亩。烟田面积达到几十亩，经营规模已经相当可观，不是一般农户所能办到的。

我们还可以从清代前期人们关于农民经济状况的议论考察自耕农民和富裕农民的发展。乾隆年间河南巡抚尹会一说：“小户自耕己地，种少而常得

---

① （道光）《永州府志》卷5，“风俗志”。

② （同治）《萍乡县志》卷6。

③ （同治）《新城县志》卷1，“风俗”。据嘉庆年间记载，烟田所占耕地面积约可产谷十余万石。据稻谷每亩产量估计，约合烟田三、四万亩。

丰收；佃户受地承耕，种多而收成转薄。"① 嘉庆年间，章谦在论述农民经济状况时把佃农分成上中下三等，同时也把"自耕己田"的农民分成上中下三等户。② 泾县包世臣说："自耕其田，岁息不过十四五千文，其佃耕与罢弱可知也。"③ 据道光"胶州志"，把"积财置田"的农户列为"上农"，把"佃人之田"的农户列为"下农"。④ 从上述关于自耕农和佃农的论述，不只反映了农民小土地所有制的广泛存在，同时也表明农民占有土地在发展农业生产方面的重要意义，在这类农户中已经分化出一些富裕农民来。

以下，我们列举山东一些"力农致富"的事例。乾隆年间，宁阳县的马致远，以经营农业起家。⑤ 禹城县的王端，幼年家贫，嘉庆道光之际，督率诸子参加生产劳动，"家业兴隆。"⑥ 平度州的刘喜全，"以农起家，"耕地逐渐扩展到两百亩。⑦ 这些人虽然后来都变成为地主，但都经历了富裕自耕农发展阶段。潍县的于凌奎，则到吉林的伯都纳厅，"出课耒耜，入操筹算"，"以力田起家。"后来他在伯都纳购买了大面积荒地，变成了出租地主。⑧

下面我们再列举清代后期山东富裕农民发展成为地主的一些事例供作研究参考。据景甦、罗崙两同志对山东部分地区经营地主所作的统计，他们调查了光绪年间一百三十一家经营地主，其中有五十九家是所谓"种地起家"的。这五十九家并非一开始就以地主的身分出现，而是经历了一个发家致富的过程的。根据调查，"经营地主的土地积累，多半是逐渐增长起来的，他们大都经过中农和富农的发展过程。"⑨ 就是说他们发家的起点多是农民小生产者，他们的发展变化就是过去人们所说的"力农致富"。中国封建社会时期的经营地主很多经历过富裕农民这一发展阶段，而富裕农民又是从农民的阶级分化中发展起来的。清代鸦片战争后富裕农民的发展历程如此，鸦片战争以前的情形当也不例外。

以上是明清两代某些时期某些地区，农民小土地所有制广泛存在和在此

① 尹会一：《敬陈农桑四务疏》，见《皇朝经世文编》卷36。
② 章谦：《积储论》上，见《清朝续文献通考》卷72，"市籴考"，第18页。
③ 包世臣：《安吴四种》卷25，"力作"。
④ （道光）《胶州志》卷15，第1页。
⑤ （光绪）《宁阳县乡土志》，第17页。
⑥ （民国）《禹城县志》卷6，第30页。
⑦ （道光）《平度州志》卷22，第4页。
⑧ （光绪）《吉林通志》卷114，第5页。
⑨ 景甦、罗崙：《清代山东经营地主底社会性质》，第146页。

基础上富裕自耕农发生、发展的大致情况。

对研究农业资本主义萌芽而言，农民小土地所有制的存在和发展特别值得重视。这种小土地所有制，如马克思所指出的，“农民同时就是他的土地的自由所有者，土地则是他的主要生产资料，是他的劳动和他的资本的不可缺少的活动场所”。① 列宁也曾经指出，“农民的土地占有和土地使用的规模在很大程度上也决定着耕作制和耕作性质。”② 就是说一个农户占有的耕地面积，是判断经营规模的一个重要标志。当农民土地所有者进一步增加耕地面积扩大经营规模时，他就要使用雇工，如列宁所指出的，“富裕农民的耕地面积超出了每个家庭的劳动标准（就是说超出了每个家庭能靠自己劳动耕种的土地数量），使他们要依靠雇佣工人来经营。”③ 当农民经营者开始剥削旁人的剩余劳动扩大再生产时，经营的性质开始发生变化，带有资本主义萌芽性质的富裕农民开始出现。

从以上论述可以看出，中国带有资本主义萌芽性质的富裕自耕农民是从明代中叶开始发生的，首先在少数地区尤其是商业性农业比较发展的东南地区开始出现的，到清代前期又向前进展了一步，在更广大地区发生和发展了。

（3）富裕佃农

明清时代，富裕佃农的发生和发展，表现在两个方面，一是主佃关系方面的变化，一是租佃经营方面的变化。

宋、元时代，佃农和地主的等级关系在封建法典中有明确规定，地主打死佃户得减轻处罚，佃农没有人身自由，这是具有人身依附关系的租佃。④明朝建国，朱元璋一度采行打击豪强的政策措施，并废除了宋、元有关主佃

① 《资本论》，第3卷，第906页。

② 《列宁全集》，第1卷，第48页。系引波斯特尼柯夫的话。

③ 《列宁全集》，第3卷，第51页。

④ 宋仁宗皇祐年间（1049—1053年）颁布的“皇祐法”，禁止夔州路佃客逃移。有逃移者，在三年之内，包括家属在内“一并追归旧主”。哲宗元祐年间（1086—1089年）规定，地主打死佃客，减罪一等；此后南宋规定再减罪一等。这时淮南路也有佃客逃移的禁令，有逃者，地主得依契券“自陈收捕”。湖北峡州，地主可将佃客计口立契典卖（参见蔡美彪等著：《中国通史》，第五册，第390—395页）。据此，佃客没有人身自由，只是在各地区间存在着一些形式上的差异。佃客和地主间的不平等关系在封建法典上并且有明确的规定。在元代，佃农和地主在法律上也不是对等关系，地主打死佃农可以不偿命，只罚烧埋银数两，即可了事。另据其他记载，宋元佃农并非绝对不能离开土地。宋人胡宏指出：如地主虐待佃农，佃农必然“忘其怀土重迁之本性，惟恐去之不速”（胡宏：《五峰集》卷2，“与刘信叔书”。转见胡如雷：《中国封建社会形态研究》，第119页）。另据《元典章》卷57，《刑部》，19，《禁典雇》，随田佃客，“腹里并无如此体例”。那么，佃随田转乃系某些地区的现象。

关系的等级法典，佃农的地位发生了一些变化，甚至还出现过农民捆送不法地主交由政府惩处的事例。这时修撰的律例，关于佃农和地主的关系没有任何规定，说明双方在法律面前基本是平等的。只在“乡饮酒礼”上写了一句佃农对地主行“以少事长之礼。”① 礼节上的规定只表明封建习俗，和法律规定是不能相提并论的。相对宋、元两朝而言，这是一次具有重大历史意义的变革。

封建法典的这种变革，无疑是主佃关系实际生活发生变化在上层建筑领域的反映，说明佃耕农民已在开始摆脱地主阶级的人身压迫，封建租佃关系趋向松解。清代前期，伴随着商品经济、土地买卖关系的发展及农民阶级的反抗斗争，主佃间封建关系松弛化的发展趋势有着进一步增长。山东高密县地主单焯，令佃户张杰推煤进城，“张杰不服使令。”② 河南裕州地主王翰平的管庄钱玉奇，令雇工郭全唤佃户司五背豆粜卖，“司五因该处佃户向不听田主役使”，拒不背豆。③ 由以上两例可以看出，所谓北方“佃户畏惧业主，业主得奴视而役使之”，④ 所说并不尽然，这时北方佃农并不全听地主役使。湖南耒阳县地主阳洪九要佃农阳宗文送谷到家，阳宗文以该地收租“向系田主自行收取挑回”，认为送租上门是“破坏成规”，拒绝送谷⑤。其南方享有永佃权的佃农，有的“权反过于业产，”“莫可谁何”。或谓南方佃农，自居己屋，自备牛种，“故其视业主也轻，而业主亦不能甚加凌虐。”⑥ 上述事例和议论，都是主佃间封建关系松弛化的反映。

当然，所谓主佃间封建关系松弛化及佃农的人身自由是相对的，就在清代，我们还可以看到一些地主逼租虐佃和打死佃农的事例，在某些地区还存在着豪绅“压佃为仆”的现象。但一般而论，这时佃农对地主已经不是严格的人身依附关系，而只是一般的封建依附关系或超经济强制关系。⑦ 主佃关

① 《唐明律合编》卷9。

② 刑科题本，乾隆五十六年九月二十八日山东巡抚惠龄题。转见刘永成：《清代前期佃农抗租斗争的新发展》，载《清史论丛》，第1辑，第77页。

③ 刑科题本，乾隆三十五年十月九日河南巡抚觉罗永德题。转见刘永成：《清代前期佃农抗租斗争的新发展》，载《清史论丛》，第1辑，第77页。

④ 刑科题本，转见《红楼梦历史背景资料》，载《北京师范大学学报》，1978年第1期。

⑤ 刑科题本，乾隆四十二年六月十八日管理刑部事务英廉题。

⑥ 同注③。

⑦ 在少数地区仍存在有佃仆制。在这种佃仆制的条件下，佃农对地主仍然具有人身依附关系，不属本文讨论范围之列，故从略。

系这种发展变化，直接影响于农民生产积极性的提高和农业生产的某些变化。

佃农摆脱对地主的人身依附关系，只是富裕佃农发生、发展的一个前提，此外，还必须具有走向富裕的经济条件。就这方面的条件而言，佃农比自耕农的发展要困难一些，因为有封建地租的限制。因此，经典作家在论述这个问题时，对地租大小问题极为重视。马克思指出，租地农民除交纳地租之外能否还有一个“余额”，“都取决于地租的大小，也就是说，取决于强制地为土地所有者进行的剩余劳动的大小。”① 意思是说，租佃农民在交纳地租之后，除了满足自己必需的需要以外有了以自己劳动获得，某些剩余产品的可能，只有在这个时候，才能进一步扩大再生产。只有在这种情况之下，“甚至还会出现这种可能：这种直接生产者获得一些资料也来直接剥削别人的劳动”。②

租佃农民除掉生活所必需的必要劳动和交纳地租之外，能否还能获得一个“余额”，这需要一定的条件。

明代中叶，尤其是清代前期，有的地区是具备了这种条件的。

第一，农业生产力的发展，这个问题在前面已经作了比较详细的论述。农业生产力提高，如果是额租制，在不增租的情况下，地租率将相对降低；如果是分租制，在分成不变的情况下，农民所得产品数量也将有所增加。明清两代的前期，土旷人稀，自耕农占着相当大的比重，相对来说这时租佃农民有所减少，租佃竞争遂不剧烈；地主则争着寻找劳动人手，佃租他们的土地。在这种条件下，地租剥削率还可能有所减轻。这样，无论是额租制或分租制，地租内所包含的剩余劳动部分所占比重都将相对减少；农民所得份额，剩余劳动部分都将相对增加。在这种情况下，剩余劳动便构成一种所谓“萌芽的利润”。

第二，地租形态的变化。这时实物地租还占着统治形式。明初朱元璋赏赐各公侯及武官的土地，令“仍依主佃分数收之”。③ 明嘉靖年间林希元说：富者田连阡陌，“耕其田乃输半租”。清康熙年间陈芳生说：田主和佃农，

① 《资本论》，第3卷，第893页。

② 同上。

③ 《洪武实录》卷85，第3页。洪武六年九月九日。

"夏秋各计所获均分其半"。[①] 山东单县，农民"与业主分收籽粒者仅糊其口"。[②] 直隶沧州，"绅士田产，率皆佃户分种。"[③] 以上所说基本是实物分成制。但在明、清两代主要是定额租，就是上述分成制也有逐渐向定额租制过渡的趋势。此外还有少量货币租，而折租则又是向货币租过渡的形式。如明代后期江苏太仓州植棉区，则按原额谷租数量交纳折租。娄县植棉区，即使棉花收成很好，所交折价也"不踰一两"，即按租米一石折交白银一两。[④] 如常熟、昭文等县植棉区，由征实物租改征折租，但租约"仍依旧规，三麦七豆"，即每亩收三斗麦租七斗豆租，按照麦豆市价折收钱文。[⑤]

到清代鸦片战争以前，额租制已占居统治形式。据我们所搜集到的康熙至嘉庆百多年间刑科题本中有关五百零二件地租资料，其中实物额租与货币租合计为四百三十八件，额租占据统治地位。如表5。

表5　清代前期地租形态件数统计表

（1662—1820年）

田地类别	件数				%		
	分租	额租	货币租	共计	分租	额租	货币租
民　田	56	222	91	369	15	60	25
族　田	4	62	42	108	4	57	39
寺庙田	3	5	9	17	18	29	53
旗　地	1	2	5	8	12.5	25	62.5
共　计	64	291	147	502	12.9	58.0	29.3

资料来源：中国社会科学院经济研究所藏：清代刑档抄卡。

上表是按田地类别分组统计的。其中族田、寺庙田和北方的旗地多收货币租，而上项统计中这类土地所占比重较大，可能因此影响货币租所占比重。

---

① 陈芳生：《先忧集》，16册，第6页，"减私租"。

② （康熙）《单县志》卷1，"风俗"。

③ （乾隆）《沧州志》卷4，"风俗"。

④ （崇祯）《太仓州志》卷4，第7—9页。崇祯年间，地主为预防农民因种棉少交地租，对地租中的米和棉花作了硬性规定："上田七分米，花之三；甚下亦纳米三分。米科本色，花视岁收等杀。"

⑤ 郑光祖：《一斑录》，《杂述》二。

我们还可以按地区分类考察额租制的发展。据刘永成同志从档案馆所辑录乾隆朝六十年间有关六百二十八件地租资料，实物额租占84%强。如下表：

表6　清乾隆年间地租形态件数统计表

（1736—1795年）

省区	件数			%	
	分租	额租	共计	分租	额租
直隶，河南、山东、山西、陕西、甘肃	38	45	83	45.8	54.2
江苏、浙江、安徽、江西、湖北、湖南、四川	33	240	273	12	88
广东、福建	17	212	229	7	93
广西、云南、贵州	8	30	38	21	79
吉林、盛京	1	4	5	20	80
各省合计	97	531	628	15.4	84.6

资料来源：乾隆朝刑科档案。转据刘永成：《清代前期佃农抗租斗争的新发展》，载《清史论丛》，第1辑，第55页。

上表没有包括货币形态的地租，如将这类地租也作为额租计算在内，额租件数所占比重将更大。①

分租制是一种较为落后的封建剥削制度，它严重地阻碍着农业生产的发展。有如分成地主为增加租额对租佃农民所一再发出的指责：佃农“种田不加粪草”,② “田里稻禾稀少；”③ 佃农“地不加肥，租息减少；”④ 佃农“先

① 明清两代，尤其是清代前期，地租形态的发展总趋势是分租制逐渐向额租制过渡。但遇到丰年，或土地经改进产量上升以后，有的地主又提出将额租制改为分租制。据乾隆九年八月二十九日刑部尚书阿保题，贵州安顺府阿珠等佃种韦朝选田地，原议额租三十石。大概由于产量增加，韦朝选提出改行分租，两家“临田平分”。阿珠不依。据乾隆三十二年十月十三日管理刑部事务刘统勋题，福建诸罗县郭香佃种陈学田地，“向系照额纳租。”以后陈学以租额嫌少，“欲与郭香对半分收，郭香不依。”据乾隆五十一年五月十二日广东巡抚孙士毅题，潮阳县翁阿榜佃种郑德静田地，原议定“每年纳租六石八斗”。后来郑德静见“早稻半热”，提出主佃分收，“多得谷石。”

② 乾隆二十二年二月十二日湖南巡抚崔应阶题。见刘永成：《清代前期佃农抗租斗争的新发展》，载《清史论丛》，第1辑，第55页。

③ 乾隆三十六年四月二十三日管理刑部事务刘统勋题。见刘永成：《清代前期佃农抗租斗争的新发展》。

④ 乾隆十七年十月十六日刑部尚书阿克敦题。见刘永成：《清代前期佃农抗租斗争的新发展》。

给人工作锄地（指打短工），己地（指租佃地）暂缓”;① 佃户“种地不力，所分粮食减少;”② 佃户“种田不勤力作，所分租谷较之昔年数目短少，”③ 等等。在分租制的制约下，佃农增产的一半将为地主所剥夺，对农业生产遂不愿投入更多的劳动和工本。（这也是农民反抗斗争的一种方式）。总之，伴随着农业生产及商业性农业的发展，分租制已变成为束缚生产力发展的桎梏。这种关系，刘永成同志在《清代前期佃农抗租斗争的新发展》一文中曾经引用了大量刑档资料进行了详尽分析。

由分租制向额租制过渡，是具有历史意义的变化。在额租制下，地主不再干预农民的生产，农民只要按规定租额交纳地租，其他种种地主可不闻不问。如清初人所说的，“有田者亦惟租多为胜算”，④ 收到地租就满足了。这时地主可足不履田畴，不和佃户接触，如康熙《万载县志》所记载的，“常见有市民田连阡陌，募客民佃耕，岁收子粒以资赡养，足经年不履田亩。更有纨袴之子，不知田在何处者。”⑤ 这样，农民的生产有了较多的自由，从而影响于封建依附关系松弛化。

更重要的是，这种过渡对农业生产的影响。有如马克思所指出的，在这种制度下，“生产者已经有了较大的活动余地，去获得时间来从事剩余劳动，这种劳动的产品，同满足他的最必不可少的需要的劳动产品一样，归他自己所有。”⑥ 由于农民除交纳固定租额外所有增产部分都归己有，从而刺激了农民生产积极性，如改善生产条件及经营管理，投入更多的生产资金，尤其是投入更多的劳动。⑦

在额租制有所发展的情况下，在封建秩序长期稳定、农业生产有所发展、劳动生产率有所提高的条件下，其家内劳动力较强经济条件较好的农民，在农业经营方面，除了支付生产和生活费用之外，再获得地租之外的一

---

① 乾隆五十一年五月十七日刑部尚书喀宁阿题。见刘永成：《清代前期佃农抗租斗争的新发展》。

② 乾隆四十年三月二十五日管理刑部事务刘统勋题。见刘永成：《清代前期佃农抗租斗争的新发展》。

③ 乾隆三十年七月三日贵州巡抚良卿题。见刘永成：《清代前期佃农抗租斗争的新发展》。

④ 王简庵：《临汀考言》卷6，“谘访利弊八条议”。

⑤ （康熙）《万载县志》卷3，“风俗”。

⑥ 《资本论》，第3卷，第896页。

⑦ 黄卬所著《锡金识小录》卷二有一段论：无锡农民，“淳厚虽不如前，而力田之勤，则前此所未逮；遇旱涝，前多畏难中辍，今则竭力营救。”农民生产积极性的提高，可能和额租发展有关，录此以供参考。

个“余额”，这时变成了可能。在明代中叶，尤其是清代前期，发展起来的富裕租佃农民就具备了这种条件。

第三是永佃制的发展。中国封建社会时期，在地主经济制的制约下，地主随时可以增租夺佃，这就严重地挫伤了农民的生产积极性。在这一时期，永佃制有所发展，农民的租佃权多少有了一些保证，这对农业生产是有一定的促进作用的。

中国农民对耕地取得永佃权的历史已经很久，到明清两代并且有进一步发展。以清代而论，从乾隆年间档案资料反映出来，永佃权在不少地区普遍存在。如广东省惠州、潮州两府所属州县，广西省的宣武县，福建省的南安、宁德等县，浙江省宁波、绍兴、金华、处州等府属，江西兴国县，以及江苏、安徽、湖南、直隶、河南等省，都有关于永佃权的记载。①

据有永佃权的农民，对所佃种土地可以自由转顶，地主无权过问。乾隆年间，广西的一个地主说，他对佃农互相转租土地从不过问，土地不论由谁顶种，“因是一样承佃完租，故此历来都无话说。”② 广东海丰县的一个监生地主说，“监生因那田向有顶手银两，故此任听佃户顶耕。”③ 结合封建文人对永佃农民所加的“佃仍虎踻”、“踞为己业”、“莫可谁何”之类的形容词句，反映了永佃权发展的巨大意义，这意味着土地使用权与土地所有权的分离，是对封建土地所有制一次严重的冲击。

其农民据有永佃权的土地，地租量和地租率都较一般租佃地为低，而且农民对地主的增租夺佃可以进行抵制。早在明代，福建海澄县享有永佃权的农民，“逋租负税，莫可谁何”；“业经转移，佃仍虎躅；”因有“久佃成业”之谣。④ 清康熙九年，江西石城县享有永佃权的农民，为了反对增租，掀起群众运动，“抬碑直竖县门。”⑤ 康熙三十六年，福建漳浦县出了粪土银的农民，对地主夺田另佃每实行强烈抵制，“业主欲召佃，则借粪土为辞，别人不敢承耕。”⑥ 康熙四十三年，江西瑞金县，享有永佃权的农民，创立“退

① 见刘永成：《清代前期佃农抗租斗争的新发展》，载《清史论丛》，第1辑，第76—77页。

② 刑科题本，乾隆十九年十月二十五日刑部尚书阿克敦题。转见韩恒煜：《试论清代前期佃农永佃权的由来及其性质》，载《清史论丛》，第1辑，第46页。

③ 刑科题本，乾隆三十二年十月三日广东巡抚李侍尧题。转见韩恒煜：《试论清代前期佃农永佃权的由来及其性质》。

④ （崇祯）《海澄县志》卷4，“田赋。”

⑤ （乾隆）《百城县志》卷7，“兵寇”。

⑥ （民国）《云霄厅志》卷4，“土田。”

脚"之说，地主欲另行招佃，须按亩退银一两，否则"踞为己业。"[①] 江西建昌府，率皆"田主两业，佃人转买承耕，田主无能过问。"[②] 或谓田主不如约偿还永佃银两，佃农则拒绝退佃，"田主催之不应，起之不能。"[③] 乾隆年间，福建龙溪县，"田主受佃民粪土银，""佃民遂踞为业。"[④] 如福建顺昌县黄佳珂，于康熙四十七年用银租佃李凌汉荒田开垦，取得永佃权。乾隆十九年，李凌汉将田卖与黄佳禄为业，黄佳禄想取回自种，黄佳珂不肯退佃，"踞田抗租。"[⑤] 陈盛韶记述福建省建阳县情形说：佃户开垦田亩，地主"宜补工费，"否则佃户"假作田皮霸踞"或"转致抗租霸产。"[⑥] 直隶怀安县农民庞某，将刘珠祖上河滩地百亩，"开垦成熟，""佃种已经多年。"乾隆元年，刘珠欲将土地收回，庞氏以"原议永远佃种，不许加租夺地。"[⑦] 这时江苏无锡县农民具有永佃权的土地，"佃户授田面之银，较田价相上下，"因此佃户"权反过于业产。"论者谓"异时患业户鱼肉其佃者，今佃民颇无畏惧，莫可谁何。"[⑧] 这里所谓"莫可谁何"显然指地主不能随意增租夺佃。乾隆、嘉庆之际，福建龙岩县农民，所租佃各族遗祭田产，有"辗转流顶更替数姓不闻业主"者，这类租田"小租加重原租"，"佃直据为世业。"[⑨]

明清时代，取得永佃权的农民，由于对耕地享有长期使用权，他们改良生产条件而增产的粮食不致被地主所剥夺，从而生产积极性有所提高，在农业生产方面投入大量资金。总之，由于永佃权的发展，使部分农民避免了苛重地租剥削，这对富裕农民的发展有着一定的影响。

富裕农民能否发展，取决于地租额和地租率的大小。地租的高低又是地主与农民双方斗争的结果。地主阶级千方百计地要从农民身上榨取更多的剩余劳动乃至部分必要劳动，中国封建时期的高额地租就是在地主阶级的经济的、超经济的强制下实现的。农民为减轻地租剥削，改善自己的经济状况，

---

① （光绪）《瑞金县志》卷16，告谕附：康熙四十三年"严禁退脚科敛名色示"。

② 陈道：《江西新城田租说》，乾隆，见《皇朝经世文编》卷32。按建昌府辖南城、新城、南丰、广昌、泸溪五县。

③ 凌焘：《西江视臬记事》卷2，"平钱价禁祠本严霸种条议"。

④ （乾隆）《龙溪县志》卷5，"赋役"。

⑤ 刑科题本，乾隆二十二年四月二十一日福建巡抚钟音题。

⑥ 陈盛韶：《问俗录》卷1，"建阳县"。

⑦ 刑科题本，乾隆三年三月十七日刑部尚书尹继善题。

⑧ （乾隆）《无锡县志》卷11，"风俗"。此志修于乾隆十八年，同治间刊。

⑨ （道光）《龙岩州志》卷7，"风俗"。此志修于道光十五年，从辗转流顶更替数姓考察，事当发生在乾嘉之际。

乃至获得地租之外的余额以改进农业生产，曾经进行了各种形式的斗争。

农民有组织的抗租斗争早在明代中叶就开始了。明清之际，在农民大起义的激荡下，农民的抗租斗争更达到了新的高潮。如减低地租正额的斗争，反对额外勒索大斗浮取的斗争，反对人身压迫的斗争，以及前面所说维护永佃权反对增租夺佃的斗争等等。① 有的地区，农民甚至掀起拒绝向地主交租的斗争。②

农民阶级的抗租斗争，在各省州县地方志书中，在历朝《实录》和《东华录》里，以及清代档案中，都有大量反映。③ 农民的这种斗争是产生了一定效果的。它打击了地主阶级的凶恶气焰，制止了地主的增租夺佃活动，如泉州府南安、安溪等县，经过崇祯十五——十六年剧烈抗租斗争以后，“自是收租者不戢自敛。”④ 湖北应城县，据康熙年间记载，自经过农民的抗租斗争，“业户之输将无计，而佃佣之仓廪有余。”⑤ 就是说，经过农民的反抗斗争，不只为农民获得地租之外的“余额”创造了有利条件，而且变成了现实。

总之，明清两代数百年间，租佃农民，无论从解除人身压迫方面，还是从经济条件方面，都为富裕佃农的发生、发展作了一定的准备，使进一步剥

---

① 据乾隆《将乐县志》卷16，“灾祥”：嘉靖十七年，农民要求制定收租“斗式”，反对大斗浮收。据康熙《清流县志》卷4，吴廷云：《题杨公吉思碑记》：由万历至天启，佃农掀起“较秤斗”的斗争。据乾隆《泉州府志》卷30，“名宦”：崇祯十年，南安县农民以“输租斗斛太重”，请求县令阚士琦下令禁革。据蔡献臣：《清白堂稿》卷10，“与吴旭海新令君”，崇祯年间，同安县农民“亦相率为平斛之说”。据嘉庆《瑞安县志》卷10，“寇警”，崇祯十七年，农民树立旗帜，要求“平权量减租税”。据《湖南省例成案》，“刑事诉讼”，卷9，乾隆二十三年，柳州农民呈请饬禁田主索取进庄礼银，等等。

② 据道光《福建通志》卷56，“风俗”，万历年间，泉州府农民在稻谷收获之后即行出售，拒交地租。“至有豫相约言，不许输租巨室者。”据乾隆《镇洋县志》卷14“灾祥，”农民拒绝交租，乃至焚烧地主房庐。据叶绍袁：《启祯纪闻录》卷2，崇祯十一年十月，乡居地主向农民征租的，“各佃户聚众焚其居。”据黄中坚：《蓄斋集》卷4，“征租议”，清朝初年，江南农民反对向地主交租。据佚名：《研堂见闻杂记》，顺治二年，太仓州农民百余人，以反对交租殴击地主。据光绪《应城县志》卷1，“风俗”，康熙年间，农民一遇灾荒，即行抗租，“颗粒不偿。”又据《赣州府志》卷33，“武事”，康熙五十二年，农民以“除税捐租”聚众围地主，等等。

③ 据刘永成同志从乾隆朝刑档中辑录的抗租案件资料共502件，计直隶13件，山东6件，河南7件，山西23件，陕西3件，甘肃2件，江苏28件，浙江44件，安徽13件，湖南29件，湖北13件，江西49件，四川36件，广东109件，福建85件，广西22件，云南、贵州16件，吉林、内蒙3件，地区不明者1件。见《清史论丛》，第1辑，第71页。

④ （乾隆）《泉州府志》卷20，“风俗，”引《温陵旧事》。

⑤ （光绪）《应城县志》卷1，“风俗”，引康熙樊志。

削雇工有了可能，正像马克思在分析农民的阶级分化时所指出的，其经济地位上升的租佃农民，“这些直接生产者获得再去直接剥削别人劳动的手段的可能性也已经存在”。[①] 当租佃农民依靠使用雇工进行经营时，他的经营性质开始发生变化，由封建租佃转化为资本主义性质的租佃。

这里拟着重谈一谈两类不同地区富裕佃农的发展，一类是在中国东南各省交界地带垦山的富裕租佃，一类是到中国东北新垦区开荒的富裕租佃。

中国东南广大地区，福建、广东、江西、安徽、江苏、浙江各省交界地带，有很多从未开垦过的荒山。明清数百年间，有不少从江西、福建、广东、浙江等省农村中排挤出来的农民，深入山区，佃山垦荒。在这类垦户中，有的逐渐由贫佃发展成为富裕佃农。另有一种富户，携带大量资金，一开始即行租佃大面积山地，从事雇工经营。

如江西省南部山区，这里地旷人稀，而“禾稻竹木生殖颇蕃”。大概在明代中叶，江西中部吉安府各县农民纷纷来这里“谋求生理，”如“搬运谷石，砍伐竹木，及种蓝栽杉，烧炭锯板等项，所在有之。”据此，其中有一部分农民是种植经济作物兼营手工业的。有的逐渐发展起来，“置有产业”。同时，这里还出现了出卖劳动力的佣工。[②] 把以上记述联系起来考察，在这类垦山客佃中可能已经产生了一批富裕佃农。江西西北部的袁州府各县，则有福建农民租山开垦。大概在万历年间，在这里垦山种麻的建福省籍农民“蔓延至十余万。”[③] 种植蓝、麻等经济作物的农民，其中有的可能是富裕佃农。

江西东部的宁都州，则有福建省建宁、宁化、上杭等县农民的移垦。这里客民垦山是从明代开始的，至清初尤盛。农民来这里垦荒先交一笔“批田银”。“批田银”相当重，就是当地的封建文人也不能不承认：“批田较他乡称重，诚有之。”农民初到之时，有的交不起“批田银”，地主遂把“批田银”转为高利贷，“计银若干，岁入息三分。”由于农民交了“批田银”，而地租较低，“佃户一石之田收到四、五石，又有杂种。”地主所收地租“仅得佃户五分之一”；而佃户交租所余则“四倍于田主”。这类记述虽然为了替地主叫苦不免夸张，但反映了由于地租较低而佃农有利可图的真实情况。

---

① 《资本论》，第 3 卷，第 896 页。

② （康熙）《西江志》卷 146，“艺文”，周用：《乞专官分守地方疏》。

③ （同治）《袁州府志》卷 5，“武事”，“驱逐棚寇功德碑”。

这里的租佃情况是：（一）“（宁都州）下乡闽佃先代相仍，久者，耕一主之田，子孙十余世；近者，五六世、三四世”；（二）佃农自己有权觅人顶耕，即所谓“新佃乃复费重赀与彼顶耕”。可见，这类交了“批田银”的土地，佃农据有永佃之权，地主不能随时夺佃；地租是固定的，地主不能任意增租；地租率较低，只占产量的五分之一左右。就在这种情况之下，富裕佃农遂相继出现。如清初魏礼所说：在宁都的“闽佃”，经过几代经营，“率皆致厚赀立田宅于其祖里，彼然后召顶耕者，又获重价顶与之。”魏礼又说：闽佃“尝赤贫任耕，往往驯至富饶，或挈家返本贯，或即本庄轮奂其居，役财自雄，比比而是。”① 就在这个时候，宁都并且有关于雇工的记载，而且是大批的。联系起来考察，以上所说“驯至富饶”、“皆致厚赀”的佃农很可能是在剥削雇工的基础上发展起来的。而且这类租佃发生很早，按连续耕种十余世向上推算，这类租佃大概在明代中叶就已开始了。

又据明末人记述浙江中部以南的某些山区垦荒情形：“括婺大末间……山林深阻，人迹罕到，惟汀之菁民，刀耕火耨，艺蓝为生，遍至各邑，结寮而居。”② 这种人叫“寮主”。寮主向山主租山，有的将所租山场再行转租，有的雇工经营。菁民之中大部分是贫民，“菁民者一曰畲民，汀、上杭之贫民也，每年数百为群，赤手至各邑，依寮主为活，而受其佣值，或春来冬去，或留过冬为长雇者也。”③ 寮主之中，有的“久居各邑山中”，说明他们和山场主订立了比较长期的租约，一租好多年；有的“颇有资本”，说明他们经营规模不小。又从雇工“数百为群”考察，说明雇工队伍相当庞大，经营山场的富裕佃农也不止几家。④

另据《遂昌县志》：崇祯初年，福建省农民到浙江山区佃山开垦，“种靛、麻、蔗者布满山野。”⑤ 清代前期，福建农民到浙江垦山者益众。如到宣平县租山种麻种蓝者，“闽人十居其七，利尽归焉”。⑥ 康熙年间，福建、广东两省人到龙泉县佃山，先种稻薯，后植杉苗，垦民有的以出卖树木致富，

---

① 魏礼：《魏季子文集》卷8，“与李邑侯书”。

② 熊人霖：《南荣集》卷10，“平菁寇”，“凯歌叙”。转见傅衣凌：《明清农村社会经济》，第147—148页。

③ 熊人霖：《南荣集》卷11，“防菁议”下。

④ 同上。

⑤ 《遂昌县志》卷8，“纪事”。

⑥ （乾隆）《宣平县志》卷9，“风俗”。

原出租山主反而日渐贫困。[①] 雍正年间，福建汀州人林上峰与兰氏兄弟在浙江泰顺县合伙佃山，雇工种蓝，作靛发卖。结账之时，林欠兰姓银一百三十两。据此，经营资金可能到几百两，是相当大规模的经营。[②] 嘉庆初年，温州府人到湖州府西部山区赁山垦荒，种植红薯及落花生，于是“山日以辟，类日以众。”[③] 种红薯是为了果腹，种花生是为了出售。或谓温州、处州两府农民，到东南各省交界地带垦荒，西至宁国，北至江宁，南由皖南向南绵延到江西、福建，到处“赁垦山地。”[④] 从地租较低、经营经济作物以及种杉致富等情形考察，这里也可能出现富裕租佃。

在皖南山区，有关富裕佃农的发展，记载比较清楚。来这里租佃山场的农民叫“棚民”，大概以搭盖棚子居住而得名。徽州、宁国、池州、广德等府州的山区就是棚民聚居的地带。这里棚民垦荒也是从明代开始的。清乾隆年间，即在雍正朝实行摊丁入地放松对户口的控制以后不久，棚民垦山事宜一度获得迅速发展。

皖南移垦客民的经济状况是大不相同的。有的是“并无银本”的贫佃，他们只能“与山主分收花利”，即在秋收之后实行分成制；有的掌握大量货币，在租山之始即预先交纳地租。[⑤] 乾隆年间，安徽江北怀宁县丁云高、胡宗义到休宁县合伙向巴鸿万、巴五德、巴遂等租佃山场，搭棚开荒，一次即交租银五百三十两，预租十五年。二人分别经营，胡宗义在枧源等处搭棚开垦，丁云高在吕洞汰等处搭棚开垦，两处相距二里有余。丁云高雇用了冯建周、郑昆三等十二个长工，每人每年工资银四至六两。这些雇工都是外地农民，靠“佣工度日”。[⑥] 从丁云高等所雇倩的雇工人数及所交批租银数考察，经营规模相当可观。又嘉庆年间发生的一件勒令垦民返回原籍的案子，“租山者十六人，帮工八百余名，所携眷口男妇共四千余人，原出租价四千余金。”[⑦] 出资经营者按十六人计算，平均每人雇农工五十人，平均每人出租金二百五十余两。每个雇工的年工资如按银五两计算，又饭食五两，每人共计银十两。每人雇佣五十个工人，每年工食为银五百两。与租金合计共为银七

① （同治）《龙泉县志》卷15，第66—69页。
② 刑科题本，乾隆元年八月四日浙江巡抚稽曾筠题。
③ 凌介禧：《少茗文稿漫存》。见（光绪）《乌程县志》卷35，第28页。
④ 沈垚：《落帆楼杂著》。见（光绪）《乌程县志》卷35，第28—29页。
⑤ （道光）《徽州府志》卷4之2，“道宪杨懋恬查禁棚民案稿”。
⑥ 刑科题本，乾隆四十七年九月二十三日安徽巡抚萨载题。
⑦ 高廷瑶：《宦遊纪略》卷上，第47—48页。

百五十两。一个农场主，雇用五十个农工，投资七百五十两银子，是相当大规模的农业经营。①

嘉庆、道光之际，在徽州府垦山的棚民，有的一次所交租银达数百两乃至千两以上，预租期有的长至二三十年。② 如在休宁县垦荒的方会中等，共出租银二千六百多两，所租山场“约周二十余里。”③ 租种山场的棚民虽非一人，但是租金数目和租地面积却很可观，其中肯定会有一些大规模经营。据当时查禁棚民案子的道台杨懋恬的记述：垦山租约所定年限，“或十年，或十五年，或二十年至三十年。”租佃年限相当长，这对富裕佃农的发生和发展是有利的。关于雇工情形，“其随时短雇帮伙工人，春来秋去，往返无定，多少不一。”④ 结合上述事例，说明棚民雇工经营是当时的普遍现象。皖南的黟县，嘉庆年间有“棚民种植山场雇用工人”之类记载，⑤ 休宁县棚民使用雇工的更多一些。仍据杨懋恬查禁休宁县棚民的报道，被迫拆迁的棚子有九十多个，遣送回原籍的农民有六百多人，其中有令棚民“率领丁属工伙下山分投回籍”之类的词句，这里所说“工伙”即指的雇工。

这九十多棚户大概就是九十多个租佃户，每个租佃户的经济状况虽然不完全相同，但都具有一定的资金。汪梅鼎所说“此种棚民本与贫无所归者悬殊，”⑥ 清楚地反映了雇主与雇工的阶级差别。方椿所说棚民“奈作苦，似甚贫；挟重资，又似甚富，”⑦ 更生动地反映棚民雇主的富裕情况。每棚的人数多少不等，或谓“一棚之人不下数十，”⑧ 这显然是指人数较多的棚子。休宁县被迫拆迁的九十多个棚子，每棚人数少的可能只有二三人或四五人，多的可能至二三十人。每棚之中除棚主即佃户之外，其余大多是雇工。一个佃户多的雇用十几个雇工乃至二三十个雇工，这是相当大规模的经营。所谓“挟重资”的棚民就是指的这类富裕佃农。

---

① “租山者十六人，帮工八百余名。”此处按平均计算，每一雇主雇用五十个雇工。实际情况不会如此，有多有少。从携带家口四千余人考察，可能包括雇工家属。

② （道光）《徽州府志》卷4之2，“道宪杨懋恬查禁棚民案稿”。

③ 据《道宪杨懋恬查禁棚民案稿》。参见陶澍：《陶文毅公全集》卷26，“查禁皖省棚民编设保甲附片”。

④ 《道宪杨懋恬查禁棚民案稿》。

⑤ （嘉庆）《黟县志》卷11，知县吴甸华：《禁租山开垦示》。

⑥ （道光）《徽州府志》卷4之2，汪梅鼎：《驱逐棚民案稿记》。

⑦ （道光）《徽州府志》卷4之2，“楚颂房杂著”。

⑧ 同②。

对客籍农民佃山垦荒的活动，封建国家一再下令禁止。这类禁令从康熙到道光一直没有间断过。但是，国家的这类禁令只在短期之内一度产生效果，事后各省农民又纷纷佃山开垦，一直到道光二十三年，浙江农民仍然陆续到皖南“搭棚栖止”。

以上到江西、浙江、安徽等省租佃山场的农民，有一部分是富裕佃农。其中又有两种不同的情形，有的经过多年经营，由贫佃上升为富佃，进而剥削雇工，即所谓“力农致富”。在江西佃山的富裕佃农有的就是这样发展起来的。有的是掌握大量资金的富户，专到山区进行农业投资的，他们支付的租金一次就是千两百两，经营一开始就使用大量雇工。到皖南佃山的有的就是这类富裕佃农。

无论是哪类富裕佃农，他们和一般自给自足的小农租佃不同，后者单纯为维持数口之家的生计而进行租佃，交租之外只能勉强维持其家口的生存。上述垦山的这类富裕租佃，他们的目的则是为了获取赢利。徽州道杨懋恬在查禁棚民的稿件中说得很清楚，“荒山百亩，所值无多，而棚民可以出千金、数百金租种。”棚民之所以肯出这样多的租金，是由于在这里种植包芦、杂粮可以“获利倍蓰。”① 福建汀州府蓁主租山经营，有的在已发家致富“颇有资、本”之后，仍在继续投资经营。② 以上这类经营，系为赢利而进行商品生产，也是十分清楚的。

这类富裕佃农和山场主的关系，如前所述，在法权关系方面是平等的。客佃还由于籍贯语言关系，更重要的是利害关系，彼此每团结一致，和山场主进行有组织的斗争，有的地区甚至出现“主弱佃强”现象。③ 这类主佃关系已基本摆脱封建依附关系，变成为自由租佃关系。

这类富裕佃农和雇工的关系，一般是比较自由的。第一，这类垦民不是地主，他不是以土地所有者的身分和雇工发生关系，而是以租佃人的身分和雇工发生关系。就是说，彼此之间不是建立在封建土地所有制的基础之上。就判别这类经营的性质而言，这是一个具有决定性意义的因素。第二，由于这类富裕佃农多属客籍，他们和地方政权以及地主豪绅都没有什么联系，缺乏政治特权；他们所剥削的雇工也多属客籍，如在汀州府垦山的雇工都是从

---

① （道光）《徽州府志》卷 4 之 2，“道宪杨懋恬查禁棚案稿”。

② 熊人霖：《南荣集》卷 11，“防菁议”下。

③ 如江西瑞金县。据《瑞金县志》所载康熙四十三年“严禁退脚科敛各色示”，“界连闽粤，土著十之二、三，流寓十之六七，主弱佃强。”

外地来的，他们“赤手至各邑”;① 在徽州府垦山的雇工也“均系外籍流民”。对这类雇工“该棚民不能约束”,② 就是说租佃人对所使用的雇工不能实行超经济强制权。第三，这类富裕佃农很多是参加生产劳动的农民，如前面已经谈过的，这类“挟重资”的棚民“奈作苦，似甚贫”，就是指的参加生产劳动。这类富裕佃农和雇工的关系，在实际生活中必然是“共坐共食”、“平等相称”的平等关系。

但是也必须注意到，这类雇佣因时期不同而还存在着一些差别。在清代乾隆五十一年雇工条例还没有修订以前，雇工和雇主如果发生刑事案件，也许还不能完全摆脱封建等级雇工律例的压迫。尽管如此，雇佣关系实际生活的变化更能反映问题的实质，这是主导的方面。

那么，这类租佃经营的性质就很清楚了。经营者不管种植什么作物，种包芦也好，种经济作物也好，主要是为出售而进行商品生产。而且，他们在向山场主交纳地租之后，在扣除生产费用和农民生活所必需的必要劳动之外，还有一个“余额”，说明这时的地租已经不是剩余价值的唯一形式了。当然，这个“余额”还不能构成平均利润以上的余额，因为这时平均利润还没有形成。这里的雇工已经带有自由劳动的性质，他们所出卖的只是一定时间的劳动力，不再包括他们的人身自由。因此，“寮主”、“棚民”类型的富裕佃农，他们的雇工经营基本是资本主义性质的农业经营。③

下面介绍中国东北新垦区富裕佃农的发生和发展。

清王朝在这个地区先采行放垦政策，顺治十年（1653 年）颁布过“辽东招民开垦授官”的条例，用授官办法奖励开垦。以后又改为封禁政策，康熙七年（1668 年）撤销了顺治十年垦荒授官的规定。至乾隆初封禁益严，禁止汉人到关外垦荒，对关内移民严行稽查。加强封禁的原因，或谓汉人到

① 熊人霖:《南荣集》卷 11，“防菁议”下。

② （嘉庆）《黟县志》卷 11，知县吴甸华“禁租山开垦示”。

③ 由乾隆至道光前后约百年间，四川、湖北、陕西交界的山林地带也有客民佃山垦荒的。据嘉庆年间严如熤:《三省山内风土杂记》:“外省客民，纳课数金，辄指地一块，立约给其垦种。客民亦不能尽种，转招客佃。积数十年，有至七八转者”。这类从地主包揽垦荒的叫“招主”，从“招主”那里租地经营的叫“客佃”。“客租只认招主，并不知地主为谁”。“招主”受“客租”顶银，有的“招主”接受顶银积至数百两银子的。据毕沅奏报，其到陕西南部山区垦荒的客民，早在乾隆年间即达十余万。嘉庆年间，移垦客民续有增加。据卢坤《秦疆治略》，道光三年，凤县凡一万七千三百四十余口，其中“新民甚多，土著甚少，多系川、湖无业游民，佃地开垦。”从以上记述客民众多、招佃情形及顶银情况各方面考察，其中可能出现一些富裕佃农。因材料缺乏，这里从略。

东北私垦地亩"于旗人生计大有妨碍。"但封禁政策并不能严格执行，俟流民日多，难以遣返，不能不承认既成事实。如乾隆前期办理过一次流民入籍手续，"应入籍者皆欢悦入籍。"① 乾隆十一年（1746 年）查明，出关到盛京谋生的"续添至四万七千余口。"② 乾隆五十七年，山东直隶连年灾荒，农民离乡出关谋生者更多，清王朝不得不采行变通办法，准许农民"出口觅食，"从此"民人多有携眷出关。"③ 清朝前期一再颁布的有关东北封禁的指令，也正是农民冒禁出关开发东北的反映。

关内农民之所以纷纷向东北迁徙，是因为这里谋生比较容易。东北地旷人稀，有大面积从未开垦的土地，而且土地肥沃，即使实行粗放经营也可以得到较好的收成。这里的农场雇工经营的较多，农民随时可以找到出雇的机会。这里地价低廉，购买土地也比较容易。

关于东北地区的地价，我们只见到义州、铁岭、辽阳、长春四个州县的个别事例。其义州一例，乾隆三年，每亩价银六两七分，地价偏高，显然是一个例外，大概不是一般耕地。铁岭一例，因系荒地，每亩仅价银五分，地价又过于偏低，只能供研究参考。兹以辽阳地价作为比较的标准。嘉庆七年，辽阳某卖地六亩，共得地价钱八千二百五十文，平均每亩为一千三百七十五文。大约同一时期，河南省两例，每亩为二千五百七十九文和八千九百文。山东省三例，每亩地价，一为四千六百五十文，一为十二千七百七十五文，一为十五千六百八十文。地价最高首推江西，辽阳地价仅当其十三分之一。（见附录三）

东北地区由于地价低廉，不仅买地经营有利可图，而且也影响于地租额和地租率下降，使租地经营也有利可图。还由于这里缺乏劳动人手，不像内地各省，由于地少人多而产生严重的租佃竞争，而是相反，土地所有者在争取劳动人手租佃他们的土地，这也有利于低租率的长期持续。

据目前所见到的乾、嘉两朝几个租佃事例，其实行分租的有三七分和四六分。其实行四六分的有的主四佃六，有的主六佃四④。这时东北农业生产比较粗放，一个壮劳力可耕种几十亩，至少也可以种三十亩；而土质则比较肥沃，产量很高。其生产费用如牛具、种子一般由地主提供。地主与佃农分

---

① 《大清会典事例》卷 158。

② 《乾隆实录》卷 257，第 5—6 页。

③ 《奉天通志》卷 36，第 18—19 页。

④ 参考历朝刑档。

成的比例虽然和内地大致相同，而佃农实际所分获的农产品远比内地为多。这里列举一个事例，乾隆后期，山西太原苏成洪、苏成发、刘玉隆三人在吉林双顶子屯租地种烟，牛、粮和种子都由地主供给，“言明卖烟后按四股均分利钱”,[①] 佃农的分成远较地主为高。在地主提供一切生产费用的情况下，农民分到全部烟利的四分之三，显然是有利可图的。再举一个定额租的事例，乾隆二十七年，吉林姜学付租种马虎地四垧，每年租粮三石二斗。按吉林亩制一垧为十二亩。据此计算，每亩租额不足七升，远比内地各省为低。还有几个钱租的事例，每垧地租东钱六千至八千文,[②] 实折制钱九百九十文至一千三百二十文，每亩租钱为八十三文至一百十文，如果再由地主提供牛具种子，地租比内地各省要低的多。这是资本主义农业发生发展的有利条件。

东北原是一个奴隶制残余十分严重的落后区，一直到乾隆三十三年，仍有将发遣黑龙江为奴人犯“俱系偿给出力兵丁”及“边地官员受田耕种全赖奴仆力作”[③] 之类记载。而来这里耕种的山东、直隶、河南、山西等省籍农民则是自由民。他们抛弃自己的家乡，冲破封建政权的重重限制，来东北参加生产劳动。他们在极大程度上摆脱了这种地区性的奴役关系，也是对当地落后的奴役关系一次严重冲击。

来东北的客籍移民大概有各种不同的情形，有的稍有资金，租佃土地经营；有的是穷苦农民，初到之时是作农业雇工。初来东北的主要是这类出卖劳动力的穷苦农民。因为他们都是单身汉，没有家室之累，可以自由移动，哪里工资高就到哪里去做工。雇主对这类雇工无法实行严格约束。

有的雇工经过多年积蓄，转而进行租地经营。所谓“无业游民，始而为佣……继而渐向旗人佃种田亩。”[④] 就是指的这种变化。而且这种现象相当普遍。乾隆后期，山东棲霞县王明，先在吉林宁古塔佣工，经过几年积蓄，由佣工变成为租佃户，租佃二百亩地种植烟草，雇工经营。[⑤] 山东莱阳县王世广，先在奉天佣工，以后租地四十亩，雇工帮同种植。[⑥]

---

① 刑科题本，乾隆五十九年九月三日刑部尚书阿桂题。

② 参考历朝刑档。

③ 《乾隆实录》卷804，乾隆三十三年三月乙丑。

④ （光绪）《吉林通志》卷3，第20页。

⑤ 刑科题本，乾隆五十七年七月二十三日，刑部尚书阿桂题。

⑥ 刑科题本，乾隆五十三年三月八日奉天府尹奇臣题。

就在这一时期，东北出现了不少大规模经营。如山东掖县石从德，于乾隆五十一年到吉林三姓地面向兴得保租佃旗地四十垧，房二间，每年粮租十一石。石从德与纪韦国合伙耕种。到乾隆五十八年，雇袁得星、高忠、李维周等人佣工，议定作活十月，每人工资由三十五千文至四十二千文不等。① 这样大规模田场，非四五个劳动力所能种植，农忙季节还要雇用短工。嘉庆十年，李经晏在宁古塔进行大规模经营，一次雇用短工七人，每人每日工资三百八十文；又一次雇用短工十人，每人每日工资二百二十文。② 从雇用短工情形考察，平时很可能另有长工数人经管田场。嘉庆二十年，河南涉县范金福在宁古塔、珲春租地经营，雇用长工数人，备有车辆牛只。范金福初到东北是靠佣工度日的。③ 又客民李金在吉林伯都纳典地雇工经营。④

以上只是客籍移民租典土地雇工经营的几个事例。在乾、嘉两朝数十年间，发展起来不少富裕佃农，此后并在继续发展。

这时东北垦殖区新发展起来的雇佣关系也有不同于内地的一些特点。这里的雇佣制大致有两种不同的情形。一种是由旗人地主和客籍移民所结成的雇佣。由于客籍佣工来去无踪，旧的封建宗法关系不容易在这种自由流动的雇工身上保持下来。另一种是由客籍佃农和客籍佣工结成的雇佣，这类雇主和雇工，彼此之间一向缺乏传统的封建统属关系，雇主对雇工根本无力实行超经济强制。如前述乾隆年间雇主石从德和雇工的关系，雇工袁得星是个长工，到七月农忙季节，袁忽辞工不干，并说："如要我做好，须得长工钱"。石从德把袁得星的工资由每月的四千二百文增为五千五百文，袁才同意留下工作。嘉庆年间，辉春地区发生过这样的事例，经营者是客籍雇主，劳动者是客籍佣工，到年终结账时，雇主无力支付工资，雇工遂强拉雇主耕牛和车辆以抵工价。⑤ 又吉林伯都纳地方一个事例，也是由客籍雇主和雇工结成的

① 刑科题本，乾隆五十九年八月二十日，刑部尚书阿桂题。转据吴量恺：《清代乾隆时期农业经济关系的演变和发展》，载《清史论丛》，第1辑，第24页。

② 刑科题本，嘉庆十一年三月二十七日，管理刑部事务董诰题。刑档。原资料未说明租佃。但在宁古塔进行雇工经营的，多是租佃地。

③ 刑科题本，嘉庆二十年十二月六日刑部尚书董诰题。

④ 刑科题本，嘉庆二十年十二月十二日刑部尚书董诰题。又关于客籍移民在东北买地经营的事例从略。按典卖土地的主要是旗人。满人贵族在东北对旗人实行计丁授田的办法，用这种制度把旗人束缚在土地上，强制他们负担兵役差徭。据"乾隆实录"卷127，乾隆年间，旗人当兵当差，他们分配的土地则"雇觅民人耕种"。以后旗人逐渐贫困，遂靠典卖土地维持生活。据民国《奉天通志》卷34，乾隆三十八年，盛京民典旗地达十二万垧。

⑤ 刑科题本，嘉庆二十年十二月六日刑部董诰题。

雇佣，雇主以无力支付工资，不得不将所典当土地拨给雇工以抵工价。[①] 还有的雇主由于遭受自然灾害无力支付工资，不得不摆酒席宴请雇工，要求将所欠工资暂缓数月支给。[②] 以上雇主和雇工都是客籍农民。在这里，雇主和雇工之间的超经济强制关系已经削弱，封建等级的痕迹已经消失，劳动力已在开始变成商品，自由雇佣已经开始形成。

东北垦殖区的农业雇工的工资较高。嘉庆年间，中国北四省长工的年工资，直隶七例的平均年工资为六千四百二十六文，山东九例的平均年工资为一万一千二百二十二文，河南八例的平均年工资为四千二百一十文，山西两例的平均年工资为九千五百四十文。东北地区的年工资，奉天十一例的平均年工资为五万七千五百四十五文，吉林两例平均年工资为五万三千文。（见附录四）各省钱制不同，如北京行“九八”钱，亦称“京钱”，即每千文折实钱四百九十文。[③] 山东也行京钱，[④] 直隶昌黎县“东钱”、“大钱”并行[⑤]，“东钱”通行东北三省，每千文折实钱一百六十五文；[⑥] “大钱”一串则足千文。直隶其他地区，以及山西、河南等省大概皆行京钱。如数省雇工年工资都按“九八”钱折算，[⑦] 直隶实为三千一百四十九文，山东实为五千四百九十九文，河南实为二千〇六十三文。东北两省按“东钱”折算，雇工的年工资，奉天实为九千四百九十五文，吉林实为八千七百四十五文。据此，东北农业雇工工资比黄河流域四省的年工资高出一倍以上。

由以上事例可以清楚的看出，在这个新垦区，由客籍移民所形成的租佃和雇佣关系，有如列宁在分析俄国关于农民迁徙和自由劳动的形成时所指出的，“我们论断的理由如下：一‘迁移’能给工人带来‘纯经济上的’益处，因为他所去的地方工资较高，在那里他们当雇工的境况较为有利……二‘迁移’能破坏奴役性的雇佣形式和工役制。”[⑧] 东北垦殖区富裕租佃的发展完全证实了列宁的科学论断。在东北这个奴隶制残余十分严重的地区，由于

---

① 刑科题本，嘉庆二十年十二月十二日刑部董诰题。

② 刑科题本，嘉庆二十年十二月六日刑部董诰题。

③ 福格：《听雨丛谈》卷7，第135页，“京钱”。

④ 据刑档，嘉庆年间，山东省临朐、滕县、乐陵等县地价多以“京钱”计。

⑤ 据刑档，昌黎县“大钱”、“东钱”并行，“东钱”以一百六十六点六文为一千文，与一百六十五文为一千文定制不等。

⑥ 福格：《听雨丛谈》卷7，第135页，“京钱”。

⑦ 直隶有的州县俗以四百八十文为一千文，谓之“九六”钱。此处仍按“京钱”折算。

⑧ 《列宁全集》，第3卷，第214页。

客民的移垦，出现了新型的农业经营和自由的雇佣关系，产生了资本主义因素比较浓厚的农业经济。

因此，在这一时期，黄河流域各省农民向东北地区的迁徙活动是有特殊历史意义的，不单纯是从人口密集地带向人口稀少地区迁徙的问题，不单纯是边疆的开发问题，而且也是关系到促使农业生产关系发生变革的大事。

以上我们论述了两类不同地区富裕佃农的发展过程。两类地区富裕佃农开始发展时期是不相同的。在东南各省交界的山区，富裕佃农的发展是从明代中叶开始的。东北新垦区富裕佃农的发展是从清代前期开始的。

在其他地区也出现了富裕佃农事例。乾隆年间，福建安溪县殷庚到台湾诸罗县租地雇工种植花生。乾隆五十年，他向商人王旺出售花生，一次交易的花生即有一百石，议价番银七十元。① 这显然是资本主义性质的经营。江苏泰州（今泰县）有租佃草荡的大经营。如周添吉向地主程仰山租佃草荡七十七引，租银五十六两。俟后周添吉又将二十二引转租与申裕书，租银二十三两。乾隆十六年六月二十四日，周添吉雇朱云士、周引方、周盛远、周德兼、王添九、王有道、王英选等人到草荡割草，每人每日工钱四十文；申裕书也雇储中和杭殿卿、杭殿有、王三、许姓到草荡割草，每人每日工钱也是四十文。朱云士、储中和等“都是佣作穷人”，“向来替人家佣工度日。”② 两家经营所支付给短工的日工资完全相等，说明在地方上已经形成统一的劳动力价格，是在雇工市上招雇来的。嘉庆年间，江西新城县则有“专靠赁田栽烟”的农户，这类农户“不下数十人。”在同一资料中，还有因种烟工资较高“佣工竞趋烟地而弃禾田”之类的论述。③ 虽然原资料没有清楚地说明这类赁田栽烟的农户是否雇工经营，其中很可能出现一些富裕佃农。

关于大面积种植粮食作物的事例，如康熙年间直隶某县的遽某，将地四百四十五亩投充于清宗室都隆额，作他的佃户，按年交租，租额由八石逐增至八十五石。在乾隆七年以前，遽某一直进行直接经营。④ 这样大面积种植显然是雇工经营，即使实行粗放经营，也需要几个至十几个壮劳力。康熙年间，山东蒲松龄曾经写过一个富裕租佃的故事，这个租佃户租种了几十亩

① 刑科题本，乾隆五十一年八月六日福建巡抚徐学曾题。

② 刑科题本，乾隆十九年七月十二日刑部尚书阿克敦题。

③ （同治）《新城县志》卷1，“风俗”。

④ 刑科题本，乾隆七年直隶总督那苏图题。

地，“雇工耕作”，经过一个时期的经营，“由贫而富”，[①] 这虽然是一个虚构的故事，仍不失为实际生活中富裕佃农发展的反映。乾隆年间，山西洪洞县王中孝，在蒲县租地经营，雇用任明章、武彦光等五个长工，每人每年工资三千文。秋收粮食议明主佃均分。[②] 这显然是大规模经营。仍在乾隆年间，山西太谷县监生牛希武在北京附近租地经营，他在齐家村、馒头村等处都租有田场，齐家村的田场由雇工董大、牛黑子等人耕种，馒头村的田场由雇工董三、张志实等人耕种。[③] 这显然是为进行商品生产而进行的大规模经营。

这时山西太原县刘汉昌在顺天府宛平县经营的田场，还可粗略估计出经营利润。他经马金太手租佃旗人庄田十四亩半，其中约八亩种植西瓜，七亩种植大葱，支付地租京钱八千七百文。他一面经营田园，一面替马金太经营旗庄。他经营田园的人工费和资金系向旗庄借支，据刘汉昌供认，“连地租人工一总算来只用了他（旗庄主人）五十吊钱。”这大概就是他经营田园的总支出。田园的总产值，据当时经纪人估计，七亩葱的产值为京钱三万一千五百文，平均每亩产值四千五百文；八亩西瓜的产值不详，每亩产值如也按四千五百文估算，共该三十六千文。葱、瓜合计共为六十七千五百文。除去地租和人工、粪肥等项支出，田场盈余为十七千余文。[④]

余如乾隆年间，江西德化县雷子志租佃桂继旦大面积土地，年纳租谷一百十石，雇工经营[⑤]。又浙江海盐县杨培新种水田四十三亩，其中租佃黄伦章田九亩八分，每年交租九石八斗。杨培新雇用大量工人，“开圳筑堰”，兴修水利；又“重本积肥，养牛耕种”。[⑥] 乾隆、嘉庆之际，广东省平远县龙箱、龙乘时、林瑞新、官府兴等四户佃种邱绍绪等地三百十四亩，租佃历数十年之久[⑦]。四家不会按亩数平分租佃，其中可能有较大规模经营。

我们还可从一些大面积租佃事例考察富裕佃农的发展。乾隆年间，直隶有租地四百四十五亩每年交租银一千两的大租佃。嘉庆年间，直隶通州有租

---

① 蒲松龄：《聊斋志异》卷3，“红玉”。

② 刑科题本，乾隆五十五年十一月二十三日山东巡抚书麟题。

③ 刑科题本，乾隆三十年十二月十六日管理刑部事务刘统勋题。转据吴量恺：《清代乾隆时期农业经济关系的演变和发展》，载《清史论丛》，第1辑，第23页。关于产值估计与吴文稍有不同。

④ 刑科题本，乾隆三十八年九月二十三日周元理题。转据吴量恺：《清代乾隆时期农业经济关系的演变和发展》，关于产值估计稍有不同。

⑤ 刑科题本，乾隆十七年七月二十六日策楞题。

⑥ 刑科题本，乾隆四十二年三月二十四日舒赫德题。

⑦ 朱樗：《粤东成案初编》卷27，第64—69页。系嘉庆二十三年案件。

地一千四百亩每年交租钱一百七十五千文，以后交押租钱五百千文的大租佃；沧州有租地二千七百六十亩每年交租银一百两的大租佃。像这类租佃，其经营方式有两种可能，一种是包租然后转佃给农民，一种是进行雇工经营。又江苏崇明县，乾隆年间有租佃柴荡六百多亩每年交租银二十两的租佃。福建侯官县和广东香山县，乾隆年间有租佃洲田或潮田一百亩的。[①] 像以上较大规模田场，很可能是富裕农民的租佃经营。

盛行押租制的湖南省，从佃农所交押租钱数反映了大规模租佃经营的发展。乾隆五十六年，浏阳县农民有交押租银一百四十两，又按年交地租一百二十石的。乾隆五十八年，郴县农民有交押租钱一百千文，又按年交地租八十三石的。[②] 其交正租一百二十石并交押租银一百四十两的田场，年产至少在二百四十石以上。这样大规模经营，平常至少需要四五个壮劳力，农忙时还需加雇短工。

盛行押租制的四川省，情形和湖南大致相同。嘉庆元年，射洪县佃农有每年交货币地租二十千文，另交押租钱一百千文的。嘉庆三年，郫县有每年交租谷四十石，另交押租钱一百七十千文押租银六十两的。嘉庆十一年，江安县有每年交租谷三十石，另交押租银八百两的。嘉庆十二年，泸州有交押租钱一百二十千文的。嘉庆二十年，四川某县有交租钱十五千文，另交押租钱四百千文的。[③] 以上数例，租额虽然只有三四十石或二十千文，但从庞大的押租，仍然反映出大规模租佃经营。

黄河流域，乾隆六十年，直隶建昌县有租佃荒地交押租银二百两的大经营；嘉庆七年，通州有交钱租一百七十千文另交押租京钱五百千的大经营；嘉庆九年，河南确山县有交押租钱一百五十千文的大经营等。[④]

交押租的土地，地租一般偏低，如沈秉堃所说："加稳必须减租。"[⑤] 如湖南湘潭县，其交押租的土地，每亩纳单租一石；不交押租的土地，每亩纳双租二石。[⑥] 可见交纳押租的大规模的租佃经营，所交押租实际是对农业生产的投资，这是富裕佃农发展的反映。

---

① 以上数例均据刑档。

② 据刑档。

③ 同上。

④ 中国社会科学院经济研究所藏：刑档抄卡。

⑤ 沈秉堃：《敬慎堂公牍》卷6，《陈国箴词批》。

⑥ （嘉庆）《湘潭县志》卷39，《风土》上。

此外，在清代档案中，我们还可以看到雇用农工数人至十数人的经营，其中有的是大规模的租佃经营。又吴量恺同志从乾隆刑科题本大量档案资料中发现有关富裕佃农案件九十七件，分布在全国各个地区。尤其值得注意的是，种植经济作物的富裕佃农占着相当大的比重，有三十件之多。① 这只是发生命案的部分事例。这时全国各省实际出现的富裕租佃户数虽无法估计，肯定为数不少，比上列案件中的户数不知要大多少倍。总之，清代前期富裕佃农的发展是相当明显的。②

由于文献资料的限制，我们只能列举一些富裕自耕农和富裕佃农的事例。由这类事例可以作出如下论断：明代中叶开始了农业资本主义萌芽，清代前期并有进一步发展。

又两类雇工经营的富裕农民，基于对土地产权不同，对租、税负担的轻重也不相同。由于地租是赋税的天然界限，在通常的情况下，赋税总少于地租。耕种相同的土地面积的自耕农和佃农，在其他条件相同的情况下，自耕农所负担的田赋总比佃农交纳的地租少的多，他们的经济状况要好一些。以下试将两类农民的田场收支加以比较说明。

明嘉靖年间，江苏华亭县何良俊作过一个农家收支估计："西乡田低水平，易于车戽，夫妻二人可种二十五亩，稍勤者可至三十亩。且土肥获多，每亩收三石者不论，只说收二石五斗，每岁可得米七八十石矣。"③ 如果按自耕农种田二十五亩，每亩收米二石五斗计，每年可收六十二石五斗。参考其他农书所载，二十五亩的农具膏壅等费该米二十五石。④ 此外田赋约十石左右，尚余米二十七石五斗。除全家老幼五口食用之外稍有盈余。如果按佃农田场收支计算，地租每亩以石米计，再扣除农具膏壅诸费，赖以维持全家生计的只有米十二石五斗，地租几乎侵占农民全部剩余劳动。由此可见，在人口密集、租佃竞争剧烈、地租剥削苛重的地区，对富裕佃农的发生、发展会形成为严重限制。

① 吴量恺：《清代乾隆时期农业经济关系的演变和发展》，载《清史论丛》，第1辑，第25页。富裕佃农地区分布，计黄河流域的山东、河南、山西三省27件，长江流域的江苏、浙江、安徽、江西、四川五省30件，东南沿海的广东、福建19件，东北奉天、吉林19件，云南、内蒙各1件。

② 在这一时期，有些富佃兼营榨糖、酿酒、造纸等手工业的事例。这类经营者一开始即拥有大量资金，从事雇工经营。其中很多是农业资本向产业资本转移、把农业和手工业结合在一起的经营。因此一并在《工商业者兼农业经营》一节论述，此处从略。

③ 何良俊：《四友斋丛说摘抄》卷3。

④ 参考《沈氏农书》，《运田地法》，又姜皋：《浦泖农咨》。

自耕农民由于享有土地所有权，得以摆脱地租剥削，他们除交纳田赋之外，全部产品归自己所有，就是说可以更多地占有本人的劳动产品，有如马克思所指出的，“土地的占有是劳动者对本人的劳动产品拥有所有权的一个条件。”① 因此自耕农生产积极性较高，每在自己的土地上投入更多的劳动。而且自耕农的经营独立性较强，种植什么农作物完全有权自己作主，在商业性农业发展的条件下，他们可以选择投资较多、费工较大的经济作物以谋取赢利。有如马克思所指出的，“在这里，土地的所有权是个人独立发展的基础。”② 至于佃耕农民，种植什么作物每受地主所支配，在交纳实物地租的条件下尤其如此。这必将影响于农民生产积极性。

又自耕农民，因为土地是自己的私产，对土地遂十分爱护，不辞辛劳地加以平整，尽量改善灌溉条件，千方百计地保持土地的肥沃程度，以争取年年获得更好的收成。佃农对所耕种的土地就不是这种情形，不是致力于保护，而是尽力消耗，有如马克思所说的，“对地力的剥削和滥用……代替了对土地这个人类世世代代共同的永久的财产，即他们不能出让的生存条件和再生产条件所进行的自觉的合理的经营。”③ 在农民佃权没有保障的条件下尤其如此。

就以上两方面来说，自耕农比佃农有利，他们是农民阶级中一个富有生命力的阶层，相对佃农而言比较容易产生农业资本主义萌芽。有如列宁所指出的，“农民的土地愈多，农奴制的痕迹愈少，经济的发展愈快”。④ 农民占有较多土地，是农业资本主义萌芽发生、发展的重要条件。

但是自耕农购买土地，需要投入一笔地价，甚至较昂贵的地价。对农业资本主义萌芽的发生、发展而言，又变成为一个不利的因素，因为这将影响于对农业生产的投资。这种关系，经典作家曾经指出过。如果拥有资金完全相等的两个经营者，一个把部分资金购买土地，进行农业经营；一个用全部资金进行租佃经营，显然，其实行租佃经营的，由于省去了购买土地的资金，可以把这部分资金投之于农业生产，进行大规模经营，像我们所列举的皖南富裕租佃事例就是这种情形。

研究农业资本主义萌芽问题，对富裕农民的发生、发展必须给予足够的

① 《资本论》，第3卷，第909页。

② 同上。

③ 同上书，第916页。

④ 《列宁全集》，第15卷，第84页。

重视。而且要对富裕自耕农和富裕佃农加以区别，首先是富裕自耕农的发展，然后才是富裕佃农的发展。

两类富裕农民经营的资本主义性质基本相同。又因为是萌芽状态的资本主义农业，必然带有一定程度的封建性，如毛泽东同志在分析旧中国富农的性质时所指出的，“中国的富农大多有一部分土地出租，又放高利贷，对雇农的剥削也很残酷，带有半封建性”。[①] 这种情形，明清时代的富裕农民也不例外。其掌握货币财富较多的，也会兼放高利贷。就由富裕农民所形成的雇佣关系而言，虽然基本是自由平等的，但还不可能完全摆脱封建宗法传统的影响，旧的封建奴役关系只是受到破坏，并没有彻底消失。一般来说，这时农业雇工的工资也是非常低的。部分破产农民，由于寻找不到其他生活出路，被迫出雇，雇主遂利用农民的失业和贫困把雇工工资压到最低限度，进行残酷剥削，如沈氏《农书》对一名长工工资所作的估计，饭食一项一年折米五石五斗，此外领取工资折米五石[②]，其工资部分，除去雇工本人衣着及日用之外，用以养活妻子儿女的费用就很少了。雇主对雇工的剥削显然已侵占部分必要劳动。这种关系，有如列宁所指出的，农业工人的处境比工业工人更坏一些，他们“除了资本主义的压迫以外，还有资本主义前的剥削形式的压迫。”[③] 这时农业资本主义萌芽虽然已经出现，并且还有所发展，但是整个农村经济还处在封建势力统治支配之下，雇主对雇工的压迫还带有前资本主义的残余，新的生产关系的萌芽还带有旧生产关系的痕迹。我们研究明清时代富裕农民的社会性质，一方面要看到它的资本主义因素，它已不是封建经济的延续，这是主要的；同时还要看到由于整个社会环境的影响必然使它带有某些封建性。它还不能成为现代意义的资本主义经济，剥削者和被剥削者还不能构成为现代意义的资产阶级和无产阶级。富裕农民的社会性质如此，下面要讨论的工商业者兼农业经营的社会性质也不例外。

（三）工商业者的农业经营

工商业者的农业经营有两种不同的类型，一种是工商业者兼经营地主，一种是工商业者租地经营。

---

① 《中国革命和中国共产党》，《毛泽东选集》，第2卷，第606页。

② 据《沈氏农书》，“运田地法”。

③ 《列宁全集》，第3卷，第235页。

工商业者兼经营地主，就其发展过程而言又有两种不同的情形，一种是由经营农业起家的，以地主身分兼营工商业，在农村就近收购农产品开设手工作坊进行直接加工，如榨油、酿酒、制糖、造纸、制靛，等等。一种是凭借工商起家，如开设各种店铺——粮栈、杂货铺、钱铺、典当、贩运农产品以及各种手工作坊等等，然后把工商业赢利投向土地，雇工经营。

工商业者兼经营地主，在明代甚至明代以前就已出现了。以明代而论，弘治年间（1488—1505 年），山东濮州许卫，起初“本中人之产，素善营财。”这时他可能是一个有地数十亩的小康之家。由于“岁多丰稔（稔）”，他储存了几百石粮食。这几百石粮食大概一部分是他自己生产的，一部分是购买来的。这时，他开始开设酿坊制酒，用酒糟养猪，养了几百头猪，专有养猪的雇工。在北方，养猪是为了积肥，他这时可能已发展成为规模较大的经营地主。他养猪每三月一批，即行发卖，除掉猪本外，每批可赚几十两银子，一年可赚一百多两银子。所居附近多种木棉，他用所赚的银子向农民预买棉花，“春贷秋收，百钱可博二十斤，累木棉数万。”秋季收棉花，冬季又用棉花换布，运到北京和边地发卖，“利十倍之”。同时又“粜麦踏酒麯”，运到直隶真定府销售，“货至千金”。他还在交通要冲开设店铺。最后至“田连阡陌，积谷如山。”① 这时他的土地是直接经营还是出租，原材料记载不清楚。但从他的养猪规模考察，他是经历过经营地主这一发展过程的。他的迅速发展得力于兼营工商业。

像许卫这类事例在历史文献中虽不多见，但由这一事例说明了这类经营地主在明代中叶曾经有过发展的机会。

我们再列举明代中叶后的两个事例。一个是皖南宁国府的王守玺，以经商致富。有一次他到江苏江阴县经商，渡江时见到平宁沙大片荒地，生长着荒苇蔓草，遂招募沙民进行开垦。他给沙民搭盖庐舍，“买犊治器，择田而授之。”于是“三年大垦，五年大辟。”由于连年丰稔，陆续垦殖，耕地扩大了好几倍。在王氏的经营下，“亩益拓，土益腴，鸡犬桑麻居然乐壤。”他采取了什么经营形式，原材料记述得不够清楚。从“择田而授之”，似乎是把土地开垦成熟之后分佃给沙民。又从“复请于令立十家法”，说明他和地方

① （康熙）《濮州志》卷 4，第 72 页。

政权有一定联系，他在利用保甲制统治农民。[①] 但从原记载反映出来，他在一开始是雇工经营的，并且投入了一定数量的资金，经营规模相当可观。

另一个是徽州商人阮弼。万历年间，阮弼以徽商投资于浆染业，在芜湖"立局"，大概就是创建手工场。这个场子所生产的货物行销于吴、楚、荆、梁、燕、齐、鲁各地。业务发展很快，赚了不少钱，然后把赢利的一部分转而投向土地。据阮传："既而业大起，家人产俱在芜湖，城内外筑百廛以待僦居，治甫田以待岁，凿洿池以待网罟，灌园以待瓜蔬，媵腊饔餐，不外索而足。中佣奴各千指，部署之，悉中刑名。"[②] 看来这是一个把农业和工商业密切结合在一起的大经营。就农业经营而言，参加治田、种菜、养鱼等项业务的生产劳动者，多至"各千指"，即百人左右，经营规模相当可观。他的农业经营不只为满足家庭成员的生活需要，还可能供给所开手工场所有工作人员的需要。从这个手工场产品的运销情形考察，经营规模很大，雇佣工人人数一定不少。如果我们的估计不错，那么这家的农业经营部分尽管不是为了出售，但其提供手工场的部分产品实际还是商品生产。

工商业者兼农业经营，首先要购买土地。在通常的情况下，明代中叶后的商贾是不愿购买土地的。据当时人论述："江南大贾强半无田，盖利息薄而赋役重也"；[③] "商贾虽余多赀，而多不置田业"。[④] 明代豪绅地主的赋役转嫁所形成的赋役繁重，对工商业者购买土地进行直接经营，是一个严重限制。[⑤]

清代前期的情形就不同了。清初对豪绅地主拖欠及转嫁赋役的活动采行了严禁政策，使庶民地主从赋役的压迫下摆脱出来，商人买地活动遂日益频

① 缪昌期：《从野堂稿》卷4，"仰峰王君传"。转见《中国资本主义萌芽问题讨论集》，上册，第552页。

② 汪道昆：《太函集》卷35，"明赐级阮长公传"。转见《中国资本主义萌芽问题讨论集》，下册，第928页。

③ 谢肇淛：《五杂俎》卷4。

④ 《天下郡国利病书》卷32，"徽州府"。

⑤ 明代中叶后，富商大贾在能逃避差徭的条件下才大事兼并。据《天下郡国利病书》第九册引《凤阳新书》：安徽凤阳原来很多勋贵无差地亩，这时"渐为外方行商者有之"。这些商人在凤阳买地"不当地方之差"。据万历《兴化县志》，有所谓"寄庄田"，是外县人在兴化所购土地。而"外郡尽系商贾"。商贾在外县买地是为了逃避差徭，所谓"肆其规避之奸"即指此。据万历《沛县志》，这时全县粮田共有一万六千五百八十二顷，"寄庄"地达一千九百余顷，占10%强。据万历二十四年下令各县"将寄庄人户田粮差徭务与本地人民一例均当"，禁止"诡寄躲闪差徭"一事考察，地主商人购置寄庄的目的也在于逃避差徭负担。

繁。如胡定所说，富商大贾，“挟其重赀，多买田地，或数十顷，或数百顷。”① 从康熙年间开始，一直到乾隆、嘉庆之际，徽商和苏商都热衷于土地，他们“招贩鱼盐，获利甚厚，多买田宅，以长子孙。”② 如皖南商人，乾隆年间，休宁县巴氏，以开设质押店起家，把商业赢利投向土地。③ 嘉庆年间，旌德县汪承翰，以开设布店起家，典买土地一千多亩。④ 江苏无锡商人，如乾、嘉之际的王锡昌，以经商致富，买田三千多亩。⑤ 薛某以开设典当及贩运粮食起家，买田四万多亩。⑥ 其山东商人，康熙年间，濮州的房满，少时家贫，后以贸易起家，置田二百亩。房满“躬亲稼事，自食其力。”⑦ 又濮州的刘滋，原来只有下田二十余亩，又因灾荒卖出。后以贩卖盐、粮兼放高利贷致富，经过二十多年的经营，又将赢利投向土地，变成为“田连阡陌”的大地主。⑧ 乾隆年间，胶州孙铨，以贸易起家，购置田产。⑨ 潍县丁大训，幼年家贫，后以经商致富，“累资巨万”，置买土地。⑩ 更值得注意的是山西商人，这时也纷纷将资金投向土地。乾隆年间，山西巡抚觉罗巴延奏：浑源、榆次两县富商，过去“不事田产”，现在“多置田地”了。⑪ 山西商人并且远到外省买地，据河南巡抚毕沅奏：近有山西富户，到河南“举放利债”，“准折地亩。”⑫ 毕沅所说“富户”主要是山西富商。乾、嘉之际，河南省彭太以经商致富，把商业资金投向土地，第一次在南阳买地二十四顷，第二次又买地六十六顷，后来并且给他的孙子彭令捐买一个四川省的道台官衔。⑬ 这时四川商人也掀起买地热潮。永川县的肖世香、陈尚贤，乾隆年间都作佣工，以后合伙出资作生意，“积致万金，合置田业。”⑭ 道光年间，金堂县唐才家，一面作生意，一面经营农业，“家业日丰裕，增置田千

---

① 户部档案，乾隆五年四月十三日胡定奏。

② （康熙）《清河县志》卷1。

③ 中国社会科学院经济研究所藏：《休宁巴氏置产簿》。

④ 汪令铃：《汪氏家乘》，第二册，“皇祖府君事略”。

⑤ 齐学裘：《见闻随笔》卷16，“侠丐”。

⑥ 余霖：《江南农村衰落的一个缩影》，载《新创造》，第2卷，第12期（1932年7月）。

⑦ （康熙）《濮州志》卷4，第73页。

⑧ （康熙）《濮州志》卷4，第69—70页。

⑨ （道光）《胶州志》卷29，第25—26页。

⑩ （光绪）《潍县乡土志》，第38页。事在乾、嘉之际。

⑪ 《乾隆实录》卷948，第16—17页，乾隆三十八年十二月癸巳。

⑫ 《乾隆实录》卷1255，第24页。乾隆五十一年五月辛未。

⑬ 中共南召县委会办公室：《彭“善人”剥削史》，载《人民日报》，1964年3月11日。

⑭ （光绪）《永川县志》卷8，第32页。

余亩。”[①] 乐至县高鉴，以贩盐致富，买田二千余亩。[②] 大竹县庞开文，少年赤贫，后以开设钱庄致富，买田数百石。[③]

总之，到清代前期，各省商人一改明代后期“不置田产”的传统，纷纷向土地投资了。至于这类商人地主采取何种剥削形式，原材料记载大都不很清楚，可能主要采行土地出租形式，但也不排除进行雇工经营。

如山东淄川县毕家，先以经营农业获致小康，然后兼营机坊，更以开设机坊的赢利投向土地，扩大经营规模。这是一个手工业兼农业经营的典型事例。雍正年间毕家才有地三十亩。乾隆年间，毕丰涟开始买织机织绸出售。织绸赢利很大，他把这部分积累分成两部分，一部分添置织机扩大手工作坊的经营规模，由一台织机逐渐增加到几台织机；一部分购买土地雇工经营，经毕丰涟之手买到一百多亩土地。到道光年间，毕家的土地逐渐增到九百亩，织机增加到二十多台，雇佣工七十至八十人。[④] 毕家是以工促农发家致富的，变成大的经营地主。

其以农场主兼手工作坊的经营者，如四川内江甘蔗种植区，大的蔗田经营者，有的兼开糖坊。据道光《内江县志要》，这类经营者，“平时聚夫力作，家辄数十百人”；“入冬辘轳煎煮，昼夜轮更。其壅资工值，十倍平农。因作为冰霜，通鬻远迩，利常倍称，咸甘心焉。”[⑤] 从这段记载反映出经营者的田场面积和手工作坊的规模都不小。其较大规模的糖坊所需要的甘蔗，除靠自己农场生产以外，大概还要外购一部分，这是农副密切结合的典型。

景甦和罗崙两同志对清代后期山东某些地区的经营地主作过比较翔实的调查，在一百三十一家经营地主中，兼营工商业的凡六十四家，占到49%以上。[⑥] 这六十四家经营地主似乎是以经营工商业起家然后把资金投向农业经营的。这个调查材料可供我们研究明清时代工商业者兼经营地主问题的参考。

商人到边区新疆投资开垦进行民屯是另一种类型。开垦地区，东起巴里

---

① （1921年）《金堂县续志》卷10，第25页。

② （1929年）《乐至县志》卷4，第22页。

③ （1928年）《大竹县志》卷9，第2—3页。

④ 景甦、罗崙：《清代山东经营地主底社会性质》，第69—73页。雇工七十至八十，可能包括机织工人在内。

⑤ （道光）《内江县志要》卷1，第29页。据彭泽益同志考证，内江蔗糖业约开始于十七世纪八十年代初。见彭泽益：《中国近代手工业史资料》，第1卷，第267页。

⑥ 《清代山东经营地主底社会性质》，附表。

坤，西经奇台、乌鲁木齐、昌吉、湖图壁，至玛那斯，乾隆年间共开屯田三十多万亩，其中民屯十四万多亩。[①] 民屯之中一部分是商人投资开垦的。乾隆三十二年，奇台商民芮友等三十人要求在木垒地方开渠引水开垦荒地，并自购籽种、牛只、农具。清政府不仅批准商民的请求，并且令“派拨户民，一体安插。”[②] 即把缺乏资金垦荒的贫农分派给经营垦荒的富商，参加他们的开垦工作，以保证他们的劳动人手。到乾隆三十六年，巴里坤地区，“其商贾之中有资本者已多认地开垦”；在木垒一地，“商民种地数千余亩”。[③] 乾隆三十七年，巴里坤已开成很多灌溉区，开垦了不少土地。据当时地方官奏报，巴里坤“商贾毕集，晋民尤多。”[④] 可见来这里投资开垦的主要是山西商人。由于这个地区地广粮贱，谋生比较容易，“各处人民相率而来，日益辐辏。”看来到这里垦荒的并不都是富商大贾，还有更多的穷苦劳动人民，如地方官奏报所说：“其艺业佣工穷民，因乏生理资本，未经呈垦。”[⑤] 不难推断，这类无资呈垦的穷民，就是认垦商民所雇用的从事垦荒的劳动人手。可见这类“携赀贸易”、“自购籽种、牛只、农具”的“有工本之人”,[⑥] 在开垦之始就是靠招募雇工进行的。至于以后采取何种剥削形式，原材料缺乏记载，其中一部分继续采取雇工经营形式也是可能的。[⑦]

在过去的讨论中，有的作者从经营者兼营工商业论证农业经营的资本主义性质。这种论断不完全正确。该农业经营到底是什么性质的，要结合当时的历史条件，要看该经营的具体情况，可因时间不同或经营者条件的差异而具有不同的性质，不能一概而论。

我们认为，就经营地主所构成的雇佣关系而言，性质的变化基本是从清初开始的，这个问题在下面再详细论证。在此以前的明代，所出现的工商业者兼经营地主，即使所经营的工商业是资本主义性质的，他因土地关系而进行的农业经营是另一回事。在实际生活中，由这类经营者所形成的雇佣关系

---

① 《清朝续文献通考》卷10，“屯田”。这类民屯，经营者是否取得实际土地所有权，记载得不很清楚。来这里进行投资开垦的主要是商人，暂作为工商业者兼经营地主处理。关于新疆商屯，参见彭雨新：《清初的垦荒与财政》，载《武汉大学学报》，1978年第6期和1979年第1期。

② 《乾隆实录》卷801，第22页。

③ 《皇朝政典类纂》卷20，第4页。

④ 陕甘总督文绶奏疏，乾隆三十七年，见《皇清奏议》。

⑤ 同上。

⑥ 《乾隆实录》卷801，第22页，乾隆三十二年十二月己丑。

⑦ 参见彭雨新：《清初的垦荒与财政》，载《武汉大学学报》，1978年第6期。

如何，缺乏详细记载。一般而论，在实际生活中，这时的农业雇工每被看成低人一等的佣奴，尚不易摆脱地主的封建压迫。就法权关系而言，农业长工还没有摆脱雇工人的身分地位，如果主雇双方发生刑事案件，还要按等级律例判处。就是说，由这类农业经营所形成的雇佣关系还不是自由雇佣关系；由这类雇佣关系所反映的生产关系的性质还不是资本主义性质的。从生产资料所有者的身分来说，这类经营者具有两重性。就土地所有者的身分而言，他仍然是封建地主，并不因他所经营的工商业的资本主义性质而改变他由地主身分构成的封建土地所有制的性质。在此基础上所进行的农业经营只能是封建性质的经营。

从清代开始，由庶民类型地主进行的农业经营，其社会性质逐渐发生变化。这时出现的工商业者兼农业经营的庶民类型地主也不例外。由这类工商业者所进行的农业经营，开始具有资本主义萌芽的性质。这种发展变化经历了约百年漫长岁月，到乾隆五十一年才在法权关系方面开始反映出来，农业资本主义萌芽的发展这时又前进了一步。这种关系在下面讨论经营地主的社会性质时还要详细论述。

关于工商业者兼租地经营，在整个明代，我们还没有发现有关这方面的事例。在历史记载中，较早出现的是以租地经营为主，兼营工商业，对所生产的农产品进行加工，以租佃农业家的身分兼营手工作坊。这种经营形式在明代已经出现，到清代前期并有进一步发展。雍正年间，有租山种蓝制靛的。如浙江泰顺县兰明山、兰秀山兄弟，租佃荒山，雇工开垦种蓝，并加工制成靛青发售。雍正八年，汀州林上峰与兰氏兄弟合伙。雍正十三年五月结账，林欠兰秀山兄弟银一百三十两。① 从林所欠账银数考察，他们的经营资金可能多到数百两银子，是一个较大规模的经营。乾隆年间，有租山种竹造纸、种蔗制糖的。如福建上杭县有人到江西上饶县租山雇工养竹开厂造纸。② 如河南商城县陈瑞芝、陈文学二人，租种山场“做纸生理”。一次与安徽亳州纸商魏吉常交易，魏吉常支付的纸价银，陈瑞芝与陈文学各得一百七十五两，还拖欠了一部分纸价。因届年底，言明“次年陆续取纸清偿”。陈瑞芝从种竹到造纸是靠雇工经营的。③ 又广东龙门县林亚明批种何亚受山地，雇

① 刑科题本，乾隆元年八月四日浙江巡抚稽曾筠题。

② 刑科题本，乾隆五十五年三月十五日刑部尚书喀宁阿题。

③ 刑科题本，乾隆四十年（月日残缺）河南巡抚徐绩题。转见黎民：《乾隆刑科题本中有关农业资本主义萌芽的材料》，载《文物》1975 年第 9 期。

工种竹造纸。① 其租地种蔗制糖的，如四川渠县陈太元租佃陈会山地若干亩，雇工种蔗，榨糖发卖。② 广东合浦县陈大恒，租地雇工种蔗，开设糖坊，制糖发售。卢大振是一个从事“贩糖生理”的包买商，乾隆十六年，陈大恒一次卖给卢大振成糖五万片，每万片价银三两五钱。③ 以上数家都是把农业经营和手工业结合在一起的，他们的经营单纯为了商品生产，“为卖而买，”目的是通过对生产劳动者的剥削实现价值的增殖。这类兼营手工业对农产品进行加工的富裕租佃，从一开始经营即投入大量资金来看，它不是由小租佃逐渐发展起来的，很可能是工商业者把部分资金投向农业经营的。

其工商业者兼租地经营的，如嘉庆年间外省茶商到福建崇安县租山种茶。据当时人记述，“茶商携资至者络绎不绝，而民不加富，盖工作列肆者皆他方人，崇所得者地骨租而已。”④ 从“络绎不绝”说明这类租山种茶的经营者人数不少。道光年间，外省茶商到福建产茶区租山种茶兼开茶厂的经营形式在继续发展。人们把这类经营者叫作“厂户”。这类厂户，“种茶下土，既出山租，又费资本。”显然是雇工经营的。当时“厂户”很多，或谓“瓯宁一邑不下千厂。”每厂的人数，“大者百余人，小亦数十人。”⑤ 租山种茶的经营者，由开垦、培植，到采摘加工，所使用的雇工一定为数不少，是相当大规模的农业经营。这种“厂户”兼有租地经营者、茶厂老板和茶商三重身分。

这类工商业者的租佃经营和工商业者兼经营地主不同，他进行经营不是以土地所有者的身分出现的，从这一点说他和封建土地关系割断了联系。他和进行个体生产的一般租佃也不相同，由于他具有较优越的经济条件，他有不同于农民的社会地位，从而基本上得以摆脱出租地主的超经济强制。这类大租佃经营完全是为了谋取利润，在有利可图的情况下才进行租地经营的。因而他所支付的地租额可能比一般租佃要低一些，有如马克思在引用地产经理人、农业技术师摩尔顿的话说：“大租地农场的租金，比小租地农场的租金低。”⑥ 地租低，租地经营才能有利可图。

① 刑科题本，乾隆四十一年（月日残缺）李质颖题。转见吴量恺：《清代乾隆时期农业经济关系的演变和发展》，载《清史论丛》，第1辑，第26页。

② 刑科题本，乾隆十七年七月二十六日策楞题。

③ 刑科题本，乾隆十七年三月十八日刑部尚书阿克敦题。

④ （嘉庆）《崇安县志》卷1，第3页。

⑤ 蒋蘅：《禁开茶山议》。见《云寥山人文钞》卷2，第21页。

⑥ 《资本论》，第3卷，第709页。

这类租地经营的主要特征是，地主、经营者和雇工三者站在一起而互相对立着，地主获得地租，经营者获得利润，工人获得工资。前两种人是剥削者，工人是被剥削者，而且经受地主和租佃经营者双重剥削。在这里，地主和雇工不发生直接关系，和雇工发生直接关系的是租地经营者，他是以掌握资金谋取利润的资产者的身分出现的。

关于这类租地经营的社会性质，马克思有一段论述很可供我们参考。马克思说："一旦资本主义租地农场主出现在土地所有者和实际从事劳动的农民之间，一切从农村旧的生产方式产生的关系就会解体。……而土地所有者现在只和这种资本主义租地农场主发生直接关系，而且是单纯的货币关系和契约关系"。① 关于工商业者兼租地经营，他只和地主发生货币关系这一点是容易理解的。马克思所说"一切从农村旧的生产方式产生的关系就会解体"，显然是指旧的封建经济关系的解体，自由雇佣关系的形成。这时的中国社会经济条件虽然不同，所出现的工商业者租地经营还难以完全摆脱封建经济的影响，不能百分之百地形成像马克思所说的"单纯的货币关系和契约关系"，但由于经营者只是资金的掌握者，而不是土地所有者，他和雇工所结成的雇佣关系基本是自由雇佣关系。还由于经营者和雇工多是外籍客民，彼此之间一向缺乏固有的封建纽带传统，这对自由雇佣关系的形成和发展也是有利的。

当然，我们也要适当地估计法权关系的作用。这类雇佣虽然被割断了和封建所有制的直接联系，但并不能完全摆脱在地主经济制的基础上建立起来的中央集权的封建国家机器的制约，对国家政权的重大作用必须有足够的重视。尤其是法权关系的作用，经典作家曾经指出过：法权"这个部门虽然一般地整个依赖于生产和交换，然而它仍然具有反过来影响这两个部门的特殊能力。"明清时代的等级身分的雇工律例就在起着这种作用。在乾隆五十一年废除长工的身分义务以前，包括明代在内（迄今为止，我们还没有发现有关明代工商业者租地经营的事例），由这类工商业者兼租地经营所形成的雇佣，在实际生活中虽然已经具有自由雇佣关系的性质，如果双方发生刑事案件，封建法权还是要发生作用的，农业雇工在法庭上还是要以"雇工人"的身分出现的。这种在实际生活中已经变成自由劳动而在法权关系上仍具有身分义务的雇佣，表明封建雇佣向自由劳动的过渡，是农业资本主义萌芽时期

① 《资本论》，第3卷，第901页。

所特有的象征。

以上是工商业者兼租地经营和工商业者兼经营地主的发展状况。由以上分析可以看出，这两种经营是有所区别的。其区别产生于和土地的关系，一个是如马克思所指出的，“出现于土地所有者和实际从事劳动的农民之间；”另一个是以土地所有者的身分出现的，和所雇佣的农民发生直接联系。因此两类经营的社会性质发生变化的时间遂也不同，工商业者兼租地经营，在明清时代一出现于历史舞台就是以资本主义租地农业家的形式出现的；而工商业者兼经营地主，到清代前期，才开始向资本主义农业经营过渡，才具有农业资本主义萌芽的性质。

（四）经营地主

1. 地主身分地位的变化及经营地主的发展

经营地主的发展与地主身分地位的变化有着密切联系。在论述经营地主发展以前，介绍一下地主身分地位的变化是必要的。

明代中叶后，土地兼并日益激烈，大的土地占有者主要是身分性的特权地主。一种是拥有世袭爵位由国家赏赐庄田的贵族地主，这类地主占有的土地动辄数十万亩，甚至有的高到一二百万亩；一种是具有功名官爵的缙绅地主，这类地主拥有的土地数量也相当可观。尤其是明代后期，贵族缙绅的人数在急剧膨胀，形成为庞大的豪绅地主阶层。

贵族缙绅地主的土地垄断，是和他们的政治特权密切联系在一起的。其致仕家居的乡官，他们欺压乡民的权力并得到封建政权的保证。国家明确规定，庶民对乡官要“以礼相见”，“凌侮者论如律”。[①] 就是说“庶民”和乡官地主之间的相互关系是封建等级关系。就是比较低级的功名如生员、监生、童生，乃至乡官的子弟，虽然不能列入缙绅等级，地方官吏也不能对他们轻易用刑。[②] 由于这类特权地主得置身于国家法令之外，享有实际免除刑罚的权利，他们遂鱼肉乡民，横行乡里。他们违犯法纪，地方官吏也无如之何。[③] 豪绅地主权势的嚣张，在明代后期达于顶点。勾结官府霸占官产和压价贱买民田的是他们，通过接受“投献”和“投靠”强占民田的也是他们。

---

① 《明史》卷56，“礼志”。

② 吕叔简：《详刑要语》。转见乌涧泉：《居官日省录》卷4。

③ 《明鉴》卷20，赵南星奏：乡官之权“大于守令”，“莫敢谁何”。

明代后期地权的高度集中就是在这类特权地主暴力兼并之下出现的。

明代中叶后，由于贵族缙绅的暴力掠夺，庶民地主不容易获得顺利发展机会；由于特权地主的赋役转嫁，富商大贾也不愿轻易把资金投向土地。据嘉靖年间人论述，“齐民困于征求，故视田为陷阱，是以富者缩资以趋末。”① 这里所说“齐民”就是指没有封建功名官衔的庶民。或谓在繁重赋税的压迫下，“吴人以有田业累足屏息。”如昆山县孙某，“颇以畜贾致富”，而不置田产，就是为了避免赋税的追逼。② 徽州富户以“尽土之毛，不足以供什一”，于是舍“本富而趋末富”。③ 当时还流行一些“以田为累”的谚语，如“将钱买田，不如穷汉晏眠”；“有田膺户门，因田成祸门”，等等，这都是对没有封建功名的自耕农民和庶民地主说的。

当然，所谓富商不置田产并不是绝对的，我们在前面论述工商业者兼经营地主时就罗列了一些商人将资金投向土地的事例。如南京商人许承谦，早年曾以“徭役繁兴产中落”；后来经商获利，仍然把资金转向土地，买了好几百亩。他的理论是“生当以末起家，以本守之”。④ 明中叶后的百多年间，和身分性地主即特权地主相比，这种无功名官爵的商人类型地主和一般庶民地主毕竟是少数。

在明代，无论哪一类地主，有不少从事雇工经营的。试看下面关于经营地主的一些事例。

江苏昆山县有种田数百亩“日馌百余人”的大经营；⑤ 还有占田千亩、讲求水利、修筑沟塍陂池的大经营。⑥ 常熟县有“役属百人”，种田数千亩的大经营⑦。还有的占田三四万亩，部分土地出租，部分土地直接经营⑧。吴县有“课僮仆耕稼”，“开辟浸广”的大经营。⑨ 太仓有佣奴“男女大小数

① 《嘉靖实录》卷545。

② 归有光：《震川先生全集》卷13，“孙君六十寿序”。

③ 汪道昆：《太函集》卷62，“明故处士新塘吴君墓表”。转据《中国资本主义萌芽问题讨论集》，续编，第129页。

④ 焦竑：《澹园续集》卷14，“怀泉许隐君墓志”。转据《中国资本主义萌芽问题讨论集》，上册，第558页。

⑤ 归有光：《震川先生全集》卷21，“周子嘉唐孺人墓志铭”。

⑥ 归有光：《震川先生全集》卷18，“明故例授苏州衔千户所正千户陈君墓志铭”。

⑦ 归有光：《震川先生全集》卷19，“归府君墓志铭”。

⑧ （光绪）《常昭合志稿》卷25，人物之四，“钱籍传”。

⑨ 王鏊：《王文恪公文集》卷26，“陈封君墓表”。转见《中国资本主义萌芽问题讨论集》，续编，第91页。

千指”的大经营。[①] 华亭县有“殖丰美田产，多买奴仆，芟辟灌莽，广其水利”的大经营。[②] 无锡县有讲求水利，募民凿池广数百亩，用以溉田养鱼并谋茭蒲之利的大经营。[③] 南京有买田数百亩役使僮仆耕种的大经营。[④] 浙江湖州庄氏雇工经营桑田，并雇有管庄经理。[⑤]归安有种桑一万多株的大经营。[⑥] 南阳李义卿有地千亩，“岁植棉花，收后载往湖湘间售之。”李氏地主似乎也是雇工经营。[⑦] 湖南湘潭县的张嘉言，原官工部郎中，落职还乡后，经纪生产事宜，“务农桑蔬果，泛滥涉猎，日聚家奴十百辈，晨出暮返，极力心团聚，虽猥屑薄业，亦累赀，岁至百千计。”看来张嘉言主要从事农业经营，并兼营各种副业。经营结果，“岁租至万石，奴僮千余名。”[⑧] 直隶濬县，有雇用“整百”雇工的大经营。[⑨] 河南辉县席承章，“益田至千余亩，庐舍数十间，而场园树木牛羊车马器物视昔种种盛矣。又时察百物丰俭而贸易其间，故生计日益大起”。[⑩] 这个大的经营者并且把农业赢利转向商业，买贱卖贵。湖北兴国州徐子义，“从长老辨土谷之宜，兴场圃之计。”并“间以余粟易金逐什一，”“而子钱行于旁邑”。[⑪] 这个经营者不只把农业赢利转向商业投机，并且到外县去放高利贷。

总之，从明代中叶起，在某些地区，地主所采行的剥削形式发生了一些变化，有较多地主采取直接经营形式。其中虽然有的是庶民地主，但从目前所见到的文献资料考察，很多是豪绅地主。即过去关于农业资本主义萌芽问题的讨论中人们经常引用的一些事例，著者如江苏太仓州的王世贞、常熟县

① 王世贞：《弇州山人稿》卷85，“龚孺人小传”。

② 顾璘：《顾华玉集》卷34，“华亭何隐君墓志铭”。转见《中国资本主义萌芽问题讨论集》，续编，第92页。

③ 《古今图书集成》，《职方典》卷720，“常州府部”。

④ 焦竑：《澹园续集》卷14，“怀泉许隐君墓志。”转见《中国资本主义萌芽问题讨论集》，上册，第558页。

⑤ 庄元臣：《曼衍斋草》。转见傅衣凌：《明清农村社会经济》，第69页。

⑥ 唐顺之：《唐荆川集》卷10，“茅处士妻李孺人合葬墓志铭”；又张履祥：《杨园先生全集》卷38，“近鉴”。

⑦ 张履祥：《杨园先生全集》卷43，“近古录”。

⑧ 《续湘潭县志》卷19，第25页。

⑨ 《醒世恒言》卷28，“卢太学诗酒傲王侯”。此条资料虽系虚构，仍不失为当时大经营的反映。

⑩ 乔世宁：《丘隅集》卷14，“席隐君墓表”。席承章，成化十八年生，嘉靖二十九年卒。

⑪ 吴国纶：《甔甀洞稿》卷36，“明荆府典膳徐君墓志铭”。徐子义，正德十年生，嘉靖二十九年卒。

的钱海山、直隶濬县的卢梢，等等，都是豪绅地主。

到清代前期，经过明末农民大起义的冲击，特权地主急剧衰落，地主的身分构成逐渐发生变化，以种地起家和以经营工商致富的庶民地主有所发展。

这时贵族地主所占有的土地远比明代为少，豪绅地主所占土地也大为缩减。如常熟、昭文两县的变化，“其富室，前代（明朝）有曹百万，徐半州之名，侈靡相尚；今则尽知稼穑艰难，虽富无所纷华，亦鲜有至二、三万者。”① 清代前期，豪绅的政治权势不似明代之嚣张，对赋役优免和逃避现象受到一定程度的限制，如常熟、昭文两县的士风，“今则厌声华息交游矣。至于兴讹善讼，负粮打网……向间有之，今则屏息矣”。② 在明末农民大起义时期，其没有直接受到冲击的江南尚且如此，其经过农民军打击严重的黄河流域及长江中上游各省州县，绅权衰落当更不例外。而且绅权的变化，又必然影响于地权分配的变化。

如果说，明代后期地权的集中和政治权势密切联系在一起，主要依靠暴力，那么，清代地权的集中，除畿辅庄田旗地而外，则主要借助于经济力量。尤其是种地和经商起家的庶民地主，他们兼并土地都是通过购买。在清代前期，土地买卖关系一度异乎寻常的发展，甚至已在开始冲击“优先购买权”的封建宗法传统了。这种发展变化不只是商品经济发展的结果，和庶民地主的发展也是有着一定联系的。在这一时期发展起来的经营地主，庶民地主占着相当大的比重，或者说主要是庶民地主。我们一再重复的乾隆五十一年议增的新律例，所说“若农民佃户雇佣工作之人”，其中的“农民”，不只包括自耕农民，还包括庶民地主，说明修订律例本身就是庶民类型经营地主进一步发展的反映。

关于清代前期经营地主的发展，当时人有过这样几段论述：“国朝（清朝）后风气渐异，汉人所用皆系雇工”；③ “百亩之家，必畜骡马三四头，东作以供耕种，西成以资转运。”④ 如山东东昌府属，“土宜五谷六畜，大致千亩之家，千树梨枣，牛数具，骡马百蹄，园畦蔬果称是。”⑤ 这类记载显然是

① （光绪）《常昭合志稿》卷6，第6页。

② 同上。

③ 《秋审条款附案》。转见刘永成：《论清代雇佣劳动》，载《历史研究》1962年4月号。

④ 徐栋辑：《牧令书辑要》卷3，李殿图：《敬陈病农之弊端疏》。

⑤ 《古今图书集成》，职方典，卷255，“东昌府部”。

经营地主进一步发展的反映。

康熙年间，湖南衡阳县的刘重伟，于县属之金兰、长乐，“买田杉山”，经营杉木。至嘉庆时，以赢利购买土地，“子孙田至万亩”。[①] 山东濮州，土地肥沃，多种木棉，一亩可摘花二百斤，大经营“有万亩之家者。”[②] 雍正年间，山东烟草种植区出现雇用农工数百人的大经营。[③] 乾隆年间，四川合江县穆为元“种茶数十万株，用以起家”。在他的影响下，“艺者日众”。[④] 河南光山县的熊惟一，当乾隆初年，犹家无立锥，靠租佃维持生活。以后与邻舍合资蓄牛，凡数百头，“茁壮蕃息，岁赢巨利。”大概是以副养农致富的，因为牛粪可以肥田。后来又掘得窟金，逐渐增置土地，“晚年有良田千余亩，令五子分耕之。”[⑤] 这是一家由农民发展起来的经营地主。五个儿子分家时，每人各得田两百亩，熊惟一的一个儿子熊文斗，经营所继承的遗产，他又有三个儿子作助手，文斗的妻子“操劳”“勤俭”，大概在嘉庆年间，耕地由两百亩扩展到六百多亩，[⑥] 看情形也是通过使用雇工经营的。熊惟一的另一个儿子熊已克早死，家道中落，所继承的两百亩土地相继典卖。熊已克的妻子则通过经营果树发家致富。据熊氏族谱，其妻雷氏，“矢志教子，荒园数畦，艺植桃树，岁赢巨利”；雷氏“操持撙节，家计渐裕。”最后不仅把典当的遗产赎回来，还添购了一些土地。[⑦] 这是一个由衰而兴的经营地主。嘉庆十一年，直隶任邱县梁国樑的土地分配在前王约村和后王约村，直接经营的至少有一百九十亩，并雇人看管庄稼，这是一个中等的经营地主。[⑧] 嘉庆、道光之际，山东海丰县张自标，“设长席佣工数十人，课耕织。”[⑨] 这是一个相当大规模的农业经营。道光年间，四川省甘蔗种植区内江县，出现“平时聚夫力作，家辄数十百人”种蔗兼榨糖的大经营，这在前面已经论及。汉州有躬耕传家占田数百亩的大经营。[⑩] 从以上经营规模看，经营者主要是

---

① （同治）《衡阳县志》卷11，第5页。

② （康熙）《濮州志》卷2，第50—51页。

③ （光绪）《益都县图志》卷11，第12页。

④ （民国）《合江县志》卷2，第1—3页。

⑤ 熊绪端等纂修：《光山熊氏宗谱》，第1卷，“传述”，第1页。

⑥ 熊绪端等纂修：《光山熊氏宗谱》，第1卷，“传述”，第3页。熊文斗，生于乾隆十三年，卒于道光八年。

⑦ 熊绪端等纂修：《光山熊氏宗谱》，第1卷，“传述”，第14页。

⑧ 刑科题本，嘉庆十二年十一月二十八日管理刑部事务董诰题。

⑨ （民国）《无棣县志》卷13，第11页，无棣县，明清时代名海丰县。

⑩ （同治）《汉州志》卷22，第7页。

地主，有的是由富裕农民发展成地主的。

在清代刑档中，也保存下来相当大量的有关经营地主的资料，以下试摘录乾隆、嘉庆两朝有关地主经营的一些事例。

据刑档资料，其带有功名头衔的经营地主，很少举人、贡生等级以上的缙绅，主要是低级功名的监生和生员。如甘肃省海城县监生周中和雇用五个长工，专备有工人住房，五个雇工都在周家住宿。① 陕西洛川县生员丁三元，雇用农工数人，也专备有工人住宿的伙房。② 山东即墨县监生李士玘，雇用农工数人，并专雇一个厨工为雇工作饭。③ 山东兰山县监生伏柱玖，雇用农工数人。④ 山东郯县监生谢淮，雇工种地，并专有喂养牲口的工人。⑤ 四川邛州经营兼出租地主武生石会川，雇用长工多人。⑥ 湖北钟祥县监生邓作椿雇用长工数人。⑦ 湖北龙阳县生员杨列三雇用农工七人。⑧ 江西宁都县监生李厚三雇工经营，兼放高利贷。⑨ 江苏长洲县生员张宗孟，雇高茂修、马良等佣工多年。⑩ 江苏丹阳县监生张鹤寿雇用长工数人并短工多人。⑪ 浙江海盐县生员于一峰雇工经营，兼土地出租。⑫

以上这类具有生员、监生之类低级功名经营地主，其中有的是从庶民地主转化来的，其地位比较接近于庶民地主，尚不能与缙绅地主并列。这类经营地主和雇工的关系，就所接触到的一些事例来看，在乾隆五十一年律例修订以后发生的案件，很多是无主仆名分的雇佣。

这时旗人地主也有进行大规模经营的。如直隶新城县旗地庄头钱瑾就是一个旗人贵族的管家。乾隆三十七年五月十一日，他雇用了五六十个短工收割麦子，“每人发给一个牌子，到晚上收牌给工钱。”⑬ 这显然是大规模经

---

① 刑科题本，嘉庆二十三年五月二十八日，刑部尚书章煦题。
② 刑科题本，乾隆五十九年七月十三日，刑部尚书阿桂题。
③ 刑科题本，乾隆五十九年七月七日，山东巡抚福宁题。
④ 刑科题本，乾隆五十九年七月七日，山东巡抚福宁题。
⑤ 刑科题本，乾隆五十七年三月五日，刑部尚书阿桂题。
⑥ 刑科题本，嘉庆二十年八月二十三日，刑部尚书崇禄题。
⑦ 刑科题本，乾隆五十九年二月二十六日，刑部尚书阿桂题。
⑧ 刑科题本，嘉庆二十三年六月十九日，湖南巡抚巴哈布题。
⑨ 刑科题本，乾隆五十八年十二月二十日，江西巡抚陈淮题。
⑩ 刑科题本，乾隆五十七年十月十九日，刑部尚书阿桂题。
⑪ 刑科题本，嘉庆二十三年十二月十一日，江宁巡抚陈桂生题。
⑫ 刑科题本，嘉庆二十一年闰六月二日，浙江巡抚额特布题。
⑬ 刑科题本，乾隆三十九年四月五日刑部尚书舒赫德题。转见黎民：《乾隆刑科题本中有关农业资本主义萌芽的材料》，载《文物》1975年第9期。

营。一般较大农场平时都由长工经理，只到农忙季节，尤其是夏秋收获季节才大量雇用短工。能容纳五六十个短工的农场，耕地面积可能到几百亩。这样大规模的农场，平时经营管理需要很多长工，至少要在十人以上。

其无功名头衔的经营地主，如甘肃固原州某地主，雇用长工五人①。四川永川县某地主雇用长工六人。② 湖北房山县李谷斌，是个土地出租兼雇工经营的地主，雇用长工在三人以上。③ 广东东莞县某地主，雇用长工十一人，收稻季节并添雇短工多人④。在清代档案中，雇用三四个长工和更多短工的经营者是相当大量的。如盛京岫岩县董瑞雇张本晟、隋得润、高仁三个长工，⑤ 山东寿光县李景华雇丁举惠、张恩德、杨小存三个长工，⑥ 湖南醴陵县刘钦简雇丁绍用、刘明智、曾庭奎三个长工，⑦ 善化县曾文章雇张中立、周二、周先济三个长工。⑧ 以上事例，雇用长工人数虽然不多，但原材料都未涉及雇主参加生产劳动事宜，据此推断，经营者主要是中小庶民地主。

下面详细介绍一个经济作物的经营者——广东完安县庶民地主柯凤翔、柯凤集两兄弟的经营状况。大概在乾隆初年，这两兄弟各出银二十两，林嵩出银十两，共计五十两，伙买荒山一所，雇工栽种槟榔树五万株。俟后树木长大结果，历年所生产的槟榔都卖给商人收割，所得价银按五股均分，柯氏兄弟共得四股，林嵩得一股。乾隆六年，柯氏兄弟将槟榔卖与刘白石收割，议完价银八十六两。槟榔果实尚未收割，价格忽然上涨，刘白石又将该槟榔转卖给薛四观收割，得价银一百三十二两。⑨ 柯氏等当初买荒山所支付的银价虽然不多，但把购置五万株树苗和雇工的人工饭食费加在一起则为数不小。俟后树木长大，一年出售槟榔果实收入的银子多达八十六两，经营规模相当可观。关于槟榔园的经营情况如何，原材料所反映的不够具体。就经营

① 刑科题本，嘉庆二十年十月九日，陕甘总督先福题。

② 刑科题本，乾隆五十七年一月二十九日某题（官衔姓名缺）。

③ 刑科题本，嘉庆二十三年十一月十八日，湖北巡抚张映汉题。

④ 刑科题本，嘉庆二十年二月十五日，刑部尚书董诰题。

⑤ 刑科题本，嘉庆二十一年七月十九日，管理刑部事务章煦题。

⑥ 刑科题本，乾隆五十九年五月二十八日，山东巡抚福宁题。

⑦ 刑科题本，乾隆五十二年五月十六日，刑部尚书阿桂题。

⑧ 刑科题本，乾隆五十九年四月八日，刑部尚书阿桂题。

⑨ 刑科题本，乾隆三十九年四月五日，刑部尚书舒赫德题。转见黎民：《乾隆刑科题本中有关农业资本主义萌芽的材料》，载《文物》1975 年第 4 期。

者的经济状况而言，当初柯氏兄弟买荒山种植树苗之时，大概是与雇工一起参加生产劳动的，这时可能还是富裕农民，后来才逐渐发展成为经营地主的。

以上我们一再罗列清代刑档中经营地主的事例，目的是为了说明农业经营者身分地位的变化。其中大致有两种情况，一种是无任何功名的庶民地主，一种是具有低级功名而接近于庶民的地主。在刑档中很少见到举人、贡生以上较高级功名的经营地主。这种现象的出现有两种可能，一是由于刑档的局限性，一是具有高级功名的缙绅地主较少从事雇工经营，后一种可能性更大一些。

庶民类型地主较多地从事雇工经营，这种关系，景甦和罗崙同志在山东所作的调查报告很可供我们进行分析研究参考。在所调查的鸦片战争前五家地主中，一家官僚地主和一家商人地主都采取土地出租形式，其余三家是所谓“种地起家”的地主，都采取雇工经营形式。这类“种地起家”的地主就是过去文献中一再颂扬的“力农致富”的庶民地主。可见清代的经营地主主要是这类庶民地主，以“作官起家”的地主一般是不采取雇工经营的剥削形式的。又他们二人所调查的鸦片战争后光绪朝一百三十一家经营地主，按发家过程分类，其中计“作官起家”的八家，占全部经营地主的6%；“经商起家”的六十四家，占49%；“种地起家”的五十九家，占45%。[①] 所谓“经商起家”和“种地起家”，基本上属于“庶民地主”这一类型。这个调查材料对研究清代鸦片战争前经营地主的身分构成问题很有参考价值。

我们说地主身分地位的变化——身分性地主向非身分性地主转化，是就发展趋势而言。即在明代后期特权地主占统治地位的情况下，庶民地主也是存在的，如前面所说由富裕农民发展起来的庶民地主和商人地主。在清代前期，在庶民地主发展的同时，特权地主也占相当大的比重。而且，庶民地主与特权地主之间并没有不可逾越的鸿沟，当庶民地主的财富积累到一定程度之时，也会使他们的子侄读书应试，猎取举人、进士及捐监之类的功名头衔，跨入特权地主的行列，使地主的身分地位发生变化。

无论如何，相对明代而言，清代庶民地主是有所发展的。我们所以要特别强调地主身分地位的变化，是由于在这一时期发展起来的经营地主主要是庶民地主，并由这类庶民地主的发展将影响于农业经营性质的变化。

① 景甦、罗崙：《清代山东经营地主底社会性质》。

总之，明代中叶以后，地权高度集中，贵族缙绅是土地的主要兼并者，形成为特权地主的土地垄断。在清代前期，“力农致富”的庶民地主有所发展，商人也多把资金投向土地，相对明代而言，这是一个变化。尤其这时出现的经营地主主要是由富裕农民上升起来的庶民地主。研究农业资本主义萌芽问题，对这种发展变化必须有足够的重视。

2. 由封建经营向资本主义经营的过渡

如何分析经营地主的社会性质是一个比较复杂的问题。地主经营的性质，不仅因所处时代的先后而不相同，也因经营者的身分地位有所差别。仅根据历史上曾经出现过的雇工经营，不加区别地遽然作出这样的结论：要么是封建经济，要么是资本主义经济；把问题片面化、绝对化，是欠妥当的。

既然雇佣关系的性质反映生产关系的性质，这里我们仍把雇佣关系的变化作为论证问题的起点，来论证经营地主的社会性质。

这里先研究一下明代经营地主的社会性质。

无论是资本主义还是封建主义的农业经营，土地占有者收入的来源都是通过剥削农业生产劳动者获得剩余产品。是资本主义经营还是封建性质的经营，除雇佣劳动的性质之处，从经营形式上看，两者是很难区别的。明代的经营地主，又是种植经济作物进行商品生产（种植大面积粮食作物也是为了出售），又是使用成十成百的农业雇工或僮仆，他们通过对雇工和僮仆的剥削积累了大量财富，有的“窖而藏者数万计”，有的经营二十年“富至巨万”。还有的采用了企业经营的形式，如常熟谭晓兄弟的经营、桐庐吴荣让的经营，从表现形式看来，这种经营方式的确具备了资本主义农业的外形。大概就是这个缘故，有相当多的作者把明代这类经营地主看作资本主义性质的农业经营。有的作者说，这类经营地主从土地所有方面而言是封建的，但它“是资本主义性质的农业经营”。有的作者说，这类经营的雇佣关系已是资本主义性质的“契约关系”，它已“代替中世纪农奴与地主的封建隶属关系”。还有一些作者从其他角度论证这个时期出现的经营地主的资本主义性质。以上作者尽管论述的方法和着眼点不完全相同，但有一个基本共同点，即明代地主大经营是“资本主义性质的农业经营”。

而我们认为，明中叶以前，经营地主的社会性质基本是封建性质的，不能从地主经营的田场中寻找农业资本主义萌芽。

这时的农业长工和奴仆虽然不是同一封建等级，但在雇主面前都是以卑贱的身分出现的。明代后期，才开始有部分长工摆脱等级法权的压迫。关于农业雇工的身分地位，试看下面有关农业经营的一些事例。

明洪武年间，浙江余姚县周某，“善理生业，率子姓，役僮隶，出入阡陌，戮力树艺，而地无遗利”。①

景太至天顺间，浙江淳安县邹宗义，“躬率僮仆力田治生”。②

明代前期，丁至恭有田在吴淞之滨，“日课僮奴以耕，休则偃息其中”。③

成化至弘治间，江苏吴江县王天佑，幼时家贫，仅有田数亩。王氏“尤善治生，动不失时，薄种厚获，力多食寡，居积贮储，日以益赢。”后来土地增加到数十顷，“僮仆千指”。或谓王氏“使僮奴耕”。④

成化至弘治间，松江陆某，世业农。至陆宗博，田连阡陌。宗博往来田野间，“冲风日，履泥涂，与佣奴同其劳苦。”⑤

成化至弘治间，长洲县李君信家，以商贾起家，兼务农业，益督僮奴治生业，居则量货物，出则置田亩。⑥

成化至弘治间，常熟县徐讷，幼年家道衰落，“率其僮奴服劳农事，家用再起。”⑦

弘治间，长洲吴宽家，“开拓产业，佣奴千指。”⑧

弘治至嘉靖间，苏州陈舆，“吴人多逐什一之利，君独课僮仆力耕稼，久之，收入滋多，开辟浸广。”⑨

弘治至嘉靖间，浙江会稽县娄仰峰，“日课诸僮督农桑”。⑩

嘉靖间，华亭县何良俊兄弟，“殖丰美田产，多买奴仆”，进行大规模经营。⑪

---

① 谢肃密：《庵藁壬集》，“余姚周处士墓志铭”。转见《中国资本主义萌芽问题讨论集》，续编，第93页。

② 商辂：《商文毅公集》卷28，“赠礼部仪制司主事邵公墓表”。

③ 高启：《高太史凫藻集》卷1，第21页，“白田耕舍记”，四部丛刊本。

④ 吴宽：《匏翁家藏集》卷65，“封文林郎江西道监察御史王公墓志铭”；又赵宽：《半江赵先生集》卷9，“乐善堂记”。

⑤ 吴宽：《匏翁家藏集》卷63，“心耕记”。

⑥ 吴宽：《匏翁家藏集》卷62，“李信君墓志铭”。

⑦ 吴宽：《匏翁家藏集》卷58，“徐南溪传”。

⑧ 吴宽：《匏翁家藏集》卷52，“先世事略”。

⑨ 王鏊：《王文恪公文集》卷26，“陈封君墓表”。转见《中国资本主义萌芽问题讨论集》，续编，第91页。

⑩ 陶允宜：《镜心堂草》卷11，“送南京兵马仰峰娄君序”。

⑪ 顾璘：《顾华玉集》卷34，“华亭何隐君墓志铭”。

嘉靖间，安徽桐城县赵锡蕃，有田一处，“躬耕自养”。“即与僮仆问节候，量晴雨，种树莳蔬，酌壤播谷。”①

万历年间，安徽芜湖阮弼的农业经营，“中佣奴各千指，部署之，悉中刑名。”②

明代，江南徐显卿，“僮仆耕耘，惟勤有获”。③

以上有关明代经营地主的文献资料，对经营者所使用的农业劳动大多写成“僮奴”、“僮仆”，也有的写成“佣奴”、“佣仆”。其中有的是奴仆，有的是雇工。但从以上记载，到底是雇工还是奴仆，使读者很难分辨清楚。只有在地方志书中记述当地习俗时才以“长工”、“短工”的名词出现。从当时人关于“僮仆”、“佣奴”之类的称谓可以看出，这时的雇工还不是新生的自由劳动者，而是过去封建雇佣关系的延续。

同时我们还可以看到一些田场主人对生产劳动者任意役使和体罚的事例。嘉靖年间，江苏太仓州王世贞家，对僮奴“择其尤惰者扑”，用体罚的办法督促僮奴“力作”。④ 这类使用奴仆的大经营不能构成为资本主义性质的农业经营。有的地主虽然参加生产劳动，他和所奴役的僮仆也不可能构成为自由平等关系。

就是使用雇工经营的，在当时的历史条件下，雇工也难以摆脱特权地主的超经济强制而在实际生活中变成为自由劳动者。一直到清初封建宗法关系一度松弛之后，虐待和鄙视雇工的传统习俗也没有完全改变，仍有不少关于“俗贱佣奴”、“雇工之仆”、“视之为奴”之类的记载。⑤ 桐乡县张履祥论及地主虐待雇工的情形说：“今士庶之家，骄蹇呵骂，使人难堪。”⑥ 所有这类记载都是明代雇佣关系旧传统的延续，是农业雇佣实际生活的直接反映。

由经营地主所形成的雇佣关系在法权关系方面的反映，则为封建宗法身分义务性的雇工律例。如前所述，在明代封建法典中，雇主是以家长的身分出现的，雇工是以卑贱的身分出现的。有关雇工律例明确规定，雇主虐待乃

---

① 赵锡蕃：《且耕堂记》。见赵立方等：《桐陂赵氏宗谱》卷26，光绪九年修本。

② 汪道昆：《太函集》卷35，“明赐级阮长公传”。转见《中国农业资本主义萌芽问题讨论集》，第928页。

③ 张萱：《西园闻见录》卷15，“勤劳”。

④ 王世贞：《弇州山人稿》卷85，“龚孺人传”。

⑤ 《古今图书集成》，职方典，卷265，“青州府部”；李渔：《资治新书》卷7，“金长真请严主仆”；《清稗类钞》，第39册，“奴婢”。

⑥ 张履祥：《补农书》。

至杀死雇工可以减轻刑罚，用以保证雇主迫害雇工的权利。万历年间虽然明确了短工在法律上的“凡人”地位，同时把部分不书立雇约文契的长工排除在雇工人等级之外。但是这时由经营地主尤其豪绅地主所构成的雇佣关系，写立雇约文契的可能性要大一些。其不书立雇约文契，可能主要是由富裕农民所构成的雇佣。文献记载虽然不很明确，但我们有理由作出这种论断。在地主剥削下的长工，压在他们身上的等级律例是不容易被解除的，由地主和雇工所结成的雇佣关系，仍然是封建法典所规定的封建等级关系，长幼尊卑关系。

从以上明代农业雇工在实际生活和法权关系方面所处的屈辱地位和被压迫奴役的状况，他们的处境远在佃农之下。① 我们研究明代经营地主的社会性质，必须结合当时的历史条件进行分析，才能作出正确判断。

以下试就人们论证农业资本主义萌芽时经常引用的几个明代经营地主的事例作一些分析。

一个是明朝嘉靖年间江苏常熟县的谭晓、谭照兄弟所进行的农业经营。两人“俱精心计，居乡湖田多窪芜，乡之民皆逃而渔，于是田之弃弗耕者万计。晓与照薄其值，买佣乡民百余人，给之食，凿其最窪者为池，余则围以高塍辟而耕，岁入视平壤三倍。池以百计，皆畜鱼。池之上架以梁为笼舍，畜鸡豕其中，鱼食其粪又易肥。塍之上植梅、桃诸果属，其汙泽则种菰、茈、菱、芡，可畦者以艺四时诸蔬，皆以千计。凡鸟凫、昆虫之属，悉罗列而售之。室中置数十匦，日以其入投之，若某匦鱼，某匦果，入盈乃发之，月发者数焉，视田之入又三倍。”② 其罗猎昆虫之法，“凡佃人海户课其纺縩娘凡几枚，以小麦干为笼盛之，携至苏城，每一笼可取钱一、二百文。”③

以上是谭氏兄弟进行经营的主要内容。

从谭晓“家故起农”考察，④ 他的先辈是“力农致富”的，可能经过富裕农民的发展阶段，然后才变成经营地主。那么怎么考察这类经营的社会性质呢?

---

① 详见本书经君健：《明清两代“雇工人”的法律地位问题》。

② 此据《常昭合志稿》卷48，“轶闻”。江阴李诩：《戒庵老人漫笔》卷4“谈参传”，所记略同，谈参即谭晓。

③ 李诩：《戒庵老人随笔》卷4，“谈参传”。

④ 据李诩：《戒庵老人随笔》，“谈参传”。另据钱五卿：《鹿苑闲评》，“谭晓、谭照兄弟，俱有智算，家傍东湖，共修陶猗之术，累赀数十万”。据此，谭氏似不单纯以农起家。

有很多作者把谭晓兄弟的农业经营作为资本主义性质的经营，或者说他所采行的土地出租的部分是封建经济，他雇工经营的部分是资本主义经济，“雇工对他（谭晓）没有什么隶属关系，他就靠对这些雇工的剥削使资本不断增殖着，达到窖而藏者数万计的巨室。”

作者虽然注意到从雇佣关系着手论证生产关系的性质，但关于雇工对雇主“没有什么隶属关系”的论断不完全符合历史实际。关于雇佣关系的具体情况，原记载不很清楚。我们试把谭氏兄弟的农业经营放在当时历史条件之下，考察它的社会性质。

这一点是比较清楚的，当地的广大农民，由于经不起种种压迫，纷纷放弃土地“皆逃而渔”。谭氏兄弟即在这种情况之下，“薄其值”，压价兼并农民的土地。他开垦时“买佣乡民百余人”。能统治百多个雇工使他们从事生产劳动，这也很不简单。原记载没有说明谭晓兄弟是否捐纳功名，可能是个庶民地主。但从他对土地的兼并过程、田场规模及经营方法等方面考察，谭家是具有一定封建势力的人物。在当时历史条件下，谭家在地方上如果没有一定的政治权势，他是不敢这样作的，也是办不到的。或谓“嘉靖癸丑(1553年)，岛夷犯境，仓促筑城，王邑侯命晓独任其半，献银四万两助工。”于是镌像城门，“春秋至享”。[①] 这样一个声势显赫的大地主，他和雇工所构成的雇佣关系，在实际生活中不可能是自由平等关系。

在法权关系方面又如何呢？所说“买佣乡民百余人”，从行文上看很可能是长工。这样大规模的农业经营必然要雇用相当多的长工。按明代万历年间才明确短工在法律上的平等关系，在此前的嘉靖朝，农业长工很难摆脱雇工人的身分地位，和雇主必然具有严格的人身依附关系。从这方面分析，也难以得出资本主义自由雇佣关系的结论。

总之，这种在实际生活中地主对雇工实行封建统治，在法权关系方面被规定为封建等级的雇佣，是具有人身依附关系的雇佣。由这种雇佣关系所反映的生产关系的性质只能是封建经济关系，不是资本主义经济关系。因此，不能从这类经营地主的农业经营寻找农业资本主义萌芽，这就是我们的结论。谭氏即使经历过富裕农民发展阶段，曾经具有农业资本主义萌芽的性质，但他一变成为兼土地出租的经营地主，原有的资本主义性质已经发生质变，变成为封建地主了。

---

① 钱五卿：《鹿苑闲评》。

另一个是常熟县的钱海山。钱也是嘉靖年间人。他兼并了大面积土地，是一个大的官僚地主。或谓钱氏“良田四万亩，房庄七十二所，僮奴数千人。”① 他的土地大部分出租，小部分直接经营。

有的作者根据他的经营作了这样的论断：“从钱海山的经营，系以雇佣劳动者为主要劳动力，佃户亦与他无隶属关系”，从而论证钱海山的农业经营的资本主义性质。佃户和地主没有人身隶属关系的论断是符合历史实际的，这时的农业雇工则不尽然。

钱海山是一个什么人呢？他有辉煌的“园林亭榭”，有众多的“歌童舞女”，他的“画船厩马之盛莫可殚述”。从文献记载反映出来，他在生活上是一个穷极奢侈、在政治上是一个具有雄厚封建势力的豪绅地主。他之所以敢于招聚四方“顽民”来“赁居佣保”、“佃种栖息”，他蓄养的豪奴所以能“恃势放恣”，是依靠他的政治特权。这类地主和雇工的关系，在实际生活中不可能构成为自由平等关系，在法权关系方面也只能是封建等级关系。因此，他所进行的农业经营，在生产关系的性质方面不可能发生质的变革。

一个是明朝天启年间冯梦龙所记述的直隶濬县的经营地主卢柟。冯对卢柟和雇工的关系描述的比较具体：“那卢柟田产广多，除了家人，雇工也有整百。每至十二月中，预发来岁工银。至了是日，众长工一齐进去领银。”② 有的作者就根据这“整百”雇工和货币工资论证他的经营是“采取了资本主义制”。让我们看一看卢柟的农业经营到底是什么性质的经营吧！

关于卢氏经营的记载，一个很大的差别是，钱海山所使用的劳动者写成为“僮奴”，卢氏所使用的劳动者直接写成“雇工”。但并不因此改变他经营的性质。钮成是卢柟家的雇工，他向卢柟的家人卢才借过二两银子，卢柟帮卢才向钮成逼索欠债，将钮成打成重伤致死。卢柟是个地方士绅，曾经得罪了濬县的汪姓县官，汪想借机会进行报复，企图把卢柟定成杀人正凶，判处死刑，他采取的办法是在雇佣关系上大作文章。

卢柟的申辩已经把问题说的很清楚：“钮成系我家佣奴（按：即雇工），……即使是我打死，亦无死罪之律。”卢柟唯一有力证据是握有钮成出雇的“文券”。汪县官“哄卢柟将钮成佣工文券只认作是假的，尽皆扯碎。”

① 此据崇祯《常熟县志》卷14，“遮遗”。《常州合志稿》卷25“钱籍传”谓“僮奴数百，不能绳束”。即指钱海山。

② 《醒世恒言》卷28，“卢太学诗酒傲王侯”。卢柟确有其人，故事是虚构的，但仍不失为实际生活的反映。

可见，在地主家作农业长工一般都写立雇约文契。汪在销毁物证之后，把卢柟判处死刑："你打死平人，昭然耳目，却冒认为奴"。看来"佣工文券"相当重要，同属长工，有"佣工文券"才能构成为法律上的雇工人，即卢柟所说的"佣奴"；无此"文券"，就得按"平人"关系判处。这里的"平人"就是律例上的"凡人"。后来换了一个姓陆的县官，进行复审，肯定了钮成"雇工人"的身分地位，给卢柟翻了案。陆的判决词是："审得钮成以领工食银于卢柟家，为卢才叩债以致斗争，则钮成为卢氏之工人也明矣。雇工人死，无家翁偿命之理。"释放卢柟出狱。①

从这个案子的判决过程，充分暴露出封建法典在维护地主阶级的特权中所起的反动作用，那就是：雇主打死雇工，雇主可以免除死刑，唯一的根据就是压在雇工身上的封建等级律例。明律明确规定：雇主打死雇工要减等判刑，"杖一百，徒三年"，而且雇主可以花钱赎罪。

由卢柟和雇工所形成的雇佣关系，在实际生活方面也清楚地表明了封建等级关系。卢柟直接称雇工为"佣奴"，说明了雇工在实际生活中的屈辱地位，一向不被雇主放在眼里，雇主有权对雇工压迫虐待。卢柟就是根据这种权利殴打钮成的。又当卢柟向雇工们发放工钱的时候，"又赏一顿酒饭，吃个醉饱，叩谢而出。"从"赏赐"和"叩谢"之类的词藻透露出来，彼此之间的关系是家长和卑幼的关系，老爷和奴才的关系，不是"平等相称"的关系。

由此可见，明代经营地主尽管有所发展，但和农业长工所形成的雇佣关系基本没有发生质的变革。雇主和雇工，在实际生活方面并不单纯是经济上的剥削和被剥削关系，而是人身依附关系，超经济强制关系；在法权关系方面，雇工还没有变成为法律上的平等人，对雇主仍有法律规定的身分义务。在这里，地主不单纯用货币关系支配雇工的劳动，而是使用强制权力干预雇工的人身和生活。在这里，劳动本身还没有从属于资本。这就是说，生产关系的性质还没有发生质的变革，而是封建生产关系的延续。

在讨论过程中，有的作者为了说明明代经营地主的资本主义性质，引证了列宁关于分析俄国资本主义发展时期所说的"地主经济在循着资本主义道路演进"作为论证的依据。必须指出，当时的俄国和明代的中国社会经济状况是不相同的，俄国的这种"演进"有它的一定的历史条件，即列宁所说的

---

① 《醒世恒言》卷28，"卢太学诗傲王侯"。

经营地主"逐渐用'自由雇佣劳动'代替工役制"。[①] 明代中国的农业雇工则不然，在封建制度的制约下，在封建地主的奴役下，经营地主所使用的主要的劳动力——立有雇约文契的长工还基本没有过渡为"自由雇佣劳动"。这些作者们由于忽略了当时雇佣劳动的性质这个反映生产关系转化的重要条件，从而由雇工经营与商品生产直接引申出资本主义，问题就发生在这里。

但是，对农业资本主义萌芽的发生和发展而言，明代经营地主的发展并不是没有意义的。这时的经营地主经济尽管是封建经济，但他所进行的是商品生产，这和由土地出租所形成的个体小生产还是不同的。而且先有明代经营地主的初步发展，然后才能有清代庶民类型经营地主的进一步发展。所以列宁说："地主为出卖而生产粮食（这种生产在农奴制后期特别发达），这是旧制度崩溃的先声。"

经营地主的社会性质不是一成不变的。明代后期，豪绅地主尽管使用强制权力迫害劳动人民，有更多的农民沦为地主阶级压迫剥削下的奴仆，但是，正如前面一再论述的，由于商品经济发展的冲击，由于农民阶级的剧烈的反抗斗争，导致了封建宗法关系的松弛趋势。这种发展变化不能不影响于封建雇佣关系，促使农业长工向自由雇佣过渡。

我们在前面还论述了明清之际两位注意农业生产技术的经营者——沈某和张履祥。他们都主张从经济生活和思想感情方面笼络雇工，这也是雇佣关系发生变化的反映。这个时候，一方面有超经济强制的延续，一方面有改善雇工待遇的要求。沈、张二人从亲身经历意识到，要想搞好农业生产，必须调整旧的超经济强制关系。他们的主张在客观上适应了农业生产力发展的要求。值得注意的是，沈、张二人所反映的不只是湖州府个别地区的情形，而是相当广大地区的现象，在经受农民大起义直接冲击的黄河流域及长江中上游各省州县，变化甚至还要大一些。

经营地主的发展，尤其是庶民类型经营地主的发展，必然要在经营内容和管理方式方面引起一系列变化。在商品经济发展的环境下，经营者为了生产大量的作为商品出售的农产品，他们在不自觉地按照资本主义原则组织生产。他们和出租地主不同，他们不是通过经济外的强制手段增加收入，而是企图通过提高劳动生产率来增加收入，因而要求改善经营管理，设法提高生产技术等等。他们从切身的经济利益出发，对如何使雇工工作得更好，如何

① 《列宁全集》，第13卷，第221页。

提高雇工的工作质量，是他们最关心而且时刻要考虑的问题。这就必然要改变过去地主老爷式的暴力强制的手段，更多地采用物质鼓励来讨好雇工了。所以说，改善农业经营提高生产技术的要求是和农业雇工的解放密切联系在一起的。自由平等的雇佣关系就是在这种条件下逐渐发展起来的。

总之，清代前期庶民地主的发展导致农业经营社会性质的变化，这种变化反映为农业雇佣性质的变化，尤其是农业长工性质的变化。这种变化本来在明代万历年间已经逐渐开始了，这个问题在本文第三节已经作过详细介绍。但那时属于自由的长工还只是个别情形。到清代前期就不同了，有了进一步发展。据我们搜集到的由雍正到乾隆五十一年凡九十四个长工雇佣事例，其中有四种不同的情形，一种是注明“写立文契”的，共有七例；一种是注明“未写文契”的，共有四十七例；一种是注明“无主仆名分”的，共有六例；又情况不明者三十四例。

按照这时期的雇佣惯例，“写立文契”就是有主仆名分，雇工对雇主有法律上的身分义务关系。值得注意的是“未写文契”的雇佣关系的发展，占着相当大的比重。这是农业长工由封建雇佣向自由雇佣过渡的象征。

特别值得注意是乾隆五十一年雇工律例修订以后农业长工的身分地位的发展变化。这种情形，在前面关于封建雇佣向自由雇佣过渡一节已经作了详细论述。这时雇工律例的修订虽然很不彻底，毕竟解除了部分长工尤其是庶民地主剥削下的长工在法律上的身分义务关系。从此庶民地主对农业长工的关系，在法权关系方面不再以具有特殊身分的主人的姿态出现了，他们通过金钱所购买的只是雇工的劳动力，而不再占有他们的人身。在这里，雇工对雇主所出卖的只是他们的劳动力，他们给地主工作一定的时间，从地主那里领取经双方同意的定额工资。这样，中国农业资本主义萌芽的发展又向前推进了一步。

乾隆年间雇工律例的修订，对自由劳动的发展产生了促进作用，农业雇佣关系进一步发展变化。这种关系在这一时期的清代刑档中有着明显的反映。如前面所列举的乾隆五十一年雇工律例修订以前有关农业长工的九十一个事例，原案件在说明双方相互关系之时，一般只注明“未立文契”、“没有文契”、“没有工契”、“未立雇契”、“未立文约”、“未立文券”之类字样，很少注明“无主仆名分”的（九十一例中只有一例注明“无主仆名分”）。乾隆五十一年以后情况完全不同。乾隆五十一年至嘉庆朝三十多年间，从所收集到的有关长工雇佣的一百零七个事例，其中注明“有主仆名分”的一例，注明“代写文契”的一例，注明“共坐共食，平等相称”、“没立文契”及“无主仆名分”的却有六十一例。又在这六十一例中绝大多数注明“无主仆名分”，凡五十七例。[①] 相对乾隆五十一年以前而言，这是一个很大的变化。“无主仆名分”雇佣的发展，是富裕农民尤其是中小庶民地主发展的反映，也是雇工律例修订之后自由劳动发展的反映。

我们还见到一些具有低级功名如生员、监生之类的雇工经营的事例，这类雇主和雇工也多构成为法律上的平等关系，乾隆五十六年，直隶唐县生员赵枋，雇佣赵皂儿、洪四儿、杨丫头等人佣工，赵枋经常下地看庄稼，与雇工彼此“平等称呼”，并没“主仆名分”。[②] 乾隆五十七年，河南新乡县监生李成身，与雇工王成牛“并没文契，也没主仆名分。”[③] 乾隆五十九年，直隶景州监生乜立，与雇工东山“系平等相称，并无主仆名分”。[④] 看来其不列于缙绅等级的生员、监生之类中小地主，这类雇主和雇工的关系，无论在实际生活或法权关系方面，也多构成为自由雇佣关系。

以上与雇主“无主仆名分”的雇工都属于自由雇工，与雇工“无主仆名分”的经营地主都属于带有资本主义性质的经营地主。这类经营地主不仅以土地所有者的身分出现，而且还以资本的掌握者身分出现。经营地主所得的部分，已不是纯粹的地租形态，而是包括支付资本取得的利润和地租。正是这种关系，这种剥削关系才赋有资本主义萌芽的性质。

以上就是明、清两代地主经济由封建的农业经营向资本主义性质的农业经营过渡的发展过程。

---

① **农业长工解除法律身分义务以后雇佣契约状况统计**

（1787—1820 年）

地区	未立文契 无主仆名分	情况不详	写立文契 有主仆名分	合计
黄河流域	36	10	1	47
长江流域	11	10	0	21
广东、广西、台湾	5	3	0	8
云南、贵州	3	1	0	4
盛京、吉林	6	20	1	27
总计	61	44	2	107

② 据刑档统计。

③ 刑科题本，乾隆五十六年二月十日直隶总督梁肯堂题。

④ 刑科题本，乾隆五十七年十月十二日河南巡抚穆和蔺题。

总之，中国地主所进行的雇工经营并非从一出现于历史舞台就是资本主义性质的农业经营，它是经历了一个曲折复杂的发展过程的。这一过渡是从清代初期开始的。此后随着庶民地主的发展，萌芽的因素逐渐增长，乾隆年间达到一个新的转折点。但同封建经济相比，资本主义性质的农业所占的比重仍然微不足道。

由此可见，庶民类型经营地主和缙绅类型经营地主，两者的性质是不相同的，我们可以把地主的身分地位作为区分农业经营的社会性质的标志。这种区分，归根结底是由所形成的雇佣关系的性质所决定的。这是就一般情形而言。但社会现象是复杂的，不能绝对化，也有例外，也有的庶民地主和雇工构成的雇佣关系具有主仆名分，形成封建的农业经营。

3. 清代经营地主经济是复杂的封、资结合体

上面着重分析了庶民类型经营地主的社会性质。在清代前期，伴随着庶民地主的发展，由这类型地主的雇工经营产生了资本主义萌芽。对这类经营，既要看到资本主义质变，这是主导的方面，也要看到它所具有的封建性。

封建社会后期出现的农业资本主义萌芽，是一种过渡性的经济形态，就是说基本是资本主义性质的，又具有一定程度的封建性，两种经济成分结合在一起，难以截然分开，富裕农民的经营如此，庶民地主的经营更不例外，甚至所带有的封建因素更浓厚一些。

列宁在分析俄国地主经济向资本主义过渡时曾经指出："一般的情形是，在地主经济中，工役制和资本主义制度是结合在一起的"。① 列宁对俄国1861年改革后的地主经济所作的分析又指出："资本主义经济不能一下子产生，徭役经济不能一下子消灭。因此，唯一可能的经济制度只能是一种既包括徭役制度特点又包括资本主义制度特点的过渡制度。"② 列宁还说过：封建土地关系不是一下被消灭，"而是慢慢地适应资本主义，因此资本主义长时期保存着半封建的特征。"③ 列宁的三段论述对我们研究清代庶民类型经营地主的社会性质有着巨大指导意义。中国庶民类型地主经济在向资本主义经济过渡时期所保存的半封建特征较之1861年改革后的俄国有过之而无不及。

---

①《列宁全集》，第15卷，第64页。

②《列宁全集》，第3卷，第162页。

③《列宁全集》，第15卷，第114页。

在农业资本主义萌芽进一步发展的清代，由庶民类型地主进行的农业经营，本身就是一个复杂的经济结合体，或兼土地出租，或兼放高利贷，等等，这都是封建经济的延续。我们所说的农业资本主义萌芽，是指其雇工经营部分。这部分经营，使用自由劳动者，进行商品生产，剥削雇工的剩余劳动以扩大再生产。从这种意义上说，它带有资本主义性质。而且，也仅只有这一部分经济，生产关系在开始发生变革，产生了农业资本主义萌芽。就是这部分经济也不是纯资本主义的东西，如雇工社会地位的极端低下，地主对雇工还保留着不同程度的超经济强制，雇佣条件带有严重封建性，等等。这种情形直到乾隆五十一年在农业长工解除法律上的身分义务以后也没有发生根本改变，他们在社会上所处的地位仍然低人一等。这种关系在中国文献资料中时有反映。乾隆五十七年，河南新乡县王成牛为李姓地主佣工，村里的人辱骂他“靠李姓吃饭，是李姓下人，作贱不堪。”① 乾隆五十八年，陕西宜君县的一个地主供给雇工的饭食非常恶劣，并恶狠狠地对雇工说，“雇工受苦的人，不该拣饭食”，并对雇工任意辱骂。② 乾隆五十九年，浙江丽水县聂海春在外乡佣工，家乡人纷纷议论说：“在人家作工如同奴仆”，“在人家帮工就是奴仆一样”，等等。③ 雇工不只受地主的鄙视，就是和社会上一般人相互交往，也被人看不起。乾隆六十年，湖北汉阳县的马石龙和杨金玉同乡相识，马石龙到沔阳县作佣工，杨金玉到沔阳县贸易，同住在一个客店，“杨金玉以马石龙是佣工的人，素常轻待，呼唤名字，并叫他走动作事，若不依他，就恃强詈骂”。④ 由以上事例充分说明，雇工虽已变成为“法律上平等的人”，并不能完全摆脱封建社会传统习俗的歧视。

有的地主仍在强迫雇工干违犯国家法纪的勾当，乃至压制雇工帮他们斗殴卖命。乾隆五十一年，四川永川县谢尚荣抢割谢尚斌的禾稻，谢尚斌勒令雇工谢昌才等四人阻拦斗殴，四个雇工都被打死。⑤ 乾隆五十七年，湖南宁乡县地主傅世隆强令雇工张六持棍捣毁傅仲超田禾，并帮助斗殴。⑥ 福建莆田县地主陈为麒勒令雇工陈子朝向徐庆索讨麦债，被陈姓打死。⑦ 乾隆五十

① 刑科题本，乾隆五十七年十月十二日河南巡抚穆和蔺题。
② 刑科题本，乾隆五十八年五月十五日刑部尚书阿桂题。
③ 刑科题本，乾隆五十九年四月三十日刑部尚书阿桂题。
④ 刑科题本，乾隆六十年十二月五日刑部尚书阿桂题。
⑤ 刑科题本，乾隆五十一年一月二十九日四川总督孙士毅题。
⑥ 刑科题本，乾隆五十七年三月十六日刑部尚书阿桂题。
⑦ 刑科题本，乾隆五十七年四月二十九日福建巡抚浦霖题。

八年，江西宁都州地主李厚三勒令雇工李士玉等三人抢割廖锦堂禾稻抵债，打死廖姓一人。[①] 贵州怀仁县地主李洪藻勒令雇工帮同斗殴，打死佃户。[②] 嘉庆二十年，甘肃固原州地主贺世花强迫雇工文国珍等将一外乡人吊捆致死，当文国珍等拒不听命时，贺世花竟“生气斥骂”[③]。嘉庆二十一年，四川长寿县地主黄联生要雇工刘贵帮同讨债，将债务人张应才殴逼致死，[④] 嘉庆二十三年，江苏丹阳县地主张鹤寿，强迫工人殷葛生、张六观等强割杨芬沅田禾，并要工人捆缚杨芬沅送官惩治，杨被殴重伤身死，却由殷葛生抵命，张鹤寿反逍遥法外。[⑤] 像以上事例在清代刑档中屡见不鲜。

关于地主对雇工直接迫害的案件更加频繁。乾隆五十三年陕西宝鸡县地主冯自新对雇工谭隆古动辄斥骂，逼殴致死。[⑥] 乾隆五十五年直隶枣强县农民刘铎，自租地耕种以后，不再到地主刘六家出雇，但仍常被刘六斥骂。[⑦] 乾隆五十七年陕西耀县地主朱成章任意剥夺雇工午休时间，强迫劳动，雇工李春文不服，因此被殴致死。[⑧] 乾隆五十九年，吉林三姓地方地主田喜，对雇工王义功“当作奴才打骂”，王义功忿不可遏，“起意把田喜杀死给他抵命”[⑨]。乾隆六十年，奉天锦州地主高勇宁，扣压雇工张凤的工资和衣物，张凤和他分辨，高勇宁反诬张凤“吵闹”，图谋“绑打”张凤。[⑩] 嘉庆二十年，甘肃平凉府地主罗文有对雇工虎进有任意打骂，并要剥他的衣服，“抵长支工钱，赶他出去”。[⑪] 嘉庆二十一年，山东荣城县地主孙汝津，扣押雇工康文福一年多的工资二十余千文不给，还用木棍进行殴打，康文福激愤反击，孙汝津受重伤致死。[⑫] 嘉庆二十三年，直隶枣强县地主刘英杰对雇工刘俊“屡向刻薄”，经常辱骂，又不准他辞工，刘俊起意将刘英杰“致死泄忿”。[⑬] 直

---

① 刑科题本，乾隆五十八年十二月二十日江西巡抚陈维题。

② 刑科题本，乾隆五十八年七月十三日贵州巡抚冯光熊题。

③ 刑科题本，嘉庆二十年十月九日陕甘总督先福题。

④ 刑科题本，嘉庆二年十二月十五日四川总督量明题。

⑤ 刑科题本，嘉庆二十三年十二月十一日江宁巡抚陈贵生题。

⑥ 刑科题本，乾隆五十三年五月二十日刑部尚书阿桂题。

⑦ 刑科题本，乾隆五十三年二月二十四日刑部尚书阿桂题。

⑧ 刑科题本，乾隆五十七年闰四月二十日陕西巡抚秦承恩题。

⑨ 刑科题本，乾隆五十九年六月九日刑部尚书阿桂题。

⑩ 刑科题本，乾隆六十年八月二十一日刑部尚书阿桂题。

⑪ 刑科题本，嘉庆二十年五月二十四日陕西总督光福题。

⑫ 刑科题本，嘉庆二十一年九月十五日刑部尚书章煦题。

⑬ 刑科题本，嘉庆二十三年直隶总督方受畴题。

隶怀柔县地主马奎，对雇工魏添喜任意斥骂，魏添喜稍与分辨，马奎即“执持棍杖赶殴”。[①] 浙江常山县地主唐大开，用刀砍伤雇工张忠显右腿，在县衙门审判时，唐家仍在仗势压人。[②] 在清代刑档中，像这类事例是相当大量的。[③]

以上都是乾隆五十一年雇工律例修订以后发生的而且在法律上雇工和雇主应按对等关系判决的刑事案件。说明雇工尽管解除了封建等级法权关系的压迫，获得法律上的名义上的平等，他们在实际生活中并没有得到完全解放。就是说农业雇工虽然解除了对地主的人身依附关系，而地主对雇工仍然可以实行超经济强制，仍在干涉雇工的人身自由。当然，也不能说所有地主都能对雇工实行残酷的超经济强制，起码有相当一部分是如此。在地主迫害下的这类雇工，还不能够构成为完全的自由劳动者，而是像列宁所说的“半封建”的劳动者。由这类雇佣关系所反映的经营地主所进行的农业经营，也不是单一的资本主义经济，而是以资本主义为主与封建主义两者结合在一起的经济。由以上事例可以看出，雇工和雇主之间，在法权关系方面即使获得平等关系，在实际生活方面都有很大差别，这正是过渡性经济所具有的特征。

为了便于和带有资本主义性质的经营地主进行比较，这里附带谈一谈由豪绅类型封建地主的农业经营。

根据乾隆五十一年修订的雇工律例，只有部分长工解除了法律上的身分义务，其中另一部分不与雇主“同桌同食”、“平等相称”、“有主仆名分”的雇工，对雇主仍然具有法律上的身分义务关系。其具有封建功名官衔的大地主和雇工所结成的雇佣关系基本属于这种关系。

在实际生活方面，豪绅地主对雇工的人身迫害远超过庶民地主，在这方面我们也可以找到一些事例。而且地主打死雇工可依势逼迫雇工家属强制私和。乾隆五十七年，山东郯城县一个姓闫的豪绅地主打死监生谢准的雇工黄大庄，闫、谢两姓相互勾结，压制黄大庄的父亲不准告状，给黄家八千九百文埋葬费了事。[④] 安徽盱眙县豪绅地主赵桂林打死雇工戴元，压制戴家“私

① 刑科题本，嘉庆二十三年，刑部尚书题。

② 沈延瑛：《成案备考》。

③ 以上所列举的一些事例，雇主之中可能有少数富裕农民，但大部分是与雇工“平等相称”的地主。

④ 刑科题本，乾隆五十七年三月五日刑部尚书阿桂题。

和匿报”①。由这类经营地主所构成的雇佣关系不可能是自由雇佣关系。

这种雇佣在法权关系方面的反映，在清代档案中也有一些事例。乾隆五十七年，广东翁源县监生张立言，雇陈达俊佣工，陈在张家“得受工食，主仆相称。”张立言带同陈达俊往监生张丕儒家讨债，陈被张丕儒打死，判决是“张丕儒合依殴大功亲之雇工致死律拟绞监候”②。乾隆五十九年，河南商城县武生楚安居雇余荣山佣工，“素有主仆名分”。楚安居另有奴仆和婢女，可见武家是较大的豪绅地主。奴仆王四刀伤余荣山身死，判词是：“余荣山系楚安居雇工，王四系楚安居仆，均为服役之人，应同凡论”。③ 按清代律例，“凡奴婢殴良人加凡人一等”，王四杀人没有加等判刑，是由于把余荣山和奴仆放在同等的法律地位上。四川巫山县监生宋嚳与雇工黄加柳、黎其贵，“均有主仆名分”。宋嚳另有婢女海棠，宋嚳的胞弟弟是个生员，宋家也是豪绅地主。由于宋周氏和黎其贵的挑唆，黄加柳被宋嚳解雇。黄被解雇之后，“工银讨要不来，别处又没雇主”，因此“起意把宋周氏、黎其贵杀死”。这个案子的判决也是“同凡论”，“斩立决”。④

以上三个事例，余荣山似系服役性雇工。陈达俊、黄加柳、黎其贵是否农业雇工，原档写得不够清楚。但从三个事例可以看出，在地主奴役下的雇工和雇主的关系，有的仍然具有法律上的身分义务关系。一直到嘉庆年间，有些雇佣案件仍按照“有主仆名分”加减刑罚判处的。⑤

当然，在乾隆五十一年部分长工解除法律上的身分义务以后，其按“有主仆名分”判处的也有几种不同的情形，有的是服役性雇工，有的是由于特殊情形而由契约规定下来的，但更重要的是由于地主的身分地位关系，上述河南的楚安居、四川的宋嚳，虽然是低级功名的武生和监生，从刑档资料反映出来，两家都是有权势的豪绅地主。他们和雇工的主仆名分很可能是由这种关系产生的。就是说，可由庶民和豪绅两类不同地主形成两种不同的雇佣

① 刑科题本，乾隆五十七年四月六日安徽巡抚朱桂题。

② 刑科题本，乾隆五十七年四月十八日广东巡抚郭世勳题。

③ 刑科题本，乾隆五十九年二月二日河南巡抚穆和蔺题。

④ 刑科题本，乾隆五十九年五月十二日刑部尚书阿桂题。

⑤ 据《续增刑案汇览》卷8，第10页，嘉庆八年，贵州地主雷玉云打死雇工吴三，判词是：“依家长殴雇工人致死满徒律减一等，杖九十，徒二年半。”据《加减成案新编》卷4，第15页，嘉庆二十五年，直隶地主杜华平打死雇工夏大越，将杜华平“依家长殴雇工律杖一百徒三年”。按清律，有关人命案件，故杀者斩，误杀者绞。而雷玉云和杜华平两人所打死的是具有主仆名分的雇工，得免除死刑。

关系。如果两者都是经营地主，由雇佣关系的这种差别反映了两类经营地主的社会性质的差别，即资本主义性质农业经营和封建性农业经营的差别。

其具有资本主义萌芽性质的庶民类型经营地主，如前所述，具有封、资两重性。即同属具有资本主义萌芽性质的农业经营，所具有的资本主义因素又有程度上的差别。如地主有占地多寡的差别，有新、旧地主的差别，由于这种差别又产生封建权势强弱的差别。庶民经营地主间的这种差别每直接影响于雇佣关系，使雇主和雇工的相互关系千差万别，形成为不同程度的超经济强制。就这样，在这类资本主义性质的农业经营中保存下来不同程度的封建性。

以上经营地主的社会性质之间的这种差别，一方面是由中国地主经济制所制约所规定着的，同时还由于过去中国封建社会历史传统的严重影响。

地主雇工经营是中国古已有之的一种剥削形式，是从封建所有制派生出来的一种经营方式。中国封建社会时期的地主经济制，土地可以买卖，农村随时都有丧失土地的劳动力后备军供地主阶级购买雇佣。土地所有者采取土地出租形式还是雇工经营，完全有选择的自由，租佃制和雇工经营制在中国历史上很早已经成为两种并行的封建剥削形式，在明代以前，只是由于商品经济还不够发展，地主雇工经营的很少，租佃制更为普遍而已。其次，在中国地主经济制制约下的租佃制，佃农对所租佃的土地一般没有“占有权”，只有定期租种权，因此，地主随时可以收回其出租的土地。总之，相对领主经济制而言，地主在经营及剥削形式方面有着更大的灵活性。在商品经济发展尤其是商业性农业进一步发展的前提下，在雇工经营比土地出租有利的条件下，地主则放弃出租而采行雇工经营。在这里，尽管地主的经营形式改变了，旧的封建土地关系和农业经营的性质并没有发生质的变革。至少在明代和明代以前的几百年间是如此。中国封建经济本身所具有的这种历史传统，对此后清代经营地主所形成的雇佣关系的性质都在发生作用。在清代前期，雇工律例虽然经过一再修订，解除了庶民地主所雇佣的部分长工在法律上的身分义务，但在实际生活中，地主对雇工的超经济强制关系并不能一下子全部消失。

经营地主和富裕农民的发展道路不同。中国的地主，忽而采取土地出租的剥削形式，忽而采行雇工经营的形式。经营地主的发展，不是由资本主义经济关系代替封建主义经济关系，而是使旧的封建土地关系逐渐地、缓慢地适应资本主义经营方式。这种发展道路给经营地主向资本主义农业的过渡造成严重障碍，使它长期保存着土地关系本身所固有的封建性。研究经营地主社会性质的变化——资本主义萌芽发生发展过程时，对这种关系必须有足够的重视。当然，其由富裕农民发家致富的经营地主又当别论。

清代前期庶民类型经营地主经济既然是资本主义与封建主义以各种不同的方式交组在一起的经济，是两种截然不同甚至彼此对立的经济结合在一起，那么，在实际生活中就必然要引起一连串的矛盾和冲突，农业雇工遭受着带有双重性质的压迫剥削，既受前资本主义的超经济的压迫，又受资本主义性质的经济剥削，因而农业雇工的反抗斗争遂层出不穷。

（五）农业大经营的优越性

关于明清时代农业生产力的发展状况，前面论述农业资本主义萌芽的发生、发展条件时已经作了详细论述。这里谈一谈富裕农民及地主经营对发展农业生产的作用，即大农业经营的优越性。

富裕农民和经营地主由于经济条件较好，在农业生产方面可以投入较多资金，有利于农业的改进，以提高劳动生产力。其条件更好一些的，还可兼营农产加工的手工作坊以副养农，加速农业生产的发展，如兼营榨油、制糖、酿酒、制靛、造纸等等。手工作坊所需原料，除自己田场上收获的农产品之外，还买进一部分，甚至大部分依靠在地方市场上购买。据明代后期记载，其种蔗制糖的，“种蔗十亩之家，即制车釜一付，以供急用”。[①] 置备车釜只有富裕农民和经营地主才能做到。清朝初期，广东省番禺、东莞、增城等县，蔗民多兼开糖坊，“上农一人一寮，中农五之，下农八之十之。”[②] 开设糖坊，需要设制一个辘轳和三头牛，这非一般农民所能独办。其中“上农”可能包括富裕农民和经营地主两类经营者。在这一时期，有些农民就是由于种蔗兼营榨糖手工业致富的。如前所列举道光年间四川内江县的富户，实行集约经营，“其壅资工值十倍平农”。[③] 这类蔗农，从种蔗榨糖所使用雇工人数看，显然是富裕农民和经营地主。

这时民间种植油菜、花生兼营榨油等手工作坊的也相当普遍。如江苏省通州、如皋等州县棉花种植区，人们用棉籽榨油，这类榨油坊“多在农

---

① 宋应星：《天工开物》卷上，“甘嗜”。

② 屈大均：《广东新语》卷14，“食语”。

③ （道光）《内江县志要》卷1，第29页。

村”。[①] 不难设想，兼营榨油坊的主要是当地的富裕农民和经营地主。油饼可以作猪饲料，又可以肥田，农业经营者正可借此发展他们的农业生产。其他地区开设酿酒坊的也是这种情形。如前述山东省濮州许卫就是开设酿坊养猪致富并借以发展他的农业生产的。明末浙江湖州府沈氏论及酿酒和农业生产的关系时说过，在长兴地区，买大麦四十担酿酒，卖酒的收入“可抵麦本”，另外，还可以赚糟糠二千斤。用这部分糟糠养猪，“一年得壅（粪肥）八九百担，比之租窖，可抵租牛二十余头。”他的结论是：“耕稼之家，惟此最为要务”。[②] 开设酿坊，养猪集肥，也只有富裕农民和经营地主才能做到。

富裕农民，经营地主，两者和出租地主不同，当他们掌握较多货币财富之时，首先是扩大对农业生产的投资，如制备比较齐全的农具，造积、购买更多的粪肥，实行精耕细作，进行集约经营，等等。明清之际农业经营者沈、张二人就是主张集约经营的，沈说搞农业生产“宁可少而精密，不可多而草率”，办法是“勤耕，多壅，少种，多收”。他以种桑为例，每亩出产桑叶一般为四五十个，集约经营可以增加到八九十个，这样可做到“一亩兼二亩之息”。[③] 掌握资金的富裕农民，对“勤耕”、“多壅”的耕作方法是轻而易举的。

富裕农民和经营地主，还可以通过使用畜力提高生产效率。明代中叶，江苏省松江府属贫穷农民无力置买耕牛，一般使用锄耕，一个壮劳力一天只能翻耕一亩地；富裕农民和经营地主使用牛耕，一头牛可以顶十个劳动力。[④] 清乾隆年间，江苏震江县贫苦农民靠人力使用镢头挖地，只有少数富裕农民和经营地主才能使用牛耕。该县这时已经有了畜力水车，但一般农民无力置备，种田百亩之家才能“用牛戽水”[⑤]。

富裕农民和经营地主由于以上优越条件，抗灾能力较强。明嘉靖年间，以富庶著称的无锡，每遇天旱，贫农无力灌溉，所种水稻“多任其枯死”。富裕农民和经营地主农具齐备，可以连接桔槔辘转灌溉，夺取丰收。[⑥] 万历十七年，浙江嘉兴府属春夏旱情严重，专靠戽水播种，“民间非有力者不能

---

① 徐晋、杨廷：《崇川咫闻录》卷11，第40页。转见彭泽益：《中国近代手工业史资料》，第1卷，第257页。

② 《沈氏农书》，“蚕务”。

③ 《沈氏农书》，“运田地法”。

④ （正德）《松江府志》卷4，“风俗”。

⑤ （乾隆）《震泽县志》卷25。

⑥ （嘉靖）《常熟县志》卷4，“食货”。

耕种”，贫穷户的耕地大部分抛荒。这年全县播种面积才占全部耕地的一半。①崇祯十三年五月，浙江桐乡县连日阴雨，贫农户既无力提前播种，又缺乏雨具冒雨种植，耕地大部抛荒；资力充足的经营者能及时播种插秧，获得了较好的收成。②

经营者的经济状况每影响于抵抗水旱的能力，清初顾炎武有过如下一段议论很可供我们研究参考：“盖贫民种田，牛力粪草不时有，塘池不能浚而深，堤坝不能筑而固，一遇水旱则付之天而已。今富室于此等则力能豫为，故非大水旱未有不收成者。”③

富裕农民经营地主所经营的田场，单位面积产量比较高，一般亩产甚至可比贫穷农民高出一倍。明嘉靖年间，江苏常熟县各类不同农户的亩产差别之大，“大率晦之所入，上农以二石计，中农以石有赢计，下农以石计。”④沈氏记述崇祯十三年水灾后秋季补种的收获情形，各类农户的亩产大不相同，“上农所收一石六斗，中户数斗，无力种秧者全白”。⑤另据浙江《嘉兴府志》，“上农勤则倍收”⑥。以上所说“上农”主要指富裕农民和经营地主。清朝前期，安徽凤台县郑念祖，雇一兖州人经营园圃，用肥多，勤照看，集约经营，“岁终而会之，息数倍”。⑦即单位面积产值提高了好几倍。

以上富裕农民和经营地主在经营方面的优越条件，正像列宁所一再指出的：第一，由于经济条件较好，可以置备齐全的农具，有利于改进耕作技术；第二，可以积贮充足的肥料，有利于保持土地肥沃程度；第三，可以实行分工协作，可以更好地利用有利的天气，及时播种和收获；第四，抵御自然灾害的能力较强，可以作到遭遇歉年而收成不减。最后，较大的农业经营还有减少耕地浪费和节约农畜、耕具的优越性，因而按单位产品计算，生产农产品的开支随着经营规模的扩大而降低，亩产比一般农户的产量高，从而提高了劳动生产率。⑧

富裕农民和经营地主对农业雇工的选择也是比较注意的。清朝初年，占

---

① （康熙）《嘉兴府志》卷8，“杂记”。

② 张履祥：《补农书》，下卷，“总论”。

③ 《天下郡国利病书》卷14。

④ （嘉靖）《常熟县志》卷4，“食货”。

⑤ 沈氏《奇荒纪事》。见《双林镇志》卷32，“艺文”。

⑥ （康熙）《嘉兴府志》卷32。

⑦ 李兆洛：《凤台县志论食货》。见《皇朝经世文编》卷36。

⑧ 参见《列宁全集》，第1卷，第3、47、65—67等页；第4卷，第108页。

有十四亩耕地的张履祥有一段关于如何选择雇工的论述，他说："访求选择全在平时。平时不知选择，临事无人，何所归咎？因其无人而漫用之，必致后悔。"他还提出了选择雇工的标准："大约力勤而愿者为上，多艺而敏者次之，巧诈而好欺、多言而嗜嬾者，斯为下矣。"① 哪个雇工"力勤而愿"，哪个雇工"多艺而敏"，经营者只有亲自参加生产劳动才能识别，就是说只有富裕农民和较小的经营地主才能做到更善于"选择"。列宁所说富农所使用的雇工工作质量是最好的，② 就是这个道理。张履祥并谈到要善于使用雇工，"人无全好，亦无全不好，只作自家不能用耳。"③ 张的意图是要想办法如何使雇工在农业生产方面使出更多的气力，即从雇工身上榨取更多的剩余劳动，有如列宁在论及富农对雇工剥削时所指出的，他们千方百计地延长劳动日，增加雇工的劳动强度。④ 张履祥是一个事必躬亲的农业经营者，从他的切身经历意识到人的因素在农业生产中的重要作用。农业资本主义萌芽时期，在农业生产工具没有多大变化的情况下，劳动力的状况，如"力勤"、"多艺"，在农业生产中起着相当重要的作用。中小经营地主特别是富裕农民，十分注意对雇工的选择，而也能作到善于选择，这对发展农业生产是有一定影响的。

单就经营地主而言，雇工经营比土地出租的剥削方式前进了一步，土地出租形成为分散的小农租佃制，在这种租佃制的压迫下，农民无力改进生产，地主不关心生产，形成农业生产的极端落后。安徽《婺源县志》的作者有过这样一段议论：县东北境地势较高，灌溉困难，如能置备水车，以牛力代替人力，"则溪涧之滨皆可为膏腴，而不徒仰泽于天矣。"但是，租佃农民"惮其工费多"，力不能办；田主虽然有此财力，又"不肯出费"⑤。这是地权集中而使用分散的必然结果。中国小租佃制的落后性，有如列宁对在俄国工役制统治下的农民经济所作的分析："按其本质来说，是以保守的技术和陈旧的生产方式为基础的。在这种经济制度的内部结构中，没有任何引起技术改革的刺激因素；另一方面，经济上的闭关自守和与世隔绝，依附农民的

① 张履祥：《补农书》，"总论"。
② 《列宁全集》，第3卷，第211页。
③ 《补农书》，"总论"。
④ 《列宁全集》，第3卷，第211页。
⑤ （道光）《婺源县志》卷4，第1页。

穷苦贫困和逆来顺受，都排斥了进行革新的可能性。”① 中国明清时代农村广泛存在的小农租佃制就是这种情形。由于残酷的压迫剥削，逼使农民成年在贫困死亡线上挣扎，从而形成为农业生产上的保守落后。相对来说，经营地主的发展，由原来的个体小生产改变为大经营，本身就是一个进步。

第一，经营地主的田场面积一般都在百亩以上，多者数百亩乃至数千亩，如江苏昆山和南京有数百亩的大经营，山东淄川有九百亩的大经营，河南西华有一千多亩的大经营，江苏常熟有数千亩的大经营。由于经营面积大，可以容纳较多的劳动力，如山东淄川县有雇用农工数十人的，四川内江县有雇工“家辄数十百人”的，江苏昆山、常熟等县有的佣奴百余人，太仓州有的佣奴“数千指”。像以上这样大规模的农业经营，可以适当地采行分工协作，可以充分发挥大农具的作用，在耕作方面可以充分适应不同农作物的季节性，这对农业种植和收获都是有好处的。

第二，在经营地主这种经营形式下，农业经营权和土地所有权是合在一起的，地主对土地的改良和农业生产的经营管理比较注意。明代的经营地主们，如江苏常熟县归家，把坏地改造成好田。据归有光记述：“吴中多利水田，府君家独以旱田；诸富室争逐肥美，府君选其硗者，曰：顾吾力可不可，田无不可耕者。”于是“相水远近，通溪置闸，用以灌溉。”② 常熟谭晓兄弟，以所在乡里“田多窪芜”，“田之弃弗治者以万计”。谭晓雇工经营，通过劳动力的协作，“凿其最窪者为池，余则围以高塍，辟而耕”。③ 昆山县陈端，有田千亩，因为地势低窪，“田岁多浸没”。陈于是“为沟塍陂池甚备，又浚杨林风塘五界诸水”，以资蓄泄。④ 无锡县安某，以缺雨干旱，因募民凿池数百亩，“所溉田与所入鱼、芡、芰、蒲之利不可胜计”。⑤ 为了争取好收成，还有的用心钻研农业生产技术。江苏太仓州张某，致力于耕稼，“凡贾勰、氾胜、周侯诸家言，种播耘耔收获之略，若晓便习，又能出勤力以佐之”⑥。这很像一个理论与实际相结合的农业家。

第三，有的经营者是以企业家的姿态出现的。他们为了生产大量的作为

---

① 《列宁全集》，第3卷，第195—196页。

② 归有光：《震川先生全集》卷19，“归府君墓志铭”。指买好田价昂，财力达不到；坏田价廉，经过改造可以丰收。

③ （光绪）《常昭合志稿》卷48，“轶闻”。

④ 《震川先生全集》卷18，“明故例授苏州卫千户所正千户陈君家墓志铭”。

⑤ 《古今图书集成》，职方典，卷72，“常州府部”。事在嘉靖间。

⑥ 王世贞：《弇州山人稿》卷95，“明封文林郎浙江处州府推官东州张翁墓表”。

商品出售的农产品，或对农业进行大量投资，实行集约经营，或兼营各种农副业生产。如我们一再论及的谭晓兄弟，他们经营的农业是综合性的大生产，除粮食作物主外，并把养鱼、鸡、猪及种植果树、蔬菜结合起来，实行大规模经营。安徽吴荣让，徙居桐卢之焦山，他在这里“部署土著，以身先之，度原隰使田，度山林使种树。山林故多薪木，于时易以茶漆栌栗之利”；“三年而聚，三年而稂，居二十年，居士自致巨万。”[①] 太仓州王世贞家“男女大小数千指”分别从事各种生产事宜，“陆字畜牸蹄角以百计，水孳鱼鳖以石计，圃人治果蓏芥蔬以顷计。诸水陆之饶，计口称其羡，时赢缩而息之，醯酱盐豉不食者新之，手植之木可梓而漆，寸石屑瓦必任毋废。以故孺人坐起不离寝，而子母之利归焉。”[②] 王家也是一个综合性的大经营，经营的目的是权子母之利。

更值得注意的是，有的经营者对田场收支作了比较详细的核算。如明万历年间湖州的庄元臣关于植桑的经营，“凡桑地二十亩，每年雇长工三人，每人工银二两二钱，共银六两六钱。每人算饭米二升，每月该饭米一石八斗……”[③]。如明末湖州沈氏关于农业生产的估计，从治田、播种、壅苗，一直到收获，由本业到副业，以及灌溉、施肥等等都作了估计。他说：“做工之法，旧规每工种田一亩，锄荡耘每工二亩”，对劳动日作了精确记载。他把工银作为投入农业生产的成本来计算。他说：“长年每一名，工银三两；吃米五石五斗，平价六两五钱；盘费一两，农具三钱，柴酒一两三钱，通计十二两。计管地四亩，包价值四两；种地八亩，除租额外，上好盈米八石，平价算银十两。此外又有田壅短工之费，以春花稻草抵之。”他还对农副业如蔬菜、植树、蚕丝、养猪鸡鸭等生产与消费以及市场价格等等，都作了精密的计算。[④] 就进行商品生产谋取赢利而言，对生产收支作精密估计是十分必要的。

由于大经营具有各种有利的条件，由于农场主人进行比较合理的经营管理，有的还注意到田场收支状况，从而进一步提高了劳动生产率，使农业经营的赢利有所增加。如前举谭晓的经营，粮食收益“视平壤三倍”，养鱼、

① 汪道昆：《太函集》卷47，“明故处士吴公孺人陈氏合葬墓志铭”。

② 王世贞：《弇州山人稿》卷85，“龚孺人小传”。

③ 庄元臣：《曼衍斋草》。转见傅衣凌：《明清农村社会经济》，第69页。

④ 《沈氏·农书》。

鸡、猪及果树、蔬菜的收入“视田之入又三倍”。[①] 南京许承谦的农业经营，“所入倍蓰常农”。[②] 华亭何良俊兄弟，使用奴仆耕作，一方“芟辟灌莽，广其水利”；同时“身自临视，其下人人效功能。”由于劳动生产率提高，“生息遂十倍于昔”。[③] 福建省的洪彬，“力树艺，躬节俭，厚积薄费，营运矻矻，无稍懈纵，遂致充裕，十倍前人”。[④] 当然，何、洪两家的财富积累的这样快，是很多因素造成的，但也反映了大经营的功效。为了说明大经营的优越性，我们还可把光绪年间山东省某些地区各类经营的单位面积产量加以比较，如章丘县的东矾村，经营地主的亩产，夏麦为一百四十四点五斤，秋粮为三百五十斤；农民小生产者的亩产，夏麦为九十五斤，秋粮为一百八十七点五斤。经营地主的发展对提高农业劳动生产率是起了一定作用的。

总之，明代中叶和清代前期的地主，更多地突破旧的租佃形式而从事于大经营了，他们在经营方面不像过去那样墨守陈规了，他们注意生产技术，实行了一定程度的改革，并获得一定的功效。因此，明清时代经营地主尽管有严重的封建性，甚至有的基本是封建性的农业经营，但就提高农业生产一点而言，经营地主的发展还是有它的作用和意义的。

五 中国农业资本主义萌芽发展的迟缓

（一）封建土地关系对农业资本主义萌芽的阻碍作用

中国农业资本主义萌芽是从十五世纪（明成化、弘治年间）开始的，十六世纪（嘉靖至万历前期）稍有发展，到明代后期又呈现倒退趋势。十七世纪中叶，经过农民大起义对封建宗法传统及封建经济关系的冲击，扭转了倒退趋势，农业资本主义萌芽又走上缓慢发展的道路。一直到十八世纪（乾隆年间），上距农业资本主义萌芽的开始发生已经经历了约三百年漫长岁月，萌芽才又向前推进了一步。

中国农业资本主义萌芽的发生发展过程为什么呈现曲折、迂回状态？为

---

① （光绪）《常昭合志稿》卷48，“轶闻”。

② 焦竑：《澹园续集》卷14，“怀泉许隐君墓志”。转见《中国资本主义萌芽讨论集》，上册，第558页。

③ 顾璘：《顾华玉集》卷34，“华亭何隐君墓志铭”。转见《中国资本主义萌芽问题讨论集》，续编，第92页。

④ 林希元：《林次崖先生文集》卷3，“洪处士墓志铭”。转见《中国资本主义萌芽问题讨论集》，续编，第92页。

什么如此缓慢？这是一个比较复杂的问题。

毛泽东同志曾经指出，中国历代农民，在封建地租、繁重赋役的剥削下，在封建国家机器的压迫下，生活极端贫困，没有政治权力和人身自由。“地主阶级的这样残酷的剥剥和压迫所造成的极端的穷苦和落后，就是中国社会几千年在经济上和社会生活上停滞不前的基本原因。”① 毛泽东同志的科学论断对我们研究中国农业资本主义萌芽发展迟滞的问题有很大启发。形成中国农业资本主义萌芽发展迟滞的因素很多，如货币财富的拥有者可以无限制购买土地而无需投资于农业经营，如土地与商业资本、高利贷的结合，如工农结合小农经济的顽强性，如缺乏促使资本主义农业发展的足够的工业条件等等，在这些方面我们都可以找到一些事例。但是，更主要的是以地主经济制为核心的封建土地所有制的严重束缚和在地主经济制的基础上所形成的中央集权国家机器的酷暴统治，正是这两者在严重地阻碍着农业生产力的进一步发展和农业生产关系的变革。因此，对中国封建社会内部结构的核心——中国地主经济制所形成的旧生产方式的顽固性，必须有足够的重视。离开地主经济制，就失去了认识中国封建社会形态发展变化的凭借，也无法认识中国农业资本主义萌芽发展缓慢的原因。

中国地主经济制的特点之一是佃农对土地只有使用权而无“占有权”。尤其到封建社会后期的明清时代，佃农虽然还没有摆脱封建压迫，但已不终生依附于某一地主，已有较多的人身自由。② 另一方面，地主有任意增租夺佃的权利，因而经常发生“划佃增租”、“夺田改佃”事故，地主不需要永久占有固定的佃户。因此在土地兼并剧烈、地权高度集中的情况下，地租可

---

① 《毛泽东选集》，《中国革命与中国共产党》。

② 在中国封建社会时期，佃农的身分地位问题有过一个发展过程。宋元时代，至少在部分地区，佃农和地主之间在法律上不是对等关系，没有人身自由。到明代开始发生变化。在《大明律》上没有关于主佃方面的条例，仅在《乡饮酒礼》中规定：佃农对地主行“以幼事长之礼”，这对宋元而言是一个发展。清朝建国，将此条列入律例，对明代而言是一次倒退。但发生刑事案件如何处理，律无明文。可见地主和佃农在法律上基本是对等关系。薛允升《唐明律合编》卷13上，对“典买田宅”作的说明是：“愚以为既有田主之名，则佃户、佃客之名亦因而俱起，是又在主仆名目之外者。”意思是说，明代地主和佃户的关系，不是主仆关系，双方的法律地位是对等的。据康熙《江南通志》卷65，徐国相“特参势豪勒诈疏”：“凤颍大家将佃户称庄奴，不容他适”。又据乾隆《光山县志》卷19，“金镇”条陈光山叛仆详议：“夫佃户领田输租，又与雇工不同，乃汝俗亦多称为佃仆，肆行役使，过索租课”。显然，作者的意图在说明佃户并非奴仆，即对地主没有人身依附关系，地主把佃户称为佃仆是不对的。在实际生活中，豪绅地主对佃农虽然具有超经济强制权，但与中古欧洲具有严格人身隶属关系的农奴制毕竟不同。

以增加到难以设想的高度。

由于地主随时可以夺佃，农民在平整土地、改进灌溉条件等比较永久性的农田建设方面不愿投入更多的劳动。由于地主随时可以增租，农民在经营管理方面也不愿投入更多的工本。总之，由于封建土地所有制的限制，严重地挫伤农民改良土地及农业生产的积极性。①

更严重的是残酷的地租剥削对农业生产发展所产生的阻碍作用。

在中国封建社会时期，地主所有制与农民所有制相互消长。在通常情况下，除经过农民战争冲击后的某一时期而外，地主所有制经常占据统治地位，形成为地主阶级的土地垄断。农民由于不容易得到土地，又无其他生活出路，从而加剧了租佃竞争。明清之际，浙江桐乡县张履祥说：农民“不易得田，故贫者赁田以耕，亦其势也”。② 康熙年间，盛枫说：“贫民惟恐不得富民之田而耕之，故富民之田不患无什伍之税”。③ 据乾隆年间记载，地主“不忧有田不耕”，而农民则“患耕而无田”。④ 乾隆年间雅尔图说：“贫者别无营生，大约佃种他人之田者多”。⑤ 嘉、道之际，福建龙岩州以“山多田少农耕者众”，农民“往往视田租额有赢余者，多出资钱。私相承顶”。⑥ 就是说很多农民没有土地，他们为了生活下去，在争着向地主租佃土地。在这种情形下，地主遂把地租额和地租率增加到尽可能的高度，农民也不得不忍受。

经过农民的辛勤劳动，改良土地，或垦荒为熟，获得丰收，地主每又勒增租额，掠夺农民的劳动果实。明崇祯年间，江苏南部夏麦丰稔，地主遂创增租新例，“每亩索麦租斗”。⑦ 清乾隆七年，广西柳城县，某佃租地耕种，议定每年交租四石，地主以“秋收丰稔”，将租谷增为六石。⑧ 湖南酃县，雍正十一年刘必学佃种段仲山山场垦种，议定每年租银八钱。到乾隆八年，

---

① 据钱泳《履园丛话》，“佃户利于易田而致湮塞”。据（道光）《婺源县志》卷4，县东北境地势高昂，仰赖灌溉，而佃农却不设置水车，“不肯为者，惮其功费多也”。据光绪六年《昆新两县续修合志》卷46，“且蔡泾一带佃田之家，不以农务为急，往往破损古岸逐取鱼虾之利。”以上都说明佃农不注意改良土地和农业生产条件。

② 张履祥：《补农书》。

③ 盛枫：《江北均丁说》。见《皇朝经世文编》卷30。

④ （乾隆）《无锡县志》卷11，第3—4页，“风俗”，同治刊。

⑤ 雅尔图：《心政录》卷2，“请定交租之例以恤贫农疏”。

⑥ （道光）《龙岩州志》卷7，“风俗”。

⑦ 叶绍袁：《启祯记闻录》卷3。

⑧ 《乾隆实录》卷175，乾隆七年九月乙酉。

经刘必学陆续开垦成熟田约计四亩，段仲山勒增租谷八石。到乾隆十二年，刘必学又开垦成熟部分土地，段复勒增租银二钱。[①] 湖南益阳县，乾隆二十四年郭应昌佃种刘焕若田亩，议定每年交租谷三十四石。此后二年，郭应昌“将荒田垦熟，种植杂粮”，刘焕若“因欲增租”，发生租佃纠纷。[②] 广东陆丰县，某佃以银四元租地经理柑园，地主“见柑子利息甚好”，提出“增加租银二元”，并图“召人另佃”。[③] 嘉庆年间，据瑚图礼奏报，地主“见田禾茂盛可获丰收”，即向佃农提出“增租”。[④] 又浙江会稽陈氏祭田共有九十一处，嘉庆年间，其中十四处增加了地租。[⑤]

中国封建社会时期的地租一般占产量的一半。[⑥] 到明、清时代，伴随农业生产的发展，地主一再勒增地租，有的地区地租率高到占产量一半以上。福建海澄县，每亩约产谷七、八石，“与佃户均收一半，得谷四石。”[⑦] 江苏苏州、松江两府各州县，下田每亩产米一石，上田产米三石，每亩租额少者

---

① 刑科题本，乾隆二十三年十二月十四日刑部尚书鄂弥达题。

② 刑科题本，乾隆三十年九月二十八日湖南巡抚冯钤题。

③ 刑科题本，乾隆四十年十二月四日刑部尚书舒赫德题。

④ 刑科题本，嘉庆五年十月七日瑚图礼题。以上四例，转见韩恒煜：《试论清代前期佃农永佃权的来源及性质》，《清史论丛》，第1辑，第42、57、58页。

⑤ **会稽陈氏祭田增租表：**

土地面积（亩）	地租原额（石）	增加额		土地面积（亩）	地租原额（石）	增加额	
		（石）	%			（石）	%
6.256	15.5	0.5		1.821	3.25	0.75	
4.501	7.5	1.5		1.417	2.60	0.50	
4.083	9.5	1.0		1.408	3.50	0.25	
3.469	8.5	0.25		0.806	1.25	0.25	
3.00	5.0	0.5		0.50	0.75	0.25	
2.61	3.5	0.25		6.24*	500文	300文	
2.174	3.25	0.75					
2.816	6.00	0.40					

资料来源：陈造等：《平水陈氏宗谱》，嘉庆重修本，卷2。注有*者，系山地，收货币租。

⑥ 地租占产量之半来已久。汉董仲舒说：“或耕豪民之田，见税什伍”。唐陆贽说：“今京畿之内，每亩一亩，官税五升，而私家收租有亩至一石者，……降及中等，租犹半之。”宋苏洵说：“富民之家，地大业广……募招浮客分耕其中，而田之所收，已得其半，耕者得其半”。

⑦ 《天下郡国利病书》卷93，“祭酉海澄志”，“寺租议”。

八斗，多者一石三斗。[①] 据此，下田租额更重，占到产量的80%。清朝初期，松江府华亭、娄邑、青浦等县，每亩产米一石五斗至二石，每亩租额少者一石，多者一石六斗，租额占产量66%到80%。[②]

以上还是契约规定的租额。此外地主还额外浮收。明代后期，江西兴国县，地主"大桶加量，科噀百端"。[③] 江西新城县，地主"用大斛收，小斛粜"。[④] 福建德化县，地主收租"大斗浮量，额外需索"。[⑤] 明清之际，福建宁化县，俗以二斗为一桶，地主收租桶"有大至二十四五升者"、"粜米则仅十六升"。[⑥] 广东惠州府，地主收租"有加一加二至加五六者"。[⑦]

地租苛重，对农民造成严重压迫。早在明代，江苏淮安府租佃农民，在重租压迫之下，"稼甫登伤，室已悬磬。"[⑧] 明朝末年，周之夔记述当时一般佃农经济状况说："每岁末及春杪，各村农佃早已无耕本，无日食，不得不向放生谷之人借生作活。及至冬熟时，先须将田所收新谷加息完债。谷债未了，租债又起，又须预指余粒借银财主，以还田主租钱……如是收成甫毕，贫佃家已无寸储矣。"[⑨]

清代前期，地租的苛重，从农民的经济生活反映的也很清楚。湖南善化县志的作者对佃农的收支作过如下粗略估计：地以石计，在订立租约之时，每石田先交租规银三十两，以后每年交租谷十石。生产一石谷子的人工和肥料费需要制钱一千文。作者的结论是："佃耕农民多形拮据"。[⑩] 苏南向称鱼米之乡，佃农的经济状况并不好一些。或谓"佃人竭一岁之力，粪壅之外，一亩之费可一缗，而收成之日所得不过数斗，至有今日完租而明日乞贷者。"[⑪] 如无锡县佃农，每于秋谷登场交租之后，即须把剩下的几石谷子"归质库以易质衣"，全家又投入紧张的纺织劳动，靠纺织收入买粮食吃。到

① 顾炎武：《日知录》卷10。

② 叶梦珠：《阅世编》卷1，"田产"。

③ （同治）《兴国县志》卷37，蔡钟有：《屯田条议》。

④ （同治）《建昌府志》卷10，"杂录"。

⑤ （民国）《德化县志》卷7，邑令姚迟："关详辞任文"，崇祯。

⑥ 李世熊：《寇变记》。转见傅衣凌：《明清农村社会经济》，第11页。

⑦ （康熙）《惠州府志》卷5，"郡事"。

⑧ （天启）《淮安府志》卷2，"风俗"。

⑨ 周之夔：《弃草文集》卷5，"广积谷以固闽围议"。转见傅衣凌：《明清农村社会经济》，第162页。

⑩ （光绪）《善化县志》卷16，第10页。

⑪ 顾炎武：《日知录》卷20，"苏松二府田赋三重"。

第二年五月播种季节，他们又把脱下的棉衣送到质库典当，把上年典当的谷子赎回来以供耕田播种之需。农民把这部分谷子叫做“种田饭米”。[①] 又据嘉庆年间一个作者对佃农收支所作的估计：“上农”种田二十亩，可以生产四十石米，交租用去二十石，还剩下二十石。每亩投入的生产费用为制钱一千文。[②] 按时价折米三斗计，[③] 二十亩的生产费约为米六石，佃农实际收到十四石米，这就是五口之家全年的生活费。这还是佃农中的“上农”，至于租佃十几亩的“中农”和“下农”，交十几石米的地租，再扣除生产费用，用以维持全家生计的不过几石米。因此，租佃农民一般在春耕时就借了高利贷，秋谷登场，债主“乘贱而索之”，农民又贱粜谷以偿债。[④]

地租剥削的苛重是和地主对农民的超经济强制联系在一起的。早在明代，江西新城县地主收租“用大斛收”，当时论者就已指出：“小民压于强力莫敢忤”。[⑤] 清康熙年间，湖南长沙县豪绅地主“擅将佃户为仆，恣行役使，过索租粒，盘算磊利”。[⑥] 浙江天台县，每到收租季节，地主即“差遣悍仆豪奴”下乡催租。豪奴“如虎如狼”，到佃家“掀瓦掇门，拴妻缚子”，甚至把佃户“锁押私家，百般吊打”，然后“举其室中所有搜攫一空”。[⑦] 乾隆年间，四川南溪县殷正榜佃种朱有怀田地耕种，朱有怀为追逼欠租，“起意放火烧毁房屋”，迫使殷正榜迁徙，以便夺田另佃。[⑧] 嘉庆年间，四川邛州，有的地主强制增租，佃户拒断增租不肯继续承佃，致土地抛荒。到秋收之时，地主仍到佃家抢夺米谷以抵地租。[⑨] 明清时代残酷的地租剥削是地主阶级的土地垄断和超经济强制互相结合的产物。

尤其严重的是，地主为了实现地租，或抢夺农民耕牛，或破坏农民生产工具，乃至犁毁禾苗。湖北江夏冯能次佃种陈瑞福田一石，大概由于地租过重，冯无力按原额足交，要求酌减，陈瑞福不允让租，并将冯能次“耕牛一

---

① 黄卯：《锡金识小录》卷1，“备考上”。

② 此据《清朝续文献通考》卷72。

③ 当时米价悬殊很大。据重修《常昭合志》卷22，嘉庆十三年当地米价每石为三千五百文，千文可买米0.286石。又据其他记述，嘉庆间，江苏南部米价一般为每石二千文，千文可买米0.5石。

④ 《清朝续文献通考》卷72，第17—19页。

⑤ （同治）《建昌府志》卷10，“杂录”。

⑥ （同治）《长沙县志》卷20，“政绩”，康熙二十二年知县详文。

⑦ 戴兆佳：《天台治略》卷6，“劝谕富室岁暮善取租债以苏民困以保天和文”。

⑧ 刑科题本，乾隆三十五年四月二十九日管理刑部事务刘统勋题。

⑨ 刑科题本，嘉庆二十年八月二十三日刑部尚书崇禄题。

头逼作质当”。[①] 江西上高县徐咀佃种李秋田七亩，议定年交租谷十一石五斗。乾隆二十二年徐咀欠租，二十三年李秋把徐咀“田内菜麦犁毁”。[②] 广西马平县，王元文佃种黄廷佐地亩，乾隆二十三年，王元文欠租四百斤，黄廷佐强行夺佃，并强拉耕牛二只以抵欠租。[③] 湖北孝感县，曹洪远佃种曹刘氏地亩，大概由于地租过重无力交纳，乾隆三十九年要求酌减，地主不允，“即将洪远家水车器皿打烂，并殴洪远妻室致死”。[④] 贵州地区，苗志有佃种吴世信庄田一所，乾隆五十五年，吴因苗志有欠租，“将其牛找回作抵”。[⑤] 地主这类逼租暴行，必然导致破坏农业生产的进行。

在重租剥削下，贫穷的佃农，或“终岁勤动”而“不得养其父母”；[⑥] 或辛勤一年而“啼饥号寒”，[⑦] 或“卖儿鬻女”以偿租债。[⑧] 从地主追租的残酷及佃农经济生活状况，不难看出，这时的封建地租已经高到这种程度，它不只剥夺了农民的全部剩余劳动，有的还侵占到部分必要劳动。在重租压迫下，农民贫穷到无力购置耕牛，或靠人力用锄头翻地，或租牛耕田。在乾、嘉两朝，安徽、湖北、四川、广东、广西、云南、贵州等省都有租牛耕田的事例，农民要支付很高的租价。[⑨] 福建龙岩县农民，有的由于租地支付了过高的承顶银两，“至资本渐微”，影响了对农业生产的投资；又因为生产上不去，稍有灾荒就交不上地租，最后终于以“积年短欠”而“田主起耕”夺田。[⑩]

以上情形，正像马克思在分析封建地租时所指出的，“产品地租所达到的程度可以严重威胁劳动条件的再生产，生产资料本身的再生产，使生产的扩大或多或少成为不可能，并且迫使直接生产者只能得到最低限度的维持生

① 刑科题本，乾隆二年九月十八日管理刑部事务徐本题。

② 刑科题本，乾隆二十四年四月十日江西巡抚阿思哈题。

③ 刑科题本，乾隆三十四年九月十一日广西巡抚宫兆麟题。

④ 刑科题本，乾隆四十年十月十日刑部尚书舒赫德题。

⑤ 刑科题本，乾隆五十六年十月二十一日管理刑部事务阿桂题。以上五例，转见刘永成：《清代前期佃农抗租斗争的新发展》，载《清史论丛》，第1辑，第65页。

⑥ （光绪）《善化县志》卷16，第10页。

⑦ 《清朝续文献通考》卷72，第17—19页。

⑧ 雅尔图：《心政录》卷2，“清定交租之例以恤贫民疏”。

⑨ 据刑档。农民租牛耕田，耕牛租价，安徽合肥每牛每年租谷四石；湖北荆门每牛每年租谷一石；云南大关厅每牛每年租米二石；四川崇庆每牛每年租钱二千文；广西平南，每牛每年租银二两。

⑩ （道光）《龙岩州志》卷7，“风俗”。

存的生活资料。"① 中国明清时代，高额地租的压迫，使农民过着极端贫困的生活，严重的阻碍农业生产的发展，致使农村经济长期停滞不前，这是中国富裕佃农难以顺利发展的主要原因。

以下，我们列举明清时代两个关于租佃雇工经营田场收支的估计。一个是明末浙江嘉兴府沈氏的估计。他按租佃户雇用一个长工的田场面积的收支，作为计算单位。一个长工可以管地四亩，产值为银四两；又种田八亩，除交租外，剩米八石，值银八两。两项合计共为银十二两。一个长工的工资、饭食合计为银十二两七钱。田场收支大致相抵。其农具，粪肥的支出还未计算在内。他的结论是："俗所谓条对条，全无赢息，落得许多起早宴眠，费心劳力"。② 一个是清代鸦片战争前夕江苏松江姜皋的估计。他把租种每一亩地雇工经营的收支状况核算如下："凡田须人工，自开耕至上场，亩须十余工，……旧时雇人耕种，其费尚轻，今则佣值已加，食物腾贵，一亩约需工食二千钱，再加膏壅二千钱，在农人自耕或伴工牵算或可少减。丰岁富田近来不过二石有零，则还租而外，更去工本，所余无几，实不足以支日用云"。③

以上是明清时代关于租地雇工经营的估计和议论，下面我们还可列举鸦片战争后咸丰年间（1851—1861 年）安徽休宁县一个富裕佃农雇工经营的事例，供作研究明清时代资本主义性质租佃经营的利润状况的参考。为了便于说明问题，在进行分析时姑且借用资本主义经济某些范畴。

这个富裕佃农采取了集约经营形式，田场面积不大，开始只租了七亩三分地，后来扩大到十六亩六分。所使用的劳动力大部分靠雇工，只有少量家内劳动。这家经营从 1854 年开始到 1859 年为止，记有比较详细的收支账目。六年总投资（生产资料和人工费用，家内劳动尚未计入）为制钱六十八万七千八百九十四文，扣除地租外的农业利润为制钱七万八千〇五十七文，利润率为 11.1%。从历年收支情形看，农业利润极不稳定，如咸丰八年的农业投资为制钱一十一万二千八百三十一文，除地租外农业利润只有二千六百二十七文（还不包括家内劳动的工资，如果扣除家内劳动工资，利润还不到此数），利润率低到 2.3%。农业利润所以这样低，是由于剩余价值的绝大部

---

① 《资本论》，第 3 卷，第 897 页。

② 《沈氏・农书》，"运田地法"。

③ （光绪）《松江府续志》卷 5，附姜皋：《浦泖农咨》。

分被地租所分割。六年间经营的剩余价值总额为制钱二十四万〇三百六十四文，而地租一项却占去一十七万二千三百〇七文，占全部剩余价值的70%以上。作为利润归农业经营者的不到30%。如果把佃农的家内劳动和支付给地主的押租利息一并计算在内，则生产费用和地租的数字将更大，利润率要低到10%以下，生产不好的几年甚至还要亏损。就是说连极低的利润率也没有保证。正是这个缘故，该佃在咸丰十年以后逐渐缩小经营规模，经营面积由十九亩五分逐渐递减为五亩八分，最后放弃了雇工经营。

我们在上一节分析明清时代几种类型农业经营的社会性质时，也列举了一些富裕佃农发生、发展的事例。但必须指出，这类富裕佃农是在封建经济的夹缝中生长起来的。富裕佃农发生、发展的地区，或由于该地地旷人稀，租佃竞争尚不剧烈，地主急于寻找劳动人手垦种他们的土地，每压低租额以广招徕，租佃条件较宽，经营者有利可图，如闽、浙、皖、赣等省人迹罕到的山区和边远的东北垦殖区就是这种情形。四川省某些州县富裕佃农也曾一度发展，在这里，明末农民大起义对豪绅地主的打击比较厉害，在清代前期一个相当长的时期内，农民很容易取得土地产权，租佃竞争遂不剧烈，富裕佃农可以获得较多发展机会。还有经济作物区，富裕佃农也比较发展。种植经济作物一般都收货币租或折租，地租即使有所提高，农民如遇到有利的市场条件，农产品能卖到较高的价格，还是有利可图的。如江苏某县，雍正以前主要种植麦、豆、杂粮，原定每亩租额一石，其中麦三斗、豆七斗。乾隆年间植棉发展之后，植棉地亩的租约“则仍依旧规，三麦、七豆”，地租则改收货币，折价似略高于市价。[①] 但植棉和种麦、豆不同，“盖黄霉削草必资人多”，就是说比较费工。租佃人只要投入较多的劳动就可以获得较多的经济收益。就是说，在中国封建社会内部，只有在一定的社会条件下富裕佃农才有发展机会，在通常情况之下是不容易得到发展的。就是在获得发展的地区，经过若干年代之后，社会条件一旦发生变化，或者因租佃竞争加剧而租额增加，或者地主提高经济作物地租折价，这时地租就会侵占更多的剩余劳动，乃至侵吞佃农的全部赢利，再遇上不利的市场条件，已出现的富裕佃农又会逐渐萎缩下去。

而且在封建经济中生长起来的这类富裕佃农，他们交纳地租之外虽然还有一些盈余，那也不能构成正常利润。这类租佃有如马克思所指出的：“那

① 郑光祖：《一斑录》，“杂述”二。

不是利润作为地租的限制，而是地租反过来作为利润的限制”。就是说，地租在决定利润，而不是利润决定地租。因此，这种利润有时小得可怜，而且很不稳定，一遇水旱灾荒，租佃经营者甚至还要亏损，像前面我们所列举的休宁县的事例那样。

以上我们分析了两类不同的租佃，一种是一般贫穷租佃，即为维持一家数口最低生活而进行的租佃。这类租佃由于遭受过高地租的压迫，很难分化出来带有资本主义性质的富裕佃农。一种是经济条件较好的富裕租佃，如我们在前面列举的一些关于雇工经营的事例。至于鸦片战争前明清时代这类租佃的经营利润如何，缺乏具体记载，但从咸丰年间休宁县的事例所反映出的利润和地租的对比，不难看出，阻碍资本主义租佃发展的不是别的，主要是高额地租的限制。归根结底，是高额地租所由以形成的地主经济制的限制。

至于中国的自耕农民，他们虽然摆脱了地租剥削，经济条件比一般佃农优越，但是它的发展则又受到另一方面的压迫和限制。由于自耕农民要直接负担封建王朝的赋役，尤其是田赋，由此而要承受豪绅地主的沉重的赋役转嫁。

中国的地主经济制，各类地主的社会地位是不相同的，具有功名官爵的豪绅地主，在政治、经济方面享有不同于庶民地主的特权，是地主阶级中的当权派，因此一般庶民地主总是设法通过考试和捐纳猎取功名官爵头衔，把自己变成为豪绅地主。豪绅地主的政治权势因品级高低而大小不等，并得按品级高低优免一定数额的徭役，更严重的是，可依恃特权逃避更多的赋税负担。他们优免和逃避的部分主要附加在农民尤其是自耕农身上。江苏兴化县，明嘉靖年间有占田万亩而“税粮不过十余石而止”者；有占田二、三千亩“并无升合税粮”者。[①] 万历以后，赋役转嫁现象更加严重，如江苏丹阳县，“富者有田无税”。[②]崇祯年间，陈新甲上奏疏说，人们一考中进士，便可享有“产无赋，身无徭，田无粮，廛无税”的权利。[③] 尤其是中央大吏，无限制地逃避他们应承担的赋税，如吏部尚书顾秉谦历年拖负田赋银一千四百多两；大学士董其昌，据当时人给他写的揭帖，说他“膏腴万顷输税不过三分”。所说虽不免过分夸张，却淋漓尽致地刻画出豪绅地主逃避赋税的贪

---

① （嘉靖）《兴化县志》卷2，“田赋”。

② （康熙）《丹阳县志》卷7。

③ 眉史氏：《复社纪略》卷2。

婪丑态。在农民方面，由于“包赔”豪绅地主的拖欠，赋税在成倍地增加。[①] 所谓占田“不过百亩”之户，额粮多至一二十石；所谓“并无寸土雇倩佣工之人”，“反坐粮站甚多”等等，[②] 就是由于缙绅地主的赋税转嫁而加重农民和中小庶民地主赋税负担的实录。

明代中叶后，在官僚缙绅对赋役优免和转嫁的压迫下，庶民地主和自耕农民每以“有田为累”，有了土地也难以保持长久。当时有人编为歌谣说：“多买田地笑汝痴，解头粮长后边随，看他耕种几年去，交付儿孙卖与谁”。

经过明末农民大起义对地主阶级的严重打击，及清初统治者对豪绅地主逃避赋役现象的严厉查禁，自耕农的赋役负担一度轻减，农村经济也逐渐恢复和发展。但不过几十年的工夫，绅衿队伍开始膨胀，地主绅权又形嚣张，田赋转嫁现象又日益严重。自从丁税并入田赋，田赋负担形成为自耕农民的严重压迫。农民或被迫依附于地主豪绅，由该绅户代为完粮，湖南溆浦县就出现过这种现象。代农民完粮的绅户乘机“苛派诈害”，农民反而变成该绅户的“几上之肉”。[③] 江苏吴江县，豪绅地主与地方官吏相互勾结，狼狈为奸，地方官征收田赋之时上下其手，按纳粮户的“贵贱贫弱”以定“所收之多寡”。[④] 江苏太仓州，其漕粮改征折价的，每石折收的钱额，各类粮户多寡悬殊，举人、贡生以上的官僚缙绅户，每石折收制钱四千文；低级功名，如生员、监生等户，每石折收制钱七千文；庶民之家，包括自耕农在内，每石折收制钱一万文。[⑤] 浙江桐乡县则有大小户的差别，“大户”就是官僚缙绅户，“小户”主要指农民小土地所有者。“大户”对应交田赋任意拖欠，地方官吏则把“大户”拖欠的田赋附加到农民身上，“以小户之浮收抵大户之不足”。[⑥]

总之，中国封建社会时期，自耕农的田赋负担最重，赋税转嫁对自耕农形成严重压迫。明清数百年间，在某些地区虽然不断分化出部分富裕自耕农民，他们是在封建经济夹缝中经过艰苦斗争勉强发展起来的。

在地主阶级剧烈兼并的压迫下，自耕农的经济地位也是不稳定的。历史

① （康熙）《丹阳县志》卷7。
② （嘉靖）《兴化县志》卷2，“田赋”。
③ （乾隆）《溆浦县志》卷9，第2页。
④ （光绪）《吴江县志》卷10，第23—24页。
⑤ （民国）《太仓州志》卷7。
⑥ （光绪）《桐乡县志》卷7，第2页。

实际证明，在农民大起义失败之后建立起来的每一个封建王朝的初期，地权一般相对分散，农民小土地所有制一度发展。但以后随着农村经济的恢复和发展，以及豪绅队伍的膨胀，土地兼并又日趋剧烈，地权又逐渐集中，农民小土地所有制又开始感受压迫。以明代而论，建国初期农民小土地所有制有过一个时期的发展，中叶以后逐渐发生变化，自耕农民逐渐走向衰落。刘广生论述当时自耕农民的经济状况说："幸而有秋，则亟粜以办公赋，所余几何，恐不能卒岁"。① 江苏吴江县农民，在封建赋役压迫之下，至"卖男鬻女"以完赋税。② 在自耕农纷纷破产的过程中地权逐渐集中。尤其到明代后期，地主兼并土地的活动达到高峰。福建莆田县，嘉靖以前，对土地"富贵不敢多置"，"无豪强兼并之风"，"民有限田，家无甚穷，谷无甚贵"。万历以后不同了，各级官吏，"捆载而归，求田问舍，每户数千租"；于是"富者愈富，穷者愈穷"。③ 这时朱明贵族所占庄田全国合计达数十万顷，豪绅地主霸占土地动辄数千亩乃至数万亩。④ 伴随着地权高度集中，有广大农民丧失土地，如吴江县占田十亩、数十亩的自耕农纷纷"破家荡产"，⑤ 破产过程首先是出卖土地。山东禹城县农民以苦于赋役的追逼，"则挟田投豪右以资福庇"。⑥ 明代后期，自耕农所占比重显著减少。

清初建国，自耕农小土地所有制也一度广泛发展。康熙以后，伴随着满州贵族与汉人地主勾结的深化，清王朝对缙绅地主拖欠、转嫁赋役的禁令逐渐放松，不少地区又出现地权集中趋势，官僚地主占地动辄百顷、千顷，有的多至万顷。⑦ 商人地主也有所发展。据乾隆年间胡定奏报："近日富商大贾，挟其重赀，多买田地，或数十顷，或数百顷"。⑧ 山西商人并且远到外省买地。乾隆五十一年，河南省经地方官吏迫令商人准农民原价赎回的土地就

---

① （乾隆）《罗山县志》卷1，"风俗"，刘广生：《风俗辨》。

② （康熙）《吴江县志》卷16，雷珽：《均田均役序》。

③ 陈鸿：《熙朝莆靖小纪》。转见傅衣凌：《明清农村社会经济》，第75页。

④ 明代后期，明室诸王庄田动辄数千顷，有的多至两万顷。大的官僚地主，如江苏省有占田七万亩的；浙江奉化县戴澳一家的土地约占全县耕地的一半；湖南桂阳州邓氏兄弟占田数万亩等。

⑤ （康熙）《吴江县志》卷16，雷珽：《均田均役序》。

⑥ （嘉庆）《禹城县志》卷5，第2页。

⑦ 据康熙《东华录》卷44，康熙二十八年九月壬子条，高士奇在原籍买田千顷；《东华录》卷44，康熙二十八年十月癸未条，刑部尚书徐学乾在江苏原籍买田万顷；《乾隆实录》卷738，直隶总督李卫在江苏原籍买田四百多顷；薛福成：《庸庵笔记》卷3，大学士和珅买田八百多顷，他的两个家人买田六百多顷；嘉庆《东华录》卷20，广东巡抚百龄买田六百多顷。

⑧ 据户部档案。

有三十多万顷。[①] 嘉庆年间，直隶发生灾荒，农民纷纷出卖田产，外省商人遂乘机兼并，压价“广为收买”。[②] 上述现象，前面曾经作过详细论述。

无论是官僚地主还是商人地主，兼并对象主要是农民小土地所有者。地主经济的扩张是以自耕农经济的萎缩为条件的，自耕农所占比重以及所占有的土地遂显著减少，有很多自耕农沦为佃农。有的地区，佃农所占比重剧增。如山东某些州县，据康熙四十二年记载，“田野小民俱系与有身家之人耕种”。[③] 如江、浙地区，据康熙四十六年记载，“小民有田者少，佃户居多”。[④]

从自耕农的经济状况不难看出，沉重的赋税负担几乎剥夺了农民的全部剩余劳动。农民辛勤劳动的果实，除了抵偿生产资料和生活费用之外再没有多少盈余，无法扩大再生产，只能年复一年地重复简单再生产。其发展起来的官僚地主和商人地主，则主要采行土地出租的剥削形式。丧失土地的农民，虽然部分沦为无业游民，变成为农业雇工的后备军，但更多地变成为地主阶级奴役下的佃户，以更加苛刻的条件依附于地主的土地。由此可见，在中国地主经济制的制约下，土地兼并和地权集中，对富裕自耕农的发展起着严重的限制作用。地主经济的扩张是和农业资本主义萌芽的发展趋势背道而驰的。

伴随官僚、商人地主的剧烈兼并，地价一度下降之后又逐渐上升。江苏金匮县，康熙年间每亩价银四五两，乾隆五十年增涨至五六十两。又据乾隆十八年纂修的《无锡县志》，由于人们追求土地，“于是田之贵数倍焉”。[⑤] 常熟、昭文等县地价，顺治初年每亩为银二三两，康熙初年也才为银四、五两。乾隆年间地价渐昂，嘉庆年间每亩更增至制钱十多千文，有的乡高至三四十千文。[⑥] 山东章丘县地价，乾隆年间每亩制钱十多千文，由嘉庆至道光渐增至二十至四十千文。[⑦] 地价上涨给自耕农尤其富裕自耕农的发展造成严重障碍。自耕农要扩大经营规模首先要增购土地。农民把更多的资金用之于购买土地，必然要压缩对农业经营诸如添置农具、置备粪肥、改良土地以及

① 《乾隆实录》卷1255，第23—25页。乾隆五十一年五月辛未。

② 《嘉庆实录》卷296，第24页。嘉庆十九年九月戊戌。

③ （康熙）《东华录》卷72，康熙四十二年八月甲申。

④ （康熙）《东华录》卷80，康熙四十六年七月戊寅。

⑤ （乾隆）《无锡县志》卷11，第3—4页，“风俗”。

⑥ （民国）《重修常昭合志》卷22。

⑦ 《清代山东经营地主底社会性质》，第51—52页。

改进灌溉等方面的投资。有如马克思所指出的："小农业在它和自由的土地所有权结合在一起的地方所特有的弊病之一，就是由于耕者必须投资购买土地而产生的"。农民的经营，"资本在土地价格上的支出，势必夺去用于耕种的资本"。[①] 总之，地价上涨对自耕农的发展是不利的。在这里，土地自由买卖这个有利于资本主义农业发生发展的因素反而变成了发展农业生产的障碍。

我们在前面曾经指出，明清时代农业生产的发展，为农业资本主义萌芽的发生、发展具备了某些条件，带有资本主义性质的富裕农民的经营有所发展。但我们还必须看到，过重的地租剥削，苛重的赋税掠夺，又束缚农业生产力的发展，对富裕农民进一步发展形成严重障碍，使早已出现的资本主义的富裕农民长期处于萌芽状态而停滞不前。可见，中国农业资本主义萌芽发展缓慢的原因，其根子是以地主经济制为核心的封建土地所有制的束缚。

富裕佃农也好，富裕自耕农也好，在地主经济制的制约下，其发展前途也受到严重限制。在明代中叶，尤其在清代前期，富裕农民都有过一个时期的发展，有不少富裕农民在剥削农业雇工的基础上积累了较多的资金，或购买较多的土地，或扩大经营规模，资本主义萌芽的因素有所增长。但是，富裕农民发展的最后归宿，总是由农民变成为地主，有的先发展成为经营地主，以后又由经营地主演变成为出租地主。已出现的农业资本主义萌芽，最后在高额地租的诱惑下变成为自己的对立物。

由富裕农民发展成为地主阶级的成员，在清代前期有不少事例。据清初记载，到江西宁都租地为生的"闽佃"，有的经过几代经营，在剥削雇工的基础上，"率皆致厚资立田宅于其祖里"。他们还乡买田如何经营，原资料记载不够清楚。对他们原来佃种的土地"召佃顶耕"，说明他们放弃原来的农业经营了。[②]

兹以四川省农业经营的发展变化为例。经过明末农民大起义，有不少无地、少地农民逐渐富裕起来，最后发展成为地主。如云阳县农民，有的由"勤苦"而"成家"，后来逐渐变成为占田千亩的大地主。[③] 如苍溪县，这时发展起来的杨、李、罗、赵几家大地主，有的"起自力田孝悌"，[④] 即经过

---

① 《资本论》，第3卷，第1054页。

② 魏礼：《魏季子文集》卷8，"与李邑侯书"。

③ （民国）《云阳县志》卷27，第3页。

④ （民国）《苍溪县志》卷10，第2页。

“力农致富”发展阶段。如温江、大竹等县，有的原来“贫无立椎”，有的靠租地为生，后来发展成为出租地主。[①] 这类力农发家的人，当他们开始掌握较多资金之时，购买土地，添置农具，扩大经营规模，先发展成为经营地主。但他们最后总不是沿着资本主义农业经营方向继续向前发展，而是逐渐脱离雇工经营朝着土地出租的方向演变。

在中国封建社会时期，农业资本主义萌芽的发展过程，富裕农民的发展道路固然不甚宽广，带有资本主义性质的经营地主的发展道路尤其狭窄。

首先雇工经营赢利过低，如遇水旱灾荒还会亏损。清代前期，钱泳有过一段讨论说：“若雇工种田不如不种，即主人明察得宜亦不可也。盖农之一事，算尽锱铢，每田一亩，丰收年岁，不过收米一二石不等。试思佣人工食用度，而加之以钱漕、差徭诸费，计每亩所值已去其半，余者无几。或遇凶岁偏灾，则前功尽弃，然漕银岂可欠也？差银岂可免也？总而计之，亏本折利，不数年家资荡尽，是种田求富而反贫矣”。[②] 钱氏所说虽然不免过于夸张，但也反映了部分真实情况。在一般情形下，农业雇工经营每不如土地出租有利。因此，经营地主每放弃直接经营而采行土地出租的剥削形式。就这样，农业经营由大规模田场改变为租佃小田场，出现经营形式的倒退。

农业雇工经营和土地出租两者经济收益的对比，关于鸦片战争以前的具体情况我们一时还没有见到详细的文献资料。下面试就鸦片战争后英国领事和传教士所作报告作一粗略估计供作研究参考。

表8所列五例，雇工经营的田场收益都很少，如果再扣除田赋，有的还要亏本，杭州就是这种情况[③]。又从表9除山东莱州一例外，[④] 其他四例，雇工经营都不如土地出租有利。尤其是杭州和广济两例，雇工经营的收益还不及出租收益的一半。遗憾的是，这个报告只是个别地区的个别事例，不是大量资料统计的结果，而且数字的估计也未必十分准确，可靠程度有一定局限性，但据以考察雇工经营与土地出租经济收益相悬殊的发展趋势还是有参考价值的。

---

① （民国）《温江县志》卷8，第28页；（民国）《大竹县志》卷9，第28页。

② 钱泳：《履园丛话》卷7，“臆论种田”。

③ 杭州田赋，每亩七角，六亩共计四元二角，雇工经营收益才三元九角八分，扣除田赋尚亏二角二分。

④ 莱州雇工经营比土地出租有利，是由于这里雇工的工资偏低。

表7　雇用一个农业雇工经营收益的估价[①]

（1888年）

地区	一个劳动力耕种亩数	总收益		总支出				经营[②]收益
		单位	数额	工资	农具	肥料、种子	合计	
江苏南部	6	钱文	45183	24398	1426	7589	33922	11261
浙江杭州	6	银元	36.08	24.19	1.80	6.11	32.10	3.98
广东汕头	6	银元	81.75	35.00	1.08	26.44	62.52	19.23
湖北广济	6	钱文	33216	19170	1800	5808	26778	6438
山东莱州	10	银两	37.40	13.00	2.16	5.95	21.11	16.2924

注：① 表内所列数字，有的系根据其他资料补充。

② “经营收益”栏，尚未扣除田赋部分，如扣除田赋，雇工经营收益将更少。

资料来源：《英国皇家亚洲学会中国分会会报》卷23，第85—89、98、102—104、105—106、110—116页，1889年，上海。

表8　雇工经营与土地出租收益比较

（1888年）

地区	单位	雇工经营收益	土地出租收益	两者收益比较
江苏南部	钱（文）	11261	15122	出租比雇工经营多收3861文
浙江杭州	银（元）	3.98	11.10	出租比雇工经营多收7.12元
广东汕头	银（元）	19.23	30.00	出租比雇工经营多收10.77元
湖北广济	钱（文）	6438	13200	出租比雇工经营多收6762文
山东莱州	银（两）	16.2924	13.60	出租比雇工经营少收2.69两

资料来源：同表7。

在地主经济制的制约下，封建地主的腐朽寄生性更助长了经营地主的倒退趋势。明代后期，浙江归安茅氏和桐乡庄氏两家经营地主，在当时本来都是以掌握农业技术善于经营管理出名的，后来这两家都放弃了直接经营。他们放弃雇工经营的原因，据张履祥分析：“高粱之久，不习稼穑艰难”。[①] 张

① 张履祥：《补农书》，“总论”。

氏所说的确有一部分道理，要想通过雇工经营扩大土地财产不是轻而易举的，不但需要掌握生产技术，而且要善于计算和规划，要花费气力进行经营管理。这对四体不勤、五谷不分的富贵子弟不只是极其困难的，也是十分辛苦的，必然视为畏途。但是相对经济收益关系的原因而言，这还是次要的方面，主要是雇工经营不如土地出租更为有利。

地主放弃雇工经营采行土地出租的剥削方式，是和地主身分地位的变化相联系着的。据清代后期资料反映，从事雇工经营的主要是种地发家的庶民地主。[①] 在中国封建社会时期，尤其是明清时代，庶民地主和缙绅地主是一脉相通的。当庶民地主拥有大量土地，经济地位继续上升之时，便设法通过各种渠道为他们子侄猎取功名官爵，变成为缙绅地主。这时他们就开始放弃雇工经营，采行土地出租，变成收租的封建地主。

而且，在地主经济制的制约下所形成的官僚政治及缙绅特权，更紧密地吸引着一些掌握土地财产的人热衷于场屋，追逐功名。因为一考中进士、举、贡，就可以高官厚禄，爬进缙绅阶层，在社会上高人一等，可以享有不同于庶民的特权。这种人所关心的只是庄园土地和高额地租，以满足他们的奢侈腐朽的寄生生活，从不关心农业生产。这种现象，从当时人的议论反映得非常清楚。明人张萱说：“天下之生纷纷董董”，地主“唯知有田则有租”。[②] 明清之际的张履祥说：“今以卿士庶人，思不逮乎雨旸，足不举乎疆场”；“东西阡陌不之辨，秫秔菽麦不之别”；“燕息深居，坐资岁入，几不知稼穑为何事”。[③] 清人张英说：“田产不忧水火”，“守田者不饥”，“良田不如良佃”。[④] 而这类地主“知兼并而不知尽地之利”，[⑤]“深居不出，足不及田畴，面不识佃户”。[⑥] 由以上议论，反映了地主阶级尤其是官僚地主的腐朽寄生的特点。从这时封建文人所写的“家训”、“族规”，也反映出来，他们所注意的是要子孙后代如何猎取功名官爵，如何经营地产收租办税，很少涉及农业生产事宜。

由此可见，明清时代，在某些地区虽然发展起来一些经营地主，最后仍

---

① 景甦、罗崙：《清代山东经营地主的社会性质》，附表。

② 张萱：《西园闻见录》卷25，“治生”。

③ 《张杨园全集》卷19，“赁耕末议”。

④ 张英：《恒产琐言》。张桐城人，康熙间大学士。

⑤ 《古今图书集成》，职方典，卷1112，“湖广，总部”。

⑥ 《张杨园全集》卷50，《补农书》下。

不免向着土地出租的方向倒退，主要是由于土地出租的收益更有保证。

由以上各方面的分析不难看出，中国农业资本主义萌芽发展的迟缓，以地主经济制为核心的封建土地所有制的限制是一个主要问题，是它束缚着富裕农民的经营不能顺利发展；是它在促使地主宁采取土地出租的剥削形式而不雇工经营；还是它在导致已经出现而带有资本主义萌芽的经营地主朝着土地出租的方向倒退，使封建土地所有制不断地再产生。在某一时期，还有时由于绅权嚣张，使封建宗法关系已呈现松弛化的土地关系又来一次反复，封建土地关系再度强化。

以上就是明清时代封建土地关系束缚中国农业资本主义萌芽进一步发展的基本情况。

（二）封建国家机器的压迫对农业资本主义萌芽的阻碍作用

在中国地主经济制的基础上所形成的中央集权制，在维护旧生产关系的延续，阻碍新生产关系的发生、发展方面的反动作用也不容忽视。

关于中国封建时代国家机器的重大作用，毛泽东同志作了极其简明扼要的概括。他说："保护这种封建剥削制度的权力机关，是地主阶级的封建国家。"这个国家机器，"强迫农民缴纳贡税，并强迫农民从事无偿的劳役，去养活一大群的国家官吏和主要地是为了镇压农民之用的军队"。这个国家机器，"在各地方分设官职以掌兵、刑、钱、谷等事，并依靠地主绅士作为全部封建统治的基础"。[①] 中国的历史实际完全证实了毛泽东同志的科学论断。在中国的地主经济制的条件下，地主阶级就依靠这个国家机器压迫剥削劳动人民。明清时代地主私人虽然不能把佃农终生地束缚在土地上，但地主政权却可通过户籍赋役制，都图里甲以及保甲宗族制等，在一定程度上把农民束缚在某一行政区内，使纳入封建制度体系。明清时代国家机器的作用也不例外。如两朝统治者都在致力于维护地主阶级的土地产权，支持地主阶级兼并土地的活动；都在积极保护地主阶级的地租剥削，严厉禁止农民的抗租活动；都在极力维护封建宗法等级制度，残酷镇压奴仆、雇工争取人身解放的斗争。总之，在封建社会后期，地主私人对农民的超经济强制关系的削弱，为地主政权对全国农民所采行的暴力镇压的政策措施所补充。正是封建国家的这种政策措施，对旧的生产关系起着维护和巩固的作用，对新生产关系的

① 《毛泽东选集》，第2卷，第587页。

产生和发展起着抑制和摧残的作用。

明、清封建王朝在维护旧生产关系方面所制定的一系列政策措施，是通过地方士绅协助地方官吏共同贯彻执行的。所以毛泽东同志说："宗法封建性的土豪劣绅，不法地主阶级，是几千年专制政治的基础"。[①] 地方士绅是一个庞大的阶级队伍。在明代后期，仅生员一项就"不下五十万人"。[②] 在清代，每一州县具有绅衿头衔的地主不下千人，有的多至数千。由于地主豪绅在地方上的优势地位，大大强化了封建国家机器的作用。

在封建国家机器的统治下，农民阶级不只在经济方面过着极端穷苦的生活，而且在政治上完全处于无权地位。研究中国农业资本主义萌芽的发展迟滞问题，对封建国家机器所起的巨大作用必须予以足够的重视。以下试就封建政权在维护封建地租的实现及保持农业雇工的被奴役地位方面所采行的各种政策措施加以分析，问题就十分清楚了。

如前所述，一个阻碍富裕佃农发生、发展的重要因素是过重的地租剥削，而高额地租就是在封建国家机器的维护和支持之下实现的。明代后期，福建德化县"屯田尽归巨室"。巨室收租时"大斗浮量，额外勒索"。由于地租苛重，"佃户不堪，愿退不耕"。地主不允许退佃，并"具呈粮馆，票提监禁"。在地主阶级压迫下，农民甚至被剥夺了退佃的自由，"积怨含冤，日甚一日"。[③] 莆田县农民黄廷宥欠了陈赞的地租，地方官吏不仅替地主向黄廷宥催逼清偿，并向他加罚三石谷子。[④]

到清代前期，经过长时期遍及全国的农民大起义，在农村阶级力量对比发生某些变化和农民抗租斗争蓬勃发展的条件下，封建国家机器在保证地主阶级实现地租方面所起的作用更加突出，有关抗租、欠租的禁令更加严密。雍正五年定："至有奸顽佃户抗欠租课欺慢田主者杖八十，所欠之租照数追给田主"。[⑤] 各级地方官吏也一再发布禁令。如雍正十二年，广东清远县发布禁止抗租告示："佃户如有抗见租课及盗卖主业者，即照律分别治罪，所欠之租及所得之花利俱照追给主，其田勒令退还业主另行召佃批种，不许借称

① 《毛泽东选集》，第1卷，第15页。

② 《顾亭林诗文集》卷1，"生员论"上。

③ （民国）《德化县志》卷7，邑令姚迟：《关详辞任文》，崇祯。

④ 祁彪佳：《莆阳献牍》。

⑤ （道光五年）《大清律例》卷27，第26页。

顶手粪质名色恃强占据”。[①] 嘉庆年间，湖南巴陵县发布禁止抗租告示。[②] 道光七年，江苏山阳县制定了更为严密的禁止抗租的措施，由地方豪绅合伙搞了五条规定，申请省、府、县各级官吏批准“勒石永禁”。按照规定，给进行抗租斗争的农民加上“恶佃”、“奸佃”、“顽佃”、“强佃”、“刁佃”的罪名，制定了“架命图财，从重治罪”、“押将租数全完退田出庄”、“将稻作银计赃科罪”、“押逐出庄照例加杖”等条款，并规定，嗣后抗欠租课的，“一经业户呈控，立即严拿，照依规条从重惩办”。[③] 就这样，各级地方政权变成了保证地主阶级实现地租的催租机器。此外，豪绅地主所控制的都图、保甲和以血缘关系为纽带的宗族制，在实现地租方面，也在配合地方政权起着一定的作用，这里就不一一论述了。

在清代刑科案件中，有不少关于各级政府官吏替地主追租迫害农民的记录，顺治十六年，福州某佃户拖欠吴姓地租，由地方政权代办催追，并惩罚保佃之人。[④] 乾隆十年，湖南省有地主因佃户“不肯输服退庄”，遂倚势抢割农民田禾，地方官“反治佃户以强占之罪”。[⑤] 乾隆十一年，福建上杭县佃农罗日光等，因清政府蠲免钱粮，援例向地主提出要求酌减地租，清政府令地方官府对要求减租农民“着严拿从重究处，以警刁顽。”[⑥] 乾隆三十四年，江西鄠都县，肖明宗佃种丘昭铭地亩，丘昭铭以肖明宗拖欠地租，向地方官府“禀催差拘”。地方官府派遣差役谢文、黄烈、袁清等至肖家催讨，该差役等向肖佃索取差钱三百文，并将肖明宗拘捕，“押带下县”，在路上虐待致死。[⑦] 江苏奉贤县，王武京等佃种金胜章地亩，金以王武京欠租，“赴松江府管粮通判衙门控追”，地方官府令“票差王宁督保督完”，王宁遂带妻舅顾英下乡协助催租。王宁、顾英等到乡，金胜章并嘱将欠租佃户唐文元、何大观、张二观等一并“锁于船内”。金胜章欲将欠

---

① （光绪）《清远县志》卷首，第18页，“严禁索卖索赎暨顽佃踞耕逋租告示”。

② 巴陵县发布的禁抗租告示：“嗣后田主控告刁佃欠租踞庄，如系积年惯欠及丰年抗欠并借贷积欠，即查照原有进庄银两抵偿，其余欠仍即追比，勒令出庄……若控追在先，延至春间，辄云田已耕犁，粪草已布，借赖诈索，霸不退庄，此等刁风，尤应严究，或田已转售，应听新业另召户佃种，即令保邻估给工本，不得借临春不退，恃强抗踞”。见（光绪）《巴陵县志》卷52，第5页。

③ 华东军政委员会土地改革委员会编：《地主罪恶种种》，第102—103页。

④ 刑科题本，顺治十六年九月四日福建巡抚李时茂题。“丁祥宇保佃不明，各宜杖惩”。

⑤ 《湖南省例成案》，“刑律”，“杂记”，卷12。

⑥ （乾隆）《东华录》卷7，乾隆十一年八月。

⑦ 刑科题本，乾隆十六年八月八日江西巡抚舒格题。转见刘永成：《清代前期佃农抗租斗争的新发展》，载《清史论丛》，第1辑，第66页。

租各佃“控称粮厅押比，朦送南桥巡检代追”。在押解路途上，王武京在船受寒殒命。[①] 乾隆四十九年，福建某县阳奎生欠了邓宗胜的地租，地方官吏即逮捕阳奎生法办，判将阳奎生所交顶耕银两“抵欠还租”。[②] 乾隆五十二年，湖南武岗州肖南渠、肖双红、肖连红等人欠了肖蒂春、肖金名、肖纯清等人的地租，地方官吏判令肖南渠等“还租退佃”[③]。嘉庆二十一年，江西广昌县罗若万欠了罗文周地租，地方官判令罗若万即行“退山”，罗若万所种树木由罗文周收管抵租，[④] 等等。像这类为了保证地租的实现而处罚农民的案件，在清代刑档中是相当大量的。在这里，地方官吏变成为地主追租的凶恶管家。

对农民进行的有组织的抗租斗争，地方政权则动用地方武装实行残酷镇压。明代成化年间福建上杭县爆发的农民抗租斗争，嘉靖年间将乐县爆发的农民抗租斗争，[⑤] 万历至崇祯年间福建泉州府属及清流县爆发的农民抗租斗争，[⑥] 江苏镇洋等县爆发的农民抗租斗争，[⑦] 都遭到地主阶级残酷的武装镇压。清代初年，福建泉州、浙江秀水、江苏无锡等县爆发的抗租斗争，嗣后福建莆田、清流等县，江西宁都、宁化、瑞金等州县爆发的抗租斗争，以及以后江西瑞金、兴国、鄠都等县爆发的更大规模的抗租斗争，也都是在地方武装镇压之下被止熄的。[⑧] 如乾隆六年江苏崇明县老施二领导的抗租斗争，“结党鼓众，不许还租”，农民群起响应，声势浩大。清政府随即发出“刁风实不可长”的指示，令地方官吏“设法办理”，进行镇压。

在这一时期，农民阶级所进行的抗租斗争对农业资本主义萌芽的发生和发展是有一定影响和作用的。如前所述，中国封建社会长期停滞不前，主要是由于农民极端贫困而无力改进农业生产。农民正是为了要求摆脱贫困处境而进行各种形式抗租斗争的。农民的这种斗争，对地主的增租夺佃企图无疑

---

① 刑科题本，乾隆三十三年三月二十一日管理刑部事务刘统勋题。转见刘永成：《清代前期佃农抗租斗争的新发展》。

② 刑科题本，乾隆五十一年十一月十日刑部尚书阿桂题。

③ 刑科题本，乾隆五十三年三月十九日湖南巡抚蒲霖题。

④ 刑科题本，嘉庆二十一年三月九日刑部尚书崇禄题。

⑤ 参见傅衣凌：《明清农村社会经济》。

⑥ （道光）《福建通志》卷56，“风俗”。

⑦ （乾隆）《镇洋县志》卷14，“祥灾”。

⑧ 参见傅衣凌：《明清农村社会经济》，第68—190页。

将产生一定的阻止作用，是有利于富裕佃农发生和发展的。封建国家机器在维护地租实现方面所采行的政策措施则在起着相反的作用，它阻止着农业资本主义萌芽的发生和发展，道理是十分清楚的。

这并不是说，封建政权的一纸法令就那么灵验，封建统治的暴力镇压就能制止农民不再进行反抗斗争。明清时代，农民的抗租斗争始终没有停止过，这种斗争并且对地主增租夺佃活动起了一定的抑制作用。这种情形在前面已经说过了。我们这里要着重指出的是封建政权在维护封建租佃制度方面所起的反动作用。①

在租佃关系方面，国家机器的作用在于维护旧的租佃制度，保证封建地租的实现。在雇佣关系方面，国家机器的作用则在于维护封建等级制，即从封建宗法关系方面反对雇工的解放。

我们在前面已经一再谈到，明朝统治者所制定的雇工律例，使雇工陷入奴仆地位，被剥夺了人身自由。清朝建国，全部承袭了明代的雇工律例。农业雇工的奴仆地位，无疑是雇佣关系实际生活在法权关系方面的反映。雇工的奴仆地位一旦为封建法典所固定下来，就很难以改变，变成为雇工争取人身自由的严重障碍，从而阻止中国封建雇佣向资本主义自由雇佣的过渡。甚至在社会经济条件以及封建雇佣关系的实际生活已经发生变化，原有等级雇工律例已经不相适应的情况下，封建统治者仍在使用修订律例的手法维护地主阶级尤其是豪绅地主奴役雇工的封建权利。

明万历十五年，封建王朝一度讨论奴婢和雇工的法权关系问题，左都御史吴时来上疏论及“典买家人”的法律地位时有这么几句话：“或恩养未久不曾配合者，在庶民之家仍以雇工论，在缙绅之家比照奴婢论”。② 同是“典买家人”，他们的法律地位则因典买主的身分地位而有所不同。这种由典买主的身分地位规定被典买人的法律地位的原则，是封建政权维护贵族缙绅地主封建特权的具体反映。

封建统治者，从维护地主阶级尤其是贵族缙绅地主的封建特权的相同原

---

① 以上我们着重从国家机器维护封建租佃制度阻止农业资本主义萌芽发生和发展方面进行论述。此外，国家机器有时为协助地主阶级侵夺垦民佃权，使用武力驱逐垦荒农民，止熄了富裕佃农的发生和发展。如清代前期，在闽、浙、皖、赣山区开垦的客民和地主订有长期租约。有的地主一俟荒山开垦成熟，即对垦民进行诬控，地方官府遂以维护治安的名义强迫垦民返回原籍，农民开垦的土地被侵夺，农民和地主订立的租约被破坏。这类垦山客民有的已发展成为富裕佃农。

② 《万历实录》卷19，万历十五年十月丁卯。

则出发，解除长工法律上的身分义务，经历了一个更为曲折而漫长的历史过程。据乾隆二十四年（1759 年）新订律例，其未立文券又未议定年限的雇工，“计工受值已阅五年以上者”，如与雇主发生刑事案件，“均依雇工人定拟”。[①] 不言而喻，这时受雇在五年以内的雇工已经改按“凡人”定拟，即被解除了法律上的身分义务关系。乾隆三十二年出现了一次反复，把“照雇工人定拟”的雇佣年限又由受雇“五年以上”改为“一年以上”。这样，把乾隆二十四年已经解放的部分雇工又加上雇工人的封建枷锁，回复了他们对雇主在法律上的身分义务关系。

乾隆五十一年，雇工律例与实际生活的矛盾更加突出了，封建统治者在迫不得已的情况下才又把解除长工法律上身分义务的问题提到日程上来。但在新修订的律例中，什么样的长工准予解除或不准解除法律上的身分义务，又附带了两个限制条件，一是与雇主“共坐共食”、“彼此平等相称”的雇工才能解除法律上的身分义务，变成为法律上的自由人，其不具备“共坐共食”、“平等相称”条件的就不能解除法律上的身分义务；一是车夫、轿夫、水火夫及一切受雇打杂等服役性的雇工，这类雇工“无论有无文契年限均以雇工论”，即被排除在解放之外。[②] 后者是按劳动的性质规定雇工的性质，前者实际是按照双方是否共同生活规定雇工的性质，这两种原则实际上都是按照雇主的身分地位决定雇佣关系的性质。在实际生活中，其能使用服役性雇工的，不与雇工共同生活的，主要是不劳而食的大地主尤其是贵族缙绅地主。这就是说，在大地主尤其是贵族缙绅地主奴役下的雇工并没有因法律的修订而得到解放。

从雇工律例的几次修订，充分暴露了中央集权的国家机器在维护地主特权方面所起的作用，它为了维护地主阶级尤其是贵族缙绅地主的既得利益而致力于保持雇工在法律上的被奴役地位。从所接触到的有关清代雇佣刑事案件也很清楚地反映了这种关系。在乾隆五十一年解除长工法律上的身分义务以后，其具有封建权势的贵族缙绅地主和雇工的关系，仍具有主仆名分。这种关系在前面已经谈到了。

雇工律例经过几次修订，的确也有部分雇工获得法律地位的平等。但雇工的解放决不是剥削阶级的“仁政”，而是在雇佣关系实际生活已经发

① （乾隆）《大清律例》卷 28，“斗殴”。

② 同上。

生极大变化、原有雇工律例已经难以有效地维护封建等级制度的条件下，不得已而采行的一种变通手法。即在封建雇佣关系趋向解体的情况下，为了使它免于死亡，而采行的解救、挽回的政策措施。第一步，用明确短工在法律上的平等关系的办法，以巩固长工在法律上的身分义务关系；第二步，用解除部分长工在法律上的身分义务关系的办法，以巩固贵族缙绅地主和大地主压迫奴役雇工的特权。① 总之，封建统治者对雇工律例的修订，其目的是为了维护封建等级制，防止这种等级制继续崩溃下去。因此，关于雇工律例的修订，一方面要看到它的历史作用，的确有一部分长工获得法律地位的平等；另一方面也要注意到修订者的意图，其目的是要通过修订律例起修堤防溃的作用，把它作为巩固封建等级制度的第二道防线。解除雇工法律上身分义务的过程之所以呈现十分曲折而且经历了漫长的岁月，关键在此。

由此可见，在明清时代，逐渐解除部分雇工在法律上身分义务的过程，就是封建统治者千方百计地维护另一部分雇工在法律上的身分义务的过程。封建统治者所考虑的不是要地主阶级如何放弃迫害雇工的特权，而是在雇佣实际生活发生变化、封建法权受到冲击而呈现松弛化的情况下，如何使它继续持续下去。在封建法权无法原封不动地持续下去之时，则又设法把涉及贵族缙绅地主特权的最关键部分继续保存下来。

封建经济向资本主义经济过渡，农业资本主义萌芽的发生发展，如前所述，表现为封建雇佣向自由雇佣过渡，农业自由雇佣的发生和发展。封建国家机器所采行的政策措施，则在延缓这种变化过程。

从以上国家机器对封建租佃制及封建雇佣制所采行的政策措施，不难看出，封建政权对旧的生产关系所呈现的解体趋势及资本主义关系的发生、发展，不是采取漠不关心的态度，而是积极地防止和压制。这是由于中央集权的国家机器是在以地主经济为核心的封建土地所有制的基础上建立起来的，它必然要采取种种措施维护、巩固自己的基础。封建统治者在这方面所采行的一系列政策措施，其目的就是为了维护封建所有制，维护地主经济制。尤

① 明万历年间明确短工的“凡人”地位，是为了把短工和长工区别开来，用以巩固长工在法律上的身分义务关系。清乾隆年间解除部分长工法律上的身分义务，是为了把这部分长工和服役性雇工区别开来，用以巩固服役性雇工在法律上的身分义务关系；解除与雇工“共坐共食”、“彼此平等相称”的雇工身分义务，是为了把这部分雇工和在大地主特别是贵族缙绅地主奴役下的雇工区别开来，用以巩固大地主特别是贵族缙绅地主奴役下的雇工在法律上的身分义务。

其是封建社会后期经济关系发生变革时期，封建国家机器在这方面所起的作用更加显著。

* * *

以下，关于中国农业资本主义萌芽问题试作一简短概括。

一 由明代中叶到清代前期的数百年间，伴随着农业生产力及商业性农业的发展，农业经营形式逐渐发生变化，出现各种形式的雇工经营。还由于商品经济的冲击及农民阶级的反抗斗争，封建土地关系及封建宗法制度呈现松弛化趋势。在这种条件下，农业雇佣关系逐渐发生变化。这种变化首先在富裕农民经营中出现，开始了农业资本主义萌芽。嗣后有中小庶民经营地主的发展，农业资本主义萌芽又前进了一步。

二 从明代中叶起，农业资本主义萌芽一开始出现于历史舞台，就呈现出曲折、迂回状态。就每个富裕农民所经营的每一个农场而言，大都中途消亡，难以沿着资本主义的方向顺利向前发展。就这类经营发展总趋势而言，则此伏彼起，缓慢前进。这种发展虽然在某一历史阶段遭受挫折，嗣后却又继续前进，后代超越前代。清代带有资本主义性质的经营地主的发展趋势也复如此。就每一个经营地主而言，当他占地越多、身分地位发生变化之后，往往改行土地出租的剥削方式，朝着封建所有制倒退。但就这类带有资本主义性质的经营地主的发展总趋势而言，无论在数量或质量方面，在清代前期百多年间还是有所发展的。中国农业资本主义萌芽所表现的特点是发展迟缓，而不是停止。农业资本主义萌芽之所以发展迟缓，主要是由中国封建社会旧生产方式内部经济结构所规定着的，是由于以地主经济制为核心的封建土地所有制有着顽强的持续性。在明清时代，农业生产力虽然在不断发展，但始终没有达到这种高度，足以对地主经济的顽强性实行有力的突破。

三 在地主经济制的基础上所形成的中央集权国家机器的严格统治，在维护旧生产关系的延续及压制新的资本主义生产关系发展方面所采行的政策措施，对农业资本主义萌芽发展迟缓则具有巨大作用和影响。

四 中国资本主义农业带有浓厚的封建性。这种封建性不仅因时间、地点、条件而不相同，也因经营者的身分地位而有程度上的差异。尤其是地主经营，这类由封建主义向资本主义经济过渡的形式，是在缓慢地适应资本主义，它与富裕农民之分化演进形式不同，从母体带来的封建性更加严重。

最后，再重复一下中国地主经济制和农业资本主义萌芽的关系。有有利的方面。中国地主经济制由于缺乏土地占有的等级结构，土地可以买卖，具有较大的灵活性。到明清时代，更进入一个新的历史阶段，如伴随商品经济发展，地权转移频繁，在某些历史时期自耕农小土地所有制广泛存在等等。在租佃方面，地主不占有固定的佃农，农民不终生依附于某一固定地主，佃农独立性较强，有较多的自由；如农民和地主都与商业有较多的联系等等。因此，在农业生产力及商业性农业进一步发展的条件下，能较早地从农民阶级中分化出来带有资本主义性质的富裕农民和自由劳动者。对农业资本主义萌芽也有不利的方面。中国地主经济制及在此基础上所形成的封建宗法传统势力具有顽强的持续性，使资本主义萌芽的顺利发展缺乏一个适宜的环境，因而在资本主义萌芽的整个发展过程中出现异常，呈现畸形，长期处于萌芽状态而不能发展壮大。

总之，中国农业资本主义萌芽，又发展又不能顺利发展。产生这种现象的原因，在农业生产方面，即能适当发展，又不能充分发展；在土地关系方面，在适应资本主义萌芽发生方面有其灵活性，在阻滞资本主义萌芽发展方面又有其顽强性。

因此在中国封建社会历史条件下，要发展资本主义农业，首先必须通过暴力革命彻底推翻中央集权的封建统治，打倒地主阶级，摧毁以地主经济制为核心的封建土地所有制。

明清时代，中国几次大的农民革命都曾经提出过土地问题。明末农民领袖李自成提出“贵贱均田”、“均田免赋”的革命口号；清代太平天国革命提出了更加明确的平分土地的“天朝田亩制度”。农民政权提出的反封建的土地纲领，无疑将为资本主义农业的发展开辟道路。如果没有外国资本主义的侵略，中国历史也必将沿着人类历史发展的进程发展下去，封建的中国将变成为资本主义的中国。但是，帝国主义侵略者的入侵，和封建势力相互勾结，压迫中国资本主义经济的发展。这时，要在中国发展资本主义农业，不仅要求摧毁封建统治和封建所有制，还要打倒帝国主义侵略者。洪秀全和孙中山都没有能完成这一任务。随着历史的发展，中国革命的领导责任历史地落在中国无产阶级的政党——中国共产党的肩上，革命的前途已经不是发展资本主义而是建设社会主义社会了。

附录一　**清代前期未写立文契的雇佣事例表**

（1735—1783 年）

题本年代	地 区	雇主、雇工姓名	年工资	雇佣关系
雍正十三年	甘肃省静宁州	马遇朝雇马一的佣工	钱 2000 文	未立文券，亦无期限[①]
乾隆一年	直隶 交河县	李正琯雇郭万仓佣工	小钱 3200 文	未经写立文契[②]
乾隆二年	山东省泰安县	郎瑞雇王富贵佣工	钱 3500 文	未立文卷[③]
乾隆五年	江苏省上海县	诸仲祥雇吴宝帮工	银 1.6 两	不曾立过文契[④]
乾隆五年	山东省蒙阴县	王让雇王有成做工	小钱 7000 文	没立文契[⑤]
乾隆八年	山东省阳信县	史先雇牛景言佣工	钱 4000 文	无议年限，也没文契[⑥]
乾隆九年	江苏省常熟县	黄应元雇季有凤佣工	银 4.0 两	没有立契[⑦]
乾隆十年	直隶任县	王深雇张进礼佣工	小钱 6000 文	未写立文契[⑧]
乾隆十一年	四川省隣水县	王辉国雇庞正华帮工	银 5.0 两	并未立约[⑨]
乾隆十四年	山东省安邱县	张珍雇吴二佣工	钱 4500 文	未立文契年限[⑩]
乾隆十七年	河南省蔺阳县	乔学圣雇王麻佣工	钱 3000 文	未立文约[⑪]
乾隆十七年	河南省固始县	恒志雇张二佣工	钱 2000 文	未立文契[⑫]
乾隆十九年	浙江省汤溪县	谢起常雇林乔嵩种靛三年	银 8.2 两	并无工契[⑬]
乾隆二十二年	山东省济阳县	郭明雇王二做工	小钱 9000 文	没立文契[⑭]
乾隆二十四年	直隶	郎可全雇贵白子佣工	小钱 6000 文	未立文约年限[⑮]
乾隆二十五年	直隶口外	高合邦雇苗如潭佣工	银 12 两	未立文契[⑯]
乾隆二十五年	安徽省安溪县	叶骏雇蔡奇佣工	银 1.2 两	没写立文契[⑰]
乾隆二十六年	直隶热河塔子沟	张明雇赵有佣工	银 6.0 两	未写立文契[⑱]
乾隆二十七年	河南省遂平县	肖逢春雇王虎佣工	钱 2400 文	未立文约[⑲]
乾隆二十七年	湖广	石士荣雇张友云帮工	银 2.0 两	并未立约[⑳]
乾隆三十五年	广东省徐闻县	邹忠平雇叶亚佑牧牛	谷 2.4 石	未写立文契，亦未议定年限[㉑]
乾隆三十七年	山东省武城县	梁吉雇曲林做工	大钱 3500 文	没写立文契[㉒]
乾隆三十九年	直隶蠡县	刘金花雇刘常佣工	大钱 4000 文	无议立文契年限[㉓]
乾隆四十年	直隶	许玉敬雇孙自成佣工	银 8.0 两	未议立文契年限[㉔]
乾隆四十一年	直隶交河县	张抡元雇陈佩佣工	大钱 4500 文	未立文契[㉕]
乾隆四十一年	直隶塔子沟	关重雇吴子亮佣工	大钱 4830 文	未议立文契年限[㉖]
乾隆四十一年	江苏省睢宁县	周子立雇王礼佣工	钱 5000 文	未立雇契[㉗]
乾隆四十一年	江苏省睢宁县	周夫盛雇王礼佣工	钱 5000 文	未立雇契
乾隆四十一年	江苏省砀山县	邵祥瑞雇杨三佣工	钱 2400 文	没有工契[㉘]
乾隆四十一年	江苏省铜山县	杨文雇王礼佣工	钱 3500 文	未立文契[㉙]
乾隆四十一年	江西省乐平县	陈永复雇胡遇生耕作	银 5.4 两	未立文券[㉚]
乾隆四十二年	广东省合浦县	苏廷参雇李维才佣工	钱 3000 文	未议定年限，未有文券[㉛]
乾隆四十二年	直隶井陉县	郝希周雇李二妮佣工	大钱 2600 文	未立文契[㉜]
乾隆四十三年	山东省长清县	高希长雇张五佣工	小钱 2000 文	未立文约[㉝]

续表

题本年代	地 区	雇主、雇工姓名	年工资	雇佣关系
乾隆四十三年	安徽省怀远县	崔九经雇张美祥佣工	钱3000文	未立雇契年限㉞
乾隆四十四年	山东省东平州	陈文超雇张工做庄稼	小钱5000文	未立文契㉟
乾隆四十四年	安徽省定远县	曹元廷雇李忝时佣工	钱2200文	未立文契㊱
乾隆四十八年	直隶高阳县成	成克安雇吕二佣工耕作五年为满	大钱4000文	未立文契㊲

注：①雍正十三年十二月十九日甘肃巡抚许容题，刑档。

②乾隆元年十二月十六日刑部尚书徐本题，刑档。

③乾隆二年九月二十九日刑部尚书徐本题，刑档。

④乾隆五年七月十一日江宁巡抚张渠题，刑档。

⑤乾隆五年闰六月二十七日山东巡抚硕色题，刑档。

⑥乾隆八年七月十八日刑部尚书来保题，刑档。

⑦乾隆×年江苏巡抚觉罗雅尔哈善题，刑档。缺年月日，案件发生在乾隆九年七月。

⑧乾隆十一年十一月十四日刑部尚书盛安题，刑档。

⑨乾隆十一年四月六日四川巡抚纪山题。

⑩乾隆十四年山东巡抚準太题，刑档，缺月日。

⑪乾隆十七年十月三十日刑部尚书阿克敦题，刑档抄卡。

⑫乾隆十七年十月八日河南巡抚蒋炳题，刑档。

⑬乾隆十九年闰四月二十四日刑部尚书阿克敦题，刑档。工资八两二钱，系三年工资总额。

⑭乾隆二十二年七月十七日刑部尚书郑弥达题，刑部。

⑮乾隆×年直隶总督题，刑档。缺年月日，案件发生在乾隆二十四年一月。缺总督姓名。

⑯乾隆二十五年三月二十二日直隶总督方观承题，刑档。

⑰乾隆二十五年七月二十八日刑部尚书郑弥达题，刑档。

⑱乾隆二十六年十一月六日刑部尚书秦蕙田题，刑档。言明佣工“十月为满”。

⑲乾隆二十七年十一月十日刑部尚书舒赫德题，刑档。

⑳乾隆×年湖广巡抚宋邦绥题，刑档。缺年月日和县份，案件发生在乾隆二十七年。

㉑乾隆三十五年三月八日广东巡抚德保题，刑档。

㉒乾隆三十七年十一月十七日山东巡抚徐绩题，刑档。

㉓乾隆×年×题，刑档。缺年月日及题者姓名，案件发生在乾隆三十九年。

㉔乾隆×年×题，刑档。缺年月日及题者姓名，案件发生乾隆四十年。

㉕乾隆×年刑部尚书英廉题，刑档。缺年月日，案件发生在乾隆四十一年。

㉖乾隆×年×题，刑档。缺年月日及题者姓名，案件发生在乾隆四十一年。

㉗乾隆四十一年十二月二十一日江宁巡抚杨魁题，刑档。王礼于乾隆三十八年先为周子立佣工每年工价五千文。三十九年继为周夫盛佣工工价仍为五千文。两次佣均未立雇约。

㉘乾隆四十一年九月三日管理吏部刑部舒赫德题，刑档。

㉙乾隆四十一年七月二十三日管理吏部刑部舒赫德题，刑档。

㉚乾隆四十一年十月八日管理吏部刑部舒赫德题，刑档。

㉛乾隆四十二年六月十二日广东巡抚李质题，刑档。

㉜乾隆四十二年十二月三日直隶总督周元理题，刑档。

㉝乾隆四十三年三月四日山东巡抚国太题，刑档。

㉞乾隆四十三年十一月六日安徽巡抚闵鹗元题，刑档。

㉟乾隆四十四年二月十四日管理刑部事务英廉题，刑档。

㊱乾隆四十四年十二月十八日安徽巡抚闵鹗元题，刑档。

㊲乾隆四十八年十二月十六日管理吏部刑部阿桂题，刑档。

附录二　　一　清代前期“无主仆名分”农业长工雇佣示例

（1787—1820年）

地区	雇主、雇工姓名	工资	雇佣关系
奉天承德县	刘文兴雇柴秃子佣工	一年工价市钱六十千	没立文契年限，无主仆名分①
承德县	左三雇国殿荣领人工作	十月为满，工价市钱六十吊	无主仆名分②
盛京广宁县	潘谷金雇孙祥作工	一年工价市钱九十千文	同坐共食，无主仆名分③
奉天海澄县	李喜成雇邱贵种地	一年工价市钱六十吊	平等相称，无主仆名分④
吉林伯都讷	李成雇徐文科做年工	每年工钱三十六千	未立有字样，无主仆名分⑤
直隶蠡县	耿玉书雇边成仁工作	每年工价四千文	无主仆名分⑥
清苑县	苑秉直雇李泳富做长工	一年工价七千文	平日同坐同吃，没主仆名分⑦
大兴县	王进孝雇赵三佣工	一年工价四千文	无主仆名分⑧
清苑县	刘勇雇王景工作	十月工价六千五百文	未立文契，无主仆名分⑨
枣强县	刘英杰雇刘俊做工	每年工价九千五百文	无主仆名分⑩
山西某县	赵鳌雇刘殿有佣工	一年工钱六千八百文	无主仆名分⑪
沁县	田学娃雇崔万虎牧牛	一年工钱九千	未立约，无主仆名分⑫
绛州	赵解氏雇崔喜贵种地	每年工价银十两	无主仆名分⑬
宁远厅	梁凡绢雇盛有才做工	每年工钱十千，每月谷子二斗	无主仆名分⑭
山东朝城县	吴绍德雇王贵工作	每年工价京钱五千	平等称呼⑮
堂邑县	相士位雇邱住安工作	每年工价钱十一千文	无主仆名分⑯
曹县	郭凡雇王三佣工	每年工钱二千四百文	平等称呼，未立文约⑰
菏泽县	张高氏雇张三工作	每年工价大钱三千五百文	没写立文契，无主仆名分⑱
莒县	朱俊雇咸成有种地工作	岁给工价京钱十千文	未立文契，无主仆名分⑲
东阿县	赵岳雇张玉佣工	每年工价京钱十三千五百文	共坐共食，平等称呼⑳
朝城县	范宗贠雇范良佣工	每年工价京钱六千文	平等相称，无主仆名分㉑

续表

地区	雇主、雇工姓名	工资	雇佣关系
莒县	孙汝津雇康文幅佣工	每年工价京钱十三千	无主仆名分[22]
胶州	韩霞雇唐元太佣工	每年工价京钱五千文	平日共坐共食尔我相称[23]
胶州	宋当雇许二佣工	每年工价京钱十一千文	无主仆名分[24]
淄川县	张秀枚雇张四佣工	一年工价京钱十九千五百文	无主仆名分[25]
河南灵璧县	罗招雇罗仁元、刘士明、杨三佣工	由春到庄稼收竣歇工	同坐同食[26]
息县	李望山雇杨允种地	工价钱三千五百文	平等相称[27]
扶沟县	卢世全雇刘端种地	每年工价钱七千七百文	无文契年限，无主仆名分[28]
固始县	刘文定雇许连会做工	每年工钱三千文	无文契年限，无主仆名分[29]
信阳州	邹逢远雇李贵佣工	每年工钱三千文	无主仆名分[30]
息县	廖文升雇张囤帮工	每年工价钱二千八百文	平等相称[31]
陕西咸宁县	班得远雇沙瓜儿佣工	每年工钱七千文	无主仆名分[32]
鄠县	冯远雇杨守德做庄稼	每年工钱五千文	无主仆名分[33]
怀远县	宋起德雇胡交年子帮工	每年工钱七千文	无主仆名分[34]
武功县	赵根子雇赵东五佣工	满年身价钱三千五百文	未立身契，平日共坐共食，无主仆名分[35]
沔县	田宗辉雇徐大连帮工	每年工钱六千文	无主仆名分[36]
渭南县	禹金庄儿雇李二沙佣工	每年工钱四千八百文	无主仆名分[37]
韩城县	雷春旺雇薛小改帮工	每年工价银九两	同坐同食，无主仆名分[38]
甘肃渭源县	漆思训雇袁七十儿佣工	每年工钱三千文	没文契年限，无主仆名分[39]
静宁州	马丕宗雇潘世子佣工	每年工价大钱一千文	无文券年限，无主仆名分[40]
古浪县	杜良才雇张海做庄稼	每年工钱三千文	没立文契，一同坐食，没主仆名分[41]
平罗县	万光明雇张兴做田工	每年工价大钱三千六百文	没立文契年限，无主仆名分[42]
隆德县	高恩源雇翟六保子做农工	一年工价大钱二千二百文	没写文契，没主仆名分[43]
伏羌县	李懋学雇刘巩儿工作	每年工价钱八百文	无主仆名分[44]
陇西县	张寅雇张瓒做工	每年工价钱二千八百文	无主仆名分[45]
四川泸州	李宏武雇李天荣佣工		共坐共食没主仆名分[46]
西昌县	刘杨氏雇罗贵等二人	每年每人工钱四千文	没主仆名分[47]

续表

地区	雇主、雇工姓名	工资	雇佣关系
	种地		
彭县	赵庆芳雇万廷贵帮工	每年工钱六千文	未立约，无主仆名分[48]
盐源县	卓洪发雇徐文志帮工	每年工钱十千文	同坐共食，无主仆名分[49]
云阳县	彭德月雇冉官富帮工	十月为满，工钱六千文	无主仆名分[50]
南充县	张镜雇胥春喜做工	一年工钱六千文	同坐共食，无主仆名分[51]
邛州	侯国甫雇曾锡葵帮工	三年给工钱十千文，又大小衣服十件	平等称呼，无主仆名分[52]
湖北大冶县	程才华雇毛有富帮工	每年工钱四千文	同坐共食，无主仆名分[53]
安徽霍邱县	单明杰雇张四帮工	每年工钱二千四百文	平等相称，无主仆名分[54]
凤台县	宋如银雇宋抓孜佣工	每年工钱二千八百文	无立约，兄弟相称[55]
旌德县	程焕雇李海帮工	每年工钱七折钱十二千文	未立雇约，无主仆名分[56]
阜阳县	王宗恩雇李刚佣工	一年工钱三千六百文	未立文约，平等相称，无主仆名分[57]
怀远县	周大朋雇李学淋佣工	每年工钱三千五百文	未立约，无主仆名分[58]
江西乐平县	温忠秀雇黎甘子帮工	长年工银八两	平等称呼，并无文契[59]
浙江	高奕贲雇施锦华帮工	每年工钱十一千五百文	无主仆名分[60]
福建台湾彰化县	洪幼雇许参帮工	每年工钱二千二百文	无主仆名分[61]
广东始兴县	伍三满短雇〔?〕胡志八种地	周年工钱八千文	未立文约，无主仆名分[62]
钦州	沈显祚雇刘贵明做田工	每年工谷十石	无主仆名分[63]
遂溪县	梁乔雇倩林那子牧牛	每年工钱四千文	未议定年，共坐共食，无主仆名分[64]
广西岑溪县	李子发雇钟胜才帮工	每年工谷二石五斗	无主仆名分[65]
藤县	黄建安雇倩陈再添种烟	每年工钱三千文	无主仆名分[66]
迁江县	笪老三雇谭特添帮工	每年工钱六千文	共坐共食，无主仆名分[67]
云南大关厅	邓仁佐雇林老大垦田	十月为满，工钱一千三百文	无主仆名分[68]
贵州桐梓县	罗昌仲雇杨仁达种田	每年工价银二两六钱	无文契，无主仆名分[69]

注：①乾隆五十五年四月二十三日兼管奉天府尹事务宗室宜兴题，刑档。

②嘉庆三年十二月十四日管理刑部事务和坤题，刑档。

③嘉庆十五年七月十日管理刑部事务董诰题，刑档。

④嘉庆十六年二月二十五日管理刑部事务董诰题，刑档。

⑤嘉庆十八年三月十日，管理刑部事务董诰题，刑档。

⑥嘉庆五年一月二十三日直隶总督胡季堂题，刑档。

⑦嘉庆七年十二月六日管理刑部事务董诰题，刑档。
⑧嘉庆十一年六月十七日管理刑部事务董诰题，刑档。
⑨嘉庆十四年六月九日管理刑部事务董诰题，刑档。
⑩嘉庆二十五年×月×日直隶总督题，刑档，缺月日，缺总督名。
⑪ 嘉庆七年×月×日管理刑部事务董诰题，刑档，缺月日。
⑫嘉庆十四年六月八日山西巡抚题，刑档，缺巡抚名。
⑬嘉庆二十四年二月八日山西巡抚成格题，刑档。
⑭嘉庆二十五年十一月一日山西巡抚成格题，刑档。
⑮嘉庆六年三月二十五日山东巡抚惠令题，刑档。
⑯嘉庆八年四月二日管理刑部事务董诰题，刑档。
⑰嘉庆九年十一月二十六日山东巡抚铁保题，刑档。
⑱嘉庆十一年六月三日山东巡抚长令题，刑档。
⑲嘉庆十二年×月×日山东巡抚××题，刑档，原档缺月日及巡抚姓名。
⑳嘉庆十四年×月×日管理刑部事务董诰题，刑档，缺月日。
㉑嘉庆十七年六月十日山东巡抚同兴题，刑档。
㉒嘉庆二十一年九月五日管理刑部章煦题，刑档。
㉓嘉庆二十一年十一月四日山东巡抚预题，刑档。
㉔嘉庆二十二年二月四日管理刑部事务章煦题，刑档。
㉕嘉庆二十三年三月十七日管理刑部事务章煦题，刑档。
㉖乾隆五十九年五月十一日刑部尚书阿桂题，刑科题本。
㉗嘉庆七年九月一日河南巡抚马慧裕题，刑档。
㉘嘉庆十二年十二月七日河南巡抚马慧裕题，刑档。
㉙嘉庆十三年闰五月二十四日管理刑部事务董诰题，刑档。
㉚嘉庆十三年二月十日管理刑部事务董诰题，刑档。
㉛嘉庆十五年六月二十日管理刑部事务董诰题，刑档。
㉜嘉庆六年五月二日陕西巡抚陆有仁题，刑档。
㉝嘉庆八年九月十九日管理刑部事务董诰题，刑档。
㉞嘉庆八年十一月二十八日管理刑部事务董诰题，刑档。
㉟嘉庆十年十二月十二日陕西巡抚方维甸题，刑档。
㊱嘉庆十五年三月十三日陕西巡抚朱勋题，刑档。
㊲嘉庆十六年八月二十六日刑部尚书瑚图礼题，刑档。
㊳嘉庆十七年十一月一日陕西巡抚董教增题，刑档。
㊴乾隆五十六年六月二十五日管理刑部事务阿桂题，刑档。
㊵嘉庆八年闰二月二十九日陕甘总督惠令题，刑档，
㊶嘉庆八年八月十九日刑部尚书觉罗长麟题，刑档。
㊷嘉庆九年一月二十二日兼管甘肃巡抚惠令题，刑档。
㊸嘉庆九年五月十三日陕甘总督惠令题，刑档。

㊹嘉庆十一年十月二十八日管理刑部事务董诰题，刑档。

㊺嘉庆十九年四月十一日陕西总督高祀题，刑档。

㊻乾隆五十八年五月十八日四川总督惠令题，刑科题本。

㊼嘉庆六年十一月二十八日四川总督保勒题，刑档。

㊽嘉庆七年十二月八日管理刑部事务董诰题，刑档。

㊾嘉庆十一年十月十八日四川总督勒保题，刑档。

㊿嘉庆十五年六月七日管理刑部事务董诰题，刑档。

(51)嘉庆十五年十一月二十五日四川总督常明题，刑档。

(52)嘉庆二十五年八月二十九日四川总督蒋攸铦题，刑档。

(53)嘉庆二十年九月二十三日管理刑部事务董诰题，刑档。

(54)嘉庆七年三月十五日管理刑部事务董诰题，刑档。

(55)嘉庆十一年七月二十五日刑部尚书觉罗长麟题，刑档。

(56)嘉庆十五年十月十四日安徽巡抚广厚题，刑档。

(57)嘉庆十七年三月十三日安徽巡抚钱楷题，刑档。

(58)嘉庆十八年三月二日管理刑部事务董诰题，刑档。

(59)嘉庆十一年三月二十七日江西巡抚先福题，刑档。

(60)嘉庆七年十月十二日管理刑部事务董诰题，刑档。

(61)嘉庆七年×月×日福建巡抚题，刑档，缺月日及巡抚姓名。

(62)嘉庆三年七月九日刑部尚书苏凌阿题，刑档。

(63)嘉庆十三年九月十四日刑部尚书觉罗长麟题，刑档。

(64)嘉庆十七年十月三十日管理刑部事务董诰题，刑档，

(65)嘉庆四年二月广西巡抚闻嘉言题，刑档。

(66)嘉庆五年广西巡抚××题，刑档，缺年月日及巡抚姓名。

(67)嘉庆二十五年十月二十四日管理刑部事务戴均元题，刑档。

(68)嘉庆十二年二月十七日管理刑部事务董诰题，刑档。

(69)嘉庆九年十二月七日管理刑部事务董题诰，刑档。

二　清代前期“无主仆名分”农业短工雇佣事例
（1791—1820 年）

题本年代	地　区	雇主和雇工	月工资	共坐共食情形
乾隆五十六年	陕西城固县	傅令文雇郑士孝佣工	钱 388 文	平日同坐共食，并无主仆名分①
嘉庆一年	安徽庐江县	洪能贵雇刘大佣工	钱 800 文	同坐共食，并无主仆名分②
嘉庆四年	云南镇雄州	刘远雇祝允富帮工	钱 300 文	共坐同食，平等相称③
嘉庆四年	甘肃宁夏	马攀龙雇马伏金工作	钱 680 文	共坐同食，并无主仆名分④
嘉庆十四年	河南叶县	张秉元雇赵羔儿佣工	钱 300 文	平日共坐同食，并无主仆名分⑤

续表

题本年代	地　区	雇主和雇工	月工资	共坐共食情形
嘉庆十四年	陕西宜君县	李生茂雇王狗儿佣工	钱300文	平日同坐共食，并无主仆名分[⑥]
嘉庆十五年	盛京兴京厅	郭太雇柳玉荣佣工	市钱11000文	同坐同吃，平等相称[⑦]
嘉庆十五年	福建彰化县	赖淳雇蔡故作工	番银1.8元	同坐共食，平等称呼[⑧]
嘉庆十五年	云南会泽县	罗老八雇蔡大发帮工	银0.6两	同坐共食，并无主仆名分[⑨]
嘉庆十六年	四川天全县	郭骡子雇黄金顺帮工	钱120文	同坐共食，平等称呼[⑩]
嘉庆十七年	安徽合肥县	陈建雇张宇化帮工	钱500文	平日共坐同食，平等相称，并无主仆名分[⑪]
嘉庆十九年	陕西南郑县	陈继虞雇周三咭子帮	钱750文	同坐共食，并无主仆名分[⑫]
嘉庆二十年	陕西褒城县	金海雇唐文帮工	钱460文	平日同坐共食，并无主仆名分[⑬]
嘉庆二十四年	安徽颍上县	石可志雇王学海帮工	钱933文	平日同坐共食，无主仆名分[⑭]
嘉庆二十四年	江西赣县	邹昌浩雇陈言佐帮工	钱800文	同坐共食，并无主仆名分[⑮]
嘉庆二十四年	河南汝阳县	杨大志雇李保帮工	钱400文	平日同坐共食，并无主仆名分[⑯]
嘉庆二十五年	四川华阳县	靳三万雇万正伦帮工	钱800文	同坐共食，无主仆名分[⑰]
嘉庆二十五年	陕西鄠县	张均怀雇袁三义佣工	钱800文	同坐共食，平等相称[⑱]

注：①乾隆五十六年四月陕西省题，刑档。缺题者姓名，工钱三千五百文，至九月工满。按九个月计算，平均月工资为三百八十八文。

②嘉庆元年三月二十五日安徽巡抚张诚基题，刑档。

③嘉庆四年四月十七日总理刑部事务庆桂题，刑档。

④嘉庆四年二月甘肃省题，刑档，缺题者姓名。

⑤嘉庆十四年十二月十七日河南巡抚钱楷题，刑档。

⑥嘉庆十四年二月陕西省题，刑档，缺题者姓名。

⑦嘉庆十五年八月二十日兼管奉天府尹事务博庆额题，刑档。

⑧嘉庆十五年十月二十四日管理刑部事务董诰题，刑档。

⑨嘉庆十五年六月十日云南巡抚伯麟题，刑档。

⑩嘉庆十六年十一月十八日管理刑部事务董诰题，刑档。

⑪嘉庆十七年七月二十日刑部等衙门尚书崇禄题，刑档。

⑫嘉庆十九年六月二十二日管理刑部事务董诰题，刑档。

⑬ 嘉庆二十年五月二十二日管理刑部事务董诰题，刑档。

⑭ 嘉庆二十四年五月三十日安徽巡抚康绍镛题，刑档，王学海于三月底工竣，共二千八百文，平均月工资为933文。

⑮ 嘉庆二十四年五月十五日江西巡抚钱臻题，刑档。

⑯嘉庆二十四年河南巡抚，姚祖同题，刑档。

⑰嘉庆二十五年四川总督题，刑档，缺月日及总督名。

⑱嘉庆二十五年一月十九日管理刑部事务戴均元题，刑档。

附录三　　清代前期东北地区与其他各省地价比较示例

（一）（1736—1740 年）　　（二）（1747—1753 年）

地区	土地面积（亩）	地价（银/两）	每亩价（银/两）	地区	土地面积（亩）	地价（银/两）	每亩价（银/两）
1. 辽宁义州	1.51	91.0	6.07	13. 辽宁铁岭	120.0①	6.0	0.05
2. 直隶雄县	6.0	4.5	0.75	14. 直隶元城	14.0	53.0	3.71
3. 直隶成安	3.0	11.2	3.73	15. 河南汝阳	12.5	19.0	1.52
4. 河南太康	4.0	80.0	20.00	16. 江苏崇明	0.417	1.6	3.84
5. 山西榆次	4.0	69.0	17.25	17. 江苏江阴	2.5	4.5	1.80
6. 江苏昆山	6.0	50.0	10.00	18. 浙江嘉善	4.0	76	19.0
7. 浙江永宁	1.5	4.3	2.86	19. 安徽泾县	1.2	6.4	5.33
8. 安徽寿州	14.0	45.0	3.214	20. 湖南衡阳	10.0	30.0	3.00
9. 江西奉新	2.0	11.0	5.50	21. 广东罗定	1.8	13.2	7.30
10. 湖北监利	1.0	0.4	0.40				
11. 湖南衡阳	10.0	110.0	11.0				
12. 广东罗定	4.3	33.5	7.605				

（三）（1801—1807 年）

地区	土地面积（亩）	地价（钱/文）	每亩价（钱/文）	地区	土地面积（亩）	地价（钱/文）	每亩价（钱/文）
22. 辽宁辽阳	6.0	8250②	1375	32. 江苏丹徒	1.2	10000	8333
23. 直隶蔚县	32.0	36800③	1150	33. 浙江金华	1.2	20000	16667
直隶昌黎	7.0	40817④	5831	34. 浙江丽水	0.1	1000	10000
24. 河南罗山	80.0	206290⑤	2579	35. 安徽凤台	10.0	91000	9100
25. 河南安阳	8.0	78400⑥	8900	36. 江西万载	7.2	140000	19444
26. 山西文水	3.7	10780⑦	2914	江西宜春	1.0	16730	16730
27. 山东临朐	1.0	4650⑧	4650	37. 湖北京山	23.0	330000	14348
28. 山东滕县	2.8	35770⑨	12775	38. 湖北京山	1.1	19000	17273
29. 山东乐陵	3.0	47040⑩	15680	39. 广东信宜	11.0	93000	8454
30. 江苏江阴	0.2	2800	14000	广东信宜	26.0	303000	11654
31. 江苏江都	5.0	15000	3000	40. 吉林长春	132.0⑪	21945⑫	166

（四）

（1815—1820年）

地区	土地面积（亩）	地价（钱/文）	每亩价（钱/文）	地区	土地面积（亩）	地价（钱/文）	每亩价（钱/文）
41. 直隶昌黎	12.0	111996⑬	933				
42. 直隶宁晋	1.3	10000⑭	7692				
43. 河南长葛	17.0	39200⑮	2306				
44. 河南淇县	13.0	18620⑯	1432				
45. 山东惠民	4.8	70560⑰	14700				
46. 安徽亳州	4.0	40000	10000				
47. 安徽宿州	6.0	13500	2250				
48. 江西瑞金	32.0	401700	12553				

注：① 原资料为“荒地一百二十亩，随带钱粮十二亩”。

② 原资料为“典价小数市钱五十千文”，当系“东钱”。按“东钱”一千文折实钱165文，共折钱8250文。原资料又谓“嘉庆七年正月二十六日，刘成（典地人）情愿让价五千，令田二（原出典人）赎地”。可见该地典价与买价略等。

③ 原为“大钱”，即每串为足钱一千文。

④ 原为“大钱”40817文，并注明折合“东钱”245串。按“东钱”每串应为165文，此处则折合为166.6文，与1652制不符。

⑤ 按北方各省多通行“京钱”。从所接触档案资料，山东各县地价多注明“京钱”，河南地价有的也注明“京钱”。表内所列罗山、安阳、长葛、淇县等四县，未注明何种钱制，兹皆按“京钱”折算。“京钱”以490文为一千文。罗山县地价原为421千文，折实钱206290文。

⑥ 原为160千文，按“京钱”折合78400文。

⑦ 原为22千文，按“京钱”折合10780文。

⑧ 原为“京钱”9500文，折钱4650文。

⑨ 原为“京钱”73千文，折钱35770文。

⑩ 原为“京钱”96千文，折钱47040文。

⑪ 原为熟地11垧，又草房5间。按长春每垧为地12亩，共折132亩。

⑫ 原为133吊，按“东钱”每吊165文计，共21945文。

⑬ 原为“大钱”，即足额钱。

⑭ 原为“大钱”。

⑮ 原为80千文，按“京钱”折合39200文。

⑯ 原为38千文，按“京钱”折合18620文。

⑰ 原为“京钱”144千文，折为70560文。

说明：为了便于对各地地价进行比较，把各地事例按时期分成四组，各例具体年代如下：

(1) 乾隆三年，(2) 乾隆二年，(3) 乾隆四年，(4) 乾隆元年，(5) 乾隆三年，(6) 乾隆四年，(7) 乾隆元年，(8) 乾隆五年，(9) 乾隆五年，(10) 乾隆二年，(11) 乾隆二年，(12) 乾隆五年，(13) 乾隆十四年，(14) 乾隆十二年，(15) 乾隆十三年，(16) 乾隆十六年，(17) 乾隆十六年，(18) 乾隆十八年，(19) 乾隆十五年，(20) 乾隆十三年，(21) 乾隆十五年，(22) 嘉庆七年，(23) 嘉庆十二年，(24) 嘉庆九年，(25) 嘉庆十年，(26) 嘉庆七年，(27) 嘉庆十一年，(28) 嘉庆十二年，(29) 嘉庆十三年，(30) 嘉庆六年，(31) 嘉庆七年，(32) 嘉庆十年，(33) 嘉庆十年，(34) 嘉庆十年，(35) 嘉庆十一年，(36) 嘉庆八年，(37) 嘉庆年间，(38) 嘉庆九年，(39) 嘉庆十年，(40) 嘉庆二十四年，(41) 嘉庆二十年，(42) 嘉庆二十二年，(43) 嘉庆十九年，(44) 嘉庆二十二年，(45) 嘉庆二十一年，(46) 嘉庆二十年，(47) 嘉庆二十五年，(48) 嘉庆二十年。

资料来料：刑档。

附录四

各省农业长工年工资示例

(1796—1820 年)

奉天 11 例	吉林 2 例	山东 9 例	直隶 7 例	河南 8 例	山西 4 例
嘉庆八年	嘉庆十三年	嘉庆六年	嘉庆五年	嘉庆六年	嘉庆七年
36000 文	70000 文	11000 文	7000 文	4800 文	6800 文
八年	十四年	八年	九年	六年	八年
63000 文	36000 文	9000 文	10000 文	3300 文	12000 文
十一年		十年	九年	八年	九年
45000 文		10000 文	2780 文	5500 文	9000 文
十四年		十年	十年	十年	二十五年
90000 文		8000 文	4000 文	3000 文	10000 文
十四年		十四年	十三年	十一年	又每月谷
55000 文		13500 文	6500 文	3000 文	子 2 斗
十四年		十五年	二十三年	十二年	
60000 文		13000 文	9500 文	7700 文	
十五年		二十年	二十三年	十四年	
70000 文		11000 文	5200 文	2800 文	
二十一年		二十一年		十四年	
38000 文		5000 文		3500 文	
二十三年		二十二年			
55000 文		19500 文			
二十四年					
65000 文					
二十四年					
56000 文					

资料来源：中国社会科学院经济研究所藏：刑档抄卡。

明清两代“雇工人”的法律地位问题

经君健

在关于中国资本主义萌芽问题的讨论中，不少同志根据历史文献上关于“雇”、“佣”的记载，来考察中国资本主义生产关系的“萌芽”时代，我们认为这是很必要的。问题在于如何运用马克思列宁主义的理论，正确地判断这些“雇”、“佣”劳动的性质。事情很清楚，资本主义的剥削关系虽然采取资本家阶级对工资劳动者阶级的雇佣关系的形式，但雇佣关系却并不就等于资本家阶级对工资劳动者阶级的剥削关系。我国不同时期的历史文献上所见到的“雇”、“佣”，到底是什么性质，是需要结合当时各种条件认真研究的。在这篇文章中，我们仅就明清两代的雇工人这种雇佣关系的性质问题，提出一点看法。

马克思主义所说的资本主义雇佣关系，是“自由劳动”的雇佣关系。“自由劳动和这种自由劳动对货币的交换……是雇佣劳动的前提与资本的历史条件之一。”① 所谓“自由劳动”包含双重意义。第一，劳动者已从前资本主义的人身隶属关系中解放出来，成为一个有权出卖自己劳动力的“自由”的人；第二，劳动者已被夺去生产资料，“自由”得一无所有。前者使劳动者出卖劳动力成为可能，后者使劳动者出卖劳动力成为必要。当这种“自由”的劳动者在劳动力市场上和资本家进行交易时，双方“彼此作为身分平等的商品所有者发生关系，所不同的只是一个是买者，一个是卖者，因此双方是在法律上平等的人。”② 这里的“平等”，当然就是买卖双方都有根据自己的“自由意志”成立交易契约——雇佣契约的同等权利的意思。

在鸦片战争以前的中国历史上，早就出现了大量的被夺去生产资料的劳

① 马克思：《资本主义生产以前各形态》，人民出版社1956年版，第3页。

② 马克思：《资本论》，第1卷，见《马克思恩格斯全集》，第23卷，第190页。

动者。这些贫苦劳动者，绝大部分都是破产农民。我们在明清历史文献上所看到的“雇”、“佣”字样，主要就是指他们被雇佣的现象。

在中国资本主义萌芽问题的讨论中，有个别同志，把这些劳动者的被雇佣，不加区别地一概看成是资本主义的雇佣关系。理由是，这些劳动者的被雇佣，已经是“自由的契约关系”，或者说是“赤裸裸的货币关系”等等。但是，事情并不这样简单。

马克思主义经典作家在分析双重“自由”的意义时，是以劳动者仅仅出卖劳动力，同资本家成立资本主义雇佣关系为前提的。资本主义是这样一种人对人的剥削制度，在这种制度之下，资本家阶级“要购买别人劳动力来增殖自己所占有的价值总额”①，即从事于剩余价值的生产。在资本主义关系下，资本家是向劳动者购买“在一定时间内对他的劳动力的使用”②，而不是购买劳动者本身；资本家需要的是劳动者以“法律上的平等”地位和他成立雇佣契约关系，而不是使这种劳动者在雇佣期间和他发生人身隶属关系。这当然不是由于资本家阶级对工资劳动者阶级怀有什么善良心肠，这是资本主义的历史特征，是不以人们意志为转移的资本主义生产关系的客观规律。

但是，如果在前资本主义的各种人对人的剥削制度之下，事情就不会是这样的。明清文献上所说的“雇”、“佣”现象，情况到底如何，我们应该深究。

现在，我们试就明清法典上有关“雇”、“佣”的规定来探讨劳动者在受雇期间的身分地位问题。法典反映生产关系是通过“折光”作用的，是和实际生活有距离的。可是法典毕竟是统治阶级压迫被统治阶级的工具，法典上面剥夺被统治者任何权利的规定，都是统治阶级束缚人民的绳索，是经常有效的、随时可以动用的现实的统治工具。因此，我们对于明清雇佣劳动者身分地位问题的探讨，可以从明清法典的有关规定开始做起。实际生活中的具体情况，我们在这里暂不涉及。

一　明清法律上的雇工人

在明清两代，贵族、缙绅和地主为了生产劳动，为了家庭服役，都需要役使劳动力。在当时的社会经济条件下，他们常常采取购买劳动者的方式来

① 马克思：《资本论》，第1卷，见《马克思恩格斯全集》，第23卷，第782页。
② 马克思：《资本论》，第2卷，见《马克思恩格斯全集》，第24卷，第42页。

获取劳动力。买来的劳动者就成为奴婢，有的则在名义上称作义男、义女。他们的这种人身购买往往也采取“自由交易”的雇佣契约形式。这种雇佣的交易和奴婢买卖的主要差异，只在于“雇与奴虽同隶役，实有久暂之殊”，“雇工人者，雇倩役使之人，非奴婢之终身从役者”，① 就是说奴婢的卖身契约终身有效，世代有效，而雇佣契约只在约定的年月时限以内对雇佣劳动者有约束力。明清两代的法律术语把这样被“雇”、“佣”的劳动者称为“雇工人”②，称雇主为“家长”，认为雇主和雇工人之间“应有主雇之谊”③，具有所谓“主仆名分”；从而，这种关系在实际上成为主仆关系的一种。

明清法典并不承认雇工人和雇主之间有什么平等的身分地位，所有的只是从属的人身隶属关系。当时的法典是把雇工人看作一个特殊的社会等级，对雇工人的许多罪行的判处原则，和“凡人”、“奴婢”分别对待，列有专门条款。但法律条文和许多法学家的著作则往往“奴”、“雇”并提。而雇工人确实也是一种和奴婢虽有若干不同但又极相类似的社会等级，“盖亦贱隶之徒耳”。④

根据现存文献，我们知道，迟至万历十六年（1588 年），明政府才第一次对雇工人这个法律术语下了正式的定义。这个定义说，“今后官民之家，凡倩工作之人，立有文券，议有年限者，以雇工人论；止是短雇月日，受值不多者，依凡论”。⑤ 这时法典才明文规定把“止是短雇月日，受值不多者”排除在雇工人的范围之外。万历十六年以后，朱明政府未曾对雇工人的含义再次作过修改。清代法典也继承了这个定义。不过，清政府在乾隆二十四年（1759 年）、三十二年（1767 年）、五十三年（1788 年）、嘉庆六年（1801 年）和宣统二年（1910 年），分别做过几次修改或补充。关于这个问题，我们将在本书《明清两代农业雇工法律上人身隶属关系的解放》一文中专门讨

① 张楷：《律条疏议》，明天顺间刊，卷 20，第 21、25 页。

② 明清法典没有指明雇工人是农业雇佣劳动者还是手工业雇佣劳动者。我们所见清代成案中涉及的雇工人，绝大多数都是农业雇佣劳动者；也有少数判例涉及手工业劳动者，特别是尚未脱离农业的手工业劳动者，如烧炭工、砖瓦工等等，他们也受有关雇工人的法律的约束。

③ 聂尔康：《濂江公牍》，咸丰九年广东石城县冯亚五案，见《为宰公牍》，第 23 页。

④ 张楷在《律条疏议》中按道：“雇工人非奴婢之比，亦必倍减以科刑。〔家长〕致死〔雇工人〕而与〔致死〕奴婢同徒，失之轻也；〔家长〕故杀〔雇工人〕而与〔故杀〕凡人同斩，失之重也。故其死及故杀，则均坐以绞刑，过失杀伤并不论罪，盖亦贱隶之徒耳。”见卷 20，第 21 页，“良贱相殴”律后。

⑤ 刘维谦：《明律集解附例》（以下简称《明律》），光绪三十四年（1908 年）修订法律馆重刊本，卷 20，“斗殴”。

论。在这里，我们只想指出一点，即从万历十六年以后，并不是所有的雇佣劳动者都被看成是法律上的雇工人；法律术语雇工人所指的社会成员，并不是一个固定不变的社会等级。但是，另一方面也必须强调指出，明清法律对于雇工人所犯各种罪行的判刑等级，自从洪武三十年（1397 年）最终编定《明律集解附例》的时候起，到宣统二年（1910 年）纂修《大清现行刑律》的时候止，除个别罪行外，一直没有变动，前后历时五百多年。这就是说，随着社会经济情况的发展，构成法律上雇工人身分的条件虽然在发生着变化，但是，只要雇佣关系适合当时的雇工人的含义，构成法律上的雇工人身分，那么，他就得受到雇工人的法律约束。五百多年以来，历朝的统治者对于如何惩处雇工人的犯罪行为这个问题，前后一致，极少发生异议，他们对待雇工人的那副凶残面貌是一直没有改变的。①

二　被当作子孙、卑幼判刑的雇工人

明清统治阶级是把雇工人编入雇主的宗法家长制体系以内，对雇工人侵犯雇主及其有服亲属的行为，比照子孙或卑幼侵犯其父母、尊长的罪行来权衡处刑的。

明清时代的统治阶级和法学家并不承认雇主和雇工人之间是什么简单的劳动力买卖的交易行为，而称雇主是雇工人的家长，强调支付劳动报酬的行为是雇主“恩养”雇工人，就和家长之“恩养”其子孙一样。家长和雇工人之间具有一种名分关系，这种名分，类比作伦理关系中“亲子”、“尊卑”、“上下”的名分。对于这一点，所有明清两代的法学家都是一贯坚持的。例如，明代的刘维谦就强调说，“雇工人虽无伦理，而名分之重与子孙不异”；② 清代的李柟说，“雇工人虽不在伦常中，而名分之重，则与子孙不异”；③ 清代的万枫江又说，“雇工人虽不同服属，而名分之重与子孙不异”。④ 当然，明清两代的统治阶级决不是把雇工人真正当作子孙，赋予他们

① 因此，我们可以根据任何一部明清律例来研究两代雇工人的法律地位。明清两代，尤其是清代，现存的律例很多，主要可参阅：（1）《明律》；（2）吴达海：《大清律集解附例》，康熙年间修补顺治原版刊本；（3）吴坛：《大清律例通考》，光绪十二年刊本；（4）《大清律例增修汇纂大成》，光绪二十四年刊本等。

② 《明律》卷 19，第 28 页。

③ 李柟：《大清律笺释》，康熙刊本，卷 19，第 6 页。

④ 万枫江：《大清律集注》，乾隆三十四年刊本，卷 20，第 7 页。

以子孙的权利，例如遗产继承权等等。这一点是无需说明就可理解的。雇工人和子孙的另一差异，就是在一个家族中，某代子孙对上代固然处在子孙、卑幼的地位，对其下代却又是父母、尊长，而雇工人则对雇主的任何亲属都处在子孙、卑幼的地位。他只是在犯罪处刑时比照子孙、卑幼的地位，而不享有子孙、卑幼的任何权利。总之，在明清两代的统治阶级看来，“奴仆、雇工人之于家长，实属分严情疏，非卑幼亲属可比”。①

这种把雇佣劳动者编入雇主的宗法家长制体系以内来确定其判刑等级的“主仆”制度，和资本主义制度下资本家和工资劳动者之间的关系决不应该混淆起来。这是明清封建主义生产关系的一种特殊现象，是一个必须认真研究的问题。现在就来看看这种制度的具体内容。

大家知道，中国的五服制度是区别血缘关系的亲疏以定服丧等级的一种制度。五服制度把血缘亲属分为直系尊长、期亲、大功、小功和缌麻五类。如果男女分别计数，那么属于尊亲的八种，期亲十三种，大功十一种，小功十九种，缌麻三十八种，总共八十九种。② 这就是说，雇工人对雇主及其八十九种亲属都处于从属地位，不得享受平等的法律待遇。例如雇主的同胞兄弟乃是雇主的“期亲”，也就是雇工人的“期亲”；和雇主出自同一高祖父母而为雇主旁系亲属的同辈女子，在亲属称谓上叫做族姊妹，在丧服制度上，如其未嫁，属于“缌麻亲”，她在法律上也被当作雇工人的“缌麻亲”对待。总之，尽管雇工人只从雇主个人那里领取饭食工钱，和雇主的那许多亲属了无经济关系，但是雇主的所有有服亲属却都对雇工人享有特殊的法律地位。

为了说明明清时代法律怎样把雇工人编制在雇主的宗法制家族体系以内，由此来确定他对雇主亲属的人身隶属关系，我们可以把他们之间若干种相互犯罪的判刑和同一家族中子孙、卑幼与父祖、尊长间相互犯罪的判刑作

---

① 乾隆十九年十二月，刑部奏折。见沈如焞：《例案续增》卷21，第74页。

② 在本宗九族成员之间，除父母、祖父母、曾祖父母和高祖父母乃直系尊亲外，凡伯叔父母和未嫁姑、兄弟和未嫁姊妹、长子夫妇和嫡孙、众子、侄和未嫁侄女，都叫做“期亲”；凡已嫁姑、堂兄弟，已嫁姊妹和未嫁堂姊妹、众子之妇和众孙、侄之妇和已嫁侄女，都叫做“大功亲”；凡伯叔祖父母和未嫁祖姑、堂伯叔父母和未嫁堂姑、兄弟之妻、再从兄弟、已嫁堂姊妹和未嫁再从姊妹、堂侄和未嫁堂侄女、嫡孙之妇、侄孙和未嫁侄孙女，都叫做“小功亲”；凡曾伯叔祖父母和未嫁曾祖姑、族伯叔祖父母、已嫁祖姑和未嫁族祖姑、族伯叔父母、已嫁堂姑和未嫁族姑、堂兄弟之妻、族兄弟、已嫁再从姊妹和未嫁族姊妹、堂侄之妇、再从侄、已嫁堂侄女和未嫁再从侄女、众孙之妇、曾孙和元孙、侄孙之妇、堂侄孙、已嫁侄孙女和未嫁堂侄孙女、曾侄孙和未嫁曾侄孙女，都做“缌麻亲”；又，外姻中的外祖父母、母之兄弟和姊妹都是“小功亲”，母舅之子、两姨之子、姑之子、妻之父母和女之子又都是“缌麻亲”。参阅附录一。

一番比较。

明清法律规定，雇工人谋杀家长或家长期亲、外祖父母致死，与子孙谋杀祖父母[①]、父母致死，或卑幼谋杀期亲尊长、外祖父母致死同罪，凡参与共谋，不分主犯或从犯，一律凌迟处死[②]。雇工人谋杀家长之大功、小功、缌麻亲属致死，与卑幼谋杀大功、小功、缌麻亲尊长致死同罪，凡参与共谋，不分主犯或从犯，一律斩决[③]。雇工人故杀家长之大功、小功、缌麻亲属，与卑幼故杀大功、小功、缌麻亲尊长一样，斩监候[④]。雇工人殴死家长之大功、小功、缌麻亲，与卑幼殴死大功、小功、缌麻亲尊长一样，斩监候。而家长及其祖父母、父母、期亲、外祖父母殴伤雇工人和祖父母、父母、期亲尊长以及外祖父母殴伤子孙、卑幼一样，无罪。家长之缌麻亲属殴雇工人至重伤，与缌麻亲尊长殴卑幼至重伤一样，判刑比凡人斗殴至重伤罪减一等。家长之缌麻亲殴死雇工人，与缌麻亲尊长殴死卑幼一样，绞监候。雇工人诬告家长，与子孙诬告祖父母、父母同罪，绞决。雇工人诬告家长之期亲、外祖父母、大功、小功、缌麻亲，与卑幼诬告期亲、外祖父母、大功、小功、缌麻亲尊长同罪，如果所诬告的罪行重于卑幼“干名犯义”的罪行，原告就其所捏造事实应得之罪加三等判刑。根据这些例子，我们可以看出，雇工人对雇主的侵犯，其科断同于子孙侵犯父母；对雇主亲属的侵犯，其科断同于卑幼侵犯尊长；反之亦然。这就是说雇工人是被置于子孙、卑幼的行列之中来权衡其处刑等级的。明清两代的法律一贯体现这个原则。

当然，雇工人与雇主毕竟不是血缘的亲族关系，主仆关系也不能完全等于伦理关系。因之，雇工人的处刑等级与子孙并非一般无二、毫无差异的。法律对雇工人某些犯罪的判刑比子孙、卑幼较轻，另外一些，却又较重。我们可再举一些律文的规定来做比较。

---

① 明清法律中的“祖父母”包括高祖父母、曾祖父母、祖父母三代；“子孙”包括子女、孙、曾孙、元孙四代。

② “凌迟处死”是一种执行死刑的特殊方法，一般叫做剐刑，就是零砍碎割。这是明清刑罚中最重的一种，极为残酷。

③ “决”或称“立决”。即不必等候秋审、朝审，就可以按照规定的手续立即执行死刑。

④ “监候”，是监禁等候的意思。凡是斩、绞监候的罪犯，一律暂行监禁，等候秋审、朝审时按具体情况分别处理。虽然同为死刑，但“监候”比“立决”要轻，因为“监候”可以多活一些时日，并有得到赦免的机会。

表 1

1. 斗殴罪（未伤或轻伤）	
卑幼殴大功亲尊长	杖八十，徒①二年。
雇工人殴家长之大功亲属	杖②一百。比卑幼殴大功亲尊长罪轻三等。
卑幼殴缌麻亲尊长	杖六十，徒一年。
雇工人殴家长之缌麻亲属	杖八十。比卑幼殴缌麻亲尊长罪轻三等。
2. 骂詈罪（挨骂人亲自告官乃坐罪）	
子孙骂祖父母，父母	绞。
雇工人骂家长	杖八十，徒二年。比子孙骂父祖罪轻四等。
卑幼骂缌麻亲尊长	杖六十。
雇工人骂家长之缌麻亲属	笞③四十。比卑幼骂缌麻亲尊长罪轻二等。
3. 谋杀罪（已死）	
祖父母、父母谋杀子孙	杖六十，徒一年。
家长谋杀雇工人	没有此项罪行律文。④
4. 盗窃罪	
盗窃自己的期亲亲属财物	比凡人盗窃罪轻五等。
盗窃自己的缌麻亲属财物	比凡人盗窃罪轻二等。
同居雇工人盗窃家长财物	比凡人盗窃罪轻一等，并免刺字。比子孙盗窃期亲财物罪重四等。相当于盗窃无服制远亲财物罪。

注：①徒，明清时代刑罚的一种。犯罪稍重，除受杖刑外，发本省驿递服劳役。自一年起加至三年止，为五等；每杖一十及徒半年为一等加减。期满还乡。

②杖，用大竹板打臀腿处，是明清刑罚中次轻的一种，自六十至一百，分五等，每一十为一等加减。

③笞，用竹板打臀部，是明清刑罚中最轻的一种，自一十至五十，分五等，每一十为一等加减。

④康熙年间沈之奇原注，洪弘绪重订《大清律辑注》：“杀奴婢、雇工人有殴杀、故杀而无谋杀。盖尊长谋卑幼，已杀者亦止依故杀法，故于奴婢、雇工人不著谋杀罪，所以别上下之分也”。

这些判刑等级的差异表明，雇工人在犯罪处刑时的法律地位与雇主家族内的子孙、卑幼相类，但比子孙、卑幼略高，唯有盗窃罪例外。雇工人盗家长财物比亲属盗窃罪加重至四等之多。这正好说明雇工人和子孙卑幼的差别，法律严防雇主的财物流入雇工人手中①。

同时，我们还必须看到，在宗法家长制体系里，一个成员具有双重身分。一方面，对于父祖以及一切辈分较高的人（包括兄姊），他是子孙、卑幼；同时，对于子孙以及一切辈分较低的人（包括弟妹），他又是父祖、尊长。而被编制在

① 嘉庆二十四年《说帖》中记载：“查律载，同居奴婢、雇工人盗家长财物减凡盗罪一等，免刺等语，……乾隆五年又改定雇工人盗家长财物亦照窃盗计赃治罪，均不准照律减等，现今遵行。是律文所载减等一条业已不用。例内虽未指明此等人犯应否刺字，但既称‘照凡盗一体治罪’，自当照凡盗一体刺字，以盗窃门内已有刺字明文，不复赘言也。”（祝庆祺：《刑案汇览》，光绪十四年刊本，卷18，第68—69页），这就更加强了对雇工人盗雇主财物的防范。

雇主的家族体系内的雇工人，在法律上却没有这种双重的地位。陈说在其《读律管见》一书写道："奴、雇于家长之亲皆卑幼也。主人缌麻之卑幼，皆奴、雇缌麻之尊长也"。① 这就是说，雇主的长辈是雇工人的长辈，雇主的晚辈也是雇工人的长辈。在雇主的家族体系内，雇工人比起任何人来，其法律地位都只能相当于子孙或卑幼，而不能相当于尊长，即使对雇主的初生堂房侄孙，也必须如此。上面列举的那些律条说明，雇工人对雇主亲属、子孙对父祖、卑幼对尊长犯同等罪行时，是同一科断。但"亲属"二字既包括长辈，也包括晚辈。举例说，某人被他的堂侄孙打死了。在服制中，堂侄孙是缌麻亲卑幼。按照卑幼殴死缌麻亲尊长律，凶手应判斩监候。如果某人打死了他的堂侄孙，按照缌麻亲尊长殴死卑幼律，凶手应判绞监候。前者砍头，身首异处；后者绞死，可得全尸；虽然都是死刑，但前者重于后者。如果雇工人殴死雇主堂侄孙的话，按照雇工人殴死雇主缌麻亲属律和卑幼殴死缌麻亲尊长同罪，应判斩监候。这位雇工人并不能因为堂侄孙是雇主的晚辈而像尊长那样得到全尸的"优待"。明清法律中关于雇工人对家长亲族的一切规定都是这样的。所以，假设雇主家族的八十九种服制关系每种有一个人，那么，雇工人在这个家族体系内不是仅受四十名尊长的统治，而是受全家族八十九人，再加上雇主夫妻，即九十一人的统治。雇工人对雇主宗法家长制体系内的任何有服成员都具有不同程度的人身隶属关系，他隶属于雇主的整个家族。

三　雇工人与奴婢

从明清法典中可以发现，除去雇工人以外，被编制在宗法家长制体系之中的还有奴婢。奴婢是终生卖身的，不但其劳动力，而且其人身也不属于他自己，完全隶属于主人。在社会上，奴婢低凡人一等，被视为"贱民"。在主人的家族中，他（她）没有任何自由和权利。奴婢以及他们的子孙，可以被主人作为财产出卖或转让。有的奴婢甚至永远不能赎身，子孙世世为奴。现在再将雇工人在主人家族体系中的法律地位和奴婢作个比较，来进一步分析雇工人的地位。

在明清法律上，对很多罪行的判处规定，雇工人和奴婢是同等判刑的。例如，谋杀雇主及其亲属罪，诬告雇主及其亲属罪，奸雇主妻女罪，雇主及

① 转引自《大清律例通考》卷26，"刑律，""人命"。

其亲属被杀不报官而私和罪，造畜蛊毒杀害雇主罪，发掘雇主坟冢罪，毁弃雇主尸体罪，于雇主坟墓附近薰狐狸、烧棺、烧尸罪，盗窃雇主财物罪，杀死雇主图赖他人罪等等，对雇工人和奴婢判刑都没有差别。雇主谋杀雇工人、殴雇工人不至重伤、过失杀死雇工人、奸雇工人妻女、骂雇工人等，也和主人对奴婢犯这些罪行一样判处。

此外，立法者规定，雇主和雇工人间的关系也具有“主仆名分”。这说明在当时的统治者心目中，在雇主心目中，雇工人和奴婢是有其共同之处的。

当然，雇工人的法律地位也不是在一切方面都表现得同奴婢一样。以斗殴罪为例：

表 2

奴婢殴家长，不论有伤无伤或者殴死	不分主犯、从犯，一律斩决。
雇工人殴家长，未伤	主犯杖一百，徒三年。从犯减一等。比奴婢轻二等。
雇工人殴家长，轻伤	主犯杖一百，流①三千里。从犯减一等。主犯比奴婢主犯轻一等。
雇工人殴家长，重伤	主犯绞监候。从犯减一等。与奴婢罪同等，但全尸。
雇工人殴家长，致死	主犯斩决。从犯减一等。主犯与奴婢同罪。
奴婢殴家长之缌麻亲属，未伤	杖六十，徒一年。
雇工人殴家长之缌麻亲属，未伤	杖八十。比奴婢罪轻三等。
家长殴死奴婢	杖六十，徒一年，放受害奴婢的夫、妻子女从良。
家长殴死雇工人	杖一百，徒三年。比殴死奴婢罪重四等。
家长之缌麻亲属殴死奴婢	杖一百，徒三年。
家长之缌麻亲属殴死“雇工人”	绞监候。比殴死奴婢罪重二等。

注：①“流”刑是将罪犯送到遥远的地区去居住，永远不许返回家乡。在明代，流刑重的叫做“充军”；到清代，一般流刑都叫做“充军”了。

一般说来，雇工人侵犯雇主比奴婢侵犯主人判刑较轻；雇主侵犯雇工人比主人侵犯奴婢判刑较重。

雇工人在受雇以前是一个凡人，一旦受雇，并符合雇工人条件，就与雇主有了主仆名分，就形成了依附关系、隶属关系。但主雇之间的“主仆名分”与主奴之间的“主仆名分”是有所差异的。前者因为雇佣关系一般不是终生的，其身分关系也就随雇约期满而解除。明清法典就根据这一点来区分雇工人和奴婢的法律地位。清初的法学家沈之奇写道，雇工人“不过受人雇值，为人执役耳，贱其事未贱其身。雇值满日，即〔与旧〕家长亦同凡人，与身为奴婢者不同”；又说，“雇工人雇钱已满，出外别居，即凡人矣”，“雇钱已满，即同凡论”。[①] 张澧中写道：雇工人“一经辞出，即无恩义可言”。[②]《大清律例集解附例》认为，“奴婢系终身服役，雇工人止系限年服役，故坐罪稍异也”。[③]刑部说帖曾有这样的话：“雇工与奴婢名分虽同而恩义有别。奴婢一经契买，则终身服役，饮食衣服皆仰之主人。其恩重，故其名分亦重。而雇工衹为生计受雇佣工，因其既受役使，不得不示以上下之分。若一经工满，去留得以自由，留之则为主仆，去之则无名分。……其工价既尽，即属凡人也。”[④] 这就比较清楚地说明了清代关于奴婢与雇工人法律的立意所在。由于同样的道理，雇工人的子孙不继承雇工人身分。

明清法典中并未规定雇工人属于贱民范畴。[⑤] 但在封建统治者的思想中，往往把雇工人看做是和凡人不一样的。例如，乾隆八年的一个案件中，司法者就认为雇主“诬雇为仆，与诬良不同”，他们明知自己的看法“律无正条”，即没有法律根据，但还是借词“事出有因”，对雇主的违法行为“应免深究”。[⑥] 乾隆十二年发生的一起奴婢和雇工之间的纠纷案件中，刑部认为“奴仆之与雇工，一系终身服役，一系限年服役，乃均属听遣驱使，同为下役之人，未可以奴婢为贱而以雇工为良也”。[⑦] 这种情况，看来是司法者违反法典的行为，而不是法典的立意。

从法典的正式规定看来，在雇主宗法家长制体系以外的社会上，雇工人的法律地位是和奴婢不一样的。这一点，雇工人和奴婢有很大的区别。明清法律中有“良贱相殴”、“良贱相奸”、“良贱为婚”等条，都是为奴婢与主人家族成员以外的凡人间的相互关系而设的。一般说来，凡人侵犯别人的奴婢，比侵犯凡人减一等治罪。奴婢侵犯凡人，比凡人相互侵犯加一等治罪。[⑧] 有关“良贱”相犯的

---

① 《大清律辑注》卷20，“斗殴”，“奴婢殴家长”；卷25，“犯奸”。

② 张澧中：《大清律例根源》，道光二十七年刊本，卷21，“斗殴”。

③ 转引自姚观等《大清律例全纂》，嘉庆元年刊本，卷22，“奴婢殴家长”。

④ 阙名：《审办雇工殴旧家长议》，刑部说帖，转引自《皇朝经世文编》卷92。

⑤ 清代法学家薛允升说：“究竟雇工人是良是贱，律内并未言及；其与平人相犯，是否以凡论，亦无明文规定。既定有此等名目，而又不详晰叙明，何也？”见《唐明律合编》卷22。

⑥ 马世璘：《成案所见集》卷26。

⑦ 同德：《成案续编》卷9。

⑧ 《大清会典》载：“凡定例，……有良、贱之异。凡‘良贱相殴’、‘良贱相奸’，良人有犯，减凡人一等科罪；奴婢有犯，加凡人一等科罪。”万有文库版，第6册，第636页。

律文，对雇工人无效。例如，殴打别人的雇工人，其科罪与殴打凡人是一样的。法典中没有关于雇工人与雇主家族以外的凡人相犯的特殊规定，可见他们之间彼此具有同一的法律地位。

总之，在雇主的宗法家长制体系中，雇工人的法律地位近似奴婢，而比奴婢略高；但在社会上，它的地位同于凡人。

四　雇工人与雇主及其家族间的不同法律地位

上面已经说明了雇工人在雇主家族中居于类似子孙、卑幼的地位，因

表 3

	1. 谋杀罪
凡人杀死凡人	为首为从分别治罪。主犯斩监候，为从绞监候；没有动手的同谋者杖一百，流三千里。
雇工人杀死家长或家长期亲	不分首从，一律凌迟处死。与凡人谋杀虽同为死罪，但这种处刑的方法是死刑中最为残酷的一种。
家长杀死雇工人	没有此项罪行律文。
	2. 斗殴罪（未伤）
凡人殴凡人	笞二十。
雇工人殴家长或家长期亲、外祖父母	杖一百，徒三年。比凡人殴罪重十三等。
家长或家长期亲、外祖父母殴雇工人	无罪。
雇工人殴家长的缌麻亲属	杖八十。比凡人殴罪重六等。
家长的缌麻亲属殴雇工人	无罪。
	3. 奸罪（和奸、男女同罪）
凡人和奸	杖八十。
雇工人与家长妻、女和奸	斩决。比凡人罪重九等。
家长与雇工人妻、女和奸	没有此项罪行律文。①
雇工人与家长缌麻亲属妻、女和奸	杖一百，流二千里。比凡人奸罪重八等。
家长缌麻亲属与雇工人妻、女和奸	没有此项罪行律文。②
	4. 骂詈罪（被骂人亲自告官乃坐罪）
凡人骂凡人	笞一十。
雇工人骂家长	杖八十，徒二年。比凡人骂罪重七等。
家长骂雇工人	没有此项罪行律文。
雇工人骂家长缌麻亲属	笞四十。比凡人骂罪重三等。
家长缌麻亲属骂雇工人	没有此项罪行律文。

注：①《大清律辑注》：“家长之于奴、雇本非天亲，特以名分相事。使若家长与奴、雇之妻通奸，自甘污下，应同坐轻笞”。以笞刑中最重的一种（笞五十）计算，也比凡人奸罪轻三等。

②《大清律辑注》：雇主“奸期亲以下之婢及奴、雇〔工人〕之妻者，期亲尤可轻拟；其余‘和’与‘强’似当皆以凡论”。

而，其法律地位在任何情况下都低于凡人。他们“现在工役之日，与家长之亲属亦有名分，虽异于奴婢，亦不得同于凡人”。[①] 现在再来比较一下雇工人与雇主及其家族成员之间和凡人相互之间犯同样罪行的判处，看看雇工人和雇主及其家族成员，存在着何种不同的法律地位。

从上表可以看出，雇主及其有服亲属对雇工人和雇工人对雇主及其有服亲属间，法律地位的差别是何等悬殊。雇主可以任意殴打以至打伤雇工人都不犯罪；骂，自然更不在话下。雇主奸污雇工人妻女，统治者并不认为这值得大惊小怪，应列专条判罪；即使判罪也不过打几十下屁股就算了。这就是说，雇工人不仅自身要受雇主及其有服亲属的凌辱，连他的妻子、女儿都应该忍受他们的凌辱。而雇工人侵犯了雇主以及雇主亲属，比凡人犯同类罪行至少加重三等科断，最高的（如斗殴）竟加重十三等之多！雇工人即使骂上雇主几句，也得挨八十棍，坐两年监牢！统观全部明清法律，和凡人相比，雇工人侵犯雇主除盗窃外没有一项罪行不加等判刑的；反之，雇主侵犯雇工人却又没有一项不减等的。不仅如此，就连雇主家族中有服制的每一个成员都不同程度地对雇工人享有如此特权。与雇主关系最远的缌麻亲属殴打雇工人都不犯法，其余较近的什么小功、大功、期亲之类则更不消说了。

从表面看，雇主侵犯雇工人的若干种罪行，虽然比他侵犯凡人惩处较轻，但总算有所裁制，好像法律并不放纵雇主对雇工人为所欲为。其实，事情并不这么简单。

明清法典“诉讼”门有一条法律，叫做“干名犯义”（简称“干犯”）。按照“名例”规定，亲属之中有人犯罪可以相互代为隐瞒，不向官府检举（谋反、谋叛除外），法律术语称为“容隐”。如果父祖、尊长犯罪，子孙、卑幼去衙门告状或揭发，不论所告是否属实，原告都犯“干犯”之罪。雇工人也有为雇主“容隐”的义务，否则与子孙一样犯“干犯”之罪。而且，他不仅不能告雇主及其尊长，连雇主的卑幼亲属也告不得。总之，雇工人不得“干犯”雇主家族任何有服成员。请看对雇工人犯“干犯”罪的判处：

---

① 《大清律辑注》卷20，“刑律”、“斗殴”，“良贱相殴”律注。

表4

家长犯罪，雇工人告实	首告人杖九十，徒二年半；犯罪人同自首论，免罪。
家长期亲、外祖父母犯罪，雇工人告实	首告人杖九十；犯罪人同自首论，免罪。
家长大功亲属犯罪，雇工人告实	首告人杖八十；犯罪人同自首论，免罪。
家长小功亲属犯罪，雇工人告实	首告人杖七十；小功尊长犯罪人就其所犯的应得之罪减三等治罪。
家长缌麻亲属犯罪，雇工人告实	首告人杖六十；缌麻尊长犯罪人就其所犯的应得之罪减三等治罪。

如果雇工人犯罪，雇主或其亲属告实，被告按所犯罪行判处，不减刑；首告人无罪；而特别值得重视的是：诬告也无罪。

按照“干犯”律，雇主与雇工人法律地位之悬殊竟可能达到如下惊人的程度：假设雇工人的两眼被雇主打瞎，或者两条腿被打断，按照法律，雇主应减凡人三等（凡人犯有此项罪行应判杖一百，流三千里，并将一半财产给付受害人养赡）治罪，即判杖九十，徒二年半。但是，实际上雇工人并没有告发雇主这种罪行的法律保障。因为如果雇工人去衙门告状，他就犯了“干犯”雇主之罪。按雇工人干犯家长律，原告应判杖九十，徒二年半，而被告却作自首论，免罪。于是凶手应得的惩罚反而落到受害人的头上了。受害人坐牢挨打，犯罪人却逍遥法外。再假设雇工人被雇主的曾侄孙打得内伤以至吐血。曾侄孙是雇主的缌麻亲属，按照法律，他应减凡人一等（凡人犯同样罪行，杖八十）治罪，即杖七十。雇工人如果告官，也犯干犯罪。结果被告依律减三等治罪，即打（笞）五十板屁股结案，而原告却要挨六十大棍。受害人比犯罪人罪高一级，刑加一等。

不仅如此，上述种种都是雇工人违犯“主仆名分”，因而便是违犯国法的意义上的法律待遇。要知道，雇工人除去必须遵守国法以外，他还必须遵守雇主的家法，雇主有权对他施行家长的权力。这种家长统治的权力是得到国家法典的承认和保护的。

明清法典“斗殴”门“奴婢殴家长”律内有这样一条规定：雇工人“若违犯教令而依法决罚，邂逅致死……各勿论”。违犯谁的“教令”呢？如何算“依法决罚”呢？律后注道：“若奴婢、雇工人违犯家长及家长之期亲、若外祖父母教令而依法于臀腿受杖去处决罚，其有邂逅致死……者，各勿论。”这就是说，雇工人受雇于雇主，他就必须无条件地服从雇主的任何命令。法典给予雇主这样一种权力，他可以命令雇工人在任何时间、任何条件下干任何工作，而雇工人必须服从。从而，雇工人的劳动就成为一种强制的人身奴役性质的劳动。因为雇工人不干的话，是为“违犯教令”，雇主就可以行使“家长”权力，在雇工人的“臀腿受杖去处”“依法决罚”，打上一顿。雇主所依的这个“法”是什么样子，法典中没有讲，实际上就是雇主的意志，打多少是“合法”，那就凭雇主的高兴了。挨打以后的雇工人不死算是走运，死了活该倒霉，因为“邂逅致死”者“各勿论”。

而且雇工人所必须遵守的不仅是雇主本人的“教令”。雇主的期亲，包括父母、祖父母、曾祖父母、高祖父母、伯叔父母、未嫁姑、兄弟、未嫁姊妹、长子夫妇、嫡孙、众子、侄和未嫁侄女以及外姻中的外祖父母，都有权役使雇工人。雇工人不从时，他们都可以施发家长制的淫威，对雇工人“依法决罚”。特别应该注意的是，这一条文中，雇工人和奴婢是并列的。换言之，就这一点而言，雇工人的地位和奴婢完全一样。①

以上分析得知，明清法典给了雇主以任意处罚雇工人的权利。同时剥夺雇工人向法庭控告雇主的权利。这样的规定，比起律例中其他一切有关雇工人的条文都具有更大的压迫作用。它时刻威胁着雇工人，使之不敢违犯雇主的任何“教令”，从而最有效地保证了雇主的家长特权。这种法律非常突出地反对了封建宗法制统治的特点。

由此可以肯定，雇工人和雇主及其家族之间的这样一种关系，和资本主义的雇佣关系显然没有什么相同之处。可以被雇主及其某些亲属“依法”打死的雇工人，决不可以看作是资本主义的“自由”雇佣劳动者。

当然，并非明清时代的一切雇佣劳动者都与雇主具有“主仆名分”，都是法典中所谓的雇工人。明清雇佣劳动者中只有具备特定条件的才属于雇工人等级。决不能由于雇工人的存在而否认产生资本主义萌芽关系的可能性。事实上，鸦片战争前中国封建社会内部已经孕育着资本主义萌芽，我们有必要从雇佣关系中去考察它的表现形式。但无论如何，如果说明清时代某种形式的雇佣关系带有资本主义性质，构成资本的历史前提的话，那么，那种形式下的雇佣劳动者必须不属于雇工人的范畴，必须是已经从雇工人的身分束缚中解放出来的雇佣劳动者。因此，雇佣劳动者身分解放过程的考察，对于研究中国资本主义萌芽问题就具有重要意义了。

---

① “违教令邂逅杀伤奴、雇，皆得勿论，所以别贵贱，正名分也。”（张楷：《律条疏议》，天顺间刊，卷20，第26页，“奴婢殴家长”律后。）

最后，我们要提出关于明清封建社会的等级制度问题。

列宁说过：“所谓阶级，就是这样一些集团，这些集团在历史上一定社会生产体系中所处的地位不同，对生产资料的关系（这种关系大部分是在法律上明文规定了的）不同，在社会劳动组织中所起的作用不同，因而领得自己所支配的那份社会财富的方式和多寡也不同。所谓阶级，就是这样一些集团，由于它们在一定社会经济结构中所处的地位不同，其中一个集团能够占有另一个集团的劳动”。[①] 在明清社会中，农业雇佣劳动者就属于当时社会生产体系中完全不占有，或者占有很少生产资料的生产劳动者阶级，属于被占有劳动的集团。他们是农民的一个组成部分，生产资料所有者和他们结成剥削和被剥削的雇佣关系，他们才借以领得很少的一份社会财富。

阶级，在奴隶社会及封建社会中，表现为等级；等级，是阶级在特定社会历史发展阶段中借以表现的形式。列宁说：“在奴隶社会和封建社会中，阶级的差别也是用居民的等级划分而固定下来的，同时还为每个阶级确定了在国家中的特殊法律地位。所以，奴隶社会和封建社会（以及农奴制社会）的阶级同时也是一些特别的等级”。[②] 本文的分析证明，雇工人的法律身分既不同于凡人，也不同于奴婢，更没有缙绅等所具有的某些特权，从而成为明清时代一个特定的等级。明清法典对某些社会集团具有不同的特殊法律地位的规定，反映出当时存在着一个等级的阶梯，而雇工人只是这个阶梯中的一级，相当低下的一级。同时也看到，把雇工人这种特定的雇佣劳动者和奴婢一起编入雇主的家族体系论刑，这是中国明清社会家长制宗法统治的一个突出表现，也是明清封建等级制的一大特点。

通过这一研究，我们认识到，明清等级制度的结构、特点、意义及其向非等级的过渡等，都应成为我们今后研究的课题。

（本文原载《新建设》，1961年第4期，署名欧阳凡修。
收入本书时曾作修改。）

① 《伟大的创举》，见《列宁全集》，第29卷，第382—383页。

② 《俄国社会民主党的土地纲领》，见《列宁全集》，第6卷，第93页注。着重是原有的。

明清两代农业雇工法律上人身隶属关系的解放

经君健

我们在《明清两代“雇工人”的法律地位问题》一文中，研究了明清法典上所谓雇工人的身分地位，用处刑条律证明了雇工人这类劳动者乃是明清封建社会中被编制在雇主的宗法家长制体系以内的一个特定的社会等级，不能视为资本主义的“自由”雇佣劳动者阶级。同时我们也曾说明，并非当时所有的雇佣劳动者都受雇工人法律约束，法律上的雇工人仅指明清雇佣劳动者中的一个特定范围而言。原不属于雇工人范畴，以及解除了雇工人身分成为“凡人”的雇佣劳动者和雇主是具有平等的法律地位的。这类同凡的雇佣劳动者，才可以说是法律形式上的“自由”雇佣劳动者。该文最后这样写道：如果说明清时代某种形式的雇佣关系带有资本主义性质，构成资本的历史前提的话，那么，那种形式下的雇佣劳动者必须不属于雇工人的范畴，必须是已经从雇工人的身分束缚中解放出来的雇佣劳动者。因此，雇佣劳动者身分解放过程的研究就具有重要意义了。哪些雇佣劳动者属于雇工人范畴？他们在什么时候以及怎样从雇工人身分束缚中解放出来？本文将要回答这些问题。

一　明清两代的“律”、“例”和农业雇佣劳动者的身分地位问题

五十年代以来，关于明清农业雇佣劳动者法律身分的问题，在我国，许多学者均曾论及。如傅衣凌同志在《明清江南地主经济新发展的初步研究》一文中，曾用万历十六年条例说明雇工的身分问题。① 李文治同志在其

① 《厦门大学学报》，1956 年第 3 期。该文载入《中国资本主义萌芽问题讨论集》（以下简称《讨论集》），上册。

所编的《清代鸦片战争前的地租、商业资本、高利贷与农民生活》[①] 和《中国近代农业史资料（第一辑）》[②] 中，举出清代法典中有关雇工人的若干“条例”，证明他们和雇主之间不存在平等的法律地位。又，许大龄同志在《十六世纪、十七世纪初期中国封建社会内部资本主义的萌芽》[③] 一文中也曾谈到这个问题。对这些同志提出的问题，我们在本文中试作进一步的探索。

在开始论述本问题之前，我们认为下列三点是需要事先说明的：

第一，本文所谓的关于雇佣劳动者获得的“解放”，系指雇佣劳动者脱离雇工人法律约束，在法律上摆脱对雇主的人身隶属关系，取得和雇主平等的法律地位这一特定含义而言的。

第二，我们研究的范围仅限于农业雇工（同时涉及从事非生产的所谓“服役”劳动者，但这不是我们的研究重点）。因为明清法典并没有指明雇工人是否包括手工业雇工；而我们曾经接触到的明清判案、批语和其他资料，有少数是涉及到手工业雇佣劳动者，或者在谈到有关手工业雇佣劳动者时使用雇工人这一术语的。因此，可以认为，关于雇工人的这些条例是同样适用于手工业雇工的。但因本文主要讨论农业雇工的法律身分问题，所以凡使用“雇佣劳动者”或“雇工”概念时，主要指农业雇工，一般不包括手工业工人在内。

第三，判断雇佣劳动的性质是一个比较复杂的问题。要想全面深刻地研究这个问题，就必须从这一时期社会生产力的发展水平、生产资料所有制的性质、阶级斗争状况以及经济基础和上层建筑的相互作用等方面进行总体的考察。但这样做，并不是本文的任务。我们在这里只准备分析这个复杂问题的一个侧面——法律形式的变化这一侧面。大家都知道，在阶级社会中，法律作为一种上层建筑，它往往落后于经济基础的发展，而且往往不能完全地反映基础的发展。因此，仅靠对法典的研究来分析生产关系，当然是有其局限性和片面性的。我们并不希望、也不可能从这个研究中对明清农业雇佣劳动的性质下一个全面的断语。但是，我们认为，从这一个侧面来进行研究还是必要的和有益的，至少可以提供对雇佣劳动性质作全面论断所必须的一部

① 《经济研究》，1956 年第 1 期。该文载入《讨论集》下册。

② 三联书店 1957 年版，第 112—113 页。

③ 《北京大学学报》，1956 年，第 3 期。该文载入《讨论集》下册。

分史料和提出一些值得注意的问题。

为了说明我们是从哪里着手研究雇佣劳动者在法律上的人身隶属关系的解放问题，现在先扼要说明一下明清两代的法典。

明代法典的基本原则创自朱元璋。朱元璋在开始建国的那一年（吴元年，公历1367年）就着手草拟法典，后来经过了三十年的漫长岁月，才把整套法典定形化，名之为《明律集解附例》（简称《大明律》）。这部明律构成了明代法典的基础，后来的清代法典则继承了它的基本原则和体制形式。①

明清法典的条文分作“律”、“例”两类。判处各种罪行服刑等级的根本规定叫做“律”，或称“条律。”② 事实上，诉讼案件的具体情节极其复杂，律文当然不可能把各种具体情况包罗无遗。因而，封建法庭在处理案件时，往往很难找到恰合案情的条律。遇到这种情况时，他们便把实际的案情和有关的条律加以比拟，根据封建统治阶级的立法精神，将犯罪者参照有关条律加等或减等判刑。一些具有代表性的案件则列为“成案”，著令“通行”，作为以后判处同类案件的典型先例。隔了若干年，刑部再把某些“成案”简化为条文，经奏请当时的皇帝批准后，便附载到有关的条律之后，作为判处同类案件的正式根据。这种律例条文就是“例”，或称“条例”。当然，另外还有很多条例并非成案的简化，而只是刑部等衙门或官员鉴于当时出现的某些情况，根据封建立法原则拟定后，经皇帝批准颁行的。不论其形成过程如何，条例总归是补条律之不足的具体规定，或权宜规定。朱元璋说过：“条例特一时权宜，定律不可改。”③ 他的子孙遵守了这一告诫，对法典中的条律轻易不敢改动，而条例却每经过一定时期便根据新的成案增删修订一次。清王朝也遵循了这个原则。到乾隆十一年（1746年），更具体规定每

---

① 清朝刚入关时，没有自己的法典，暂时沿用明律。顺治三年（1646年），由刑部尚书吴达海等修成《大清律集解附例》（简称《大清律》），次年公布颁行。《大清律》是在《大明律》基础上，根据清代体制增删修改、加添注释而成的；其中很多“律”、“例”是一字不改地从《大明律》抄下来的。以后，历朝不断修纂，但即使到宣统二年四月颁行的清代最后一部法典——《大清现行刑律》为止，其基本精神和主要内容一直变动不大。

② 清代法典中有关雇工人的条律全部抄自明律，未加改动。所以，我们在这里就将明清两代法典并提了。参阅上一篇拙作。

③ 洪武二十五年（1392年），刑部曾建设更订那些与条例不同或矛盾的条律，朱元璋不准。参阅《明史·刑法志》；《明会要》卷64，“刑一”。

五年修订一次条例。[①] 特别值得注意的是，明清两代法典中关于雇工人的规定，条律始终未变，所改变的只是条例；而条例的修改，除关于强劫雇工财物等个别条款外，其变动又都是关于雇工人这一术语的适用范围的规定。

我们研究明清两代雇佣劳动问题，注意法典中条律和条例这个差别很重要。有关雇工人的条律不变，意味着雇工人这个等级在法律上的身分地位始终不变；这一点，在上一篇拙作中已经分析过了。有关雇工人含义的条例的修改，意味着雇工人这个等级所包括的社会成员有所变动。这种变动，就是本文所要探讨的问题。

二　万历十六年“新题例”上的长、短工

在我们所看到的明代早期的法典中，只有关于雇工人的处刑条律，并没有明确规定所谓雇工人指的是些什么人。当时的问刑官员遇到有关雇工的案件时，常常发生疑问。因此，在有些解释法典的书籍中，作者曾就雇工人名称做出自己的解释。

浙江温处兵巡副使龚大器，在其万历五年（1577 年）刊行的《招拟指南》中说：凡是“用钱雇募在家佣工者”，都算雇工人。他的根据是正德年间的两个判例。一个是正德十三年（1518 年），以“每月工银一钱”的工价雇给“在官卖皮底人刘珍扛抬盛皮底木柜”的胡雄，刃伤雇主；另一个是正德十四年（1519 年）“雇与在官献陵卫舍馀张胜”卖面的张泽骂雇主。在我们看到的文献中，这两个例案都没有记载法庭根据什么把胡雄和张泽确定为雇工人，但都是按雇工人侵犯“家长”的有关律文判处的。龚大器认为，“比部为法家宗主，凡有所拟，即当据以为法”；在他看来，判例就是解释法

---

① 关于清代法典，主要请参阅：（1）吴达海等：《大清律集解附例》，顺治年间刊，康熙年间修补本；（2）沈之奇：《大清律辑注》，康熙五十四年刊；（3）李柟：《大清律集解附例笺释》，康熙年间刊；（4）朱轼：《大清律集解附例》，雍正年间刊；（5）吴坛：《大清律例通考》，乾隆年间成书，光绪十二年刊；（6）万枫江：《大清律集注》，乾隆三十四年刊；（7）唐绍祖等：《大清律例》，乾隆五十五年刊；（8）李观澜等：《大清律例全纂集成汇注》，嘉庆六年刊；（9）杨曰鲲：《大清律纂修条例（律例馆进呈按语册稿）》，嘉庆七年刊；（10）姚润：《大清律例增修统纂集成》，道光十八年刊；（11）张澧中：《大清律例根源》，道光二十七年刊；（12）黄恩彤：《大清律例按语》，道光二十七年刊；（13）章钺等：《大清律例增修统纂集成》，咸丰九年刊；（14）《大清律例汇辑便览》，同治十一年刊；（15）朱文熊：《大清律例增修汇纂大成》，光绪二十四年刊；（16）沈家本等：《大清现行刑律案语》，宣统元年刊；（17）沈家本等：《大清现行刑律》，宣统二年刊；（18）沈家本等：《大清刑律》，宣统三年刊，以及《清史稿 · 刑法志》、《大清会典》、《大清会典事例》等。

典最好的根据。至于“比部”当初是根据什么原则判拟的，他就不管了。①

此外，我们还发现有这样的解释：“雇工人者，乃受雇长工之人，或雇出外随行者，不论年月久近皆是。若计日取钱，如今之裁缝、木匠、泥水匠之类，皆不得为雇工人。若前雇工人年限已满出外，有犯者亦不得为雇工人。”

这个解释包括如下内容：第一，一切长工均属雇工人范畴；第二，受“雇出外随行者”，不论其受雇时间长短，亦均属雇工人范畴；从工作性质上看，这种“出外随行者”，大抵是服役劳动者；第三，“计日取钱”的短工不是雇工人。从所举的例子看，都是手工业者；第四，已经辞出的雇工，不能算作雇工人。可以看出，受雇时间的长短，乃是区分是否雇工人的重要原则。虽然这一解释中没有提到农业雇佣劳动者，但可以确信，上述原则对他们也是适用的。关于雇工人的这一解释，见诸《大明刑书金鑑》。② 这部书是一个不记年月的钞本，我们暂时尚未考出其确切的写作年代。从它对雇工人的解释来看，似乎应该是在龚大器的《招拟指南》之后，而在雇工人“新题例”产生之前。换言之，这部书应该是万历五年至万历十六年之间的产物。如果这个推测不错的话，那么，我们可以这样说：万历五年以后的某一年，即《大明刑书金鑑》成书时起，至十六年之间的雇工人是受雇期内的长工和一切随行出外的佣工。

应该看到的是，不论《招拟指南》还是《大明刑书金鑑》，其对雇工人的解释，尽管可能是一定时期中为司法界所公认的解释，但毕竟只能算作一家之言；它可能代表官方的看法，但总不是正式的法典规定。因此，为消除司法中的混乱现象，对雇工人的含义作一正式的文字规定，完全是必要的。

直到万历十六年（1588 年）制定了“新题例”，法典才第一次对雇工人这个术语下了定义。③ “新题例”是根据都察院左都御史吴时来于万历十五

---

① 龚大器：《（新刊）招拟指南》卷首，第 22—24 页；《比部招拟》卷 4，第 50—55、57 页。比部，是明初刑部下属四部之一。洪武二十九年改四部为十二清吏司，宣德间改为十三司。此处所谓比部，系刑部的代称。参见（万历）《大明会典》卷 2，“吏部”及卷 159，“刑部”。

② 《大明刑书金鑑》，上海图书馆藏钞本，“刑律”、“斗殴”，“奴婢殴家长”律，“辨议”。

③ 我们所看到的万历十六年以前刊行的明代法典主要有（1）洪武元年（1368 年）颁行的《大明令》，见《皇明制书》；（2）（朝鲜）高士褧、尚友斋：《校订大明律直解》，李太祖四年（洪武二十八年，1395 年）成书，1936 年日本刊本；（3）何广：《律例辨疑》，洪武间刊本；（4）张楷（式之）：《条律疏议》，据天顺三年（1459 年）刻本；（5）《大明律》，日本享保本，据清代法学家沈家本考证，这是嘉靖（十六世纪上半叶）刊本的翻印本；（6）《大明律疏附例》，隆庆年间陈省梓本；（7）万历十三年（1585 年）修《大明律附例》，《会典》本及《玄览堂丛书》本；（8）王樵、王肯堂：《大明律附例笺释》（即所谓《笺释本》），万历初年成书，钞本等。在所有这些明律中，都没有发现关于雇工人的“条例”。因此可以肯定，万历十六年的“新题例”是第一个关于雇工人含义的正式规定。

年（1587年）给皇帝上的一个奏折中有关“定‘缙绅’家‘奴婢’例”的部分制定的。[①] 按照明朝定制，一般所谓“庶民之家”是不准收养奴婢的，只有“功臣之家”才有这种权利。但是，在实际生活中，不管什么等级的人，只要他有钱，都在买人使唤。遇到“庶民之家”在主奴之间发生诉讼情事时，法庭就把奴婢当作雇工人处理，[②] 以明其主家有“庶民”与“功臣”之别。可见，所谓雇工人并不完全是雇佣劳动者，其中也包括那些由于主人是庶民而升格的奴婢。

当时还有所谓“缙绅”，国家没有规定他们是否有权蓄奴，而事实上他们是养有奴婢的。这个阶层“固不得上比功臣，亦不可下同黎庶”，如把他们的奴婢统称之为奴婢，作为其家主的“缙绅”则和“功臣”便没有了差别；如统称之为雇工人，则“缙绅”便又同于“黎庶”了。[③] 在当时的封建立法者看来，既不能将“缙绅”升等，又不便将“缙绅”降级，他们所蓄奴婢的地位是颇难安排的。吴时来的建议的主要目的正是为了解决这个矛盾的；而在解决这个矛盾的同时，也给雇工人创立了一个定义。

吴时来的建议上奏后，万历帝命令刑部、都察院和大理寺会同酌议，订出条款。万历十六年正月议妥的条文被置于明律“斗殴”门“奴婢殴家长”律之后，名为“新题例”。“新题例”的全文是这样的：“今后，官民之家凡倩工作之人，立有文券、议有年限者，以雇工人论；止是短雇月日、受值不多者，依凡〔人〕论；其财买义男，如恩养年久，配有室家者，照例同子孙论；如恩养未久、不曾配合者，士庶之家依雇工人论，缙绅之家比照奴婢律论。”[④]

---

① 《明神宗万历实录》卷191，万历十五年十月丁卯。

② “律中各条称‘奴婢’者，乃‘功臣’之家给赐者，其‘庶民’之家，止称‘义男’，比雇工人论”。见《三台明律正宗》，万历十三（?）年刊，“名例”卷1，第24页，“法家引用”。

③ 明律规定：“若庶民之家存养奴婢者，杖一百，即放从良”。法家解释道：“存养‘奴婢’者，重在‘庶民’二字。男曰‘奴’，女曰‘婢’；庶民之家当自服勤劳，安得存养？故以禁之。若有官而上者，皆所不禁也。故律言‘奴婢’殴‘家长’、‘奴婢’为‘家长’首，冒认他人‘奴婢’等项，岂尽为‘功臣之家’言哉！但‘功臣之家’有给赐者，而有官者皆自存养耳。问刑者每于‘奴婢’之罪遂引雇工人科之，其差误甚矣。学者详之”。见《大明刑书金鑑》，钞本，“户律”、“户役”，“立嫡子违法”律，“辨议”。又嘉靖间曾任兵部尚书的苏祐则这样说：“今祖制惟公（？功）臣家有给赏奴婢，其余有犯，男称雇工人，女称‘使女’。在卿大夫家且不得有奴婢，况庶人乎？”见《逌旃璅言》，转自《古今图书集成》，经济汇编，祥刑典，卷94，“律令部”；中华本第773册，第23页。可见，关于官宦之家是否准养奴婢，解释是有不同的。

④ 《明律集解附例》，光绪三十四年清修订法律馆重刊本，卷20。参阅《明神宗万历实录》卷194，十六年正月庚戌；谈迁：《国榷》卷74，古籍出版社1958年刊本，第4571页。

根据“新题例”的规定，凡被倩“工作之人”是否属于雇工人范畴，其判辨的标志是：是否“立有文券、议有年限”。所谓“工作之人”既可以包括从事服役性劳动的雇工，也可以包括从事生产性劳动的雇工，这就是说，劳动性质不决定雇佣性质。同时，这个标志既适用于“民”家雇工，也适用于“官”户雇工，这就是说，雇佣劳动者的身分与雇主的身分无关。由此可见，在“新题例”生效期间内，从事农业劳动的雇佣劳动者，不管其受雇于何等人家（是缙绅地主、凡人地主也罢，是“农民佃户”也罢），只要“立有文券、议有年限”，他就在法律上和雇主处于不平等的地位上，属于雇工人范畴；至于“短雇月日、受值不多”者，即短工①，就不具有雇工人身分，与雇主在法律上地位平等，从这个意义上说，他们在法律上和雇主不再具有人身隶属关系。

关于万历十六年以前短工的法律身分问题，吴时来给万历的“定缙绅家奴婢例”奏折透露了某些线索。其中有这样一句话：“有受值微少、工作止计月日者，仍以凡人论”。这个“仍”字十分重要，它透露：那些“受值微少、工作止计月日”的雇佣劳动者在万历十六年以前就已不属于雇工人范畴，对雇主并不具有法律上的人身隶属关系了。前引《大明刑书金鑑》对雇工人所做的解释，可以证明我们的这一推断。但万历五年以前就不是这样。正德十三年时，按月领取工银的胡雄不就被判为雇工人吗。即使万历十六年以前“受值微少、工作止计月日”的雇工已不属于雇工人范畴，这也并不意味着短工就不再需要法律的明文规定来肯定其地位了。因为从判例中可以发现，就是在有了这种明文规定以后，短工往往仍被当作雇工人来判刑。

在农业生产中，短工的出现和存在是具有重要意义的。“一批农村雇农、特别是短工的形成，是富裕农民存在的必要条件。”②恩格斯曾经指出过，“最初的资本家就已经遇到了现成的雇佣劳动形式”。当时自己有着小块土地而“不时出去打短工的农业劳动者”，就是以这种形式被雇佣的。起初，这种雇佣劳动还“是一种例外，一种副业，一种救急办法，一种暂时措施”，

---

① 我们这里所谓“短工”，是指“短雇月日、受值不多”的雇佣劳动者而言。严格说来，这种说法并不十分确切。因为，即使是“短雇月日”的雇工犯了罪，如果他曾经和雇主订立了文字契约，那么，法庭就会以“立有文契”为充分条件，构成其雇工人身分。这种事例在下文中可以看到。但是，可以设想，在实际生活中，短工立约不会是普遍现象。因此，为了方便起见，我们就用“短工”这一名称和“长工”作一般的划分了。本文所指“短工”，包括日工、月工、季工；“长工”指一年以上的雇工，但一次约定连续受雇在十个月以上的雇工，一般也算长工。

② 《俄国资本主义的发展》，见《列宁全集》，第3卷，第146页。着重点是引者加的。

只是到了小生产者已经破产分化，生产资料已经成了社会化的生产资料并集中于资本家手中的时候，例外的、副业的雇佣劳动才变成了整个生产的通例和基本形式，“暂时的雇佣劳动者变成了终身的雇佣劳动者。”① 这是历史发展的一个方面。

另一方面，“不仅在由实物地租转化为货币地租的同时，必然形成一个无产的、为货币而受人雇用的短工阶级，而且甚至在这种转化之前就形成这个阶级。在这个新阶级刚刚产生，还只是偶然出现的时期，在那些境况较佳的有交租义务的农民之间，必然有那种自己剥削农业雇佣工人的习惯发展起来，……因此，他们积累一定的财产并且本人转化为未来资本家的可能性也就逐渐发展起来。从这些旧式的、亲自劳动的土地占有者中间，也就产生了培植资本主义租地农场主的温床，他们的发展，取决于农村以外的资本主义生产的一般发展，如果像在十六世纪的英国那样，由于发生了特别有利的情况，对他们起了促进作用，……那么，租地农场主就会特别迅速地发展起来。”② 所以列宁强调指出：在资本主义发展史上，“雇用短工在农业中是起着特别重大的作用的”。③ 在本文中，我们不打算就农业短工在明清经济发展史上的作用问题进行分析，但经典作家的这些论断告诉我们必须认真对待短工的身分地位问题。从这一点上说，我们认为万历十六年的“新题例”是具有重要的历史意义的。

“新题例”规定“立有文券、议有年限”的长工属于雇工人等级，但文券和年限究竟是缺一不可的两个必要条件，还是有其一便成为雇工人的充足条件，例文说得含糊不清。不过，根据“新题例”，那些既未立有文券、又未议有年限的雇佣劳动者，显然总不能算是雇工人的。因此，我们可以说，这个规定毕竟又在法律形式上把这种雇佣劳动者划出雇工人范畴之外了。当然，实际断案时是否按照这个原则办事，那是另外一回事。

此外，“新题例”把短工、长工、雇工人、奴婢和义男扯在一块儿，而以特定条件来加以区别。例如，同是雇佣劳动者，如其是“短雇月日、受值不多”的短工，便和雇主有平等的法律地位；如其是“立有文券、议有年限”的长工，便对雇主处在雇工人的人身隶属地位。同是“恩养未久、不曾

① 《反杜林论》，见《马克思恩格斯全集》，第20卷，第296页。着重点是引者加的。

② 《资本论》，第3卷，见《马克思恩格斯全集》，第25卷，第900页。着重点是引者加的。

③ 《俄国资本主义的发展》，见《列宁全集》，第3卷，第56页。着重点是引者加的。

配合”的义男，在缙绅之家就比照奴婢论，在士庶之家却又“依雇工人论”。根据“新题例”，我们大致可以这样说：第一，雇佣劳动者，如其是“短雇月日、受值不多”的短工，就已经从法律上的人身隶属关系中解放出来；如其是“立有文券、议有年限”的长工，就具有雇工人身分，尚未摆脱人身隶属关系。第二，奴婢是包括缙绅之家的义男以及原来功臣之家的奴婢。① 第三，义男则根据其主人身分及已出卖的年限和婚配情况，分别比作了子孙、奴婢或雇工人，不具独立的法律地位。从这里，人们可以看到，奴婢、义男和雇佣劳动者之间的差异性和共同性。附带说，我们认为，这种差异性和共同性以及界限不清之处，可以说是明清封建社会等级结构的一个特点。

三 “新题例”制定后一百七十一年间封建法庭上的雇佣劳动者

万历十六年以后，明政权一直没有修改过“新题例”。顺治四年（1647年）颁行的清朝第一部法典《大清律集解附例》把这个“新题例”全文照录，列于“律附”。② 以后刊行的清代律例又按明律那样，把它全文附于“奴婢殴家长”律之后，其中关于雇工人部分直到乾隆二十四年（1759年）才做第一次修改③。所以说，万历十六年“新题例”成为明清两代封建政权对雇佣劳动者之统治工具者，前后历时达一百七十一年（1588—1759年）。

明清统治者制定的法典，从根本上说，是符合统治者及其所代表的阶级的利益的。因此，统治阶级的法庭在司法过程中，要以法典作为判案的根据，是理所当然、不说自明的。这种现象，可以说是明清封建统治正常秩序的表现。但同时，在“新题例”持续有效的一百七十一年间，关于雇工的成案中，我们也可以发现相当数量不按“新题例”办事的例案。产生这种现象的原因可以很多：可能由于司法人员未能正确地理解立法的原意，可能由于他们受贿营私而有意歪曲律意，也可能由于其他的什么原因。不管怎样，这种现象表明，至少在雇工这一类案件中，明清封建法典的贯彻是不彻底的。

---

① 根据前引《大明刑书金鑑》的“辨议”看，奴婢还应包括官员或缙绅自己存养的奴婢。

② 吴达海等：《大清律集解附例》，顺治年间刊，康熙年间修补本，“律附”，第16页。

③ 乾隆五年，此例附于刑律“人命”门“谋杀祖父母、父母”律后，其中关于“义男”部分改为：“其财买义男并同子孙论”；其余部分未作修改。参阅（光绪）《大清会典事例》卷800，“刑部”，“刑律”，“人命”，第4页。乾隆二十四年起将义男部分从雇工人条例中删去了。

我们认为，如果这一类与法典不相一致的判例达到一定数量，而且其中某些又成为“成案”著令通行的话，那么，它的意义就不是个别的例外，而是在实际上成为法典律例的补充了。因此，这种现象也就应该特别引起我们的注意。基于这种认识，我们在这篇文章中不打算罗列那些按照雇工人条例办事的判例；相反，我们要着重分析的是那些违反这一条例的案件。我们认为，只有这样，才能更全面地看到明清两代法庭在实际上把雇佣劳动者摆在什么样的法律地位上。

如前所述，“新题例”的文字规定是有其含糊不清之处的。现在就让我们来看看封建法庭如何利用这些含糊不清之处，上下其手，对雇佣劳动者进行迫害的。

首先让我们从封建法庭的判例中来看看“立有文券”和“议有年限”究竟是具备其中之一就构成雇工人身分呢，还是两者缺一不可呢?

雍正十三年，直隶新城县的时毛儿给刘玉佣工，“议定每年工价钱七千文”，“未立文契，已经两载。”有一天，刘玉的儿子刘七达子和时毛儿同去“赶集，因值天冷，一齐赴店沽酒御寒。”回家的路上，刘七达子殴打时毛儿致死。直隶总督将刘七达子按殴死雇工人罪判决了。案子报到刑部，刑部认为“刘七达子雇时毛儿，并未立有文券、开明年限，该督照殴死雇工人定拟，与例未符。”可见刑部是把“立有文券”和“议有年限”看作是构成雇工人法律身分的两个并列的必要条件，缺一不可。但是直隶总督却说，“乡间风俗，雇外来之人恐其来历不明，必须写立文券为凭。今时毛儿系同村素识，彼此相信，其〔雇佣〕年限、工价即以口议为定”，[①]“虽未立有文券，但雇工已经二载，初非短雇月日可比；每年给工价七千文，又与受值不多者有间”，“实系长年雇倩”，所以力主维持原判。

---

① 雇佣长工需要写立文契、工帖，是和保甲制度有一定关系的。十五世纪中叶，明代的地方政权有这样的规定：“查雇工。染、麦、糟、磨、丝、毡等店，类多各处雇工人，必取邻里保结，果系久雇，方准容留。如系新来及无保结者，竟行驱逐；如店主容留，鸣官凭坐”。（周鉴：《金汤借箸》，崇祯间刻本，卷6，第18页）在清代，则又和逃人法有关。官府命令：“凡开店、租房之家见有往来客人，只要房钱，听其居住。耕农、修盖之家遇有做工闲汉，只要便宜即为觅雇。不知客系孤身，无多行李，又无相识荐引之人，即宜遗（？遣）发起身。佣人须要相识中保。如有荐引中保，虽系逃人，罪坐荐引中保，断作窝家。如无荐引中保，租房、雇工不得过十日。十日之内免罪，十日之外，即断作窝家。地方官照例治罪。此店房收取房钱赁房居住、雇觅佣工者不可不知”。（黄六鸿：《福惠全书》，康熙五十三年成书，光绪十九年刊本，卷19，第2—3页）由此可见，雇主雇用长工因“同村素识”而不写文契是可能的。

我们从这里看到，法律条文上“立有文券”和“议有年限”的两个条件被直隶总督作如此解释，完全是根据实际生活中雇主的利益和要求办事的。为此，他用“乡间风俗”诠释法典，确认“口议”和“文券”有同等的法律作用。而刑部本来是主张把文券和年限当作并列的必要条件看待的，最后竟也同意了这样的解释，从而减轻了杀人犯——雇主的儿子（期亲）刘七达子的处刑等级。[①] 值得注意的是，此例一经列为成案，以后凡未立文券而仅议年限的长工都就有可能根据此案被纳入雇工人这个等级了。可见，至少从这时起，封建统治者，从中央到地方，都把“立有文券”和“议有年限”看成为并列的两个充足条件，具备其一，便构成雇工人身分。

乾隆二十四年十二月十一日奉旨批准执行的一个案件也是这样。河南王冯氏为从扎勒贾成保身死，“贾成保系王冯氏雇工，虽未立有文券，业经凭中议定长年雇用，按年给工价钱文，”这种情况，河南巡抚认为“与短工不同，应以雇工人论”，刑部与皇帝均同意，将凶手雇主王冯氏“照凡人为从加功绞候之律减一等，杖一百流三千里；系妇人，照律杖罪的决，余罪收赎”。[②] 这也是把“议有年限”作为单一的充足条件的例证。

我们再来看看既未“立有文券”又未“议有年限”但实际上是长工的雇佣劳动者，他的身分是如何划定的。

陕西魏俊自幼给翟邦直佣工，魏俊娶妻后，两姓同住在一起。乾隆二十二年，翟邦直的弟弟翟邦英，风闻魏俊和他的三嫂孙氏通奸，便持刀砍杀孙氏，并且砍死了扑上救母的侄女，然后自杀。如果严格地按照律例办事，魏俊受雇于翟邦直，既没有写下文券，又没有议定佣工年限，是不该按雇工人判刑的。但是，陕西巡抚认为“魏俊年甫十四即受雇翟邦直家，迄今三十九岁，复经帮娶妻室，相依附居，恩深义重，自不应拘泥例文仍以凡论。应将魏俊照（雇工人）奸‘家长’期亲之妻律，拟绞监候。”刑部不仅同意陕抚“不应拘泥例文”的违法意见，而且认为这三条人命案是“由魏俊蒸淫所致，较之仅奸家长期亲之案，罪情尤为重大。若仍照例一体拟以绞候，不特轻重无所区别，更觉无以正名分而惩淫凶，应将魏俊拟绞立决。”[③]

应该强调指出的是，魏俊受雇虽已二十五年，事实上是一个长工，但即

① 洪弘绪等辑：《成案质疑》，乾隆三十一年刊，卷20。

② 《成案续编二刻》卷5。

③ 同德：《成案续编》，乾隆二十年刊，卷6。

使是陕西巡抚也不能不承认：事实上的长工并不就等于法律上的雇工人，所以他说明判处魏俊绞监候的理由并不是以这一点为根据的，而根据的是从统治阶级立场来看的所谓“恩深义重”。因此，他只得承认：判决没有“拘泥例文”，换句话说，就是违反例文的正式规定。至于刑部就更凶恶了。他们把翟邦英杀人和自杀的罪名一股脑儿推到魏俊身上，加重刑罚“以正名分”。此处所谓“名分”也就是指雇主对雇工人的“主仆名分”；虽然按照“新题例”关于雇工人范畴的文字规定，“名分”二字还是根本不存在的。根据这个判例来看，“新题例”中关于“短雇月日”者应同凡论的规定，也就意味着某些既未“立有文券”，又未“议有年限”的长工也可能被划入雇工人范畴，而不同凡。从而在实际上把所有长工都置于雇工人地位上了。

上述两个判例显然是对“新题例”的曲解，但因为它们都是在“新题例”规定得含糊的地方加以解释的，而判例既成“成案”，就变成了可援之例，所以事实上却又成了对“新题例”的补充。

大家都知道，法律不过是“奉为法律”的统治阶级意志，而这种意志的内容则是由统治阶级的物质生活条件所决定的。[①] 明清封建地主阶级用法律来巩固长工对他们的人身隶属关系，这是适合于他们的物质生活条件的需要的。雇工人条例体现了他们的这种意志。同时，当时法律把短工置于凡人地位，这也是适合他们的需要，体现了他们的意志的。因为，拥有大量土地、需要雇工经营的雇主所需要的除长工外，还有短工。短工流动性大，难和雇主形成某种比较固定的关系。而给予短工法律上人身隶属关系的解放，是势所必然的。这样做，更便于随时雇到所需的劳动力，也可以多少提高一些短工的劳动积极性，这对雇主说来，当然是有利的。关于封建法庭按例办事，给短工以同凡地位的事例很多，属于当时的“正常”现象，我们在这里就不需要一一列举了。

根据我们所接触到的判例来看，当雇佣劳动者对雇主犯有奸、杀、诬告等项所谓“重情”罪行时，封建法庭常常曲解，甚至违反律例条文，硬把不属于雇工人等级的雇佣劳动者说成是雇工人，借以加重其处刑等级；相反的，当雇主犯有重情罪行时，封建法庭却又利用同样的手法减轻雇主的处刑等级。我们再用判例来说明这一点。

例如，按月计值的短工，因其“立有文券”，被当作雇工人处刑。雍正

---

① 马克思、恩格斯：《共产党宣言》，见《马克思恩格斯全集》，第4卷，第485页。

八年，广东英德县赖仲熊雇陈贱祥佣工，正月“写立工帖，议定每月工钱三两六钱”。同年八月，陈贱祥被赖某踢打致死。陈贱祥是按月计值的短工，他实际受雇的时间，从正月到八月，也还不到一年。但因立下了工帖（文券），就被当作雇工人了。这么一来，杀人犯雇主便减轻了服刑等级，不必命抵了。① 从“新题例”条文本身看，“立有文券”者为雇工人，“短雇月日”者同凡论。此案雇工陈贱祥既“写立工帖”（“立有文券”），又按月计酬（“短雇月日”），封建法庭不根据按月短雇把陈某同“凡”，却根据“写立工帖”将他划为雇工人，其维护雇主利益之用心是十分明显的。

如果说由于陈贱祥写立了工帖，封建法庭在“新题例”中还可以找到某些根据的话，下面这个案子就什么根据也没有了。

乾隆二十二年，直隶张狗儿给耿运圣佣工，既未写立文券，也没有议定年限。后来张狗儿被控犯了因奸威逼耿妻致死罪。直隶总督和刑部一致认为张狗儿雇给耿运圣家佣工，虽然没有订立文券，也没有议定年限，应按凡人案处理，但耿运圣“究系该犯雇主”，所以“未便轻纵”，于是便加重了对他的判刑等级，断为斩监候。② 封建法庭明明承认张狗儿具有凡人身分，所以也不问他是长工短工，也不能像处理魏俊案那样讲什么“恩义”、“名分”，在这里，只凭“究系”与“未便”这类文字游戏便决定了一个劳动者的命运。

再如，对于那些明明是“短雇月日”、“受值不多”，同时也并未“立有文券”的雇佣劳动者，也不给他们以和“凡人”同等的法律地位。乾隆二十一年，甘肃王俊雇王大玉拉车贩灰，没有订立文券。后来在双方争斗中，王大玉打死了王俊。地方官认为王大玉“系短雇月日、受值不多”的短工，应按凡人殴人致死罪处绞。刑部同意这一判决。但当时正值清王朝颁布大赦令，地方官的意见是，把王大玉的绞刑“援赦减杖”。而刑部却认为王大玉“受雇工作虽未立有文券，究与寻常斗殴不同”，因而“虽事犯在恩诏以前，应不准其援减”，否定了地方官的意见，仍旧处绞。③

以前我们说过，雇工人只在受雇期间对雇主及其有服亲属处于从属地位，对于雇主及其有服亲属以外的社会成员而言，他仍然是具有凡人地位

① 《成案质疑》卷20。

② 《成案续编》卷6。

③ 王玉如辑：《条例（附成案）》，乾隆三十年刊，“斗殴”，卷2。

的；并且一经雇约期满，辞工离去，就是对旧日雇主也不复受雇工人法律的约束。① 按此办理的例案很多，不需多费笔墨证明。值得特别注意的倒是，当实际判案时却又并不完全依此处理。

乾隆十年，直隶的一个镶黄旗小贵族桓德的家奴李天宝，打死了汉人暴龙章所雇长工王四海。王四海不是桓德的雇工，他即使是暴龙章的雇工人，对李天宝而言，他也应具有凡人的法律地位。根据“奴婢殴良人致死”的条律，李天宝便应该判处斩监候。但是直隶总督认为，“奴仆之与雇工，一系终身服役，一系限年服役，乃均属听遣驱使，同为下役之人，未可以奴婢为贱，而以雇工为良也。”所以他主张李天宝对王四海跟“奴仆与清白良民不同”，不便照“奴婢殴良人致死”律判处李天宝斩监候，而应该照奴婢自相殴杀罪判处绞监候。这个不合法典规定的判决得到了刑部的同意。② 不管直隶总督和刑部减轻李天宝的处刑等级是不是为了取悦于旗人贵族，总之，他们把一个长工在社会上的良人或凡人的地位给剥夺了。

又，乾隆七年，广东新宁县人伍允纪因细故和他旧日的佣工苏安从发生争执。“伍允纪举手欲打，苏安从亦欲还打，伍允纪退避，不甘”，于是以“逆仆殴主具词赴典史衙门投控”。新宁县典史衙门的隶卒则乘机敲诈，逼死了苏妻曾氏。苏安从愤激之下，便捏词诬告伍允纪图奸他的儿媳，以图报复。刑部说，“苏安从合依‘被诬之人反诬犯人者，亦抵所诬之罪不加等’律杖八十”，而伍允纪则“诬雇为仆，与诬良不同，律无正条，但事出有因，应免深求（？究）。”③ 结果，已经辞工的雇工苏安从作为受害人遭受杖刑；

---

① 参阅本书《明清两代“雇工人”的法律地位问题》一文。这里需要补充的是，后来清道光年间，根据江西道御史金应麟的建议，给辞出雇工又加上一道枷锁。其奏折称：当雇工人“隶身服役之日，已怀肆无忌惮之心，甚至任意横行，百端挟制；而庸懦之‘家长’亦或畏其报复于异日，转不能不迁就于目前，于‘主仆名分’殊有关系。自当另列专条，以昭惩创。臣等公同酌议，应请嗣后雇工人等干犯旧家长之案，如系因求索不遂，辞出后复借端讹诈，或挟‘家长’撵逐之嫌寻衅报复，并一切理由肇衅在辞工以前者，即照雇工人犯家长各本律例分别定拟。其辞出之后别因他故起衅者，仍以凡人论。如此严定科条，庶不致启雇工人等蔑视家长之渐矣”。此例定于道光十二年，通行于十三年。见《刑案汇览》光绪八年刊，卷58，“刑律”，“斗殴”；《定例汇编》卷80；（光绪）《大清会典事例》，光绪二十五修，三十四年刊，卷810，第4页；金应麟《厲华堂文钞》卷2，第16—17页，“修改刑部律例折”。此前违反例文加重已辞出雇工处刑的情况也是存在的。如嘉庆二十五年安徽一个案件的处理就是：“辞出雇工殴伤旧雇主，虽律应凡论，〔但〕未便仅拟笞责，照不应重律酌加枷号。”见章钺等增修：《大清律例增修统纂集成》卷28，“刑律”，“斗殴”下，第9页，“奴婢殴家长”律附例案。

② 《成案续编》卷9。

③ 马世璘：《成案所见集》卷26。

而雇主伍允纪始则“举手欲打”，继则“捏词诬控”，并因而酿成人命，却不受任何惩处。

再如，乾隆二十四年九月河南周玉一案，“周玉系杨论雇工，未立文约”，曾窃雇主银两，但已自动承认，并允退还；杨论将他逐出。后，周玉将雇主杨论夫妇砍伤。河南巡抚认为，周玉“虽立有文约，但业已逐出。查奴仆转卖依良贱相殴，则雇工被逐，似应同凡论”。刑部驳道：“周玉既系照雇工人，文券现在杨论收执。其逐出原为窃取赃银，并非工满辞出，与奴仆转卖者不同。该犯挟仇谋杀，实于名分攸关。该抚将周玉以凡人论拟以绞候，殊属轻纵。应令该抚另行按律妥拟。”① 我们没有看到河南巡抚再次上报的资料，但一般说来，驳案都是按刑部意见重新处理的，此案周玉大概不会逃脱按雇工人处理的命运。

作为封建的国家机器中最高司法机关的刑部怎样违反律例，硬把雇约期满的雇佣劳动者纳入雇工人等级以加重其处刑等级的事情，还有一例也很突出。江苏阜宁县的张廷鉴过去曾经“立契”受雇于曾元臣家，后因故被曾辞退。乾隆八年，张廷鉴伪称雇主曾元臣的女儿和他相爱，挽媒求娶曾女为妻。事情引起了曾家内部纠纷，致曾女自缢身死。这个命案本来是和张廷鉴不相干的。但地方官却把张廷鉴按“将奸赃情事污人名节报复私仇”例判处徒刑。而刑部还不满足，他们认为张廷鉴“以雇工人而捏造污蔑家长之女，以致家长之女羞忿自尽，名分攸关，法难宽贷。”硬把已经辞工的张廷鉴说成是曾元臣的雇工人，责令江苏巡抚再审重判。江苏巡抚明知张廷鉴“虽曾立契佣工，但已被主逐回，与现在供役者不同”的事实，难以把张廷鉴当作雇工人处刑。但他仰承刑部的意图，舞文弄墨地写道：张廷鉴央媒说合，“虽非有心污蔑，实欲强逼求婚”，所以便改按“用强求娶因而致死”例，发边卫充军。可是刑部迫害张廷鉴的意志十分顽固，硬说“张廷鉴乃曾元臣契雇工人”，他所犯的罪行“系雇工人于家长之女”的罪行，“名分攸关”，所以“未便轻纵”，再次发交苏抚“严审妥议”。而乾隆皇帝的批示则说，“部驳甚是，依议。”② 我们看到的史料没有说明江苏巡抚最后是怎样判处张廷鉴的，但事情已经很清楚了。江苏巡抚和刑部、乾隆的差别仅在于苏抚对条例还有所顾忌，而刑部和乾隆则公然违反条例，硬要把一个凡人纳入雇工

① 李治运：《成案续编二刻》卷5。

② 《条例（附成案）》卷6。

人等级，从而加重他的处刑罢了。①

我们从万历十六年到乾隆二十四年间的成案、判例中可以清楚地看出，那些根据“条例”的明文规定已经解除了人身隶属关系的雇佣劳动者，在封建法庭面前，其凡人的法权地位并不巩固，尤其是当他们犯有所谓“重情”罪行时，还会被各色各样不成理由的理由重新拉回到雇工人的地位上来，丧失其应有的凡人地位。长工的身分地位，在“新题例”的规定上是含糊不清的，而在实际上既未“立有文券”，又未“议有年限”的长工也往往被当作雇工人看待；短工的身分地位，在“新题例”上虽然比较清楚，但在法庭上也往往不按条例办事。结果，长、短工之为雇工人和凡人的界限仍然是不清楚的。

这种既给短工以凡人地位，有时又剥夺其凡人地位的现象，反映着封建统治阶级所要维护的东西和现实生活之间的矛盾。如前所述，在现实生活中，从雇主的物质生活条件看，特别是在农忙季节，他们需要相当数量的短工从事农业劳动，在这种情况下，也并不一定需要短工在法律上的人身隶属关系；同时，由于短工受雇的短暂性也使统治者不易将其固定在雇工人的法律地位上。因此，在法典上可以规定给短工以凡人地位。但当短工有了某些在封建统治者看来是以“下”犯“上”，不顾“名分”的行动，从而被认作是严重地触犯了封建等级制度，这当然是封建统治者所不能容许的。因此，在这种情况下，封建统治者就不顾那些由他们自己制定的法律条文，干脆剥夺短工的凡人地位了。

当然，也有很多判例表明，在还没有严重地触犯统治者所要维护的那套封建制度时，短工在封建法庭上一般是处于和雇主平等的法律地位上的。因此，我们也不能把封建法庭违犯律例判案的现象当作一般情况，从而认为

① 我们这段文字把时间限在乾隆二十四年修例以前。在这以后，辞出雇工法律身分问题，在司法过程中仍有不同意见。如，乾隆二十五年黄恺仔案。“陈上华于乾隆十九年正月间雇在黄恺仔家帮工，每年议给工资银十两，未立文契。于乾隆二十四年二月间，陈上华因年老辞回。后仍叠向黄恺仔借钱。黄恺仔念其向来工作颇勤，近因年老贫苦，时加周济。至九月十六日”，因借钱，二人争执，黄恺仔殴陈上华致死。福建巡抚根据乾隆二十四年雇工人条例，认为陈上华“虽未立有文契，但计工受值已阅五年以上，辞归之后，又念其向日辛勤，常为周济，似未便以其甫经辞回即同凡论。”刑部则认为，乾隆二十四年条例，系专指雇工人有犯家长而言，“被殴身死之陈上华，虽在黄恺仔家计工受值阅历五年，但业经辞退半载有余，且未立有文券，自应仍同凡论。”指责福建巡抚“以陈上华虽经辞出，黄恺仔常为周济，即为移情迁就牵引酌减，殊违成例”，最后按刑部意见办理了（《成案续编二刻》，第5卷，第71—72页）。

“新题例”的规定形同虚设，对短工在法律地位上的解放毫无意义。总之，我们认为，必须结合这些违反它的成案来考察，才能比较全面地理解“新题例”的意义。

附带提一下，有的同志根据清代刑部钞档中有关某些长工也“并无工契”或“同坐共食，并无主仆名分”的记载，认为清代法律上虽仍按明律定出雇工人的身分，但已渐成虚文。据本节所引判例资料，看来不能得出这样的结论。清代刑部钞档中有关雇工案件，特别注明“无主仆名分”，这件事本身就说明判案者正是根据雇工人条例在辨别当事人是否具有雇工人身分。何况在钞档中同样还有“有主仆名分”的雇工案件呢①。再就我们所看到的成案汇编一类书籍中所载的，直到光绪年间的成案表明，关于雇工人的法律规定仍旧有效，并未成为虚文。

四　清王朝对雇工人“条例”的修订

乾隆二十四年（1759 年），山西按察使永泰递上一个奏折，建议修改已经执行了一百七十一年的万历十六年“新题例”。永泰从雇工人“必以文券为凭”的前提出发，说是农村中往往有长期受雇，甚至终生受雇而没有订立文券的雇工，他们要是“干犯”雇主，只因未立文券而以凡人论处，“揆之情理，殊属未协”。② 因此他建议：“凡工作之人，如受雇在五年以上者，并非短雇可比，虽未立有文券，亦应照雇工人论；如受雇在十年以上者，恩义并重，无论有无文券，均照红契奴婢定拟。”

大家都知道，清代的“红契奴婢”又称“印契奴婢”，属于当时社会中最低下的一个等级，他们终身不得赎身，并且子孙世世为奴；即使被主人放出，其法律地位也低于凡人。这种人向被视为“贱民”一类。永泰要把受雇十年以上的雇佣劳动者当作红契奴婢，无异于将他们打入十八层地狱，使之永世不得翻身。因此，连刑部也无法同意他这个建议。但是，刑部于乾隆二

① 中国社会科学院经济研究所藏清代刑档抄卡。

② 这种加紧束缚雇佣劳动者的论调在当时是有代表性的。我们也曾看到这样的议论：“查雇工人例以文契为凭。但此辈朝秦暮楚，久暂不拘；为家长者亦以偶发任使，类不责立文契。乃有服役数年之后，犯事到官，仍以‘未立文契’论比平人者，适启若辈忽视家长之心。并请嗣后雇工人服役三月以内无文契者，准照平人论；三月以外，即无文契，均照雇工人问罪。法制既定，冒犯益少，抑亦可补律例之所未尽。”（陆燿：《切问斋集》，乾隆五十七年刊，卷 13，“条议”）这个意见虽未在法典的改订上起什么作用，但也可反映十八世纪五十至七十年代间统治阶层的看法。

十四年十一月议覆中却将他关于五年以上无文券、年限的长工作雇工人论的建议原样接受下来，补充到原来的条例中去，这就形成了乾隆二十四年的条例①。这是对万历十六年“新题例”的第一次修订。乾隆二十四年新条例的全文如下：“除‘典当家人’及‘隶身长随’俱照定例治罪外，其雇倩工作之人，若立有文契、年限，及虽无文契而议有年限，或计工受值已阅五年以上者，于家长有犯，均依雇工人定拟；其随时短雇、受值无多者，仍同凡论。”②

由于这一“条例”仅适用于雇工侵犯雇主，并没有提到雇主侵犯雇工应如何判断，因而第二年乾隆二十五年（1760年）又补充了一个条例，其全文如下：

“家长杀雇工人，必立有文契、议有年限，方依雇工人定拟；如无，同凡论。”③

乾隆二十四年和二十五年的两个条例把雇工侵犯雇主和雇主侵犯雇工分别对待。在雇工侵犯雇主的情况下，立有文契、议有年限，以及未订文契和年限而受雇于同一雇主连续五年以上的雇工统统具有雇工人身份。在雇主犯有杀害雇工罪行的情况下，必须是对那些立有文契、议有年限的长工，才具有家长身分，得以按律减刑；至于未立文契、年限者，不得作为“家长”减刑。换言之，只要未立文契、年限，或者连续受雇五年以下的雇工不去侵犯雇主，那么，即使他是长工，也不具雇工人身分。从法律形式上看，这是约束雇主的一项规定，比起万历十六年的“新题例”来，这次修改可说是一个进步。

值得着重指出的是，永泰修订这一条例的用心本在于对十年以上无文契、年限的长工加紧束缚。刑部反对，说：“雇工则仅资力作，来去无常，民间经营耕获，动辄需人，亲属同侪相为雇佣，情形本难概论。定例立有文

---

① 佚名辑：《刑名条例》，乾隆年间刊本，“名例”，乾隆二十四年，“命盗”。

② 刑部议覆永泰条奏得到皇帝正式批准的日期是乾隆二十四年十二月十二日（参见《成案续编二刻》卷5，第70—71页）。律例馆修成附律，是在乾隆二十六年（参见《大清律例通考》卷28，第15—16页）。其后，至乾隆五十三年间刊行的《大清律例》“斗殴”门“奴婢殴家长”律后均附此例。

③ 《大清律例全纂》，嘉庆六年刊，卷22，“斗殴”。又，参阅《成案续编二刻》卷5，第72页：“查乾隆二十四年十一月内，臣部议覆山西按察使永泰条奏，雇倩工作之人虽未立有文契，而受雇已越五年以上，于家长有犯，即照雇工人定拟，系专指雇工人有犯家长而言。至家长杀伤雇工人，定例又必立有文券、议有年限方依雇工人定拟。”

券、议有年限方作雇工〔人〕；若随时短雇、受值无多者即同凡论，法至平也。……若无文券而年份稍久者反与奴婢同论，殊与律义不符。”① 所谓“经营耕获动辄需人”和“仅资力作，来去无常”这些说法，是和在农忙季节雇主急需农业劳动力的情况直接相关的。在雇期很短的情况下，要把“亲属同侪相为雇佣”的雇工当作雇工人是很困难的。这说明立法者这次修订条例时考虑了现实生活中的实际情况。但在万历十六年“新题例”上，“立有文券”和“议有年限”中的任何一条，都构成雇工人的充足条件，一个雇工只消受雇一年就具有雇工人的身分了。现在刑部以受雇于同一雇主连续五年为界，把超过这一界限的无文券年限的雇工列入雇工人行列，这是简单地接受永泰建议前一部分的结果，并没有更多的什么道理或根据。可是这么一来，在客观上产生了两个结果，第一，新条例就意味着解放了未立文契、年限而连续受雇于同一雇主不足五年的雇工，给他们以“凡人”的法律地位。第二，未立文契、年限，连续受于同一雇主五年以上的雇工，在不侵犯雇主的条件下，也得到凡人的法律地位。用这两点和“新题例”的“立有文券、议有年限者，以雇工人论”相比较，前一点是把“新题例”中已经包含了的内容形诸文字；后一点则是对“新题例”已经寓意解放了的某些雇工的解放，加上条件，即不侵犯雇主。

从法典划分雇工人的总的立法原则上看，新条例与万历十六年“新题例”基本上没有差别，二者都是以有无文契、时限长短和工价多少作为主要标志的。但乾隆二十四年条例在雇工人的标志上，提出了“雇倩工作之人”这个说法和“典当家人”、“隶身长随”等服役性劳动者相对待。条例文字虽未明确“工作”二字究竟指的是什么工作，但刑部驳议中“经营耕获”的话充分说明它指的是生产性劳动。可见，乾隆二十四年条例是把从事生产性劳动的雇佣劳动者分作雇工人和非雇工人两大类，法典容许从人身隶属关系中解放出来的，只是部分从事生产劳动的雇佣劳动者。法典虽然还不是以劳动性质作为一个明确的立法原则，但事情已经这样开始了。

这一点，在司法过程中也有反映。例如乾隆二十五年段三元案。段三元于乾隆二十四年四月“雇与叶万程家赶车，每月工银八钱，并无文约年限”，二十五年正月，因故打死雇主之子叶尚智。若按乾隆二十四年条例，既无文契年限、受雇又不足五年的段三元，是够不上“雇工人”标准的。刑部也是

① 《刑名条例》，“名例”，乾隆二十四年，“命盗”。

知道这一点的："段三元受雇叶万程家赶车，与隶身门下长随相似，而律无明文"。"若计其佣工月日未及一年，又未便即以雇工人定拟"。却又认为，"但该犯以雇倩服役之人"，敢于故杀雇主之子，"情殊凶悖。如因其年限未符，仅同凡论，情法实未平允。"所以将段三元"比照长随雇工凌迟处死律减一等，故杀凡人斩监候律加一等，拟斩立决。"奉旨批准，段三元被立即斩首了。① 封建法庭有意地把条例规定的文契问题、年限问题都抛在一边，着重考虑的是车夫这样一种"雇倩服役之人"不得同凡。劳动性质这一因素在这个案子的判处中已实际上起了决定性作用。

这一点，在以后的条例中得到了发展。

在实际生活中，"雇工一项，民间多有不立文契、年限而实有'主仆名分'者。"② 而有"主仆名分"的雇工，在封建等级制的维护者看来，又当然应属雇工人范围。按照乾隆二十四年新订条例，这种实有主仆名分而未立有文契、年限的雇佣劳动者，必须受雇为期已在五年以上方纳入雇工人等级，因此，条例的规定和当时的实际生活就脱了节。所以，这个条例颁行仅八年，即到了乾隆三十二年（1767 年），刑部律例馆便建议另加一个条例，其全文如下："官民之家，除'典当家人'、'隶身长随'及立有文契、年限之雇工仍照例定拟外，其余雇工，虽无文契而议有年限，或不立年限而有主仆名分者，如受雇在一年以内，有犯寻常干犯〔家长之罪〕，照良贱加等律再加一等治罪；若受雇在一年以上者，即依雇工人定拟；其犯奸、杀、诬告等项重情〔者〕，即一年以内，亦照雇工人治罪。若只是农民雇倩亲族耕作〔之人〕，店铺小郎，以及随时短雇，并非服役之人，应同凡论。"③

首先，我们应该注意的是，这个新的条例虽与乾隆二十四年条例并列于《大清律例》，但它实际上否定了乾隆二十四年条例中关于未立文券、年限而雇期须在五年以上才算雇工人的规定，提出了家长和雇工人之间的所谓"主仆名分"这个范畴。诸凡"虽无文契而议有年限，或不立年限而有主仆名分"的雇佣劳动者，尽管雇期不足一年，只要他侵犯雇主，哪怕是"寻常干

---

① 《成案续编二刻》卷 5，第 68—69 页。

② 吴坛：《大清律例通考》卷 28。

③ 《大清律例集注》卷 22，"斗殴"，"奴婢殴家长"律后。此后直到乾隆五十三年间刊行的《大清律例》均附此例。例中所谓"典当家人"、"隶身长随"和"店铺小郎"的性质需另作研究，本文不讨论了。"例"中"有犯寻常干犯"一句，于光绪《大清会典事例》本中作"或有寻常'干犯'"（卷 810，"刑部"，"刑律"，"斗殴"）。乾隆三十二年条例制定的原由和过程，详见《大清律例通考》卷 28，第 15—16 页。

犯”，也被剥夺了凡人的法律保障，加等治罪；至于犯奸、杀、诬告等所谓重情罪行时，他们干脆被纳入雇工人等级；而雇期已在一年以上者，则无论如何都当然属于雇工人等级了。这样，就把某些已经解放为凡人的雇佣劳动者又降到雇工人等级里去。对雇佣劳动者取得和雇主平等的法律地位的过程说来，这显然是一次倒退。

不过，主仆名分这个范畴的提出，却也有其另一方面的意义。明清两代法典规定雇工人的处刑等级的立法精神，本来就是根据家长和雇工人之间有所谓主仆名分来权衡轻重的。可是从前把主仆名分当作雇工人等级的当然属性看待，只要谁是雇工人，谁就当然和他的雇主——他的家长具有主仆名分，但这一原则在条文上并未写明。在条例的文字上明确提出主仆名分这个范畴，还以乾隆三十二年条例为第一次。从此，事情就开始从以主雇关系定主仆名分的原则转变到以主仆名分来定主雇关系的原则了。这一改变的意义，我们在后面还要谈到。

其次，还应该引起注意的是，乾隆三十二年条例以“只是农民雇倩亲族耕作，……以及随时短雇，并非服役之人”代替了乾隆二十四年条例上的“随时短雇、受值无多”作为雇佣劳动者“同凡”的标准。旧例所谓“随时短雇”之“短”，和“受值不多”之“多”，都是十分含混的概念。新的条例虽然仍旧保留了“随时短雇”，但同时提出了“耕作”和“并非服役”，即表明劳动性质的这些概念。可见，乾隆二十四年条例第一次提出的根据劳动性质来确定雇佣性质的原则，在新的条例中得到了进一步的明确。在雇佣劳动者人身隶属关系的解放过程中，区别生产劳动和家庭服役或个人服役劳动的这一步骤，也是很值得重视的。

再次，这个条例所给予解放的从事生产劳动的雇工，仅限于“亲族”。我们知道，有亲属关系的雇工和雇主发生纠纷时，在法庭上，从来都是按服制关系处理的。从这个意义上讲，乾隆三十二年条例中，“农民雇倩亲族耕作……”一句，对雇佣劳动者的身分又是没有意义的。

最后，我们也看到这样的现象：按照乾隆三十二年条例，从事“耕作”的雇工只有受雇于“农民”时才得“同凡”①。前面曾经说过，万历十六年“新题例”对雇佣劳动者的规定是适用于任何身分的雇主的；乾隆二十四年条例则完全没有提及雇主身分问题。现在，乾隆三十二年条例的这一规定，

① 这里，我们暂且不谈主雇间是否“亲族”。

是很值得注意的。这表明雇主的身分开始对雇佣性质起影响作用。这个规定在此还仅仅是一个开端，但在该条例运用的过程中，雇主身分决定雇佣性质所起的作用被突出了，以致后来被作为最主要的原则之一列入条例。现在我们就从乾隆三十二年以后的判例中看看这一原则是怎样被强调的。

乾隆四十九年，直隶宁津县发生一起雇工打死雇主的案件。情况是这样的：乾隆四十八年正月，陈夫亮雇高喜文佣工，没有写立文契，只商定雇到年底满期，工价大钱一千五百文。高喜文于二月里就已将工钱全部支用了。四月间，双方因口角以至相殴，雇主陈夫亮被高喜文打伤致死。直隶总督说，“高喜文雇与陈夫亮家佣工，虽未立有文契，但于正月间受雇时，既议定年底为满，即属议有年限；且将本年工价已全行支取，更与随时短雇者不同。……〔竟〕敢不顾名分，……将陈夫亮殴伤毙命，殊属不法。”因而他的意见是，按照“虽无文契而议有年限，其犯奸、杀等项重情，即受雇在一年以内亦照雇工人治罪”例，将高喜文划为雇工人，拟斩决①。

此后，山东又发生两个案件：

乾隆五十年二月，王克仁雇王成子佣工，没有订立文契，商定十月满期，工钱七千文。九月，王成子用菜刀将王克仁之妻邢氏砍伤致死。山东巡抚将王成子依“雇工〔人〕杀家长期亲”律判处凌迟处死。

另一个案件也发生在乾隆五十年。正月，吕季常雇齐刚佣工，没有写下雇工文契，只议妥工价小钱六千五百文。十月，吕季常的老婆胡氏辱骂齐刚，并且不给他饭吃。齐刚气愤之下，砍死胡氏，并砍伤了吕季常。山东巡抚将齐刚依“雇工〔人〕谋杀家长”律判处凌迟处死。②

前面我们看到的许多判例都表明，在雇工犯有“重情”案件时，封建法庭从来都是尽一切可能找各种借口，剥夺那些本应同凡的雇工在法律上应有的地位，把他们划为雇工人，以加重处刑的。而按照乾隆三十二年条例，高喜文、王成子和齐刚，也都是可以找到借口，被划为雇工人的。比如说，乾隆三十二年条例规定“农民雇倩亲族耕作”才得同凡；这三个案件中的雇工都不是雇主的“亲族”，因此，把他们依例作雇工人处理也是有根据的。可是现在，刑部却认为直隶总督和山东巡抚对上述三个案件的判决都错了。根

① 全士潮：《驳案新编》卷21。见朱梅臣辑：《驳案汇编》，光绪年间刊。

② 王成子、齐刚两案，详喀宁阿等：“雇工致死家长请申明例义酌加增易”折。见中国第一历史档案馆藏：《清代军机处录附档案》，乾隆五十一年四月；又见《定例汇编》，乾隆，卷33，“雇工人分别有无主仆名分定断”。

据高喜文案的供词中，雇主陈夫亮的儿子陈文希有“小的在屋内盘坑〔?炕，下同〕”的话，证人雇工蔡明扬有“陈文希在屋内盘坑，小的在院内和泥，高喜文推坯”的话，刑部认为：雇主陈夫亮“不过寻常庶民之家，所以其子盘坑，其工人运坯、和泥，一同做工”，可见高喜文是“农民雇倩耕作之人”。其他两案也一样：“王成子同王克仁在地工作，齐刚在吕季常家工作，均不过寻常庶民之家，一同力作，无分良贱，即属‘农民雇倩耕作之人’”，主雇之间“既无主仆名分，即与服役不同”，所以高喜文、王成子和齐刚都不能算作雇工人，只能作凡人论处。

刑部强调划分雇工人的标志的重点改变了。在这里，雇主是否庶民，对决定雇工的身分起着重要作用。前后对比，这是一个很大的变化。但是，刑部并不承认改变了看法，却指责直隶总督和山东巡抚的错误是误解乾隆三十二年条例的结果。刑部说，乾隆三十二年条例“本系一气相承，原无歧误。但外省问刑衙门未能贯通例义，往往仅执‘议有年限’一语为断，而不问有无主仆名分，俱以雇工〔人〕论”。[①] 因而提议修改条例，使之更加明确，以免误解。于是，乾隆五十一年四月，刑部尚书喀宁阿等向乾隆帝上“雇工人致死家长请申明例义酌加增易”折，提出修改方案。同年，军机大臣和坤等会同刑部讨论，对该方案稍作修改后，便征得了乾隆帝的批准，公布施行了。到乾隆五十三年（1788 年）纂修律例时，新例便正式刊入法典代替了乾隆二十四年和三十二年的两个旧条例。刊入《大清律例》的新例全文如下：“凡官民之家，除‘典当家人’、‘隶身长随’仍照定例治罪外；如系车夫、厨役、水〔夫〕、火夫、轿夫及一切打杂受雇服役人等，平日起居不敢与共，饮食不敢与同，并不敢尔我相称，素有主仆名分者，无论其有无文契、年限，均以雇工〔人〕论。若农民佃户雇请耕种工作之人，并店铺小郎之类，平日共坐共食，彼此平等相称，不为使唤服役，素无主仆名分者，亦无论其有无文契年限，俱依凡人科断。”[②]

乾隆五十三年条例比较明确地提出了划分雇工人界限的新的原则，它对

---

① 王成子、齐刚两案，详喀宁阿等：“雇工致死家长请申明例义酌加增易”折。见中国第一历史档案馆藏，《清代军机处录附档案》，乾隆五十一年四月。又见《定例汇编》，乾隆，卷 33，“雇工人分别有无主仆名分定断”。

② “军机大臣、刑部会同详议复奏”折，见中国第一历史档案馆藏：《清代军机处录附档案》，乾隆五十一年四月。《大清律例》，乾隆五十五年刊，卷 28，“刑律”，“斗殴”，附“大清律纂修条例”。此后，直至嘉庆六年前刊行的《大清律例》于“奴婢殴家长”律后均附此例。例中“均以雇工人论”一句，（光绪）《大清会典事例》本中作“俱以雇工〔人〕论”。

明清雇佣劳动者人身隶属地位的解放而言，具有相当重要的意义。分析这一条例需要较长的篇幅，因此我们留待下一节中详加专论。

乾隆五十三年以后，清王朝又曾多次修纂律例，但对雇工人条例则仅于嘉庆六年（1801 年）和宣统二年（1910 年）各作一次调整。

嘉庆六年，刑部将《大清律例》中有关雇工人、奴婢、家人的条例合并成一条。原有关于奴婢、家人的条例中，有的将奴婢等级中某些成员升格为雇工人，这可以看作是奴婢等级解放过程中的一个步骤。关于奴婢问题，本文仅仅提出这一点而不加讨论了。这里应该指出的是乾隆五十三年条例中有关雇佣劳动者的部分，除个别字句有少许修改外，全文录入嘉庆六年条例。①

鸦片战争以后，中国社会的性质起了变化，到清朝末年，由于政治形势的演变，统治阶级内部也有人主张按照欧美法制修改法典了。光绪三十三年(1907 年)，修订法律大臣、法部右侍郎沈家本，雇用日本人冈田朝太郎等，参照当时的日本法律，草成《大清刑律》。这部《大清刑律》与过去的《大清律例》不同，其中根本没有提到奴婢、雇工人这些名称。草案一出，立即遭到张之洞、劳乃宣之流的极力反对②，因而它未得颁布施行。

新刑法一时制定不出，旧法又需改革，于是沈家本等就将《大清律例》稍加删订，以便向新型的法律过渡。宣统二年（1910 年）颁行的《大清现

---

① 嘉庆六年修例时，将清代法典中已有的关于“家生奴仆”、“契买奴仆”、“典当家人”及“雇工人”等五个条例合并为两条。有关雇工的一条全文如下：“白契所买奴婢，如有杀伤家长及杀伤家长缌麻以上亲者，无论年限及已未配有室家，均照奴婢杀伤家长一体治罪。其家长杀伤白契所买、恩养年久、配有室家者，以杀伤奴婢论；若甫经契买、未配室家者，以杀伤雇工人论。至典当家人、隶身长随，若恩养在三年以上，或未及三年、配有妻室者，如有杀伤，各依奴婢本律论。倘甫经典买，或典买、隶身未及三年，并未配有妻室，及一切车夫、厨役、水火夫、轿夫、打杂受雇服役人等，平日起居不敢与共，饮食不敢与同，并不敢尔我相称，素有主仆名分，并无典卖字据者，如有杀伤，各依雇工人本律论。若农民佃户雇请耕种工作之人，并店铺小郎之类，平日共坐共食，彼此平等相称，不为使唤服役，素无主仆名分者，如有杀伤，各依凡人科断。至典当雇工人等，议有年限，如限内逃匿者，责三十板，仍交本主服役。”（杨曰鲲：《大清律纂修条例（律例馆进呈按语册稿）》，嘉庆七年刊，“刑律”，“斗殴”下；以及此后嘉庆、道光、咸丰、同治、光绪等朝刊行的《大清律例》中，均附此例）其中关于雇工人部分，“并无典卖字据者”一句，与隆乾五十三年条例相应的“无论其有无文契年限”一句是有差别的。原例中“无论其有无文契、年限”的意思，是不以文契、年限为条件，如前文分析，这一点针对过去条例中以文契、年限为条件而言，是有重要意义的。但在这个问题解决以后，删去这几个字并不影响文意。嘉庆修例并非针对前例规定有或没有文契、年限者为雇工人，而是改为“素有主仆名分并无典卖字据”者为雇工人。但有典卖字据者，则属卖身为奴婢，自然不属雇工人范畴了。因此，相对乾隆五十三年条例而言并不矛盾，也不能算是原则性的修改。

② 参阅《清朝续文献通考》卷 244，刑 3，《万有文库》版，第 9887—9888 页。

行刑律》就是应"过渡"之需的产物。《现行刑律》对从明代就沿袭下来的一套刑制作了修改，因之，有关雇工人的犯罪处刑也作了相应的变动。但雇工人的法律地位并不因此而受影响。其中关于雇工人的条例和嘉庆六年条例基本上相同。①

《现行刑律》颁行仅仅一年，清王朝的统治就被辛亥革命推翻了。从民国元年（1912 年）颁行的《暂行新刑律》起，雇工人这个等级就不再在法典中出现了。从此，雇佣劳动者在法律形式上的人身隶属关系才得到完全的解放。

五　乾隆五十三年"条例"的历史意义

作为封建社会的上层建筑，明清法典有关雇工人的一切律例都是为封建统治阶级服务的，都是维护雇主对雇工的封建主义等级统治关系的。这种封建的等级统治关系，在乾隆三十二年以后的条例上明确表现为雇主对雇工的主仆名分关系。不过，所谓主仆名分关系当然并不创始于乾隆三十二年的雇工人条例。

大家知道，在中国封建社会里，所谓"名分"就是职分、本分的意思；以其"名"定其"分"；根据名分之不同，人与人之间构成各种不同形式的统治隶属关系。汉代高诱云："名，虚实爵号之名也；分，杀生与夺之分也。"② 不仅爵号有"名分"，诸凡"三纲"（君臣、父子、夫妇），"五伦"（或称"五常"：父子、君臣、夫妇、长幼、朋友），"六纪"（诸父、兄弟、族人、诸舅、师长、朋友）无不有名分。名分关系构成中国封建等级制的统治体制和思想基础，它所表示的正是等级的统治关系和人身的隶属关系。而等级的统治关系和人身隶属关系，无非是阶级剥削关系的表现形式。

正因为这样，所以中国封建统治阶级向来就是极端重视定名分的。例如，吕不韦就告诫"人君不可以不审名分"（《吕氏春秋》），商鞅则认为：

---

① 《大清现行刑律》将嘉庆六年雇工人条例改写如下："从前契买奴婢，如有干犯家长，及被家长杀伤，不论红契白契，俱照雇工人本律治罪。其一切车夫、厨役、水火夫、轿夫、打杂受雇服役人等，平日起居不敢与共，饮食不敢与同，并不敢尔我相称，素有主仆名分者，仍依雇工人论；若农民佃户雇请耕作之人、并店铺小郎之类，平日共坐共食，彼此平等相称，素无主仆名分者，各依凡人科断。至未经赎、放之家人不遵约束，傲慢顽梗，酗酒生事者，仍流二千里。"（《大清现行刑律》，宣统二年刊，卷 25，"斗殴"下）

② 许维遹：《吕氏春秋集释》卷 17，"审分览"。

“夫名分定，势治之道也；名分不定，势乱之道也。”（《商君书》）在清代判牍中，“名分攸关”四字简直成了封建法庭迫害被统治阶级的口头禅。

明清社会中雇工人是和雇主具有所谓主仆名分的。在立法原则上，这种关系是被比作封建家族体系中尊卑、长幼的伦理关系而定的。如前所述，在过去，主仆名分被法典认作是雇工人的当然属性；乾隆三十二年条例才开始提出以主仆名分来定主雇关系的原则，但在这一条例中，何谓主仆名分，以及有无主仆名分和是否服役之人的联系都还是不明确的。而乾隆五十三年条例不仅进一步强调了这一原则，并且对主仆名分的具体内容及其和劳动性质的联系作了进一步的解说。

喀宁阿在前引“雇工致死家长请申明例义酌加增易”折中强调指出：“办理雇工之案固以文契、年限为凭，尤当询其有无主仆名分及是否服役之人。”① 这里所谓“服役”就是侍候的意思。条例具体列举的“服役之人”乃“车夫、厨役、水火夫、轿夫及一切打杂受雇服役人等”。在当时社会生活中，这些劳动者被视为“下人”，他们对雇主是要称“老爷”的。因此，条例便以“平日起居不敢与共，饮食不敢与同，并不敢尔我相称”作为雇主与雇工人之间的主仆名分的具体内容；这些内容概括起来，决定了该雇工“系听其使唤之人”。② 从而以劳动性质定雇佣性质的原则和以名分关系定雇佣性质的原则便相一致了。但条例一经这样规定，则在立法上便进一步确立了以劳动性质确定雇佣性质的原则了。这是对乾隆三十二年“条例”的一个重要发展。

以劳动性质定雇佣性质的原则，对从事服役性劳动的劳动者来说，在立法上是彻底贯彻了的。条例规定，诸凡受雇服役之人，不论长工、短工，都当然属于雇工人范围，当然和雇主具有人身隶属关系。我们从判例中可以很清楚地看出这一点。

乾隆五十一年，刘洪亮因年岁荒歉，逃荒到江苏铜山县，立契受雇于郑楷家佣工，每年工钱四千文，“素与郑楷主仆称呼，平日饮食起居不敢与共。”乾隆五十四年十月，刘洪亮因故打伤郑楷。江苏巡抚判道：“刘洪亮雇与郑楷服役有年，且立有文契，饮食起居不敢与共，是有主仆名分，应照雇

① 见前引乾隆五十一年四月喀宁阿等所上奏折，下文所引喀宁阿语均据此。

② 《大清律例按语》卷59，第21页。

工人论”，所以将刘洪亮依“雇工人殴家长伤者杖一百流三千里”律判处了。[①] 此案江苏巡抚断定刘洪亮的身分应属雇工人范畴，虽见有文契、年限之说，但他的着眼点并不在此，而主要在于“服役有年”、“主仆称呼”和“饮食起居不敢与共”上。这就是根据劳动性质和主仆名分把一个长工定为雇工人的判例。

嘉庆二十四年，山东赵某雇小郭张氏“在家佣工”，照顾小孩。赵某之子赵祥企图强奸小郭张氏，以致她羞忿自杀身死。案子报到宫里，封建法庭根本不去查问小郭张氏是长工还是短工，也不问她和赵氏父子之间是否“不敢尔我相称”，就肯定其具有主仆名分，而把赵祥按雇主期亲“强奸雇工人妻女未成致令羞忿自尽”例治罪，仅发近边充军。[②] 很显然，他们把小郭张氏归入雇工人等级的唯一根据就在于她所从事的劳动的性质。这是单纯根据劳动性质以确定有无主仆名分，从而把雇佣劳动者置于人身隶属关系之中的一个非常突出的判例。

乾隆五十三年以后所编的判例、成案，记录日益简略，有关雇工案件一般都不述明雇工的受雇年限，仅以有无“主仆名分”一句话定案。因此，我们从判例中就很难分辨被划为雇工人的服役劳动者是长工还是短工。但是按诸条例，从事服役劳动的短工并不例外。对于这一点，我们必须给予足够的重视。要知道，除去以出卖劳动力为副业的农民外，社会上实际存在着一类劳动者，他们的职业就是从事服役劳动，所谓“轿夫、车夫”等等便是。这类劳动者并不一定长期固定地受雇于某一雇主。根据乾隆五十三年条例，其逻辑结果必然形成这样一种状况：当他们受雇时，就和坐轿乘车的任何一个雇主临时结成具有所谓主仆名分的关系，他们若和雇主发生诉讼案件，就会被当作雇工人看待。因此，根据乾隆五十三年条例，使这类劳动者长期从事服役性职业，长期地对任何雇主都丧失了凡人的法律地位，被划入雇工人等级，这种服役性的职业也便成为低人一等的职业。因此我们说，乾隆五十三年条例把从事服役劳动的短工也划入雇工人等级，这乃是明清雇佣劳动立法史上又一次反动，它把万历十六年就已解放了的一部分短工重新划入了雇工人等级。

从另一方面看，以劳动性质确定雇佣性质的原则，对从事生产劳动的雇

① 沈沾霖辑：《江苏成案》，乾隆五十九年刊本，卷13。

② 许琏等辑：《刑部比照加减成案》，道光十四年刊，卷29。

佣劳动者而言，却没有遵守。在这里，我们必须分析封建统治者立法的阶级目的性。

乾隆五十三年“条例”，关于从事生产劳动的“耕种工作之人”的规定，劈头就指出“若农民佃户雇请耕种工作之人……”这就是说，若雇主为勋戚、贵族、缙绅、绅衿、大地主之类，而非“农民佃户”，则当别论。从这里，透露出喀宁阿等立意维护什么等级对雇佣劳动者的人身占有地位的用心来了。

明清法典上雇工人条律所巩固的是封建主义的等级统治关系。所谓主仆名分，对受统治的雇佣劳动者而言，是可以不分长工短工，都给他加上“仆”的“名分”的。但是对于居于统治地位的雇主而言，这个“主”的“名分”却不是可以不论其身分地位而无条件地任意适用的。这是几千年来中国封建统治者所一直强调的一条原则。用明代学者管志道的话说就是唯“勋贵可臣庶人，庶人不相臣。”[①] 吴时来也认为“庶民当自服勤劳”，[②] 不配存养奴婢。所以他在万历十六年所上奏折中有关“定缙绅家奴婢例”一段，就是为了明确什么人有权蓄奴。到了喀宁阿的时代，法律则又要明确什么人才有权利役使雇工人了。作为封建统治工具的法律，从明确“奴主”身分发展到明确“雇主”身分的过程，反映了明清社会封建等级关系发生了变化。在这里，我们不可能对这一变化过程作具体的描述，但概括地提出以下的问题还是必要的。

在中国历史上，等级形式和阶级内容统一于名分关系。但是，到了生产资料所有者阶级不必就是等级关系上的统治者的时候，所谓名分关系所包含的形式和内容之间便产生了距离。原则上，庶民是不得“相臣”的，但实际上，庶民间之“相臣”者却大有人在。现实生活迫使封建统治者不得不正视这种“相臣”的现象，不得不承认其必要性。在吴时来的时代，“缙绅之家”和“士庶之家”都在蓄养义男的现实生活迫使他们定出新条例以明确义男的法律地位。吴时来的结论是，义男的法律地位因家长之为缙绅或士庶而异，这说明当时的封建统治者既不甘于轻易放弃“庶民不相臣”的根本原则，又迫于现实，不得不修订这个原则。其结果就是对家长做了分别对待，

---

① 管志道：《从先维俗议》卷2。见《太崑先哲遗书》。

② 见前引吴时来奏折。

把蓄奴定为缙绅以上等级的特权，而士庶只有役使雇工人的权利①。到了喀宁阿的时代，法典终于进一步否定了庶民役使雇工人的特权。庶民只能雇用与他自己具有平等法律身分的凡人了。不过在条例上这一否定却是以肯定的形式表现出来的。

喀宁阿为什么在奏折中强调办理雇工案件不仅“尤当询其有无主仆名分”，而且尤当询其“是否服役之人”呢？他认为，如果像直隶总督判处高喜文，山东巡抚判处王成子、齐刚那样，不去询问这些问题，只根据“议有年限”一点便把高、王、齐当作雇工人判罪，那么以后“凡农民雇用长工，但有言明一二年为满者，皆得同于服役之人，设被雇主殴杀，即依殴杀雇工〔人〕律止拟徒杖，不同凡人问拟绞抵”，则其结果“不惟倖宽雇主之罪，且长凌虐工人之风，更恐食力良民不甘为服役②之人，致绝其谋生之路。揆之情理，均未允协”。封建政府的立法者权衡雇工案件的处刑等级，一向都是从雇主成为受害人时应如何惩处雇工才算是“正名分”的角度去考虑问题，如今，身为刑部尚书的喀宁阿却从雇工“被雇主殴杀”出发，考虑到对雇主处分过轻，深恐“悻宽雇主之罪”，“长凌虐工人之风”，这不是很奇怪的事情么？我们注意到，喀宁阿否决直隶总督和山东巡抚对高喜文等三个雇佣劳动者的判刑等级的理由，如上节所述，是在高喜文审讯记录上有雇主的儿子陈文希和高喜文等雇工一个盘炕、一个和泥、一个推坯的话，换言之，雇主期亲和雇工是一同参加劳动的；在王成子、齐刚二案中也有主雇“一同力作”的记载。喀宁阿所强调的正是这一点。他据此断定雇主陈夫亮、王克仁和吕季常“均不过寻常庶民之家”。雇主既为“庶民”，即使雇工“议有年限”，主雇之间也“无分良贱”，从而他就断定他们之间并无“主仆名分”，推翻了直隶总督和山东巡抚根据乾隆三十二年“条例”作出的判决，将高喜文、王成子、齐刚等三人按“凡人”处理。一百七十一年前的吴时来认为“庶民当自服勤劳”，现在的喀宁阿则认为“自服勤劳”的一定是“庶民”，两个人的主张是完全一致的。在这里，丝毫没有什么恐“长凌虐工人之风”一类的伪善词句，所有的只是赤裸裸的等级观念：“庶民不相臣”；陈

---

① 至于身分低下的娼妓、优伶等人，就更加等而下之了。这种人，在以后的日子里，更被明确规定，与雇工不能具有主仆名分：“查‘家长之妾殴故杀奴婢’例，定于道光十三年。例内附载：倡优贱役所用雇工之人，无主仆名分可言，遇有杀伤，自应即依凡人定拟。”（见道光十八年刊《大清律例增修统纂集成》卷28，“刑律”，“斗殴”下，附墨批。）

② 我们认为此处之“服役”二字，意指生产劳动而非“服役”劳动。

夫亮、王克仁和吕季常这类雇主既属“庶民”，他们就根本不配做雇工人的家长。

不过，和欧洲领主封建制度不同，在中国明清时代的地主封建制社会中，等级身分具有很大的不稳定性。除“勋戚”、“功臣”这些世袭的高贵等级之外，一部分原来是“庶民”的人，通过科举或其他道路爬上政治上的统治地位后，也可以拥有种种特权（当然这些特权又是随时可以被最高封建统治者剥夺的）。那些拥有大量生产资料，从而在实际上居于社会的上层或较上层的阶级、阶层，虽不一定带有封爵头衔或官阶头衔，但封建统治者也必须给予一定的特权，赋予统治地位。在这里，个人的等级是随其政治、经济、社会地位之高下而升降的。因此，在封建立法者看来，特权和统治地位当然不可给予任何一个普通庶民，具体到主仆名分问题上，家长的身分也就不可以随便给予任何人。因此封建立法者必须既有所维护，又有所排斥；喀宁阿在其所维护与所排斥的人中间划了一条界限，这就是雇主是否从事生产劳动。

如果雇主从事生产劳动，那么，这种现象就证明了这些雇主仅仅占有较多的土地，非其家庭劳力所能全部经营，以致需要雇倩帮工。他们自己既然参加生产劳动，当然便和雇工“一同力作”，也就很自然地和雇工“共生共食”，“尔我相称”了。劳动，决定了他们“不过寻常庶民之家”，决定了他们根本不成其为“老爷”。对于这个阶层，喀宁阿所代表的政权是不能授之以奴役雇工人的特权，容其置身于封建统治者的等级之中的。雇主身分决定雇佣性质的原则，在万历十六年“新题例”中并未提出。除去当时统治阶级所强调的重点在于“功臣”、“缙绅”和“庶民”的区别外，我们推测，更重要的原因可能是：当时使用雇佣劳动的“民”，绝大多数是政治、经济、社会地位居于上层或较上层的地主。“农民佃户”雇工经营农业的现象还不普遍，还不足以使统治阶级给以如此程度的重视。

在立法原则上，乾隆五十三年条例的这一部分规定表现为用劳动性质确定雇佣性质。但是，按照条文规定，唯有“农民佃户”雇倩的生产劳动者才不属于雇工人范畴。从这一点上说，条例正是运用肯定“农民佃户”雇佣的生产劳动者应同凡的办法否定了农民佃户可以进入封建统治等级。所以清代法学家薛允升说，根据这个条例，则“有力者有雇工人，而无力者即无雇工人矣”。[①] 薛允升所说的“有力者”，便是我们所说的在政治、经济、社会地

① 薛允升：《读例存疑》，光绪十三年刊本，卷36。

位方面居于上层或较上层的人物。他所说的“无力者”，即条例中的“农民佃户”，或比“农民佃户”更低的社会阶层。我们完全可以说，乾隆五十三年条例充分显示了封建政权所维护的等级制度的阶级目的性。

为了进一步证明乾隆五十三年条例的上述目的性，我们再来分析一个实际判例。嘉庆年间山东处理过这样一个案件：乾隆五十九年六月，山东潘濬亭雇邵兴佣工，“议定每年工价京钱四千八百文，立有文约，素有主仆名分。”嘉庆元年五月，雇主潘濬亭因修理内室，暂时搬到宅院二门外“客房”居住。这间“客房”原是他的雇工们居住的。在潘暂时住在“客房”期间，因故被雇工邵兴踢伤致死。法庭肯定邵兴是“雇工人”，潘濬亭是他的“家长”；而“雇工〔人〕踢死雇主，名分攸关”，因此把他判成“斩决”。[①] 此案审讯记录并未明确雇主是否是“农民佃户”，也未明确邵兴是否是“耕种工作之人”。但记有邵兴和潘濬亭“内外隔绝”的话，可以证明邵兴并不是侍候潘濬亭的“服役之人”。同时，从邵兴和其他农业雇工同居“客房”的情况推测，他很可能是“耕种工作之人”。根据资料记载，雇主潘濬亭的住宅既有“内室”和二门外的“客房”之别，足见其住所是深宅大院而非普通茅舍；在日常生活中，他和雇工“内外隔绝”，不相往来，而且雇用“众工人”代为耕作，可见他绝不是和雇工“一同力作”的“农民佃户”，而是一个雇有相当数量长、短工的经营地主，是一个所谓“有力者”。从条例的立法精神来说，潘濬亭这种“有力者”正是封建政权要给以特权，置之于统治者行列的人物。这就是邵兴为什么被当作雇工人加重处刑的真正原因。

我们还应该看到，根据乾隆五十三年条例，勋贵、缙绅、绅衿、大地主等得以“臣”之的雇佣劳动者，是不论其受雇年限的，短工也包括在内。这就意味着从万历十六年起已经获得法律上人身隶属关系解放的一部分从事生产劳动的短工也被重新纳入雇工人等级。这当然也是乾隆五十三年条例比以前历次条例反动之处，而其反动性较诸在本节开始时谈到的把从事服役劳动的短工重新划入雇工人等级尤为严重。

但是，我们还必须看到另一方面，根据乾隆五十三年条例，只要是“农

---

① 全士潮：《驳案续编》，嘉庆刊本，卷3。本文首次发表时说法庭“根本不举任何理由，就一口咬定邵兴是潘濬亭的雇工人。当时是根据《刑案汇览》一书所载资料作出的判断。《刑案汇览》中这段资料是节录《驳案新编》，而《驳案新编》中是讲到判断邵兴为雇工人的理由的。刘永成同志在其《论清代雇佣劳动》（见《历史研究》，1962年第4期）一文中曾指出这一点，他的意见是对的，因此这里作了修改。

民佃户"所雇的"耕种工作之人"，不论有无文契，即使是长工，也都已被当作凡人了。换言之，"农民佃户"使用长、短工进行农业经营，雇主与雇工之间的法律身分是平等的。这种雇工，更接近于具有双重"自由"的雇佣劳动者。因此，这一条例的制定，对资本主义性质农业经营的发展无疑是有利的。从这个意义上讲，这个条例不论对中国农业雇佣劳动者法律上人身隶属关系的解放，还是对中国农业资本主义的发展，都是具有重要历史意义的。

对于乾隆五十三年条例在实际生活中的作用，是不应该低估的。我们举出以下判例来说明这一条例的具体执行情况。

光绪十三年，吉林的刘落雇张仁、张六子兄弟佣工，雇主雇工同炕睡觉，"平日尔我相称，并无主仆名分。"某夜，刘落捉贼时，用鸟枪误伤张六子致死。刑部除将雇主刘落按误杀凡人罪定拟外，并且命令吉林将军调查刘落有没有花钱买通尸亲，企图避重就轻情事①。前面我们曾谈到过雍正十三年刘七达子打死时毛儿的案子。时毛儿受雇时并没有订立文契，而且和雇主期亲刘七达子一同去酒店喝酒，看来他们之间显然"共坐共食"，其主仆名分未必森严。但是，当时刑部却用"乡间风俗"来诠释条例，宽宥了雇主期亲的杀人罪。前后两案对比，可以清楚地看出雇工法律地位的变化。

又，乾隆五十二年三月，江苏邳州县的王檠"因田内工作忙"，倩王黑纲帮同耕作，"议明八月内歇工，谢钱三两，平日共同饮食，仍系兄弟称呼。"王黑纲住在王檠家里，因和王檠的女儿相爱，二人偕同逃至睢宁居住。后来，王檠认为女儿的行为"败坏门风"，竟把她弄回来杀死了。江苏巡抚按照乾隆五十三年条例，认为王黑纲犯有奸罪，但他"和王檠同姓不宗、系暂遨〔？邀〕帮助耕作，并非雇工〔人〕，应同凡〔人〕论。"② 我们知道，从中国封建道德观念和法律观点看，奸和杀是并列的重情之罪。雇工人奸家长妻女，按明清法律规定是要杀头的。但根据乾隆五十三年条例，王黑纲没有被当作雇工人，因此，只服充军之刑；刑部也没有借口别的什么理由加重他的服刑等级。这同本文第三节所举乾隆二十二年魏俊的案子比起来，也有很大的不同。魏俊受雇既无文券又未议定年限，可是当时的封建统治者竟不"拘泥于例文"，把一名雇工当作雇工人，并且把别人的杀人罪也加在他的身

① 沈家本辑：《刑案汇览三编》，原稿本，卷27，下册。

② 《江苏成案》卷9。

上，最后处以斩决。两案对比，也可以看出从事生产劳动的雇工在法律地位上的变化。

现在，我们对明清两代雇工人条例的演变作一个简单的回顾。

根据万历十六年（1588 年）的“新题例”，明代法律是承认短工和雇主的平等地位的。至于长工，不论是生产劳动者还是服役劳动者，都还遭受雇工人这种人身隶属关系的束缚。乾隆二十四年（1759 年）条例上，开始出现了将生产劳动者和服役劳动者分别对待的立法原则，并把连续受雇于同一雇主在五年以下的长工解放为“凡人”，这自然是一个进步。不久，乾隆三十二年（1768 年）“条例”却又出现了剥夺一年以下雇工的凡人身分的倒退。与此同时，乾隆三十二年条例虽把“耕作”〔之人〕和“并非服役之人”并举，在立法原则上进一步提出了劳动性质的问题，但条例所指的“耕作”〔之人〕仅限于雇主的“亲族”，而有服亲族之间相互侵犯时，本来就是按伦理关系判处的。所以，实际上，该例对于雇佣劳动者身分地位的解放并不发生作用。此外，万历十六年“新题例”所提出的“立有文券、议有年限”的含糊观念，一直都还在历次改订的条例上纠缠不清。据此，我们认为，无论就以劳动性质区别雇佣性质这一立法原则方面说，或者就从事生产劳动的长工身分解放方面说，自万历十六年以后的二百年间，一直无大变化，只是到了乾隆五十三年的条例上，这些方面才有了比较明显的进展。

六　对于若干论点的不同意见

在中国资本主义萌芽问题的讨论中，很多同志涉及明清两代农业雇佣劳动的性质问题。我们根据前面研究的结果，就下列几种看法提出商榷意见。

第一，有个别同志认为，明清时代的农业雇佣劳动者对雇主没有，或者一般没有人身隶属关系。

且不说明清时代农业雇佣劳动者在现实生活中所处的实际地位如何，单从法律上所规定的隶属关系而言，我们认为就不能得出上述的结论。我们的研究证明了，农业雇佣劳动者法律形式上的人身隶属关系的解放是一个缓慢的、曲折的历时过程，从短工的解放到部分长工的解放，前后历史长达两个世纪（1588—1788 年）之久，而在清王朝灭亡以前，这个法律上的解放过程始终没有完成。因此，在探讨明清时期雇佣劳动的性质问题时，就应该对这一过程进行历史的考察，根据不同的历史阶段，具体地分析不同类型的雇佣劳动性质，不能笼统地说雇佣劳动者对雇主具有或不具有人身隶属关系。

第二，有个别同志认为，只有完全脱离了生产资料的雇佣劳动者方才能够是“自由”雇佣劳动者。

不错，马克思在讲到资本主义雇佣劳动者的双重自由时确曾指出，他们既可以自由地处置自己的人身，又“没有别的商品可以出卖，自由得一无所有，没有任何实现自己的劳动力所必需的东西。”① 可是，我们对这个论断的理解不应该绝对化。因为，资本主义之渗入农业，“其形式是非常繁多的”。列宁在《俄国资本主义的发展》②、《农业中的资本主义》③ 以及《对欧洲和俄国的土地问题的马克思主义观点》④ 等著作中再三指出，很多国家的雇佣劳动者可以，而且的确和土地之间保有这种或那种形式的联系。

中国明清时代的短工往往就是自己占有少量土地，而将临时出外做工当作和打柴、捕鱼、纺织等一样的副业来进行的农民。而长工则往往是与生产资料完全脱离，不得不靠出卖劳动力来维持其全部生活的劳动者。根据万历十六年关于雇工人的新题例的规定，正是与生产资料可能还保有一定联系的短工较早摆脱法律上的人身隶属地位，他们和雇主的关系首先有可能是资本主义性的雇佣关系，而与生产资料完全脱离的长工却有更多的可能与雇主构成人身隶属关系，具有雇工人身分。这同某些同志主张劳动者已经脱离生产资料则其受雇性质便属于资本主义范畴的见解是恰恰相反的。

第三，有个别同志认为，明代中叶以后，农业雇佣关系中订立契约的现象表明当时的雇佣关系已经是资本主义性质。

经典著作中经常提到，在资本主义制度之下，劳动力买卖的关系乃是双方在平等地位上的契约关系。但订立契约的雇佣关系是否必然就是资本主义的关系呢？我们在分析中国的这一问题时，必须对这种契约所加于雇佣劳动者的身分地位进行考察，不能简单地见有契约就肯定其为资本主义的雇佣关系。根据万历十六年的“新题例”，契约（文券）正是雇工人的重要标志。直到乾隆五十三年，契约才不再作为雇工人的标志。那就是说，从 1588 至 1788 年这二百年间，正是雇工和雇主所订的契约标志着雇工对雇主法律上的人身隶属关系，没有订立契约的雇佣劳动者反倒有可能是身分自由的。所

① 《资本论》，第 1 卷，见《马克思恩格斯全集》，第 23 卷，第 192 页。

② 《列宁全集》，第 3 卷，第 148 页。

③ 《列宁全集》，第 4 卷，第 118 页。

④ 《列宁全集》，第 6 卷，第 307 页。

以，我们的结论又和主张契约表明雇佣关系的资本主义性质的意见恰恰相反。

第四，在关于中国资本主义萌芽问题的讨论中，个别同志的意见表现出这样一种倾向，好像凡是地主利用了雇佣劳动进行农业经营，那就必定是资本主义经济；并且地主所集中的土地越多，经营越大，其资本主义的性质也就越浓厚，甚至根本就是资本主义的生产关系了。

根据我们研究明清两代法典的结果，发现乾隆五十三年条例把雇倩生产劳动者的雇主分为两个集团，一个是在政治、经济、社会地位方面居于上层或较上层的贵族、缙绅、绅衿、大地主等等人物，一个是下层或较下层的所谓“农民佃户”。但条例文字并没有列举出缙绅、绅衿、大地主等等人物和“农民佃户”相对立，只是在例义原则上用雇主是否参加生产劳动作为划分这两个集团的分界线。当雇主只是拥有较多的土地，自己必须与雇工“一同力作”，从而也就很自然地和雇工“共坐共食”、“尔我相称”时，他们和雇工的关系就是平等地位上的经济剥削关系。唯有这种关系才有可能适合于资本主义“自由”雇佣劳动的意义。但是这个时候，雇主既然本身也同雇工一起劳动，是称不上资本家的，因为资本家是以资本购买劳动力进行剩余价值剥削，而他自己是不参加生产劳动的。到了“农民佃户”发展成拥有更多的土地，足以使自己不再与雇工“一同力作”时，他们对雇工的关系却又变成了家长和雇工人这种封建主义的人身隶属关系了。

从这里，我们得到这样一个认识，从法律形式上看，越是大地主，他越有可能和雇工间形成等级关系，因而他的农业经营也就越具有封建性，而不是越具有资本主义的性质。这又是一个与前述倾向性意见恰恰相反的结论。

上述这个结论也就是说，乾隆五十三年“条例”虽然把从事生产劳动的许多长工从人身隶属关系中解放出来，使他们和“农民佃户”这类雇主获得平等的法律地位，但与此同时，这个条例却又阻碍着这种平等的雇佣关系向资本主义“自由”雇佣劳动发展，阻碍着农业中资本主义生产关系的发展。

还应看到，上述结论所表明的是在乾隆五十三年以后的事情。从万历十六年（1588 年）到乾隆五十三年（1788 年）这二百年间情况并不如此。在这个历史阶段里，文契、年限曾是雇工人最重要的标志，雇主的身分并不影响雇佣关系的性质。这就是说，当时，生产资料占有者有依靠雇佣无文契短工进行资本主义农业经营的可能。可是我们也必须注意到，较大规模的农场经营，全靠短工而没有一定数量的长工是不可能的。但当生产资料占有者一旦雇佣并非“短雇月日、受值不多”的长工时，雇主与雇工之间却往往又变成等级统治关系了。因此，从法律形式上看，十六世纪八十年代以后的两个世纪，资本主义在农业中的发展虽有可能，但这种可能性又受到一定限制。

必须指明，上面几点都是分析法律条文及其立法精神所得到的逻辑结论。法律作为一种上层建筑，反映着经济基础的需要，这种反映通常是落后于现实生活的。新的生产关系（社会主义生产关系除外）总是在旧社会内部生长起来的。因此，从法典的变化来分析生产关系的变化，只是触及到历史发展过程的一个方面，而且仅仅是事情的表象方面。

列宁曾经强调指出：“请记住，任何表现或肯定这些残余〔指农奴制残余——引者注〕的统一的司法机关都是不存在的……被俄国所有的经济研究无数次证明了的明显的徭役经济残余，并不是靠某种专门保护它们的法律来维持，而是靠实际存在的土地关系的力量来维持的。”① 明清封建社会中“实际存在的土地关系的力量”，是否以及如何把雇佣劳动者“维持”在封建性人身隶属关系之中的问题，就不是单纯从法典的分析中所能看到的。这是事情的一方面。

同时，我们提出的理论原则以及分析法典所得到的逻辑结论也并不排斥现实生活中另一方面的状况。譬如，资本家以资本购买劳动力进行剩余价值的剥削，而他自己并不参加劳动，这就是资本主义生产关系的本质，是就资本家之所以成其为资本家的质的规定性而言的。这一原则并不排斥某些资本主义性质的农业经营地主也参加生产劳动。我们说，从立法精神上看，凡平日不和雇工“一同力作”的大地主就和雇工具有“主仆名分”，这并不意味着在实际生活中，一切资本主义性质的经营地主平日都必须和雇工“一同力作”；当然也不意味着不和雇工“一同力作”的经营地主就必须要雇工称他为“老爷”，而且具有“主仆名分”。特别是那些所谓“农民佃户”的雇主，他们之中可能有一部分人已逐步发展成为富农或租地农业家，但他们自己或其家庭成员仍旧参加生产劳动，我们当然不能因此就否定其经营性质应属于资本主义范畴。而且，“农民佃户”中发展起来的农业经营，很可能就是中国农业资本主义关系产生的主要类型。

所以，我们说法典阻碍着资本主义在农业中的发展，这是历史事实。但也并不等于说，由于这种法典的存在，资本主义在农业中就完全不可能发

① 《俄国社会民主党的土地纲领》，见《列宁全集》，第6卷，第106页。着重点是原有的。

展。至于明清社会中，尤其是鸦片战争以后，农业资本主义因素是否已经发展，如何发展以及发展到了什么程度，那是历史事实的另一个方面，并不是单纯从法律条文和立法精神的分析中所能断然肯定或否定的事情。

总之，我们并不想把分析法典的立法精神所得的逻辑结论绝对化。在这里，我们必须遵循马克思主义的一条根本原则：具体地分析具体问题。

第五，我们从法律形式的研究中，愿就资本主义关系可能在何种类型的雇主与雇工间产生的问题，作一些初步的推测。

前面说过，万历十六年的“新题例”肯定了万历十六年以前（从《大明刑书金鑑》成书时起）已经存在的事实，即短工是被当作和雇主具有平等的法律地位看待的。据此，人们很难否定在万历十六年以前在实际生活中便已存在着资本主义性质的雇佣关系的可能性。自从万历十六年以后，这种可能性就因雇工对雇主的平等地位得到法律形式的保障而更加增大了。不过长工仍属于雇工人，这仍是资本主义关系发展的阻碍。到了乾隆五十三年以后，部分长工也得到了法律上人身隶属关系的解放，但与此同时，雇工得以与之具有平等法律地位的雇主却又被限为“农民佃户”。从此“农民佃户”雇佣长、短工发展资本主义性质的农业经营的可能性也就更大些。因为封建地主本来就是不和雇工“一同力作”、需要“侍候”的“老爷”，立法的变化并未改变他们作为雇工人的家长的特权地位。因此，我们认为，在分析明清农业雇佣关系的性质时，或者更确切些说，在研究明清社会农业资本主义因素的发生、发展问题时，万历前期至乾隆五十三年（1788 年）间在雇主雇佣短工经营这个范围内，以及乾隆五十三年以后“农民佃户”使用雇佣劳动（包括长工、短工）的这种经营形式，不失为一个重要的研究线索。

第六，关于明清封建社会等级制度的发展及其某些特点问题。

列宁说，“等级属于农奴社会，阶级则属于资本主义社会”①，并且指出，在资本主义社会中，“所有公民在法律上一律平等，等级划分已被消灭（至少在原则上已被消灭），所以阶级已经不再是等级。社会划分为阶级，这是奴隶社会、封建社会和资产阶级社会共同的现象，但是在前两种社会中存在的是**等级的阶级**，在后一种社会中则是**非等级的阶级**。”② 因此，封建社会向资本主义社会的过渡，必然伴随着“等级的阶级”向“非等级的阶级”

① 《民粹主义空想计划的典型》，见《列宁全集》，第 2 卷，第 404 页。

② 《俄国社会民主党的土地纲领》，见《列宁全集》，第 6 卷，第 93 页注。着重点是引者加的。

的发展过程。

在本书《明清两代“雇工人”的法律地位问题》一文中，我们曾提出了关于明清社会的等级制度问题。我们在那里肯定了明清时代的雇工人是一个特定的社会等级。而这一特定等级随着社会的发展，必然地发生了许多变化；当社会历史发展到一定程度时，这种变化也逐渐地带有“等级的阶级”向“非等级的阶级”过渡的某些迹象。从本文对明清法典中关于雇工人条例演变的分析中可以看出，雇工人这个“等级的阶级”确是在发生着重大的变化。当然，雇工人等级的变化并不是这个等级的消灭，更不是整个封建等级社会变为资本主义的非等级社会。但是，这一变化毕竟表明有相当数量的农业雇佣劳动者逐渐在法律上摆脱了人身隶属关系。法典上的这些更动，正反映着明清封建社会经济上、生产关系上在发生着内在的、深刻的变化。

这种变化表现得如此之不明确，以及变化的渐进性，甚至在这一过程中也包含某些反复，都可以看作是中国的“等级的阶级”向“非等级的阶级”过渡的特点之一。此外，我们所论证的法典把某些雇佣劳动者编入雇主的宗法家长制体系以内来判刑的问题，奴婢、义男和雇佣劳动者这三类劳动者身分地位的差异性和共同性问题，长、短工之为雇工人或凡人的界限不清问题，以及等级身分的不稳定性问题等，也都可以称为明清社会封建等级制度的一些特点。

（本文原载《经济研究》，1961年第6期，署名
欧阳凡修。收入本书时曾作修改）

附录：有关明清两代农业雇佣劳动者法律身分问题的一些资料

（一）明清两代丧礼本宗九族五服图（正服）

（图见插页）。

明清法典中列载此图，“所以明服制之轻重，使定罪者由此为应加应减之准也”。（《笺释》）我们通过其所列彼此间应服丧服之轻重，可以清楚地看出明清封建宗法关系的本宗九族结构和它们之间的亲疏、尊卑、长幼关系。所谓九族，本有广义，狭义之分。古制以父族四、母族三、妻族二为九族。明清两代法典规定的九族，系仅指本宗亲属而言，不包括外亲。即如图示：由己身上推至高祖父母，下推至元孙，左右推至三从兄弟姊妹。

所谓五服，即指期服、大功、小功、缌麻和袒免而言。

期服。着此服者为期亲，是关系最近的亲属。期服有两种：一为“斩衰”，用最粗的麻布，不缝下边，着三年；亲属中唯有父母之丧才着此服。二为“齐衰”，用稍粗的麻布，缝下边。齐衰的穿着分四种：杖期（持杖，服一年）、不杖期（不持杖，服一年）、五个月和三个月。为期亲尊长着此服。

大功。用粗熟布，穿九个月。

小功。用稍粗熟布，穿五个月。

缌麻。用稍细熟布，穿三个月。

袒免。尺布缠头。实际上已不成服，穿这种丧服的，仅仅包括同五世祖族属远于缌麻一级的亲属，而不包括缌麻以外的一切无服亲。

（二）万历五年龚大器：《招拟指南》对雇工人的解释（附例案）

或问：义子过房在十六以上，及未分有田产、配有妻室者，凡有所犯，俱以雇工人论，是矣。若用钱雇募在家佣工者，如有所犯，当作何项人论断?

《指南》曰：此真雇工人也。查《比部招拟》内，有胡雄雇与卖皮底人刘珍扛抬盛皮底木柜，每月工银一钱，因事持刀将刘珍戳伤，事发，问拟“雇工人殴家长伤者”律。又有张泽雇与卖面人张胜卖面生理，因事叫骂，张胜告发，问拟“雇工人骂家长”律。二项俱佣工人，比部俱引雇工人律论罪，是为真雇工人无疑。大凡律称“以”者，盖有所指，所谓“与真犯同罪”是已。如无真雇工人，则所谓“以”者无着落矣。如“以窃盗”、“以监守”、“以枉法”等，盖有“真”然后有“以”也。议者率以雇募用工者作凡人论，则所谓雇工人者是何等人也？比部为法家宗主，凡有所拟，即当据以为法矣。

又，律中诸条称奴婢，指功臣之家给赐者言；若庶民之家，止称义男，凡有所犯，比雇工人论。

〔龚大器：《（新刊）招拟指南》卷首，第24—25页〕

附：例案（一）

一名胡雄云云。军匠状招有：雄平日雇与在官卖皮底人刘珍扛抬盛皮底木柜，每月工银一钱。正德十三年九月初十日，刘珍为因失去皮底二双，疑雄偷盗，将雄逐赶，不容与伊抬柜。雄怀恨在心，至本月十四日未时分，雄不合故违“凶徒执凶器伤人，问发边卫充军”事例，手执尖刀一把，将刘珍左胳膊并左肋戳伤倒地流血。雄自知有罪，又不合自将项下抹伤血出。彼有在官何达叫报地方火甲，将雄并刘珍捉送巡城王御史处，批发中兵马司审供。由连雄原行凶刀一把开送到司。复审明白，验得刘珍伤疤〔？已〕平复，并何达俱省令随审外，将雄取问，罪犯：

一、议得胡雄所犯除“故自伤残”罪名外，合依“雇工人殴家长伤者”律，杖一百流三千里；有《大诰》减等，杖一百徒三年；[①] 系军匠，照例送兵部定边发边卫充军。

二、照出胡雄行凶尖刀一把合收入官。

〔龚大器：《（新刊）比部招拟》卷4，第50—51页，“雇工人殴家长”。又见李天麟《淑问汇编》卷4，万历刊本。这里所引资料中“云云”二字，在李著中为“年三十七岁，山东济南府商河县人，系武成中卫右所百户刘玉小旗俱缺下”等。〕

例案（二）

一名张泽云云。余丁状招：正德十四年二月内，泽帮送不在官扬武营操备军人张孟儿来京。三月内，泽雇与在官献陵卫舍余张胜家，与在官一般雇工人江旺俱替张家卖面生理。本年八月初四日，泽令江旺将面觔私下拏些卖钱分用，江旺不从，泽就不合寻事向伊攘〔？嚷〕闹。张胜前来理阻，又不合将张胜叫骂“老狗骨头”等语。张胜不甘，将情具状赴通政使司造送到司。蒙提泽等前来责审前情明白，将泽取问，罪犯：

一、议得张泽所犯除“不应”罪名外，合依“雇工人骂家长者”律杖八十徒二年，有《大诰》减等，杖七十徒一年半；系军余，审无力，照例送工部照徒年限做工，满日与供明张胜、江旺各随住。

〔龚大器：《（新刊）比部招拟》卷4，第57页。〕

（三）万历十六年制定雇工人“新题例”的有关奏折

1. 都察院左都御史吴时来奏折（摘录）

［万历十五年十月丁卯］都察院左都御史吴时来等申明律例未明未尽条

---

① “查《大诰》末章云：一切军民人等，户户有此一本，若犯笞杖徒流罪，每减一等。法家至今遵用。”（《招拟指南》卷首，第13页）此案胡雄家有《大诰》一册，犯流罪，故得照例减等。下同。

件：一、律称庶人之家不许存养奴婢，盖谓功臣家方给赏奴婢，庶民当自服勤劳，故不得存养。有犯者，皆称雇工人。初未言及缙绅之家也。且雇工人多有不同，拟罪自当有间。至若缙绅之家，固不得上比功臣，亦不可下同黎庶，存养家人势所不免。合令法司酌议，无论官民之家，有立券用值、工作有年限者，皆以雇工人论；有受值微少，工作止计月日者，仍以凡人论。若财买十五以下、恩养已久，十六以上，配有室家者，照例同子孙论。或恩养未久、不曾配合者，在庶人之家仍以雇工人论，在缙绅之家，比照奴婢律论。……得旨：律例未尽条件，还会同部、寺酌议来看。

（《明神宗实录》卷191。）

2. 刑部、都察院、大理寺会议奏折（摘录）

〔万历十六年正月庚戌〕刑部尚书李世达、都察院左都御史吴时来、大理寺卿孙鑨等题，申明律例未尽条款凡六事：一、奴婢。官民之家，凡倩工作之人，立有文券、议有年限者，以雇工论。只是短雇、受值不多者，以凡人论。其财买义男，恩养年久、配有室家者，同子孙论，恩养未久、不曾配合者，士庶家以雇工论，缙绅家以奴婢论。……上允行。

（《明神宗实录》卷194。）

（四）乾隆二十四年永泰议改雇工人条例奏折

刑部为敬陈等事，据山西按察使永〔泰〕奏称："……又查例载：凡倩工作之人，立有文券、议有年限者，依雇工人论；只是短雇月日、受值不多者，依凡〔人〕论。诚以雇工〔人〕、凡人问罪悬殊，故必以文券为凭，以杜枉纵。但乡民工作多系随便雇觅。其始也，原止暂时短雇，未经立有文券；其既也，情意交孚，历久相安，不暇他计，往往有终身受雇而未立有文券者。此等之人遇有干犯〔家长〕，顾以未立文券遽同凡〔人〕论，揆之情理，殊属未协。并请嗣后：凡工作之人，如受雇在五年以上者，并非短雇可比，虽未立有文券，亦应照雇工人论。如受雇在十年以上者，恩义并重，无论有无文券，均照红契奴婢定拟"等语。

查……雇工之人与奴婢不同。奴婢或系立契卖身，或系家生灶养，衣食婚配，恩义并隆。雇工则仅资力作，来去无常，民间经营耕获，动辄需人，亲属同侪相为佣雇，情形本难概论。定例立有文券，议有年限方作雇工〔人〕，若随时短雇、受值无多者即同凡〔人〕论，法至平也。且查律文，于家长有犯，奴婢治奴婢之罪，雇工〔人〕治雇工〔人〕之罪，各有专条。

今该按察使奏称："雇工人虽无文券而受雇在五年以上者，于家长有犯，作雇工〔人〕；十年以上作奴婢定拟"等语。查雇工人立有文券，年限者，止依雇工〔人〕本条；若无文券而年分稍久者反与奴婢同论，殊与律义不符。应请嗣后："除'典当家人'及'隶身长随'具照定例治罪外；其雇倩工作之人，立有文契、年限，及虽无文契、而议有年限，或计工受值已阅五年以上者，于家长有犯，均依雇工人定拟。其随时短雇、受值无多者，仍同凡〔人〕论。"如此则情法胥得其平矣。

〔《刑名条例》，"名例"，乾隆二十四年，第6—9页，"命盗"。〕

（五）乾隆三十二年律例馆修改雇工人条例原由

乾隆三十二年律例馆以原例"雇倩工作之人若立有文契年限及虽无文契而议有年限，或计工受值已阅五年以上者，依雇工人论"等语。查良贱相犯，按律尚加凡人一等。雇工一项，民间多有不立文契年限，而实有主仆名分者，如于家长有犯，必以受雇五年为断；其在五年以内，悉照凡人科罪，并无良贱之分。查受雇在一年以外至二三四年，恩养已不为不久，若有干犯，不便竟同凡人问拟。因将原例量为酌改："如受雇在一年以内，有犯寻常干犯，照良贱加等律再加一等治罪；如受雇在一年以外，即依雇工人定拟。若犯奸、杀、诬告等项重情，虽在一年以内，亦照雇工人治罪"，增入前例。

（《大清律例通考》卷28，第15—16页。）

（六）乾隆五十一年议改雇工人条例奏折及上谕

1. 乾隆五十一年四月十六日刑部尚书喀宁阿议改雇工人条例的奏折（摘录）

窃查，例载"雇倩工作之人，若立有文契年限及虽无文契而议有年限，或计工受值已在五年以上者，于家长有犯，均依雇工人定拟。其随时短雇、受值无多者，仍同凡论"。又"雇工虽无文契而议有年限，或不立年限而有主仆名分者，如受雇在一年以内，有犯寻常干犯，照良贱加等律再加一等治罪；若受雇在一年以上者，即依雇工人定拟。其犯奸、杀、诬告等项重情，即一年以内，亦照雇工人治罪。若只是农民雇倩亲族耕作、店铺小郎以及随时短雇，并非服役之人，应同凡论"各等语。

是办理雇工之案固以文契年限为凭，尤当询其有无主仆名分及是否服役之人。如有主仆名分，虽无文契年限，而一经受雇，即为服役之人，故在一年以内有犯寻常干犯，照“良贱加等”律再加一等；若犯奸、杀等项重情，即以雇工人治罪。严雇工者，所以重名分也。若无主仆名分，则是雇倩工作之平民，虽议有年限、工价，并非服役，彼此无良贱之分，故例同凡论。宽平人者，所以慎庶狱也。例文互载分明，引断不容牵混。

兹据山东巡抚明兴题“王成子强奸雇主王克仁之妻邢氏不从将邢氏砍死”一案。缘王成子与王克仁同姓不宗，乾隆五十年二月初二日，王成子雇与王克仁家佣工，言明十月为满，工价制钱七千文，未立文契。九月初一日，王成子同王克仁自地回家，王克仁外出，王成子见邢氏坐地扬簸芝麻，顿萌淫念，拉（邢）氏求奸。邢氏不从，喊骂。该犯恐人闻喊往捕，顿起杀机，即取菜刀砍伤邢氏顶心殒命。将王成子依“雇工〔人〕杀家长期亲”律凌迟处死。

又题“齐刚谋杀雇主吕季常之妻胡氏身死并砍伤吕季常”一案。缘齐刚于乾隆五十年正月雇与吕季常家工作，言定工价小钱六千五百文，未立文契。胡氏因其懒惰，时加村斥。十月间，胡氏将一年工价付清，令其他往，齐刚延挨未去。十月十三日，胡氏更加辱詈，不与饭食。齐刚怀恨，蓄意谋害。即于是夜三更，携带枪头，越墙进院。胡氏闻声出视，齐刚即用枪头向戳，未中，胡氏喊救躲避。吕季常持棍赶出，击落齐刚所执枪头。齐刚闪进草屋，携出铡刀，砍伤吕季常胳膊，〔吕季常〕倒地。〔齐刚〕赶入屋内，用刀砍伤胡氏顶心殒命。将齐刚依“雇工〔人〕谋杀家长”律凌迟处死，各等因，先后具题到部。

臣等详核二案，王成子同王克仁在地工作，齐刚在吕季常家工作，均不过寻常庶民之家一同力作，无分良贱，即属农民雇倩耕作之人。且王成子自二月至九月，齐刚自正月至十月，受雇均在一年以内，并非日久，工价均止数千文，受值亦属无多。既无主仆名分，即与服役不同。按之律例，王成子“强奸杀死本妇”例，应斩决；齐刚“谋杀人命”律，应斩候。今该抚因其有“十月未满”及“每年工价若干”之语，谓之“议有年限”，而不论其有无主仆名分，治以“因奸故杀家长期亲”及“谋杀家长”之罪，拟以凌迟处死。查凌迟处死系属极刑，惟谋反、逆伦等案，罪大恶极，始定此无可复加之罪。今以农民雇倩耕作之人，并无主仆名分，因其谋、故情重，即与谋反、逆伦等案同一科断，殊觉轻重不伦。且如该抚所题，不问其有无主仆名分，即以雇工〔人〕定拟，是凡农民雇用长工，但有言明一二年为满者，皆得同于服役之人，设被雇主殴杀，即依“殴杀雇工〔人〕”律，止拟杖徒，不同凡人问拟绞抵。不惟倖宽雇主之罪，且长凌虐工人之风；更恐食力良民不甘为服役之人，致绝其谋生之路。揆之情理，均未允协。

惟是例文内载：“雇工虽无文契而议有年限，或不立年限而有主仆名分”者，本系一气相承，原无歧误。但外省问刑衙门未能贯通例义，往往仅执“议有年限”一语为断，而不问有无主仆名分，俱以雇工〔人〕论。以致办理雇倩平民之案拟入重刑，已属失当；设遇雇主殴死此等无主仆名分之雇工，转得从轻拟徒，尤非所以惩凶徒而重人命。虽近年来臣部随案驳正，尚无错误，但与其逐案改驳，不如申明例文，共知遵守。臣等公同酌议，应请：嗣后官民之家，除典当家人、隶身长随，以及立有文契之雇工仍照例定拟外；其余雇工之人，如无文契，不论议有年限与否，总以有无主仆名分、是否服役之人为断。如有主仆名分，为之服役者，即照例以雇工〔人〕论，若并非服役之人，只是农民雇倩耕作、店铺小郎，既无主仆名分，不论是否亲族，俱依“凡人”科断。如此明立界限，庶援引既无牵混，平民不致轻入极刑，雇主亦不得倖邀宽纵，于刑名益昭慎重矣。

如蒙俞允，臣部将例意修纂明晰，并通行直省问刑衙门一体遵办。所有山东省王成子、齐刚二案，即照本犯谋、故杀例改拟具题。……为此谨奏请旨。

2. 乾隆五十一年四月十六日乾隆帝对喀宁阿奏折的批谕

刑部奏“酌改雇工〔人〕致死家长条例”一折，立意虽觉近是，但向来雇工〔人〕谋、故杀家长者，例应问疑凌迟，原所以重主仆名分。若仅雇倩佃户及店铺雇觅佣作之类，并无主仆名分，亦未服役者，俱照雇工〔人〕例概拟极刑，则雇主殴死雇倩平民皆得援例问擬杖徒轻罪，殊未允协，自应分别科断。但雇工（人）与雇倩平民如何区别主仆名分及是否服役之处，必须明立界限，庶问拟两不相混。刑部所奏尚未详尽，著交军机大臣会同该部详晰酌议具奏。钦此。

3. 乾隆五十一年四月十九日军机大臣、刑部奉旨议改雇工人条例复折（摘录）

查服役雇工与雇倩平民名分本自判然，但不明立界限细为区别，援引终多牵混。刑部议奏仅以“有无主仆名分、是否服役之人”为断，尚属笼统定议，未能条分缕晰。诚如圣谕：“所奏尚未详尽。”臣等公同酌议，应请：嗣后除典当家人、隶身长随，以及立有文契服役之雇工仍照旧例定议外；凡官民之家，如车夫、厨役、水火夫、轿夫及一切打杂受雇服役者，平日起居不敢与共，饮食不敢与同，并不敢尔我相称，系听其使唤之人，是有主仆名分。无论其有无文契、年限，均照例以雇工〔人〕论。若农民佃户雇请耕种工作之人，并店铺小郎之类，平日共坐同食，彼此平等相称，不为使唤服役者，此等人并无主仆名分，亦无论其有无文契、年限，及是否亲族，俱依“凡人”科断。

如此详细分析，庶“服役雇工”与“雇倩平民”各有明条，而主仆名分及是否服役之处亦有界限。内外问刑衙门遇有雇工干犯家长及杀伤之案，并家长杀伤雇工，与雇倩平民互有杀伤等案，援引得有依据，拟罪亦昭允协矣。如蒙俞允，刑部即将此例纂入例册，并将旧例删除，通行直省问刑衙门一体遵办。所有山东省王成子、齐刚二案，该抚因其奸杀情凶，拟以凌迟，于原例内“若犯奸、杀、诬告等项重情，即一年以内亦照雇工人治罪”一条符合。今既分别界限，立定科条，应将此二案即照新例改拟具题。

乾隆五十一年四月十九日奉旨：“依议钦此。”

（以上奏折及上谕均摘自中国第一历史档案馆藏：《清代军机处录附档案》，军字第437①、437②号，乾隆五十一年四月。）

（七）明清两代雇工文契示例

（编者按：在明清时代刊行的《通考杂字》、《士商必要》一类的日用百科全书中，多载有各种文契的通用格式，即所谓“活套”，备人采用。其中也有雇工文契的活套。这种日用百科全书中把雇工文契作成活套，有力地说明当时雇工已经相当普遍。这里，我们选辑了三条，作为示例。）

一

某境某里某人，为无生活，情愿将身出雇，愿与某里某境某人家耕田一年，议定工资银若干。言约朝夕勤谨照管田园，不敢懒惰。主家杂色器皿不敢疏失。其银约季支取不缺。如有风水不虞，此系天命，不干银主之事。今欲有凭，立契存照。

〔（明）佚名：《释义经书士民便用通考杂字》卷20，“雇长工契式”；又，明刊《学海群玉》所载基本相同。〕

二

立工约人某，今因家无生理，将身出雇与某名下一年杂工。议定每月工银若干，其银陆续支用，如或抽拨工夫，照日除算。恐有不测祸患，皆系天命，与主家无干。今欲有凭，立此文约为照。

（吕希绍：《新刻徽郡补释士民便读通考》，天启七年刊，“雇工约”。）

三

立雇约人某都某人，今因生意无活，情自托中雇到某都某名下替身农工一年。议定工银若干。言约朝夕勤谨照管田园，不敢懒惰。主家杂色器皿不敢疏失。其银按月支取，不致欠少；如有荒失，照数扣算。风水不虞，此系天命。存照。

（徐三省编、黄惟质增订：《世事通考全书》，康熙刊本，外卷，“文约类”；徐三省编、戴启达增订：《新编万宝元龙通考杂字》，乾隆刊本及同治刊本之外卷；戴惺菴：《重订增补释义经书四民便用杂字通考全书》外卷，“文约类”中均载此“活套”，大同小异。）

明清时代农业中等级性雇佣劳动向非等级性雇佣劳动的过渡*

魏金玉

一 前言

雇佣劳动的本义是同资本相对待的劳动力的社会存在形态。马克思说过："雇佣劳动的前提和资本的历史条件之一，是自由劳动以及这种自由劳动同货币相交换，以便再生产货币并增殖其价值。"① 这种"再生产货币并增殖其价值"的雇佣劳动具有自由劳动的性格和资本主义的性质，属于资本主义的经济范畴。但是，并非所有的雇佣劳动都是这样。像商品生产、生息资本、商业资本、地租等资本主义范畴都有自己的前资本主义形态一样，雇佣劳动也有自己的前资本主义形态，这一部分雇佣劳动就不具有自由劳动的性格和资本主义的性质。

雇佣劳动，且不谈它的性质，在历史上是出现得很早的。纪元前十八世纪的《汉谟拉比法典》上记载有巴比伦的雇佣情况。公元一世纪的《新约》上记载有巴勒斯坦的雇佣情况。在资本主义的故乡欧洲，雇佣劳动的出现也是很早的。在研究欧洲封建制度的著作中，几乎都提到庄园里的雇佣劳动，包括长工、短工和日工。到了资本主义时代，关于雇佣劳动的记载就多得不可胜数了。

对于这种社会经济现象，马克思主义经典作家作过明确的论述。恩格斯

---

* 本文在写作过程中，获读刘永成同志《清代前期农村社会经济》手稿，从中摘录一些资料；又中国第一历史档案馆给作者以查阅档案的许多方便，一并在此致谢。

① 《马克思恩格斯全集》，第46卷，上册，第470页。

指出，在人类社会发展史上，“包含着整个资本主义生产方式的萌芽的雇佣劳动是很古老的；它个别地和分散地同奴隶制度并存了几百年。但是只有在历史前提已经具备时，这一萌芽才能发展成资本主义生产方式。”①

马克思指出：“十四到十五世纪，在地中海沿岸的某些城市已经稀疏地出现了资本主义生产的最初萌芽，但资本主义时代是从十六世纪才开始的”。②

根据经典作家的这些论述，我们体会：第一，“包含着整个资本主义生产方式的萌芽的雇佣劳动”并不“再生产货币并增殖其价值”，所以不构成资本主义生产方式，也不具有资本主义的性质。第二，“资本主义生产的最初萌芽”指的是资本主义生产方式的始初形态；构成这一种萌芽的雇佣劳动“再生产货币并增殖其价值”，因而具有特殊的资本主义性质。应该指出，这里提到的两个“萌芽”，在马克思、恩格斯有关著作的德文以及英、俄译文中分别是两个不同的字，一个字义为“胚胎”，一个字义为“开始”，中文把它们都译成了“萌芽”，是混淆了原意的。我们认为，所谓“包含着整个资本主义生产方式的萌芽的雇佣劳动”，是前资本主义的雇佣劳动，而与“资本主义生产的最初萌芽”相联系的雇佣劳动是资本主义的雇佣劳动。如果这个认识不错，那么，由前资本主义的雇佣劳动到资本主义的雇佣劳动，中间还有一个不随人们主观意志为转移的、由前者到后者的转化过程。

上面说的是外国历史。在我国历史上，也是这样。雇佣劳动在战国末期就出现了，但是，资本主义生产的最初萌芽却到明清时代才稀疏地出现，这中间也存在着一个雇佣劳动由前资本主义的到资本主义的转化过程。可是，在中国资本主义萌芽问题的讨论中，这个问题并不曾得到认真的对待。③ 所以，一直到现在，对于历史上不同性质的雇佣劳动的划分，不自由劳动向自由劳动的转化，从而前资本主义的雇佣劳动怎样转化为资本主义的雇佣劳动等问题，无论在什么行业中，都还没有达到统一的认识。这些就是我们所要研究的问题。不过，雇佣劳动在农业、手工业、运输业、航海业、矿业中都有，这里所要讨论的只是农业中雇佣劳动性质的发展变化问题，暂不涉及其他行业。

我们根据的材料，主要来源于：（一）地方志书，（二）农书，（三）地

① 《马克思恩格斯选集》，第 3 卷，第 311 页脚注。

② 《马克思恩格斯选集》，第 2 卷，第 222 页。

③ 参见《中国资本主义萌芽问题讨论集》，上、下及续编。

方官吏的政书，（四）法律文书和（五）刑事档案等。我们注重分析的是这些书刊和档案中的雇工案件。雇工案件是指雇工同雇主或其他社会各阶层人发生纠纷的案件，具体地反映了雇工同各方面人的关系和情况。然而，政书、法律文书和档案中所收的绝大多数是涉及人命的案件，有很大的局限性。此外，涉及的所有材料都缺乏应有的统计数字，因而我们无法作数量分析；勉强找了一些数字，代表性不大，只是聊胜于无而已。

我们讨论的中心问题是农业中不自由劳动向自由劳动转化的过程。这是前资本主义的雇佣劳动向资本主义雇佣劳动转化过程的一个重要方面，也可说是个核心问题。

另一个重要方面是雇工经营方式、生产目的性由封建剥削向资本主义剥削的转化的过程。虽然这两个方面必须结合起来才能准确而完整地说明雇佣劳动性质的转化，但后一方面不在这篇文章的讨论范围以内，这是需要特别声明的。

在中国明清时代的封建社会里，属于前资本主义范畴的、不自由的雇佣劳动，在封建法典上，一般说来，被视为雇工人这一低下的社会等级。因此，我们把这种雇佣关系称为等级的雇佣关系。等级的雇佣关系当然是以实际生活中雇工在生产关系中的不自由地位作为基础的，但它具有了法律上的这种表现以后，其不自由的状态就更加突出了。也有法律上的表现同实际生活中的状况不相一致的现象，尤其在雇佣劳动性质发生变化的时候，这也是不可避免的。但是，这并不妨碍我们把法律上雇佣劳动者从雇工人这一等级中解放出来的事实作为雇佣劳动性质转化过程的一个指标。关于法律上的这一变化，本书中经君健同志的两篇文章已作了深入细致的分析，它是我们这一研究的基础和出发点。

粗略地说，结合雇佣劳动者在法律上身分地位的变化，雇佣劳动性质的转化过程大致是这样的：明万历十六年（1588 年）以前长短工都属于雇工人范畴，这是等级的雇佣关系居于统治地位的时代。万历十六年大部分短工从雇工人等级中解放，清乾隆五十三年（1788 年）部分长工从雇工人等级中解放，分别标志着长、短工从等级性雇佣关系向非等级性雇佣关系转化的过渡阶段的开始。① 最后，辛亥革命推翻了清王朝，废除了清

① 据经君健同志考证，短工的解放可能早于万历十六年。此处仍以万历十六年新题例颁布为短工解放的标志。

王朝的封建法典，从而在法典中取消了雇工人这一等级，标志着过渡阶段的结束。

根据这个线索，我们在本文《等级的雇佣关系》上节，主要根据乾隆五十三年以前长工雇工人的状况，分析了等级性雇佣关系的基本特征，提出了宗法家长制雇佣这一概念。在《等级的雇佣关系》下节，对历史上曾经占有重要地位，到明清时代日益衰微的典当雇工、债务劳动、年限婢婿、全家雇佣等雇佣形式进行了分析。在这些雇佣形式下的劳动者，在法律上有属于雇工人范畴的，也有不属于雇工人范畴的，但在实际生活中他们都具有同长工雇工人一样的社会地位、经济地位，我们把它们归入等级雇佣的范畴，这就丰富了等级雇佣关系的内容。我们在《长工由等级向非等级的过渡》一节中，分析了长工雇工人向非等级雇佣过渡的具体过程。由于长工多半是脱离了自己的生产资料的，所以这里比较偏重摆脱封建束缚的分析。我们在《短工由等级向非等级的过渡》一节中，分析短工雇工人向非等级雇佣过渡的具体过程。由于短工多半还没有完全脱离自己的生产资料，所以这里对于脱离自己的生产资料和摆脱封建束缚两者是并重的。本来，短工开始过渡远早于长工的过渡。但是，由于我们不掌握说明早期短工雇工人的具体材料，而不说明短工雇工人的状况就谈过渡未免有点突兀，所以，只好在介绍长工雇工人的状况及其过渡以后，对雇工人有了一个印象，再谈短工的过渡；这多少离开了历史的逻辑，是不得已的。我们在《租佃关系与雇佣关系》一节中，提出了在封建租佃关系的基础上达成的雇佣关系的性质问题。上面几节主要是对劳动者受雇以后的情况的分析，这一节主要是对受雇前的条件对受雇以后的影响的分析；这样受雇前后的情况，生产领域和流通领域，都考虑到了。

此外，为了廓清一些不确切的认识，并为进行雇佣性质变化的分析作一些准备，我们还写了《明清时代农业雇佣劳动的历史、数量和形式》一节，放在以上几节的前头。

这些，构成我们这篇文章的内容。

我们认为，只有把明清时代农业中等级性雇佣劳动向非等级性雇佣劳动的转化问题搞清楚了，中国农业资本主义生产关系的发生，亦即农业资本主义萌芽问题，才能解决。

二　明清时代农业雇佣劳动的历史、数量和形式

（一）农业雇佣劳动的发展简史

在我国，农业雇佣劳动并不是明清时代新出现的现象。封建社会早期的著作《韩非子》里，就有关于农业雇佣的记载。那记载是：“夫卖庸而播耕者，主人费家而美食，调布而求易钱者，非爱庸客也，曰：如是，耕者且深耨熟耘也。庸客致力而疾耘耕，尽巧而正畦陌者，非爱主人也，曰：如是，羹且美，钱布且易云也。此其养功力，有父子之泽矣，而心调于用者，皆挟自为心也”。[①] 我国早期的一些解释字义的书中说：“佣，役也”；“佣，赁也”；“雇，佣予直也”；“佣，雇役于人受直也”；“庸，斯贱之人也”。[②] 这些资料所说的庸客和雇主之间的关系似乎是：庸客为雇主服役劳动，雇主给庸客以饮食和金钱；他们之间各有私心，但像封建社会里的父子一样，是不平等的，雇工的地位是低下的。这颇像宗法家长制等级制度，而不像资本主义的雇佣关系在人们思想中的反映。

先秦和两汉时期，农业雇佣劳动并不是罕见的。《汉书》记载：秦末农民起义领袖陈胜，就曾经为人“佣耕”，他起义的消息传开以后，从前佣耕的伙伴来找他，可见一起“佣耕”的还不止一人；[③] 儿宽“时行赁作，带经而锄，休息辄读诵”；[④] 匡衡“好学家贫，庸作以供资用。”[⑤] 《后汉书》记载：孟尝“隐处穷泽，身自佣耕”；第五访“常佣以养兄嫂”。[⑥] 《后汉书》的其他篇章如：《承宫传》、《郑均传》、《桓荣传》、《江革传》、《申屠蟠传》、《李固传》、《虞诩传》、《郭泰传》、《卫飒传》、《侯瑾传》、《袁绍传》、《范式传》、《梁鸿传》、《夏馥传》等，都提到雇佣。那时的雇佣，大概是被

---

① 《韩非子·外储说左上》。附注：如果《诗》“疆侯疆以”可以解作“若今时佣力之人，随主人所左右也”，而“佣力”又可以解若农业雇工，那么，农业雇佣见于文献记载的时间还可以上推若干世纪。但是，对这句诗的解释，郭沫若同志的看法是值得考虑的，他说：“传笺均当作雇佣讲，那可讲不通”。

② 参看《说文解字》、《广雅》、《广韵》、《六书故》、《一切经音义》、《正字通》、《楚辞王逸注》等。

③ 《汉书·陈胜传》。

④ 《汉书·儿宽传》。

⑤ 《汉书·匡衡传》。

⑥ 《后汉书》“孟尝传·第五访传”。

人鄙视的一个社会等级。有人说，当时的雇佣，或曰“佣作”、“佣保”、“庸伍”、“庸奴”、“流庸”、“客庸”，对雇主有人身依附关系，可能是有点道理的。①

我国早期的农书，东汉末年崔寔的《四民月令》记载，十二月“休农息役，惠必下浃”，“选任田者，以俟农事之起”。据有人解释，这前者说的是年终上坟回家后饮酒慰劳雇农，后者说的是选择来年的雇农。此外还提到蚕妾，有人认为就是女工。② 如果这些解释不错的话，那么，在当时工农结合体中，不论从事农业或者家庭副业，都有使用雇佣的现象了。这说的可能是些长工。《齐民要术》里还记载了北魏时期的短工形象。书中说，种一顷地红花，能换得三百匹绢，可说是一种商品生产。一顷红花成熟时，每天需要一百人来采摘，靠农户自家的人手是不够的，书中说，只要把车拉到地头，每天清早，便会有成群的小儿僮女，几十几百来帮助摘花，主人把所摘的花分一半给这些童工作为报酬。又，需人来疏伐修剪树木，可用十捆柴雇一个工，“无业之人，争来就作。”③ 前面的一种给酬方式，同农业中的对分制相似，后面的一种给酬方式，也与资本主义的货币工资形式不同。然而单从这些现象，还难确定雇佣是什么性质。

唐代敦煌地区给我们留下了一批农业雇工文契，那时当雇工要签订文契，我们得知的有二十多张，格式都大同小异。这些都是长工订立的文契，雇期九、十个月，雇值都是实物，包括粮食、衣服和鞋子，没有货币工钱。契约中雇佣被称为“作儿”。契约规定：作儿在田地上工作，损坏了所使用的生产工具，需要赔偿，可见工具属于雇主所有。如果作儿不是因病而缺工，按照农忙或者农闲的不同情况，罚扣工值——粮食，所扣数量大于同一时间作儿应得工值数量。契约上还规定，对于契约上写下的事项，主雇双方都不能翻悔，谁翻悔了，罚谁出粮食若干给不翻悔的一方，这实际上是雇主要胁劳动者必须按照契约规定行事的一种措施。照录一张契约于下：

甲戌年正月一日，立契慈惠乡百姓窦跛蹄，伏缘家中欠少人力，龙

① 翦伯赞：《两汉时期的雇佣劳动》。
② 中国农业遗产研究室编：《中国农学史》，上册，第232页。
③ 石声汉：《齐民要术今释》，“种榆白杨第四十六 · 种红蓝花栀子第五十二”。

勒乡邓纳儿钵面上，雇男延受造作一囸。从正月至九月末，断作雇价每月壹驮，春衣一对，汗衫壹领，襌裆壹腰，皮鞋壹两。自雇如后，便须兢兢造作，不得抛功壹日。忙时抛功壹日，尅物贰斗；闲时抛功壹日，尅物一斗。若作儿手上使用笼具、镰刀、铧、镈、鍪、钁、袋器什物等，畔上抛扶打损，赔在作儿身上，不关主人之事；若收到家中，不关作儿之事。若作儿偷地瓜果菜，如羊牛等，忽如捉得者，仰在作儿身上。若作儿病者，算日勒价。作儿贼打将去，壹看大例。两共对面平章，准格不许番悔者已已。若先悔者，罚青麦拾驮，充入不悔人。恐人无信，故立私契，用为凭。

押字为定延受□①

作儿如果私自离开雇主外出逃走，雇主可以不通过政府的司法机关，直接派人把作儿捉回家里。雇主的这一权力，是封建地主政权所保障的。雇主只要声明劳动者是自己雇佣的作儿，就可以取得地方政府发给通行证明，即所谓“过所”，准许他把劳动者带回家去。唐玄宗开元二十一年，北庭子将郭琳的作儿蒋化明逃走，郭琳就派桑思利追捉蒋化明，当地政府为此发给桑思利“过所”，准许他把蒋化明带回北庭，就是一个证明。② 由此看来，劳动者受雇之后，就成了雇主行使司法权和行政管理权的对象，是不自由的。

上面说的是唐代农业长工的情况。此外，还有“日佣人”，亦即短工，他们的情况是怎样的，我们还不清楚。

唐代的封建法典上，还没有给雇佣劳动者以特定的法律名称，他们被视为“部曲”还是“奴婢”，或者什么别的，例如“随身”之类，现在还搞不清楚。③ 到了宋代，封建法典开始以特定的法律名称称呼雇佣劳动者。《宋会要辑稿·刑法》记载：政和三年九月四日规定行文格式，其中有“雇人限满愿留主家，改为元雇之家”的规定。“雇人”就是“人力”。淳熙五年六月二十日规定：“人力、女使告首，并与免罪”。建炎三年四月八日规定：“如略和诱人为人力、女使，嘉祐勅依略和诱人为部曲律减一等，政和勅论如为

① 《敦煌资料》，第1辑，第336页。缺字是比照别的契约字句拟补的。

② 王仲犖：《试释吐鲁番出土的几件有关过所的唐代文书》，载《文物》，1975年第7期。

③ 《唐律疏议释文·贱隶部曲奴婢客女随身》：“二面断约年月赁人指使为随身”。随身是否包括全部雇佣劳动者，我们没有考察出来。

部曲律，合从嘉祐减一等”。[①]《庆元条法事类》“诸色犯奸”条规定：“诸人力奸主，品官之家，绞；未成，配三千里；强者，斩；未成，配广南。民庶之家加凡人三等，配五百里；未成，配邻州；强者，绞；未成，配三千里”。“即奸主之亲（亲之妻服轻者各用其夫服），品官之家缌麻小功加凡人一等，大功期亲递加一等；已成，并配邻州；民庶之家，大功以上各减品官之家一等。以上和奸者，妇女各减人力一等。”“诸旧人力奸主者，品官之家加凡奸二等；民庶之家，加一等。即佃客奸主，各加二等。以上妇女及旧主与女使奸者各以凡论”。[②] 天禧三年规定：“自今人家佣赁，当明设要契，及五年，主因过殴决至死者，欲望加部曲一等；但不以愆犯而杀者，减常人一等；如过失杀者，勿论。”[③] 至和元年规定：“士庶之家，甞更佣雇之人，自今毋得与主之同居亲为昏；违者离之。”[④] 这些法律规定，表明雇主和人力在法律上是不平等的，雇主的社会地位越高，这一不平等就越突出，双方的等级差别就越显著，而且，即使解除雇佣关系以后，人力同旧雇主之间也还是不得平等的，不过差距较受雇时要小一些。这种法律上的不平等，反映着雇主和人力属于不同的社会等级，他们之间存在着森严的等级差别。这里，要强调指出，雇主身分地位的高低影响主雇之间等级差别的大小，到了明清时代，还是这样。

宋代，成立雇佣关系，同唐代一样，要订立契约，“雇佣者自从私券”。[⑤] 同时，还要有中介人。《东京梦华录》“雇觅人力”条说：“凡雇觅人力、干当人、酒食、作匠之类，各有行老供雇，觅女使即有引至牙人”。《梦梁录》“顾觅人力”条也说：“凡顾倩人力及干当人，……俱各有行老引领”，“亦有出陆行老，顾倩脚夫、脚从，承揽在途服役，无有失节”。这说的是城市手工业、运输业和服役劳动者出雇的情况，乡村农业劳动者的出雇情况可能与此类似。

宋代，有短工，有长工，还有雇期超过一年的雇佣。《鄂州小集》中记载：“在法，雇人为婢，限止十年。其限内转雇者，年限价钱，各应通

---

① 《宋会要辑稿》，中华书局版，第6475、6555、6478页。

② 《庆元条法事类》卷80，第21—22页。

③ 《文献通考》卷11，《户口考》2，《奴婢》。

④ 《续资治通鉴长编》卷177，至和元年十月壬辰条。

⑤ 《宋会要辑稿》，中华书局版，第2105页，“庆历八年十一月”条。

计”。[①] 这种长期雇佣，中间还可以转雇，类似于后来的典当雇工。到了元代，国家缩短了典雇的年限：“诸良人典雇身，不得过五年”。[②] 但是并不明说是典当雇工，而一雇就是三年的雇佣契约还被列入日用百科全书的契约格式中，可见典雇或者长期雇佣在当时是比较流行的一种雇佣形式。

我们未见元代有关雇工地位的全部法律条文，但由见到的几条看来，主雇之间显见是不平等的。例如，“诸佣工受雇之人，虽与奴婢不同，衣食皆仰于主，除犯恶逆及损身己身事理，听从赴诉，其余事不干己，不许讦告”。[③] 这就是说雇工没有控诉雇主的完整权利。法律还把雇工视为雇主一家，如有雇工盗窃雇主财物，“合比依奴婢盗卖本使财物，减等定论，不追赔赃，免刺”。[④] 但对旧雇主却没有这种特殊关系：“盗先雇主财者，同常盗论”。[⑤]

还有一点值得注意的是，上引有关雇工地位的法律条文，都没有区别长工和短工的规定，可以设想，那时长工和短工同被视为一个特定的社会等级，没有差别。

上面，简要地说明了从《韩非子》起，在历代文献上所见到的农业雇佣关系。至于雇佣关系在各个时期有些什么特点，是怎样发展变化的，不拟在此详细讨论。这里所要强调的只是：明清时代的农业雇佣劳动，从《韩非子》成书到朱元璋登基，有一个长达十六个世纪的发展史，是由前此的雇佣关系演变而来的。前此的雇佣关系，虽有发展变化，例如在雇佣形式、等级地位、雇佣条件等等方面都有变化，但是都说不上是自由劳动，更不具有资本主义生产关系的性质。

（二）明清时代农业雇佣劳动的数量估计

经过十六个世纪的发展，农业雇佣现象到了明代，已经是相当普遍的了。关于这一点，可以举出许多文献资料作证。

明代地方志书，就我们所知，记载农业雇工现象的有弘治《吴江志》；正德《松江府志》、《姑苏志》、《华亭县志》；嘉靖《江阴县志》、《菰城文

① 罗愿：《鄂州小集》卷5，“鄂州到任五事劄子”。

② 陈元靓：《事林广记》，壬集卷9，“至元杂令·典雇身役”。

③ 沈仲纬：《刑统赋疏》，第六韵，“罪相为隐外止及于祖孙”。

④ 《元典章》卷49，刑部11，“受雇人盗主物免刺”。

⑤ 《元史》卷104，刑法3，“盗贼”。

献》、《乌青文献》；万历《秀水县志》等等，偏在江南地区。其他地方并非没有。如嘉靖《洪雅县志》记载有四川地区的农业雇工现象。又如万历《滨州志》，《宛署杂记》；崇祯《历乘》等记载有山东河北地区的农业雇工现象。《宛署杂记》中说："宛人呼雇工人为年作，至十月初一日，则各辞去。谚云：十月一，家家去了年作的，关了门儿自家吃"。① 不止河北，山东和陕西也有这样的风俗："十月一日，……雇工人皆于是日放还。谚云：十月一，送雇的。"② 反映社会经济现象的谚语多半是在那种现象存在相当长久相当普遍的基础上形成的。雇工入了谚语，就当时当地来说，是由来已久的普遍现象。

由于雇佣现象普遍，雇工同雇主以及其他社会阶层中人发生纠纷，控诉到官的机会就多，地主阶级为了迫害雇工而编织的法网也就更加细密。明代封建法典中，关于谋杀罪、斗殴罪、骂詈罪、盗窃罪、干犯罪、奸罪等的有关条文中都有雇工犯罪的处刑规定，其细密的程度是空前的。明代法典中，被称为雇工人的雇佣劳动者，是一个特定的社会等级。封建统治者，从皇帝到各级地方官吏，对于雇工情况以及涉及雇工的民刑事案件还是相当注意的，因而在皇帝实录和地方官吏的公牍政书中留下了不少关于农业雇佣的记载。例如《明英宗实录》正统二年九月癸巳："行在户部主事刘喜言：比闻山东、山西、河南、陕西并直隶诸郡县民贫者无牛具种子耕种，佣丐衣食以度日，父母妻子啼饥号寒者十室八九。"③ 地方官吏的记载就更多了。例如嘉靖初，刑部署郎中应槚的《谳嶽稿》里记有江南地区的雇工案件；海瑞在淳安知县任上处理过浙江严州府的雇工案件；万历时作过山东参政、山西巡抚的吕坤在《实政录》里说到过山东、山西的农业雇工；天启时作过福建兴化府推官的祁彪佳在《莆阳谳牍》里记有兴化府的雇工案件；作过河南濬县知县的张肯堂在《㽧辞》里，作过河南巡按使的李日宣在《谳豫勿喜录》里都记下了河南地区的农业雇工案件。

需要特别指出的是，兄弟民族有到汉族聚居地区受雇佣的现象。早在宋代，四川西部威、茂等处的少数兄弟民族，就是"冬则避寒入蜀，佣赁自

① 沈榜：《宛署杂记》卷17，"土俗"，同卷"方言"："主人呼雇工曰汉每，雇工称主人曰当家的。"华北地区主雇之间的称谓，到了近代，仍然如此。

② 《古今图书集成》，职方典，卷531，"汉中府风俗考"。并参看同书卷60，"永平府风俗考"，卷230"兖州府风俗考"，卷278"登州府风俗考"等。

③ 《明英宗实录》卷34。

食，夏则避暑反落，岁以为常”的。[①] 这情况一直延续到清代。清雍正帝还特别下了一道旨在管束这类雇工的上谕说威、远等处的回民多籍佣工度日，如“实系佣工力作之人仍听其往来居住”。[②] 在贵州，明嘉靖时周弘祖在《议处铜苗疏略》中提到铜仁、篁子坪“二处逃民散在清浪、平溪、思州、马江、黄道、施溪等处，无虑数千，佣赁饥殍”。[③] 铜仁等地当时系苗民聚居地区，这所谓“佣赁饥殍”的逃民，虽不必尽属苗民，也应是苗汉兼有。在甘肃，据黎士宏《仁恕堂笔记》，河西地区兄弟民族的妇女多佣于汉人家，“计其工，日不过升粟也”，工值相当的低。[④]《仁恕堂笔记》成书于康熙辛酉（1681 年），所记载的这种现象，可能是早就存在的。这都表明，明代与汉民族接壤错居的兄弟民族中也有充当雇工的，当时雇佣的普遍程度由此可以想见。

正因为明代农业雇佣现象普遍存在，所以在当时的通俗日用百科全书，如《新刻徽郡补释士民便读通考》、《鼎镌十二方家参订万事不求人博考全编》，等一类书中，都载有雇工帖、雇工文契、雇工议约、雇长工契、雇工约之类的契约格式。[⑤] 不同书中的契约格式，还是大同小异的。不特此也，

---

① 顾炎武：《天下郡国利病书》，第 28 册，第 85 页，“四川”。

② （光绪）《钦定大清会典事例》卷 158，第 9 页。

③ 顾炎武：《天下郡国利病书》，第 46 册，第 91 页，“云贵交趾”。

④ 黎士宏：《仁恕堂笔记》，第 38 页。

⑤ 仁井田陞：《中国法制史研究・奴隶农奴法、家族村落法，法と惯習、法と道德》载有《元明时代の村の规约と小作证书そち》（一）、（二）、（三），介绍了这类书。他列举的有：《事文类聚启劄青钱》、《新编事文类要启劄青钱》、《新刻天下四民便览三台万用正宗》、《新刊翰苑广记补订四民捷用学海群玉》、《万书萃宝》、《新锲全补天下四民利用便观五车拔锦》、《新锲燕台校正天下通行文林聚宝万卷星罗》、《鼎锓崇文阁汇纂士民万用正宗不求人全编》、《新刻全补士民备览便用文林汇锦万书渊海》、《新镌回民要览天下全书不求人》、《新刊採辑四民便用文林学海博览全书》、《新刻艾先生天禄阁汇编采精便览万宝全书》、《新刻人瑞堂订補全书备考》、《新刊注释四民交际锦翰英华》、《士民通用一雁横秋》、《新镌增补较正寅几熊先生尺牍双鱼》、《增补校正赞延李先生雁鱼锦笺》、《雁鱼笺》、《新刻含辉山房辑注古今启扎云章》、《杂字全书》、《范爷发刊士民便用家礼简仪》、《汇纂精奇新式利民便用万宝全书》、《新镌赤心子汇编四民刊观翰府锦囊》、《新刻群英摘锦奇葩简明便览》、《鼎镌李先生增补四民便用积玉全书》、《龙头一览学海不求人》、《文林广记》、《万宝全书》、《新刻眉公陈先生编纂诸书备采万卷搜奇全书》、《新锓陆林二先生纂辑士民便用云锦书笺》、《如面谈》、《鼎镌张状元汇辑便民柬牍霞天锦札》、《绣梓尺牍捷用云笺》、《新刻注释雅俗便用折梅笺》、《鼎镌眉公陈先生编集四民便用五云书》、《二酉外纪》、《萧曾太史汇纂鳌头琢玉杂字》、《新镌增补纂摘要鳌头杂字》、《增补素翁指掌杂字全集》、《五刻徽郡释义经书士民便用通考杂字》、《鼎镌十二方家参订万事不求人博考全编》、《新刻摘选增补注释、法家要览折狱明珠》、《新锓万轴楼选删天下捷用诸书博览》、《翰海琼涛词林武库》等四十四种。这类书中载有不少有价值的经济史资料。国内学者注意及此者尚少，故特为提出。

即在明代的算学书，例如《新刊四民便用不求人博览全书算法门》、何梦瑶《算迪》等，都有关于雇工工钱计算的举例，可以说，连算学书都在为雇佣现象服务了。在文学作品里，雇工出场的场面也是很多的。单就小说而言，描写到雇工的，就有《石点头》、《醒世恒言》、《二刻拍案惊奇》、《龙图公案》、《廉明公案》、《西游记》、《水浒传》等等。小说中间所说的雇佣故事，不必全都有根有据，但总是现实生活的反映。像《卢太学诗酒傲王侯》故事中说卢柟雇工的事情，据卢柟《蠛蠓集·上魏安峰明府辩冤书》，还是实有其人其事的，只不过他雇工未必“整百”罢了。

综上所述，明代农业雇工现象，非但相当流行，遍及于各个地区，他们的存在这一事实，在社会生活的各方面，比如政治、法律乃至文学等方面都有反映。

进入清代以后，农业雇佣现象又有了进一步的发展。我们在雍正、乾隆、嘉庆三朝的部分刑事档案中就已经可以看到，中国本部十八省，直隶、河南、陕西、山西、甘肃、山东、江苏、浙江、安徽、江西、湖南、湖北、四川、福建、广东、广西、云南、贵州和东北、西北地区，没有一个省区不曾发生过涉及雇工的人命案件。而且，在各个省区里，农业雇佣并非某些州县的特有现象。比如河南，据部分刑事档案，及雍正时《天中足民录》所载，河南百余州县中，几乎无地无有雇工，况且，各州县犬牙相错，并无政治、文化特别是经济条件上的巨大差异，故可说，河南无地无有农业雇工。其他省区，多半也是这样。

我们要强调的是，清代文献档案中，多有反映农业短工市场和大规模农业雇工经营的记载。短工市场和大规模雇工经营首先在什么时候、什么地方出现，尚待稽考，而且，它们的偶然出现，也并非什么特别值得注意的事情。然而，它们的广泛出现，屡见于记载，却应该是雇佣发展史上，从而国民经济发展史上的大事，必须给予重视。

关于农业短工聚集求雇形成市场的记载，清代前期开始大量出现。文献中，农业短工市场，或称“人市”，或称“佣市”，或称“工夫市”。[①] 在山东，康熙初年青州海防道周亮工在《劝施农器牌》中说：“照得东省贫民，

① 顾炎武：《亭林文集·钱粮论上》“今来关中，自鄠以西至于岐下，则岁甚登、谷甚多，而民且相率卖其妻子，至征粮之日，则村民毕出，谓之人市”。又《清史稿·列传一一二·李清时传》“（景州）州俗有人市，鬻奴婢，率就牙侩，估其值如牲畜然”。这里所谓“人市”，与正文中所说“人市”，名同而实异，不是雇佣市场，而是人口买卖市场。

穷无事事，皆雇于人，代为耕作，名曰雇工子，又曰做活路，每当日出，皆荷锄立于集场，有田者见之，即雇觅而去”。[①] 实例如，雍正十三年五月初三日，齐河县杨坤需人锄地，令工人赴市场雇觅时玉龙、王气林；“言明每人日给工钱九十文”。[②] 乾隆五十六年六月二十五日清晨，济宁直隶州“戴凤赴街觅人工作”。[③] 在河南，乾隆《林县志·风土·集场记》说，“其间民游手持荷农具，晨赴集头，受雇短工，名曰人市。时届农忙，转移执事，主者得工，雇者得值，习焉称便，繇来已久”。[④] “繇来已久”，必是经过若干代人的观察而后作出的结论。在河北，乾隆《献县志》记载：“至于又不得佃田，作时荷锄于市以受雇，邑不登，外出趁熟焉”。[⑤] 这里，佃不到土地的贫苦农民，只好充当短工，为了获得工作机会，他们的活动范围，突破了州县的境界。在无极县，如遇“祲岁”歉收，农田工作量大减，短工找不到雇主，“佣市”上等待雇佣的往往有数十人之多。[⑥] 而且，不管相识不相识，都可以成立雇佣关系。比如在昌平州，乾隆五十五年四月初二日早晨，地主陈五遣长工郝大在市雇觅刘四与不识姓名七人锄地。[⑦] 在山西、康熙九年十月二十七日，运城薛盛方等“上市”等人觅工；[⑧] 乾隆十三年某日阳高县张世良与梁祝均在街前觅人锄田；[⑨] 乾隆十六年，雇工滑大、董立，“都在市上寻活做”。[⑩] 在安徽风台县，“方芸田时佣者方集，荷锄入市，地多者出钱往僦，计日算工，谓之打短。”[⑪] 江南也有短工市场。清初浙江嘉兴张履祥就讲过这种现象：“主人握钱而呼于畔，奔走就役，十百为群”。[⑫] 在南方，广东新会，雍正元年八月二十九日何姓地主“出虚雇工人江名显、张邦彦、关子

---

① 李渔：《资治新书二集》卷8，第16页；胡衍虞：《居官寡过录》卷2，第34—35页。按：周亮工任青州海防道系康熙元年至五年间事。

② 中国第一历史档案馆藏：乾隆元年六月六日刑部尚书傅鼐题本。以下所引题本均系中国第一历史档案馆收藏，不再注明。

③ 乾隆五十六年十二月七日山东巡抚王德题本。

④ （乾隆）《林县志》卷5。

⑤ （乾隆）《献县志》卷4，“风俗”。

⑥ 李塨：《恕谷后集》卷6，“张太翁传”。

⑦ 乾隆五十六年四月十三日刑部尚书阿桂题本。

⑧ 中国第一历史档案馆藏：康熙朝黄册，招册2369。以下所引黄册均系中国第一历史档案馆收藏，不再注明。

⑨ 乾隆十三年七月二十日刑部尚书阿克敦题本。

⑩ 乾隆十六年十二月二十日山西巡抚阿思哈题本。

⑪ 李兆洛：《养一斋文集》卷2，“风台县志·食货志”。

⑫ 张履祥：《杨园先生全集》卷7，第6页。

旺、张翰艺，并雇李有派带小船一只，于九月初一日午，驾船去田割禾。”[①]钦州，乾隆二年有梁姓在峒利墟“觅工”。[②]南方的墟，就是北方的市集。但其普遍程度，似较华北地区稍差，也许，农业短工市场首先是在华北地区普遍展开的。

同时，还有大规模农业雇工经营的记载。这类雇主使用雇工，已不限于一二人或三四人，而是成十数以百计了。明代小说《醒世恒言》中《卢太学诗酒傲王侯》所说：“卢柟田产广多，除了家人，雇工也有整百”；《徐老仆义愤成家》也说：“徐氏奴婢雇工人等也有整百”；[③]这可能出于小说家的虚构，未必实有其事。在中国资本主义萌芽的讨论中，人们所常提到的江南谈照、谈晓兄弟，“买佣乡民百余人”，[④]但那是一时平整土地，并非是常川进行农业生产。清代的大规模农业雇工经营，则是可以确定实有其人其事的。例如，雍正时山东益都县王作楫家，有“宗戚及佣工数百人”。[⑤]乾隆年间直隶永清县大清垡燕尚华家佣工三十余人。[⑥]乾隆三十七年五月十一日新城县镶红旗蒙古四等台吉孟喀喇及正身敷汉公主家庄头钱瑾使用五六十个工人在地里割麦。[⑦]道光初，山东无棣县张自标家佣工数十人，“课耕织”。[⑧]四川内江县的蔗农“平时聚夫力作，家辄数十百人”，因而“壅费工值，十倍平农”。[⑨]鸦片战争以后，咸同年间，湖南宁乡县洪虔甫“播种及收获时，佣工数百指”。[⑩]光绪年间，热河下窪还有雇佣二三百人，乃至五六百人的大经营地主。[⑪]另据《清代山东经营地主的社会性质》一书的作者调查，晚清山东各地一百三十一家经营地主中，其雇工经营面积在一百亩以下者十家，一百至一百九十九亩之间者三十七家，二百至二百九十九亩者二十家，三百至三百九十九亩者二十七家，四百亩至四百九十九亩者十一家，五百亩以上者二十六家。面积愈大，所需雇工人数愈多。同书提到经营地主太和堂经营

---

① 雍正二年九月十七日广东巡抚阿尔松阿题本。
② 乾隆四年四月四日广东巡抚王謩题本。
③ 《醒世恒言》卷29、35。
④ 《常昭合志稿》卷48；李诩：《戒菴老人随笔》卷4，第26页。
⑤ （光绪）《益都县图志》卷41，第12页。
⑥ 章学诚：《章氏遗书》，第7册，“永清县志·七”。
⑦ 乾隆三十九年四月五日刑部尚书舒赫德题本。
⑧ （民国）《无棣县志》卷13，第11页。
⑨ （道光）《内江县志要》，卷1。
⑩ （民国）《宁乡县志》，“故事编十一·女士传”，第12页。
⑪ 李文治：《中国近代农业史资料》，第1辑，第690页。

四百七十二亩土地，雇长工二十三名，经常雇短工二十至四十名，月工三至五名；树荆堂六百亩土地，雇长工三十多名，短工五十多名，农忙时节短工可达一百二十多人。[①]

看来，大规模雇工经营在北方比南方普遍。这与短工市场在华北地区的普遍展开有着密切的联系。二者都是在农业雇佣现象相当发展的基础上才能出现的。

不过，我们上面所说的农业雇佣现象普遍发展，并不包含农业雇工在人口中占有很大比重，或者雇工经营在农业经营中具有头等重要作用的意思。实际情况是，明清时代，农业雇工在人口中的比重不大，从而在农业经营中的作用也不应夸张。

明嘉靖年间，薛尚质为江苏常熟县兴修水利工程提出了一个征集劳动力的办法。他说："若行亩计之法，使里役但报贫户常时为人赁作耐苦而力者，一里或二十名，或二十五名，其饮酒无行者勿遣，本县地方五百里，可得人夫万余。若募一郡贫民，将不胜其多矣。"[②] 从这段记载里，我们可以得到当时农业雇工在人口中所占比重的一点消息。但是，根据这点消息是作不出"可知其总人数是很多的"推断的。按明制一百一十户为一里，《肇域志》载常熟编户凡四百八十三里。[③] 据此计算，"常时为人赁作耐苦而力者，"全县当有万人左右是不错的。又据常熟地方志书，明正德到万历年间，常熟人口约三十八万人。[④] 前者约为后者的3%上下。但是薛尚质所说"贫户"中的"饮酒无行者"和"贫民"之中可能还有农业雇工，而他所说的"常时为人赁作耐苦而力者"却也未必全是农业雇工。因此，我们只能说，明嘉靖年间，常熟农业雇工大约占全县人口的3%上下，或许是接近事实的。万历年间，常熟知县耿橘所谓"常熟民素骄侈，佣趁之人颇少"，[⑤] 就是这一实际情况的反映。

再，就是清代后期的一些零星统计了。

这些统计，大体上分为两类。一类是关于雇工人数的统计，一类是关于雇佣劳动者户数的统计。前者大抵包括食宿于雇主家的长工；后者则又是长

① 景甦、罗崙：《清代山东经营地主的社会性质》。

② 薛尚质：《常熟水论》，丛书集成本。

③ 顾炎武：《肇域志·南畿稿·江南六》。

④ （光绪）《重修常昭合志稿》卷7，"户口"。

⑤ 耿橘：《常熟县水利全书》卷1。

工、短工，农业、手工业、运输业混而不分的，只要雇工自立锅灶兼有家室财产便算一户，不包括没有家室的长工或短工。所以，这些统计互有疏漏，极不精确，只能据以获得一个大概如此的印象。

据杨炳堃的《杨中议公自订年谱》所载，道光四年（1824 年）河南密县查点门牌登记结果，全县有雇工四千二百五十九名。[①] 前此八年（1816 年）所修《密县志》载全县编在保甲的户口，共有十三万七百二十三人，其中大口八万五千三百零二人。[②] 据此计算，雇工约占全县人口总数的 3.26%，约占大口的 5%。密县产煤，这中间少不了挖煤工人。

又据徐寿兹《学治识端》所载，清末河南上蔡县有男雇工五千零九十一人，女雇工七百四十九人，合计五千八百四十人。当时全县编入保甲的户口共计三十七万四百一十人，其中大口二十二万二千二百七十八人。[③] 雇工占全县人口总数的 1.6%，占大口数的 2.6%。这个比例较之上例为低。

也有高的。例如宗源瀚《颐情馆闻过集》所载同治年间浙江归安县十三庄境内二千二百一十九户，雇工各有保结，共发保结六百八十张，亦即有雇工六百八十人。[④] 按每户五口计，二千二百一十九户，当有一万一千零九十五人。雇工约占人口总数的 6% 上下。

上述三例，可视为农业长工在人口总数中所占比重的示例，从 1.6% 到 6% 之间。

若就农业雇佣劳动者家庭在总户数中的比重而言，由于农业雇佣劳动者家庭包括有大量短工家庭在内，数字就要大些。

例如《清代山东经营地主的社会性质》一书附录《光绪朝（六十年前）山东四十二县一百九十七村阶级构成一览表》的统计数字。统计包括二万八千零二十九户，其中雇农四千五百一十三户，占总户数的 16%。另据 1888 年李提摩太调查，山东莱州有一半农户使用雇工，[⑤] 可见雇工人数与户数都不会太少。

又如天津，道光二十五年（1845 年）时，编入保甲的城乡户口共有八万四千五百零四户，其中称作“佣作”的共有七千一百三十一户，约占总户

① 杨炳堃：《杨中议公自订年谱》卷 2，第 67 页。

② （嘉庆）《密县志》卷 10，“户口”。

③ 徐寿兹：《学治识端》，“办理保甲情形禀”。

④ 宗源瀚：《颐情馆闻过集》，“守湖稿”，卷 10，第 18 页。

⑤ 李文治：《中国近代农业史资料》，第 1 辑，第 644 页。

数的8.4%。如果不计城厢，只计四郊村镇，佣作户数占总户数的12.4%强。若再分区计算，佣作户数各占该地区的总户数的8%、8.8%、9.3%、15%、45.8%、14.7%、15.7%。天津四郊的“佣作”不都是农业雇工，佣作户数也不都是农业雇佣劳动者家庭。[①] 但是，这些数字可以看作是农业雇工户数所占总户数比重的最高限额。

我们还没有看见到比上述山东、天津两例更高的数字。根据上述数字推断，到了鸦片战争前后，在农业雇佣关系较发达的地区，农业雇佣劳动者家庭，一般说来，不超过全县户数的8%，不超过村镇户数的12.16%。结合长工人数的估计来看，农业雇佣劳动者家庭在村镇户数中的比重远超过农业长工在人口总数中的比重，由此可以设想农业短工人数远较长工为多。

（三）雇佣劳动的范围和形式

现在，有必要说明为什么把两汉时代的“雇”、“佣”，唐代的“作儿”和“日傭人”，宋代的“人力”以及明清时代有雇工人身分和没有雇工人身分的“雇工”都纳入雇佣劳动这一范畴的理由了。这是因为，他们之间虽然存在着相当大的差异，但都具备以下两个条件。

第一，他们都是“计佣受值”，或者说“受值而赋事”的劳动者。所谓受值，是接受工值，雇主要供给劳动者饮食，另外付给工钱，在特殊的场合，还可以给予土地耕种，或者给予一个妻子以代替工钱的支付；也有只给付工钱的，但占少数。这些都必须交给劳动者。所谓“赋事”，是指劳动者要从事生产劳动、服役劳动，乃至保卫看守，凡是雇主所使令的都必须执行从事。劳动者接受工值，就必须为雇主服役劳动，而工值的多少又是按照服役劳动的情况和数量而计算的。

第二，他们又都是“限年服役”的劳动者。所谓服役，是指为雇主服役劳动，并不区别生产劳动和非生产劳动。所谓“限年”，是说为雇主服役劳动是有时限的，不必限于一年，也不必按年计算，短的一天，长的一月、两月、半年、一年，甚至几年、几十年，但总要有一个时间的界限，而不是漫无界限，一直服役劳动下去。

这两个条件，缺一不可。如果只讲“受值而赋事”，不讲“限年服役”，那么，拿钱干活的雇佣劳动者同出卖自身的终身奴婢就难以区别。因为雇佣

---

① 《津门保甲图说》。

和奴婢的区别就在于：前者是限年服役，而后者是终身服役，他们之间存在着所谓“久暂之殊”。如果只讲“限年服役”，而不讲“受值而赋事”，那么，定期租田耕种的佃户同定期受雇的农业雇工就易于混同。因为佃户和雇工的区别就在于：前者是无“工值”地进行劳动而后者是有“工值”地进行劳动。同时具备这两个条件，即“受值赋事”而又“限年服役”的劳动者就是我们所谓的雇佣劳动者。这样，我们就把雇佣劳动者同奴婢和佃户区别开了。从事农业的雇佣劳动者就是我们在这里研究的对象。

但是，确定研究对象的范围，还不是我们进行区别的全部目的。我们还要在这一区别的基础上，进一步在农业雇佣劳动者内部，找出不同集团之间的差异，并根据这些差异，把他们划分成不同的类型，研究这些不同的类型，从中探寻发展的不同阶段和发展的规律性，这才是我们进行区别的最终目的。

事实上，如果稍微进行一点仔细的观察，任何人都可以发现农业雇佣劳动者是十分复杂、互有特点的许多不同形式的雇佣劳动者的集合。这里，且不谈自秦、汉到宋、元的历史演变，只就明清时代同时并存的各种形式作一初步剖析。

根据雇佣时间的长短来看：在法律文书如《元典章》、明清《律例》法令中有雇佣时间长达三年、五年，甚至十年、二十年的典当雇工和年限婢婿。在地方志书中，有按年出雇的长工，按月出雇的短工，还有按日出雇的忙工，各地称呼并不完全相同。有的说：“计岁而受值曰长工，计月而受值曰月工，计日而受值曰短工。”有的说：“计岁而受值曰长工，计时而受值曰短工，计日而受值曰忙工”。有的说：“农无田为人佣作曰长工，农月暂佣者曰忙工。”有的说：“雇倩受值抑心殚力曰长工，夏秋农忙短假应事曰忙工。”在实际生活中，有在同一雇主家里，按月支领工钱，继续服役，受雇一年、几年的，实际上是个长工；也有按年受雇的长工，中途拆伙，按已作工的月数拿钱的，形式上很像短工。

根据雇佣关系成立的原因来看：有因借债以后，无力归还，以作工来抵账的债务劳动，其中有“先借米谷食用，至力田时撮忙一两月者”，也有借债以后，立契卖工几十年者。有因租种地主土地，以工抵租的劳动者。还有为了成立家室而为人服役劳动的年限婢婿。一般的，则是以换取饮食和工钱而为人服役劳动的长工和短工。

根据同时受雇的劳动者之间的关系来看：有全家几个人甚至一家子为同

一雇主服役劳动的全家雇佣；更多的是一个人为雇主服役劳动的单身雇工。在单身雇工中，又可以按年龄性别区分为男工、女工、小厮和丫头。

根据雇工在法律上的地位来看：又可以区分为“雇工人”和非雇工人，亦即“凡人”两大类。《大明刑书金鑑》上说：“雇工人者，乃受雇长工之人，或雇出外随行者，不论年月之久近皆是。若计日取钱，如今之裁缝、木匠、泥水匠之类，皆不得为雇工人。”《大清律例》上说：“如系车夫、厨役、水火夫、轿夫及一切打杂受雇服役人等，平日起居不敢与共，饮食不敢与同，并不敢尔我相称，素有主仆名分者，无论其有无文契年限”，都属雇工人范畴。“若农民佃户雇请耕种工作之人，并店铺小郎之类，平日共坐共食，彼此平等相称，不为使唤服役，素无主仆名分者，亦无论其有无文契年限”，都不属于雇工人的范畴。“雇工人”和“非雇工人”虽只一字之差，在封建等级制度中却是大不相同的两个等级，他们在法律上的地位极为悬殊。①

进一步，我们还可以区分，这些雇佣形式中，哪些具有自由劳动的性格，哪些并不具有。什么是自由劳动者呢？马克思说过：“直接生产者，劳动者，只有当他不再束缚于土地，不再隶属或从属于他人的时候，才能支配自身。其次，他要成为劳动力的自由出卖者，能把他的商品带到任何可以找到市场的地方去，他就必须摆脱行会的控制，摆脱行会关于学徒和帮工的制度以及关于劳动的约束性规定”。② 因此“自由劳动者有双重意义：他们本身既不像奴隶、农奴等等那样，直接属于生产资料之列，也不像自耕农等等那样，有生产资料属于他们，相反地，他们脱离生产资料而自由了，同生产资料分离了，失去了生产资料”。③ 总而言之，他们是“解脱社会束缚及解脱自身私产而自由的劳动者”。④

区别哪些雇佣形式具有自由劳动的性格，哪些形式并不具有，哪些雇佣形式的一定发展阶段具有，而另一个发展阶段并不具有，还不是我们研究的最终目的。我们的最终目的是区别哪些是资本主义的雇佣劳动，哪些不是。当然，这一步要在辨明是否自由劳动的基础上才能进行。因为自由劳动和这

① 这里要特别声明，具有雇工人身分的劳动者不限于雇佣劳动者。我们在这篇文章中所说的雇工人，单指具有雇工人身分的雇佣劳动者，不包括雇佣劳动者以外的劳动者。

② 《马克思恩格斯全集》，第23卷，第783页。

③ 同上书，第782页。

④ 《马克思恩格斯全集》，第20卷，第227页。

种自由劳动对货币的交换是雇佣劳动的前提和资本的历史条件之一。[①]

至此，我们所使用的雇佣劳动一词具有三种含义，一是指资本主义的雇佣劳动，一是指前资本主义的雇佣劳动，一是不加区别地泛指雇佣劳动。在行文中，意义容易混同的地方，我们注意加以区别，以免发生误会。还有一点需要声明的是，在发展的长河中，不同性质的雇佣劳动之间的界限，并不是十分分明的，特别在相互转化的时候，因此，我们在确定其性质的时候，总是就其主要方面而言的。

为了达到我们的最终目的，区别雇佣劳动的性质，我们从上面的区分中，选取这样几种雇佣形式进行比较详细的分析。这就是典当雇工，年限婢婿，抵债劳动，全家雇佣，以工抵租，佃户兼雇工，长工和短工。有些雇佣形式，例如典当雇工，在明清时代从事农业生产活动的越来越少，从事服役性劳动的越来越多，但为了说明雇佣劳动的制度上的渊源，我们还是把它包括进来。我们分析的重点是长工和短工。

（四）小结

上面的叙述，目的在于说明：

1. 明清时代的农业雇佣劳动有一个长达十六个世纪的发展史，它是由前此的雇佣劳动发展演变而来的，我们虽然不去详细研究这段发展史，却不能割断它，无视它的存在。

2. 农业雇佣劳动在明清时代是一种普遍的社会经济现象，不能忽视，但也不能夸大它的数量。

3. 农业雇佣劳动的形式是多种多样的，不同形式的雇佣劳动的性质不必是相同的，就是同一形式的雇佣劳动在发展的长河中前后的性质也不必相同，因此，在判定雇佣劳动的性质时，不能笼统地一概而论，必须分别对待。

三　等级的雇佣关系（上）

下面，我们以等级的长工为例，说明等级雇佣关系的性质与特征。

一般说，长工，指按年受雇的劳动者，是明清时代农业雇佣关系的主要

① 参看《马克思恩格斯全集》，第46卷，上册，第470页。

形式之一。当时文献中的雇佣、雇工、佣工、雇工人等，除农业短工和奴仆而外，指的主要就是他们；有些作者笔下的这类字样，指的就是他们。但是，并非所有的长工都具有同样的性质。因为，在明清时代的中国封建社会里，虽然仍然存在着封建的等级制度，然而由于这一制度进入了松弛化的过程，所以，有处于等级制度下的长工，有正在由等级制度向非等级制度过渡的长工，也可能有完全摆脱了等级制度束缚的长工。在历史的不同发展阶段，不同类型的长工在雇佣关系中所处的地位也是并不相同的。从明初到清乾隆年间，亦即十四世纪到十八世纪，等级的长工在长雇关系中居于统治地位，在雇佣关系中也居于重要地位。特别是留下的有关资料较多。所以，我们首先来分析这类长工。

这类等级的长工，我们称之为宗法家长制雇佣劳动者，是一种前资本主义的，隶属的、不自由的雇佣劳动者，或者说，等级的雇佣劳动者。

（一）脱离生产资料的劳动者

在具体讨论等级制度下的长工的性质和特征以前，有必要谈一谈农民分化这个问题，借以说明（一）雇佣劳动者是从哪里来的；（二）他们同生产资料，特别是土地的关系。

所谓农民分化，是指农民向贫富两极分化的过程，在这个过程中，贫者愈贫以至于丧失所有的土地而变为一无所有；富者愈富，以至于积累起大量土地而变成地主。所以这个过程的一个方面是农民丧失土地，另一个方面是地主集中土地。至于地主是怎样集中土地的，农民是怎样丧失土地的，那是另一个重大的历史问题，我们不准备在这里展开讨论。这里所要说的只是农民丧失土地这个方面的结果。

这个结果的突出表现是，在明清时代，社会上的流民成群，而且，愈来愈多。

原来，明清时代，特别是明代到清雍正期间，法律规定，居民只能在向国家登记土地财产、纳粮应役的地方居住，不能随意离开，是缺乏移动自由的，这就是所谓“人户以籍为定”。如果离开居处到外地外县、外省去，必须取得地方官的同意，取得官方发给的路引，才能持之通行前往。如果私自离开自己的户籍所在，没有路引作为证明，行至所居住地方的县境百里以外，就是犯法行为，触犯了“私越冒度关津”律，如被地方官发觉，是要受刑事处分的。虽然处分不重，犯人不过挨一顿打，但毕竟是对移动自由的实际限制。而且，即令到达了一个地方，并在那里居住下来，但是由于没有当地的户籍，就被所在地方官视为“流民”，随时都可以被遣返原籍的。法令上的这些规定，是相当周密的，其目的就在于把农民束缚在土地上。[①]

但是，在封建地主土地所有制下，农民所能租佃的土地多少不等，而且地主又可以随时夺佃，农民的生活是没有保障的。自有土地的小农民的情况也并不好些，天灾人祸，兵匪徭役，公赋私债，可以把他们拨弄得破产丧家。在这些人于本乡本土无法谋生的时候，便只有离乡外逃。所以说，流民的出现，是当时封建制度下的必然产物，是法令所禁止不了的。

事实上，明清时代，流民不断地大量出现，有时可以达到十几万口以上，聚集在一块地方。例如明宣德初年，山西饥民流徙至河南南阳诸郡的，就不下十万余口。[②] 正统十二年于谦曾说：“今各处百姓递年逃来河南者，将及二十万。”[③] 清代康熙四十六年一个上谕说：“今巡行边外，见各处皆有山东人，或行商，或力田，至数十万人之多”。[④] 康熙五十一年一个上谕说：“山东民人往来口外者多至十余万”。[⑤] 康熙五十二年一个上谕说：“湖广、陕西人多地少，故百姓皆往四川开垦”。[⑥] 雍正六年一个上谕说：“上年闻湖广、广东、江西等省之民……迁移四川者不下数万人”。[⑦]

这些流民的处境是十分凄惨的。举一个实例。清初，河北北四府连年大水，又值圈占旗地之后，农民生活极为困苦，许多人向南逃移。有人描绘他们的情况是：“流民南窜，有父母妻子同日缢死者，有先投儿女于河而后自投者，有得钱数百卖其子女者，有刮树皮抉草根而食者，至于僵卧路傍为乌鸢豺狼食者，又不知其几何矣”![⑧] 这可以作为一个典型看待。

对于这些离开家乡外逃的流民，明清时代的统治者，虽然没有像英国历史上曾经发生过的那样，制定法律强迫他们去受雇劳动，但从中央到地方的

---

① 参看清雍正以前的明清律例“人户以籍为定”条，“私越冒度关津”条，“诈冒给路引”条。“诈冒给路引”条，“若军民出百里之外，不给引者，军以逃军论，民以私渡关津论”的规定，雍正三年删除。见（光绪）《大清会典事例》卷774。

② 《明宣宗实录》，宣德三年闰四月甲辰条。

③ 《明英宗实录》，正统十二年五月壬子条。

④ 《清圣祖实录》卷230，康熙四十六年七月戊寅谕。

⑤ 《清圣祖实录》卷250，康熙五十一年五月壬寅谕。

⑥ 《清圣祖实录》卷256，康熙五十二年十月丙子谕。

⑦ 《清世宗实录》卷66，雍正六年二月甲辰谕。

⑧ 魏裔介：《魏文毅公奏议》卷1，第38页，“流民当急拯救并请发赈疏”。

各级政府却总是劝谕他们或者充当佃户，或者充当雇工；对于接受劝谕的流民，允许他们就地落籍，不必遣返原来居住的地方。在明代，山西巡抚吕坤办理查归流民时，就是把“佃户、园丁、佣工作仆久住此间”的流民划出清查范围，不必遣返原籍，鼓励流民就地就业的。① 丘濬在《江右民迁荆湖议》中，主张“凡江右之民寓于荆湖”，“其为人耕佃者，则曰承佃户，专于贩易佣作者，则曰营生户”，他们不愿回归故乡的，准其就地落籍，“具其邑里，定为板册”。② 在清代，康熙十年规定：各省贫民携带妻子入蜀者，准其入籍。③ 雍正九年规定：流民“已佣工得食者听其自便”。④ 乾隆四年规定“贫民入川垦地者，听其散居各府州县，佃种佣工，为糊口之计”。⑤ 乾隆二十六年规定：东北地区，“所有商贾工匠及单身佣工三项，为旗民所资籍者，准其居住”。⑥ 而且，对于能够招徕流民、扩垦土地的地方官吏，还加以奖励。统治阶级是把这些措施作为对流民的“抚邮之道”来看待的。河南巡抚尹会一就说过：“豫省向有无业穷民，佣工觅食，行踪莫定，凡遇歉岁，投奔他乡，若不论其愿归与否，一概资送，亦非抚邮之道”。⑦ 当然，统治阶级采取各种措施：在农民还未外逃的时候，禁止他们外逃，农民既已外逃则又“资送”、“遣返”，或者“招徕”、“落籍”，说到底，都是为地主阶级保证可用的劳动人手。这也就是采取“抚邮之道”的目的；甚至不怎么讲“抚邮之道”的措施也是为了这个目的。也是河南巡抚的雅尔图，就曾经作出过这样的规定：在灾荒年景，“其年力精壮，堪以佣工度日者，一概不得滥赈”。⑧ 不滥赈的目的之一，就在于逼迫他们去受雇佣工。

实际上，不论是外逃的，还是留在本土的，丧失了生产资料，特别是丧失了土地的劳动者，有许多变成了雇工，特别是长工。明代及清初留下了不少这类记录。比如，在江苏，正德《松江府志》说：“农无田者为人佣耕曰长工”，康熙《通州志》说“无田之农受田于人名为佃户”，“无力受田者名为雇工”，弘治《吴江志》说：“无产小民投雇富家力田者谓之长工”。在山

① 吕坤：《实政录》，民务卷 4，第 55—63 页。
② 《明经世文编》，丘濬：《江右民迁荆湖议》。
③ （光绪）《大清会典事例》卷 158，第 3 页。
④ 《河南通志》卷 1，第 65—66 页。
⑤ （光绪）《大清会典事例》卷 158，第 4 页。
⑥ 同上书，第 5 页。
⑦ 尹会一：《抚豫条教》卷 4，第 7 页。
⑧ 雅尔图：《心政录》卷 1，第 2 页。

东，崇祯《历乘》说："贫者则樵采佣工，以自食其力，"康熙《登州府志》说："农无田者为人佣作，曰长工。"在河南，乾隆《汲县志》说："贫人多佣工食力。"在湖北，顺治《蕲水县志》说："其无田佃人之田者，曰佃户"，"最贫则为人佣工，或计岁、或计日而受值焉。"在浙江，乾隆《安吉州志》说："无产者为人佣工"。有关的记录还有很多。根据这些记录，我们可以看出，在农村中，充当长工的，不管家在本土或者异乡，他们多半是没有土地财产的最贫苦的人，他们甚至没有力量租佃土地耕种，只好依靠为人雇佣来谋求自己必需的生活资料。这当然是同农民分化、农民丧失生产资料特别是丧失土地的状况紧密联系的。

农民分化是中国封建社会里以地主土地所有制为基础的，一种经常的、不可避免的社会经济现象。这种分化，把可能形成资本主义生产关系的要素游离了出来。特别是流民，或曰外出农民，他们逃脱了本乡本土的地主的奴役和压迫，也逃脱了本乡本土的宗法家族制度的束缚，尤其有利于资本主义生产关系的形成。然而，只有在一定的历史条件下，这种要素，才能同资本结合成资本主义的生产关系。因此，这类社会现象同资本主义生产关系的发生并无必然的联系。所以，那种一见封建社会里的农民分化，一见封建社会里的外出农民，就联系到资本主义生产关系的发生的研究方法，是不符合中国的历史实际的。

（二）流通领域的"自由"

这些多半是"同生产资料分离了，失去了生产资料"的一无所有的人，在这方面享有"自由"的人，是怎样进入长工雇佣关系的呢？

答案：当然是通过交易。

不过，在这种成立长雇关系的交易中，劳动者往往要通过介绍人或中保人，把他们介绍给雇主，并保证他们在受雇期间忠实劳动，不惹是生非，不中途逃跑，如果发生此类情事，雇主可以责问介绍人或中保人，然后，才能成立交易。历史文献上说："佣人需要相认中保"，"雇觅佣工者，不可不知"，① 说的就是这个意思。实例如，康熙十七年江苏通州，朱四同妻王氏因值年荒，欲为人家雇工，就去找媒婆计议。② 康熙十八年江苏江都县人陈二

---

① 黄六鸿：《福惠全书》卷19，第11—12页。

② 黄册，大狱，康熙十九年五月初四日江宁巡抚慕天颜题本。

是由陈益之介绍到刘鋐家佣工的。[1] 乾隆四年安徽宿州郭三是凭中雇与刘洪义家佣工的。[2] 同年江西崇仁县曹杨氏家的雇工何十八是由她弟弟杨姨坡引荐来的。[3] 乾隆十四年陕西陇州韩宏道是凭保雇在郭天升家里的。[4] 乾隆二十九年浙江定海娄阿品是凭张君佐荐到王加亨家牧牛的。[5] 乾隆四十二年山东长清县张五是托牛永安说合给高希长家佣工的。[6] 如此通过媒婆、中人、保人以及主雇双方的亲戚、朋友的介绍而成立长工雇佣关系的习惯是遍及全国的。短工就不是这样。当时如果找不到介绍人和中保人，劳动者还是难以出雇当长工的。当时所谓“乡间佣雇，各有保荐可稽”[7] 指的就是这类长工。

通过介绍人和中保人，劳动者同雇主议定工作时限、工钱高低、工食好坏以及其他事项等等。议定过程中，劳动者有讨价还价的自由，也有充当或不充当长工的自由，雇主不能强迫劳动者充当自己的长工，也不能强迫劳动者接受自己开出的工价。但是，为饥寒所迫的劳动者的议价能力是薄弱的。把这些议定之后，根据议定的结果，写下雇工文约，这时雇佣关系在主雇之间就算是成立了。

于此，要特别提一提雇工文约。一般说来，在这种长工雇佣关系成立的时候，签订雇工文约是少不了的一重手续。在明代，有人把“受雇有约”作为雇工人的标志。[8] 到了清代，有人在概括雇佣关系的成立过程时，只突出“立约”和“受金”两件事。[9] 其实，工钱还可以事后支付，而文约则非当雇佣关系成立之时签订不可。由于雇工文约在成立长工雇佣关系时如此重要，所以当时流行的日用百科全书中都列有雇工文约的格式，供人参考，照式书写。例如，明崇祯版《新刻徽郡补释士民便读通考》中的雇工约：

立工约人某，今因家无生理，将身出雇与某名下一年杂工，议定每

① 黄册，《江苏康熙十八年钦件已结未结节略文册》。
② 乾隆八年六月初四日安徽巡抚范灿题本。
③ 乾隆五年十一月二十一日刑部尚书来保题本。
④ 乾隆十六年四月二十八日陕西巡抚陈宏谋题本。
⑤ 乾隆年浙江巡抚题本。缺年月日及巡抚名。
⑥ 乾隆四十三年三月初四日山东巡抚国泰题本。
⑦ 董沛：《晦闇斋笔语》卷1，第18页。
⑧ 李日宣：《谳豫勿喜录》卷8，第28—29页：“李思秉受雇有约固明是勾家一雇工人矣。”
⑨ 张宗法：《三农记》，“纳雇”条。

> 月工银若干，其银陆续支用，如或抽拔工夫，照日除算。恐有不测祸患，皆系天命，与主家无干。今欲有凭，立此文约为照。

后来的雇工文约，与此大同小异。如清光绪版《增订释义经书便用通考杂字》中的雇工人文约：

> 立雇约人某都某人，今因生意无活，自情托帮到某都某名下替身农工一年，议定工银若干。言约朝夕勤谨，照管田园，不敢懒惰。主家杂色器皿，不敢疏失。其银按季支取，不致少欠。如有荒失，照数扣算。风水不虞，此系听天之命，凭此文约存照。

上述讨价还价，商定工作时限，工食好坏，签订雇工契约，这些属于流通领域或商品交换领域里的活动，同马克思在分析资本主义雇佣关系的成立时的劳动力的买卖活动，是多么的相似啊！在这里行使统治的，同样是“自由、平等、所有权和边沁。”[①] 但是，我们不能据此作出结论，判定上述的雇佣关系一定具有资本主义的性质，判定这一买卖活动就是劳动力的买卖。

当然，属于流通领域的买卖关系、货币关系，乃至契约关系是必须予以重视的，是我们理解这一现象的入门，但却不能根据流通领域里的这些现象，判定由此而成立的雇佣关系的性质。因为，特殊地说，在中国封建社会里，佃户在出具租佃文约，奴婢在签订卖身文契之时，又何尝没有讨价还价的自由，何尝没有愿否租佃或者卖身的自由。何况，他们在进入主佃关系、主奴关系之前，一般说来，其社会地位、政治地位、经济地位，同准备进入主雇关系的劳动者，并无根本上的区别。然而，我们却不能作出结论说，中国封建社会的劳动者在成为佃户和奴婢以后是自由的，也不能说他们同封建地主之间不存在直接的统治与隶属关系。根据同样的道理，我们也不应该根据流通领域里的现象，来判定雇佣关系的性质。一般地说，生产关系的性质是由生产的社会性质而不是由交易方式的社会性质决定的。马克思曾以资本主义生产关系为例说明过这个道理。他说：“在资本家和雇佣工人的关系上，货币关系，买者和卖者的关系，成了生产本身一种固有的关系。但是，这种关系的基础是生产的社会性质，而不是交易方式的社会性质，相反，后者是

---

① 《马克思恩格斯全集》，第23卷，第199页。

由前者产生的”。[①] 如果不这样看，就会犯资产阶级流通观点的错误。

要知道，商品交换本身，除了包含那种从商品本身的性质发生的从属关系，不包括任何其他的从属关系。[②] 在劳动力成为商品的资本主义条件下，从劳动力这种商品本身的性质发生的从属关系，指的是资本家在生产上的指挥权，是工人必须听从的，这是劳动力的使用所必不可缺少的一种从属关系，而不能是什么别的。为了突出这个问题，马克思曾作过一个对比，他说生产上的指挥权是资本的属性，正像封建社会里，司法职能和行政职能曾经是土地所有权的属性一样。[③] 根据这个道理，我们要确定上述交易中劳动者出卖的究竟是些什么，就需要考察通过交易成立的雇佣关系究竟具有什么样的属性。对于这个问题，根据流通领域里的现象是难于作出正确的回答的。

事实上，上述在一定历史条件下脱离了生产资料而自由的劳动者，通过自由的交易，进入了这种雇佣关系以后，却是不自由的。这种不自由是契约规定的，中保人担保的。

（三）生产领域雇工人身的不自由

主雇双方通过介绍人和中保人议定了条件，签订了契约以后，雇工就随即到雇主家里食宿，从此开始一直到雇佣关系终结，他的一切活动都要受雇主的支配了。

雇主所支配的是什么呢？是受雇的劳动者的劳动力？还是除劳动力而外，还有劳动者的人身？

毫无疑义，雇主要进行农业生产，雇工就必须下地干活；雇主要兴修水利，雇工就得挖塘补堤；雇主要从事副业生产，雇工就可能采桑养蚕，上机织布，下河打鱼，上山砍柴；雇主要出卖农副产品，雇工就得运货赶集；雇主要人作饭，雇工就得钻进厨房；雇主要人侍候使唤，雇工就得从事服役劳动。此外，如赶车抬轿，修路造房，修墓筑坟等等，这都可以说是对雇工的劳动力的支配和使用。离开了这一点，在受雇期间，劳动者并不“赋事”，就谈不上是雇佣关系。但是，这里要强调指出的是，从事农副业生产和从事服役是有区别的，可是明清时代的这类长工却都要从事；有些地主雇用这类

① 《马克思恩格斯全集》，第24卷，第133页。

② 《马克思恩格斯全集》，第23卷，第157页。

③ 同上书，第369页。

长工，就是专门为了使唤差遣的。这使我们想起汉代王褒所写的《僮约》。在《僮约》上，主人对奴仆的要求，也几乎是无所不包的。

事情还不止此。在生产活动和服役活动之外，他们还要听从雇主的使令，去干任何事情。雇主如果有田出租，他们就有追租的义务。雇主如果兼放高利贷，他们就有逼债的责任。雇主同亲戚朋友之间的婚丧庆吊，叩节贺岁，他们也往往奔走其间。他们还要保卫雇主的生命财产，乃至侵犯他人的生命财产。如此等等，举凡是雇主为了维持他一家的生产、生活、经营、往来以及安全的使命，雇工都得听从。

显而易见，这许多活动，并非是为了追求作为利润的剩余价值，甚至主要也不是为了生产商品。当然，这丝毫不是说，雇主雇工经营不是为了榨取雇工的剩余劳动。如果雇主不能从雇工身上榨取剩余劳动，他就不必雇工了。问题在于，在一定的历史条件下，榨取的劳动数量还不够多。除非像在新垦区地租特别之低，一般说来，当农业生产力发展并不显著的时候，雇主所榨得的剩余劳动并不多于租佃地主所榨得的地租。明末清初，太湖地区有两个雇主比较过雇工经营与出租经营的经济效果，他们的结论是：雇工经营，"全无赢息"，"自非讲求精审，与石田等耳"，然而，"有地不得不种田，不得不唤长年"，"落得许多起早宴眠，费心劳力，特以非此劳碌不成人家耳。"① 钱泳也说过："若雇工种田，不如不种，即主人明察，指使得宜，亦不可也。"② 这都是说，雇工剥削所得不超过出租所得的地租。换句话说，在这种情况下，马克思所说的那个超过地租的余额，亦即利润的萌芽还没有发生。因此，我们认为，这类雇佣关系是为了维持宗法家长制经济的需要而形成的，并不具有特殊的资本主义性质。不过，关于这一点，这里只提一提，不打算展开讨论。

在上述活动中间，值得特别注意的是：（1）侵犯他人的生命财产；（2）保卫雇主的生命财产。

在明清两代的封建法典上，抢劫、窃盗、捆人、打人以及伤人身体、害人性命，均属犯罪行为，可是雇主使令雇工去干这些勾当的时候，雇工虽明知其为犯罪行为，难免招致刑事处分的严重后果，但因既经受雇，不得不听从使令。

---

① 《沈氏农书》；张履祥：《补农书》。

② 钱泳：《履园丛话》卷7。

明代正德年间，松江府华亭县有一个地主名叫张梱，他家有奴仆，也有雇工。按照明代法典规定，万历十六年以前，凡属受雇佣工之人，均属雇工人等级，所以，张家的雇工是等级的雇工。正德十六年十二月，地方官组织人力挑治吴淞江，张梱认为经办其事的金麟派夫不公，指令他家的雇工和奴仆："若相见时，可辱骂他一场"。十二月并非农忙季节，此时的雇工，当系长工。次年正月十六日，张家长雇工人陆濂等人去挑河工地，路上碰见金麟，他们就按照雇主的指令精神，把金麟不只辱骂，还打了一顿。金麟的哥哥金麒率领奴仆金佑等来救，他们又把金佑打成重伤，十五天后因伤重而死了。这是我们得见的雇主使令等级长工犯罪的第一个实例。这个雇工未尝不知道打人是犯法的，然而他还是要打。这说明了，对于等级的雇工，雇主使令的权威大于法律禁令的权威，所以，为了贯彻雇主的意图，雇工就把法律禁令置于脑后了。结果，这个陆濂被法庭以同谋共殴致死为从的罪名，判处了"杖一百徒三年"的罪刑。①

清代，有关文献中留下的事例就更多了。

康熙四十四年，江宁有一个武举王棟，他的老子把田一百六十亩出卖给张子和，已经找价两次了。这年二月二十二日，王棟依仗武举威势，又要张家找价，"领众驾船，往寻子和"。这众人中间就有雇工林伏臣、倪品等人。他们显然是不能与雇主立于平等地位的等级长工。张子和也是个地主，然因势力不敌，听到消息就躲避了。王棟指使林伏臣等搬取子和家猪五口、米五石下船。张子和的妻子马氏出来争论，王棟"喝令"林、倪等把马氏拖下船来殴打，打伤了马氏腮颊、耳窍、手背等处。如此白昼率众，强抢猪米，毒打物主，是当时人所共知的犯法行为，可是雇工在雇主的喝令下，一一照办了。后来马氏因船翻落水淹死，王棟依威力主使人殴打致死律拟绞监候，雇工林伏臣照为从律"流三千里。"②

再如，直隶有一个监生名叫陈奇琅，他家地里种有苜蓿。康熙四十八年三月十八日，有贫妇褚氏、白氏、谷氏到陈家地里采摘苜蓿叶子。这算不得什么大事，陈奇琅见了，却喝令雇工"叫打"。随同陈奇琅到地巡视的雇工人崔四立即夺取褚氏挑筐的棍子，把褚氏打倒在地，过了十三天，褚氏因伤

① 应檟：《谳狱稿》卷2，第18—19页。
② 张光月：《例案全集》卷1，第26页。

重死亡。雇工人崔四因此被法庭判处了流刑。①

又如，广西连州有一个监生名叫沈建义，招有工丁何石养、谢云友、马招林、刘赤古、李百六等五人砍柴。所砍的柴，每遇水涨流放下去，经过陈姓陂塘，往往被陈姓抢去。雍正十一年三月二十一日，又值砍柴放木，沈建义嘱令何石养等人："陈姓再来拦阻，捉回送官；若要打架，即与他相打；有事我与他做对。"后来，何石养等放木到陈姓陂塘，果见陈孔叶持绳立在陂岸上，何石养等一拥而上，把陈孔叶打翻在地，接着又把他拉到沈建义厅堂内私刑拷打，以致死亡。封建法庭判决："沈建义合依威力主使人殴打致死者以主使之人为首律拟绞监候，秋后处决；何石养合依下手之人为从减主使一等律佥妻流三千里，至配所杖一百折责四十板"；"谢云友、马招林、刘赤古、李百六均依余人律各杖一百折责四十板"；没有一个逃脱了罪责。②

上述事例中，"叫打"和"喝令"都出自绅衿地主之口，这些人在地方上本来就是无恶不作、欺压善良的。他们享有政治上的特权，交通官府，又有社会地位，雇工听从他们的使令，也许是为权势所迫，势不得已。那么，一般庶民地主又该如何呢？

康熙四十六年，直隶曲阳县的王之纲在自己家里同杨进甫争吵起来，王之纲指令自家的雇工杨献云把扬进甫拴到窗上。王之纲并无任何值得封建法庭注意的头衔，是个一般雇主，然而他的指令，雇工也是照办的。③ 乾隆九年，甘肃有一个名叫孙绍统的雇主，蓄意谋害一个名叫马进学的人。六月十一日薄暮，孙绍统见马进学在村外歇坐，就立即回家叫人去打马进学。孙的长工刘应黄，听见外面狗叫，出来探看，正遇孙绍统叫人，"因雇主使令，不敢违命"，"一时迫于同行"，到了现场以后，又听从雇主使令，"实系迫于雇主之势"，把马进学的手捉着，让孙绍统殴打，结果马进学活活地被打死了。④ 又如，福建宁化县雇主黄金生"唤令"雇工周永去偷人家牛只，⑤ 四川雇主方之荣，约同工人朱四等行窃邻人棉花；⑥ 雇工也都是听从的，等等。在这些案件中的雇工，触犯了刑律的，也都分别不同情况，受到了法律的惩处。

---

① 陆海：《本朝续增则例类编》，刑部下，第3—4页。

② 洪弘绪：《成案质疑》卷20，"威力制缚人"，第38页。

③ 同上书，第40页。

④ 马世璘：《成案所见集》卷26，第15—16页，同德：《成案续编》卷6，第86页；乾隆十三年正月二十六日刑部尚书阿克敦题本。

⑤ 《成案质疑》卷18，"窃盗"，第114—115页。

⑥ 《成案所见集》卷24，第93页。

这一类雇主，同上面提到的绅衿地主不同，没有什么头衔和权势，可是出自他们口里的指令，雇工依然是要照办的。可见，这类雇工之所以听从雇主的任意使令，并不随雇主之身分地位而有所改变。这在清乾隆年间长工由雇工人等级中解放出来以前，是普遍现象。不过，由于雇工侵犯的不是自己的雇主及其一家，所以，有关案件的记录中不必申明主雇之间存在着的等级关系。如果雇主使令雇工侵犯自己的家人和亲属，那么，由于主雇之间是否存在有等级关系，决定着处刑的轻重，是非申明不可的。在这后一类案件中，我们发现，雇主使令雇工侵犯他人人身，因而触犯刑律，地主阶级的统治者们在依法判刑的时候，还是曲为保护的。甚至，封建社会里的最高统治者皇帝，也不能否定在这种雇佣关系下雇主的这种权力。

乾隆三十四年，陕西潼关厅雇工焦喜财听从雇主老赵氏主使，把王磨折儿掀入井内，并且落井下石打死了。封建法庭认为焦喜财“虽受雇在一年以内并无文约年限，亦无主仆名分，但系谋杀重情应照雇工人治罪”。实际上，雇主老赵氏养有使女，至少有两处宅院，一次卖粮收入二十千，显见是个不小的地主，而且平时就指示焦喜财殴打王磨折儿，根据这些情况看来，主雇之间存在的是等级关系。王磨折儿是老赵氏的独孙子，按照宗法家长制度，他是雇工的幼主。雇工打死幼主，这是违反封建等级制度的大事，按照刑律，是应该处以极刑，千刀万剐的。但是，老赵氏又是雇主，雇工的这一犯罪行为，是听从雇主指使的结果，而听从雇主指使，这也是封建等级制度所要维护的一个重大原则。现在，这两件事碰到了一起。事情到了皇帝那里，乾隆皇帝首先想到的是，“事由主母逼勒，势不得已”，应该将雇工减等发落，从宽处理。然而，雇工人谋害家长，却是皇帝也不敢轻纵的，他知道星星之火，可以燎原。可是把“听从主母指示”和“致死幼主”联在一起，作成罪案，公布于众，毕竟是封建统治者所不愿轻于尝试的。因为，作成这样一个罪案，加以惩处，此后，雇工就可能以之为理由而不听从指示，或者就可以以下犯上，这都会破坏封建等级制度的尊严，事不可行。后来，发现案子里有一个情节，老赵氏曾经将使女许配给焦喜财为妻，乾隆皇帝就把焦喜财听从主母逼勒，改写成他企图得妻，因而犯罪的，根据这个理由，判处雇工人焦喜财谋害家长，处以极刑。① 乾隆皇帝这样作的目的，显然是保护雇主的役使权力，那么，后果没有这样严重的种种使令，雇工自然更应该是

① 吴光华：《谋邑备考》卷1；《刑名条例》，乾隆三十五年“人命”。

奉行唯谨的了。

比如，乾隆七年，山东曲阜县孔衍瀜和孔衍祥是同胞兄弟，但分居已久。这年十二月间两人争吵起来，孔衍瀜喝令自己的雇工孔二小用扁担殴打孔衍祥。孔二小是孔衍瀜的典当雇工人，他因主人喝叫，不敢违命，所以打了雇主的期亲同胞兄弟。到了封建法庭上，孔二小依法被判处“雇工人殴家长期亲伤者律杖一百流三千里”的罪刑，然而法庭同时指出，孔二小年仅十五，照律可以收赎。[①] 只要他的雇主出几两银子，孔二小就可以有罪而免于刑责了。乾隆五十三年北京也发生过一个同类案件，纳清阿是岳兴阿的同胞哥哥，他使令家人雇工二黑将岳兴阿摔倒捆缚，而且灌尿入口。岳兴阿因此控诉到官。封建法庭认为：“二黑虽系纳清阿雇工，但系听从伊主使令，与自行干犯者不同，律例并无作何治罪专条”。其实《大清律例》上明明有雇工人殴家长期亲者，杖一百徒三年；伤者，杖一百流三千里的规定。但是封建法庭并不比依这条规定判处二黑的罪刑，反而以无专条作口实，认为“似难遽加以徒、流之罪。”最后，封建法庭决定将“二黑改拟满杖从重再加枷号三个月以示惩儆”了事。[②] 封建法庭在判处这类案件时的态度是很清楚的：既不能放纵雇工人侵犯雇主及其亲属，又不能苛责听从雇主使令的雇工人，所以，才舞文弄墨，上下其手的。

同时，雇工还有听从雇主使令，保卫雇主生命财产的义务。

当雇主的生命遭到威胁，雇工有保卫之责。乾隆十年，山西代州有李贵林者，在地主冯从爵家佣工。冯从爵的哥哥冯从霈是现任江西德兴县丞，冯家是个有钱有势的大地主。李贵林在冯家佣工，每月工银五钱，业经五载，实际上是个等级长工。冯从爵为富不仁，他的堂弟冯六禄因为贫困难以度日，向他借钱，冯从爵拒不帮助，致使冯六禄心生怨恨，要同他拼个你死我活。这是雇主家族之间的纠纷，本与雇工无干，可是冯从爵却嘱咐李贵林，要他时刻留心，保护自己的安全，“若要拿刀弄杖胡闹起来，你与我打住”。李贵林因为“在他家佣工，只得依允”。当天晚上，冯六禄果然携带双刀闯来，李贵林带着铁尺赶上前去，把冯六禄打倒在地。[③] 后来封建法庭根据每月工银五钱，认为李贵林并非长雇工人，按凡人相犯处刑，但这很可能是冯

---

① 乾隆九年二月二十九日刑部尚书来保题本。

② 《说帖辨例新编》卷32，“奴婢殴家长”，第54页，《律例说帖》，乾隆五十三年，第24页。

③ 《成案所见集》卷28，第57—59页；《刑部驳案》卷7，“殴杀大功弟”；乾隆十三年六月十三日山西巡抚李敏弟题本。

家为了减轻李贵林的罪刑而贿买官府的结果，并不表明李贵林不是等级长工。诸如此类，雇主生命受到威胁，雇工需要向前帮护的事例是很多的。

除了雇主的生命外，雇工还有保卫雇主财产的义务。这些财产包括土地、房屋、耕畜、农具、家禽、衣物乃至地里的庄稼，池塘里的菱荷，园子里的树木竹果蔬菜都是。本来，明清封建法典上规定，雇主的土地财产，是雇工不得享有，也不得侵犯的。但当这些财产面临着被窃盗、抢劫和破坏的时候，雇工的地位陡然升高，竟同所有者雇主一样地有保护它们的权利和义务，成了所谓“事主”。所以，明清两代的法律成案中，经常出现雇主财物遭到侵犯，雇工“分应追捕，与事主无异”;[①]“事主雇工，其应捕之责较切于邻佑”,[②]“雇工系属同居，有管守之责”,[③] 等类字样。雇工承担这一责任必须冒着丧失生命的危险。在实际生活中，雇工因为保护雇主的财产，与人格斗，因此而丧生或者残废的，大有人在。比如，雍正初年广东东莞县聂亚三等窃盗田禾，伤死了事主工人锺亚兴。[④] 雍正末年高要县梁文辉的香粉寮被抢，事主男妇工人惊起拒敌，在格斗中，工人肖国先被枪戳伤，工人陈上元被刀割伤。[⑤] 乾隆二十五年浙江王阿狗行窃柳国正家，被事主工人金胜凡追获，王阿狗企图逃脱，用刀割伤金胜凡左右手腕等处。[⑥] 这类事例是很多的。

当然，在格斗中，雇工也往往伤死侵犯者。法律规定，除了“夜无故入人家内，主家登时杀死”和“贼犯持杖拒捕登时格杀者”不算犯罪外，在其他情况下杀伤侵犯者，都要受刑事处分。例如，“事主因贼犯黑夜偷窃或白日入人家内偷窃，并市野偷窃有人看守器物，登时追捕殴死者徒三年，余人杖八十；若贼已被殴倒地及就拘获，复叠殴致死者，照擅杀律绞候，余人杖一百”。“邻佑等因贼犯黑夜偷窃或白日入人家内偷窃，携赃逃遁直前追捕仓卒殴死者徒三年，余人杖八十；若贼已弃赃及未得财复捕殴致毙，并已就拘获后辄复叠殴，又捕人多于贼犯倚众共殴致毙者，绞候，余人杖一百。旷野白日盗田园谷麦柴草木石等类，事主邻佑殴毙者，绞候。”[⑦] 这里所谓事主，

① 《成案质疑》卷18，“夜无故入人家”，第37页。

② 《驳案汇编》卷31，第3页。

③ 《刑案汇览》88卷本，卷88，第27页。

④ 《成案质疑》卷18，“窃盗”，第101页。

⑤ 同上书，第115页。

⑥ 《成案所见集》卷35，第39页。

⑦ 蔡富年：《律例便览》卷6，第35页，“夜无故入人家”。

除了雇主一家外，长工和短工，不论有无主仆名分，是否等级的雇佣关系，都包括在内。

总而言之，无论雇工人是侵犯他人的生命财产，或者是保卫雇主的生命财产，都难免同人格斗。在格斗中，不是杀伤他人，就是被人杀伤，没有伤亡的情况是不多的。被人杀伤是自身遭殃；杀伤他人构成犯罪行为，要受法律制裁，轻则挨打，重则丧命，也是自身遭殃。所以，雇工进入这种雇佣关系以后，需要随时准备着支出自己的人身，换句话说，受雇之后，劳动者把自己的人身交给了雇主支配。

如果受雇的等级雇工是妇女，在雇主家里，或农工或服役，或乳育幼儿，或作饭，或打杂，雇主都可以随时把自己的意志强加在她们身上，侵犯她们的人身，凌辱她们。清代，有人说："有子之家，动雇乳媪，无大小人户莫不皆然"，"且有不可言之事，则于夫妇之情亦离，人伦风化所关"，[①]指的就是这种情况。

还有一点必须指出的是，在雇佣期间，雇主还可以采取侵犯雇工人人身的方法来保证对雇工人人身的支配权利。这就是说，在等级雇佣关系中，雇主享有惩治雇工的权力。

地主阶级对于如何掌握和运用对雇工的惩治权力是十分重视的。在当时文人笔下，这类雇工被归入奴婢一类，而如何驭御奴婢是有关治家训俗的言论中少不了的一项内容。例如，《温氏母训》说："穷秀才谴责下人，至鞭朴而极矣！暂行知警，尝用则玩。教儿子亦然"。[②] 顾炎武在《日知录》里着重强调了这一处分权的重要性，他说："奴仆放纵，为家长者仅含默隐忍而已，此不可一朝居，而况九世乎？"[③] 张履祥也说过："读书知礼之士尚多过举，况无知之仆乎哉！如再三不改，法当惩戒，必须弟禀之兄，子禀之父，一听尊长施为，不得擅鞭朴。"[④] 这些言论都是强调，奴仆有过，应该鞭朴，但要由家长作主。至于在什么情况下可以责打，在什么情况下不可以责打，当时流行的一部讨论道德行为规范的书中，引有一段文字，是值得玩味的。这段文字说："近有少年子弟，骄恣妇女，无论所犯轻重，不分男女，一时忿怒，辄以国法施之家庭，仆婢因而致命，遂起祸端，虽悔无及矣！故撮其

① 张我观：《覆瓮集》卷7，第1页。
② 《温氏母训》，丛书集成本。
③ 顾炎武：《日知录》卷13，"分居"条。
④ 张履祥：《杨园先生全集》卷32，第10页。

责罚要略，使览者知所惧焉。老不打，幼不打，病不打，衣食不继不打，人已打过不打，妇人非犯重务不打，妇人胎前产后即犯重务不打；人急勿就打；人忿勿就打，人醉勿就打，人随行远路勿就打，人跑来喘息勿就打；我怒且缓打，我醉且缓打，我病且缓打，我不见真且缓打，我不能处分且缓打；朔望忌诞不可打，佳辰令节不可打，严寒酷暑不可打，人方伤心不可打；禁乱打，禁重杖打，禁从下腿湾打，禁昨日打过今日又打。"[①] 这规定得多么详尽啊！然而，即便按照这些规定，奴仆下人，包括雇工在内仍然免不了挨打。

因此，在实际生活中，等级雇工偶因"口语不逊"，或者"出言顶撞"，都可能招致雇主的责打。如果等级雇工的家属为此而鸣不平，比如孙子挨打，爷爷到衙门告状，地方官会认为这属于"多事"而予以斥责。[②] 明代一个问刑官员曾经说出过这样一句话："非其雇工也，何得加殴！"[③] 当时是等级雇工居于统治地位的时代，这句话表明似乎在各色人等中间，雇主责打等级雇工是最没有禁忌的。

清初，一个地方官叫做赵吉士的，将他的官牍编成了一本集子，命名为《牧爱堂编》，意在标榜他是惠爱子民的。就在这本书里，记载着一个故事。郭小娃子是覃万世的等级"雇工"。一天，覃万世的老婆指责郭小娃子拿了别人十八文铜钱，随即将郭小娃子揪到房内，施行责打，竟然把郭小娃子打死了。对于雇主之妻的这一暴行，《牧爱堂编》的作者说是："情也！理也！亦家法也！"就是说打得合情，打得合理，治家有法，要是不打，那就意味着伤情害理，治家无法，是要不得的；打死了，则是因为家法教训而死，凶手是没有罪过的。最后，这位作者的仁慈只是表现在，他念及郭小娃子的老父无人奉养，这才判令王氏出银十两给郭小娃子之父，用以"埋子之骨，以养余生"。[④] 显而易见，《牧爱堂编》的作者是把郭小娃子作为等级的雇工来对待的，不承认他同雇主有平等的权利，所以才敢于明目张胆地保护雇主的凶残行为。

至于雇主责打等级雇工之肆无忌惮，简单举几个事例以见一斑。明末河

① 牟允中：《庸行编》卷6。
② 祁彪佳：《莆阳谳牍》。
③ 贾毓祥：《金陵按疏》卷下，第130页。
④ 赵吉士：《牧爱堂编》卷12，第44—45页。

南汤阴县雇主吴松是以“怠事”为由头，踢死雇工人冯国相的。[①] 清康熙三十四年武举周嘉祧是由于“先诈得工人周献银钱，又持械抢周献驴头衣服”然后把周献拉到家里拷打的。[②] 康熙四十年奉天宁远州雇主郭四巡是因为雇工冯二把自己推跌地上而打死冯二的，后来郭四巡因而被判处“依家长故杀雇工人者绞监候律应拟绞监候”。[③] 康熙六十年江西会昌县方文达因为和傅士豪斗气，把自己的雇工人肖夏子杀死，以图赖傅士豪的。[④] 雍正十年江西乐安县发生了监生“张可举打死雇工人周连吉假作自缢报官”的案件。[⑤] 还有，丹阳县陈柏年是由于撞见雇主纵淫而被雇主设计诱骗到茅山脚下打死的，虽然凶手被判处“拟家长殴雇工致死故杀者律绞监候”，但还是得到了“缓决”的待遇。[⑥]

诚然，上引事例，除郭小娃子一例而外，都是所谓非法拷打，不是打在“臀腿受杖去处”，属于犯罪行为，到封建法庭上是要受到惩治的。但是，非法拷打既然是如此地肆无忌惮，那么，可以设想，按照法律规定打在臀腿受杖去处所谓合法的拷打是一种多么习见，甚至引不起人们丝毫惊异和注意的事情了。

当时，立有文券、议有年限的雇工都属于等级的雇工，而不立文券、不议年限的雇工就不算等级的雇工。我们发现，当时不算作雇工人的长工，对于雇主的惩处，也还是逆来顺受的。例如，山东临邑县袁祥、袁思敬父子，乾隆二十一年雇张景轲做工，讲明每年工价小钱六千，因为相好，没立文契也没议定年限，算不得雇工人。张景轲是怎样对待雇主的惩处的，我们看一看他自己的叙述：“闰九月初一日早晨，袁祥叫小的赴坡耕地，小的就到坡里去把地耕完。晌午回家吃饭，袁祥又叫小的往场里打豆稭，小的因才耕了地回来，不容歇息，又叫打豆，把重难生活都要一日做了，口里原咕哝了两句，也不敢违拗，随即赶着牛往场里去了。走到场边，因牛不肯用力，小的拿杆子把牛打了两鞭，被袁思敬看见，就说小的不听他老子使唤，有心打他牲口，把小的乱骂。小的合他争论，袁思敬就拿杴柄把小的右乳右肋上打了

① 李日宣：《谳豫勿喜录》卷8，第26—27页。

② 《本朝续增则例类编》，刑部卷上，第41—42页。

③ 黄册，康熙四十年七月初五日失名题本。

④ 黄册，康熙六十年十月十九日刑部题本。

⑤ 《成案质疑》卷20，“奴婢殴家长”。

⑥ 黄册，《康熙十二年江苏奉行大狱事件已未结节略文册》。

两下，小的不敢回打，是袁祥走来把袁思敬吆喝散的。小的被打气愤，也就回家去了。到初二日，小的气已平了，又回想袁祥父子平日相待原是好的，还须回去替他做活”①。对于法律上不视为雇工人的劳动者尚且如此，对于法律上视为雇工人的劳动者，法律保障其雇主的特权，那就可想而知了。较拷打为轻的斥责，骂詈，就更不在话下。这就突出地表明了，在等级的雇佣关系中，雇主有权侵犯雇工的人身，并以这一权力保证他对雇工的任意役使。任意役使与侵犯人身同是以人身占有为前提的，但是侵犯人身亦即雇主享有惩处雇工的权力却是为保证任意役使而存在的。一旦任意役使在经济上丧失了存在的必要性，惩处权也就随之而不再需要了。

而且，上述这种关系，不限于雇主与等级雇工之间，还按照血缘关系的近远，扩大到雇主一家一族同等级雇工家属之间。从资本主义的观点来看，这是背理的，然而确是历史事实。

例如，上面说过，在这种关系下，雇主可以随意凌辱受雇的妇女。这里，我们要强调指出，雇主以同样的态度对待男性雇工的家属，特别是妻女。明代万历年间有人指出：“近世末俗有大恶大不义之事，而己不知其非，人亦不以为非，彼妇人视之似若以为当然而不愧者何也？主人之于仆媳是也。”② 所谓仆媳就包括有等级雇工的家属在内。对于雇主的这种淫恶行径，劳动者如果表示不满，就会有大祸临头。《益智编》记载：万历年间，“泰安州有一富民，奸占雇工人妻，其夫有怨言，挞之折股而死，以其妻付一人领去，将尸夜弃于壑”，就是一个证明。③ 当时就有人慨叹：“家仆之妻纲常所系，既名主仆，亦有君臣之义焉；名曰义男，亦有父子之道焉；而乃与之同寝，沦于夫妇，则肆行无忌，一事而乱纲常，其可乎？乃相习而莫知其谬，其非习之最恶者乎！”④

清代，雇主的这种恶习，依然如故。比如说，雍正十二年广东博罗县李亚三同妻叶氏受雇于蔡叔亮家佣工，蔡叔亮持刀强奸了叶氏，为了长期霸占，蔡叔亮杀害了叶氏的丈夫李亚三。⑤ 也还有另一种情况。例如，嘉庆二十年北京有宗室叫做图克坦的，命令“雇工家人阎三将妻闫张氏改扮男装送

① 乾隆二十二年十二月初八日刑部尚书鄂弥达题本。

② 李乐：《见闻杂记》卷9，第88页。

③ 孙能传：《益智编》卷26，第11页。

④ 汤来贺：《内省斋文集》卷4，第15页；（同治）《南丰县志》卷34。

⑤ 《成案质疑》卷19，“杀死奸夫”，第186—187页。

入圈禁空房与之通奸。"[①] 这明明是出于雇主的使令，封建法庭却颠倒黑白，说成是阎三纵容妻子与人通奸，故"审将阎三、阎张氏照纵奸律杖九十，酌加枷号两个月"。[②] 据此，我们可以领悟法律成案中有关案件所说的"图其资助，知情纵容，"[③] "借贷无偿，纵妻通奸"，[④] 等等套语的真实含义不外是，"不敢违拗，任其奸宿，"[⑤] "势力不敌，含忍于心"[⑥] 罢了。

再例如在乾隆二十四年长工在法律上开始解放以前，普遍存在着不只是雇主，还有雇主的近亲、远亲，都可以各种各样的理由，责打长工的现象。雍正三年广东东莞县有一个雇工江亚有受雇于地主何冠南家。何家一次遭窃，失去了衣服箱子，何冠南的一个无服族兄出来，把失盗的责任硬加在江亚有身上。江亚有申辩，这家伙就拳打脚踢。值得注意的是，雇主说不出此时雇工有丝毫可以指责的行为，雇工只是"奔避"，然而，他还是被打死了。[⑦] 对这个凶手，由于他致死的是族弟家的雇工，封建法庭认为应该"从宽免死减流"。对于法庭承认主雇之间有等级差别的雇工是这样。对于法庭并不指明主雇之间有等级差别的雇工也是这样。如乾隆五年，山西夏邑县贾年娃到闻喜县雇与刘文学家佣工，无端遭到刘文学之侄刘君喜的仇恨。三月二日，贾年娃生了病，刘君喜借机赶贾年娃回家，贾年娃因病不能行动，刘君喜就用镰刀、铁枕等物，先后打伤贾年娃腮颊、胳膊、臀腿等处，几于无处不伤。然而主雇双方都不认为这应该经官处理，而是雇主指令刘君喜送贾年娃回家了事。贾年娃在归途中被人打死。封建法庭在追究死因时，才问到贾年娃原本受有重伤，追本溯源，因而判处刘君喜以不应重律杖八十的罪刑。可以设想，如果不是牵连命案，封建法庭是不会过问这类事情的。[⑧] 侄儿是近亲，无服族兄是远亲，却都可像雇主本人一样地对雇工随意动手殴打；被殴打的雇工也不认为这是非法行为，需要提出抗议，是值得特别注

① 许梿、陆能获：《刑部比照加减成案》卷28，第19页；邵绳清：《加减成案新编》卷6，第30页；《刑案汇览》卷52。

② 《刑部比照加减成案》卷28，第19页；邵绳清：《加减成案新编》卷6，第30页；《刑案汇览》卷52。

③ 沈沾霖：《江苏成案》卷15，"徐佶"。

④ 丁人可：《刑部驳案汇钞》卷6，第23页。

⑤ 《成案质疑》卷19，"威逼人致死"，第41页。

⑥ 《成案所见集》卷26，第364—367页。

⑦ 《成案汇编》卷20，"斗殴"，第71页。

⑧ 《续增驳案新编》卷14，第31页。

意的。

这些事实都说明了，在长工未从雇工人等级中解放出来以前，不只是雇主个人，雇主一家乃至一族都对等级雇工享有特权，都对等级雇工的家属享有特权。看起来只是劳动者个人通过交易，同雇主个人结成了雇佣关系，可是实际上同时以雇主为中心的一个家族同以雇工为中心的一个家庭也随之而发生了关系，虽然他们之间除了雇主与雇工本人之外，并未发生过买卖关系、货币关系乃至契约关系。这种关系是由于宗法家长制度的存在而发生的，是由于出卖人身的雇佣关系的存在而发生的。

处在上述雇佣关系下的劳动者显然同资本主义制度下出卖劳动力的工人不同，工人只是把劳动力出卖给资本家，也只从事生产剩余价值的生产劳动，并不出卖人身。而上述雇佣劳动者则同奴婢制度下唯主人之命是从的奴婢相似，凡是主人一家生产、生活、经营、往来、安全等等所需要的，他都得从事，区别只在于雇工是暂时的，而奴婢是终身的。这就证明了，在这种雇佣关系中，脱离生产资料而自由的劳动者，通过自由交易，出卖给雇主的，不只是在一定时限内的劳动力的使用权，而且还有人身的支配权。所以，受雇之后，雇工的人身受人支配，是不自由的。明代吕坤曾把这类雇工同佃户一起视为“主家之手足也”。[①] 主雇之间像头脑之与手足，雇工犹如手足，是受雇主的意志支配的。马克思说过：“占有他人的意志是统治关系的前提”。[②] 所以，严格地讲，在这种雇佣关系下，劳动者是把他们的人身在一定时限内租赁给雇主了，在租赁期间，主雇之间形成了直接的统治与隶属的关系，雇主占有或不完全占有雇工的人身。

这也表现在分配关系上。因为“所谓的分配关系，是同生产过程的历史规定的特殊社会形式，以及人们在他们生活的再生产过程中互相所处的关系相适应的，并且是由这些形式和关系产生的，这些分配关系的历史性质就是生产关系的历史性质，分配关系不过表示生产关系的一个方面。”[③]

（四）分配关系的强制性

明清两代，农业雇工的工值支付形式，是实物同货币相结合的，有实物

① 吕坤：《实政录》。

② 《马克思恩格斯全集》，第46卷，上册，第503页。

③ 《马克思恩格斯全集》，第25卷，第998—999页。

部分，有货币部分。货币部分就是历史资料中所说的工价、工银或工钱，其数量是在雇佣关系成立之初由双方议定的，这一部分是雇主要交给雇工，由雇工支配使用的。工钱，也可以实物如粮食支付，但不改变问题的性质。实物部分，指的是上工以后，雇主供给雇工食宿的费用，这一部分不交给雇工，由雇主掌握使用，不是一个明确的数量，一般历史资料中很少提及，因而往往为人们所忽略。

必须注意，农业雇工的这种给酬方式，并非是中国封建社会所特有的。欧洲中世纪的农业雇工也是这样，而且在有些地区，一直延续到资本主义发展的最高阶段。中国的特点是：实物部分在整个报酬中所占的比重特别大，而工钱部分所占的比重特别小。这种数量上的差异，表现了质的规定性的差异，也表现了发展阶段性的差异。

下面我们就来说明在不自由的、等级的长雇关系居于统治地位的时期，亦即清乾隆二十四年以前的长工工值的一些特点。

首先，雇佣的工值支付形式，还没有脱离自然经济的范围。

明万历年间，湖州人庄元臣提供了一个工值货币与实物结合比例的资料。他说："凡桑地二十亩，每年雇长工三人，每人工银二两二钱，共银六两六钱。每人算饭米两升，每月该饭米一石八斗"。[①] 据此推算，每人全年食米七石二斗，按石米值银六钱计[②]，食米共值四两三钱二分，每人每年所需柴、菜、油、盐、酱、醋、酒、肉等按米值的1.2626倍计[③]，即五两四钱五分，两共九两七钱七分，加上工银二两二钱，工值总计十一两九钱七分。工银部分占工值总额的18.4%，实物部分占81.6%。又据薛尚质《常熟水论》，当时壮劳力每日食米数量由一升半到二升不等。[④] 如以日食一升半计算，每人全年食米五石五斗，折银三两三钱。据此计算，工银部分占22.75%，工食部分占77.25%。

《沈氏农书》提供了同一地区明崇祯年间的材料。"长工每名工银三两，吃米五石五斗，平价六两五钱"。[⑤] 所需柴、菜、油、盐、醋、肉、酒等也按米值的1.2626倍计算，值银八两四钱，实物部分共计十四两九钱，工值总

---

① 庄元臣：《曼衍斋草》，"治家条约"。

② 据李乐：《见闻杂记》所记万历年间当地米价。

③ 这个比例，是根据陶煦：《租覈》所列工人主食、副食费用算出的。

④ 薛尚质：《常熟水论》，丛书集成本。

⑤ 《学海类编・沈氏农书》，丛书集成本。

计十七两九钱。工银部分占 17%，实物部分占 83%。这是以每人每日食米一升半计算的。如以每日食米二升计算，则其结果是，工银部分占 13.5%，实物部分占 86.5%。

上述计算，显然是不全面的。例如，住房费用就没有计算在内；在有些地方，烟、茶之类也是由雇主供给的；还有为雇工提供一些穿着的。加上这些之后，工值中工银部分比重将会更低，而实物部分比重将会更高。

这里需要特别指出，有不少雇主并不以货币，而是以实物来支付上述工钱的全部或一部的。例如，清初在广东沙田上，“其佣自二月至五月，谓之一春，每一人一春，主者以谷偿值，”[①] 完全不用银、钱。再如，雍正十三年江苏丰县，刘利安雇刘二住在庄上种田，每年给他四石粮食[②]；乾隆元年，广东新安县陈进生雇谭三友佣工，言定周年工谷三石六斗[③]；乾隆六年广西博白县冯廷忠雇李林生帮作田工，言定工完给谷六石[④]；同年喀尔沁贝子旗戳哈兔雇觅吴三佣工，议定秋后给粮五石以作工价[⑤]。这是以实物支付工银全部的事例。还有以实物支付工银一部的事例。比如，乾隆十一年山西平阳府刘满出雇时在文约上写道：“雇工人刘满，今雇到卫存显名下长工一年，言定工价银三两八钱，布六十小尺，花一斤，秋夏粟二斗，恐后无凭，立契为照”。[⑥] 山东定陶县黄印出雇的文约写道：“立字人黄印，因无生理，觅于明克己佣工，言过大钱一千三百，棉花十斤，白布四十八尺，鞋三双，烟三包，工满钱足，工不满钱不足，立字存证”。[⑦] 在这种情况下，实物部分就等于或接近于工值的全部了。

根据这些现象，我们认为，明清时代的这种雇佣关系，一般说来，虽然必须通过货币交易，以商品经济的存在为前提，但就分配关系的主要方面来说，却又不是以货币交易为基础，而是以实物偿付为基础的。有人说，明清时代的农业雇佣关系已经是赤裸裸的货币关系了，以之说明局部现象或有可能是正确的，以之概括全体或者事物的主要方面，显然是不符合历史实际的。

---

① 屈大钧：《广东新语·沙田》。

② 乾隆四年六月二十五日江宁巡抚张渠题本。

③ 乾隆二年七月十九日刑部尚书徐本题本。

④ 缓决囚犯招册，乾隆七年七月初四日刑部题本。

⑤ 乾隆十六年六月十六日直隶总督方观承题本。

⑥ 乾隆十三年五月二十五日山西巡抚准泰题本。

⑦ 乾隆十六年七月初六日署刑部尚书阿克敦题本。

工值的四分之三以上，甚至五分之四以上是雇主提供的饮食等费用，这就意味着工值的绝大部分是由雇主掌握和支配的。

因为食宿既由雇主供给，供给的好坏多少的决定权就操在雇主手上，随雇主的意志为转移。明末清初，太湖地区有两个雇主，鼓吹过对雇工要讲求“供给之法”，注意优待雇工饮食。人们赞赏其中的一个是：“生平居家，非祭祀不割牲，非客至不设肉，然蔬食为多”，是很节俭的，只有对待雇工例外：“惟农人工人不免以酒肉饷”。① 像这样优待雇工的雇主恐怕是不多的。根据这个雇主的揭发，一般雇主往往克扣雇工饮食，由于克扣饮食，影响雇工的生产积极性，从而影响土地的收成，他斥责这帮雇主是“灶边荒了田地，人多不省，坐蹈斯弊，可叹也!”② 雇主既然可以优待供给，又可以克扣饮食，因人而异，那么，工值的这个实物部分就不是一个既定的实物量，也不是一个既定的价值量，具有很大的伸缩性，就是昭然若揭的了。

雇主克扣，雇工当然反对，因此，饮食的好坏多少成为主雇对立斗争的重要问题之一。《醒世姻缘传》的作者，站在雇主的立场，生动地具体地描绘了这一对立：

> 再是那些觅汉雇与人家做活，把那饮食嫌生道冷，千方百计的作梗。……送饭来的迟些，大家便歇了手坐在地上。饶汝不做活也罢了，还要言三语四的声颡。水饭要吃那精硬的生米，两个碗扣住，逼得一点汤也没有才吃，那饭桶里面必定要剩下许多方叫是够，若是没得剩下，本等吃得够了，他说才得半饱，定要鳖你重新另做饭添，他却又狠命的也吃不下去了。
>
> 更兼这些贫人，年成不好的时节，赖在人家，与人家做活，情愿不要工钱，情愿只吃两顿稀饭，如今年成略好得一些，就千方百计勒掯起来。一日八九十文要钱，先与你讲论饭食，晌午要吃馍馍蒜面，清早后晌俱要吃绿豆水饭，略略的饭不像意，打一声号，哄的散去，不曾日头下山，大家歇手住功。③

---

① 《杨园先生全集》卷首，第47页。

② 张履祥：《补农书》，下卷，“工食”。

③ 《醒世姻缘传》，第26、31回。

这说的有长工，有短工，但同样是把“只吃两顿稀饭”作为雇工的饮食标准而大发议论的。超过“两顿稀饭”的任何要求都被指责为“千方百计”的“勒措”，这突出地暴露了雇主的贪欲和残忍。在实际生活中，如果雇工提出“饭烂难吃”的意见，雇主方面的回答就是“你嫌饭烂，强如讨乞的连烂饭也是不能”，以失业相威胁①。也确实发生过因“口食微嫌”解雇工人的事例②；甚至还出现过雇工不肯犁地，雇主把雇工吃的一碗粥夺过来泼掉的事例③。这都反映了雇主对雇工饮食的控制。

实物部分本来是雇工应得报酬的一个组成部分。在资本主义制度下，雇工应得报酬是在雇佣关系成立之初就商议定了的，可以缓付，但不能压低；支付之后，由雇工本人支配，他人不能过问。在这里就不同了，雇工应得报酬的这个部分，被掌握在雇主手里，为雇主所运用，还可以随意压低和克扣，使其具有很大的伸缩性。因此，形成了一系列的奇怪现象。第一，只有到雇佣关系终结的时候，雇工才能计算他应得的全部报酬。第二，雇主不只是把雇工作为生产者进行剥削，并且还把他作为消费者进行剥削。第三，工值的绝大部分不归雇工支配，而由雇主掌握和支配。第四，根据这个外观，雇主宣扬雇工是他们所“恩养”的。

这种工值是雇主利用劳动者的贫困所支付的盘剥性工资，其水平之低下，远不足以维持劳动力的再生产。

工值之不能养家糊口，这是当时尽人皆知的事实。康熙五十年顺天府一个雇工说过，“我在各处佣工，所得的钱不够吃饭”。④ 的确，像上面列举的工值资料，仅只雇工个人饮食，已往占去了四分之三或者五分之四，下余的四分之一或者五分之一，是否能够满足饮食以外的生活需要，诸如衣服鞋袜、医药治疗等等，是大成问题的，其不能养家糊口、养老送终、生儿育女自然是不待言说的。

事实上，雇工个人即使熬过千辛万苦，过着牛马不如的生活，穷年累月，也积不下几个钱来。雍正年间，开州崔林同父母三人来到息县作工，多年以后，父母在雇主的奴役折磨下丧失了生命，儿子单人转回家乡，身边所

---

① 黄册，大狱，顺治十二年总督宣大山西张玄锡奏。

② 孙纶：《定例成案合镌续增》，“斗殴”，第4页；《成案质疑》卷20，“威力制缚人”，第45页。

③ 乾隆二十七年十月二十六日护理山西巡抚印务顾济美题本。

④ 黄册，《康熙五十一年刑部重囚招册》。

能带的不过区区几两银子①，这就是父子三人多年血汗和生命所换来的一切！在这种条件下，雇工要想娶妻成家更是千难万难。乾隆初年，江西丰城县葛节九、葛节十兄弟二人，一向佣工度日。后来葛节十娶妻戴氏，多亏葛节九帮银七两才得婚配。节十娶妻之后，生活更为艰苦，乾隆九年十月下工，得有工钱，准备赎回棉袄过冬，至于哥哥的七两银子，自忖除非卖妻不能还清。葛节九指望靠这宗银子娶妻，"除非葛节十身死方可嫁卖其妻，收回借银"。于是，在葛氏兄弟之间为了娶妻，导致了一场家庭悲剧②。雇工娶妻之后，不能维持生活者，比比皆是。乾隆十九年安徽刘廷辅外出佣工，妻子张氏留在家里没有饭吃，到公公刘浦家就食，刘浦亦因贫难兼养，又将张氏送回娘家，最后，生活逼得她走上了犯罪的道路。③ 后来，我们还见有这样的悲剧："乐昌县民龚三仔因贫不能养赡，致伊母龚朱氏服毒自尽"；④ "任鹤年为人佣工养亲，因工钱不敷过度，致其父任廷俊忧贫服毒身亡。"⑤ 在明清时代，这类事例，真是成千累万，罄竹难书。

恩格斯说过：在资本主义生产方式下，"工人的生产费用就是为了使工人具有劳动能力，保持其劳动能力以及在他因年老、疾病或死亡而脱离生产时用新的工人来代替他，也就是为了使工人阶级能够以必要的数量保持和繁殖起来所平均必需的生活资料数量，或者是这些生活资料的货币价格。"⑥ 这就是资本主义制度下工资的实质。上述的工值显然是不能完成维持劳动力的生产和再生产这一任务的。

相反，这种工值倒是同明清时代的奴婢制度下的奴婢的待遇接近。奴婢卖身之后，除了饮食住宿由主人供给安排而外，也还不时得到主人给予"衣服钱"或"月钱"之类。因此，在分配关系上，这类雇工和奴婢的区别是不大的。

现在，问题已经很清楚了。上述的长工，虽系脱离了生产资料而自由的劳动者，但通过自由交易，却进入了一种不自由的雇佣关系。在这种生产关系中，雇主占有雇工的人身，可以支配和侵犯雇工的人身，并以此来保证对

---

① 乾隆元年十一月九日刑部尚书徐本题本。

② 黄册，《刑部浙江、江西、安徽等省缓决囚犯招册》。

③ 《成案续编二刻》卷8，第14页。

④ 《粤东成案初编》卷11，第21页。

⑤ 《刑案汇览三编》卷40。

⑥ 《马克思恩格斯全集》，第22卷，第237页。

雇工劳动力的任意役使，换句话说，雇主是通过支配雇工的人身来役使他们的劳动力的。由此可见，在交易过程中，雇工是把自己的人身连同劳动力暂时地出卖给雇主了。而且，出卖的代价，大部分不由雇工支配，而由雇主支配。在生产关系中的集团关系和分配关系这两方面表现出的这些特点，把这种雇佣关系同资本主义的自由的雇佣关系区别开来。然而，最能突出这种雇佣关系的特征的，是其在政治和法律上的表现。

（五）不自由的集中表现

同上述的这种雇佣关系相适应，明清两代的封建法典，把这类雇工纳入雇工人范畴，明确地严密地规定了他们的无权地位和雇主的特权地位，以确保雇主对雇工享有的人身支配权。

这些规定是：法律不认为雇主辱骂雇工人构成犯罪行为；法律也不认为雇主殴打雇工人构成犯罪行为，就是雇主把雇工人打成了折伤，也应减凡人三等治罪；雇主把雇工人殴打致死，也只判处徒三年杖一百的罪刑，而不必以命抵命。法律还规定，如果雇工人违犯雇主的教令，雇主因而依法决罚，打死了也不算犯罪。还有，雇主害死雇工人，只要能说明雇主是无意的，那就叫做“过失杀人”，也是不问罪的。

法律对雇主奸污女工和雇工人妻女如何治罪没有一字提及。法律学家们只是在注释律文的时候，才提到这个问题。有的说：“若家长奸及雇工人之妻，是尊者自降而卑，良者自降而贱，辱身已甚”；[①] 有的说：“若家长及家长之期功以下亲奸奴雇妻女，未免挟势，律无著罪，合坐不应杖，不可引例”。[②] 按照明清两代法律规定，犯了不应之罪，应予杖刑，然而，受害人很少有机会到衙门上诉，所以，这些都不过是纸上议论罢了。

明清两代的法律还剥夺了雇工人控诉和揭发雇主罪行的权利。法律规定，雇工人告发雇主，不问所告是否属实，雇工人就犯下了“干名犯义”之罪，是要受惩治的。如果雇工人告的是雇主家长，就要被判处二年半徒刑，外加九十大棍的罪刑。如果所告不实，——实际上，雇工人告发家长往往是不能落实的——雇工人就犯下了诬告家长的大罪，是要判处绞刑的。明代的法律文书中举有这样的事例：雇主私借路引出外贸易，雇工人周戊、吴已将

① 王藻：《大明律附解》卷25，第10页。

② 《新编文武金镜律例指南》卷10，第5页。

借路引的实情报告地方官，另外捏造了雇主兴贩私盐的虚词，诬告雇主。举例者认为，对于这类案件，应该将雇工人照诬告家长罪，处以绞刑。[①] 甚至，还有人主张，告了十件事，其中九件重罪属实，一件轻罪是虚，对告状的雇工人仍然要判处以绞刑[②]。这就基本上堵塞了雇工人向封建法庭控诉雇主的道路。

与此形成鲜明对照的是，明清两代的法律规定，雇主诬告雇工是不问罪的。到了鸦片战争以后，还发生过这样的案件：江西永新县雇主李英诬告雇工曾六妹，问官审出实情以后，写下判语道："李英与曾六妹有主仆名分，应照诬告雇工律勿论。"[③] 要是不曾审出实情，曾六妹难免按照受诬的罪状遭受惩处。这就意味着雇主如果自己不愿意动手惩处雇工人，他可以编织各种各样的罪状，把雇工人送到封建法庭上去加以惩处。

在现实生活中，雇主的压迫凌辱和盘剥奴役迫使劳动者不断地起来进行反抗斗争，因此，在封建法典上，统治阶级编织了一系列的法律条文，用以惩处起来进行反抗斗争的雇工人。比如，雇工人骂了雇主家长，只要这个家长到问刑衙门亲口告上一状，就凭这一面之词，雇工人就要被判处二年徒刑和杖八十大棍的罪刑。如果劳动者忍无可忍，动手打了雇主，即使不曾成伤，皮肤不青、不紫、不肿，也要判处徒刑三年，外加一百大棍的罪刑，要是雇主身上留有青、紫、红、肿的痕迹就算成伤，不管伤痕轻重，雇工人都要被判处流三千里，杖一百的罪刑；要是打成了折伤，哪怕是折了一个小指头，掉了一颗牙齿，雇工人也要被判处以绞刑；打死雇主，就要斩首；如果是有意谋害，即所谓"故杀"，那就要处以极刑，凌迟处死。

上述这种雇主有权压迫雇工人、雇工人无权反抗雇主的情况，不限于雇工人同雇主家长之间，也不限于雇工人同雇主家庭成员之间，还扩大到雇工人同雇主家族成员之间。按照中国封建社会里区别血缘关系亲疏的五服制度，以雇主为中心，属于雇主尊亲的八种，期亲的十三种，大功亲十一种，小功亲十九种，缌麻亲三十八种，总共八十九种。雇工人对雇主夫妇以及雇主的这八十九种亲属，都处于不同程度的从属地位，互有干犯时，不得享受平等的法律待遇。雇工人被编入了雇主的宗法家长制体系，他头上压着的是

---

① 不注撰人：《行移体式》卷3，第4页。

② 李天麟：《淑问汇编》卷4，第28页。

③ 孟壶史：《刑案成式》卷10，第53—56页。

以雇主家长为中心的整个家族。

同时，还应该注意到，在雇主家内，雇工人是要接受雇主的管理与约束的，而这种管理和约束又被纳入了地主政权统治体系之内。

明代的第一个皇帝朱元璋规定："民间户婚田土斗殴相争一切小事，须要经由本里老人里甲决断，若系奸盗诈伪人命重事方许赴官陈告。"[①] 官指县官、州官、府官一直到刑部、大理院；里甲是明代县以下的地方政权基层组织，设有里长、甲长和老人来执行基层政权任务，后来改设保甲的地方设有保长和甲长。朱元璋的上述规定，指明了政权基层组织的行政职责和司法权限。我们要强调的是，地方基层行政组织并不直接同雇工发生关系，而是通过雇主同受雇的雇工发生关系的。也许是因此之故，雇工不能像雇主那样编入里甲或保甲的户籍名册，而只能列入雇主户名之下，附入雇主的户籍名册。明代制度，凡有户籍的人户，政府颁给户帖，帖中列有全家人口，雇工人被列入户帖中仆那一项下，后来雇工人与仆分成两项，才得列在雇工人项下。"旬日雇工人止觉察来历，不书；论年、月雇工人书入，去则除之"。[②] 到了清代，改行门牌制度之后，则是以雇工名义列入户主门牌，填入户主家口名册的。雇工人被列入雇主户帖或门牌内，并不只是一种登记形式，而且还有着实际的内容。明清两代制度，凡是列入户帖或门牌的人口，都归户主即家长管理和约束，所以，明清两代的地方官都要求雇主约束雇工。例如，明代山西巡抚吕坤，他在《乡甲事项》中规定："乐户、家奴及佣工、佃户各属房主、地主挨查管束"；[③] 在《保甲约》中规定："佃户、赁户给假于房主、地主，佣人朝出暮归，不许过三日"。[④] 这种管理和约束看来是相当严格的。清代，雍正五年河南巡抚田文镜曾出过一张布告，要求雇主对待雇工要像对待佃户和奴仆那样，"严加约束"，不许生事害民，惹是生非，吃酒行凶。[⑤] 这种约束，还不是一般的号召，雇主如果不负责任，雇工出了问题，雇主是要负连带责任的。清代地方官员雅尔图下过这样的命令："令田主雇主，此后雇工、佃户必择诚实勤谨及有的保来历之人，附入门牌，一体稽查约束，如滥留匪人事

① 《皇明制书》卷9，"教民榜文"。
② 《海瑞集》，中华书局版，上册，第182页，"保甲告示"。
③ 吕坤：《实政录》，"乡甲约"，第13页。
④ 吕坤：《实政录》，"风宪约"，第86页。
⑤ 田文镜：《抚豫宣化录》卷4，第121页。

犯，将田主、雇主，一体惩治”；[①] 叶佩荪在《饬行保甲》中要求：“如外来种地之民，单身独户果系查无事犯，亦当约束得宜，其佣工趁食，则责成雇主查保”。[②] 雍正末年清政府对台湾居民，还作过这样的规定：“如佃户、佣工、贸易之人，取具业主、房主、邻佑保结，附于甲牌之末，汇报督抚稽查；如业主、房主、邻佑保结匪人，事发连坐”。[③] 这所谓佣人、雇工都包括雇工人在内。

封建地主政权对于雇主应该管理和约束雇工的权限是不加干涉的。我们见有这样的事例：康熙三十六年浙江上虞县人周玉，有表弟胡四，在张振生家佣工，四月正值插秧农忙时候，周玉将胡四留在自己家里耕种，不让他到张家工作。张振生因而控诉到县。县令陶尔穟“审拟周玉依不应得为而为之事理重者律杖八十”，遇热审“减一等杖七十”。对于不上工的雇工本人胡四，则既不加任何惩处，也不加任何罪名。这个案件还列入黄册，报告皇帝。[④] 看来，对于不上工的胡四应该如何惩治，属于雇主家长惩治权的范围，政府不应加以干涉，所以，地方官才敢于将如此处理的案件上报皇帝。

至于雇主管理和约束雇工人的权限范围有多大，我们列举几个事例，从中可以窥见一二。

我们见到的事例虽都发生在乾隆末年，但由于雇主不是监生就是秀才，他们同雇工中间是有等级差别的，故可以视为等级的雇佣关系。实例如：山东即墨县有一个监生，他雇用了好几个工人，并买有婢女使唤。一天，这个婢女向监生控诉一个雇工调戏了她。监生立即把那个雇工叫到跟前，让他跪在地上，又是骂又是打，并且声称要送官究治，后来由于雇工的家属再四央求，才没有送官。[⑤] 陕西中部县，一个生员家里的雇工们晚上打架，王奴儿打伤了李宜众的顖门。这个生员当晚命令第三个雇工为李宜众包扎，第二天又命令王奴儿向李宜众赔礼，以雇主身分处理雇工之间的斗殴案件。[⑥] 又如山东沂州府郯城县一个监生的雇工被监生的亲戚打死了，监生劝令雇工家属受几吊钱买棺盛殓，同时又不准甲长向上级政府禀报，一场人命官司几乎被

① 雅尔图：《心政录》卷6，第43—44页。

② 徐栋：《保甲书》卷2，第7页。

③ 席裕福：《皇朝政典类纂》卷30，第15页。

④ 黄册，《康熙三十六年分浙江热审减等犯人结过招罪略节文册》。

⑤ 乾隆五十九年七月初七日山东巡抚福宁题本。

⑥ 乾隆五十九年十一月十三日管理刑部事务阿桂题本。

他一手捺了下去，如非县令私访得实，死者就会含冤莫伸了。[①] 看起来，雇工的一言一动都在雇主的管理和约束之下，这种管理和约束的范围远远超过了封建基层政权所应该承担的职责。上述事例中，雇主所管的不只是“户婚田土斗殴相争一切小事”，而且涉及“奸盗诈伪人命重事”，按照前述朱元璋的规定，这些本来是应该由里甲老人和官司处理的。

由于雇工人受雇主管理和约束，他同社会上的人发生纠纷，就往往被视为雇主家的一个成员，雇主因而负有连带责任。

明代，李乐《见闻杂记》记载，有一个雇工人醉后把人推下水去淹死，“事闻于官，官不诘责下手之人，主人费六七十金，半给死者之家，半赂衙门人，事竟得寝”。[②]《海瑞集》中也记载有，雇工打死了人，被害者家属不告凶手，而“诬揹主人，以求抵敌”；海瑞指出这是“今日人情之常”。[③] 清代还是这样。康熙年间，广东一个雇工打死了人，封建法庭却要其雇主出埋葬银二十两交付死者之家。[④] 山西文水县，雇工赶车撞死了别人家的雇工，后者的雇主出了棺殓费，而前者的雇主也要以相同数目的银钱给予死者之家。[⑤] 这都是些人命大事，雇主要承担一定的责任；即便是口角争论，雇主也要承担一定的责任。例如，乾隆三十一年山东张成人的雇工史进儿放牛时践踏了史成玉家的祖坟，史成玉得知以后，到张家门首“斥骂”，出来争论的，不是雇工史进儿而是雇主张成人。[⑥] 乾隆三十二年河南巩县贫妇孟氏到徐怀禹地里割麦一捆，徐家雇工贾黑见而喊骂，孟氏责其不应混骂，在争论中，贾黑将孟氏闪跌一交，孟氏就到县衙门告状，但她告的不是雇工贾黑，而是雇主徐怀禹。[⑦]

这种责任还是相互的。如果雇工人为人害死，雇主应该为其申冤告状，相反，如果雇主为人害死，雇工人也应该为其申冤告状。这种相互的责任或义务要是遭到忽视和违反，还属于犯罪行为，应该受到法律的惩处。所以，明清两代的法律都规定：“凡人之祖父母、父母及夫若家长，以情则至亲，以分则至尊，若为人所杀，则仇为至重，故子孙妻妾奴婢雇工人敢有与行杀

---

① 乾隆五十七年三月初七日刑部尚书阿桂题本。

② 李乐：《见闻杂记》卷6，第84页；又《乌青镇志》卷12，“旧闻”。

③ 海瑞：《海瑞集》，上册，第169—170页，“吴吉祥人命参语”。

④ 《本朝续增则例类编》，刑部卷下，第38—39页。

⑤ 赵吉士：《牧爱堂编》卷12，第55页。

⑥ 《成案所见集》卷4，第27页。

⑦ 《驳案新编》卷27，第12页。

之人私和者，杖一百，徒三年；”又，“子孙妻妾奴婢雇工人被杀，而祖父母、父母夫家家长私和者，杖八十，犹重于常人之罪者，以其所犯重于常人也。”①

既然雇主对雇工人的行为负有连带责任，那么，雇主就不会放松自己享有的管理和约束雇工人的权力，在此情况下，法律上所规定的雇主的有权地位和雇工人的无权地位当然要为雇主所充分利用。主雇之间的等级差别就突出地表现出来了。雇主，亦即雇工人的家长，享有惩治权和管辖权，而且管辖权由于与惩治权相结合而益加严格，惩治权由于与管辖权相结合而更形巩固，等级的雇佣关系就是在法律保障雇主这些权力的条件下而存在和延续下来的。在这个意义上，我们说法律规定的等级差别，是这种雇佣关系存在的集中表现。当然，这并非是说，由于有了法律上规定的等级差别，雇佣关系才具有这样的性质，因为法律上的等级差别归根到底是适应生产关系的需要而形成的，而不是相反。

这种家长的惩治权和家长的管辖权，构成了中国封建地主土地所有制和封建等级制的一个特点。在欧洲中世纪，行政管辖权和司法审判权是同封建领主土地所有制紧密结合的，马克思甚至称其为封建土地所有制的属性。在中国封建社会里，行政管辖权和司法审判权都集中到统一的地主政权手中，但同时地主政权为了巩固其统治，又赋予地主以一定范围一定限度内的家长的惩治权和管辖权。这两种权力的大小是随着权力施加对象的等级地位的不同而不同的。对奴婢，地主享有的这两种权力就大一些，对佃户就小得多了，对雇工人，则介乎二者之间而接近于奴婢。

（六）等级长工与奴婢和佃户

在明清时代，奴婢对主人有严格的隶属关系，人身为主人所占有，是毫无自由可言的；佃户对地主也存在着人身依附或土地依附关系，也不是完全自由的。明代，曾有人把上述等级的长工同佃户作比较，认为：“庄佃与佣犹难同语，盖佃假地于主，而身其自有者也；佣，食力于人而身则为人有矣”。② 这是说，与佃户相比较，等级雇工的人身是不自由的，是雇主所占有的。又有人把这类长工同奴婢作比较，认为：“家长但得用雇工

① 明清律例，“尊长为人杀私和”条。

② 李日宣：《谳豫勿喜录》卷12，第19—20页。

人之力而不得有雇工人之身，佣直未满，分相系属，一满，即同凡人矣”。[①] 这是说，同奴婢相比较，等级雇工的人身只在雇佣期间是雇主所占有的，雇期一满，这种占有也就随之而结束了，不能像对奴婢那样长期地占有下去。不管他们的表述方法是怎样的不同，从相互关系来看，在等级的雇佣关系下主雇之间的关系介乎主佃和主奴之间，倒是可以肯定的。这就是说，这类长工与雇主之间存在着一种较主奴为轻，较主佃为重的直接的统治与隶属关系。

这表明了奴婢、佃户和雇工人中间存在着差异性，但是，在明清时代长工尚未从雇工人等级解放出来的时候，人们更多注意的是奴婢、佃户和雇工人的一致性。

明代，地主视等级的雇工为家奴。小说《卢太学诗酒傲王侯》中的卢柟就称雇工纽成是“我家佣奴”。[②] 海瑞是一个明习法律的地方官吏，他直称雇工人为贱人。[③] 清代依然如此。清初山西赵城县杨云衢雇觅杨培生牧羊，是“佣工作奴使用”。[④] 孙嘉淦是朝廷大臣，却也认为雇工人是“下属人奴”[⑤]。石天基在《传家宝》中说“家人奴仆。只宜论年雇用”，明确指出雇工就是“家人奴仆”。[⑥] 还有人说：“岂不知雇工下人即云使唤，何可以使唤之说专指为奴仆之称”。[⑦] “若奴仆之与雇工，一系终身服役，一系限年服役，乃均属听遣驱使，同为下役之人，未可以奴仆为贱而以雇工为良也”。[⑧] 这都是把雇工和奴仆贱人同等看待的。因此，人们认为这类雇工同奴婢一样的对主人有“主仆名分。”

同时，人们不只是把等级雇工看作奴仆，而且还扩大一步，把等级雇工、奴婢和佃户三者同等看待。明代，吕坤在《山东招抚逃民劝语》中说：“如今他乡在外，不是作婢为奴，就是佣工佃地，低声下气，叫人爷娘，忍耻包羞，受人打骂，才敢劲气高声，动说解回原籍，做流民的，有甚好

① 李天麟：《淑问汇编》卷3，第35页。

② 《醒世恒言》卷29。

③ 《海瑞集》，上册，第169—170页。

④ 黄册，大狱，顺治十六年三月十五日巡按山西监察御史白尚登题本。

⑤ 孙嘉淦：《孙文定公奏疏》卷2，第14页。

⑥ 石天基：《传家宝二集》，“遗言·莫当仆”。

⑦ 张治堂：《讲求共济录续集》卷2，第1—2页。

⑧ 驳案抄本。乾隆十二年十一月十六日“王四海”。

处”。[①] 吕坤是把奴婢、佣工、佃户都看作“低声下气，叫人爷娘，忍耻包羞，受人打骂”的对象。明末清初的张履祥说得就更清楚了。他说：“贫者耕豪家之土，或食食受值而为之佣，或自食力耕而输其入之半，授受出纳，居然君民臣庶之义焉。”[②] 什么叫君民臣庶之义呢？他在《补农书》里说：“孟子曰：诸侯之宝三，土地人民政事。士庶之家亦如此，家法政事也，田产土地也，雇工及佃户人民也”。[③] 他在《初学备忘》里又说：“世业之产即土地也，奴婢佃户即人民也，家法即政事也。”[④] 张氏的这些说法统是一个意思：雇工、佃户、奴婢同是地主家长制统治的对象。家长制的权力就表现在家长享有惩治权和管辖权上面，这是封建地主土地所有制的属性，所以，他们之间的关系同封建社会里君民臣庶之义，亦即直接的统治与隶属关系是一样的。在万历十六年短工从雇工人等级中解放以后，张氏的这一认识，不加区别地把长工和短工一律看待，是特别值得注意的。它反映了人们在当时并不重视这一解放的意义。

因此，在长工尚未从雇工人等级解放出来的时候，雇工在社会上往往受人歧视。比如，在中国封建社会里，人们重视继承，没有儿女的人总是希望有一个近亲来作自己的继承人。在选择继承人时，雇工或曾作过雇工的人是受人歧视的。雍正年间浙江山阴县就曾发生过这样的事情：有人以作过雇工的理由反对别人承祧作继承人；或者为了反对别人承祧捏造他作过雇工的事实。[⑤] 再如，在明清封建社会里，守节的贞女烈妇，是应该旌表、树立牌坊，并在节孝祠内设立牌位，受人祭祀的。但是雇工人被排斥在外。譬如，曹三夫妇系杨有之父杨文明的雇工人，曹三之妻赤氏，因为抗拒杨有对她的侵犯，自缢身死，封建政权认为赤氏系属雇工人，只能树立牌坊，不能在节孝祠内设立牌位，理由是“名分攸关”，以免“良贱不分”。[⑥] 最后，并非是不重要的，雇工人没有参加考试和报捐的资格，他们不能进入仕途，踏上进入上层社会的阶梯。[⑦]

---

① 吕坤：《实政录》，“民务”，第62页。

② 张履祥：《杨园先生全集》卷19，“赁耕末议”。

③ 张履祥：《补农书》下。

④ 《杨园先生全集》卷37，第8页。

⑤ 张我观：《覆瓮集》卷4，第19页；《覆瓮余集》，第28页。

⑥ 王玉如：《条例》，“人命”，第328页；《例案续增》卷31，第38页；《成案所见集》卷33，第38页。

⑦ 《刑案汇览》卷39，第10页。

（七）小结

总而言之，无论从经济地位看，从法律地位看，从政治地位看，从人们思想意识中的地位看，上面所说的等级长工，都可说是宗法家长制统治下的一个低下的社会等级，受着封建等级制度的束缚，所以，我们称这种雇佣关系为等级的雇佣关系。这种等级关系又具有中国封建社会的宗法家长制的形式，所以，我们称这种雇佣制度是宗法家长制雇佣制度。处在这种制度下的劳动者虽然可以一无所有，但并不具有自由劳动的性格，当然，也谈不上具有资本主义的属性，应属于前资本主义雇佣劳动的范畴。

四　等级的雇佣关系（下）

明清时代可以归入宗法家长制雇佣范畴的劳动者，除了上述的等级长工而外，还有典当雇工、债务雇佣、年限婢婿、全家雇佣等。这些劳动者同雇主结成的雇佣关系，都具有上述的宗法家长制雇佣的特征，同时，这些特征在不同的雇佣关系中的表现是不尽相同的，从而显示出这些不同雇佣关系各自的特点。下面，我们就来分别介绍它们各自的特点。

（一）典当雇工

明代以前的历史文献中，雇佣往往同典当、鬻卖相提并论，由此可以设想，典当雇佣关系在雇佣关系的发展史上曾经占有过相当重要的地位。到了明代，这种典雇关系仍然吸引人们的广泛注意，甚至，流行的通俗文学书中，还收有以典当雇工作为主人翁描写的作品。

《清平山堂话本·董永遇仙传》讲的就是一个典当雇工的故事。故事讲，丹阳县董永因家贫无钱葬父，向地主老财借钱。董永的告借词是这样说的："今日特告长者，情愿卖身与长者，欲要千贯钱回家葬父，便来长者家佣工三年，望长者慈悲方便（!?）"结果，整整三年，董永自己，后来还有他的妻子，给地主当牛作马，受尽了凌辱与剥削之苦。①

现实生活中，像董永这样的"卖身"，也叫"雇身"，又叫"当身"，不只有男性劳动者，还有妇女。不过妇女多半是被丈夫或者父兄所典卖的。例

① 洪楩编:《清平山堂话本》，"董永遇仙传"，古典文学出版社本，第237页。

如元至元十五年，江西行省袁州路，有彭六十其人者，因为家贫把自己的妻子阿吴，立契雇与彭大三使唤，三年为满，雇身钱五贯。[①] 也有“公然受价，将妻典与他人数年，如同夫妇，或为婢妾”的。[②] 封建法典将她们的这种遭遇同男性劳动者典当自身同样看待，统称之谓“典雇”。

在中国封建社会里，一般说，典和雇是有区别的，但在这里，却指的是典当雇工的两种类型。明清两代的法律文书，对此都有说明。“典者，如典田宅之典，以价易去，约原价取赎者也；雇者，如雇车船之雇，计日论钱，以限满还归者也。”[③] “归价听赎曰典，计佣受值曰雇”。[④] “约日备价取赎谓之典，验日取钱谓之雇。”[⑤]《大清律例增修统纂集成》把这些解释综合概括成两句话：“以价易去，约限赎回，曰典，此仍还原价者”，“计日受值，期满听归，曰雇，此不还原价者”。[⑥]《大清律例汇辑便览》把前者比“如典田宅之类也”，把后者比“如雇佣工之类也。”[⑦] 把这些原则应用到这里就是说典当雇工中，有的在终结雇佣关系时要归还雇主的原价，即典价，有的不要归还。前者如同借债，作工只是抵偿利息；后者才像雇佣，典价就是雇佣的代价。

其实，单纯的人身典当，也意味着雇佣。因为既是典当，无论有无规定年限，典当者都有回赎自身的权利。这种人没有把自己或者妻子儿女绝卖出去，同一次绝卖给人的奴婢不同。典当以后，为人服役劳动，直至回赎时为止，是有期限的，这与雇佣相同。所以，当时就有人把这种典当人身视同雇佣。胡琼《大明律集解·典雇妻女》条说：“典字内包雇字”；[⑧]《新编文武金镜律例指南·典雇妻女》条也说：“知而典娶者，雇在其中矣”。[⑨] 说的统是这个意思。

我们见到的实际情况是，劳动者把自身或者妻子儿女，定期地或不定期

① 《元典章》卷57，第12页。

② 同上书，第13页。

③ 王樵：《读律私笺》，户律三，“典雇妻女”；王樵：《大明律附例》卷6，第4页，“典雇妻女”。

④ 雷梦麟：《读律琐言》卷6，第3页，“典雇妻女”；《临民宝镜》卷2，第47页，“典雇妻女”。

⑤ 《大明刑书金鑑》，户律，“典雇妻女”。

⑥ 《大清律例增修统纂集成》卷10，“典雇妻女”。

⑦ 《大清律例汇辑便览》卷10，第11页，“典雇妻女”。

⑧ 胡琼：《大明律集解》卷2，第43页，“典雇妻女”。

⑨ 《新编文武金镜律例指南》卷6，第17页，“典雇妻女”。

地典卖给地主，取得典价以后，到地主家食宿，听从地主役使，服役劳动，一直到典限期满，或者回赎之日，按照契约规定，不必归还典价，或者归还典价而不付利息，就可以脱离奴役剥削关系；陷身于这种关系的劳动者就叫做典当雇工。

典雇关系成立的时候，往往是要签订契约的。契约的格式如下：

某处某人，有亲生男名某，现年几岁，今因荒歉不能供赡，托得某人为保，情愿将男某典雇与某处某人宅，充当小厮，当三面得典雇钱若干交领足讫。自工雇后，须用小心伏事，听候使令，不敢违慢，亦不敢擅自抛离拐带财物在逃，如有此色，且某甘当根寻前来，依数赔还无词。男某在宅，向后倘有不虞，皆天命也，且某即无它说，今立文字为用者。

年　　月　　日　　　　父亲姓某押　　文字

保人姓某押①

实际的文契与此大同小异。例如：

第一例（安徽屯溪）：

立当契人项福生，今因缺少使用，自情愿将女一个当与汪名下，本纹银五两正，其银利不清，交人与汪名下不悮，其女善弟年长八岁，六月二十一日子时生，今恐无凭，立此当契存照。

康熙四十九年　□月　初六日

立当契人项福生押②

第二例（江苏泰州）：

当身文契胡子成同妻徐氏、长男聚宝、次女四儿，今因年荒无度，情愿当与金宅名下佣工使唤，当日凭领保得受身价银伍两正，言定伍年

① 《新编事文类聚启札青钱》原载，转引自仁井田陞，《中国法制史研究·奴隶农奴法、家族村落法》，第756—757页；又仁井田陞：《中国法制史研究·土地法、取引法》，第626页。

② 中国社会科学院经济研究所藏《屯溪资料》。

为满，听随自便。倘有走失等情，俱系领保一面承当。若有不测，各安天命。今欲有凭，立此当身文契存照。

乾隆五年拾贰月初陆日　　立当身文契胡子成

领保左曲升

中保许翰林①

第一例，是要备原价回赎的，所谓“还银退身”，所以特别写上“其银利不清”字样，表示没有利息。第二例，不要求备原价回赎，所以写上“听随自便”，表示终结典雇关系时不需要退还典价的意思。第一例是父亲出当女儿，第二例是家长出当自己和妻子儿女一家。第二例当期五年，第一例没有当期。契约上不规定典当年限，如果劳动者及其家属无力回赎，劳动者就同一次绝卖的奴婢毫无区别了。

不规定年限的典当，有可能成为实际上的绝卖，典当雇工一生不得翻身自由。就是定有年限的典当，那期限也是长得难熬难耐的。一般是三年、五年，还有更长的。比如，乾隆三十三年浙江宣平县金氏典雇六年。嘉庆五年直隶蠡县马骡子典雇七年。乾隆六十年山东沂水县葛旺典雇八年。雍正末年黑龙江张彦夫妇典雇二十年。康熙三十年北京还有将妻子和使女典卖二十一年的事例。也有例外。乾隆十一年广西罗仲卿将儿子儿媳夫妇二人当与周昌七家佣工，限一年期满。②

明清两代的文献资料，把成立典雇关系说成是劳动者“雇身”、“卖身”或“当身”，是值得特别注意的。这类说法表明，在典雇关系成立的时候，劳动者所出卖的不只是他们的劳动力的使用权，还有他们的人身。所以，进入典雇关系以后，他们就失去了人身自由，一直到典雇关系解除为止。

突出表明这一点的是，定期典雇的劳动者，在典雇期间，没有中途解除雇佣关系的权利。比如，清雍正七年，山东滕县张君仪同妻蒋氏、子张小妮以银三两五钱当与地主王与信家佣工，典期五年，已得典价三千文。受雇之后，张氏夫妇见王与信“酗酒暴戾”，不能忍受，力求下工，但因无钱归还地主三千文典价，被地主强留儿子张小妮作为人质，夫妇二人才得离开王

① 乾隆十年八月二十二日江宁巡抚陈大受题本。

② 参看附表《清代康熙、雍正、乾隆、嘉庆四朝刑档成案中所见典当雇工示例》中有关资料。

家。[①] 又如乾隆元年广东电白县黄亚尽同妻张氏典雇于地主陈士经家佣工，典期六年，典价九千文。典雇之后，黄亚尽发现陈家“食薄工苦”，剥削十分残酷，打算退还典价，另谋工作，可是陈士经坚不许可。后来，黄亚尽自行辞工离开陈家，陈士经就以雇主身分悬赏缉拿黄氏夫妇。封建法庭也认为他们是“背主私逃”，有应得之罪。[②] 嘉庆七年山西曲阳县马王氏将女儿秋儿凭刘黑子说合，作价大钱一千四百文，当与南齐村王洛成家为使女，言明十年为满。过了八年以后，马王氏以女大当嫁，屡次哀求王姓地主准她备价赎回女儿，遭到了顽固的拒绝。[③] 这三例都涉及典价，前一例雇工无力退还典价，而雇主却以退价相要挟，后两例雇工打算退还典价，而雇主又不以退价为条件。可见，劳动者能否中途解除典雇关系，是以地主一方的意志为转移的。

在典雇期间，雇主甚至可以把典雇工人转送或者暂借他人使用。上述嘉庆年间曲阳马秋儿就被雇主王洛成送给他女婿张占元家服役劳动。马秋儿在张家的“刻责苛求”之下，无法生活，服毒自杀，这时张家才把她送回王家。看来劳动者对于这种转送借用，是只能听从的。

同现实生活里的这种情况相适应，封建政权也禁止典当雇工中途解除典雇关系。清雍正五年规定：“如典当雇工限内逃匿者”，打三十大板，送回本主，雇主对他们有权“酌量惩治。”[④]

定期典雇的契约上，还有明确规定在典雇期间劳动者是没有人身自由的。乾隆十五年，山东冠县一女子当身给地主作婢女，契约上就规定：“五年工满，免还身价，任听领回。”[⑤] 这就是说，劳动者必须服役劳动，直到典限期满，才能以不还身价的条件，终结典雇关系。“任听领回，”是以工满为条件的，所以，典雇关系成立以后，契约规定的典当期限就是劳动者丧失人身自由、遭受奴役的时间。

那么，这种出卖自由的代价又是什么呢?

典当雇工的典价，通称身价，因人而异，有高有低，相差十分悬殊，高

---

① 洪弘绪：《成案质疑》卷20，“奴婢殴家长”，第42页；《成案所见集补编》卷21，第217页。

② 洪弘绪：《成案质疑》卷19，“斗殴及故杀人”，第287页。

③ 张治堂：《讲求共济录》卷5，第1—3页。

④ （光绪）《大清会典事例》卷810，第2页。

⑤ 乾隆朝失月日及署名题本。

的，如康熙年间北京吴国沛将妻子韩氏以四百八十两银子的代价典雇二十一年，将使女玉美以二百五十两银子的代价典雇二十一年；雍正末年乌拉岱将张彦夫妇二人以八十两代价典雇二十年。然而，这是比较罕见的。一般都是低的。例如，雍正九年广西武缘县一男子典雇三年只得典价银三两；雍正七年山东滕县夫妇及子三人典雇五年只得银三两五钱；乾隆五年河南汝阳夫妇二人典雇三年，典价只有白银二两。我们还见到乾隆十八年山东文登县有夫妇携子共三人典雇三年，仅得杂粮四斗，雇主还要等到秋收时付给。同样为地主作使女，乾隆十五年山东冠县一女子当身为婢五年，典价二千五百文，嘉庆三年天津一女子典出四年，典价一千文，乾隆五十二年开州一女子典出五年，典价只有八百文大钱。①

根据这些事例，我们得到一个印象：一般说来，典当雇工的工值十分低下。把上述出典三年、五载的典价同当地长工出雇一年的工钱相比较，我们将会发现，三年、五载的典价不高于一年的工钱，而且往往比一年的工钱为低。如果我们的这个印象多少符合实际情况，那么，典当雇工的工钱之低，盘剥性之严重，就是十分突出、无与伦比的。

因为，要是解除典雇关系时，不需要归还典价，那意思是说典价抵作了工价。在此情况下，除了典当雇工和长工都是由雇主供给饮食住宿这一相同点而外，典当雇工的工价只相当于长工的三分之一或者五分之一。要是解除典雇关系时，需要归还典价，那意思是说，典当雇工除了典雇期间的饮食住宿而外，一无所得，则上述的三分之一或者五分之一也没有了。可见这种剥削是十分惨重的。在这后一种情况下，雇主还特地声明"人无工价，银无利息，"意思是说，劳动者从事劳动得不到工价，而雇主付出的典价也不要利息，两相抵消了。工价与利息相抵，这就把典雇关系的高利贷盘剥性充分暴露无遗。总而言之，在典雇关系下，雇主不只剥夺了劳动者的全部剩余劳动，而且，连维持劳动者再生产的必要劳动也几乎剥夺得干干净净。雇主所支出的几乎只是，或者仅仅就是维持这一活的工具的食宿费用！

明清两代，典当雇工被视为雇工人或者奴婢，是不得同雇主立于平等地位的。由于典当雇工在成立典雇关系时，往往立有文契，议有年限，符合判定为雇工人的条件。如是典当而未定年限，人们往往把他们等同于绝卖，那就符合判定为奴婢的条件。因此，在封建法典上，典当雇工尚未被特别提出

① 上引材料来源见附表《清代康熙、雍正、乾隆、嘉庆四朝刑档成案中所见典当雇工示例》。

加以规定的时候，他们不是被当作雇工人，就是被当作奴婢对待。他们的地位不高于雇工人，或者竟与奴婢相同。

明代的判例，我们没有见到。清代则是有具体的判例的。例如，康熙二十九年安徽丁兰曾杀死典雇人工王志敏，封建法庭是按照家长故杀雇工人律判处的；[①] 这里典当雇工被当作了雇工人。康熙三十七年宁古塔正黄旗拖沙喇哈番安西保打死典当人张永，封建法庭是按照官员故杀奴仆律判处的；[②] 这里典当雇工被当作了奴仆。

康熙四十七年，为了将旗人与民人犯罪处刑之例划一，规定："凡旗民将典当人、白契所卖之人故杀者，照故杀雇工人律拟绞监候；殴打致死者，系旗人，枷号四十日鞭一百，系民，杖一百徒三年"。[③] 雍正四年，皇帝下了一道上谕，说是"满洲风俗，尊卑上下，秩然整肃，最严主仆之分。今汉人奴仆，乃有傲慢顽梗，不遵约束，加以诃责，则轻去其主，种种敝俗，朕所深悉。嗣后汉人奴仆，如有顽傲不遵约束，或背主逃走，或私行讪谤，应何惩治，与满洲奴仆划一之处，著大学士九卿详议。"大学士九卿详议的结果是："汉人奴仆有不遵约束，及讪谤逃匿者，俱照满洲家人例治罪，如典当雇工及身隶门下为长随者，照满洲白契所买家人例治罪"。[④] 次年，按照这一精神，写成条例，附入律例。例文是："如典当雇工限内逃匿者，照满洲白契所买家人逃走例，责三十板亦交与本主。若典当立有文契，议有年限，不遵约束，傲慢酗酒生事者，听伊主酌量惩治。若与家长抗拒殴骂者，照律治罪。再，隶身门下为长随者有犯，亦照典当雇工人治罪。"[⑤] 自此，在律例内，典当雇工列有专条。

此后，典当雇工与雇主相犯，都是按照雇工人律判处的。例如雍正七年，雇主王与信打死典当雇工张小妮，法庭是按照家长故杀雇工人律判处的。[⑥] 乾隆十五年徐二妮一案，法庭认为："徐二妮当身孙公振家为使女，系有年限回赎，应同雇工（人）论。"[⑦] 乾隆四十五年广西永淳县刘惠槐戳死

---

① 洪弘绪：《成案质疑》卷20，"奴婢殴家长"，第38页。

② 同上书，第34页。

③ 《成案现行》卷下，第34页；《大清律例通考》卷28，第8页。

④ 《皇朝文献通考》卷197，第6616页（万有文库版）。

⑤ （光绪）《大清会典事例》卷810，第2页。

⑥ 洪弘绪：《成案质疑》卷20，"奴婢殴家长"，第42页。

⑦ 《题咨驳案》，斗殴下。

典当雇工班均廷，法庭是按照家长殴雇工人致死律判处的。[①] 这种情况继续到乾隆五十三年才发生了变化。

乾隆五十三年，在确定典当雇工的等级地位时，忽然加上了两个条件。服役在三年以上的，以及服役在一年以上而雇主配给妻室的，都被算作奴仆。有关的例文是："凡白契所买，并典当家人，如恩养在三年以上，及一年以外配有妻室者，即同奴仆论；倘甫经典买，或典买未及三年并未配有妻室者，仍分别有罪无罪，照殴死雇工人本律治罪。"[②] 嘉庆六年规定凡无典卖文契的作为雇工人对待。[③] 此后，典当雇工，按这些规定，分别被纳入奴仆和雇工人两个不同的社会等级中去，直至清末，不曾改变。至于典当雇工所生的子女，有同在主家服役的，"亦止可谓之雇工，不得与奴婢子女并论"。[④]

无论从现实生活或者法律上的等级地位看，典当雇工都是最接近于奴婢的一种雇佣形式。所以清代学者钱大昕说："今之典身，立有年限取赎者，去奴婢仅一间耳"。[⑤]

（二）债务雇佣

债务雇佣是封建社会里高利借贷与雇佣劳动相结合的一种奴役形式。劳动者借债以后，以劳动抵偿债务本息，所以又叫抵债劳动。马克思说过："抵债劳动，就是借款由以后的劳动来抵还。这种借款和通常的高利贷造成同样的后果。劳动者不仅终身是债权人的债务人，从而被迫为债权人劳动，而且这种从属关系还要传给他的家庭和后代，使他们实际上成为债权人的财产"。[⑥]

一般说来，高利贷是封建地主阶级盘剥劳动者土地财产、牲畜、工具，直到妻子儿女的经济杠杆。马克思说过："如果就个别情况来说，那么，小生产者是保持还是丧失生产条件，则取决于无数偶然的事故，而每一次这样的事故或丧失，都意味着贫困化，使高利贷寄生虫得以乘虚而入。对小农民

---

① 全士潮：《驳案新编》卷 21，"刘惠槐"。

② （光绪）《大清会典事例》卷 810，第 2 页。

③ 同上。

④ 金溪甫：《说帖类编》，斗殴下，卷 26，第 12—15 页；祝庆祺：《刑案汇览》卷 39，第 28—30 页。

⑤ 王先谦：《汉书补注》，《贾谊传》。

⑥ 《马克思恩格斯全集》，第 31 卷，第 562 页。

来说，只要死一头母牛，他就不能按原有的规模来重新开始他的再生产。这样，他就坠入高利贷者的摆布之中，而一旦落到这种地步，他就永远不能翻身”。① 在我国封建社会里，小农民所遇到的灾祸，岂止是一头母牛的死亡，水旱虫荒，以及封建地主阶级与其国家的种种迫害、讹诈和掠夺，纷至沓来，他们逃脱高利贷盘剥的机会是不多的。清初曾有人概述过这种高利贷盘剥的残酷性，他说：“民因贫困，乃须借贷，况当灾厄，穷愈难支。乃有为富不仁之人，肉视穷民，重利盘剥；或折数折色，少放多收；或抵物抵衣，虚银实契；或垂涎其妻女，或觊觎其田庐；又或贪其畜产，图其工器。预先放债，临时倍征，甚者串指旗丁，倚籍豪势，偿不还契，索取无餍，乘其危急难还之时，合并盘算屡年之负，逼准妻子，勒献家私”。② 这说的是，劳动者一经陷入高利贷的罗网，便要遭受高利贷主的摆布。如果高利贷主需要用人使唤，等候着债务人的就是盘剥性、奴役性的雇佣关系。

也有出借就是为了将来使用雇工的。弘治《吴江志》说：“先借米谷食用，至力田时撮忙一两月者，谓之短工。”比如，万历十九年正月间，南京李用向姜实预借工银二钱七分，“约做工扣还”。到时，李用为他人做工而不来给姜实做工，债权人姜实就可以仗势嚷叫：“你先借去工银，如今倒与别家做工!”③ 到了清代，以工抵债的现象仍然十分普遍。在陕西，李柏曾借给吴二米六升，值银二钱，吴二许为耕地十亩。④ 在江苏，靖江县人沈祥向刘君仁借银九钱，用“农工抵偿”。⑤ 在山东，利津县人王东才欠刘汉强高粱钱七十文，“东才给汉强做工抵账。”⑥ 在直隶，“范有青之父在时曾借白上忠粮食未偿身故，范有青言明佣工抵偿”；⑦“刘自明借高玉秋粮五斗，言定佣工偿还”。⑧ 安徽六安州人“张德甫借李咬钱二百文，言定做工抵还。”⑨ 广东临高县王二罗问王二陈借二两银子，就为他做工。⑩ 江苏崇明县朱九向

① 《马克思恩格斯全集》，第25卷，第678页。
② 魏际瑞：《四此堂稿》卷2，第3—4页。
③ 王樵：《方麓集》卷1，第22—23页。
④ 李柏：《太白山人槲叶集》卷3，第10—11页。
⑤ 黄册，《康熙十六年钦件已结未结略节文册》。
⑥ 黄册，《康熙二十四年山东大狱案件略节缘由清册》。
⑦ 洪弘绪：《成案质疑》卷19，“斗殴及故杀人”，第261页。
⑧ 同上书，第75页。
⑨ 黄册，《康熙四十七年秋审重囚招册》。
⑩ 乾隆元年十一月广东巡抚杨永斌题本。

茅殿宾借了十个豆饼，答应种三天棉花。[①] 安徽安庆郑四洪借余巨典一钱二分银子，“言明做工抵还”。[②] 陕西三水县苏魁借崔宪章米麦六升，“言明做工抵算。”[③] 河南汝州常士陇借了五升麦子，声明锄地三日抵偿。[④] 广西西林县鲁卜审借罗卜文禾谷六百斤、银子三两，就把他第二个儿子鲁亚威抵当给罗家做工，“讲定银谷俱不起利，工不算钱，本到回赎。”[⑤] 陕西三水县穆中礼欠薛世耀二千九百文钱，两石麦子，次年替薛家做工抵算，说明每年工钱四千文。[⑥] 湖北谷城县曾本宽借用曾志宽钱二百文，“言定作工抵算。”[⑦] 陕西商州梁兴贵借用周智彦五百文钱，约定次年二月与他做工抵算。[⑧] 就是在兄弟民族中间，也有这种现象。四川清溪县大田土司辖区的了呷，曾因借米三斗锅一口，为人作工二十日抵还欠项。[⑨]

这种先借贷而后作工的奴役方式，还被明清时代的地方官吏作为灾荒年景救济灾民的一种措施。明代陈槐作松溪知县，适遇灾荒，他要求大户周济贫民，“候秋成后或还大户散本，或出力役于大户，以作偿数。”[⑩] 清代徐宗幹作台湾道时，也劝大户“借给粮食若干”给灾民，灾民“佣工出力按年抵扣”。[⑪]

一旦借了债，债务人就要等待着债权人的召唤，如果唤而不应，债权人就会来到债务人面前，立逼“还钱”。如此这般的强制方式，是这种雇佣关系中所特有的。

然而，以工抵债之无力清偿债务，几乎是必然的。因为高利贷的利率是很高的。一般是以三分起息，也不乏大一分，一年之间利过于本的。要是借了十两银子，按三分行息，每年须付利息三两有余。以工抵债，要是一年工价不超过三两白银，那就一辈子还不清利息，根本说不上还清本银了。如果按大一分行息，就是借二三两银子，工价不超过三两，以工抵债也只能抵得个利息。如果按复利滚

---

① 乾隆五年十一月二十六日江宁巡抚徐士林题本。

② 乾隆二十四年九月十四日刑部尚书鄂弥达题本。

③ 乾隆三十六年十二月二十一日护抚毕沅题本。

④ 乾隆四十八年秋审题本。

⑤ 乾隆三十三年十月二十二日刑部尚书官保题本。

⑥ 乾隆五十八年八月二十六日护理陕西巡抚和宁题本。

⑦ 嘉庆九年七月三日管刑部事务董诰题本。

⑧ 嘉庆二十一年六月三十日陕西巡抚朱勋题本。

⑨ 乾隆五十六年二月八日四川总督鄂辉题本。

⑩ 陈槐：《闻见漫录》卷之上，第46—47页。

⑪ 丁曰健辑：《治台必告录》卷5，第34—35页。

算，债务人的处境，就更惨了。根据清代工价的一般水平，除非不算利息，如算利息，以工抵债之毫无希望，是铁算盘算就了的。

陷入高利贷罗网、并且以工抵债的劳动者，在实际生活中是怎样受盘剥、受奴役的，可以通过如下的一些具体事例，略为说明一二。

例如，康熙初年，山西潞安府长子县有叫王伏起其人的，原是里长，为了交纳盐课，于康熙五年三月写立借约，向王三枝借银二两九钱，三分行息，到了康熙六年十月，王伏起因为无力偿还这笔债务，被迫成为王三枝的雇工，言定一年为满，工钱作谷九石五斗，以工抵债。王伏起从一个单纯的债务人变成债务雇工以后，如约为王三枝劳动了一年整，除去把全部工价抵偿债务而外，另又凑了些银子补还不足之数。债务总算结清了。但是，雇主王三枝并不退还借约。同时，王伏起还是无以为生，于是又立一个雇佣契约，为王三枝再作佣工一年，工价照旧计算。这时，王伏起又从债务雇工变成一个单纯的雇工。实际上，从康熙七年十月到九年二月，王伏起为王三枝作工一年又四个月。结账以后，贫困的王伏起除支取工价外，又欠下了雇主一两银子，并迫于生计，不得不再借银二两一钱一分，写立三两一钱一分银子的借约一纸交王三枝收执，仍旧作王三枝的雇工。于是，王伏起又从一个单纯的雇工变成了债务雇工。到了康熙十年七月间，王伏起忖想，欠银三两一钱一分，作工一年有半，两相抵算，总该有些剩余。不料算账结果，王伏起这一年半应得工价都被算作了债务本利，分文不剩。王伏起被辞歇工。但是，王三枝扣留了前后两次借约，随时都可向作为债务人的王伏起进行讹诈。①

这种讹诈还可以落到债务人的子孙后代身上。

例如，安徽广德州郑加余、加稷等兄弟三人的父亲，于康熙五年间借了巫三吉一石五斗谷，谷已还清，但巫三吉掯留契约，准备借机讹诈。康熙八年，郑氏兄弟的父亲逝世，巫三吉认为时机已到，拿出原来的借约逼讨债务。结果，郑加稷被逼在巫家帮工两年，以工抵债。于是，郑加稷从一个自由人变成了个债务雇工。这还不算，巫三吉又逼郑家写下四亩五分的田契一纸作为抵押。这样，巫三吉除了一纸借约而外，又到手了一张田契。凭借这张田契，巫三吉要郑加余的妻子到他家里作半年奶娘，以工换契。于是，加余的妻子也由自由人变成了债务雇工。然而半年以后，巫三吉并不归还田契，加余妻子的半年劳动付之流水。郑氏兄弟无奈，于康熙十二年十月初三

① 黄册，大狱，康熙十二年二月十二日刑部题本。

日备办酒席，请巫三吉还契。巫三吉于酒饭之余，趁势又勒索了两石稻谷。酒醉饭饱，巫三吉回家；郑氏兄弟随将稻谷挑送上门，冀图终于换回田契。但是，巫三吉又嫌稻谷数少，措契不还。对于巫家这一系列的讹诈、欺压、刁难，郑氏兄弟中加应出来理论，巫三吉乃夺加应挑稻搠杆狠将加应脊背乱打，加应因而受伤身死。巫三吉被封建法庭按照凡人相犯判处了“依斗殴杀人者不问手足他物金刃律绞监候”的罪刑。试想这二年雇工，半年奶娘，一餐酒席，两石稻谷，四亩五分田土，一条人命，追本溯源，这一系列事件的缘由，就是郑氏兄弟的先人的那一石五斗谷的借贷。①

高利贷和以工抵债这套法术能够把劳动者滚剥压榨到什么程度，有广西肖成生一例可资说明。

缘肖成生于康熙五十五年向谢祁借银五两四钱，言明作为本银六两行息，利率每月八分。到了康熙五十八年，肖成生因无力偿付本利，被迫到谢家做工，以工偿债。但是，月息八分的高利贷把肖成生滚剥得无论如何也逃不脱谢祁的手掌。一年以后，他所欠谢祁的债务，不仅没有减轻，反而累积到了十七两六钱的高额。谢祁于是就把肖成生及其妻黄氏拉来“准折为奴”了。可是，按照谢祁的折算，肖成生夫妻两人的身价只合银十二两，抵消不了全部债务，下欠还有本利五两六钱银子。对于这笔余债，谢祁的办法是迫使肖成生之弟肖辉生来承担。这五两六钱银子也同最初的本银一样地会迅速膨胀的，到了康熙六十一年即已滚算成十八两之多了。于是，谢祁又将肖辉生夫妻和他们的儿子一共三人拉来“准折为奴”了。但是，这个中国夏洛克所贪求的不是更多的家奴，而是更多的银子。所以他拉来肖辉生一家之后，便将他们出卖了，这回得价银二十一两，即抵充债务本息十八两而外，还多赚了三两。多出的银子当然是落入了谢祁的口袋。如果谢祁就此满足罢手，人们是不会从法律成案中发现他的大名的。然而，地主阶级的贪欲是无限的，谢祁又看上了肖成生的妻子黄氏，先“将肖成生时加殴骂，逼令逃窜”，随后将黄氏强占为妾。十年以后，黄氏得间逃出谢宅，到连州衙门控告谢祁，不料被谢祁捉回，连先被他卖出为奴的肖辉生，一同私刑拷打。后来，出了人命，谢祁这才以“肆横不法”的罪名上了公堂，判处了“以光棍为首例拟斩立决”的罪刑。②

① 黄册，《康熙十三年安徽钦件大狱分别已结未结略节情由文册》。

② 洪弘绪：《成案质疑》卷20，“威力制缚人”，第7—11页。

在中国封建社会里，人们最讲究宗法伦常关系，但是，与经济利益相比，这种宗法伦常关系往往被视为不重要，甚至不值得一提。

例如，四川蓬州有雷生韬者，是龙有刚的妻弟，他们之间应该说是关系密切的至亲吧。乾隆十八年四月间雷生韬曾借龙有刚银子五两买猪贩卖，到十一月归还本银，尚欠利银一两五钱没有还清。乾隆二十一年正月里，雷生韬定亲乏费，又向龙有刚借银十二两，言明四分起息。这些都没有写下契约。这年三月龙有刚倩雷生韬来家里帮工，每月许给工银六钱，这个数目是不小的。事情发展到这里，我们还看不出这位姐夫有什么不好的心肠。迨到秋后，雷生韬辛苦将近一年，向龙有刚索要工钱，这时，龙有刚拿出账簿，雷生韬才知道，原来欠的一两五钱利息，已经利上加利，被算成了三两，加上那十二两借银，共计十五两，算作本银，这本银按月四分行息，恰恰等于每月工银六钱之数。雷生韬这才恍然姐夫许给每月工银六钱的缘由，原来是让自己干活以抵偿利息。这时，“雷生韬负气欲搬，龙有刚以借项挟制，勒令清还，始许退工。雷生韬斥其无良，被龙有刚掌批腮脥，斥令卖身清偿，雷生韬含忿隐忍”。这中间，一点亲戚情谊的影子也看不到了。①

按照明清两代的雇佣习惯，短工是按月按日雇用的，长工是按年雇用的，而上面说过的典当雇工最长的典期也不过二十年左右。在一次雇佣完结之后，劳动者可以另觅雇主，虽典当雇工也不例外。但是借了钱，负了债，这一点自由也丧失了。乾隆年间，陕西赵桂如和刘天实就是因为借了郭家地主的钱，被迫写下了雇工文契的。名义上是芒工，每年夏忙秋忙两季到地主家劳动，不是整年，也不连续，算不得长工。但却要年年如此，继续劳动六十年！这比最长的典当雇工的年限还要长上两倍。赵桂如的文约是这样写的：

> 立写芒工文字人赵桂如，今写到郭世福名下芒工两料，同中言明青钱贰串壹百伍拾文。刀镰斧伤，山荒草野，车前马后，自不小心，不与主相干。割大麦上工，谷锄三遍下工，种麦上工，菀豆种毕下工。恐后无凭，立字为证。
>
> 中见人刘添才
>
> 郭添春
>
> 乾隆五十九年八月初六日借支六十年芒工两料立字人赵桂如

① 乾隆二十二年十月十一日四川总督开泰题本。

刘天实的文约与此大同小异：

> 立写芒工文字人刘天实，今写到郭世福名下六十一年芒工，壹年两料，同中言明，割大麦上工，谷锄三遍下工，割早谷上工，种毕莞豆下工，工价清钱二串贰百整。车前马后，刀镰斧伤，自不小心，山荒草野，不与主人相干，天灾病患两家调治。恐人失信，立字为证。
>
> 中见人李凤有
>
> 保　人刘玉一面承应
>
> 乾隆□十年八月初十日立写芒工刘天实①

这六十或六十一年芒工，是劳动者一生也做不完的。因为在中国封建社会里，劳动者贫苦饥饿，缺医少药，“人生七十古来稀”，能够活到六十岁的人是不多的，更不要说能够连续从事劳动六十年了。至于能够从事种麦、锄地这类强劳动，劳动者一生，多算也不过二三十个春秋，六十年芒工势必要数代人承担：父死子继，兄终弟及，几辈子摆不脱债权人的奴役。

上述的事例，无可辩驳地证明了，债务劳动的强制性同奴隶制、农奴制的严格隶属关系是没有什么区别的。所以，列宁干脆把抵债劳动视为奴隶劳动！

不能认为劳动者对此总是逆来顺受，甘心屈辱，而不起来反抗的。实际情况完全相反，劳动者怀着满腔怒火，等待着有那么一天，把这些吸血鬼打翻在地。正是这些分散的、此起彼伏的拼死斗争准备着伟大的农民战争。举一个事例。

嘉庆年间，陕西宁陕厅有一个外来客民周维太，寄居洋县，佣工度日。嘉庆十七年四月周维太因为难度春荒，向地主王棕贵借了九斗包谷，折钱一千八百文，约定秋后清还。到期未还，王棕贵便要按千钱一百文加上利钱。周维太不曾同意。十八年周维太还钱四百文，十九年还莜麦四斗二升，折钱八百文。此后，周维太经常去王家做短工，每工算钱四十四文，干够一个月，应得工钱一千三百二十文，全被王棕贵抵作债务，分文不给。照此办理，王棕贵先后从周维太身上掠夺了二千五百文钱，相当于原来借项的一点

---

① 参看《长安县地主庄园博物馆概况介绍》。

三九倍，足以抵偿债务而有余。可是到了嘉庆二十二年三月，王棕贵仍要周维太帮工，周维太拒绝不来，王棕贵就把他拉到家里殴打。四月二十三日，王棕贵又把周家的猪只拉来作抵，并且扬言要割周家种的小麦。周维太被逼得上天无路，入地无门，终于约同王棕贵家的雇工张太笼设计把王棕贵杀死，才算平了心头之恨。当然，在地主阶级仍然掌握着政权的条件下，周维太的这一行动是不会被法庭所轻饶的，但是，并未作为雇工人判处。①

这种雇佣形式，到了清末，中国社会已经进入半殖民地半封建阶段半个世纪以后，仍然是普遍存在的。光绪三十二年，陕西石泉县发生了这样一件事：伍蒿成借了张学富包谷二斗，折钱四千文，已经还过三千文，尚欠一千文。后来，张学富雇伍蒿成帮工，议明以工钱抵偿前欠，这要算是一个债务劳动了。光绪三十二年九月十七日张学富因伍蒿成作工懒惰，当向斥骂，伍蒿成不服回詈，这个雇工是有点反抗性的。不料引起张学富的气愤，他喝令雇工张麻子、姜连兴将伍蒿成两手反背，用绳捆吊，并主使张麻子、姜连兴用牛筋鞭子交替殴打，一直活活把伍蒿成打死。② 虽然后来张学富因此被封建法庭“依威力制缚人拷打致死以主使之人为首绞律”处以绞刑，但债务劳动者所受的待遇之残酷无情，不能不令人怵目惊心！

根据上面叙述的情况，在实际生活中，很难说债务雇佣劳动者的地位高于等级的长工和典当雇工。但是，在当时的封建法典上，却没有把债务雇佣劳动者视为雇工人或者一个低下的社会等级的条文。这就是说，如果他们在进入雇佣关系亦即以工抵债的时候，不曾立有文券、议有年限，或者同雇主之间没有主仆名分，他们就不属于雇工人的范畴。这类雇佣关系，在实际生活中同于等级的雇佣关系，在法律上却不具有与之相适应的等级地位；这一点是值得我们特别注意的。它表明了，在特定的历史时代，等级性雇佣关系是实际生活中生产关系的特点所决定的，它不必一定要在法律上有相应的表现。

（三）年限婢婿

在中国封建社会中，男子入赘岳家作上门女婿，是由来已久的习俗之一。入赘的男子上门以后，终身在妻家做活的称为“养老女婿”，他对岳丈、

---

① 嘉庆二十二年十二月八日陕西巡抚朱勋题本。

② 黄册，宣统元年四月初三日法部奏。

岳母有养老送终的义务；如果入赘若干年后，挈同妻子儿女，离开岳家另立门户的，称为“年限女婿”。这种离开是与“入赘”相对待的，叫做“归宗”，就是回到自己的宗族中去的意思。①

有女无儿，或者儿子幼小，或者其他原因，乏人工作的人户，往往招婿入赘，赖其劳动，维持一家生活。如明代南陵县曾祥，因年老子亡，将媳李氏凭媒招孙育为婿，议定作工三年，以为聘礼，工满以后，孙育就可以携妻而去，就是一个例子。② 这种习俗到清代依然流行。嘉庆年间，浙江萧山县有雇工俞宽三者，到来元善家佣工，来元善就把长女招赘俞宽三为妻，后来长女去世，又把次女续配俞宽三为妻，俞宽三外出做工，得有工钱，都交来元善帮助家用。③ 广西上林县卢玉表因儿子卢特送年幼，乏人工作，凭媒为女儿招赘黄特禀来家帮工，说明待到卢特送长大成丁，将土地五坵、塘一口给黄特禀夫妇归家。④ 这不只是汉民族的源远流长的习俗，兄弟民族，例如苗族、僮族也都有“上门帮工，工满招婿”的习俗。⑤ 上述这些雇工与雇主之间的关系是：或作为养老女婿，将来继承岳家财产，或作年限女婿，工满之后，两家分开，联作亲戚，不在我们现在着重讨论的范围以内。

我们着重讨论的是，地主以婢女或仆媳配给雇工，雇工在议定年限之内必须为雇主服役劳动的这种情况。比如，明代六安县伍春生，因为身贫无配，到地主党俊九家赘为婢婿，议定作工三年，以为财礼，三年工满就可以携妻而去，得妻完娶就是他劳动三年的血汗代价。⑥ 这种雇工，我们称之为年限婢婿，或者年限仆婿。

一般说，陷入年限婢婿地位的都是一些贫难至甚、无力婚配的劳动者。⑦ 他们作了婢婿，必须长期地耐苦力作，才能换得雇主的婢女或者仆媳为妻。即使在议定年限以内，和婢女或者仆媳成了婚配，生了子女，限满以前，他

---

① 参看《元典章》卷17，第10—11页，“招女婿”条；何广：《律解辩疑》，“逐婿嫁女”条；《大明刑书金鑑》，“逐婿嫁女”条。

② 《新刊皇明诸司廉明奇判公案》，“继立类·龚侯判义子生心”；《新镌音释四民要览萧曹明镜》卷3，第24页。

③ 嘉庆二十年二月二十一日浙江巡抚颜检题本。

④ 嘉庆二十三年九月二十一日管刑部事务章煦题本。

⑤ 刑部黄册广西司，嘉庆八年闰二月二十三日刑部题本，“因苗僮习俗，每有上门帮工，工满招婿之事。”

⑥ 《新刊皇明诸司廉明奇判公案》，“婚姻类·喻侯判主占妻”；《新镌音释四民要览萧曹明镜》卷2，第25—26页。

⑦ 《重刻律例告示活套》，第23页，“逐婿嫁女”条。

们及其子女都不得离开雇主家门，是没有人身自由的。

这类雇工都是立有契约的。明崇祯年间皖南汪有寿入赘谢家使女为婿，写过一个很长的文书，把这类劳动者的处境忠实地记录了下来。文书是这样写的：

> 安山代招亲婚书，房东谢良善、谢用明等，今有庄仆汪有寿，自幼父母继亡，次弟逃散，三弟众卖樟村度活。今有寿孑立，日食难度，飘流无倚，向在外境佣工糊口。房屋倾颓，二门主众商议，久已拆毁，身无所栖。且年登二旬有五，无力婚娶，若不代为招亲，汪仆一脉诚恐湮没矣。今有本族谢正仁家有使女，是有寿浼求二门房东主婚，前往招到房东谢正仁使女为妻，议定填工贰拾贰年，以准婚娶财礼之资。工满听自夫妇回宗。日后生育，无问男女，听留一赔娘。所有二门主众当受酒礼银讫，二门人众每房议一二人画押为凭，余外房东家×不齐，不得生端异说。今恐无凭，立此招亲婚书为照。

汪有寿入赘的使女，名叫富喜，顺治八年病故，谢家地主又把使女联喜招他为婿，议工十年。汪有寿就这样为谢家干了一辈子活。①

一般的契约，比较简单。例如，清乾隆十五年江苏宿州人杨德出赘于陈天佑家，契约是这样写的："立招年限仆婿文约人杨德，情因无钱娶妻，情愿出招陈天佑名下婢女小招赘为夫妇，言明佣工一十二载，成婚领回。自进门之后，如有走失拐带年限不干陈人之事，如有天灾流行，各听天命。恐后无凭，立文约为照"。②

文约中所谓"进门"，就是雇佣关系成立，雇工被编入雇主的宗法家长制体系。所谓"领回"，是工满以后，雇工同其妻子，脱离雇主奴役，离开雇主的宗法家长制体系。"进门"和"领回"之间，就是雇工的服役年限。上述皖南汪有寿填工二十二年是最长的一例。一般短的只有三年，多数在十年到二十年之间。如雍正十年十二月山东徐缵烈招吴根为婢婿，做工十三载为满，立有文契。③ 雍正十年浙江遂安县郑四生写立议券投配洪信玉家婢女

---

① 傅衣凌：《明清农村社会经济》，第6—7页。按：汪有寿是谢家的庄仆，他是以庄仆而兼作谢家的年限仆婿的，这里我们只取年限仆婿关系的一面，置庄仆关系的一面不论。

② 同德：《成案续编》卷10，第97页，乾隆十七年五月十九日安徽巡抚张师载题本。

③ 沈如焞：《例案续增》卷25，第40页。

秋香为妻，议定役使十五年为满。[①] 雍正十年广东英德县张绍轩把婢女卢氏配给林开元为妻，“讲定做工一十八年，抵作财礼，工满回宗”；又把婢女陈氏配给林土生为妻，也是“做工十八年，抵作财礼，工满回宗。”[②] 乾隆二十年安徽霍邱县，宋寅东将婢女腊梅招配陈安为妻，“言定仍在寅东家庸工，十八年之后，听其领妻回籍。”[③]

按照契约规定，工满就应该放出年限婢婿一家，恢复他们的人身自由，这叫做“工满出户”。[④] 但在实际生活中，雇主却不必都按契约规定办事，倒是以种种方式强留劳动者夫妇无限期地役使下去的居多。这就是所谓“工役已满，仍行羁縻。”[⑤] 上面提到的六安县伍春生就是一个例证。伍春生三年工满之后，地主党俊九不只是霸占着他的未婚妻子，还把他打逐在外，使伍春生陷于“活人分离，见闻悽惨，进不得得妻完娶，退则血汗无偿，情极可怜”的境地。[⑥] 如果雇工迳直携带妻子离去，雇主则百般阻挠，“辄指为逃仆，辗转兴讼，至妻子尽鬻，孑然一身而讼犹不止。”[⑦] 即使雇工夫妇终于放出，得以自立门户，“遇事仍往服役，亦属情谊之常。”[⑧] 这都意味着，即使在限满以后，雇工仍然不能完全摆脱雇主的奴役和迫害。

契约中的年限是专指男工的受雇年限而言的，至于男工的妻子，雇主的婢女或仆媳，则不享有这一权利，她们的命运随丈夫的命运为转移。设若在限满以前，男工不幸死亡，其妻除非另配婢婿，便丧失了摆脱奴役的可能性。清代嘉庆年间，安徽六安县江姓监生家的年限婢婿限内死亡，监生既不给还他的衣服银两，又不放出他的妻子。雇工的侄子因此申诉到县，问官开口就说：“尔叔果有钱必不与人作雇工，配人使女。尔叔既死，尔叔母仍是江家使女，岂有准汝接回之理。”因此，申诉人被问官大老爷重责了一顿。[⑨]

年限婢婿所配的婢女或仆媳是中国封建社会婢仆制度下人身自由无限期

---

① 中国社会科学院经济研究所藏，刑档抄件。

② 乾隆三年三月初五日广东巡抚王謩题本。

③ 乾隆二十三年十二月初二日安徽巡抚苏尔德题本。

④ 同德：《成案续编》卷1，第53页。

⑤ 李渔：《资治新书》卷7，第40页，“金长真：请严主仆”。

⑥ 《新刊皇明诸司廉明奇判公案》，“婚姻类·喻侯判主占妻”。

⑦ 李渔：《资治新书》卷7，第40页，“金长真·请严主仆”。

⑧ 祝庆祺：《续增刑案汇览》卷14，第9页；《刑部比照加减成案续编》卷18，“威逼人致死”，第32—33页。

⑨ 高廷瑶：《宦游纪略》卷上，第15、16页。

地被剥夺了的劳动者。如今在契约限满以后，年限婢婿便可把她领出地主家门，脱离地主的宗法家长制奴役。这中间就有一个婢女的赎身问题。婢女的赎身问题其实就是雇工的工价问题。一般说来，在议定年限之内，年限婢婿只应作工，不得支领工价，这工价是抵作了婢女身价的。例如，上述郑四生一例，契约就说明议定役使十五年为满，以抵婢女身价，不给工价的。也有只说限满之后，成婚领回，不提工价和身价，那意思是两相抵消，都不提了。例外情况，如康熙年间江西抚州一例，契约规定："在家服役则莲桂（婢女）与为婚姻，如异日赎身，则备礼金二十两交还郑宅（雇主）"。① 这个年限婢婿为地主服役，得不到工价，如果领回其妻，则又须支付婢女身价二十两银子，可算是条件最苛刻的一例了。

其实，以工价抵作身价，也只是概念上的事情，并没有实在的货币支付。这就暴露了年限婢婿这一雇佣形式的实质："此所谓出囮而诱雉者。"婢女是诱饵，地主利用婢女来引诱男工为其服役劳动。利用到什么程度，请看康熙初年浙江临安县的一个事例。有王文惠者，同妻锺氏出卖给徐云昆家作奴婢，王文惠死了，徐云昆命令锺氏招赘王守忠为夫，王守忠死了，又命改招姚国胜。姚国胜入赘时议定做工六年以充财礼，六年以后，姚国胜幸而没有被徐家折磨致死，把他的妻子领了出去。钟氏终于离开了徐家，但是，徐云昆并未就此放手，三十八年以后，仍然要欺凌她，强采她的桑叶，并且企图霸占她的孙女儿。②

年限婢婿夫妇的社会等级地位都是低下的。婢女或者仆媳，本来属于奴婢范畴，是所谓贱民，当然是不得同地主平等的。配了婢婿，乃至被丈夫领出地主家门以后，她们的等级地位都不得改变，终生都是奴婢。入赘的雇工，在年限之内，立有文契，议有年限，不能同地主居于平等地位，有主仆名分，属于雇工人范畴。但不是终生如此，一旦脱离地主家门，这种人身依附关系也就随之而解除了。

至于年限婢婿的子女的等级地位则是比较复杂的。在中国封建社会里，人之出身贵贱本之于父，而不本之于母。但是，这一原则，对年限婢婿限内所生子女，并不完全适用。在年限以内，他们同父亲一样，对地主有人身依附关系。在限满以后，他们中间要有一个留在地主家里，继承和代替他们母

① 黎士宏：《理信存稿》卷中，第47页。
② 施宏：《未信编二集》卷6，第39页。

亲的奴婢地位，不得随同父母获得自由，脱离地主家门。这就是文约中所说的“日后有子女，听留一赔娘”的意思。但也有不留的。不留的子女，离开地主家门以后，却要同他们的母亲一样，对地主存在着“良贱”的关系。这时，他们的父亲已经由于终结了雇佣关系，对地主由雇工人转变为平等的“凡人”了。乾隆五年，四川新繁县一个年限婢婿的儿子，于放出二十年之后，打死了他父母的旧主，刑部认为他究系“婢女所生之子，良贱名分犹存”，将他“依奴婢殴良人至死律”判处。[①] 这就是个依母不依父的具体事例。到了道光九年，这种状况才得改变。这年刑部因安徽王平一案，对年限婢婿的子女，开始强调“出身贵贱本之于父，不本之于母”的原则，规定：“若婢出配者，系雇工而非家奴，其子女即不能以雇工人论。”所持的理由是：“雇工本身尚未始终下贱，更无论其子女。”[②] 这时，年限婢婿的子女才得到了以父亲的身分为身分的权利。

年限婢婿的子女，自然是在劳动者受雇之后与婢女婚配而生的。他们一生下来，还没有开眼一看世界，就陷入了身分关系的罗网。这就是说，在这种雇佣关系成立之初，雇主不仅取得了现实的劳动力的使用权和人身占有权，也取得了潜在的劳动力的使用权和人身占有权。婢女、仆媳以及他们的子女都是被奴役、被压迫的，但在这里却是通过婚姻和家庭而实现的，婚姻、家庭也成了奴役、压迫的工具。

（四）全家雇佣

明清两代文献中，常有劳动者连同他的家属成员，如父母、兄弟、夫妻、子女等，同时受雇于一个雇主的记载。对于这种雇佣关系，我们无以名之，姑叫做全家雇佣。典当雇工、年限婢婿、抵债雇工等等，也有举家或一家多人受雇于同一雇主的，他们也往往具有全家雇佣的特征，但在下面的讨论中，为使问题单纯化，不涉及他们。

全家雇佣，常见的是夫妻二人，但父子二人，兄弟二人，乃至真正是一个小家庭全体受雇于一个雇主的现象也是有的。在明代，宣德时江南周忱提到过“全家雇佣”的现象，[③] 但那未必全是出雇于同一雇主的雇佣家庭；我

① 洪彬：《驳案成编》，不分卷；乾隆五年七月十二日署理四川巡抚方显题本。

② 祝庆祺：《续增刑案汇览》卷14，第9页；《刑部比照加减成案续编》卷18，第32—33页。

③ 周忱：《周文襄公集》卷1，“与行在户部诸公书”。

们见到的是河南安阳县岳登进夫妇受雇于王自其，[①] 滑县陈三元夫妇受雇于阎周宇[②]两个实例。在清代部分法律成案和刑事档案中所见的，从雍正到嘉庆七十一个全家雇佣的事例中，夫妻二人者四十三例，兄弟二人者六例，父子二人者五例，母子二人者三例，祖母及孙二人者一例，夫妻及父三人者一例，夫妻及母三人者一例，夫妻及子女多人者十一例。

上述的全家雇佣，有长工，也有短工。长工如乾隆十二年直隶倪三成雇杨贵之妻曹氏至家乳哺幼孩，杨贵亦同往工作，议明三年工价钱六千文。[③] 这是我们见到的全家雇佣期限最长的一例。一般多是一年。例如，乾隆四年山东章邱县谢连升兄弟二人雇给杨运随家做工，说定每年工价钱四千，写了文契。[④] 乾隆三十三年河南唐河县张洪道雇赵学智夫妇佣工，说明每年工钱三千五百文，没有文约。[⑤] 短工如，乾隆二十三年浙江吴三同父吴大章到邻人黄大观家佣工车水。[⑥] 乾隆五十七年广东信宜县胡来生、胡亚二兄弟两人都短雇在谭亚乙家佣工。[⑦] 嘉庆二年广西北流县李忼雇廖宗荣夫妇帮做农工，每月共给工钱六百文。[⑧] 等等。

全家雇佣的受雇者既然包括劳动者的家属，家属成员所从事的劳动的性质，事实上，按照生理条件和各地农村习惯，很自然地就和劳动者本人从事的劳动性质不一致，而常常是按照年龄和性别具体安排。上面提到的明天启年间河南滑县陈三元夫妇为人佣工，就是"夫往于田，妇处于室"的。所谓"夫往于田"，从事的显然是田间农业生产劳动，所谓"妇处于室"，从事的不外是纺纱织布，洗衣作饭，抚养幼儿，服役使唤等等家庭生产和服役劳动，和陈三元的田间劳动不同。清代还是这样。但也有夫妇都从事田间生产的，如嘉庆二年广西北流县就有夫妇二人是同做农工的。[⑨] 可以设想，如果劳动者的幼年子女随同一起出雇，他们将成为从事放牧牛羊猪鸭，听从使唤差遣的童工，以及送水端茶、清扫房舍、照看小姐少爷的女童工。在封建社

---

① 李日宣：《谳豫勿喜录》卷8，第6页。

② 张肯堂：《䜣辞》卷8，第7页。

③ 乾隆十二年十月十三日刑科掌印给事中阿布纳题本。

④ 刑档抄件，失年月日及署名题本。

⑤ 乾隆三十五年四月二十三日管理刑部事务刘统勋题本。

⑥ 李运治：《成案续编二刻》卷4，第74页。

⑦ 乾隆五十八年六月二十四日管理刑部事务阿桂题本。

⑧ 嘉庆三年七月二十四日暂兼理刑部尚书苏凌阿题本。

⑨ 同上。

会里，这些童工和女童工分别被称作“小厮”和“丫头”。

在全家雇佣关系中，封建的宗法家长制奴役表现得特别突出。因为，全家雇佣的劳动者们，不是以一个个人，而是以一个家庭，编入雇主的宗法家长制体系的。由于受雇者家庭之中，也存在着宗法家长制关系，雇主就是通过这种关系来实现他对受雇者一家的压迫、奴役和剥削的。这要算是全家雇佣关系的一个突出特征。

由于受雇者家庭成员之间存在着宗法家长制关系，雇主就利用这种关系，认为受雇者全家成员之间，互相负有连带责任。比如，乾隆初年，河南有孔小同妻张氏、母李氏一起受雇于地主吕居齐家，乾隆十五年五月吕居齐借口“孔小懒于力作”，将孔小夫妇逐出。① 乾隆五十三年江苏铜山县刘洪亮带同子、媳投雇于地主郑楷家佣工，到了五十四年十月，雇主“嚷骂伊媳洗衣不净”，欲将刘洪亮父子一同赶逐。② 又，道光九年，河南南阳县高大驴和儿子高红受雇于李顺己家佣工，李顺己指责高红素性顽劣，高大驴不能管教“一并辞工”。③ 这里，孔小的妻子，刘洪亮本人，高红的父亲，并没有地主可以提得出的任何过失，却必须负连带责任，承担孔小、刘洪亮儿媳以及高红的过失的后果。这就是说，在全家雇佣中，家长要为家属负责，家属又要为家长负责，而雇主对全家雇佣中的任何人，非但可以处置其本人，而且可以连带处置其家属，一体同罪。至于实际上处置的是否全家一个不漏，那要看雇主的高兴了。

在这种关系下，雇主是把全家雇佣作为一个单位，或者把雇工家长的家属成员作为附属来付给工钱的。往往是雇佣例如夫妇两人给予工钱若干，并不分别男女劳力的差别，也不分别老小劳力的差别。例如，雍正十一年河南南召县吴金璧雇冯梅夫妻两口做工，第一年工价二千五百文，第二年工价二千七百文，④ 乾隆四年山东章邱谢连升兄弟雇给杨运随家做工，说定每年工价四千文；⑤ 乾隆三十三年河南唐河县张洪道雇赵学智夫妇佣工，说明每年工钱三千五百文；⑥ 嘉庆二年广西北流县李忼雇廖宗荣夫妇帮做农工，每月

---

① 同德：《成案续编》卷3，第26页；沈如焞：《例案续增》卷15，第25页。

② 沈沾霖：《江苏成案》卷13，第19—20页。

③ 不注撰人：《刑案丛抄》，揣字本。

④ 失年月日及署名题本。

⑤ 同上。

⑥ 乾隆三十五年四月二十三日管理刑部事务刘统勋题本。

共给工钱六百文;[①] 嘉庆七年陕西孝义厅王庭禄雇王美同他女人麻氏儿子双铃儿在家佣工，每月工钱三百文;[②] 嘉庆十年河南固始县许连会和妻雇给刘文定家做工，每年工钱三千文;[③] 嘉庆十四年河南唐河县乔子明雇鲁对夫妇在家佣工，言明一年工价二千文。[④] 都不曾作任何区别。

如果雇工家属陆续受雇，雇工家长的突出地位就表现出来了。乾隆三十一年河南唐河县吕魁元出雇于郑天禄家，工价每年二千五百文。后来，吕魁元的妻子王氏带同幼子一人也来郑家佣工。按说，这是与吕魁元相区别的另一项雇佣关系，应该单独考虑的。然而，雇主却拨地五亩给王氏耕种"分收籽粒，增作工价"。[⑤] 所谓增作工价，意思是说吕妻的应得报酬不过是她丈夫工价的增加部分而已。于是，夫妇两人各别的两项雇佣交易，成立了一个全家雇佣关系。嘉庆年间陕西刘七，先在王天喜家佣工，每月工钱一千文，后来刘七娶妻张氏，生有子女，都在王家佣工服役，但雇主对"张氏及其子女言明止管衣食，并无工钱",[⑥] 并不把她们同刘七同等看待，也是这个缘故。

但是，也有例外。乾隆三十一年五月初，山东薛应时短雇翁兴新父子锄地，议明每人日给小钱六十文;[⑦] 上面提到的乾隆五十七年广东信宜县胡来生、胡亚二兄弟两人短雇在谭亚乙家作佣工，雇主对他们是每日各给工钱四百文；都是分别计算，不是作为一个雇佣单位来对待的。这形式上和全家雇佣相同，实际上已经不是全家雇佣了。

往往是，受雇的成员愈多，每个人的平均工钱愈低。拿夫妇雇工同单身雇工作比，在刑事档案中，从雍正到嘉庆，河南地区单身长工工价十四宗，平均每人每年工价三千五百六十四文；夫妇长工四宗，每对夫妇平均每年工值二千七百七十五文，如果夫妇均分，则每人各得一千三百七十八文半，仅当单身男工的39%，如果一个雇主广有田宅，他可以利用雇用一百个男工的工价来雇用一百二十八对夫妇，男女合计二百五十六个劳动力！这些数字的代表性自然不会是很高的，但可以肯定的是，全家雇佣每人平均工钱远较单身为低。

---

① 嘉庆三年七月二十四日暂兼理刑部尚书苏凌阿题本。

② 嘉庆九年二月二十三日管理刑部事务董诰题本。

③ 嘉庆十三年闰五月二十四日管理刑部事务董诰题本。

④ 嘉庆十四年六月十二日管理刑部事务董诰题本。

⑤ 吴光华:《谋邑备考》卷8，"外结案"。

⑥ 祝庆棋:《刑案汇览》卷31，第28—30页。

⑦ 乾隆三十一年十二月二十一日山东巡抚崔应阶题本。

看起来，全家雇佣的其他成员，似乎只是主要成员男性家长的附属品。

当时，人们也是这样来看待全家雇佣的社会等级地位的。封建法庭就是根据全家雇佣的男性家长对雇主的身分关系来确定其他成员对雇主的身分关系的。上述吕魁元的妻子王氏，受到雇主郑天禄的凌辱，因而自杀。封建法庭在处理这一案件时，并不考虑王氏同雇主之间的雇佣关系来确定她的等级地位，而是根据她丈夫吕魁元与雇主之间的关系来判处犯罪人的服刑等级的。由于吕魁元有雇工人身分，法庭便认为王氏“究与良人有间”，对罪犯郑天禄减轻了处分。封建法庭处理全家雇佣的等级的原则是：“如仅止受雇服役或议有工价，或议管衣食，素有主仆名分者，止可谓之雇工人，有犯杀伤，应以雇工本律论罪；严雇工者所以重人命也。至此等人所生子女，每有同在主家服役，亦止可谓之雇工，不得与奴婢子女并论。”① 根据同一原则，如果全家雇佣的家长不属于雇工人等级，他们的妻子儿女当然也就随之而不属于雇工人等级了。

（五）小结

上述这些雇佣形式：典当雇工、抵债劳动、年限婢婿、全家雇佣，把宗法家长制雇佣制度固有的特征，前资本主义雇佣劳动的性质，表现得更加突出了。

例如，在宗法家长制雇佣制度下，劳动者受雇期间雇主对劳动者享有人身支配权，但是，劳动者是可以中途辞工的。典当雇工则连中途辞工的自由也没有了，年限婢婿不仅不享有中途辞工的自由，就是辞工之后，仍然要受雇主的控制，不得完全恢复自由。再如，在宗法家长制雇佣制度下，劳动者的工值具有浓厚的盘剥性和奴役性。典当雇工、年限婢婿、全家雇佣，特别是抵债劳动把这一特征表现得无以复加。又如，在宗法家长制雇佣制度下，劳动者被编入雇主的宗法家长制体系，劳动者的家属虽未受雇，却也免不了遭受凌辱。全家雇佣则突出地表明，不只雇工本人被编入雇主的宗法家长制体系，雇工家内的宗法家长制关系也被编入了这一体系，雇主就是利用这种关系对全家雇佣的成员施行家长制统治的。还有，在宗法家长制雇佣制度下，劳动者被置于低下的社会等级雇工人的地位上。在上述有些形式中，劳动者有时还被置于更为低下的社会等级“奴婢”的地位上。但也有例外，如债务雇佣就是。

---

① 《刑案汇览》卷39，第28—30页。

于此，我们要申明一点。一般说来，我们所谓的等级雇佣关系是就雇佣关系的特征与其在法律上的表现相一致的情况而言的。但不是绝对如此。在这里，经济基础起着决定性的作用。因此，不论在法律上有无相适应的表现，只要在经济关系中，雇主享有对雇工的家长惩处权和管辖权，像我们在分析债务雇佣时所指出的那样，这种关系就应该属于等级雇佣关系的范围。

上述这些突出的表现，以及上面所谈到的等级长工的表现，使我们得到这样的认识：从制度的渊源上看，宗法家长制雇佣制度同当时的奴婢制度是异常接近的，据此推论，雇佣制是从奴婢制演变而来的。根据上述的各种表现，我们很可以说，奴婢制的基本内容不变，只是采取了雇佣的形式，就构成了宗法家长制雇佣制度。当然，这种形式上的变化的历史意义是不容忽视的，因为，它终于导致了内容的根本性变化，出现了资本主义的雇佣劳动制度。然而，在内容尚未发生根本性变化的时候，这种具有雇佣形式的奴婢制度只能属于前资本主义雇佣劳动的范畴。

五　长工由等级向非等级的过渡

前面讨论了宗法家长制雇佣制度，亦即等级的雇佣关系。显而易见，处在这种关系下的长工，虽然脱离了自己的生产资料，但并未摆脱宗法家长制等级制度的束缚，所以，他们并不具有自由劳动的性格，从而也不具有资本主义的性质，他们属于前资本主义雇佣劳动的范畴。同时，他们多半是由失地农民转变而来的，这就表明了中国封建社会里的农民贫富分化，同资本主义生产关系的发生，并没有必然的联系。但是，不能认为任何时候的农民贫富分化都同资本主义的发生无关。在一定的历史条件下，农民的贫富分化，必然导致资本主义生产关系的发生，同资本主义又有着密切的联系。下面我们就要讨论这一定的历史条件是什么，以及在这些条件下，农业雇佣关系在哪些方面发生了显著的变化，在哪些方面变化并不显著这样的一些问题。换句话说，我们所要讨论的是在一定的历史条件下，农业雇佣关系由等级向非等级转化或者过渡的具体过程。在这一节里，讨论的范围，仍然暂以长工为限，不涉及其他雇佣形式。

（一）农业生产力的发展和阶级斗争

马克思主义认为，雇佣关系是一种社会生产关系，而社会生产关系是

表 1　清代康熙、雍正、乾隆、嘉庆四朝刑档成案中所见典当雇工示例

年代	地点	被典当者	年限	典价	其他	资料来源
康熙二十九年	直隶	王一茂				《成案质疑》，卷 19，“杀死奸夫”。
二十九年	安徽	王志敏夫妇				《成案质疑》，卷 20，“奴婢殴家长”。
三十年	北京	吴国沛之妻	21 年	480 两		《成案质疑》，卷 7，“隐瞒入官人口”。
三十年	北京	吴国沛之使女	21 年	250 两		《成案质疑》，卷 7，“隐瞒入官人口”。
三十七年	宁古塔	张永				《成案质疑》，卷 20，“奴婢殴家长”。
四十七年	直隶	刘英				《刑部现行》，卷下；《大清律例通考》，卷 28。
四十九年	安徽	项福生之女		5 两		《屯溪资料》。
五十九年	江西	赵大同妻诸氏				《成案质疑》，卷 18，“白昼抢夺”。
雍正二年	安徽五何	白三同妻谢氏				《成案质疑》，卷 19，“威逼人致死”。
五年	直隶新城	贾双全同妻齐氏				《定例成案合镌续增》，“人命”；《成案质疑》，卷 19，“杀死奸夫”。
六年	直隶顺义	李芝之子		4 两		刑档抄件：雍正失年月日直隶总督李卫题本。
七年	山东滕县	张君仪同妻蒋氏子张小妮	5 年	3.5 两		《成案质疑》，卷 20，“奴婢殴家长”。
九年	广西武缘	黄启顺	3 年	3 两	每年另给禾谷 40 把以为穿衣之费	刑档抄件：失年月日及署名题本。
十三年	云南师宗州	抱达那之子矣仲		5 两		刑档抄件：乾隆五年闰六月二十八日云南巡抚张允随题本。
十三年	黑龙江	张彦同妻王氏	20 年	80 两		刑档抄件：乾隆十年九月十六日刑部尚书盛安题本。
乾隆一年	广东电白	黄亚尽同妻张氏	6 年	9000 文		《成案质疑》，卷 19。
一年	北京	二哥		4.5 两		刑档抄件：乾隆二年七月二十八日管刑部事务徐本题本。
二年		黄性和		9.1 两		刑档抄件：乾隆失年月日刑部题本。
五年	江河汝阳	李贵同妻常氏	2 年	2 两		刑档抄件：乾隆六年五月二十七日河南巡抚雅尔图题本。
五年	江苏泰州	胡子成同妻徐氏长男聚保次女四儿	5 年	5 两		刑档抄件：乾隆十年八月二十二日江宁巡抚陈大受题本。

续表

年代	地点	被典当者	年限	典价	其他	资料来源
八年	广西平南	卢映摰	短当	5000 文		刑档抄件：乾隆八年九月十七日广西巡抚杨锡绂题本。
八年	直隶天津	徐小三	5 年	2300 文		刑档抄件：乾隆九年六月初六日刑部尚书来保题本。
十年	江苏邳州	张王氏同子张小臭				刑档抄件：乾隆十三年十二月二十日江苏巡抚觉罗雅尔哈善题本。
十一年	广西	夫妇二人	1 年	2 两		刑档抄件：乾隆十三年秋审广西巡抚题本。
十二年	直隶蓟州	张小黑		5 两		刑档抄件：失年月日及署名题本。
		马小福		5 两	1 两媒银	刑档抄件：失年月日及署名题本。
		孙小有		5 两	1 两媒银	刑档抄件：失年月日及署名题本。
		张小柱		5 两		刑档抄件：失年月日及署名题本。
十四年	浙江山阴	田宪章之女		2000 文		刑档抄件：失年月日及署名题本。
十五年	山东冠县	黄贵有之女黄大姐	5 年	2500 文		刑档抄件：失年月日及署名题本。
十五年	？	徐二妮				《题咨驳案·斗殴下》。
十八年	山东文登	张连同妻与子	3 年	杂粮 40 升		刑档抄件：乾隆十九年五月十九日署山东巡抚白锺山题本。
二十年	四川越嶲	向处元之子向鼻子		8 两		刑档抄件：乾隆二十一年十月十九日刑部尚书鄂弥达题本。
二十三年	北京	肖氏				《刑案汇览》，卷 39，“奴婢殴家长”。
二十三年	陕西满城	傅永清		6.2 两	许自为赎身	刑档抄件：乾隆二十三年七月十九日陕西巡抚鐘音题本。
二十八年	北京	刘王氏	？年	7 两		《刑案汇览》，卷 39，“奴婢殴家长”。
二十九年	广东	黄亚甲	5 年	3000 文		刑档抄件：乾隆二十九年秋审广东题本。
三十三年	浙江宣平	王运起之妻金氏	6 年	6 两		刑档抄件：乾隆失年月日及署名题本。
三十三年	浙江宣平	王运起之妻金氏带子女		3 两		刑档抄件：乾隆失年月日及署名题本。

续表

年代	地点	被典当者	年限	典价	其他	资料来源
三十三年		薛氏		12两		刑档抄件：乾隆失年月日及署名题本。
三十三年	山东矩野	万乾夫妇	10年	4000文	每年给黑白布二疋棉花20斤	刑档抄件：乾隆三十三年十二月十四日管理刑部事务刘统勋题本。
四十三年		徐氏				《清朝文献通考》，卷20；《条例约编》，卷62。
四十三年	广西永淳	班均廷	10年			《驳案新编》，卷21。
四十三年	安徽天长	戴元	5年	15000文		刑科题本：乾隆五十七年四月初六日安徽巡抚朱珪题本。
五十二年	直隶开州	梁随姐	5年	800文		刑档抄件：嘉庆三年失月日刑部尚书苏凌阿题本。
五十五年	广西平南	黎社用	3年	2000文		刑科题本：乾隆五十七年十月二十七日刑部尚书阿桂题。
六十年	福建建安	张杏之妻	5年	5500文		刑档抄件：嘉庆五年六月二十五日福建巡抚汪志伊题本。
六十年	山东沂水	葛旺	8年	许给娶妻		刑档抄件：嘉庆四年二月十一日署山东巡抚宜兴题本。
嘉庆一年	北京	守福		8000文		刑档抄件：嘉庆失年月日秋审刑部题本。
二年		沈德				《说帖类编》，卷26。
三年	直隶天津	陈豹之女喜姐	4年	2000文		刑档抄件：嘉庆三年九月二十六日直奴总督胡季堂题本。
五年	直隶蠡县	郭马儿	7年	6000文		刑档抄件：嘉庆十年十一月二十一日署直隶总督裘行简题本。
五年	直隶蠡县	马骡子	7年	1500文		刑挡抄件：嘉庆十年十一月二十七日署直隶总督裘行简题本。
六年	北京	田刘氏	3年	12000文		刑档抄件：嘉庆七年十二月初九日管理刑部事务董诰题本。
七年	广东茂名	林铨任之次女		14000文		刑档抄件：嘉庆二十一年闰六月初七日广东巡抚董教增题本
七年	直隶定州	马王氏之女马秋儿	10年	1400文		《讲求共济录》，卷5。
七年	盛京	王国栋同妻				《说帖新编》，卷26；《刑案汇览》，卷39。
十年	北京大兴	刘陞		4两		刑档抄件：嘉庆十五年八月二十九日广东巡抚韩崶题本。

续表

年代	地点	被典当者	年限	典价	其他	资料来源
十年	广东顺德	胡光前		4.36 元		刑档抄件：嘉庆十一年正月二十九日管理刑部事务董诰题本。
十年	江苏宿迁	陈丫头		1100 文		刑档抄件：嘉庆十二年六月初九日管理刑部事务董诰题本。
十五年	北京	杨福同妻杨王氏		1500 文		刑档抄件：嘉庆失年月日管理刑部事务董诰题本。
十八年	北京	雷王氏	3 年	2000 文		刑档抄件：嘉庆二十年九月初十日刑部尚书崇禄题本。
十八年	四川大竹	杭润富		4.2 两		刑档抄件：嘉庆二十年秋审四川总督题本。
十九年	山西	安幅同妻				《刑部比照加减成案》，卷 1。
二十年	直隶	朱玉之祖				《刑部比照加减成案》，卷 19；《加减成案新编》，卷 4。
二十一年	广西	韦木秀				《刑案汇览》，卷 46。
二十二年	四川邛县	雷锡葵	3 年	10000 文	大小衣服十件	刑档抄件：嘉庆二十五年八月二十九日四川总督蒋攸铦题本。
二十二年		张得				《刑案汇览》，卷 39。
二十五年	江苏（?）	吴周				《加减成案新编》，卷 4。
二十五年	贵州	张学聪	6 年			《刑案汇览》，卷 39。

表 2　清代雍正、乾隆、嘉庆三朝刑档成案中所见全家雇佣示例

年代	地点	雇佣人数及关系	工值	资料来源
雍正一年	直隶景州	夫妻及子三人		《成案质疑》，卷 19，“杀死奸夫”。
二年	安徽五何	夫妻二人		《成案质疑》，卷 10，“威逼人致死”。
三年	直隶良乡	夫妻及子三人		《成案质疑》，卷 19，“杀死奸夫”。
五年	直隶新城	夫妻二人		《成案质疑》，卷 19，“杀死奸夫”。
七年	山东滕县	夫妻及子三人		《成案质疑》，卷 20，“她婢殴家长”。

续表

年代	地点	雇佣人数及关系	工值	资料来源
十年	山东	夫妻二人		《例案续增》，卷25。
十一年	广东茂名	兄弟二人		《成案质疑》，卷1，“犯罪存留养亲”。
十一年	河南南召	夫妻二人	第一年二千五百文第二年二千七百文	刑档抄件：失年月日及署名题本。
十二年	广东博罗	夫妻二人		《成案质疑》，卷19，“杀死奸夫”。
十三年	黑龙江	夫妻二人		刑档抄件：乾隆十年九月十六日刑部尚书盛安题本。
乾隆一年	广东电白	夫妻二人		《成案质疑》，卷14。
三年	陕西渭南	父子二人	忙工、工价八百文	刑科题本：乾隆四年四月十八日刑部尚书尹继善题本。
四年	山东章邱	兄弟二人	每年工价四千文	刑档抄件：失年月日及署名题本。
五年	河南汝阳	夫妻二人		刑档抄件：乾隆六年五月二十七日河南巡抚雅尔图题本。
五年	江苏泰州	夫妻及子女四人		刑档抄件：乾隆十年八月二十二日江宁巡抚陈大受题本。
六年	湖广邵阳	夫妻二人		《驳案成编》。
八年	广东新宁	父子二人		《成案所见集》，卷26。
八年	河南固始	夫妻二人	每年工价六百文	刑科题本：乾隆十年九月初二日河南巡抚硕色题本。
十年	陕西	夫妻二人		《例案续增》，卷3。
十年	江苏邳州	母子二人	三年工价六千文	刑档抄件：乾隆十三年十二月二十日江苏巡抚觉罗雅尔哈善题本。
十一年	甘肃	夫妻二人		《成案所见集》，卷26。
十一年	广西	夫妻二人		刑档抄件：乾隆十三年秋审广西巡抚题本。
十二年	直隶	夫妻二人	三年工价六千文	刑档抄件：乾隆十二年十月十三日刑部掌印给事中阿布纳题本。
十四年	四川简州	夫妻二人		刑科题本：乾隆十六年闰五月初四日刑部尚书阿克敦题。

续表

年代	地点	雇佣人数及关系	工值	资料来源
十五年	河南	母及夫妻三人		《例案续增》，卷15。
十五年	安徽宿州	夫妻二人		《成部续编》，卷10。
十七年	山东长清	夫妻二人		《刑案驳案》，卷6。
十八年	山东文登	夫妻及子三人		刑档抄件：乾隆十九年五月十九日署山东巡抚白锺山题本。
二十年	河南	夫妻二人		《成案续编二刻》，卷6。
二十年	安徽	夫妻及女三人		《成案续编二刻》，卷6。
二十一年	陕西	夫妻二人		《成案续编二刻》，卷6。
二十一年	河南唐河县	夫妻及子三人	每年工价二千五百文另给地五亩种	《谋邑备考》，卷8。
二十二年	直隶	夫妻二人		《成案续编二刻》，卷6。
二十二年	山东?	夫妻二人	每年工价二千五百文	刑档抄件：乾隆二十四年二月初三日刑部尚书鄂弥达题本。
二十三年	浙江	父子二人		《成案续编二刻》，卷4。
二十五年	河南中牟	夫妻二人		《成案所见集》，卷26。
二十七年	湖广	夫妻二人	每年工银二两，其妻帮工作另许谷三石	刑档抄件：乾隆二十七年秋审湖广巡抚宋邦绥题本。
三十一年	直隶南皮	夫妻二人	每年工价四千二百文	刑档抄件：乾隆三十五年十二月十七日管理刑部事务刘统勋题本。
三十一年	山东	父子二人	每人每日工价小钱六十文	刑科题本：乾隆三十一年十二月二十一日山东巡抚崔应阶题本。
三十一年	直隶塔子沟	夫妻二人	每年工价四千文布一疋另给五亩地种	刑档抄件：乾隆三十一年秋审题本。
三十三年	山东矩野	夫妻二人		刑档抄件：乾隆三十三年十二月十四日管理刑部事务刘统勋题本。
三十三年	河南唐河县	夫妻二人	每年工钱三千五百文	刑档抄件：乾隆三十五年四月二十三日管理刑部事务刘统勋题本。
三十三年	浙江宣平	母及子女三人		刑档抄件：乾隆失年月日及署名题本。

续表

年代	地点	雇佣人数及关系	工值	资料来源
三十五年	江苏高邮州	夫妻二人	每年六石粮食	刑科题本：乾隆三十七年四月十一日管理刑部事务刘统勋题本。
三十七年	江苏砀山	夫妻及女三人		《江苏成案》，卷15。
四十二年	山东	夫妻及儿女四人	每年工价小钱九千文	刑档抄件：失年月日兼管刑部事务英廉题本。
四十三年	?	母子二人		《条例约编》，卷62。
四十四年	广东南海	兄嫂及弟三人		刑科题本：乾隆四十五年三月二十九日兼管刑部事务英廉题本。
四十九年	甘肃灵台	夫妻二人	每月工钱八百文	刑档抄件：嘉庆十六年十月初四日管理刑部事务董诰题本。
五十一年	江苏铜山	父及夫妻三人		《江苏成案》，卷13。
五十二年	安徽天长	夫妻二人		刑档抄件。
五十七年	广东信宜	兄弟二人		刑档抄件。
五十八年	山东兰山	父子二人		刑科题本：乾隆五十九年十月十四日管刑部阿桂题本。
？年	山东汶上	夫妻二人	每年工价五千八百文	刑档抄件：失年月日刑部尚书庆復题本。
？年	江苏	夫妻二人	每年二两四钱	刑档抄件：乾隆失年月日江苏抚抚题本。
嘉庆一年	浙江仁和	夫妻二人	每人每年工钱三千文	刑档抄件：嘉庆二年八月初八日管理刑部事务阿桂题本。
二年	广西北流	夫妻二人	每月共给工钱六百文	刑档抄件：嘉庆三年七月二十四日暂兼理刑部尚书苏凌阿题本。
二年	?	夫妻二人		刑科史书：嘉庆二年八月第二本。
二年	?	夫妻二人		《说帖类编》，卷26。
七年	陕西孝义厅	夫妻及子三人	每月工钱三百文	刑档抄件：嘉庆九年二月二十三日管理刑部事务董诰题本。
七年	盛京	夫妻二人		《说帖类编》，卷26。
七年	北京	夫妻二人	每月工钱一千五百文	刑档抄件：嘉庆八年三月初八日管理刑部事务董诰题本。
九年	甘肃秦州	祖母及孙二人	止管衣食不给工价	刑档抄件：嘉庆十一年五月二十三日管理刑部事务董诰题本。

续表

年 代	地 点	雇佣人数及关系	工 值	资 料 来 源
十年	河南固始	夫妻二人	每年工钱三千文	刑档抄件：嘉庆十三年闰五月二十四日管理刑部事务董诰题本。
十三年	河南唐河县	夫妻二人	一年工价二千文	刑档抄件：嘉庆十四年六月十二日管理刑部事务董诰题本。
十五年	北京	夫妻二人		刑档抄件：嘉庆失年月日管理刑部事务董诰题本。
十八年	贵州兴义	兄弟二人	每月给兄五百文，弟无	刑档抄件：嘉庆十九年二月十五日贵州巡抚许兆椿题本。
十九年	山西	夫妻二人		《刑部比照加减成案》，卷1。
二十四年	陕西	夫妻及子女六人	每月工钱一千文	《刑案汇览》，卷39。
二十五年	江苏	兄弟二人		《加减成案新编》，卷5。

注：此表包括全家典当雇工。

随着生产力的发展变化而发展变化的，是同物质生产力的一定发展阶段相适合的。① 农业中的雇佣关系当然也不例外，它的发展变化，首先是同农业生产力所达到的发展阶段和状况密切相关联的。此外，同手工业生产力的发展并非没有关系，但在这篇文章里，不拟讨论。

一般地说，明清时代农业生产力的发展是缓慢的，但决不是停滞不前的。同前一个历史阶段相比较，农业生产力有因循守旧的一面，也有革新进步的一面。只要对当时的一系列农书，从元皇庆成书的王桢《农书》到清乾隆初成书的《授时通考》略加览观，就可以获得这样一个大概的印象。

当时，农业生产中所使用的动力，除了人的劳动力而外，主要是耕牛，南方水田用水牛，北方旱地用黄牛，因此，农书中一致强调指出："农家以牛为本"。耕犁耢耰，脱粒车水，主要用牛力拖拉，也有使用驴、骡、马匹的，但不占主要地位。有许多贫苦农民，养不起耕畜，他们或者借用他人耕畜，或者全靠人力耕地车水。所谓代耕架就是适应这种情况出现的用人力耕地的农具。大量的农活，诸如插秧、薅草、锄地、收割等等，就全靠劳动者的体力了。

农业生产所使用的工具：垦耕工具有耒耜、犁、耕槃、牛轭、镵铧、鐴、劐、锋、长、镵、钁、臿、铁搭、劚刀、钹、櫌等；耙耢工具有人耙、方耙、耖、耢、碌碡、砺礋、拖车、田荡、刮板、平板等，播种工具有种箪、耧车、瓠车、砘车、挞、辊轴、秧弹、秧马、撬等；淤荫工具有农舟、划船、野航大车、下泽车、推车、杴、杷、竹杷、朳、畚、箕、帚、瓢、柸等；耘耔工具有钱鎛、耨、櫌、鉏、铲、耧、锄、劐、镫锄、耘爪、耘荡、薅马、蓑笠、臂篝、覆鹱、扉等；收获工具有铚、艾镰、粟鉴、鏍、麦钐、捃刀、推镰、禾鉤、禾擔、搭爪、杈、乔杆、掼稻簟、麦绰、麦笼、抄竿、拖耙、连枷等。这些是十四世纪初王桢《农书》中所介绍的，四百年后十八世纪的《授时通考》中所罗列的还是这些，陈陈相因，并无显著的改进。只有灌溉工具例外。王桢《农书》中的灌溉工具有翻车、牛转翻车、水转翻车、筒车、驴转筒车、高转筒车、水转筒车、连筒、架槽、戽斗、刮车、桔槔、辘轳等。明末徐光启在《农政全书》中介绍了西方传来的灌溉工具：龙尾车、玉衡车、恒升车、鹤饮、虹吸等，这些是王桢《农书》中所没有的。不过，这些外来的灌溉工具并没有得到广泛的使用，乡间普遍使用的仍然是

① 参看《马克思恩格斯选集》，第1卷，第363页；第2卷，第82页。

祖传旧器。

劳动农民利用上述耕畜、生产工具，从事农业生产，积累了异常丰富的技术经验。然而，在这样的动力、工具和技术基础上的农业劳动生产率，几百年间并无多大的变化。特别是粮食作物。就以经济号称最为发达的江、浙地区而论，稻米的单位面积产量，一般长期徘徊在亩产二三石的水平，就是一个显著的例证。

表2　　**明清时代江浙地区每亩耕地的产米量估计**

朝代	地区	产米数量估计（石）	资料来源
明嘉靖	江苏常熟	2.0—1.0	（嘉靖）《常熟县志》，第4卷。
明嘉靖	江苏通州	3.0—2.0—1.0	陈尧：《农书》。
明嘉靖	江苏松江	2.50	何良俊：《四友斋丛说摘抄》。
明天启	江苏、浙江	2.50	徐用仪：《海盐县志》卷8。
明末清初	江苏苏州、松江	3.0—1.0	顾炎武：《日知录》卷10。
清顺治	浙江、桐乡	3.0	张履祥：《补农书》下。
清康熙	苏、松、嘉、湖	2.5—1.5	靳辅：《生财裕饷第一疏》。
清康熙	江苏江阴	3.0	《授时通考》卷21。
清康熙	浙江湖州	2.0	凌介禧：《程、安、德三县赋考》。
清嘉庆	江苏苏州	3.0	包世臣：《安吴四种》卷26。
清道光	江苏苏州、松江	3.0—2.0	毛应观：《宰娄随笔》。
清光绪	江苏松江	2.0	（光绪）《松江府续志》卷5。
清光绪	江苏吴江	2.0	（光绪）《平望续志》。
清光绪	江苏吴江	3.0	陶煦：《租覈》。

参看：陈振汉：《明末清初（一六二〇——一七二〇年）中国的农业劳动生产率、地租和土地集中》，又陈恒力：《补农书研究》第29页：“据当地〔浙江嘉兴〕老人谈，当地从明末至抗日战争前，中间经过太平天国连年战争的影响，产量曾经下降，太平天国以后，生产又逐渐恢复。整个说来，直至抗战前，水稻生产水平没有多大的变化。”

上述的这些，都没有多大的发展变化，属于因袭守旧的一面。而且，在封建剥削和压迫特别残酷的地区和年代，由于人民的逃亡，耕畜的减少，农具的窳败，技术传统的中断，局部地区的农业生产还有遭受破坏而下降的现象。

明清时代农业生产力有显著进步的一个方面是农作物品种的增加。这说的是棉花种植的日益普遍南北，红薯和玉蜀黍得到了广泛的传播，花生和烟草等的种植面积逐步扩大。棉花是宋末元初同时由我国南部和西部边疆传入内地的，南部从广东、福建推广到长江流域，西部由甘肃、陕西进入华北，到了明代，已经是遍布全国的一种农作物了。玉蜀黍原产于美洲，1492 年哥伦布发现美洲以后，传到旧大陆，十六世纪初经陆路传入中国西南部，由海道传入东南沿海地区，到了十七世纪末已经遍及各省了。红薯也是在十六世纪末，分别由吕宋传入福建，由安南传入广东，由印度、缅甸传入云南的，到了十八世纪上半期，全国大部分地区都有种植红薯的记录了。花生和烟草也都是在明代后期传入中国的。这些农作物的传入和推广，改变了中国农业生产的结构和农村的面貌。特别是棉花的种植，不仅带来了农业生产力的发展，也带来了农村家庭手工业的发展，棉纺织逐步代替了原来的麻纺织，这就改变了小农耕织结合体的具体内容，影响到了几乎每个农家。红薯和玉蜀黍都是高产作物，而且它们的适应性强，山坡荒滩，不择土壤，几乎随地都可种植，它们的推广，固然使劳动人民的饮食恶化，但也使他们的生活费用降低，谋生较易。明清时代，特别是清康熙以后，中国人口数量的空前增长，除了其他原因而外，与此也不无关系。

随着农作物品种的增加，农业生产中的社会分工也扩大了。

一方面是经济作物，诸如棉花、甘蔗、油料、染料、烟草、桑树、果树的种植在有些地区的农业生产中所占的比重越来越大，甚至出现了经济作物排挤粮食作物的现象。例如棉花，明正德时松江府属沿海高乡多植木棉，[①] 到了清乾隆时，长江入海处各县“每村庄知务本种稻者不过十分之二、三，图利种棉者则有十分之七、八”。[②] 万历时，山东郓城县“土宜木棉……五谷之利不及其半矣。”[③] 河南则是“中州沃壤，半植木棉”。[④] 再如甘蔗，广东的番禺、东莞、增城、阳春等县，明清之际“蔗田几与禾田相等矣”；[⑤] 台湾“蔗田万顷碧萋萋，一望茏葱路欲迷”。[⑥] 又如烟草，福建“烟草之植，

① （正德）《松江府志》卷 5，“土产”。
② 《皇朝经世文编》卷 37，高晋：《请海疆禾棉兼种疏》。
③ （万历）《兖州府志》卷 4，“风土志”。
④ 钟化民：《赈豫纪略》。
⑤ 李调元：《南越笔记》卷 14。
⑥ 黄叔琳：《台海使槎录》卷 4。

耗地十之六七”;[1] 广西平南县“今种烟之家，十居其半,”[2] 河北“近因磁人舍本逐末，多种烟叶靛苗，稻田渐减”。[3] 由于经济作物排挤了粮食作物，有些地区的粮食依靠外地接济。比如，“在广东本处之人，惟知贪财重利，将地土多种龙眼、甘蔗、烟叶、青靛之属，以致民富而米少”,“专仰给于广西之米”。[4] 江浙地区也是这样，“吴所产之米，原不足供本地之用，若江广（指江西、湖广）之米，不特浙属藉以运济，即苏属亦望为续命之膏。”[5]

另一方面，种植经济作物的农户，其家内农业与手工业结合的方式也在发生变化。本来是依靠自己生产的原料，自行加工制造，例如种蔗榨糖，种棉纺织，种油菜和芝麻自己榨油，种蓝制靛，种粮制麯酿酒，乃至种桑养蚕等等。后来，收购原料进行加工的现象多起来了，开初购入的原料不过是自种原料的补充，到了后来发展为主要依靠购入原料加工制造。手工业与农业由结合到分离的过程发生了。有若干原为农村副业的手工业取得了独立经营的地位，出现了专门经营糖坊、油坊、机户等等的手工业户，这种从农业中独立出来的手工业户不属于我们现在讨论的范围。我们所要强调的是，与上述变化发生的同时，必然有不少农户放弃家庭副业制造而专门出售原料。

在社会分工发展的基础上，明清时代，出现了大批的手工业者和商人聚居的市镇。这在江浙地区表现得最为突出。有人统计，苏松地区明正德以前有市镇三十七个，万历和崇祯年间新兴二十二个，清康熙年间又新兴三十七个，乾隆年间新兴一百一十四个。[6] 杭州地区，清康熙二十五年间有市镇五十三个，百年以后即乾隆五十年前后，增加为八十六个，到光绪二十四年前后就激增为一百四十九个了。[7] 广东，广州府、潮州府、惠州府、罗定州、南雄州三府两州，康熙年间有墟市约四百五十个，到了乾隆、嘉庆年间增长为七百四十八个。山东长山、临邑、长清三县，康熙时有集市六十二个，到嘉庆、道光时增加为九十三个。[8] 同时，市镇上的人口也在不断地增加。当

① 《皇朝经世文编》卷36，郭起元：《论闽省务本节用书》。

② 《清代文字狱档》，第5辑，“吴英拦舆献策案”。

③ 《畿辅河道水利丛书》。

④ 《钦定授时通考》卷48。

⑤ 《崇祯抚吴檄略》卷1。

⑥ 杜黎：《鸦片战争前苏松地区棉纺织业生产中商品经济的发展》，载《学术月刊》，1963年第3期。

⑦ 黄苇：《中国近代集镇墟场的兴衰存废问题》，载《学术月刊》，1979年第4期。

⑧ 戴逸主编：《简明清史》，第1册，第423、426页。

然，中国地区广大，经济发展很不平衡，所以我们也不忽视在有些地区，例如河北束鹿，清初到鸦片战争，市镇数目一直没有增加，河南汝宁府同时期的市镇数目一直没有恢复到明万历年间的水平。然而市镇的增加是这个时代发展的主要倾向，它标志着社会上城乡分工的发展，标志着农业与手工业分工的发展，标志着社会生产力的发展，同时，也意味着对农业提出了更多的商品需求，包括粮食和原料在内。

其他如水利的开发，山区的开发，新垦区的开发等等也都标志着农业生产力的发展。

但更重要的是雇佣关系发展的本身也标志着农业生产力的发展。我们不能脱离生产关系的变化来谈生产力的发展。本来，个体农户从事农业生产，主要依靠自己一家的劳动力，男女老幼都包括在内，有一个非人力所能左右的界限。使用奴婢，固然可以补充家庭劳动力的不足，但是，奴婢本身也有个扶养幼小、养老送终的问题，何况奴婢还往往是以家庭为单位终身依附于主人的，仍然没有摆脱家庭劳动力所受的那种自然限制。雇佣就不同了，可以根据生产上分工的需要——掌鞭的、挑水的、放牛的、作饭的、打杂的——雇佣不同年龄、不同性别、不同强壮程度的劳力。对于这些人，"好则多用几年，坏则令其别雇，彼此俱便，"① 没有扶养幼小、照顾疾病、养老送终的问题。由于雇佣多挑精壮，因而形成的协作，它的平均劳动力必然要高于以家庭为单位的劳动力的协作。至于协作本身给生产力带来的增长，马克思在《资本论》中有专门的分析，那个分析对农业里的这种状况也是适用的。不过，这里要声明，我们现在所提到的农业里这种协作形式，将来可能是，但当时却未必"是自始就把自由的出售劳动力给资本家的工资雇佣劳动者作为前提"的。② 但是，无论如何，在农业分工扩大的基础上，雇佣劳动的普遍使用，无疑是农业生产力的一个发展。

当时，农业中作物品种的增加，经济作物种植面积的扩大，社会分工的发展，农业和手工业的分离，市镇的增长，水利的开发，山区和新垦区的开发以及雇佣劳动的使用等等，不仅标志着生产力的提高，也意味着商品经济的增长。关于明清时代商品经济发展的史料，几乎是俯拾即是，因此，在这里就略而不论了。需要指出的是，商品经济的发展与资本主义生产关系的发

---

① 石天基：《传家宝二集》，"遗言"。

② 《马克思恩格斯全集》，第23卷。

生中间并没有亦步亦趋的一致关系，不能把它们之间的联系看死了。比如，市镇的增长是商品经济发展的一个标志，但在明清时代，市镇增长最为显著的江浙地区却未必是雇佣关系最为发达的地方；而在短工市场普遍发展的华北地区，各府州县的市集却未必有相应的发展。而且雇佣关系的发展又未必与资本主义生产关系的发展相一致。所以，我们在探讨农业资本主义生产关系的发生时只把商品经济的发展作为一个必要的前提，却不把它作为推动资本主义生产关系出现的决定性因素。决定性的因素归根到底是社会生产力的发展。

但是，社会生产力的发展推动封建生产关系向资本主义生产关系过渡，还必须通过阶级斗争。从劳动者方面而言，这类阶级斗争包括大规模的武装斗争、农民起义和农民战争，也包括分散的个别进行的农民反抗斗争，在一定的历史条件具备的时候，它们都起着推动生产关系变化的作用。例如，一般说来，明清之际的农民战争是在封建剥削和等级压迫的基础上发生和发展的，斗争的锋芒对着封建剥削制度和等级压迫制度。因此，斗争的历史作用就是推动封建人身依附关系的松弛化和封建等级制度的削弱。结合雇佣关系来说，这个时代的农民斗争是在以“主仆名分”为特征的等级雇佣关系的基础上发生和进行的，因此，农民斗争的历史作用就是推动等级雇佣关系向非等级雇佣关系过渡。

这里要特别强调，对那些分散的个别进行的农民反抗斗争不能忽视。在这类斗争中，劳动者所提出的要求，所坚持的原则，同大规模的农民战争一样，反映着生产力发展的要求，代表着历史发展的方向。因此，我们说这类斗争既是伟大的农民战争的准备，又是伟大的农民战争的继续。要知道，在以阶级对抗为基础的社会中，阶级斗争，不管它采取什么形式，是经常在起作用的因素。

然而，阶级斗争推动生产关系变化的作用，又受着生产力水平和状况的制约。依靠人力使用简单农具而形成的协作，不管它的范围有多大，其所能发挥的优越性还不可能彻底战胜小农的以家庭劳动力所形成的协作。这种小农可以把劳动强度和劳动时间提高和延长到难以忍耐的程度，又可以把消费压低到不可想象的水平，来维持自己苟延残喘的生存。他们在必要的时候，还会接受等级雇佣关系的奴役，作为一种救急措施。在上述生产力水平和状况的前提下，这种小农的存在，固然给雇佣劳动提供了无穷无尽的后备军，同时，也使雇佣关系的发展困难得异乎寻常。因此，尽管明清之际的农民战争的规模是当时世界上所仅见的，胜利也是伟大的，也没能冲破这种历史的局限。

总而言之，从根本上说来，明清时代农业生产力的发展推动着雇佣关系的发展和变化，同时，农业生产力的低下状况又制约着雇佣关系还不能彻底完成向非等级雇佣关系的过渡。这是一个不随人的主观意志为转移的客观变化过程，不是想要它变化它就会变化，想要它彻底它就会彻底的。

（二）流通领域里摆脱等级关系的努力

在生产力发展和反映这一发展要求的阶级斗争的推动下，等级的雇佣关系在各个方面：流通领域、生产领域和上层建筑各个方面都开始发生变化。这些变化不是齐一的，变化的程度也不相等，经历的时间也很长。但是，从明清之际起，这一变化在历史文献中留下了不可磨灭的痕迹。下面，我们先来叙述在流通领域里，劳动者摆脱等级雇佣关系的努力。

本来，在等级的雇佣关系下，长工在成立雇佣关系的交易之中，需要议定工作年限，签订雇工文契。因此，人们就把“立有文券、议有年限”作为等级的雇佣关系的标志。现在，在成立长工雇佣关系时，出现了不立文契、不议年限的现象。

例如，雍正元年直隶香河县张大，因为贫困，携带妻子搬至三河县王庄村地方，雇给许俊家佣工，就“未立有文契”。①雍正九年山东蒙阴县王让雇王有成佣工，“并没立文契”。②雍正十年直隶新城县刘七达子雇时毛儿佣工，“系同村素识，彼此相信，其年限工价，即以口议为定”，未立文契。③雍正十一年，甘肃静宁县马一的受雇给马遇朝家佣工，“未立文券”。④乾隆六年江苏常熟县王品雇于陆圣年家佣工，“未立文契”。⑤乾隆十七年福建安溪县蔡奇在叶世沾家佣工，“未立文券”；⑥河南固始县张二雇给僧人恒志，“未立文券。”⑦长雇而不立文券的现象在明代和康熙年间是不多见的，此后就越来越常见、越来越普遍了。

① 《成案质疑》卷1，“犯罪存留养亲”，第68页。

② 乾隆五年闰六月二十七日山东巡抚硕色题本。

③ 《成案质疑》卷20，“奴婢殴家长”，第35—36页。

④ 雍正十三年十二月十九日甘肃巡抚许容题本。

⑤ 《成案所见集》卷10，第10页。

⑥ 《驳案新编》卷21，叶世沾。

⑦ 乾隆十七年十月初八日河南巡抚蒋炳题本。

签订雇工文契，需要中保人在文契上签字画押，这是文契具有法律效力的一个必要条件。现在不签订雇工文契，当然也不需要中保人签字画押。这时，成立雇佣关系，虽然也还有中保人居间说合的，但在许多情况下就没有中保人了。因此，到了道光初年，河南密县就出现了“阖邑雇工四千二百五十九人，其中半系外来民人前来寻工，既无亲族可查，又无中保可询”[①] 的现象。没有中保人，雇佣关系的成立和终结就更自由了。

与此同时，还出现了长工按月支领工钱的现象。例如，乾隆五年山西代州李贵林到冯从爵家佣工，讲定每月工银五钱，并没立下文约，却继续受雇了五年之久。[②] 乾隆二十五年正月二十七日湖南安化县郭于梅雇廖世友在家佣工，议定每月工银五钱，一直工作到五月。[③] 如果不是发生了刑事案件，这些雇佣关系是不会中断的。那么，为什么长年雇佣却要按月支领工银，类似月工呢？乾隆二十七年的一个刑事案件透露了一点消息。这年，四川彭县周应隆受雇于刘守琔家佣工，并未立有文券、年限。周应隆企图强奸雇主之妻胡氏，并用铡刀把胡氏砍昏倒地，因而被送上了封建法庭。在判处周应隆的罪刑时，工钱的支付方式起着决定性的作用。四川总督说他每月工价是三钱七分五厘，那么他就不是议有年限，不属于雇工人范畴，应该判处绞监候；后来刑部发现周应隆初供内说他每年工价四两五钱，认为就是按年雇佣，议有年限，属于雇工人范畴，结果判处立即斩首。[④] 这里存在着立即砍头和等候绞死的重大差别。雇主的申诉在这种情况下起着决定雇工命运的作用。乾隆三十年间，河南辉县雇工蒋年女企图强奸雇主的出嫁女儿，以致本妇羞忿自缢身死。雇主到法庭上，先是说一年给他工钱二千文，后来改口说每月工钱一百六十文，法庭就是按照后一说法判处蒋年女的罪刑的。[⑤] 显而易见，这后一种说法的结果是把犯罪的蒋年女划出雇工人这一等级。当然，这要主雇双方口供一致，方才不出差错。也可能不是在封建法庭上，而是在受雇之初，就不愿划入雇工人等级，所以采取按月支领工钱的措施的。

显然，在法律规定“立有文券、议有年限”即算雇工人的条例生效期间，不立文契、不议年限，或者明系长工而按月支领工钱的，不论主观上有

---

① 杨炳堃：《杨中议公自订年谱》卷2，第67页。

② 乾隆十三年六月十三日山西巡抚李敏弟题本。

③ 《驳案汇编》卷11。

④ 《驳案成编》，不分卷。

⑤ 驳案抄本。

无摆脱等级雇佣关系的意图，客观上，一旦上了封建法庭，就不论在实际生活中雇佣关系是什么性质，劳动者都有可能不作为雇工人对待。因此，我们认为，在现实生活中，长雇关系成立之时，不立文券，不议年限，或者长工而按月支领工银，这一类现象的发生以至成为习惯，反映了雇佣关系由等级向非等级转化的趋向。

前面说过，一般说来，在法律规定立有文券、议有年限就是雇工人的条例生效期间，文契是等级雇佣关系的标志之一。因此，长工有文契就被划入等级的雇佣关系，无文契就被划出等级的雇佣关系。这同那种认为契约表示资本主义关系的观点是恰恰相反的。有文契反而不是资本主义，无文契倒有可能是资本主义。但是，不宜据此而作出这样的结论：凡无文契的雇佣关系都是进步的，凡有文契的雇佣关系都是落后的。因为，脱离了一定的历史条件，就说不出文契同雇佣关系性质中间有什么必然的联系。

在这个时代里，成立长雇关系时，出现的不立文契，不议年限等现象，归根到底，所反映的是生产领域里主雇关系的深刻变化。

（三）人身支配权与劳动力使用权的分离

生产领域里主雇关系的深刻变化是人身支配权与劳动力使用权的分离。

在等级的雇佣关系下，劳动者是把自己的人身连同劳动力一起暂时地出卖给雇主的。因此，在受雇期间，雇主占有或不完全占有雇工的人身，雇工对雇主有人身依附关系。其表现是，第一，主雇之间地位是不平等的，第二，雇主享有对雇工人身的惩处权，可以行施棍棒的纪律来使用劳动者的劳动力，因此，第三，不论是商品的生产、产品的生产、服役劳动，以及追租、逼债、盗窃、抢劫、看家护院，乃至捆人、打人、伤人身体、害人性命，诸凡是维持和保护宗法家长制经济的存在和发展所要从事的活动，不论是需要劳动者卖力或者卖命，雇工都得唯雇主之命是从。当然，经济上的需要是最基本的，起着决定性的作用。所以，当社会生产力发展，经济上利用棍棒的纪律来榨取劳动者的方式不再有利时，人身支配权就要从同劳动力使用权的上述结合中分离出来而归于消失。这时，也只是在这时，劳动者反对任意役使，反对雇主的惩处权力，以及争取与雇主立于平等地位的斗争，就适应历史的需要，形成物质的力量，促成这一分离逐步实现。下面，我们结合劳动者在这些方面的斗争来说明这一分离的过程。

明末清初，地主阶级中一部分人提出要改变对待雇工的态度。最著名的是太湖地区的雇主张履祥。他主张对待“做工之人要三好：银色好，吃口好，相与好”；“作家之人要三早：起身早，煮饭早，洗脚早”。[①] 所谓银色好，是支付工钱时不要克扣银子的成色，所谓吃口好，是要注意饮食供应，提高工食待遇，所谓相与好，就是不要“骄蹇呵詈，使人不堪”，改变对待雇工的态度。张氏的主张是针对等级雇佣关系下雇主苛待雇工的情况而发的，他虽然并不主张主雇地位真正平等，但这样改善主雇之间的关系，的确可以提高劳动者的生产积极性，像张氏所谓“三好以结其心，三早以出其力，无有不济”[②] 了。张氏已经感觉到，利用棍棒的纪律来榨取劳动者的劳动，往往引起雇工的怠工，是过了时的办法。“当得穷六月里骂长工”，[③] 说的就是这个意思。这种根据经济利益上的需要改变对待雇工的态度的主张，反映了人身支配权与劳动力使用权之间的矛盾。

类似的主张也出现在此后的政府文告和禁令之中。例如，康熙十二年北京政府禁止官员将所雇民人称为奴仆，违者罚俸一年[④]。河南汝宁府知府金镇要求地主对“雇工、佃户二项，不得视为奴仆，肆行侵侮，占其妻孥”。[⑤] 湖南长沙县县令朱前诒要求地主承认“从来雇工、佃户，原为力役之人，非同臧获可比”；[⑥] 臧获就是奴仆。这类意见同当时流行的把雇工视为奴仆的观点是正相反对的。这表明地主阶级中至少有一部分人，认为不能再像过去那样，以对待等级制度下的奴仆的态度来对待雇工了。

应该强调指出，上述的这类主张反映的是雇主的经济利益。具体地说，雇主所追求的超过地租的那个余额，亦即利润的萌芽有可能出现了。大家知道，进入清代以后，佃户雇工经营的现象越来越普遍了。佃户雇工经营的普遍出现就是那个超过地租的余额可能存在的有力证明。如果说在张履祥的时代，雇工经营的优越性还不明显，到了乾隆年间就日益明显了。特别在雇工经营经济作物的场合尤其明显。安徽凤台县的郑念祖就是一个典型事例。

“郑念祖者，邑素封家也，佣一兖州人治圃。问：能治几何？曰：二亩，然尚须僦一人助之。问：亩之粪几何？曰：钱二千。其邻之闻者哗曰：吾一

① 张履祥：《补农书》下。
② 同上。
③ 同上。
④ 《古今图书集成》，职方典，卷4，“京畿兵制考”。
⑤ 何显祖：《汝宁府志》卷14，“艺文上”。
⑥ （同治）《长沙县志》卷20。

人治地十亩，须粪不过千钱，然岁之所出常不足以偿值；若所治少而须钱多，地将能产钱乎！郑亦不能尽信，姑给地而试之。日与其人斸町治亩，密其篱，疏其援，萌而培之，长而导之，熯而灌之，湿而利之，除虫蚁，驱鸟雀，虽所治少而终日搰搰不休息。他圃未苗，而其圃蓏已实，蔬已繁矣。鬻之市，以其早也，价辄倍。比他圃入市，而其所售者已偿其本，与他圃并市者，皆其赢也。又蔬蓏皆鲜美硕大，殊于他圃，市之即速售。岁终而会之，息数倍。其邻乃大羡，然亦不能夺其故俗也。”①

资料所说，“岁终而会之，息数倍”，就是说，同其他经营相比，这个雇工经营得到了数倍的利息。然而，从“亦不能夺其故俗也”来看，像郑念祖这样的大地主，出大资本，任雇工专门从事商品生产的经营方式，还是不易推广的。但是，雇工专门从事商品生产，以获取更多的利润，较之雇工在家长制经济中的无所不为，无疑代表着历史发展的方向。

在这一前提下，劳动者争取平等地位反对雇主任意役使、任意惩处的斗争就起了推动雇佣关系变化的作用。

劳动者反对任意役使的最突出表现就是拒绝从事侵犯他人的犯罪行为。例如，乾隆十三年八月初十日，甘肃渭源县雇主杨福之命令雇工们赶起牛车到地里去拉豆捆，有李椿吉父子出来拦挡，不让雇工们拽拉。如果是在等级的雇佣关系下，雇工们执行雇主的使令，理所当然地要排除李氏父子的拦挡，把豆捆拉回雇主家里。可是在这里，雇工们采取的是另外一种态度：“小的们不过是雇工人，李椿吉父子拦挡，不着拽捆子，自有地主与他讲话，与小的们何干，小的们为什么与他打架惹祸呢!”② 这句话明白表示，雇工们虽然清楚知道自己的地位，但并不认为有责任听从雇主，从事有遭受刑事处分后果的犯罪行为。所以，后来雇主与李家武斗，雇工们并未参加。又《学案初模》记载一个案件，一个名叫李帼亮的秀才，在殴打李汶达时，“喝令工人道亭玉、刘万榜用绳捆缚送官”。在明清时代的封建社会里，有举监生员之类头衔的雇主的喝令，是有权威的。但在这里，“道亭玉等不敢上前”，换句话说，雇工们并没有听从秀才的使令，从事捆人的犯法活动。③ 这类情况，同等级雇佣关系下的常规，雇工人唯雇主之命是从的现象，是大不相同的。

---

① 李兆洛：《养一斋文集》卷2，《凤台县志·食货志》。

② 乾隆十五年正月十九日甘肃巡抚鄂昌题本。

③ 伊里布：《学案初模》，“故杀卑幼”。

当然，雇工人违背雇主的意志，不听从雇主的这类使令，是往往要承担事情的后果的。例如，乾隆二十九年，曲阜县雇主孔衍钊、孔兴燨父子同族人孔毓林斗气不和，孔兴燨指示雇工李国臣乘夜将自己住屋墙上掘洞，并拿钱撒至孔毓林门内，等到天明向地保报告，以便硬诬孔毓林为贼。雇工对于这一罪恶阴谋，表示反对，认为“上天难欺，良心艰昧”，不肯听从雇主的使命。雇主就把李国臣“逐出”，并扣下应付的三年工价大钱十五千。然而，李国臣并未屈服，他明知当时“工佃告主，法在不宥”，了解自己不能控诉地主的地位，但他属于曲阜孔府管辖，他认为孔府与县府有别，所以向孔府提出了控诉，如今，诉状还保留在孔府档案里①。

诸如此类雇工人拒绝从事生产以外的役使，以及为此而进行的斗争，理应使任意役使的范围缩小，也确实缩小了。特别是随着农业专业化的发展，出现了专门从事种烟、种瓜、种蓝、种蔗、放蚕、种园等的雇工以后。上引郑念祖的种园雇工就是一个具体事例。它说明了这类雇工从事生产以外的活动，是不多的。就是在一般农业雇工中，这时候也出现了在雇佣关系成立之时，雇工特别声明“止做种田生活，不做杂项”的现象②。在这种情况下，如果雇主仍要雇工为他服役，还会遭到雇工的断然拒绝。乾隆四十年湖北恩施县雇主张加亨要雇工张喜为他打盆热水洗脚，张喜的回答就是：“我非奴仆，何犯着替你送脚水！”③

不待说，雇工不听从雇主的任意役使，决不意味着不听从任何役使，凡是生产过程中劳动力的使用，雇工是必须听从的，否则，就不成其为雇佣关系了。不过，劳动力的使用也应该有一个合理的限度，同样不能不加限制地任意役使。因此，伴随着上述任意役使范围的缩小，主雇双方围绕着劳动力使用的斗争，诸如增加和反对增加劳动强度，延长和反对延长劳动时间，允许和不允许休息的斗争，就愈来愈显得突出，由此而形成的刑事案件也就日见其多了。

例如，康熙十三年江苏吴江县人朱九受雇于朱甫家。有一天，朱九同朱甫的儿子朱一郎共同耕作，在耕作过程中，朱一郎叱詈朱九“偷安”。所谓“偷安”无非是雇工没有像雇主所要求的那样拼命劳动。雇主这一指责的目

①《孔府档案》，第98册。

②乾隆六年六月初三日署理广西巡抚杨锡绂题本。

③乾隆四十一年三月十四日湖北巡抚陈辉祖题本。

的，当然是要雇工提高劳动强度，以便剥削更多的劳动。对此，朱九是反对的，因此怀恨在心，有朝一日杀死了朱一郎。封建法庭将朱九问“拟雇工人殴杀家长期亲故杀者律，凌迟处死”。[①] 再如，乾隆四十八年，直隶宁津县高喜文受雇于陈夫亮家佣工。四月二十三日陈夫亮在屋内盘炕，高喜文用小车推坯，因为坯重，一次只推四块。陈夫亮嫌他推得太少，高声嚷骂。高喜文向他解释，但是，这那里能打动渴望剥削雇工劳动的雇主的心肠呢？于是，陈夫亮拿起木掀打来，高喜文忍无可忍，夺过木掀，打伤陈夫亮，不久因伤重而死了[②]。在刑部改变判断雇工人的原则以前，高喜文是作为雇工人判刑的。这是雇工人反对增加劳动强度的斗争事例。

再如，四川富顺县杜桓秀受雇于李汪氏家，立有文约，是一个雇工人。乾隆二十七年闰五月间，杜桓秀因天气炎热，难做生活，休息几日。李汪氏因而时刻嚷骂，杜桓秀明白表示，“我不是卖身的”，坚持有休息的权利[③]。同年，同月，初十日，广西陆川县邱肖氏家的雇工刘亚四，因为没有力气，不肯听从雇主使令前往犁田，以致邱肖氏把刘亚四吃的一碗粥夺过来泼掉[④]。这些争执发展成了武斗，所以我们才能在刑事档案里发现他们的大名。这是雇工坚持有休息权利的斗争事例。

我们没有见到乾隆五十三年雇工律修订以前雇工反对延长劳动时间的事例，但是见到了五十三年以后的事例。例如，乾隆五十五年甘肃渭源县漆思训雇用袁七十二在家帮工。八月十八日，漆思训同袁七十二和另一雇工漆哈赢从地里往家拽运田禾，下晚大家休息，休息以后，天色已晚，雇主还要拽运。这种延长劳动时间的行为，为袁七十二所拒绝，漆思训“村斥”了袁七十二几句，袁七十二仍然拒绝行动，并且提出抗议。后来，雇主同另一个雇工去了，袁七十二坚决不去。袁七十二因为受了“村斥”而不平，雇主回来以后，继续争论，以致打起架来，袁七十二被雇主打死[⑤]。再如，直隶东光县傅家庄人傅息合雇金得河做长工。二月二十四日五更时候，傅息合要金得河起床餧驴，金得河认为时间还早，不肯起来。金得河的理由是堂堂正正的，他说：“一年只得二千多工钱，白日做活，夜里是不做的”。结果，打起

---

① 黄册，《康熙十二年江苏大狱已结未结略节文册》。

② 《驳案新编》卷21，“高喜文”。

③ 乾隆二十八年四月初六日四川总督开泰题本。

④ 乾隆二十七年十月二十六日护理广西巡抚印务顾济美题本。

⑤ 乾隆五十六年二月二十八日陕甘总督勒保题本。引文中“村斥”意谓指责。

架来，雇工被雇主打死。[①] 这类雇工反对提早工作，延长工时的斗争，在此之前，想必也会有的。

当时，在等级雇佣关系下，这类雇工把雇主对劳动力的使用权限制在一定范围的斗争，是十分激烈的，主雇双方，如上引事例所示，往往以性命相拼。这比在资本主义制度下，反对增加工时，反对增加劳动强度，争取八小时工作时间的罢工斗争，还要激烈，还要残酷。它说明了劳动者为了摆脱卖身奴婢的遭遇，为了摆脱封建等级制度的束缚，为了摆脱雇佣关系的落后性，需要付出多么大的代价。

更为重要的是，与上述劳动者争取缩小役使范围的同时，发生了劳动者反对雇主侵犯自己的人身，不承认雇主有惩处自己的权力的现象。这方面变化之大，只要作一点简单的今昔对比就明明白白了。

在等级雇佣关系下，情况是这样的：比如，康熙十六年，直隶卢龙县有一个名叫沙胡子的旗人，用一年七千文的工价写文书雇用了张八十一。张八十一是沙胡子的雇工人。当年六月十四日，张八十一将雇主的驴在放牧中丢失了两头。为此，沙胡子拿粗鞭桿殴打张八十一，直到打断了三根肋骨才肯停手，张八十一不久因伤重而死了，封建法庭判处“沙胡子合依家长殴雇工人因而致死者，杖一百徒三年律，系旗下人，枷号四十日，鞭一百；于沙胡子名下追埋葬银二十四两二分给死者之家”。[②] 在这个时代里，具有最低级的功名头衔的雇主，也都是这样对待雇工的。例如，乾隆三十三年，广东揭阳县监生黄相荣，雇佣林阿城在家帮工。九月初二日林阿城牧牛，牛只践食了他家田禾，黄相荣因而责骂和殴打林阿城。根据雇主的招供，在此过程中，林阿城只是“出言顶撞”，或者“愈加撒赖”，指不出有任何的反抗行动，然而还是被打死了[③]。再如乾隆五十二年，湖南湘乡县武生刘大江，雇倩王八保牧放马匹。五月初八日，王八保失于照管，马匹践食了田禾。为此，刘大江责骂王八保，并且声言要王八保的父亲来责打他，王八保在雇主的无情恫吓下，竟然自缢身死了[④]。我们在前面还提出过，有雇工被雇主亲属责打时，并无反抗的事例[⑤]。在这些事例中，雇工遭受雇主打骂之时，没有丝毫

① 乾隆五十六年八月二十四日直隶总督梁肯堂题本。

② 刑科史书，康熙十六年九月份下本。

③ 乾隆三十四年十二月初二日管理刑部事务刘统勋题本。

④ 《刑案汇钞》，第1册，乾隆五十八年五月初一日湖南巡抚姜晟题本。

⑤ 《成案汇编》卷20，第71页。

的反抗动作。由此可见，雇主享有的惩处权是束缚在等级雇佣关系中的劳动者所不得不接受的。这就是历史文献中所说雇工“受人打骂”的真实情况。甚至，在等级的长雇关系居于统治地位的时期，算不上雇工人的劳动者遭此待遇，也“不敢回打”,[①] 或者“只是忍耐”。[②]

一旦出现劳动者不愿忍耐、举手回打的现象，地主统治阶级还视为反常，作为大事而加以渲染。例如，雍正八年广东保昌县有一个名叫胡子宣的雇主，雇倩黄老四帮工。一天，胡子宣交纳钱粮时把自己的名字登记错了，回到家里，受到他妻子的指责，因而夫妇争吵起来，恰被黄老四听见，走来劝解，并且直说胡子宣“愚骀”。“愚骀”有蠢货的意思，雇工如此地对待雇主家长，在当时是所谓目无尊上，理应加以惩处的。因此，胡子宣拿起棍子要打黄老四，黄老四夺过棍子，打了胡子宣一下，随即下地工作去了。黄老四不承认雇主有什么尊上的地位，也不接受雇主的詈骂和殴打，而且以其人之道，还治其人之身，坚持的是主雇地位平等的原则。然而，在这种关系和行为刚刚出现的时候，是雇主不能忍受，统治阶级也不容许的。这个胡子宣挨了雇工一棍子，觉得颜面无光，耿耿于怀，竟因此而自己上吊死了。最高司法机关刑部得知此事后，发表议论说：“胡子宣与妻陈氏细事角口，工人黄老四赴劝，辄敢挺撞子宣，复与夺棍还殴，似此不法，胡子宣应即鸣官究治，何至忿忿而出，甘心自尽?”指责雇主没有坚持封建的等级秩序，也没有依靠封建政权来维持这一秩序，是不应该的；同时，把黄老四作为雇工人，“依雇工人殴伤家长律”，处以“佥妻流三千里至配所杖一百折责四十板”的罪刑，算是维护了封建等级制度的威严。不过，在这个案子的判处中，刑部肯定了一个事实，这就是“黄老四虽系雇工，胡子宣待如兄弟，不似大户分有尊卑，故敢还殴胡子宣”，承认现实生活中存在着平等的雇佣关系。[③]

这时候，不止是出现了劳动者以其人之道还治其人之身，来反对雇主打骂的现象，还出现了劳动者以辞工的斗争方式来反对雇主打骂的现象。例如，乾隆五年广东徐闻县黄天箕雇胡天佑做工。胡天佑说：“黄天箕凡事琐碎，又说小的懒惰，骂过小的，小的不愿在他家做工”，就辞工而去。[④] 同年

---

① 乾隆二十二年十二月初八日刑部尚书鄂弥达题本。

② 乾隆三十年五月三十日浙江巡抚熊学鹏题本。

③ 《成案质疑》卷20，“奴婢殴家长”，第12—13页。

④ 乾隆七年三月初九日广东巡抚王安国题本。

广西柳城县廖扶色雇熊扶害做工，熊扶害因廖扶色之子“时常詈骂”，不愿长雇下去。[①] 这些现象同上述的劳动者对于雇主的打骂不敢回手，又不辞工的现象相比，是一个很大的变化。

随着劳动者反对任意役使、反对雇主享有惩处权的斗争的发展，雇主享有的家长惩处权和任意役使权由于行使不了，由有权地位向无权地位转化，主雇之间的不平等也就随之而难以维持了。

以主雇称谓为例。在明代，雇工要称雇主为爷娘以表示自己地位的低下。到清雍正年间，雇主待雇工有如兄弟还被视为反常现象[②]。到了乾隆三十年间，主雇之间竟然有以“弟兄称呼”的了[③]。以同桌共食为例。明末，我们见有“安有与主争坐之佣人乎”的记载。[④] 到清雍正年间，雇主在市集上酒店内同雇工同坐饮酒，还被地方官称为“不敦体统”，认为是破坏了封建等级秩序的事情。[⑤] 到了乾隆三十年间，地方官对于主雇“同桌同吃”，就毫无贬词了。[⑥] 可见，到了这时候，这类主雇之间平等的关系已经是相当普遍，人们习以为常，统治阶级也不以为怪了。

上述这些变化的意义是十分重大的。因为，在等级雇佣关系下，主雇地位的不平等反映的是雇主在雇佣期间对雇工人身的占有，而人身占有是人身支配权和惩处权的基础，支配权和惩处权是任意役使的保证。这些关系都是与宗法家长制经营方式相适应的。当社会生产力向前发展，出现了追求利润的可能，人们重视发挥劳动者的生产积极性时，利用棍棒的纪律驱使劳动者无所不为已非经济利益所必需。所以，雇主家长的惩处权、人身支配权，以及主雇之间地位的不平等，简言之，雇主对雇工的人身占有已不必要。在这种条件下，劳动者反对任意役使、任意惩处以及争取平等地位的斗争，就使得等级雇佣关系既无必要也不可能维持下去。于是，人身支配权与劳动力使用权发生分离，从而人身占有的否定，主雇之间直接的统治与隶属关系的改变，就是不可避免的了。这些变化就构成了等级雇佣关系向非等级雇佣关系过渡的基础。

---

① 乾隆六年六月初三日署理广西巡抚杨锡绂题本。

② 《成案质疑》卷20，“奴婢殴家长”，第12—13页。

③ 乾隆三十五年二月初五日河南巡抚富尼汉题本。

④ 李渔：《资治新书》卷8，第25页。

⑤ 《成案质疑》卷20，“奴婢殴家长”，第35—36页。

⑥ 乾隆三十二年三月二十四日舒赫德题本。

毋庸置疑，这些变化必然要在主雇之间的分配关系上，乃至上层建筑上有所反映。

（四）分配关系上强制性的削弱

由于雇佣关系中人身支配权与劳动力使用权的分离，雇主从享有人身支配权和惩处权向无权地位转化，主雇双方的地位日益平等，他们围绕着工值的斗争，也就愈来愈突出，愈来愈尖锐了。这些斗争促进了工值制度的变化，促进了分配关系上强制性的削弱和消失；当然，也促进了由等级向非等级的过渡。

我们曾经指出过，在等级的雇佣关系居于统治地位的时候，雇主为了压低雇工的饮食水平，对于不愿忍受的雇工曾以失业相威胁。现在，事物向对立面转化，出现了劳动者以辞工来抗议雇主克扣饮食的行为。例如，乾隆十五年，安徽无为州，雇工张韶武嫌雇主家“茶饭不好”，就在六月大忙天辞工去了①。乾隆三十五年河南有一个名叫薛成的雇工，因为雇主推迟了吃饭时间，他就抗议辞工②。乾隆五十四年，湖北当阳县贾启昆上工后不久，发现雇主在饮食上克扣异常，使他难于忍受，便托称家中有事，辞工而去③。甚至，还出现了这样的事情：江西石城县袁何认为雇主家茶饭平常，七月间要求雇主清算账目，以便他另寻工作④。

因此，逐渐形成了一个主雇双方都能够接受的饮食标准，雇主按照这个标准供应雇工的饮食。这就缩小了雇主随意压低雇工饮食的可能性。所以，我们可以看到下面这类事例。乾隆五十八年安徽灵璧县罗招雇了罗仁元、刘士明、杨三等佣工。罗招不会饮酒，但在七月十六日这天晚上，他还是买酒给雇工们吃，自己则先吃了饭，走出乘凉⑤。嘉庆八年，直隶遵化宋成雨家雇有王富等两个工人，这年端阳节，雇主买得酒肉送交王富等过节，当天酒未饮完，迨初七日晚王富等将剩酒一同饮毕，都喝醉了，可见一次买的数量还是不少的⑥。

---

① 乾隆十六年五月二十二日刑部尚书阿克敦题本。

② 刑科史书，乾隆三十九年二月第五本，河南巡抚何煟奏。

③ 乾隆五十五年七月初九日湖广总督毕沅题本。

④ 乾隆五十六年十二月十二日刑部尚书阿桂题本。

⑤ 乾隆五十九年五月十一日刑部尚书阿桂题本。

⑥ 黄册：嘉庆九年三月初九日刑部题本。

关于工钱的支付时间，过去由雇主一面决定，现在雇工力争按照自己的需要时间支领。因此，主雇双方经常发生冲突。比如，乾隆五十三年漳县人韩得玉受雇于侯学文家佣工，说定工价大钱二千四百文，没有写立文券，也没有主仆名分。韩得玉上工以后，支过工价一千二百文，到了四月二十四日，韩得玉要求再支几百文钱做裤子穿，这不能说是不合理的要求，然而，侯学文拒不支付。两人争吵起来，发展成为武斗，雇工受伤而死了①。同年江苏长洲县吕大观倩徐二相帮农作，讲定立秋后止，酬谢徐二工钱五两，先付一两，平日同坐共食，没有主仆名分。六月初五日，徐二要求再支一两银子，吕大观拒不支付，于是两人争吵起来，徐二打死了吕大观②。这两场人命官司，都是雇主拒绝按照雇工的要求支付工钱而引起的。虽然到了封建法庭上，雇工需要以命抵命，但是，这类事例无疑会影响雇主改变旧有的传统，更多地考虑雇工的要求。

更为重要的是，在主雇双方不断斗争的推动下，工值本身也发生了重大的变化。

综观明清时代农业长工工值的变化，首先引起我们注意的是工价的上涨趋势。以江浙地区的情况为例。明万历年间朱国桢在《涌幢小品》中说："近年农夫日贵，其值增四分之一，当由务农者少"。明末张履祥在《补农书》中说："近年人工既贵"。入清以后，这一趋势，继续缓慢地、曲折地向前发展着。叶绍袁在《启祯记闻录》顺治六年条说："自鼎新以来，岁多丰穰，米价是年减至两许，然诸食用之物及诸色工价之作，无不倍增。"乾隆《安吉州志》记载："迩来人工价贵，佣者颇获其利。"鸦片战争前夕成书的《浦泖农咨》中说："旧时雇人耕种，其价尚轻，今则佣值已加，食物腾贵。"光绪十年吴县人陶煦在《租覈》一书中，曾将当时工价同《杨园先生全书·补农书》中所记工价加以比较，结论也是："工银稍增。"另据我们找到的一些零星工价数字来看，嘉庆末年同乾隆末年相比，工价是上涨的。由于缺乏系统的全面的统计资料，我们只能根据这些片断的零星的记载和数字，猜测这个时代的农业雇工工价增长趋势的大概。

工价增涨，工值中工价和工食两大部分的比重自然要发生变化。工价部分，即雇主交付给雇工的那一部分，在工值中所占的比重上升了，不交给雇

① 乾隆五十三年十一月初十日署陕甘总督勒保题本。

② 乾隆五十三年十一月十六日江苏巡抚闵鹗元题本。

工而为雇工所消费的那一部分的比重，则相应地下降了。根据清同治十年刊刻的《杨园先生全集·补农书》的数字："长工每一名工银五两，吃米五石五斗，平价五两五钱"，这同《学海类编》所收《沈氏农书》的数字不同，我们假定这是张履祥本人，更大可能是后来刊刻时改动的，并不影响我们的分析。根据上述数字按照副食为主食的1.2626倍计算，工钱部分占29%，工食部分占71%。光绪十年吴县陶煦在《租核》一书中，根据当时情况同《杨园先生全集》上述数字逐项比较，他说："今食米之数与古同（忙日，午前午后更以糕饼为点心者不计），米石钱一千八百（准今岁米价，统以钱核算），而工银稍增，亦以米计（银价两约一千六百，古以一两作米一石，今以一两一钱有奇作一石也）。岁六石"，折钱一万〇八百文。"肉斤纳钱九十（贵或百余，贱八十余），食四人，杂以菜蔬，日约钱三十；余日亦不能纯素，间用鱼，日约钱二十。酒岁约钱三千。外如油盐柴酱之属，岁约钱二千。是数者，共钱十二千五百也"。食米五石五斗，合钱九千九百文。根据这些数字计算，工钱部分占32.5%，工食部分占67.5%，这个比例同根据《杨园先生全集》中数字所算出的比例十分接近。又《能静居日记》作者赵烈文记载他同治年间在湖北见到的情况："如用工一人，每年工钱八千余；食价八千，约十六千"；工钱部分和工食部分基本相等，各占工值的50%左右①。赵氏的数字缺乏分析，只是笼统估算。

我们还应该注意到，种植经济作物的雇工工钱往往高于一般农业雇工。江西新城县，嘉庆年间就出现过这样的现象。"雇工则种稻轻其值，种烟重其值，于是佣工者竞趋烟地，而弃禾田"。② 在这种情况下，工值中工钱部分所占比重就会更高。

拿这些数字同明末等级的雇佣关系居于统治地位时的数字相比较，工钱部分的比重由20%增加到30%—50%，工食部分的比重由80%下降到70%—50%。明末到清末中间是三百多年，这三百年积累起来的变化是显著的，它说明了什么呢？

第一，工钱部分增长，工食部分下降，这说明雇佣关系从以实物偿付为基础向以货币偿付为基础的方向发展，亦即从实物工价向货币工价发展，雇佣关系同商品货币经济之间的联系更加密切了起来，更多地脱离了自然经济

① 《太平天国史料丛编简辑》，第3册，第212—213页。

② （同治）《新城县志》卷1，第17—18页。

的范围。

第二，工钱部分增长，意味着雇工直接支配的工值部分扩大了；工食部分降低，意味着雇主直接支配的工值部分缩小了。这表明分配关系中的强制性削弱了。但是，工食部分仍然是一个不固定的数量，雇工对于工食的发言权的提高，不过使这个数量的弹性缩小，使它更接近于劳动力恢复的需要罢了。

第三，工钱部分的增长，又意味着雇工依靠工值维持劳动力的再生产的可能性增大。在明代等级的雇佣关系居于统治地位的情况下，工钱不过占工值的五分之一或四分之一。四五个劳动者充分就业，才能供养一个劳动者过同样的生活。在这种情况下，企图依靠工钱来维持劳动者一家的生活，是十分困难的，他们必须从事其他活动谋求收益，才能获得必要的生活资料。因此，除非全家受雇，否则，雇佣对于一个家庭来说，只能是副业，作为一家生活来源的补充。现在，只需要两个，甚至一个人出雇，就可以维持另一个人过同样的生活；一个家庭依靠雇佣来维持自己的再生产的可能性是大大地增加了。但是，必须指出，这并没有使雇工摆脱贫困的境遇，雇工家庭生活的艰难，并未因为丢掉其他有收益的活动，完全依靠雇工收入而稍有减轻。

马克思在《直接生产过程的结果》一文中说过，奴隶是以实物形式、以使用价值的形式来获得维持自己所必需的生活资料的。自由劳动者则是以货币的形式、以交换价值的形式、以财富的抽象的社会形式取得自己必需的生活资料的。① 我们所分析的工值，恰恰介乎两者之间，既有实物又有货币，是两者相结合的。这不仅同农业雇佣关系的特殊性有关，而且更重要的是同雇佣关系发展的阶段性有关。但是，发展的方向是清楚的：分配关系上的强制性日益削弱，而自由劳动的色彩愈来愈为浓厚，这在种植经济作物的雇工身上表现得尤其显著。

（五）法律上平等地位的获得

随着现实生活中，雇佣关系由不平等向平等的转化过程的发展，农业长工在法律上的地位也发生了重大的变化。愈来愈多的农业长工摆脱了法律上雇工人这一低下的等级地位。

① 马克思：《直接生产过程的结果》，第98页。

本来，在等级的雇佣关系居于统治地位的时候，封建法典把所有雇佣劳动者都置于一个低下的社会等级上，称他们是雇工人，是不得同雇主平等的。所以，当时的法律学家们在解释雇工人这一法律用语时，也不加任何区别，或者说："雇工人是一时在役者"；[①] 或者说："雇工者，雇倩代劳于一时"；[②] 或者说："雇工人是官民家暂雇役者"；[③] 如此等等。质言之，不论雇主的身分是官是民，是绅衿地主还是庶民地主，是商人还是匠户，有军籍或无军籍；也不论受雇者从事的是手工业还是农业，是生产劳动还是服役劳动，凡属雇佣关系中的劳动者，如与雇主别无亲属等关系，都被纳入了雇工人的范畴。

这种办法，使得任何一个人，只要他雇人使唤，就可以成为役使雇工人的家长，到了封建法庭上，与雇工人相对待，就可以与绅衿地主居于同等的地位，这就紊乱了封建社会的等级界限。为了解决这个问题，明万历十六年颁布了《新题例》。有关的例文是："今后官民之家凡倩工作之人，立有文券、议有年限者，以雇工人论；止是短雇月日、受值不多者，依凡论。"这就把等级的雇佣关系与非等级的雇佣关系在法律上第一次区别开来。

不过，《新题例》所谓的雇工，包括农业雇工，但并不专指农业雇工，在这里，我们只结合农业雇工的情况加以说明。在当时，农业中立有文券、议有年限的是长工，止是短雇月日、受值不多的是短工。所以，《新题例》是根据雇佣的不同形式来区别雇佣关系的不同性质的，而对雇佣形式的区别又是根据流通过程中的现象，雇佣时限，工值多少和有无文契作为标志的。根据《新题例》的规定，农业长工是等级的雇佣关系，短工是非等级的雇佣关系，确切地说是过渡性的雇佣关系。因此，此后一段时期内的法律学家们在解释雇工人时，或者说："雇工人乃受雇长工之人，或雇出外随行者，不论年月久近皆是"[④]；或者说："立有文券、议有年限，谚云长工也，止是短雇者佣工人"。[⑤] 撇开长随不论，这就是说，雇用长工的雇主仍是与雇工人相对待的家长，而雇用短工的雇主则不具有这一资格了；或者说，劳动者受雇长工就成为不得与雇主平等的雇工人，受雇短工则仍然是与雇主平等的凡

① 《大明律读法》卷20，"良贱相殴"。

② 舒化：《大明律例注释招拟折狱指南》卷13，"奴婢骂家长"。

③ 胡琼：《大明律集解》卷3，"亲属相盗"。

④ 《大明刑书金鑑》，"奴婢殴家长"。

⑤ 苏茂湘：《明刑律例临民宝镜》卷2，第11页。

人。甚至到了康熙末年，问刑衙门还在研究“长年短雇之别”。①

但是，这种区别方法可能适用于一时，但不能适用于长久。因为雇佣形式与雇佣性质中间并没有固定不变的联系。当等级的雇佣关系居于统治地位的时候，长工和短工都可以属于雇工人范畴，是等级的雇佣形式；当等级的雇佣向非等级的雇佣关系转化时，长工和短工都可以不属于雇工人范畴，而成为非等级的雇佣形式。所以，根据雇佣形式判定雇佣性质的区别方法，不可避免地会同实际情况发生矛盾。

经过明末农民大起义的冲击和清代前期农业生产力的进一步发展，平等的长雇关系像前面指出的那样，在等级雇佣关系的旁边出现了，发展了。上述矛盾也就在现实生活里出现了。

因为，在这时候，根据雇佣形式来区别雇佣关系的性质，“立有文券、议有年限者，以雇工人论”，就会造成如下的结果。一方面，如果所有的长工，立有文券和没有文券而议有年限的，继续都被纳入雇工人等级，这就使新出现的平等的长雇关系受到法律的束缚。另方面，如果不立文券、不议年限的长工获得凡人的待遇，从雇工人等级中解放出来，这当然是符合历史发展的要求的。但是，像乾隆年间法律学家吴坛所指出的：“雇工一项，民间多有不立文契年限而实有主仆名分者”的现象也是存在的。② 要是这些雇工也被划出雇工人等级，那就会使有主仆名分，亦即等级的雇佣关系失去法律的保障。

相反，如果不根据雇佣形式来区别雇佣关系的性质，按照实际生活中的状况来划分雇工人和凡人的界限，那又会造成如下的另一样的后果。比如，对于不立文券的长工，不作为雇工人对待，法庭就要作出“止议年限，未立文券，应同凡论”，③ 或者“受值无多，未立文契，应同凡论”④ 一类的判语；如果作为雇工人对待，法庭又要作出“虽未立有文券，但经议有年限，应以雇工人论”，⑤ 或者“虽未立有文券，业经凭中议定长年雇佣，按年给工价钱文，与短工不同，以雇工人论”，⑥ 一类的判语。如此这般的处理，虽

① 黄册，《江宁巡抚康熙六十一年秋季分钱粮命盗等案已完结事件文册》。

② 吴坛：《大清律例通考》卷28。

③ 乾隆二年四月二十九日河南巡抚尹会一题本。

④ 乾隆五年六月初十日江宁巡抚张渠题本。

⑤ 乾隆二十一年伍月拾日刑部尚书鄂弥达题本。

⑥ 《成案续编二刻》卷5，第75—76页。

然多少反映了在长雇关系中存在着等级和非等级的差别，但却是与随意诠释法律条文相联系的。显而易见，把议有年限的长工作为雇工人对待是符合《新题例》的条文规定的，止“议年限”的长工不作为雇工人对待就与《新题例》的条文规定完全不符合了。结果是，部分的长工得到了解放，而法律的尊严却遭到了破坏。

上述矛盾的发展，使得修订法律条文势在必行。所以在《新题例》贯彻执行了一百七十一年之后的乾隆二十四年，开始了一个修订雇工律的立法过程。这个过程一直进行到乾隆五十三年颁行新的雇工律才算完成。对于这一立法过程，经君健同志的文章已经详细介绍和分析过了，这里不再赘述。①

在雇工律的修订过程中，提出了一个新的判断雇佣关系性质的原则。这就是主仆名分的原则。在明清封建社会里，地主同奴婢之间，雇主同等级雇工之间，都是存在着主仆名分的。一方面是主，一方面是仆，他们之间的不平等和人身依附关系是社会所公认的，所以主仆名分标志着他们之间的等级关系或等级差别，是事物的本质的表现。因此，有无主仆名分是区别等级的雇佣关系和非等级的雇佣关系的最本质的标志。然而，只是到了这个时候，才为人们正式列入法律。修订过程中，还提到雇主的身分和劳动的性质问题，其实，这两个问题都不过是主仆名分在事物的不同侧面的表现。主仆名分的原则，由于它更符合实际状况，必然要取代以雇佣形式确定雇佣关系性质的原则，这是历史的和逻辑的必然，没有力量能够阻止的。

乾隆五十三年，颁行了完全以新的原则来判定雇佣关系性质的新例文。新例文是：“凡官民之家，除典当家人隶身长随仍照定例治罪外，如系车夫、厨役、水火夫、轿夫及一切打杂受雇服役人等，平日起居不敢与共，饮食不敢与同，并不敢尔我相称，素有主仆名分者，无论有无文契年限均以雇工（人）论；若农民佃户雇请耕种工作之人，并店铺小郎之类，平日共坐共食，彼此平等相称，不为使唤服役，素无主仆名分者，亦无论其有无文契年限，俱依凡人科断”。②

这个条例完全否定了万历十六年《新题例》提出的以雇佣形式判定雇佣性质的原则，不再以流通过程中的现象，文契年限作为雇佣关系具有什么性质的根据。此后，在区别等级的雇佣关系和非等级的雇佣关系时，人们考虑

① 见本书《明清两代农业雇工法律上人身隶属关系的解放》一文。

② 《大清律例》卷28，“斗殴”。

的是有无主仆名分。这个条例对有无主仆名分提出了具体的辨别标志。这就是起居是否与共，饮食是否与同，能否共坐共食，能否平等相称，和是否服役劳动，以及雇主的等级地位是否农民佃户，从事耕种工作之人。这三个方面：主雇之间的相互关系，劳动的性质，雇主的身分地位，完全可以反映出雇佣关系的性质是等级的还是非等级的。现在，等级的雇佣关系和非等级的雇佣关系在法律上的反映不再有含糊不清和不符合实际状况的地方了。屈指算来，为了获得这个认识，人们用了整整两个世纪！

这个认识以法律形式表现出来，其历史意义是重大的。一方面，它保护了等级制度下雇主的特权地位，保护他们对雇工的迫害；另方面，解除了对非等级的雇佣关系中雇工的迫害，使他们得以同雇主立于平等的法律地位，这对于雇佣关系的发展从而对于农业资本主义生产关系的发生，当然是有利的。我们把这个条例的颁行，作为非等级长工雇佣关系摆脱法律上雇工人束缚、亦即部分长工取得在法律上同雇主处于平等地位的标志。

但是，发展是不平衡的。由等级向非等级过渡的雇佣关系的各个方面的发展也是不平衡的。所以，上述标志并不意味着，在此之前，就不存在非等级的长工雇佣关系；要知道，正是在实际生活中出现了平等的或接近平等的长雇关系，才促成了法律上雇工律的这一修订。这一点，我们在上面已经交代过了。同时，这一标志也不意味着，在此之后，凡在法律上不作为雇工人等级对待的长工，其所处在的雇佣关系中，旧的传统习惯，旧的成分，旧的因素，统统都消灭干净了。实际情况不是这样，而是平等的雇佣关系还带着它脱胎而出那个旧的等级的雇佣关系的许多痕迹，所以形成了平等的与不平等关系的错综复杂的结合。

（六）新旧关系错综复杂的结合

在等级的雇佣关系下，长工是被编制在雇主的宗法家长制体系内，被置于卑幼的地位，受家长制的统治，同雇主及其家族亲属是不得平等的。现在，出现了向非等级过渡的雇佣关系，在这种关系下的长工获得了同雇主及其家族亲属在法律上平等的地位，但是，还没有从家长制统治下完全而彻底地解放出来。这在上层建筑上和实际经济生活中都有表现，是不能忽视的。

本来，在等级的雇佣关系居于统治地位，向非等级雇佣关系的过渡还没有发生的时候，封建政权适应等级雇佣关系的需要，规定雇主要管理和约束自己的雇工。后来，过渡发生了，过渡性的短工和长工先后从雇工人身分束缚中解放出来。但是，封建政权并没有根据这一新的情况，对雇主要管理和约束自己雇工的规定加以相应的调整。这就是说，对于从雇工人身分中解放出来的雇工，同不曾解放的雇工一样，封建政权仍然要求雇主管理和约束他们。这种情况，一直继续到鸦片战争前后，都没有什么改变。

例如，道光年间，何绍祺的《滇牍偶存》关于处置流民的办法中规定："为今之计，只有听士民之便，酌量收留，只许佣工日间耕作，夜间各归业主本村居住，不准私起棚房，远出滋事，责成山主出结，有犯枷责山主，则不待官为安插，而流民自听约束，山主自顾恒产，法无可逃，必不徇私，似为简易"。[①] 具体办法，如同治年间浙江湖州府颁发的《土著烟户用客户雇工保结式》要求雇主作出保证，保证雇工"实系平日安分，身愿随时稽查约束，如有不法等事，愿甘连坐是实"。[②]《整顿宁夏保甲章程十六条》中也规定："如无家眷只身为人佣工者，即责成雇主约束"。[③] 这些都说明，到这时候，封建政权仍然要求雇主管理和约束雇工，为雇工的行为负连带责任，不论雇工有无主仆名分，是否雇工人身分，都是这样。

同时，更为重要的是，摆脱了等级制度的束缚，没有主仆名分的雇工，还要从事一些在等级雇佣关系下，雇工所不得不从事的活动。

例如，任意役使。本来，在雇工律修订以后，部分长工摆脱了等级制度的束缚，到封建法庭上，他们有着与雇主平等的法律地位。在这种情况下，雇主不再享有对雇工的人身支配权，不能侵犯雇工人身，随意加以惩处，应该说，他们任意役使雇工的权力是难以维持的。但是，在实际生活中，甚至农民佃户一类的雇主任意役使雇工的现象仍然是屡见不鲜的。

例如，乾隆五十三年浙江淳安县郑克名租种郑若鲁山地二亩一分，是个佃户。郑克名将租来山地的三分之一交给自己妻子的兄弟童和寿耕种。次年九月二十七日，童和寿种植的包米成熟，郑克名起意收摘，就唤同儿子郑松高、雇工潘招得上山收摘包米。潘招得虽系雇工而郑克名是个佃户，他们之间是没有主仆名分的，可是，他还是听从雇主使令，带上家伙上山参加这场抢掠活动。[④] 再如，乾隆五十五年陕西安康县陈金榜，是一个没有功名头衔的一般农民，他同雇工之间也是没有主仆名分的。他带同工人吴楚元到康明

---

① 何绍祺：《滇牍偶存》，第14页。

② 宗源瀚：《颐情馆闻过集》，"守湖稿"，卷9，第20页。

③ 抄本《银川道公牍》。

④ 乾隆五十五年五月初六日浙江巡抚觉罗琅玕题本。

万家索取欠项。索取欠项，与生产、服役都不相关，可是工人还是要随同前往的。恰逢康明万推托不还，而这个陈金榜又像一般债权人一样，总想从债务人那里捞点东西，他起意唤同吴楚元强拉康明万的猪只作抵。陈金榜拉一只走了，吴楚元也拉一只要走。这时，康明万向前拦阻，吴楚元却并不因而罢手，两人争执起来，康明万打死吴楚元。① 这个吴楚元算得是忠实执行雇主使命的雇工了。

实际生活中，像这一类的事情是很多的。雇工在从事这类活动时，同人武斗，酿成命案，多半是始料所不及的。然而有些事情显然是会引起武斗，或者本身就是侵犯他人生命财产的活动。我们发觉，对于这类使命，摆脱了等级制度无主仆名分的雇工也往往是听从而执行的，这就值得十分重视了。

例如，嘉庆二年，陕西紫阳县曹保华“种地度日”，雇曹子金“在家帮工”，他们之间是没有主仆名分的。这年十月十二日曹保华邀曹子金去杀害陈东海。杀人是人所共知的犯法行为，是要以命抵命的，可是曹子金在雇主的邀约下，竟允从了。后来，曹子金因为杀了人，被封建法庭判处了“绞监候”的死刑②。嘉庆十八年，河南孟县雇主谢逢运同人发生争执。对方邀约了一帮人各带木棍来到谢家门口“寻殴”，这时，谢逢运就叫儿子和雇工谢不成相帮，出门武斗。谢不成听从雇主邀约，带上防夜铁枪，参加武斗，结果被人打死了③。在这种形势下，武斗之必然发生是可以意料的，然而雇工还是带上武器相帮，把自己的生死置于度外，可见雇主的使命是有权威的。要注意的是，这个雇主参加耕作，同雇工中间也是没有主仆名分的。

上面所列举的都是一个雇主雇用一个雇工的事例。在这种情况下，雇主所采取的是宗法家长制经营方式，所以无论什么事情，生产活动，家务活动，追租逼债，看家护院，保卫自家的生命财产，以及武斗杀人，雇主都要求雇工参加帮忙，雇工是作为家庭的一个得力成员，被雇主家长所信任和使用的。所以，这些雇工虽然已经摆脱了等级的束缚，获得了与雇主平等的法律地位，但往往要听从雇主家长的任意使令，没有从家长制统治下完全解脱出来。那么，当一个雇主雇用多数雇工，多数劳动者在一个雇主的统一指挥下，经营方式有所变化，是否会使事情发生根本性的变化呢？

---

① 乾隆五十六年六月二十日陕西巡抚秦承恩题本。

② 《刑案汇览》卷28，“杀一家三人”；《新增成案所见集总编》卷21，第189—193页。

③ 嘉庆二十年三月二十四日管理刑部事务董诰题本。

举几个事例来看。例如，甘肃固原州有一个名叫贺世花的人，“务农度日”，他使用四、五个雇工，是一个经营地主。嘉庆十九年十二月二十四日，有一个名叫马勋的人，来到贺世花村上，贺世花认为马勋来他村上是别有用心的，要拐骗他的雇工徐丁丁子。因此，贺世花命令雇工文帼珍和王别旦子将马勋绑着送官。文、王二人听从雇主使令，把马勋捉着捆了起来，吊在房梁上，不久就吊死了。吊死之后，贺世花又叫雇工陆依宁和文、王二人把尸身抬到南湾山坡撩弃[①]。这捉人、捆人、吊人以及弃尸荒野都是犯罪行为。又如广东乳源县邱登进是一个雇有两个工人的雇主。嘉庆二十五年九月初六日夜，邱登进带同雇工邱庚盛、魏亚连到土名新塘寮房看守田禾。同雇工一道到田里看守田禾的雇主，主雇之间应该是没有主仆名分的。初更时候，有盘端乃和赵端满经过，邱登进恐系窃贼，当向喝问，盘、赵二人“不服斥骂”，邱登进并不细问情由，即令邱庚盛等用绳索把盘、赵二人拏获捆缚起来，逼令他们承认行窃，并且勒赔赃银。事情作到这里，雇主的无理取闹已经暴露无遗。盘、赵二人“不依，喊骂”，邱登进即令邱庚盛用竹棍殴伤盘端乃右臂膊，赵端满在旁斥骂，邱登进气愤，复令魏亚连携取寮内烧红铁钳烙伤赵端满右肩甲、脊背，以致盘、赵二人畏惧，“诬认行窃”。[②] 这里的两个雇工又何尝不明白他们的行为是侵犯他人人身的犯法行为呢？甚至到了光绪末年，我们还见有这样的事情。陕西石泉县张学富是一个至少雇用三个工人的雇主。光绪三十二年九月十七日，他因债务雇工伍蓆成作工懒惰，加以斥骂，伍蓆成不服回骂。张学富气愤，喝令雇工张麻子、姜连兴将伍蓆成两手反背，用绳捆吊起来，并主使张麻子用牛筋鞭殴伤其右肋、左右胯、左右髂；主使姜连兴接连鞭打，殴伤其两髂。由于接连殴打，伍蓆成“移时殒命”。[③] 封建法庭在判处这个案件时，既未提张伍之间有主仆名分，又未提张学富与张麻子、姜连兴之间有主仆名分，而是以“依威力制缚人拷打致死律”判处张学富“绞监候”的。

上引事例中的雇主，有务农度日的，有同雇工一道守夜的，但都没有什么功名头衔，不是举监生员之类的绅衿地主，在乾隆五十三年雇工律修订以后，这类雇主同雇工之间，法律认为都是没有主仆名分的。然而，这些雇用

① 嘉庆二十年十月初九日陕甘总督先福题本。

② 《粤东成案初编》卷22。

③ 黄册，“宣统元年四月初三日法部奏”。

多人的雇主，并未因雇佣规模扩大，经营方式有所改变，而改变对雇工任意役使的传统习惯。他们同上述那些雇用一个雇工的雇主一样地沿袭“佣佃者，主家之手足也”的原则办事。所以说，处在这类雇主雇佣下的劳动者，不管多少人同时受雇，虽然可以摆脱法律上等级制度的束缚，却可能没有摆脱实际生活中家长制统治的束缚。

此外，许多没有主仆名分的雇工仍然承担着保卫雇主生命财产的实际义务。

就是佃户的雇工，他们在乾隆五十三年修改雇工律以后，同雇主之间当然是没有主仆名分的，但却不曾免除这一义务。比如，乾隆五十四年台湾嘉义县地主吴光磋把土地佃给沈锺耕种，但他同时瞒过沈锺把土地佃给杜希耕种。杜希又把土地转佃给洪轩耕种。因此，洪轩才雇用工人黄桃到这块地里栽种地瓜。五月初七日，原佃户沈锺带同工人洪三到地翻犁，把地瓜藤翻掉。新佃户杜希同工人黄桃前来理论。洪三只管翻犁，黄桃上前阻拦，两人打起架来，黄桃用防夜铁篙戳死了洪三①。这两个工人，保卫雇主利益的立场看来是很坚定的。即使雇主并未在场，雇工也同样地承担着这一义务。湖南邵阳县佃户欧阳华山雇用欧阳遗组在家佣工。乾隆五十四年九月二十五日，有人砍柴回家在欧阳华山佃种的山田边经过，欧阳遗组就要查问是不是从他雇主所佃山坳里砍来的。他由于查问时态度不好，被人打死。他的雇主当时正卧病在床，他满可以不必过问这些事情。②

佃户雇工以外的同类事例就更多了。例如，嘉庆十九年安徽六安县袁怀，他雇有李长青和袁可升两人在家“帮工”。闰二月十四日，有郑光表者，向袁怀索要欠项，并且带了三个人到袁怀家门首“叫骂寻殴”，在这种场合，理应由雇主出面对付，但实际上是袁、李两人“上前拦阻喊打”，结果李长青受伤但还活着，袁可升却因伤而死了。③ 他们为保卫雇主的生命财产，一死一伤，支付的代价是不小的。嘉庆二十年贵州桐梓县有雇主赵明聪者十一月二十五日带同“工人”蒋仕贵和张仕聪赶场转回，路遇他的债务人何同美父子。赵明聪乘机向何同美索要欠银，两下吵闹起来。何同美要动手打架，工人蒋仕贵上前拦护，这当儿赵明聪乘机溜走，留下蒋仕贵被打死了。④ 这

① 乾隆五十五年六月初七日闽浙总督觉罗伍拉纳题本。

② 乾隆五十五年五月二十九日湖南巡抚浦霖题本。

③ 嘉庆二十年十一月初五日安徽巡抚胡克家题本。

④ 嘉庆二十一年十月十二日贵州巡抚文宁题本。

个雇工，在保卫雇主生命方面，也应该说是积极的。又，嘉庆二十一年云南弥勒县雇主郭璋于四月二十日带同“工人”李小三前往田地翻犁。这块田地原是宋发祥从刘春元手中典来的，后来刘春元将田杜卖与郭璋，所以郭璋带同李小三前来翻犁。宋发祥不愿将田交出，因此向前阻拦。郭璋同宋发祥始而争吵，继而武斗，郭璋被宋发祥打翻在地，李小三见雇主吃亏，手持木棍向前帮护，以致被宋发祥打死。① 再如，道光三年，广东电白县，有人贪图近便，由陈桩田内行走，把禾稻踩坏。事被陈桩的“工人”冯亚生、陈桔、陈椅看见，这些工人就向前“斥詈索赔”因而武斗起来，武斗中冯亚生被人打死了。② 这些雇工都是没有主仆名分的雇工，这些事例又是遍及全国各地的，可以举出许多许多。

有关的法律规定还是与这种情况相适应的。③ 这时候，如果雇主家财产遭受盗窃和破坏，对于这些没有主仆名分的雇工，法律仍然把他们作为事主看待，认为对于罪犯有应捕之责，同对有主仆名分的雇工的要求是完全一样的。

还应该指出，对于没有主仆名分的雇工，有些雇主在有些场合仍然要按照自己的意志办事，并不以平等的态度对待他们。例如，乾隆五十六年四川云阳县，曹开榜在汪尚行家做工，平等称呼，并无主仆名分，议定每年工钱四千八百文。曹开榜已经陆续支取八百文，尚有四千文在雇主手上，可是曹开榜屡次讨取，雇主拒绝给付。十月二十六日快到年终下工时候，曹开榜向汪尚行索取下余工钱，汪尚行非但不给，反而责怪曹开榜催逼了他。两人争吵起来，汪尚行被曹开榜打死。④ 这里要注意的是，雇主的所谓“催逼”，不过是指雇工的要求不符合雇主的意志，所以，无论要求如何正当，也都成了“催逼”。与此类似的事例还有。比如，四川屏山县陈守叡雇用陈夏章做工，每年工钱五千文，平日同坐共食，平等称呼，没有主仆名分。从嘉庆十七年起到二十年止，陈夏章为雇主卖命四年，共应得工钱二十千，到了二十年十一月二十四日，陈守叡只付过工钱八千文下欠十二千文。这里，是非曲直是异常清楚的，然而，当陈夏章向雇主讨要工钱的时候，陈守叡却指责陈

① 嘉庆二十一年九月二十八日云南巡抚陈若霖题本。

② 《粤东成案初编》卷2，第50页。

③ 参看《长工由等级向非等级的过渡》一节（三）《生产领域雇工人身的不自由》。

④ 乾隆五十七年八月二十九日署四川总督孙士毅题本。

夏章向他“催逼”。[①] 更有甚者。云南有一雇主名叫刘钦魁积欠在家“帮工”的童俸高工银二十一两五钱银子，嘉庆二十一年十二月二十五日，童俸高向雇主的儿子刘添佑索要工钱，刘添佑非但不给，并且声称同他毫不相干，不应向他追逼。[②] 可见，所谓“催逼”、“追逼”的真正含义就是拒不支付工钱，蛮不讲理。由于雇主这样拒不支付工钱而引起武斗，打出人命的事例是很多的。

诸如此类的事例还可以列举许多，但我们不拟多费笔墨了。上述这些现象已经足够证明，摆脱了等级的束缚、没有主仆名分的雇佣关系中，仍然保留有等级雇佣关系的某些特点。有的保留得多些，有的保留得少些。这些残存的特点都与家长制统治密切相联系着。因此，我们认为，可以概括一句：由等级向非等级过渡的雇佣关系中，法律上的身分等级差别解除了，实际生活中家长制统治还不同程度地残存着。

（七）彻底摆脱宗法家长制体系

要完全摆脱雇主的家长制统治，劳动者必须彻底从雇主的宗法家长制体系解放出来。随着等级的雇佣关系向非等级雇佣关系过渡进程的发展，这一步是必然要发生，而且的确发生了。

为了说明过程的这个方面，需要追溯过去。在等级的雇佣关系下，雇工被编制在雇主的宗法家长制体系内，除了地位不平等外，还被视为雇主一家，主雇之间是负有连带责任和义务的。如果雇主的人身和财产受到侵犯，雇工像雇主家庭成员一样的有义务向前保卫，相反，如果雇工的人身受到侵犯，人们也往往要求雇主承担相应的责任。后来，随着雇佣关系的变化，出现了摆脱这种连带关系的现象，至少是雇主要摆脱对雇工的责任和义务。

首先提出这个问题的是清初江西人魏禧。他说：“工人有病死及虎伤、水溺等类者，则其党乘机抢掠，声言谋死，或称兄弟，或称亲戚，朋行骗索，稍不随意，讦告官府；又或本处地方，以此媚上，不待告讦，风闻拘讯；农民破家丧身，卖妻鬻子，甚以株连亲友邻佑至数十家者；无耻绅士，又从而蚕食之，至今遂成局例，牢不可破。”他认为这种现象或关系的存在，使“佣工之家，人人自危”，恐怕“将来畏祸，不敢更佣他工”，势必影响

---

① 嘉庆二十一年十月二十日管理刑部大臣章煦题本。

② 黄册，嘉庆二十四年六月十七日云南巡抚李尧栋题本。

农业生产，“田荒必矣”。他向地方官吏提出建议：“凡工人在病及以他故身死者，但经本处邻佑地方验明埋葬，如有奸党借端生事者，许受害人上告，定行反坐，官吏不行禁止通同玩法渔民者，定行参罚。”这就是说，对于雇工的死亡，雇主不必承担责任。他认为这个办法，“则客工不至谋生无地，农民不至无辜破家，赋税不至田荒亏折。”① 至于这个建议是否为地方官吏所采纳，我们没有考察出来。

乾隆初年，江苏按察使陈宏谋在《弭盗议详》中说“其年力精壮原能手艺可以佣工之人，或因自己本无营业，他人不肯雇佣，不得已而为乞丐者，应问明本人，即谕该地邻乡保为之觅主佣作，并令乡保邻族共同立契，如有事犯不得连累雇主，则雇户无所顾忌肯为雇用，收养一人即可少一人为窃，亦弭盗之一端也”。② 这说的包括手工业雇工，但也不排斥农业雇工。虽然魏禧的着眼点在维护农业生产，陈宏谋的着眼点在维护社会秩序，两人是不同的，但在雇主不必为雇工负有连带责任这一点上，则是一致的。前者主张雇主不必为雇工的死亡负责，后者进一步主张雇主不必为雇工的行为负责。

这同当时法令要求雇主约束雇工，并且应负连带责任的规定，是互相矛盾的。这个矛盾反映，在现实生活中，雇主不为雇工的死亡和行为承担责任的现象，已经不是法令所能禁止得了的，所以，地主以及地主阶级的官吏才敢于不顾法令规定，提出相反的主张。不过，乾隆朝封建政权在考虑雇工的等级地位、修订雇工律时，并没有提及这个问题。

但是，历史的必然迟早总是要表现出来的，人们不可能一直把它按捺下去。这个主张，后来终于在法律上得到了承认，不过，不是直接的，而是在他人杀害雇主及其雇工时，雇工算不算雇主一家的问题上，间接地表现出来的。这是在乾隆五十三年雇工律修订以后过了近九十个年头发生的。

原来，明清法律规定，劳动者受雇之后，就算雇主一家，直到雇佣关系解除为止。“雇工之所以得为一家者，以其既经受雇，即属一家也”。③ 这是以主雇之间存在着隶属关系、雇工被编入雇主的宗法家长制体系的事实作为根据的。不过，万历十六年颁布《新题例》以及乾隆五十三年修订雇工律

① 魏禧：《魏叔子文集》卷7，“与曾庭闻”。

② 陈宏谋：《培远堂偶存稿》卷10，第5页。

③ 《说帖类编》卷19，第12页；《刑案汇览》卷28，“杀一家三人”。

时，都不曾对这一规定进行调整。所以，后来法律并不过问雇工是长工或是短工，有主仆名分还是没有主仆名分，仍作为雇主家庭成员计算。如果他人杀死雇主一家，包括雇工在内，是要按杀死一家数名而从重论处的。例如，嘉庆九年，山东济阳县安成举杀死亲嫂并其子女各一人，以及工人一人，就是按照杀一家非死罪四命，将凶手凌迟处死的。[①] 这种情况一直维持到道光二年。

这年，湖北省发生了一起命案。这个案件并非农业雇工案件，但其宣判结果却影响到了农业雇工。有邓添元其人者，开了一间肉铺，雇了两个帮工，刘允高和刘顺悰，他们同雇主之间都没有主仆名分，不属于等级的雇佣关系。这两个雇工争吵起来，刘允高把刘顺悰用刀戳死了。刘允高杀了人，并且发生在邓添元肉铺内，当即被邓添元捉住，但是，刘允高反过手来，又把雇主邓添元杀死。刘允高杀死了雇主和雇主的一名雇工，湖北巡抚认为，这种情况符合致死一家二命的法律规定，建议按照规定将凶手立即斩首。案子报到北京刑部，刑部认为，刘允高与刘顺悰同属一家雇工，但同雇主并无主仆名分，与杀死他人一家二命不同，所以原判失重，应从轻改判为斩监候。[②] 根据这一案情，刑部建议："嗣后杀死同主雇工复杀死雇主至二、三命者，不得以致死一家二、三命论；如与雇主无主仆名分，即照凡人谋、故、斗杀各本律、例，从一科断；其有主仆名分者，仍以杀死家长各按本律、本例从其重者论"。次年，奏请皇帝批准，道光五年列入律例。[③]

新规定颁行以后，再有同类案件发生，首先要问的是雇工有无主仆名分，然后根据不同情况作出判决。但这指的是杀死同主雇工的情况。至于杀死他人雇工如何处理，案例并未作出明文规定。不过，这一规定开了一个先例，不再笼统地认为雇工属于雇主一家，它迟早会被应用于杀死他人雇工的案件。果然，光绪三年发生了饶茂方案件。饶茂方杀死了罗王氏及其雇工任洪葬，系属杀死他人雇工。刑部就把上述原则运用到这个案件，提出了判案的原则："如任洪葬系罗王氏家受雇佣工，素有主仆名分，既经同居，该犯饶茂方将其主雇二人斗殴致毙，自应照律以一家二命论；若任洪葬虽与罗王氏同居，系雇请耕种工作，平日彼此相称，不为使唤服役，并无主仆名分

① 《新增成案所见集》卷21，第197—200页。

② 《刑案新编》，悬字本，第20—22页；《说帖》卷13，"李顶仔"。

③ 《大清律例增修统纂集成》卷26，第6页；（光绪）《大清会典事例》卷803，第1页；《皇朝政典类纂》卷398，第3页。

者，即照非一家论”。[1] 这就是说，如其为等级的雇佣关系，有主仆名分，雇工应属雇主一家，如其为非等级的雇佣关系，无主仆名分，雇工就不能作为雇主一家。

无主仆名分的雇工，在法律上不再作为雇主一家看待，其意义是十分重大的。它虽是在处理社会上人与雇主和雇工之间的关系中间提出来的，具体地说，只是一个外人杀害雇主及其雇工的罪刑轻重问题，并不涉及主雇之间的关系，但是，这一原则一经确立，它就会影响到主雇关系的各个方面。首先是，雇工不属雇主一家，雇主就不必为雇工的死亡和行为承担责任。更为重要的是，雇工不属雇主一家，雇工就从雇主的宗法家长制体系内解放出来。本来，无主仆名分的雇工，已经从雇主家内的低下地位中解放了出来，取得了与雇主及其亲属家族平等的法律地位，但还属于雇主一家，并没有从雇主的家长制统治下解放出来。现在，随着实际生活中等级的雇佣关系向非等级的雇佣关系过渡进程的发展，法律又认为无主仆名分的雇工不属于雇主一家，这就意味着获得了法律平等地位的雇工又从家长制统治下解放了出来，在完全的意义上摆脱了雇主的宗法家长制体系。

可是，法律新提出的这一原则，并没有及时受到重视和阐发，所以，问题并没有得到彻底的解决。幸而不久，孙中山领导的辛亥革命推翻了清王朝的统治，那一套维护封建等级制度的法典随之被废除而失效了。这个没有得到彻底解决的问题，也就因而解决了。可见涤荡旧有的污泥浊水，革命是最有权威的。此后，法律上不再有雇工人这一特定的社会等级，法律也不再认为雇工属于雇主一家了。至此，雇佣劳动全部在法律上完全而又彻底地从雇主的宗法家长制体系解放了出来。辛亥革命，虽然失败了，但它一举废除了封建法典的功绩是不可磨灭的，它标志着雇佣关系从等级向非等级过渡阶段的终结。

当然，这不是说，此后的农业雇佣劳动就不再具有落后性，其所带有的等级雇佣关系的痕迹全部彻底干净地消失了。历史的发展从来不是一刀切齐的。一直到解放前夕，“中国的富农一般地带着很重的封建和半封建剥削的性质，富农大都兼出租土地和放高利贷，其雇佣劳动的条件亦是半封建的”。[2] 这也

---

① 《说帖》卷13，“饶茂方”。

② 《目前形势和我们的任务》（《毛泽东选集》，四卷集，第1147页）；并参看王亚南：《中国半封建半殖民地经济形态研究》；薛暮桥：《中国农村经济常识》两书中有关章节。

不是说，在此以前，自由雇佣劳动就不可能出现，从而农业资本主义生产关系就不可能发生。我们在上面说过，在法律承认非等级长工不属于雇工人等级以前，实际生活中不只是平等的短工雇佣关系早已出现，而且平等的长工雇佣关系也已经开始出现了，从而资本主义生产关系发生的可能性业已存在了。

（八）小结

在农业等级性的雇佣劳动向非等级性雇佣劳动的过渡中，长工的变化是我们了解得比较完整的一个典型。

进入清代以后，在农业生产力进一步发展，雇主追求剥削更多的剩余劳动，以及雇工反对不平等待遇的斗争的推动下，农业长工雇佣关系发生了显著的变化。

变化首先在生产关系中发生：雇主对雇工的人身占有权同劳动力使用权开始分离，与此相适应，分配关系上的强制性也削弱了。生产关系的这些变化是等级雇佣关系向非等级雇佣关系过渡的基础。这些变化促成并决定了在法律上以主仆名分代替雇佣形式来作为判定雇佣关系性质的原则。这就使部分长工获得了法律上同雇主平等的地位。实际上，在乾隆二十四年到五十三年雇工律修订以前，至迟在雍正年间，长工已经开始了从法律上解放的过程了。

部分长工从法律上的等级地位中解放出来以后，社会上就出现了一种非等级的长工。这里要特别强调，只是部分长工得到解放，还有部分长工没有解放，他们依然束缚在等级制度之下。所以，这时社会上就同时存在着两大类长工。一类是没有解放的等级的长工，他们的情况我们在等级的雇佣关系上节中已经介绍过了。一类是新出现的非等级的长工，这里要多介绍几句。

这种非等级的长工，亦即不属于雇工人范畴的长雇关系，是由等级雇佣关系演变而来的，绝大部分带有不同程度的等级雇佣关系的特征。这就是说，在这类长工身上两种基本特征相对立的雇佣关系错综复杂地紧密地融合在一起，以至于很难确切地说，等级雇佣关系究竟在哪里结束了，真正非等级的雇佣关系，亦即自由的雇佣关系究竟在哪里开始了。特别常见的是等级关系在法律上结束了，而在实际生活中还没有结束的情况。所以，我们所说的非等级雇佣关系，确切地说，是过渡性的雇佣关系，即既非完全的等级雇佣关系，也非完全的自由雇佣关系。

这种等级的长工与过渡性的长工同时并存的情况一直到辛亥革命才算告一段落。

六 短工由等级向非等级的过渡

上面着重分析了农业长工的性质，现在应该谈谈明清时代数量最多、分布也最普遍的农业短工的性质了。

农业短工的性质也有一个演变过程。对于处在不同发展阶段的短工的性质，马克思主义经典作家的论断是不同的。例如，马克思说过："应该把严格的经济学意义上的雇佣劳动同（自由的）短工等等其他劳动形式区别开来"。[①] 这里"严格的经济学意义上的雇佣劳动"指的是资本主义的雇佣劳动，上面这句话的意思是说，这种"（自由的）短工"还不构成资本主义的雇佣劳动。同时，马克思又说过："土地所有权的历史表明了封建地主逐步转化为地租所得者，世袭的半交代役租的而且常常是不自由的终身租佃者逐步转化为现代租地农场主，以及依附于土地而没有迁徙自由的农奴和徭役农民逐步转化为农业短工的过程，这种历史事实上就是现代资本的形成史"。[②] 在这种场合下，农业短工同资本主义的发生或形成又是密切相关的。列宁在分析俄国的资本主义发展时，认为雇用短工是最能说明农村资产阶级的标志。[③] 这里，农业短工是农村资本主义生产关系的代表了，毫无疑义，这种短工就是马克思所说的"严格的经济学意义上的雇佣劳动"。显而易见，经典作家们是根据农业短工所处在的不同发展阶段来论述他们的性质的差异的。

当然，构成资本主义雇佣劳动的短工，必须是具有双重的自由："他们在双重意义上是自由的：摆脱旧的保护关系或农奴依附关系以及徭役关系而自由了，其次是丧失一切财物和任何客观的物质存在形式而自由了，自由得一无所有。"[④] 这种自由劳动不是自然史上的关系，也不是一切历史时期共有的社会关系。那分明是一个先行的历史发展的结果，是许多次经济革命，社会生产全系列古旧形态灭亡的产物。这些变革，亦即使生产者转化为雇佣工

① 《马克思恩格斯全集》，第46卷，上册，第461页。

② 同上书，第206页。

③ 《列宁全集》，第3卷，第56、73、85等页。

④ 《马克思恩格斯全集》，第46卷，上册，第510页。

人的运动，一方面表现为生产者从隶属地位和行会束缚下解放出来，另一方面表现为生产者被剥夺了一切生产资料。①

明清时代的农业短工正处在“解放”和“剥夺”的过程之中。一方面，他们一步一步地同生产资料脱离，另方面他们一步一步地从封建传统关系解放。对于这两个方面，我们应该予以同等的重视，因为忽视任何一个方面，都会导致错误的结论。马克思在论述自由劳动的二重自由时，曾经特别强调过这一点。②

（一）农业短工的渊源

农业中的短工是怎样出现的呢？换句话说，独立的小生产者怎样变成了临时的短工，甚至职业的短工呢？这涉及封建社会里的农民分化问题，而农民分化问题不在我们讨论的范围以内。下面我们只是从明清时代或者更早一点，农村中存在的互助伴工、换工等形式，来说明小生产者转化为农业短工这一具体过程的一个方面。

互助伴工、换工是农村中久已存在的互助形式。它们的出现是有深刻的社会原因的。在我国封建社会宗法家长制农业经营中，生产的基本单位是一家一户。一家一户包括全家的男女老幼，不同性别、不同年龄的劳动力，他们在家长统帅之下，有分工有合作地从事农副业生产。一家一户的劳动力的构成，不必和他们所经营的土地和副业生产相适应。即或原来是适应的，一旦发生疾病死亡，生育婚嫁，或者经营土地面积的扩大或缩小，就不适应了。不适应的情况出现以后，特别在农忙季节，本家的劳动力不敷需要，而另一家的劳动力可能富裕，于是邻里互助的现象就应运而生了。

但是，最初的互助，交换的意义是不大的，特别是发生在集体和个人之间的时候。例如，宋代苏轼描写的四川眉州的情况：“岁二月，农事始作。四月初吉，谷稚而草壮。耘者毕出，数十百人为曹，立表下漏，鸣鼓以致众。择其徒为众所敬畏者，二人掌鼓，一人掌漏，进退坐作惟二人之听。鼓之不至，至而不力，皆有罚。量田计功，终事而会之，田多而丁少，则出钞以偿众。七月既望，斩艾而草衰，则仆鼓决漏，取罚金与偿众之钱，买羊酿

① 参看《马克思恩格斯全集》，第23卷，第783页。

② 同上。

酒以祀田祖。作乐饮酒，醉饱而去，岁以为常”。[①] 这就叫做“农夫合耦以相助。”“合耦”是在一起耕作的意思。这里虽有“田多而丁少者出钞以偿众”的现象，但结果是大家吃喝一顿，田少而丁多之家并没有多得到什么。元代王桢在《农书》里描写过河北的情况：“其北方村落之间，多结为锄社，以十家为率。先锄一家之田，本家供其饮食，其余次之。旬日之间，各家田皆锄治。自相率领，乐事趋功，无有偷惰。间有病患之家，共力助之。故苗无荒秽，岁皆丰熟。秋成之后，豚蹄盂酒，递相犒劳，名为锄社，甚可效也”。[②] 明代万历《秀水县志》记载：“佃农通力耦犁曰伴工，端阳前后插青毕，醵金赛田畯，浊醪瓦缶，酣呼相劳苦，谓之青苗社会。”[③] 清代道光《大竹县志》记载：“四月初，秧长尽栽插，乡人通工彼此相助曰打暴工。”[④] 光绪《大宁县志》记载：“乡农有贫不能东作者，比邻约期助工，尽一日力，不受值，农家只备酒饭相款，以二人鸣金鼓唱山歌娱之，工作益奋，曰打薅草锣鼓，颇有助恤之风，洵美俗也。”[⑤] 所说的，大概都是这类互助现象。

如果互助发生在个人与个人之间，这家与那家之间，交换的意义就大了。例如，嘉靖《江阴县志》：“独耕无力，倩人助己而还之，曰伴工”。[⑥] 嘉靖《洪雅县志》：“其用工则邻里交易而作，谓之换工”。[⑦] 清代康熙《登州府志》：“田多人少，倩人助己曰伴工”。[⑧] 后来的《登州府志》说得更清楚一些：“田多人少，彼此相助曰伴工”。[⑨]《松江府志》：“田多而人少者，倩人为助，已而还之，曰伴工。”[⑩] 乾隆《金山县志》：“田多人少，倩人助己而还之者曰伴工。”[⑪] 同治《东乡风土记》引康熙旧志：“有曰换工者，后期而互以力偿。”[⑫] 江都《北湖小志》：“其有农事，则以乡邻互助为力”。[⑬]

① 《蜀中广记·蜀中风俗》卷2。引苏轼：《眉州远景楼记》。
② 王桢：《农书》卷3，中华书局1956年版，第22—23页。
③ （万历）《秀水县志》卷1，第41页。
④ （道光）《大竹县志》卷18，“风俗志”。
⑤ （光绪）《大宁县志》卷1，“风俗”。
⑥ （嘉靖）《江阴县志》卷4，“风俗”。
⑦ （嘉靖）《洪雅县志》，“风俗”。
⑧ （康熙）《登州府志》卷8，“风俗”。
⑨ （光绪）《登州府志》。
⑩ 《古今图书集成》，职方典，卷690，“松江府部”。
⑪ （乾隆）《金山县志》卷17，“风俗”。
⑫ （同治）《东乡县志》卷8，第3页；又吴嵩梁：《东乡风土记》。
⑬ 《北湖小志》卷1，“风俗”。

这些资料都说明，这类互助，相互之间是要维持一个平衡的，请人帮工，必要还工，这样有来有往，互不吃亏，才能长此以往地互助下去。具体的事例如湖南，康熙四十二年四月，黄荣先倩寻猪帮工一日，到二十五日，黄荣命姚一赴寻猪家还工。[①] 江苏金坛县杨张氏与于三丁两家，“每逢农田工忙，两家工人彼此帮做抵算”。[②] 不仅人力与人力之间是这样，人力与畜力之间也是这样。例如，陕西渭南县，康熙初年，刘学诗家贫不曾置养牲畜车辆，每借刘广益家牲畜车辆使用，刘学诗的儿子刘贵之就常与刘广益家助忙，“互相资藉”。[③] 这“还工”和“抵算”，以及“互相资藉”的目的就是要维持一个平衡。不但工要平衡，而且互助时的饭食也要照样丰盛，不能逊色。明末曾经有人慨叹：“且如一两年来，米贵异常，农家该十分爱惜，却到种田时节，伴工做生活的，每日要酒肉几顿，比昔年米贱时，倒多了。我吃了别人的，别人还工也要照样。原是自费自家的，有甚便宜”[④]。然而，这种风气一直延续了下来。

但是，以劳动力交换劳动力的平衡并不是无论在什么时候都能维持的。一旦出现了以实物或货币来抵偿对方劳动力的现象，哪怕只是双方互助关系中一个小小的部分，互助就丧失了它的纯洁性，雇佣关系、短工的萌芽就出现了。

我们没有早期的有关资料，只在清末屯溪资料中，发现一个账册，这个账册的内容具体地说明了由互助向雇佣转化的过程。这是屯溪一家姓叶的记工账，所记的大部分是换工账，一小部分是雇工账。在换工账中，我们发现有一宗叶姓同他称为吴二兄又称为吴志兄的历年换工账目，从咸丰十一年起，到同治三年止。咸丰十一年，两家换工，吴二兄为叶姓作了二十九个工，叶姓为吴二兄作了七个工。不平衡的部分，由叶家付出米一斗，油一杯，钱一百二十文，两家结清。同治元年，吴家来作十八个工，叶家去作十六个工，基本平衡。同治二年，吴家来作二十五个工，叶家去作五个工，不平衡部分由叶家付出米九升，粟子二升，白豆半斗清账。同治三年，吴家来作二十三个工，叶家只去作了三个工。叶家付出米二升，谷半砠，又钱八十

① 赵申乔：《自治官书》卷1，第47页。
② 嘉庆二十二年三月十六日江宁巡抚胡克家题本。
③ 黄册，《陕西康熙二十二年分已结未结大狱文册》。
④ 陈龙正：《畿亭全书》卷24，第16页。

文，年终结账，叶家欠吴二兄钱三百三十八文。[①] 这两家名为换工，实际上，除同治元年外，其他三年主要都是叶家用实物和货币来换取吴二兄的劳动力，吴二兄实际上变成了拿叶家工钱的短工。

把上面这些不同时代，不同地区，处在不同发展阶段的生产关系的资料综合起来，可以说明，短工是突破了小生产者的家庭劳动力的自然界限，突破了农村的传统互助关系，突破了单纯的劳动力的直接交换而出现的。互助伴工、换工不属于雇佣关系的范畴，而短工属于雇佣关系的范畴，它们并不相同，然而在明清时代，它们却是农村里同时并存的现象。虽然，每一个短工不必都经过互助伴工、换工的发展过程，但从生产关系演变的序列来看，短工和互助伴工、换工现象的同时存在，正好说明小生产者正处在不断向雇佣转化的过程之中，不断地有小生产者转化成为农业短工。当然，还需要补充一句，这个过程是进行得十分缓慢的，所以，在鸦片战争以后，我们还可以看到这类现象。

现在的问题是，这些刚由小生产者中间出来的农业短工是什么性质的呢？

（二）等级的短工

在明万历十六年《新题例》颁行以前，[②] 这些刚由小生产者中间分化出来的农业短工，都落入了等级的雇佣关系的范围，成了封建法典上雇工人这一低下的社会等级，他们是不得同雇主立于平等的地位的，虽然同社会上其他人仍然居于平等的地位，像其他的小生产者一样。

在历史上，封建法典规定“人力”和“客作”的法律地位时，并不区别长工和短工，它们同被视为一个低下的社会等级。明朝开国皇帝朱元璋在制定明代法典的时候，承袭了这一传统。他所制定的明代法典，对于雇工人犯罪的各种情况的处刑等级，规定得空前细密，但仍不区别长工和短工的不同。所以，在明代万历十六年以前相当长的一段时期内，法律学家们都是根据这一精神给雇工人下定义的。例如，天顺年间张式之《律条疏义》上说：“雇工人者，雇请役使之人，非奴婢之终身从役者”。[③] 正德年间胡琼《大明

---

① 中国社会科学院经济研究所藏，《屯溪资料》。

② 参阅前引经君健同志的文章。短工的解放也可能稍早几年。

③ 张式之：《律条疏义》，“良贱相殴”。

律集解》上说“雇工人是官民家暂雇役者”。[①] 嘉靖年间《大明律读法》上说：“雇工人是一时在役者”。[②] 最后，万历初年《折狱指南》上说：“雇工者，雇倩代劳于一时，其恩义名分又次于奴婢者”。[③] 在这些解释中，所着重的是雇工人同奴婢的区别，因此强调“雇佣一时”与“终身服役”的差异，从未提及长工和短工的不同。因此，受雇一年或多年的长工，和受雇月日的短工，不作区别，都被视为雇工人这一低下的社会等级。

例如，嘉靖八年直隶常州府无锡县，倪秦出雇给一个名叫钱让的人从事农作，他四月受雇，六月工满，应该是个农业短工。倪秦在受雇期间五月的一个夜晚，将雇主系在河下的一只小船撑走了。事后被雇主察觉告发，封建法庭认为倪秦“盗钱让船一只，系雇工人盗家长之物”。[④] 可见，在这一案件中，封建法庭是把倪秦这个农业短工作为雇工人来对待的。我们没有见到类似的判例。不过，另据正德十三年山东商河县一个卖皮底的手工艺者的月工都被作为雇工人来对待的事例看来，[⑤] 短雇工人之被视为雇工人似乎并非农业中的独有现象。倪秦之被视为雇工人也就可能不是什么特殊的事例了。这种情况一直到万历十六年《新题例》颁行以后才得改变。[⑥]

于此，应该作两点声明。第一，由于缺乏直接证明材料，对于万历十六年前的等级的短工在实际生活中的状况，我们只能根据短工的特点按照等级的长工的情况来加以想象。第二，同样由于缺乏直接证明材料，我们不能确说万历十六年短工法律身分地位的解放——不再作为雇工人，是由于农业中短工在实际生活中的地位发生了变化，还是由于手工业中短工在实际生活中的地位发生了变化，或者农业和手工业中短工的实际地位同时发生了变化，或者还有其他原因，所以才促成的。不过，可以明确的是，自此以后，短工不再被视为雇工人的现象，不论在农业中，或手工业中，都出现了。

（三）由等级向非等级过渡的短工

万历十六年《新题例》颁行以后，许多短工不再被视为雇工人这一低下

① 胡琼：《大明律集解》卷3，“亲属相盗”。

② 《大明律读法》卷20，“良贱相殴”。

③ 舒化：《大明律例注释招拟折狱指南》卷13，“奴婢骂家长”。

④ 应槚：《谳狱稿》卷3，第28—29页。

⑤ 李天麟：《淑问汇编》卷4，第48页。

⑥ 也可能稍早几年，参看前引经君健同志的文章。

的社会等级，在法律上得到了解放。是不是这些短工就此完全摆脱了等级关系的束缚，完全摆脱了土地关系的束缚呢？为了回答这个问题，我们需要首先摆一摆一系列互相矛盾、却又同时存在的复杂现象。这些现象多半早为历史研究工作者所注意，不全是我们的发现。我们在这里的工作，不过是把它们集中起来，加以排比，作一个比较全面的考察。所涉及的主要是万历十六年以后的情况，也偶尔提到万历十六年以前的情况，那是为了说明问题，并非要说明那个时期短工的情况。上面已经说过，对于那个时期的农业短工，我们缺乏直接的材料说明。

1. 短工与土地

正德《姑苏志·风俗》："若无产者，赴逐顾请，受直而赋事，抑心殚力，谓之忙工。又少隙，则去捕鱼虾，采薪埏埴，佣作荷担，不肯少自偷惰。"① 这所说的是短工，他们除受雇工作外，还要从事其他生产等活动。嘉靖《吴江县志》："若无产者，赴逐雇倩，抑心殚力，计岁而受值者曰长工，计时而受值者曰短工，计日而受值者曰忙工，佃人之田以耕而还其租者曰租户，又少隙则去捕鱼虾，采薪埏埴，佣作荷担，不肯少休。"② 这说的除雇工外，还有佃户，佃户也还要有时从事佣作的。概括起来说，短工往往从事其他活动，而佃户也往往从事佣作，至于什么是主要职业，在这里则说得并不清楚。乾隆《吴江县志》说得清楚一些："又有佃人之田以耕而还其租者曰租户，少隙则又计日受值为人佣作曰忙工，或捕鱼采薪，埏埴担荷，不肯少休。"③ 这说的是佃户兼作忙工，忙工该是他的副业之一了。总而言之，有许多小生产者，包括佃户在内，是以打短工为副业的。

把当时人们所作的这些观察同具体的事例结合起来看，问题就很清楚了。许多独立的小生产者是以打短工为副业的。例如，清顺治初年，山西徐沟县贺加先自有耕牛，农忙时为人耕地，④ 就显然是一种副业。乾隆末年，江苏元和县沈发观和胡敖都是"种田度日"，农忙时节去包种他人田亩⑤，

① （正德）《姑苏志》卷13，"风俗"。

② （嘉靖）《吴江县志》，"风俗"。

③ （乾隆）《吴江县志》卷38，第4页。

④ 黄册《山西顺治十六年分钦件大狱》。

⑤ 乾隆五十五年十二月二十日署江苏巡抚觉罗长麟题本。

也是以短工作为副业的。宣化府西宁县张达种地度日，农忙时为人耕地，[①]河南内乡县李添禄自有耕牛，为人犁地，[②] 都是副业。佃户去作短工的事例。如陕西华州，闻学租种文姓山地，是文家的佃户，“八月初五日到王二家帮做忙工”。[③] 江苏如皋县张五是个租种七亩地的佃户，“时常为人帮工”。[④] 这些具体事例，同样证明，小生产者包括佃户在内，有不少人是以短工作为副业的。当然，从只是一种临时的措施、一种救急办法到经常作为副业都包括在内。从作为一种临时措施、一种救急办法到一种经常性的副业，这中间有一个量的变化在内。在这个变化过程中，劳动者多半还是同土地相联系的。上引具体事例都表明了这一点。这正如恩格斯在《反杜林论》中曾经指出过的：“不时出去打短工的农业劳动者，都有自己的只能借以糊口的几亩土地。”[⑤] 我们要补充说明的是，在中国明清时代，这几亩土地包括农业劳动者自有的和佃入的。

如果这类农业劳动者失去了这几亩借以糊口的土地，他们的出路之一就是充当职业的短工或长工，变成雇佣劳动者。陕西富平县王发成在谈自己的经历时说：“小的过去有二、三亩地，还可将就度日，于今把地亩陆续当卖完了，止靠佣工为生”。[⑥] 上面提到的江苏元和县张五，把田退还给地主以后，就变成一个职业的雇工了。[⑦] 小商小贩也是一样。宛平县邓三平日贩卖杂货生理，因为做生意欠下了六千三百七十个大钱，为了还债，就变成了一个“到处做活” 的人。[⑧] 这类过程每时每刻都在发生，因此清代文献资料中，出现了大量的以佣工为生的职业短工。

许多是在本乡本土作职业短工的。例如：安徽婺源县人孙贵“父故母醮，孤孑一身，佣工度日。”[⑨] 广东琼州府陵水县人李文正，“平日佣工度日”。[⑩] 贵州定番州红花寨人阿夕，“雇与人家种田为生”。[⑪] 山东昌乐县三家

① 乾隆五十七年二月二十五日刑部尚书阿桂题本。
② 乾隆五十八年四月十四日河南巡抚穆和蔺题本。
③ 乾隆五十三年七月十七日刑部尚书阿桂题本。
④ 乾隆五十四年闰五月初八日刑部尚书喀宁阿题本。
⑤ 《马克思恩格斯全集》，第20卷，第296页。
⑥ 乾隆五十九年五月二十七日管理刑部事务阿桂题本。
⑦ 乾隆五十四年闰五月初八日刑部尚书喀宁阿题本。
⑧ 乾隆五十二年七月二十四日直隶总督刘峩题本。
⑨ 乾隆十三年五月十八日刑部尚书达尔党阿题本。
⑩ 乾隆十六年五月初九日广东巡抚苏昌题本。
⑪ 乾隆十六年闰五月二十三日刑部尚书阿克敦题本。

庄人冯三"靠着做工度日";[1] 阳谷县田家庄人田文"一向在外做工度日;"[2] 济宁州人杨四，也是"一向做工度日"。[3] 河北昌平州人刘四"一向做短工度日"。[4] 山西府谷县人郭金锁"佣工度日"。[5] 江苏华亭县人张巨川常雇姚秀观"帮做短工"。[6] 河南武安县人李禄子"平日佣工度日"。[7] 山西永宁州贺德"佣工度日"，为人背柴。[8] 广东信宜县胡来生、胡亚二兄弟两人"都短雇在谭亚乙家佣工"按月支取工钱。[9] 新宁县"陈亚和雇伍保连在家佣工，讲定每月工钱五百文"。[10] 上述这些事例都来自刑事案件，除了少数有文字说明的职业短工以外，都是以短工的身分走上封建法庭的，结合有关他们职业的文字说明，我们确认他们是职业的短工。这些在本乡本土作短工的劳动者也可能自有一点土地，像四川大邑县傅灿玉那样，有一块需要一个人帮一天忙栽插秧苗的土地，但人们说他是"佣工度日",[11] 可见短工是他的主要职业。

也有到外乡外县外省去作短工的。例如，康熙十四年山西静乐县贾才"搬到岚县炉峪沟寄住与人佣工度日"。[12] 同年，江苏清江浦人李靖到河南洛阳黄河口郭家滩居住"佣工度日"。[13] 康熙二十二年陕西凤翔县人赵起才来到西安府地方"寻觅做工。"[14] 康熙四十年直隶武清县人徐大到宁古塔地方"各处佣工"。[15] 乾隆二年山东齐东县王忠典到宁古塔地方"各处佣工砍柴度日"。[16] 李举籍隶山东到河南南阳县"短工度日"。[17] 乾隆八年安徽

---

① 乾隆二十八年三月十七日刑部尚书舒赫德题本。
② 乾隆三十五年六月初四日管理刑部事务刘统勋题本。
③ 乾隆五十六年十二月十七日护理山东巡抚江兰题本。
④ 乾隆五十六年四月十三日刑部尚书阿桂题本。
⑤ 乾隆五十六年十一月初六日刑部尚书阿桂题本。
⑥ 乾隆五十七年五月二十九日刑部尚书阿桂题本。
⑦ 乾隆五十七年七月十六日河南巡抚穆和蔺题本。
⑧ 乾隆五十七年六月二十四日山西巡抚觉罗长麟题本。
⑨ 乾隆五十八年六月二十四日管理刑部事务阿桂题本。
⑩ 乾隆五十八年二月初四日广东巡抚郭世勋题本。
⑪ 嘉庆二十一年十月十八日四川总督常明题本。
⑫ 黄册，《康熙十七年分刑部山西大狱案件略节缘由文册》。
⑬ 黄册，《康熙十六年分河南钦件大狱各案，略节招由册》。
⑭ 黄册，《康熙二十二年分陕西已结未结大狱文册》。
⑮ 黄册，《康熙四十一年刑部盛京等处各将军情真囚犯招册》。
⑯ 黄册，《乾隆二年刑部安徽等司题驳事件清册》。
⑰ 乾隆七年四月初九月河南巡抚雅尔图题本。

宿州黄三“携妻挈子”到凤阳佣趁。① 乾隆十六年十月云南“刘登儒贫难度日，携妻女同往楚雄县属代人收菽”。② 乾隆十九年湖南邵阳县人李盛占“来川佣工度日”。③ 乾隆二十九年浙江淳安县人项子明到西安县佣工。④ 乾隆五十年以后，这类现象就更多了。例如，河北昌黎县杨国标到临榆县石门寨，晚上住在店内，白天外出佣工。⑤ 湖南湘乡人黄南友到四川奉节县作短工，乾隆五十四年四月间为人包薅高粱地。⑥ 湖北蕲州人翁起源到陕西安康县“帮做短工”，“佣工度日”。⑦ 山东益都县人王车到吉林下站一带地方“卖工度日。”⑧ 浙江山阴县人王珍和山西左云县人吴荣“向在宁远厅晁得元店内寄宿，佣工度日”。⑨ 甘肃陇西县人张礼“向在通渭寄居佣趁。”⑩ 河南鄢陵县人张有“向在淅川县地方佣工度日。”⑪ 山西大同县人史斌“寄住宁远厅白猫儿沟佣工度日”。⑫ 山东安邱县人张凤彩“向在盖平县地方佣工度日”，同县人张凤德“同他认识相好，常在一处卖工”。⑬ 河北献县人孔发有“向在朝阳县扎兰沟寄住，做工度日”。⑭ 四川巴州人袁文佑到通江县“佣工度日”。⑮ 福建海澄县人杨黎在台湾县“佣工度日”。⑯ 再如“夏县太平庄寄居之孙常娃、温成林二人乃无家室素作短工之人”。⑰ 诸如此类，离开本乡本土到外省外县外地去作职业短工的事例是举不胜举的。

这些外出短工，也可能在家乡有着自己的一点土地。当然，一般说来，

---

① 乾隆十年四月二十五日刑部尚书盛安题本。
② 王玉如：《条例·人命》，第43页。
③ 乾隆二十一年八月初六日四川总督开泰题本。
④ 乾隆三十年五月三十日浙江巡抚熊学鹏题本。
⑤ 乾隆五十一年十一月初三日刑部尚书阿桂题本。
⑥ 乾隆五十五年十月初三日刑部尚书阿桂题本。
⑦ 乾隆五十六年五月二十三日刑部尚书阿桂题本。
⑧ 乾隆五十七年二月二十六日刑部尚书阿桂题本。
⑨ 乾隆五十七年十月十八日刑部尚书阿桂题本。
⑩ 乾隆五十七年五月二十三日刑部尚书阿桂题本。
⑪ 乾隆五十七年十二月十一日刑部尚书阿桂题本。
⑫ 乾隆五十八年九月十九日山西巡抚蒋兆奎题本。
⑬ 乾隆五十八年八月二十五日刑部尚书阿桂题本。
⑭ 嘉庆二十年六月十八日直隶总督那彦成题本。
⑮ 嘉庆二十年十二月初十日四川总督常明题本。
⑯ 嘉庆二十年五月初三日管理刑部事务董诰题本。
⑰ 《顾恕斋先生山右谳狱记》，第15页。

要是这点土地能够用来满足他们生活必需的时候，他们未必就肯离乡背井到异乡异地去充当雇工为人劳动了。所以，我们在清代文献上往往可以看到这类记载，荒年时节，农业歉收，要求打短工的人就多，丰收年景，谋生容易，要求打短工的人就少。到了光绪年间，河南陕州地区还有这种现象："年岁乍转，人工难得，即出重价，亦难雇人"。①

上述这些职业短工，如果接受雇主的常年雇佣，他们就变成了长工。原来是长工的，由于找不到长雇的机会，也有改作短工的。短工和长工中间并没有隔着一道不可逾越的鸿沟，这一点的重大意义我们将在下面讨论，这里暂不涉及。

2. 短工市场的出现

市场指清代开始普遍出现的短工市场。雇佣关系是否是通过市场而成立的，这一点是向来讨论农业雇佣劳动性质的研究者们所忽视的，因为他们不重视受市场法则支配和不受市场法则支配的交易的差异，而这个差异在判定雇佣关系性质的时候，是有意义的。

在农业短工的需要不大，短工市场的出现还没进入历史日程的时候，农村中短雇关系的成立很可能不外乎两种方式：不是劳动者到雇主家里去寻找出雇的机会，就是雇主到劳动者家里去找人使唤，并不通过短工市场。短工像当时农村中的手艺人那样，不是坐在家里等候雇主就是走乡串户去寻找雇主。在这种情况下，供求关系、市场法则对于雇佣关系的成立并非毫无作用，但其作用的程度与市场出现以后相比是不大的。相反的，亲戚邻里关系所起的作用估计是不会小的。但可惜的是，我们没有找到在短工市场出现以前的早期短雇关系成立的具体事例。

随着生产力的发展，农业经营的扩大，对于农业短工的需要增加，依靠邻里亲戚帮忙所能提供的劳动力不足以适应需要的时候，短工市场的出现就成为历史的必然了。劳动者不必走乡串户，雇主也不必到处唤人，他们都到市场上，在那里相遇，不需要事先认识，也不需要中保介绍，只须双方讨价还价，议定条件，就可以成立交易，雇佣关系就算是成立了。文献上说："主者得工，雇者得值，习焉称便"，② 歌颂的就是这种情况。供求关系，市场法则代替了亲戚邻里关系，统治着整个市场。列宁在讨论俄国的工人市场

① 严作霖：《陕卫治略》卷3。

② （乾隆）《林县志》卷5，"集场记"。

时曾经指出："在这里，'冷酷无情的现金'公然统治着阶级关系竟到了什么程度，例如从下面的事实就可以看出：'老练的雇主非常清楚'，工人只有在自己的全部面包吃尽了的时候才会'屈服'。'一个业主说，他曾到市场上去雇用工人……他在工人当中走来走去，用手杖敲他们的布袋：若有面包，就不跟这种工人交谈，而干脆离开市场'，一直等到'市场上有了空布袋的时候再谈'。"① 中国的情况是，短工进入市场的时候没有面包可带，但是他们自己，还有家里的人都在等着饭吃！

在前面，我们曾经指出过，短工市场在进入清代以后大量出现，从北到南，日益普遍。当然，确切的统计是没有的，然而，发展的趋势是显著的。例如，在河北昌黎，据不完全统计，短工市在乾隆年间只有大横河镇一处，到了光绪年间，已经有安山、燕窝庄、泥井、留守营等多处了。② 在河北无极县，如遇"祲岁"歉收，农田工作量大减，短工找不到雇主，"佣市"上等待雇佣的往往有数十人之多。③ 短工市场的出现和发展，是传统的雇佣方式、雇佣关系在流通领域被突破的一个显著标志，它标志着雇佣关系的变化。

但是，不能拿这个标志来概括整个时代的情况，因为有许多短雇关系仍然是在市场以外按照传统方式形成的，或者受传统的影响较多。

明清时代，同族聚居的现象十分普遍，因此，宗族亲戚之间成立雇佣关系的现象也就到处可见。比如广东仁化县阙经林短雇其妾李氏的族弟李叶荣割禾。④ 江苏长洲县曹氏系曹和尚无服侄女，曹氏之夫杨香因田内工忙雇曹和尚帮工。⑤ 福建安溪县郭岁系郭时无服族兄，郭岁收割早稻时雇郭时帮工。⑥ 直隶枣强县刘铎是刘六的无服族兄，同村居住，向来在刘六家做短工。⑦ 江西瑞金县沈刘氏系沈道池期亲服婶，雇沈道池帮工。⑧ 广东东莞县曾亚二短雇在同族人曾亚登家佣工。⑨ 四川三台县龚体忠雇龚全忠栽插秧苗，

---

① 《列宁全集》，第3卷，第210—211页。

② 《昌黎新县志》，草稿。

③ 李塨：《恕谷后集》卷6，"张太翁传"。

④ 《成案所见集》卷26，第517页。

⑤ 乾隆五十二年十一月二十六日江宁巡抚闵鹗元题本。

⑥ 乾隆五十五年六月初三日闽浙总督觉罗伍拉纳题本。

⑦ 乾隆五十五年二月二十六日刑部尚书阿桂题本。

⑧ 乾隆五十七年九月十七日护理江西巡抚印务托伦题本。

⑨ 乾隆五十八年正月二十五日广东巡抚郭世勋题本。

他们是同祖堂兄弟。[①] 安徽泾县胡第雇无服族弟胡骥，帮做月工。[②] 地不论东西南北，诸如此类的事例，可以找到成千上万，而且我们还有理由推断，这种现象是由来已久的。显而易见，这些有亲族关系的雇佣关系，主雇双方在处理他们之间的诸如工值问题、工时问题、工作性质等等问题时，是难免要考虑所谓“亲谊”和“族谊”的。

即便不是宗族亲戚，有些主雇之间的关系也往往带有浓厚的传统色彩。例如，康熙初年，苏州有陈奉和陆瑞两人，每年冬间都到沈君瑶家去摇船，充当季节性的短工。[③] 这种年年如此的短雇关系有时还是不易打破的。到了道光年间，我们还见有这样的事例。山东嶧县，郑三拔每逢农忙都要雇刘郑氏的儿子刘暻烈和刘存兄弟两人帮做短工。道光二十二年夏天，郑三拔改变了主意，不雇刘氏兄弟，另雇他人锄地。刘郑氏怀疑有人从中挑唆，要找这人理论，以致酿成流血事件。[④] 这种行为，固然限制不了雇主的自由，改变不了历史发展的趋势，但是，它毕竟反映了维持传统雇佣关系的努力。

在这方面，维持旧传统与打破旧传统的矛盾还有其他的表现。例如，在成立短雇关系时，主雇双方并不议定工价，而由雇主一方决定支付，如果雇工嫌少，只能忍气吞声，下次不来受雇。乾隆二十年，河南永宁县短工毛仁批评雇主王信文的一段话就是一个明证。他说：“人家雇短工都是三十文钱，王信文少给五个，做人刻薄，下次那个肯来”。[⑤] 即便主雇之间实现了自由的讨价还价，也往往受到所谓反对“划雇”的干扰。乾隆五十五年，江苏元和县宋五有三亩六分田要雇人包种，他没有到市场上去雇短工。一个小生产者沈发观到宋家来包揽这项工作，索价七百文钱，宋五嫌贵，不曾成交。后来，宋五以五百四十文钱的代价把活儿包给了另一个小生产者胡敖。如果事情就此完结，那么，宋五在家里雇工和到市场上去雇工并没有什么本质的不同，都要讨价还价，但是，沈发观得知胡敖揽活成功，他不向宋五理论，却找胡敖争吵，结果酿成武斗，打出了人命官司。[⑥] 同年在福建龙溪县，郑千

---

① 嘉庆二十年十一月二十三日管理刑部大臣董诰题本。
② 嘉庆二十三年十月二十一日管理刑部大臣章煦题本。
③ 黄册，《康熙十八年分钦件大狱已结未结略节文册》。
④ 黄册，《道光二十三年山东巡抚汇题秋审缓决各案》。
⑤ 乾隆二十一年五月二十七日刑部尚书鄂弥达题本。
⑥ 乾隆五十五年十二月二十日署江苏巡抚觉罗长麟题本。

乘为郑冯在田做工，郑开路过，约郑千乘次日帮他割稻，并许多给工钱。按照市场法则，谁多给钱就给谁作雇工，在价值规律面前是没有什么好争论的。但是，郑冯却说郑开夺他雇工，先是斥骂，后来打出人命。[①] 嘉庆年间，四川成都县苟恒新因栽种树苗，怕人偷窃，想雇人看守。王化美索要工钱一千文，苟恒新认为工价太贵，没有讲成，后来工作为易家顺以低价每月工钱七百八十文揽去。但是，王化美并不认为他自己索价太高，而认为易家顺不应减价夺其生意，因此同易家顺吵闹，还把易家顺打了一顿，并且误把夏家蛮戳伤身死。[②]

这些发生在雇主与雇主之间，或雇工与雇工之间的斗争，无疑会影响自由雇佣关系的发展与传统雇佣关系残余的消灭，但是，它并不能改变历史发展的方向。

3. 短工与农具

短工自带农具与否，是一个关系重大的问题。马克思在《资本论》“手工与手工制造业”中曾经指出，在行会手工业时代，劳动者和他的生产资料是互相结合的，好像蜗牛和它的背壳互相结合一样，这时，生产资料还没有和劳动者分离，还没有独立化成为资本。[③] 列宁在区分俄国农业中的工役制度和资本主义制度时，也特别强调劳动者有无农具这个问题，他说工役制度就是用附近农民的农具来耕种地主的土地，不管是什么偿付形式，而资本主义制度就是雇佣工人用业主的农具来耕种业主的土地。[④] 我们在研究中国明清时代的农业短工时，当然不能忽视这个问题。

在短工市场出现以前，出雇的短工是否自带农具，我们不很清楚，估计是会带的。短工市场出现以后，到市场上寻找出雇机会的劳动者，却往往需要自带农具，不带农具，就找不到雇主。清康熙初年山东青州府的情况最足以说明这个问题。有关文献记载：“每当日出之时，皆荷锄立于集场，有田者见之，即雇觅而去。其无锄者，或原有锄而质当于人者，止袖手旁观，见无人雇觅，皆废然而返。”[⑤] 其他地区大半也是这样。河南《林县志》记载：

---

① 乾隆五十六年四月二十九日刑部尚书阿桂题本。

② 嘉庆二十二年四月初九日管理刑部事务松筠题本。

③ 参看《马克思恩格斯全集》，第23卷，第397页。

④ 参看《列宁全集》，第3卷，第162—163页。

⑤ 《资治新书二集》卷8，“劝施农器牌”。

“其间民游手持荷农具，晨赴集头，受雇短工，名曰人市”。① 河北《献县志》记载：“至于又不得佃田，作时荷锄于市以受雇”。② 具体的事例如：雍正十三年六月初一日，河南柘城县秦克石，“携锄赴集，候主雇觅短工”。③ 乾隆五十六年五月二十四日清晨，王车“扛锄到吉林靠山屯来寻觅工做”。④ 乾隆五十六年八月十三日早上，河北南皮县人林进常“带着镰刀出外寻工”。⑤ 乾隆五十七年十月山西左云县史斌特地为外甥李万仓买一把铁镢“叫他出外佣趁”。⑥ 乾隆五十八年四月十三日湖北房山县李万镒带一把铁锄到张用芳家帮工。⑦ 南方也是这样。道光元年，广东潮阳县彭天开，就是携带刀、挑、箩筐赴惠来县属寻找工做的。⑧

如果雇主雇用短工耕地，短工也往往需要自带牛犁。顺治十六年山西徐沟县贺加先为人短雇耕地，就是自带牛犁的。⑨ 乾隆五十六年宣化府西宁县张达为郭秉仁耕地，也是自带牛犁的。⑩ 乾隆五十七年九月，河南内乡县李添禄雇给汪朝国家犁地，犁完了地要牵牛回去。⑪ 这都是短工自带农具和耕牛的实例。

对于短工自带的耕牛和农具，雇主并不都是满意的。清初，陕西鄠县李栢因为灾荒避到洋县居住，找来了二十亩山田耕种。他没有牛，借牛耕地。他说，这年春天，“有吴二者，荒年贫病，春雨绝粮，携衣质米，余不受衣，借米六升，直银二钱，许耕地十亩”。吴二要算是一个债务劳动者了。李栢四月二十四日“偕吴二入山，遇雨二日，晴始耕。吴满面傲色，视其牛如驺虞麒麟，天下无双；自视如五丁三士，人间希觏。怒而去者三，余笑而留者三。乃知小人伎俩，未远先怒，近愈不逊，全不念荒疫并兴，雨中绝粮，灶冷烟寒，携衣求米时也”。⑫ 在这个知识分子的雇主笔下，雇工及其耕牛竟成

① （乾隆）《林县志》卷5，“集场记”。
② （乾隆）《献县志》卷4，“风俗”。
③ 乾隆元年九月初七日河南巡抚富德题本。
④ 乾隆五十七年二月二十六日刑部尚书阿桂题本。
⑤ 乾隆五十七年闰四月初八日刑部尚书阿桂题本。
⑥ 乾隆五十八年九月十九日山西巡抚蒋兆奎题本。
⑦ 乾隆六十年六月初七日管理刑部事务阿桂题本。
⑧ 朱橒：《粤东成案初编》卷12，第50页。
⑨ 黄册，《顺治十五年山西大狱已未结略节文册》。
⑩ 乾隆五十七年二月二十五日刑部尚书阿桂题本。
⑪ 乾隆五十八年四月十四日河南巡抚穆和蔺题本。
⑫ 李柏：《太白山人槲叶集》卷3，第10—11页。

了嘲讽辱骂的对象。

有些雇主是很注重农具的。蒲松龄《农蚕经》就很重视农具。他说“东作之先，器宜早备”。他又很重视锄地的效果，强调“深锄过垅，前后留窝，只要如法，不要贪多”，并且指出，对此“最要用心”。因此，他主张“锄杠勿长，只宜半尺，长则不能深”。[①] 既然注意到这个问题，那么，雇用短工时，短工自带农具之是否合用，理应在他考虑之列。然而《农蚕经》中没有明确提出雇主应该给短工准备农具的问题。浙江嘉兴雇主张履祥也强调农具的重要性。他说：“凡农器不可不完好，不可不多备，以防忙时意外之需；粪桶尤甚。诸项绳索及篑、箬、斧、锯、竹、木之类，田家一阙，废工失时，往往因小害大”。[②] 但也不曾明确提出给短工准备农具的问题。到了道光年间，陕西三原县杨一臣在《农言著实》中也提到这个问题。他说：“露锄笨锄，总要有脚（露锄系空心锄，脚应作角——编者注），无脚锄锄地不好。此还可将就一半年。惟锄不宜太长，长则火计并日子俱不肯出力。大约锄柄以三尺五寸为度；四尺，则显长矣”。[③] 火计指长工，日子指短工，长工短工所用的锄，显然都是雇主供给的。可见，注意农业经营效果的雇主，是为雇佣劳动者准备了生产工具的，受雇短工无须自带农具，或者带了也不得使用自己的。

但是，由于记载不多，我们可以设想，打破成规，不让短工自带农具的雇主还是不多的。大多数的雇主墨守成规，因此，对于劳动力的使用，不像在资本主义制度下那样锱铢必较，考虑最大的使用效率，因而讲求农具的优劣利钝。一般看来，“世人多金以备玩器，而惜小费以治田器”[④] 的封建老爷作风并未发生根本性的变化，换句话说，资本主义经营的精神还不曾大量渗透到农业经营中来，或者是还不曾把旧作风排挤干净。

4. 短工与家长制统治

在讨论长工的性质时，我们曾经指出，在宗法家长制雇佣关系下，长工受雇之后，雇主不只是享有生产上的指挥权，而且还享有对雇工人身的占有权，其表现就是雇主对长工的任意役使和任意惩处。就是在长工从法律上雇工人的地位解放以后，雇主对长工的家长制统治还不同程度地残存

---

① 蒲松龄：《农蚕经》，“收农具”，“创二遍”。

② 张履祥：《补农书下》，“总论”。

③ 翟允禔、石声汉：《农言著实注释》，“五月”。

④ 张履祥：《补农书下》，“总论”。

着。万历十六年短工从法律上雇工人的地位解放以后，就处在了类似的情况之下，仍然受着雇主不同程度的家长制统治。特别是养有奴婢、拥有佃户、雇有长工的雇主，往往像对待等级制度之下的奴婢、佃户和长工那样，对待短工，把他们强行纳入直接的统治与隶属关系之下，任意役使，任意惩处。

雍正十三年，广东潮阳县一个地主马君宗就是这样对待雇佣的短工的。这年四月二十八日，他“唤同胞弟马阿创，并雇马君厚、马阿相各背犁耙牵牛”前往田边犁田；他准备进行农业生产劳动。但是，马君宗预料此行将有斗争，把“守夜枪刀带往防身。”到了地头，果然发生了斗争。马君宗“将所带刀枪放下，唤令马君厚等分执，马阿相手执挑刀在前，马阿创、马君厚在后”，参加了武斗。马君厚、马阿相是两个临时受雇的短工，他们听从雇主“唤令”参加斗殴的结果是，马君厚因杀人判处“绞监候”，马阿相因伤人判处“佥妻发边卫充军”。[①] 事实表明，他们受雇之后，支出的不只是劳动力，而且还有生命和人身自由。又如，乾隆二十五年河南中牟县，地主秦珩为富不仁，要活埋他的小老婆完氏。他先“唤令”佃户吴进才到豆地里刨坑，又“唤令”吴进才帮他把完氏捆绑起来。恰巧这时他雇用的短工吴存从地里劳动回来，秦珩又“唤令”吴存帮同把完氏抬到地里。抬人活埋，属于犯罪行为，是应该受法律惩处的。然而，吴存“迫于主命”，把完氏抬到活埋坑所。结果，封建法庭认为“吴存听从秦珩抬赴坑所并未与谋亦未加功同埋，应依知人谋害不即阻挡救护，及被害之后不即首告律，杖一百折责四十板”。[②] 这些事例表明，相对于法律而言，雇主的命令具有更大的权威。

乾隆五十三年颁行修订了的雇工律，将没有主仆名分的雇工明确划出雇工人这一社会等级以后，上述情况并未受到多大的影响，有些雇主仍然照旧任意役使和任意惩处短雇工人。

乾隆五十四年，湖南桂阳县，锺绍行企图谋害锺集盛，就“叫”短雇工人杨潮奴帮同下手。杨潮奴也就随同锺绍行父子闯入锺集盛家，趁其酒醉把他打死在床上。[③] 同年，湖南石门县熊帼表已经退佃，却要雇用三个短工强

① 《成案所见集》卷21，第212—216页。

② 《驳案新编》卷11，“秦珠”。

③ 乾隆五十四年三月十六日刑部尚书阿桂题本。

种这块田地，以致新佃户认为他们占种，形成斗殴。[①] 乾隆五十五年四川垫江县，地主赖谷镇企图夺佃，让兄弟赖谷贤，儿子赖清河、赖清汉，并短雇工人林元伸、蓝上泽、杨利川往田栽秧，遇到阻拦，釀成斗殴，蓝上泽受伤，林元伸死亡。[②] 乾隆五十八年，萨拉齐挠儿村常瑄带领四个短雇工人强割别人麦草，被人阻拦，常瑄“喝令”短工张发财、张法进行武斗，结果打出了人命。[③] 嘉庆十八年，广东东莞县陈明芳雇用十二个短工收割田禾，因为雨后田壆冲塌，界址不清，误割到麦保与等田内。麦保与正同十一个大半也是短雇工人在田工作。于是，双方的工人展开了一场武斗，有死有伤。[④] 嘉庆十九年，广东高明县冯亚先因晚禾成熟，雇同赖亚二、陈亚三、陈水旺、汪亚六、江惠昌、冯亚新、陈亚缝往田割禾，罗仲章也短雇工人罗灿英、邓三元、梁亚丁、罗诏旌、罗亚怀、邓亚甲、冯同振赶赴催讨欠谷，双方争闹起来，短工参加武斗，也是有死有伤。[⑤] 这些事件的发生，无可置疑地证明了，乾隆五十三年以后，有些雇主仍然在役使短雇工人去从事农业生产乃至服役劳动以外的活动。

而且，像长工一样，短工虽然受雇时间短暂，也有责任保护雇主的生命财产。比如，雇主同人打架，短工也有上前帮护的责任。乾隆五十七年六月二十六日广东东莞县雇主曾亚奎同人打架，他的短雇工人“曾亚二恐曾亚奎受伤，拏取艇上竹篙赶上拦阻”。[⑥] 在维护雇主的利益方面，有些短工还是十分主动的。也是乾隆五十七年，广东信宜县谭亚乙短雇胡来生、胡亚二在家佣工。八月二十六日胡亚二往田，看见灌田的山泉不多，就把邻人颜承泗田边水缺堵塞，截水放入雇主田内。事为颜家发觉，形成武斗，武斗中胡来生把颜仕相用刀戳伤而死。事后封建法庭追究斗殴因由，雇主谭亚乙特地声明：“小的并无主使堵塞口实”,[⑦] 那么，是雇工自己出主意为雇主截水灌田的了。雇主财物被窃，短工也有追捕盗贼的责任。例如，福建龙溪县地主李元义有海边沙地一片，上长茅草。乾隆五十一年七月十八日李元义短雇吴耀和吴江俊到地里收割茅草。吴耀见有人在地里割

① 乾隆五十五年三月二十一日刑部尚书阿桂题本。
② 乾隆五十六年二月二十八日刑部尚书阿桂题本。
③ 乾隆五十八年五月二十九日管理刑部事务阿桂题本。
④ 嘉庆二十年二月十五日管理刑部事务董诰题本。
⑤ 嘉庆二十一年六月初二日广东巡抚董教增题本。
⑥ 乾隆五十八年正月二十五日广东巡抚郭世勋题本。
⑦ 乾隆五十八年六月二十四日管理刑部事务阿桂题本。

取茅草，因而向之“喝骂”，并且“指为窃贼”，随即被人打死。① 其时，雇主并未在场，这个短雇工人保卫雇主财产的责任心，看来是不小的。在雇主财物被盗窃的场合，他们像长工那样，被视为雇主一家，有应捕之责，是所谓事主。陕西三原县有一地主明确要求：“麦熟时节，先收平川，次收原上，咱家中收麦之日，原上车马并火计都要下原才是，但原上风气不比从前，总要丢伙计或芒工三人，一人喂牲口，两个在麦地内前后左右底巡逻，不可顷刻忽过。”“不但白昼如此，就是晚上也要著伙计并芒工一齐出外巡逻”。② 伙计即长工，芒工即短雇工人，在这个问题上，雇主并不认为他们之间有什么区别。

有些雇主，仍然随意责打短工，继续坚持他们在宗法家长制雇佣关系中所享有的惩处雇工人身的权力。

例如，康熙十四年淮安府清江浦人李靖夫妇到河南洛阳郭家滩居住，佣工度日，夫妇都给郭文星家做短工。他们是外来的雇工，同雇主之间不存在乡族亲谊关系。六月六日，郭文星叫李靖往场里碾红花稭，李靖因郭文星欠着工钱不给，不听郭文星使唤。郭文星父子就把李靖揪住，用绳索套住脖子，先用砖打，后用刀扎，活活把李靖整死。③ 甚至雇用大批短工的雇主，也是这样随意地惩治劳动者。乾隆三十七年五月中旬新城县大高村镶红旗蒙古四等台吉孟喀喇及正身嗷汉公主家庄头钱瑾，雇用了五六十人割麦，要算是一个不小的雇主了。这些短工中间，有张兴德和于囤子两个人冒领了工钱，钱瑾并不通过封建法庭，径自把他们抓过来，拴起来用柳木棍子责打④。在上述事例中，如果不是把李靖、于囤子打死了，封建法庭是不会过问雇主们的行为的。

特别要指出的是，在乾隆五十三年颁行修订的雇工律以后，部分长工在法律上摆脱了雇工人的身分，获得了解放，理应促进短工雇佣关系向自由雇佣关系的过渡，然而，在实际生活中，这类现象仍然随时可见。例如，乾隆五十六年六月，耀州人朱成章雇李春文到家帮做短工。七月初六日，李春文到外面翻粪，晌午时候在路旁树下午休，朱成章叫他起来做工，李春文没有立即起来，朱成章就一脚踢去，“李春文哼了一声，手脚

① 乾隆五十四年四月十七日刑部尚书阿桂题本。

② 翟允禔、石声汉：《农言著实注释》。

③ 黄册，《康熙十六年分河南钦件大狱各案略节招由册》。

④ 乾隆三十九年四月初五日刑部尚书舒赫德题本。

伸动，不能言语”，被踢死了。① 乾隆五十五年京郊昌平州陈五雇了几个短工锄地，刘四是其中之一。中午时候，陈五到地里查看，见刘四锄坏了高粱，就停了他的工作，并且拒付这半日工钱。刘四提出抗议，陈五就又骂又打，刘四栽倒地上爬起来就跑，陈五还要赶上去打。② 在江苏华亭县，还有短工争要一文工钱就被雇主打死的事例。③ 那些自恃有特权的雇主，他们对待雇工的态度，更是蛮横无理，肆无忌惮。例如，道光初年北京有宗室吉庆者，讲定用京钱八百文雇用张泳翔车辆，当日乘坐以后，第二天还想乘坐，因为张泳翔索价过高而未谈妥，连当日应付车钱也未支付。第二天吉庆雇坐别人车辆，被张泳翔看见，说了几句闲话。吉庆听到，生起气来，“将张泳翔揪跌倒地，撕破衣服，抓咬成伤，并用木棍殴伤其肩甲”。张泳翔挨了一顿打，于心不甘，去到官府控告吉庆。吉庆得知以后，又用马鞭子殴打张泳翔，“并抓伤右臂膊，咬伤其右手大指。”对于这样一个特权阶层的成员，封建法庭也认为：“该宗室负欠未还，倚势行殴，张泳翔并未还手，迨张泳翔控告后，吉庆不俟官断复将张泳翔肆行殴打，实属理曲逞强”。④ 这里要强调的是，这些受害的短雇工人，都不属于雇工人的范畴，可是，他们仍然是雇主殴打的对象，雇主的社会地位愈高，这类殴打也就愈为肆无忌惮。

与此相适应，在封建法典上，不属于雇工人等级的短工，像不属于雇工人等级的长工一样，仍被视为雇主一家，受雇主的宗法家长制统治。这种情况到光绪三年才生变化。从这年起，如果短工同雇主之间没有主仆名分，他就不再被视为雇主一家，这就意味着获得法律上同雇主平等地位的短工，又从家长制统治下解放了出来，在完全的意义上摆脱了雇主的宗法家长制体系。⑤

应该指出，在光绪三年以前，实际生活中也存在着许多同雇主居于平等地位，雇主不再任意役使任意惩处，实际上摆脱了家长制统治的短工。而且，随着雇工反抗雇主压迫斗争的发展，这类短工还是愈来愈多的。

短工同雇主立于平等地位的现象应该是早就出现了的。不过，我们没有见到早期的具体材料，只能就后期的材料来加以说明。例如。江苏长洲县杨

---

① 乾隆五十七年七月二十日刑部尚书阿桂题本。

② 乾隆五十六年四月十三日刑部尚书阿桂题本。

③ 乾隆五十七年五月二十九日刑部尚书阿桂题本。

④ 《刑案汇览》卷1，第10页。

⑤ 参看本文第五节（七）《彻底摆脱宗法家长制体系》。

香因田内工忙，雇曹和尚帮忙，言明每日工钱五十文，当时付给曹和尚，因为是日工作辛苦，曹和尚要求增加工钱十文，杨香没有同意。后来，曹和尚要索这十文钱，杨香不在家，杨香之妻不给，曹和尚即将杨香家稻草肩走，声称以之抵算欠找工钱①。短工敢于这样作，其前提就是不承认有什么家长制统治，主雇之间是平等的关系。又如四川屏山县，李汝楫是一个参加劳动的小生产者，他雇倩姚盛华在家帮工，每月议给工钱四百二十文，平等称呼。当年五月一日，李汝楫因姚盛华贪懒，将其辞退，算账结果，姚盛华透支工钱五百文，未经偿还。七月间，李汝楫向姚盛华索要这五百文钱，姚盛华声称，李汝楫不遵守契约规定，把他辞出，不应该向他索要②。这个雇工敢于采取这种态度，当然也是以不承认雇主的家长制统治为前提的。再如，广西平南县赵亚四短雇在袁发山家佣工，当年六月十九日，赵亚四欲回家种地，袁发山因工作很忙想留他多帮几天，赵亚四没有同意。袁发山随即外出，袁发山之弟袁永山令赵亚四下田挑秧，赵亚四不肯。袁永山企图利用雇主威势，对赵亚四又骂又打，企图迫使赵亚四屈服。然而赵亚四寸步不让，以骂还骂，以打还打。③ 这种关系同传统的等级雇佣关系，同传统的家长制统治关系，是完全不相同的。

我们在刑事档案中还发现两个很说明短工地位的故事。其一是：乾隆二十四年山东兰山县有一个名叫杨朝栋的武举人。雇有三个工人种地，程二是长工，龚二是月工，还有一个李山放牛，想系长工。八月二十日，程二下地收割豆子，龚二使车运载，李山送饭。晚饭后一更多天，龚二睡在车底下，程二、李山坐在车旁讲闲话。杨朝栋到地里看见就申斥说："既不耕地，又不餧牛，这样懒惰，怎么要吃人家饭、赚人家钱呢？"对于雇主的这一申斥，长短工们的反映是大不相同的。李山听了以后，拉牛回去，程二并无言语，只有龚二起来申辩说："暂时歇力，犯不上就骂"。雇主的反应是："你替我做工，难道该闲睡的吗？""说你几句有什么不是！"龚二马上抗议说："你要骂我还早哩！"④ 虽然后来龚二被杨朝栋打死了，但是，他对待雇主的这种态度却是同伙的长工们所不曾采取或者不敢采取的。

其二是：在吉林三姓县南官屯地方，有一个旗地上的壮丁名叫田喜，他

---

① 乾隆五十二年十一月二十六日江宁巡抚闵鹗元题本。

② 乾隆五十五年六月十七日刑部尚书阿桂题本。

③ 乾隆五十七年正月十九日广西巡抚陈用敷题本。

④ 乾隆二十八年六月初四日山东巡抚阿尔泰题本。

雇了四个人经营农业，一个长工，三个短工。短工中有一个名叫王义功，本是奉天铁岭县人，父母兄弟都在原籍，他于乾隆四十八年到三姓地方做工，五十八年七月间雇给田喜作短工，每月工钱五千文，没有立契，同雇主同坐共食，平等相称。在田喜家里，雇工们都在后边屋里睡宿，田喜同妻子在前面屋住，这里不是深宅大院，没有几重门户相隔。田喜的妻子给雇工们作饭，雇工们轮流挑水。八月十三日该王义功挑水，清晨起来，田喜的妻子催他挑水，王义功说，穿了靴子就去，田喜的妻子催促，王义功就生了气说："穿靴子的空儿都不给，什么工作这样紧急，若如此紧急，我就不做了"。田喜的妻子把这话告诉田喜，田喜进屋来责骂王义功说："一个月给五、六吊钱雇你，所为何来？今正当收割庄稼要紧的时候，你不起早挑水，反说我的工作紧急，也使得么？你不做就罢，你的工钱我也不给了，你有处就告去"；骂了就打。对此，王义功十分愤恨，拿出刀来杀死了田喜。后来，王义功在封建法庭上作了如下一段自白："我也回骂，田喜就揪着我的衣领用拳殴打，众工人劝住，他们就往南屋吃饭去了。我因想田喜媳妇催我挑水，我赌气说了他几句，并没说很不好的话，田喜把我当奴才打骂，一时气忿莫遏，就想把田喜杀死"①。

由于这样的短工是不甘心忍受奴才般的待遇，采取了激烈的斗争手段，所以，有些雇主们对短工就抱着："因是暂雇帮工的人，不便说他"的态度②。因此，雇主的家长制统治在这里就是难以行得通的，不管雇主的身分是神衿地主还是农民佃户。

后来，事情甚至发展到了这样的程度，对于有头衔，属于神衿地主之列的雇主，短工也不听从他们的任意使令。例如，江苏丹阳县有个监生名叫张鹤寿，他出租土地，同时又雇工经营。杨芬沅是张家的一个佃户，种了一亩二分地，每年交纳租钱九百文。杨芬沅由于贫困，嘉庆二十年的租金没有交纳。到了嘉庆二十三年四月间，张鹤寿就唤同工人殷腊生、张六观、张毛头，同时短雇张大灉、张发千、张添幅，一共六个长、短工，推上一辆小车，企图强割杨芬沅佃种的一亩二分地上的麦子，以抵上年欠租。杨芬沅觉察到张鹤寿的意图以后，赶到地里抗议，并把他们的小车推下田边水沟里。对此抗议，张鹤寿的反应是叫工人们把杨芬沅捆绑起来，送官究办。杨芬沅

① 乾隆五十九年六月初九日管理刑部事务阿桂题本。

② 乾隆五十九年八月十九日管理刑部事务阿桂题本。

反抗，结果被这群工人打死了。事后，封建法庭追查凶手，三个长工都动了手，因此，根据情节轻重，殷腊生被判处死刑，张六观被判处一百大棍，而张毛头也因听从雇主使令捆缚人，照为从判了罪刑。三个短雇工人，一个都未牵连在内①。可见，在摆脱了雇主家长制统治的短工心目中，法令的权威大过雇主的使令，这同处在家长制统治下的雇工心目中法令和雇主使令的地位，是恰恰相反的。

5. 短工的工值

上面说过，短工这种雇佣形式是由农民之间的互助换工演变发展而来的。在互相换工形式下，由一方供给对方饮食，到了短工出现，这一传统因袭下来，由雇主一方供给雇工饮食。饮食以外，当然还有工钱。所以，短工的分配形式同长工一样，是实物和货币相结合的；实物即雇主供给饮食的部分，货币即雇主支付给雇工的工钱部分。

短工报酬的工钱部分以实物支付的现象是相当普遍的。例如，在北方，有短工割十捆麦，雇主给短工一捆作为报酬的②；在南方，有短工割一日稻，雇主给十四斤谷子作为报酬的③。还有锄八日地给白布半匹④，耕一日地，给小米半升⑤，在家舂米，按日议给工米一升⑥，等等。也有同时支付实物和货币的。例如，雇人挑泥壅田，先给净花一斤，再加十九文钱⑦；雇人作短工，言明期满给钱三百文，再加小麦五斗⑧。还有本来议定给付货币工钱，后来改用实物抵充的。例如，嘉庆三年四川什邡县马金名于三月二十九日雇短工三人帮割葫豆，议定每人工钱四十文，挨黑时，马金名乏钱付给，将葫豆一捆约值钱一百二三十文给短工们抵算工钱⑨。

不论工钱部分是以实物抵充或以货币支付，同长工相比，短工的报酬是较高的。我们根据一些乾隆末年的不同年代不同地点的长工、月工、日工工钱数额的零星材料，可以看出，日工工钱最高每日六十八文，最低二十文，

① 嘉庆二十三年十二月十一日江宁巡抚陈桂生题本。

② 黄册，《浙江江西安徽等省缓决囚犯招册》。

③ 乾隆二年七月初三日管理刑部事务徐本题本。

④ 乾隆二十七年十月初三日奉天府尹福寿题本。

⑤ 乾隆五十七年七月十六日河南巡抚穆和蔺题本。

⑥ 嘉庆五年六月初八日刑部尚书成德题本。

⑦ 刑档：斗殴案件，乾隆四年第2包。

⑧ 刑档：秋审朝审，乾隆五年第1包。

⑨ 嘉庆三年九月十二日四川总督勒保题本。

最常见的是每日四十文，月工工钱最高每月一千文，最低二百文，最常见的是四百至六百文；长工工钱最高每年七千五百文，最低八百文，最常见的是四千至五千文[①]。把这些数字折合成日工钱比较，月工工钱比长工工钱高，而日工工钱又比月工工钱高，日工工钱是最高的。总而言之，短工工钱比长工工钱高。

就是在同一个雇主雇用之下，情况也是这样。上文提到过的东北三姓地方的雇主田喜，他雇用的有长工，有月工，有日工。他们的工钱分别是四十七千文，五千文和二百八十文。[②] 这用的是东北小数钱，不曾列入上面的统计。他们吃的是一个灶上做的饭，所以在饮食上没有差别；可能的差别是农忙雇短工的季节，伙食要丰富一些。在工钱上的差别则是相当大的。以每日应得工钱相比，长工约为一百三十文，月工约为一百六十六文，日工是二百八十文。日工工钱是长工的二倍多。如果考虑到农忙季节的伙食比较丰富，那么，短工报酬之较长工优厚就更突出了。内地也是这样，不过差别较东北地区稍小一些。如乾隆十六年湖北慈利县张巨臣雇了安福县的周玉林做工议定每月工银五钱，到六月又雇了江陵县的王显明帮工，每日工银三分[③]。嘉庆十一年江西乐平县温忠秀雇黎甘子帮工，议明长年工银八两，若仅做数月，照依短雇乡例每日给银四分[④]。

而且，随着时间的推移，短工工钱还有增长，不过，增长的幅度较长工为小。以嘉庆末年为例。其时日工工钱每人每日最高七十文，最低二十文，最常见的是每日五十文；月工工钱每月最高一千五百文，最低二百文，最常见的每月五百到八百文，长工工钱每人每年最高十九千五百文，最低八百二十文，最常见的是每年五千到六千文。[⑤] 拿这些数字同乾隆末年的数字相比，可以看出，最常见的工钱，不论日工、月工、年工都增长了，但是增长的程度，日工低于月工，更低于年工。这可能是因为长工进入向非等级雇佣关系过渡的阶段不久，变化较大，而短工久已进入向非等级雇佣关系过渡的阶段，变化已经不大的缘故；换句话说，是因为长工的基数或起点较低，而短工的基数或起点已高的缘故。

---

① 见本节后表3、4、5。

② 乾隆五十九年六月初九日管理刑部事务阿桂题本。

③ 乾隆十七年三月二十日署理湖南巡抚范时绶题本。

④ 嘉庆十一年三月二十七日暂护江西巡抚印务先福题本。

⑤ 见本节后表6、7、8。

表 3 乾隆末年和嘉庆末年农业长工、月工、日工工钱比较

	长工		月工		日工
	每人每年	折成每日工钱	每人每月	折成每日工钱	每人每日
乾隆末年	3779 文	10 文	510 文	17 文	40.2 文
嘉庆末年	5629 文	15 文	692 文	23 文	47.7 文
增长的百分比	49%		37%		19%

资料来源：见本节后表 2。

上面这些数字，由于所根据的资料太少，代表性是不大的。不过，长工工钱远低于日工工钱这一点，则是可以确定无疑的。乾隆末年，长工工钱折成每日工钱，平均不过十文，只当日工工钱的四分之一，嘉庆末年长工工钱虽然增长幅度较大，折成每日工钱，增长到十五文，但也不到同时日工工钱的三分之一。

我们没有短工工值的实物部分占多少比重的具体数字。由于短工工钱较高，农忙季节的伙食供应较好，我们猜测，实物部分和货币部分二者是相去不远的，或者货币部分的比重还可能稍稍超过实物部分。如果这个猜测距离事实不远，那么，短工工值与商品货币经济的联系较之长工更为紧密，而劳动者所能支配的工值部分也增大多了。不过，短工是多半在农忙季节才有工作的，一到农闲，找不到雇主，就只有依靠其他办法来谋取自己的生活资料了。这时，他们或者从事其他生产活动，或者流浪四方，甚至流为盗贼。在嘉庆、道光年间的刑事档案中，我们发现，封建官府逮捕法办的盗贼中间，佣工占有相当大的比重，其中尤以短工为多。显而易见，他们是因为贫苦难度，没有饭吃，没有工做，被逼上这条道路的。所以，我们在考虑短工的工值时，还不好把工值同短工、特别是非职业的短工的再生产直接地排他地联系起来，考虑工值是不是劳动力再生产的费用。

职业的短工就不同了。他们一年四季靠短工这一职业生活。在这种情况下，短工工值的资本主义性质就很突出了。特别在出现了下列的条件以后。

其一是包工。雇主把工作包给短工，只付工钱，不管其他。实例如，四川奉节县，有包薅高粱地给银二两一钱①，苏州元和县包种三亩六分地给工

① 乾隆五十五年十月初三日刑部尚书阿桂题本。

钱五百四十文[①]，永宁州背柴一回给钱十文[②]，西宁耕地十亩给钱五百文[③]，吉州包耕四亩坡地给钱八百文[④]。在南方收割水稻，有按担发给工钱的，在北方砍柴，也有按担发给工钱的。这在形式上，同资本主义制度下的计件工资十分相似。因为，对于干这些包工活，计件领取工资的短工，雇主有提供饮食的，但不一定都提供饮食。像陕西省的这个例子就很说明问题。嘉庆二十三年四月二十八日，梁东包收小麦，议定工钱一千三百文，梁东邀雷洪隆、梁大学、梁宗秀同割，每人许分钱三百文[⑤]。这里，原来的雇主就未必会供给这许多人的伙食。

其二是乾工。乾工是与吃工相对待的，这就是雇主不供给饮食的短工。乾工由于不吃雇主的饭，所以工钱高于一般短工。《江华乡志》记载：同治年间“吃工每日五十文，乾工每日一百文”[⑥]。乾工工钱为吃工工钱的二倍，这是按照饮食占一半，工钱占一半的比例来支付工钱的。乾隆、嘉庆年间文献中出现的住在歇店里佣工度日的短工，可能就有这类乾工。与包工工价同时出现的按照工作不同而支付工钱，例如，犁田每日五分银子，锄花每日三分银子，可能就是针对乾工而定的[⑦]。

包工和乾工的出现，表明在分配方式上，雇工完全摆脱了雇主的控制。这时，雇工的工资才是一个固定的价值量，完全为劳动者所支配了。这种现象是与雇工摆脱了雇主的家长制统治的现象相适应的；前者是为后者所决定的。

6. 短工的法律地位

短工的法律地位，在明万历十六年以前是低下的，他们被视为属于雇工人这一特定的社会等级。万历十六年明政府颁布了《新题例》。《新题例》规定：“今后，官民之家凡倩工作之人，立有文券、议有年限者以雇工人论，止是短雇月日、受值不多者以凡人论”[⑧]。按照这一规定，长工属于雇工人范畴，短工不属于雇工人范畴；短工同雇主相犯，法律是按照平等的原则来判

① 乾隆五十五年十二月二十日署江宁巡抚觉罗长麟题本。

② 乾隆五十七年六月二十四日山西巡抚觉罗长麟题本。

③ 乾隆五十七年二月二十五日刑部尚书阿桂题本。

④ 乾隆五十八年十一月初三日管理刑部事务阿桂题本。

⑤ 嘉庆二十四年闰四月十四日刑部题本。

⑥ 《江华乡志》卷2，“风俗”。

⑦ 乾隆三十七年四月二十三日管理刑部事务刘统勋题本。

⑧ 《明律例集解附例》卷20。

处他们各自的罪刑的。这就是说，短工从等级地位中解放了出来。自此开始了一个雇佣劳动从低下的社会等级地位中解放出来的发展过程，这要算是中国雇佣劳动发展史上的一件大事。

看起来，这个规定把短工统统划出了雇工人的范畴，短工统统得到了解放。其实，并不尽然。因为，这个规定是根据流通领域的现象，雇期长短，有无文契，以及工值多少来区别雇佣关系的性质的。这样区别同现实生活里的状况有适应的一面，也有不适应的一面。根本的原因是，等级的雇佣关系与非等级的雇佣关系不是由于雇佣形式的不同，或者流通领域里的现象而决定的。归根到底它们的差别是由于雇佣生产关系各个方面的总和的不同而决定的。

上面，我们摆了短雇生产关系各个方面的矛盾的现象。与此相适应，短工在法律地位方面也存在着矛盾的现象。

一种情况是，有些短工，也许是大多数短工，但不是所有的短工，到封建法庭上，是被当作凡人来对待的，他们同雇主在法律上是平等的。例如，康熙三十四年，雇主苗重洪之妻与短雇工人郭心敬通奸，法庭认为，郭心敬只是短雇月日，受值不多，应同凡论，即同雇主立于平等的法律地位①。雍正六年，宁津县陈四雇李三看守庄稼，李三因索工价不得，打死了陈四，也是按照主雇对等的法律地位来判处的②。雍正九年，安义县人肖焕短雇李上柏作饭，李上柏同肖焕之女恋爱生子外逃，被肖焕告官缉拿到案，封建法庭认为“李上柏雇于肖焕家佣工，并未立约，亦无年限，应同凡论”③。这一例，主雇之间也是平等的。雍正十一年，山西张卖货儿杀伤雇主之子，过了十天因伤死了，封建法庭判处“张卖货儿，并未立约，本系短工，应同凡论”，这一例也未将短工作为雇工人对待④。乾隆十年，浙江奉化张连才在黄殿凝家短雇工作，二月二十六日张连才调戏并捏了雇主的女儿黄武姐的手，黄武姐因而羞忿自缢，封建法庭判处“张连才依但经调戏本妇羞忿自尽拟绞例，应拟绞刑”，也未作为雇工人对待⑤。乾隆十六年，河南王子恭雇白二孩锄地六日，白二孩索要工钱时同王子恭发生争论，以致将王子恭杀死，封建

① 洪弘绪:《成案质疑》卷18，“略人略卖人”。

② 刑部黄册湖广司，雍正六年四月十六日刑部题本。

③ 洪弘绪:《成案质疑》卷18，“略人略卖人”。

④ 刑科史书，乾隆二年二月，第4本。

⑤ 刑部浙江江西安徽等省缓决囚犯招册。

法庭也不曾将白二孩判处凌迟处死，而是判处绞刑[①]。这中间不乏奸、杀重情案件，但是受雇的短工都没有作为雇工人判处，而是作为凡人判处的。换言之，法庭认为他们在法律上是同雇主平等的。这同由等级的雇佣向非等级的雇佣的过渡是相适应的。

另一种情况是，也有不少重情案件，犯罪的短工并不是按照“凡人”的等级地位来判处服刑等级的。比如雍正八年，广东英德县赖仲熊雇陈贱祥佣工，正月写立工帖，议定每月工钱三两六钱，同年八月，陈贱祥被赖某踢打致死。陈贱祥是按月计值的短工，从二月到八月，受雇不到一年，但是封建法庭却把他作为雇工人对待[②]。乾隆二十二年，直隶张狗儿给耿圣运佣工，既未写立文券，也未议定年限，按规定是不应作为雇工人对待的，然而，封建法庭认为雇主之妻是因为张狗儿出言污蔑以致羞忿自尽的，张狗儿“殊属淫恶，未便轻纵”，结果加重了处分。这个判例还被作为成案标上“短雇工人调奸主妻又出污言致令自尽拟斩候案”，通行全国[③]。乾隆二十五年，段三元受雇于叶万程家赶车，每个月工银八钱，并无文约、年限。段三元打死了雇主之子，法庭认为段三元“辄起意故杀，将叶尚智立时殴毙，情殊凶悖，如因其年限未符，反同凡论，情法实未平允，将段三元比照长随雇工，凌迟处死律减一等，故杀凡人斩监候律加一等，拟斩立决”[④]。乾隆二十七年奉天一案就更突出了。陈天章雇与卢永太家佣工，论月工作，未立文券，陈天章企图强奸卢永太之妻，因为卢妻不从，用刀将她凶戳多伤，又复敢持刀拒捕。封建法庭认为“情节凶恶，不顾名分，虽系短雇，究与凡人有间，若仅照短雇月日受值不多者依凡论拟以绞候，诚属罪浮于法，将陈天章依以应斩，着监候”[⑤]。这些例案又都是可以援引为例的。可见，不把短工作为凡人，亦即与雇主平等对待的情况并不是少见的。虽然不平等的程度不同，有作为雇工人对待的，有比雇工人减等的，这同现实生活中还存在着等级的短雇关系是相适应的。

综上所述，在明万历十六年到清乾隆五十三年之间，在封建法庭上，短工有按凡人对待的，也有不按凡人对待的，表明了万历十六年《新题例》规

① 刑科史书，乾隆十六年五月第1本。
② 洪弘绪：《成案质疑》卷20，“奴婢殴家长”。
③ 李运治：《成案续编二刻》卷6，第88—89页。
④ 李运治：《成案续编二刻》卷5，第67—68页。
⑤ 刑部四川等司题驳事件清册，第2册。

定的以雇佣形式来区别雇佣关系性质的原则并未得到彻底地全面地贯彻。产生这种现象的根源就在于，在现实生活中，等级的雇工与非等级的雇工，是同时并存的，但又不是按照雇佣形式区分的，这是立法原则与现实生活的矛盾。这个矛盾到乾隆五十三年修订雇工律，采用有无主仆名分，来区分等级的雇工与非等级的雇工这一原则以后，才得以解决。此后，现实生活中等级的雇佣关系同法律上等级的雇佣关系一致起来了。

此后，从乾隆五十三年起到清朝覆亡、《大清律例》完全失效为止，现实生活中的短工，到封建法庭上，是视其在雇佣关系中有无主仆名分而决定其法律地位的，有属于雇工人范畴的短工，也有不属于雇工人范畴的短工，当然后者占绝大多数。

7. 短工与长工

在小生产者向雇佣的转化过程中，短工只是一个过渡阶段。临时的短工变成职业的短工，而职业的短工一旦长年受雇，也就变成为长工了。但是，在不同的历史时期，短工的历史的归宿与长工的性质却是并不相同的。

大致说来，在万历十六年《新题例》颁布以前，由短工转化为长工，一般不发生雇佣性质的变化。等级的短工转化为等级的长工，他们在法律上的地位是相同的，他们在社会等级阶梯上的地位也是相同的。

万历十六年《新题例》颁布以后，到乾隆二十四至五十三年雇工律修订以前，虽然这中间也有变化，但概括地说，短工向长工的转化，往往伴随着等级关系的加深。因为在这期间，短工已经分化为等级的短工和非等级的短工。由等级的短工转化为等级的长工，这种情况是与过去相同的，但由非等级的短工转化为等级的长工，则是一个新的社会现象了。这后一种转化的存在自然要影响短雇关系的性质。在过渡性长雇关系出现以前，短工还不可能成为向自由雇佣的长工过渡的一个阶段。

只是到了过渡性的长雇关系出现以后，短工才可能成为向自由的雇佣关系过渡的一个阶段。所以，乾隆二十四至五十三年雇工律的修订不只是标志着部分长工得到解放，还标志着部分短工，甚至是大部分短工前途得到了解放。

当然，我们不应忘记，就是在这个时候，仍然存在着等级的短工转化为等级的长工，或者非等级的短工转化为等级的长工的可能。但是，同过去相比较，短工转化为非等级的长工，有了更广阔的道路。这在农业雇佣关系发展史上也是一个重大的历史性变化。

（四）小结

现在可以把上面的分析作一个综合了。事情是很清楚的，如果我们把所说的错综复杂、互相矛盾着的现象，按照历史发展的顺序，把前后两个极端加以排比，两种性质不同的短雇关系就显现出来。这虽然主要是根据明万历十六年以后，特别是清代的情况作出来的，但也可以据以推论万历十六年以前的等级的短雇关系。

一个极端是等级的短雇关系。在这种关系下，短工只是一种副业，一种救急措施，劳动者主要并不依靠出雇谋求生活资料，他们在受雇的时候要带上自己惯用的工具，他们所得的报酬基本上是实物，他们同商品货币经济的联系并不紧密，更为重要的是他们受雇之后，遭受雇主的剥削和压迫，同等级制度下的长工完全或者基本相同，他们处在雇主的宗法家长制统治之下，在法律上被视为一个低下的社会等级。

另一个极端是自由的短雇关系。在这种关系下，短工是一种终身职业，劳动者一家以此为生，他们丧失了生产资料，他们受雇的时候，只带有自己的双手，他们得到的是货币报酬，他们同商品货币经济的联系十分紧密，他们已经是自由劳动，受雇之后，只把劳动力的使用权交给雇主，雇主不得任意役使和惩处他们，他们在现实生活中和在法律上都有同雇主平等的地位，不再是一个低下的社会等级，他们也不再接受雇主的家长制统治。

但是，绝大多数的短工，实际上处在这两个极端之间，他们或者具有等级雇佣的因素多一些，或者具有自由雇佣的因素多一些。因此，我们认为，明清时代的短工，到了万历十六年以后，进入了一个过渡时期，一般说来，转化成了过渡性的雇佣关系下的劳动者。特别是进入清代，过渡性的长工大量出现以后，同过渡性的长工相比，短工具有更多的自由劳动的性格，最接近于完全意义上的自由劳动。

总而言之，在雇佣关系的发展史上，具有自由劳动性格的雇佣关系最先在短工中出现，在向完全意义上的自由劳动发展的诸雇佣形式的序列中，短工又是走在最前面的。所以，在研究资本主义生产关系的发生时，对于这类短工，必须给予应有的重视。

表 4　　乾隆末年农业长工工钱示例

年　代	地　区	每年工钱（文）	资　料　来　源
乾隆五十年	直隶束鹿	6000	乾隆五十一年四月五日直隶总督刘峩题本。
乾隆五十年	山东寿张	6500	乾隆五十一年五月二十一日刑部尚书喀宁阿题本。
乾隆五十一年	安徽淮宁	5000	乾隆五十四年七月初三日刑部尚书阿桂题本。
乾隆五十二年	安徽天长	1800	乾隆年月日残安徽巡抚陈用敷题本。
乾隆五十三年	甘肃漳县	2400	乾隆五十三年十一月初十日署陕甘总督勒保题本。
乾隆五十三年	陕西雒南	3000	乾隆五十六年四月初六日陕西巡抚秦承恩题本。
乾隆五十四年	湖北当阳	4200	乾隆五十五年七月初九日湖广总督毕沅题本。
乾隆五十五年	甘肃渭源	3000	乾隆五十六年二月二十八日陕西总督勒保题本。
乾隆五十六年	甘肃安化	1900	乾隆五十七年闰四月十四日甘肃巡抚勒保题本。
乾隆五十六年	山东兰山	4500	乾隆五十八年六月二十九日山东巡抚觉罗吉庆题本。
乾隆五十六年	山东东光	2900	乾隆五十六年八月二十四日直隶总督梁肯堂题本。
乾隆五十六年	四川云阳	4800	乾隆五十七年八月二十九日署四川总督孙士毅题本。
乾隆五十六年	安徽桐城	800	乾隆五十七年七月初十日安徽巡抚朱珪题本。
乾隆五十六年	山东朝城	6000	嘉庆十七年四月十六日山东巡抚同兴题本。
乾隆五十七年	江苏长州	5250	乾隆五十七年十月十九日刑部尚书阿桂题本。
乾隆五十七年	安徽蒙城	2700	乾隆五十八年四月十八日刑部尚书阿桂题本。
乾隆五十七年	河南新野	4000	乾隆五十八年五月初七日刑部尚书阿桂题本。
乾隆五十七年	山东兰山	7500	乾隆五十八年五月初八日刑部尚书阿桂题本。
乾隆五十八年	山西沁水	800	乾隆五十八年九月二十四日山西巡抚蒋兆奎题本。
乾隆五十九年	山东邹县	4800	嘉庆二年八月初五日山东巡抚伊江阿题本。
乾隆五十九年	安徽定远	1500	乾隆六十年闰二月二十日护理安徽巡抚周樽题本。
平均每人每年		3779	

表 5　　乾隆末年农业月工工钱示例

年　代	地　区	每月工钱（文）	资　料　来　源
乾隆五十年	浙江绪暨	450	乾隆年月日残刑部尚书阿桂题本。
乾隆五十年	四川南充	200	乾隆年月日残题本，缺署名者。
乾隆五十一年	河南长葛	200	乾隆五十三年九月初六日河南巡抚梁肯堂题本。
乾隆五十二年	直隶张家口	1000	乾隆五十六年二月二十四日直隶总督梁肯堂题本。

续表

年　代	地　区	每月工钱（文）	资　料　来　源
乾隆五十二年	山东诸城	800	乾隆年月日残山东巡抚觉罗长麟题本。
乾隆五十二年	陕西宝鸡	350	乾隆五十三年五月二十日刑部尚书阿桂题本。
乾隆五十三年	陕西宝鸡	600	乾隆五十三年九月初三日刑部尚书喀宁阿题本。
乾隆五十四年	江苏宝山	300	乾隆五十六年四月三十日管理刑部事务阿桂题本。
乾隆五十四年	四川屏山	420	乾隆五十五年六月十七日刑部尚书阿桂题本。
乾隆五十五年	陕西洋县	400	乾隆五十七年六月二十六日陕西巡抚秦承恩题本。
乾隆五十五年	陕西蓝田	300	乾隆五十六年十二月二十日陕西巡抚秦承恩题本。
乾隆五十六年	陕西三原	700	乾隆五十七年七月二十日刑部尚书阿桂题本。
乾隆五十七年	广东曲江	200	乾隆五十七年十二月十六日广东巡抚郭世勋题本。
乾隆五十七年	江西瑞金	700	乾隆五十七年九月十七日护理江西巡抚讬伦题本。
乾隆五十七年	广东信宜	400	乾隆五十八年六月二十四日管理刑部事务阿桂题本。
乾隆五十七年	广东新宁	500	乾隆五十八年二月初四日广东巡抚郭世勋题本。
乾隆五十九年	山西永和	600	乾隆五十九年七月二十六日山西巡抚蒋兆奎题本。
乾隆六十年	陕西兴平	300	嘉庆二年闰六月初九日陕西巡抚秦承恩题本。
乾隆六十年	安徽庐江	800	嘉庆元年三月二十五日护理安徽巡抚张诚基题本。
乾隆六十年	北京	500	嘉庆年月日残刑部题本，缺署名者。
乾隆六十年	北京	1000	嘉庆三年十一月二十二日管理刑部事务和坤题本。
平均每人每月		510	

表 6　　乾隆末年农业日工工钱示例

年　代	地　区	每日工钱（文）	资　料　来　源
乾隆五十年	浙江富阳	30	乾隆五十一年十月初二日浙江巡抚伊龄阿题本。
乾隆五十二年	江苏长洲	50	乾隆五十二年十一月二十六日江宁巡抚闵鹗元题本。
乾隆五十三年	山东沂水	50	乾隆五十三年秋审题本。
乾隆五十五年	江苏江阴	35	乾隆五十五年十二月十八日署江苏巡抚觉罗长麟题本。
乾隆五十五年	江苏江阴	40	乾隆五十五年十二月十八日署江苏巡抚觉罗长麟题本。
乾隆五十五年	直隶昌平州	60	乾隆五十六年四月十三日刑部尚书阿桂题本。
乾隆五十五年	陕西安康	40	乾隆五十六年五月二十三日刑部尚书阿桂题本。
乾隆五十六年	江苏华亭	68	乾隆五十七年五月二十九日刑部尚书阿桂题本。

续表

年　代	地　区	每日工钱（文）	资　料　来　源
乾隆五十六年	湖北公安	40	乾隆五十七年六月十六日刑部尚书阿桂题本。
乾隆五十七年	陕西邠州	20	乾隆五十八年四月十六日陕西巡抚秦承恩题本。
乾隆五十七年	河南淅川	30	乾隆五十七年十二月十一日刑部尚书阿桂题本。
乾隆五十七年	山西归化	20	乾隆五十八年正月二十六日山西巡抚蒋兆奎题本。
乾隆六十年	江西半城	30	嘉庆元年十月十九日江西巡抚陈淮题本。
乾隆六十年	陕西泾阳	50	嘉庆元年七月初九日陕西巡抚秦承恩题本。
平均每人每日		40.2	

表 7　　嘉庆末年农业长工工钱示例

年　代	地　区	每年工钱（文）	资　料　来　源
嘉庆二十年	直隶宝坻	820	嘉庆二十一年四月十五日刑部尚书崇禄题本。
嘉庆二十年	山东胶县	11000	嘉庆二十三年二月初四日管理刑部事务章煦题本。
嘉庆二十年	山东郯县	2600	嘉庆二十一年八月初十日管理刑部事务章煦题本。
嘉庆二十年	四川屏山	5000	嘉庆二十一年十月二十日管理刑部事务章煦题本。
嘉庆二十一年	山东莒州	6000	嘉庆二十二年八月二十七日管理刑部事务董诰题本。
嘉庆二十一年	山东胶州	5000	嘉庆二十一年十一月初四日山东巡抚陈预题本。
嘉庆二十一年	陕西平兴	6000	嘉庆二十二年三月初一日管理刑部事务松筠题本。
嘉庆二十二年	山东淄川	19500	嘉庆二十二年九月二十八日山东巡抚陈预题本。
嘉庆二十二年	四川剑州	2400	嘉庆二十三年七月初九日四川总督蒋攸铦题本。
嘉庆二十三年	安徽颍上	2800	嘉庆二十四年五月三十日安徽巡抚康绍镛题本。
嘉庆二十三年	安徽蒙城	2000	嘉庆二十四年八月初五日管理刑部事务章煦题本。
嘉庆二十三年	直隶完县	5250	嘉庆二十四年四月初九日管理刑部事务章煦题本。
嘉庆二十三年	直隶武强	9500	嘉庆二十五年秋审直隶总督题本。
嘉庆二十三年	甘肃河州	2600	嘉庆二十四年六月二十九日陕西总督长龄题本。
嘉庆二十四年	安徽寿州	3600	嘉庆二十五年十月十九日安徽巡抚吴邦庆题本。
嘉庆二十四年	广西迁江	6000	嘉庆二十五年十月二十四日管理刑部事务戴均元题本。
平均每人每年		5629	

表 8 嘉庆末年农业月工工钱示例

年代	地区	每月工钱（文）	资料来源
嘉庆二十年	湖北宜都	800	嘉庆二十五年三月二十五日署湖北巡抚庆保题本。
嘉庆二十一年	四川成都	780	嘉庆二十二年四月初九日管理刑部松筠题本。
嘉庆二十一年	陕西富平	600	嘉庆二十二年六月初二日管理刑部章煦题本。
嘉庆二十一年	江西赣县	800	嘉庆二十五年五月十五日江西巡抚钱臻题本。
嘉庆二十二年	安徽泾县	1500	嘉庆二十三年十月二十一日管理刑部章煦题本。
嘉庆二十二年	山西大同丰镇	1000	嘉庆二十三年三月二十三日管理刑部章煦题本。
嘉庆二十二年	北京	500	嘉庆年月日残管理刑部章煦题本。
嘉庆二十三年	山西徐沟	800	嘉庆二十五年三月十六日山西巡抚成格题本。
嘉庆二十三年	陕西鄠县	800	嘉庆二十五年十一月十九日管理刑部戴均元题本。
嘉庆二十三年	湖北宜都	500	嘉庆二十五年秋审湖北巡抚题本，缺署名者。
嘉庆二十三年	四川华阳	800	嘉庆二十五年秋审四川总督题本。
嘉庆二十四年	河南虞城	500	嘉庆二十五年七月二十五日河南巡抚姚祖同题本。
嘉庆二十四年	河南商丘	500	嘉庆二十五年十一月二十一日管理刑部戴均元题本。
嘉庆二十四年	河南泌阳	200	嘉庆二十五年二月初二日河南巡抚姚祖同题本。
嘉庆二十四年	河南汝阳	400	嘉庆年月日残河南巡抚姚祖同题本。
嘉庆二十四年	四川南溪	600	嘉庆二十五年正月二十八日四川总督蒋攸铦题本。
平均每人每月		692	

表 9 嘉庆末年农业日工工钱示例

年代	地区	每日工钱（文）	资料来源
嘉庆二十年	广东德庆州	60	嘉庆二十一年十一月十九日管理刑部章煦题本。
嘉庆二十年	陕西蓝田	25	嘉庆二十二年二月二十七日管理刑部松筠题本。
嘉庆二十年	陕西宜君	30	嘉庆二十一年四月十四日刑部尚书崇禄题本。
嘉庆二十年	陕西凤翔	60	嘉庆二十一年三月二十四日陕西巡抚朱勋题本。
嘉庆二十一年	四川大邑	40	嘉庆二十一年十月十八日四川总督常明题本。
嘉庆二十二年	陕西商州	50	嘉庆二十二年八月十三日陕西巡抚朱勋题本。
嘉庆二十二年	四川仁寿	45	嘉庆二十二年十一月二十二日署四川总督德宁阿题本。
嘉庆二十二年	江苏上海	80	嘉庆二十三年三月二十三日江宁巡抚陈桂生题本。
嘉庆二十三年	陕西中部	60	嘉庆二十四年四月十一日管理刑部章煦题本。

续表

年　代	地　区	每日工钱（文）	资　料　来　源
嘉庆二十三年	直隶永清	62	嘉庆二十四年九月十五日直隶总督方受畴题本。
嘉庆二十三年	四川华阳	70	嘉庆二十四年七月初四日管理刑部章煦题本。
嘉庆二十三年	浙江余杭	50	嘉庆二十四年十二月初八日管理刑部章煦题本。
嘉庆二十四年	直隶通州	25	嘉庆二十四年九月二十日直隶总督方受畴题本。
嘉庆二十四年	陕西雒南	20	嘉庆二十五年七月二十五日陕西巡抚朱勋题本。
嘉庆二十四年	河南上蔡	50	嘉庆二十五年二月初七日管理刑部章煦题本。
嘉庆二十四年	广西贵县	50	嘉庆二十五年八月二十八日广西巡抚赵慎略题本。
嘉庆二十四年	浙江海盐	50	嘉庆二十五年六月初八日管理刑部戴均元题本。
嘉庆二十五年	四川西昌	50	嘉庆年月日残四川总督蒋攸铦题本。
嘉庆二十五年	山西岳阳	30	嘉庆二十五年十一月初一日山西巡抚成格题本。
平均每人每日		47.7	

七　租佃关系与雇佣关系

明清时代，由于农业生产力的发展，出现了雇佣关系由等级向非等级过渡的现象。由于同样原因，封建租佃关系也在发生变化，不止是出现了租佃制度与雇佣制度相结合的剥削奴役方式，佃农充当雇农的现象也越来越普遍了。

（一）租佃关系的发展与雇佣

明清时代，封建租佃关系的形式是多种多样的，不同形式之间的差异又是相当显著的，不加区别地一概而论，就难以说明历史发展的具体过程。因此，我们把明清时代封建租佃关系，按其所处的发展阶段，区分为三大类型，分别说明它们与雇佣关系的联系。

第一种类型是属于良贱关系范围的租佃关系。这是明清时代最为落后的一类租佃关系。在这种关系下，劳动者是不能脱离土地的，世世代代没有移动的自由，地主可以随同土地买卖和转让他们，还可以直接指挥役使和惩处他们，他们必须向地主交纳实物或货币地租，同时还必须为地主服劳役。这类劳动者往往被视为贱民，对地主有主仆名分，是不得同地主居于平等地位的，主佃之间的等级差别十分悬殊。皖南的佃仆，勋贵地主占有的私属佃户，以及各地的世佃和独立经营地主土地并负有纳租义务的世仆都属于这一类型。

这类劳动者，由于没有人身自由，不能自由移动，所以也不能自由出雇。皖南佃仆在出具给地主的文约中，往往声明，佃仆不能“工雇他人”，即不能出雇给地主以外的人。如果不遵守契约规定，劳动者私自出雇，被地主发觉，还往往要出立服罪的文约，向地主保证不再有类似情事发生，“如有此情，听主责令”。只有在获得地主许可的条件下，劳动者才能出雇给他人佣工。例如，广东恩平县，关兴旺是冯厚灿买来的仆人，冯厚灿将婢女李氏配给关兴旺为妻，他们另居耕田度活，实际上是个佃仆。乾隆元年梁作茂雇关兴旺作工，关兴旺就先“回家告知伊主冯厚灿”，才来梁作茂的香粉厂上工的①。可见，这类劳动者即使获得出雇的机会，也不能摆脱地主的控制，仍受着主佃关系的束缚，在流通领域里是不自由的。

更为重要的是，他们在受雇之后，不论进入的是等级或非等级的雇佣关系，都不改变他们同地主之间的隶属关系。如果进入的是等级的雇佣关系，他们便陷入了主雇和主佃两重等级关系的束缚。如果进入的是非等级的雇佣关系，虽然可以同雇主立于平等的地位，但仍然受缚于原来的主佃等级关系。上述关兴旺出雇给梁作茂以后，由于“系按月算给工钱，并无文券”，法律并不认为他属于雇工人等级，然而，一旦在受雇期间发生事故，例如与人斗殴身死，他的主人冯厚灿就以“家长”身分参预事情的处理，劳动者死了也没有摆脱地主的统治②。

这类劳动者如果受雇于自己的地主，即于原来的主佃关系上加上一重雇佣关系，由于他们同地主之间本来存在着严格的隶属关系，这时即便他们同别的雇工同样地拿钱干活，他们同雇主亦即地主之间的关系也不是自由的。

因此，这类租佃关系的存在，对于雇佣关系的发展，由等级向非等级的过渡，是不利的。

第二种类型是属于少长关系范围的租佃关系。这是明清时代居于统治地位的租佃关系。在这种关系下，劳动者租种地主土地以后可以离开，地主不能随同土地买卖和转让他们，但能在比良贱关系较小的范围内直接指挥、役使和惩处他们，他们于交纳实物地租而外，还要多少为地主服点劳役。他们同地主之间的等级差别，不如良贱关系那样悬殊，类似于宗法家长制度下的

① 《成案质疑》卷20，“威力制缚人”，第4—6页。

② 同上。

少长关系，仍然是不得平等的。

这类佃户，在不影响向地主交纳地租和为地主服劳役的条件下，是可以出雇的。不过，影响不影响，判定权操在地主手上，一旦地主认为佃户出雇影响他的经济利益，他就要出头干涉了。特别在分租的情况下，地租的数量随土地收获量的变化而变化，尤其是这样。例如，山西河曲县张洪才同张兴海合伙种地，张兴海出籽种工本和土地，张洪才出劳力，议定秋后扣算工本，所剩的粮粟四六分用，这里张兴海是地主，张洪才是佃户。这年五月十六日张兴海到张洪才家，叫他锄地，可是，张洪才已经私自支用了别人工钱，先要给别人锄地，因此，他们之间发生了争执，打出了人命官司①。这就是地主出头干涉的一个证明。

上面说过，这类佃户还要多少为地主服点劳役。明代文献记载："佣佃者主家之手足也，夜警资其救护，兴修赖其筋力，杂忙赖其使命"②；"民多而田少，居者佃富家之田，为之奴隶"③。清代文献记载："农夫受其田而耕之，役使如奴隶"；④ "田主家婚丧等事，常唤佃民扛轿役使，平时唤令帮工，几同仆厮，稍有不合，辄行批颊辱詈"⑤。所说的统是这类租佃关系。对于受役使的佃户，地主有时只管饭吃，有时连饭也不管，但也有于供给饭食而外，多少给以报酬的。这后一种情况，地主给服役劳动的佃户以工食报酬，这种关系属于"受值而赋事"的范围，具有雇佣的性质。不过，这种雇佣关系是以上述这类租佃关系为基础的，算不上自由雇佣劳动。

但是，无论如何，在这类租佃关系下，佃农兼作雇农的机会，较之良贱一类租佃关系，就多得多了。

第三种类型是属于单纯纳租关系范围的租佃关系。这是明清时代新发展起来的一类租佃关系。在这类关系下，对于租种土地的劳动者，地主既不能把他们束缚于土地，又不能任意加以役使和惩处，劳动者往往只负有交纳一定数量的实物或货币地租的义务。清代文献记载："田中事，田主一切不问，皆佃农任之；"⑥ "业主止以得租为期"⑦；说的就是这类租佃关系的情况。这

① 乾隆五十一年五月十七日刑部尚书喀宁阿题本。

② 吕坤：《实政录》。

③ 《皇明经世文编》，《丘文庄公集》，"议屯田"。

④ 《皇朝经世文编》，钱维城：《养民论》。

⑤ 《湖南省例》。转引自仁井田陞《中国法制史研究·奴隶农奴法、家族村落法》。

⑥ （光绪）《周庄镇志》。

⑦ （嘉庆）《郴州志·卷终附考》。

类佃农同地主之间，“既有主佃之分，亦与平人有间”①，等级差别已经缩小到封建制度所许可的最低限度。

这类佃农，一般是可以自由出雇的。因为，只要劳动者保证交纳一定数量的地租，地主“止以得租为期”，没有必要干涉佃农的活动。同时，这类关系下的地租量是不高的，它不必包括全部剩余劳动并侵及必要劳动。但为了保证纳租，佃农也必要从事其他有收益的活动，来弥补一家生产和生活的需要。所以，佃农兼作雇工，同这一类型租佃关系的联系就最是密切，从而，这一类型的租佃关系的发展，同雇佣关系的发展，同雇佣关系由等级向非等级的过渡，大体相一致，也就不是偶然的了。至于佃农兼作雇工的具体情况，我们将在下面详细讨论，这里只提一提。

上面说的是在不同类型的租佃关系下，佃农兼作雇工的情况。与此同时，租佃关系本身也在发生变化，出现了租佃关系与雇佣关系相结合的剥削奴役方式，这就是（1）把锄制度和（2）以工抵租的制度。

（二）把锄制度

随着租佃关系和雇佣关系的发展，明清时代的农业中出现了一种租佃与雇佣相结合的奴役形式。这就是当时文献中所说的把锄、把牛、代种和耪青、铲青等等制度。

明万历《景州志》说，佃户中的“无牛者，惟管庄田耕种，谓之把锄，子粒均分”，虽然语焉不详，却可能是关于这种奴役形式的最早记载。明末清初河南鄢陵人梁廷栻说得就清楚多了，他说：“佣耕者，俗名为把牛，凡‘既种既戒’耒耜钱鎛之费皆田主自为经营，而把牛止出劳力，逮收获时，夏麦二八分，秋禾三七分，此固多历年所而不变者”②。进入清代以后，特别在华北、东北地区，有关的记载就多起来了。在华北，乾隆《汲县志》说：“亦有田主出牛具招人代种，谓之庄家（大概麦二八分，秋三七分，柴草俱归主人）”③；光绪《鹿邑县志》和宣统《项城县志》都说：“佃户若仅仅为种植芸鉏则所得不过十二而已”。④ 在东北，乾隆五十七年赤峰县，孙义

① 吴坛：《大清律例通考》卷27。

② （同治）《鄢陵文献志》卷9，第7页。

③ （乾隆）《汲县志》卷6，“食货”。

④ （光绪）《鹿邑县志》，引《佩弦斋杂记》；宣统《项城县志》。

“雇”王可发、刘配林、邵格们“榜青”[1]；嘉庆六年奉天府兴京厅“徐盛忠等来至佟家沟给于进江家铲青，讲定自己吃饭，秋收三七分粮，雇三主七”[2]。同一类奴役形式下的劳动者，在华北称佃户，在东北称雇工，反映了这类形式的两重性，既是租佃，又是雇佣。

在这类奴役形式下，劳动者从事生产所使用的耕畜、农具以及种子等等全由“田主自为经营”。这与一般佃户不同。佃户是使用自己的耕畜和农具去耕种地主的土地的；在地主出具耕畜或农具的场合，由于佃户有饲养耕畜和维修农具的责任，由再生产的角度看，经过佃户的饲养、维修和更新，实际上这些也就转化成佃户所有的了。但在这里，劳动者只出劳力，耕畜的饲料以及农具的维修、更新都由地主负责，这同在雇佣关系下，雇主提供生产资料的情况是完全一样的。

在租佃关系下，若是地主提供生产资料，他对佃户关于生产活动的安排，是要过问的。据反映山东乃至华北地区农业生产状况的农书，如《农蚕经》和《农圃便览》的记载，诸凡播种时间，稀植密植，何时中耕除草，地锄三遍、五遍，锄深锄浅，何时收割，是否添人雇工，佃户都得听地主的指示。在我们现在所讨论的这种奴役形式下，地主提供全部生产资料，他们对生产的安排，必定是更加注意的。

举一个具体的事例。山西文水县戴常，种地主田坦家二十多亩地，由田坦提供全部生产资料，戴常就住在田坦家的空屋里，自家开火吃饭，说明秋收二八分粮。耕畜归戴常负责喂养。七月初三日，田坦指责戴常：“铡的草长，被牲口抛散了”。戴常回答：“下回铡的碎些就是了”。田坦又说戴常“懒惰”，戴常回说：“你嫌我做的不好，秋收后各自走散就是了”。田坦认为这样回答是“出言顶撞”，因而辱骂戴常，说他“犟嘴”，唠叨不休，戴常稍作分辩，田坦就拿起饭碗向戴常的头上摔去[3]。由此看来，地主还是以家长式的态度来进行过问的。

但是，这样苛细的指挥和监督并不排除劳动者对自己劳动力的自主权。这就是说，劳动者在完成或者不违背地主的指令和要求的前提下，是可以自由安排自己的工作的，甚至还可以从事农业生产以外的活动。例如，上面提

---

① 乾隆五十七年二月十八日直隶总督梁肯堂题本。
② 嘉庆七年三月八日兼管奉天府尹事务穆克登额题本。
③ 乾隆二十三年十二月二十日山西巡抚塔永宁题本。

到的，邵格、刘配林揽赤峰县孙义家地亩耪青、邵、刘都会做木匠活，“如有木匠生意大家仍出去做活，赚钱分用”。[①] 这同在雇佣期间，劳动者无权支配自己的劳动力的情况是并不完全相同的，而同佃户一样的有支配自己劳动力的权力，虽然是有条件的。

这就说明了在这种生产资料同劳动者的结合方式中，土地所有者提供所需的生产资料，不要劳动者的一锄一镰，此点同于雇佣关系；劳动者保留劳动力的使用权，不曾把它完全交给土地的所有者，此点又同于租佃关系。

在分配关系上，在这类奴役方式下，一般是按二八或三七分粮。这就是说，土地的产品在土地所有者和劳动者之间按比例分配，地主得七成或八成，劳动者得二成或三成。由于在生产过程中，地主出生产资料，劳动者出劳力，而且这种经营既不像在雇佣关系下那样由雇主负责进行，也不像在租佃关系下那样由佃户负责进行，因此，产品分配办法就不是先扣除那一方的所得而是归双方按比例分配的。所以，产品分配中归地主所有的部分可以说是劳动者交纳给地主的地租，归劳动者的部分又可以说是地主支付给劳动者的工值报酬。在分配关系上两重性的表现也是很明显的。

而且，上述产品归劳动者的部分是完全受劳动者支配的，地主无权过问。这同当时佃户享有纳租以后的剩余产品是一样的，同完全摆脱了雇主对工食控制的雇工的工值是一样的。所以，在这种奴役形式下，一旦由地主供给劳动者饮食，那就是一种倒退现象，一旦把劳动者所得部分由按比例分配改为一个固定数量，像工资那样，就是一种进步。在实际生活中，这两种情况往往是结合在一起出现的，工值固定下来，工食改由雇主供给，这时租佃与雇佣相结合的奴役形式就转化成单一的雇佣关系了。这种又有进步又有倒退的发展，正好表明过渡性生产关系的特点，不同性质的因素是错综复杂地结合在一起的。

处在上述关系中的劳动者，类似于雇工，却又不作为雇工对待。例如，说“他们各自吃饭，不是雇工，”[②] 或者说他们“秋收二八分粮，并没写立雇工文约，”[③] 不能纳入法律上的雇工人等级。他们类似于佃户，却也不作为佃户对待。如上所述，对于他们的等级地位，人们往往引用雇工律来进行衡

---

① 乾隆五十七年二月十八日直隶总督梁肯堂题本。

② 乾隆五十七年五月二十三日刑部尚书阿桂题本。

③ 乾隆二十三年十二月二十日山西巡抚塔永宁题本。

量，不把他们视为佃户，这在冀鲁豫地区特别突出。结果，他们取得的是与地主平等的法律地位，类似于过渡性雇佣关系下的劳动者。

（三）以工抵租

随着租佃关系和雇佣关系的发展而出现的另一类租佃与雇佣相结合的奴役形式是以工抵租。

例如，康熙十六年，江苏靖江县倪元租种地主倪如兰家的土地，是倪家的佃户，但他并不交纳实物或货币地租，而是以“做工抵算田租”的。[①] 租住房屋，也有以工抵租的。顺治末年，海州刘三到安东县“住表兄陈三乐房，时常代伊佣工”。[②] 康熙十六年，常熟县陆三住钱酉的房屋，议定每年应纳房租，“以做工三十日抵偿。”[③] 雍正十三年宛平县黄汉向张茂借了一间房子，言明农忙做工抵账。[④] 乾隆十二年三河县李文元“雇郑大并伊子郑五做工，将所典之地分给十亩与郑大耕种，抵作工价。”[⑤] 不止江苏、直隶，其他地区也有这类现象。比如，乾隆十三年浙江临海县杜阿选把土地租给徐成耀耕种，“议定做工抵租。”[⑥] 乾隆六十年，安徽霍山县董悦将地租给涂必华耕种“议明每年做四十五工抵算田租。”[⑦] 嘉庆十年，浙江江山县叶老二向王梦九租山四十余亩，开种靛青，议定每年在山上插种杉苗，“以工作租。”[⑧] 北方，居住在旗地上的农民，还有每年公雇一人到旗地地主家里当差，算做租价的[⑨]。

“以工抵租”的剥削方式还可以和单纯的租佃关系同时存在于地主和佃户之间。例如，乾隆二十四年，江苏宝山县须四承种章洪田亩，“议明以一亩做工抵租，二亩每年还租银二两四钱。”[⑩] 乾隆四十三年，河南固始县张台

---

① 黄册《江苏康熙十六年钦件大狱已结未结略节文册》。

② 黄册《顺治十七年钦件大狱已结未结略节文册》。

③ 黄册《江苏康熙十六年钦件大狱已结未结略节文册》。

④ 乾隆二年二月初二日直隶总督李卫题本。

⑤ 乾隆十二年十二月十三日刑部尚书阿克敦题本。

⑥ 乾隆十三年七月二日刑部尚书汪由敦题本。

⑦ 乾隆六十年六月七日管理刑部事务臣阿桂题本。

⑧ 嘉庆二十一年十二月十九日浙江巡抚杨護题本。

⑨ 乾隆五十八年十月十一日直隶总督梁肯堂题本。

⑩ 乾隆三十年十一月十二日刑部尚书庄有恭题本；乾隆三十一年三月十九日管理刑部事务臣刘统勋题本。

三佃种金日明地亩，“议明每亩租钱三百文，帮工五日。”[①] 乾隆四十一年，海城县庞士英到庞士扬家佣工，说明工价每年给一日地种，外给小数钱三十千。[②] 乾隆四十二年，河南阌乡县姚之道“给贾群儿父亲贾宗叁亩花地耕种，不要租课，外再帮给他二两四钱银子，叫他儿子贾群儿帮小的家做活。”[③] 这种结合形式还是多种多样的。

“以工抵租”，工和租可以相抵，显然有一个数量关系。这就是说，劳动者受雇工作的应得工价和他租种地主土地应纳的地租，在价值量上应该是相等的，这才能两相抵消。这一方面需要把应纳的定额地租折算成货币数量，另方面需要按照工价水平计算出工钱总数。这种现象只能发生在租佃关系和雇佣关系发展到一定水平的基础上。同时，虽然在概念上有一个用货币计量和比较的过程，在实际上，并没有发生实物支付和货币支付。所以，以工抵租虽然是租佃关系雇佣关系和商品货币交换关系发展的结果，却有一个和劳役地租形态完全相同的外观：租种地主土地的劳动者要为地主服役劳动。不过，真正的劳役地租是实物地租和货币地租的先行形态，而这里的劳役地租却是由实物或货币地租折算而来的。

真正的劳役地租和以工抵租的剥削程度是大不相同的。因为，以工抵租，需要作多少工，不只是为地租的数量所决定，而且，还为工价的水平所决定。要获得等于地租的价值量的工钱总额，劳动者需要为雇主提供相应的剩余劳动。所以，进一步的观察告诉我们，“以工抵租”对劳动者的剥削是双重的。交纳地租是一重剥削，为了获得等量的工钱，又受到一重剥削。地主既取得了租佃的利益，同时又取得了雇佣的利益。因此，这种形式的剥削，较之单纯的租佃或雇佣，加倍的惨重。然而，在明清时代，“以工抵租”并不曾普遍开来。

我们没有看到把这种关系下的劳动者作为雇工人的事例。因此，我们认为，这也是一种借助于封建租佃关系而出现的向非等级雇佣关系过渡的一种形式。

（四）佃户兼雇工

明清时代最普遍的租佃与雇佣相结合的奴役形式是佃户兼作雇工。

---

① 乾隆四十三年十一月十三日管理刑部事务臣英廉题本。

② 乾隆四十五年七月二十七日盛京刑部侍郎荣柱题本。

③ 乾隆四十二年十二月初四日河南巡抚徐绩题本。

在这种奴役形式下，劳动者租种地主的土地，交纳实物或货币地租，此外，还要到地主那里临时帮忙，打几天短工。这就同列宁在讨论俄国工役制时所说的情况类似："有时候，农民必须按'地主的命令'工作，一般地说他必须'顺从'地主，'听'地主的话，'帮助'地主"，[①] 甚至，还有佃户的家属成员到地主家受雇当长工，拿取工钱的。在形式上，地租交给地主，工钱付给劳动者，租佃归租佃，雇佣归雇佣，是互不相干的。实际上，由于这种雇佣关系是在租佃关系已经存在的基础上达成的，它就必然要受租佃关系的制约，因而具有了自己的特点。至于这家地主的佃户受雇于另一家地主，租佃关系与雇佣关系互不联系，不在我们讨论的范围。

在"把锄制度"和"以工抵租"的场合，由于租佃关系同雇佣关系紧密结合，同时成立，显不出它们之间的关系；现在，租佃关系与雇佣关系分别成立，租佃关系的决定性作用就突出了。这就是地主对受雇佃户的"暴力统治"。本来，明清时代，在封建土地所有制基础上形成的租佃关系，包括单纯交纳定额地租的佃户在内，主佃之间存在着的是封建的统治与隶属关系。正如马克思说的："与资本主义关系不同，在这里，对这种剩余劳动的占有不是以交换为中介，而是以社会的一部分人对另一部分人的暴力统治为基础"[②]。在这一暴力统治的基础上，地主可以强制佃户把劳动产品的一大部分无偿地交纳给地主；可以强制佃户为他无偿地服役劳动，同时，在条件具备时，也可以强制佃户以交换为媒介，出雇给地主，干活领取工值，从中掠夺剩余劳动。无论是那一种情况，地主都不是把佃户作为自由人、平等对待的。

至于这类劳动者在实际生活中的状况是怎样的，下面列举几个具体事例以见一二。

对于这类劳动者，有些地主像对待等级关系下的雇工那样进行奴役，凌辱和迫害。例如，乾隆元年山东招远县发生过这样一件事情。王武臣是杨维嶧家的佃户，因为欠交租粮，被迫到杨家充当佣工，这要算是一个佃户兼雇工了。杨维嶧不只是逼令王武臣佣工，还依仗地主的威势，霸占了王武臣的妻子于氏，"占留住宿，不肯放归"。王武臣"知而不容"，向地主强烈抗议，然而杨维嶧并未因此放还他的妻子，反而借端对王武臣屡次辱骂，以致

---

① 《列宁全集》，第3卷，第166页。

② 《马克思恩格斯全集》，第26卷，第3册，第440页。

王武臣被逼不堪，自缢身死。这个佃户兼雇工的处境之难堪也就可想而知了。不料招远县令还把王武臣视为家下奴仆，认为杨维嶧不过是奸家下有夫之妇，“仅拟笞责”。虽然，后来上级官员发现王武臣并非家下奴仆可比，指责招远县令是“曲法纵奸，更属溺职”[①]，然而，如此这般的溺职县令在当时恐怕是并不罕见的。

最常见的是地主利用租佃与雇佣相联系的关系来惩处和役使劳动者。例如，乾隆二十七年，河南永城县吴正佃种地主袁静修家的地亩，是袁家的佃户。二十八年，吴正的弟弟吴超被地主袁家作为雇工使用，成为一个佃户兼雇工。这年七月二十一日吴超在袁家织布，企图强奸袁家婢女春花，事为袁家发觉，一般说来，袁家只应找吴超承担责任。但是，吴超与吴正系属一家兄弟，所以袁家采取了这样的措施，把吴超辞工驱逐，同时通知吴正“秋后退佃”[②]。又如乾隆二十九年，曲阜孔家的一个佃户兼雇工，由于在受雇期间，拒绝执行雇主的使令，雇主不止扣下他三年工价把他“逐出”，同时把土地上未分的烟叶七百五十斤、棉花六百六十七斤全数吞为己有，也是把租佃和雇佣联系起来，对劳动者进行惩处的[③]。再如，乾隆五十四年，直隶枣强县有一个名叫刘铎的劳动者，他租种了刘六母亲赵氏二十亩土地，是刘家的一个佃户。刘铎原在刘家作短工，现在成了佃户，他只管种地，不肯再到刘家去打短工。因此，刘六就责问刘铎没有良心，时常混骂，并且威胁，要叫他母亲把地撤出另佃，不许刘铎承种[④]。刘铎如欲继续承种土地，势必要为刘家做短工。这样形成的雇佣关系，当然是谈不上多少自由的。

如果事情发生在劳动者同绅衿地主之间，地主依势凌人，这种强制性就表现得更为突出。鸦片战争以后，湖北长阳县有一家佃雇农，弟弟名叫温大绪，哥哥名叫温大纯，温大绪的儿子名叫温德全。他家租种本县监生覃应长的土地，住的是覃家的房子，是覃家的佃户。咸丰七年，覃姓地主开设一间榨房，开榨房，需要工人，覃应长就拉温大绪到榨房里作一个帮工。这时温大绪由单纯的佃户变成了一个佃户兼雇工。在榨房里，温大绪同地主之间是你我相称，没有主仆名分，是比较平等的。这样干了两年之后，温大绪因为年老多病，筋力就衰，不能打榨，要求辞工不干，覃应长总不允许。咸丰九

① 抄本，《乾隆元年山东省刑事案件文钞》。

② 《成案所见集》卷26，“杀一家三人”，第284—288页。

③ 《孔府档案》，第98册。

④ 乾隆五十五年二月二十六日刑部尚书阿桂题本。

年十二月底结账时，温大绪再三要求辞工，覃应长坚持不允。这里，温大绪有作工拿工钱的自由，却没有辞工不拿工钱的自由。温大绪实在无法支持，无奈逃到巴东县亲戚家躲避。不料覃应长把温大绪的儿子温德全捉到家里，关禁起来，“取绳反捆两手，吊系木枋上，用马鞭拷打脊背，逼令”他交出温大绪来。后来，一直把温德全打成残废。温德全的伯父温大纯赶来哀求地主释放他的侄儿，被置之不理。最后，温大绪下决心宁把覃家土地退佃也要到封建法庭上提出控诉，这才突破了覃家地主的控制①。温大绪父子的遭遇，突出地说明了佃户兼雇工的处境。

佃户兼雇工，较之一般雇工，多了一重租佃关系的束缚。这种租佃关系是封建的租佃关系，所以，无论雇佣关系的性质怎样，处在这种关系下的劳动者，都不能说是自由的，但却不一定属于雇工人范畴。例如，乾隆二十三年，河南临漳县陈光银偕弟陈第三佃种李庆田亩，住在李家后院，与李庆代管喂养牲畜挑水，每年给谷三斗、麦一斗以作饭食之需，陈光银与李庆之间既有租佃关系又有雇佣关系，陈光银是一个佃户兼雇工。乾隆二十四年，陈光银因不堪虐待，用斧砍死李庆与李庆之母张氏。封建法庭认为：“陈光银因佃种李庆地亩，言明与李庆代喂牲畜挑水，议给谷麦折算饭食，非雇工可比，应同凡论”②。由此可见，法律认为他们与地主是平等的，不属于雇工人的范畴。所以，他们在法律上的地位要高于雇工人。然而，也有另外的一种。

比如，称为“庄头”或“催头”一类的佃户兼雇工。当然，“庄头”和“催头”并不都是佃户兼雇工。但属于这一类的“庄头”或“催头”却都是地主的佃户，被挑选出来充当地主的代理人，为地主催收租课的。为此，地主给他们一定的报酬作为工食。这种人，既是交纳租课的佃户，又是“受值而赋事”的雇工。这种人，虽然可以对别的佃户，“吆三喝四”，盛气凌人，摆摆地主的架子，但对于地主，却并不比上述的佃户兼雇工的处境美妙。

例如，河南夏邑县彭家植的佃户孙起。彭家植因孙起为人“诚实”，乾隆二年间点他作为庄头，本庄租课俱令其催收交纳，每年给粮三石以为工食。当地三石粮折银八九两，待遇是相当优厚的。乾隆十年十二月十六日，

① 抄本，《鄂案汇集》卷18，“刑律·斗殴上”。

② 乾隆二十五年六月初四日河南巡抚胡宝瑔题本。

有佃户岳三欠课一石，孙起未往催交。彭家植就把孙起唤到家内，斥其怠玩，并疑心欠课系孙起侵收。于是，彭家植命令仆人高升用木棍责打孙起的左腿，孙起争论，彭家植气忿，接过高升的木棍，复令高升将孙起按住，自行用棍责打孙起左腿。打得孙起受伤不能行动，延至乾隆十一年正月初十日因伤死亡。封建法庭在判处彭家植的罪刑时说："孙起久充彭家植佃户，后复点充庄头，管催租课，每年给粮三石以作工食，已经十有余年，虽庄头不同于雇工，以庄头而议有工食，即系雇工"，因此，判决彭家植"照家长殴雇工致死律杖一百徒三年"①。又如旗人王云的佃户王才。王云雇王才充当管地催头，其地由王才与各佃户分种，地租由王才掌斛交纳，遗剩斛面余粮即算王才工食。一次，王云之子王连魁到庄收粮，见王才开销供给饭食钱文过多，就把王才拉来用棍打伤毙命。封建法庭在判处王连魁的罪刑时说："王才虽系王连魁家管地催头"，"素有主仆名分，不敢尔我相称，亦不敢同坐共食，遇有婚丧等事，令其前往伺候，又将余剩斛面余粮算为工食，是其服役情况即与雇工无异"，因此，判决王连魁"照家长期亲殴雇工人致死满徒律上酌加一等拟杖一百流三千里"②。

根据上述两例，这类佃户兼雇工在地主家内和封建法庭上所受的待遇看来，就雇佣关系这一方面而论，他们应该属于等级雇佣关系的范围，与上述不属于雇工人范畴的佃户兼雇工不同。

（五）小结

明清时代，由于农业生产力的发展，租佃关系和雇佣关系都在发展变化着。租佃关系正经历着由严格隶属制度向单纯纳租制度发展，而雇佣关系则开始了由等级性雇佣向非等级性雇佣的过渡。因此，在讨论两者之间的关系时，不能不区别对待。

不过，在明清时代，租佃关系的变化还不曾超出封建生产关系的范围。因此，在租佃关系的基础上形成的雇佣关系，不论在流通领域还是在生产领域，都多了一重封建的束缚。所以，这类雇佣关系，不论属于等级的，还是属于非等级的、过渡的，较之单纯的雇佣关系，在发展的道路上，总是落后一步的。

---

① 吴光华：《谋邑备考》，"杂案"，同德：《成案续编》卷8。

② 《刑案新编》，前字本，第21—23页。

八 结语

现在，可以把我们从事这一研究的方法和主要结论作一个简短的概括了。

第一，马克思说过：“研究必须充分地占有材料，分析它的各种发展形式，探寻这些形式的内在联系”①。根据马克思指示的这一研究方法，我们把明清时代的雇佣形式作了一番清理和比较、研究。我们发现，这些不同的雇佣形式可以归纳为三种类型的雇佣关系。一是等级的雇佣关系。这是一种不自由的，对雇主有人身隶属关系的雇佣关系，属于前资本主义雇佣劳动的范畴。我们称之为宗法家长制雇佣制度，简称为等级的雇佣关系。顺便说明，等级有其法律表现，但不能把法律上的表现与实际生活中的等级关系完全等同起来，因为，这两者大体一致，但不完全一致。特别是，在雇佣性质的变化过程中现实生活中的现象是复杂的，有法律判定为雇工人身分的劳动者，同雇主的关系是比较平等的，也有法律不判定为雇工人身分的劳动者同雇主的关系是显然不平等的。所以，我们避免这样的绝对化认识：在法律上有雇工人身分就是等级的雇佣关系，没有就不是，完全视法律上的表现为转移。二是由等级向非等级过渡的雇佣关系。由于社会生产力的发展和阶级斗争的发展，明清时代，主要在农业长工和短工范围内，发生了雇佣关系由等级向非等级过渡的变化过程。处在变化过程中的雇佣关系中的劳动者，虽然摆脱了雇工人这一低下的等级地位，取得了与雇主在法律上平等的地位，但仍未完全摆脱雇主的家长制统治。所以，这既不是完全的等级雇佣关系，又不是完全的自由雇佣关系，而是介乎两者之间的、半自由的、过渡性的雇佣关系。三是自由的雇佣关系。这是既摆脱了生产资料，又摆脱了等级束缚、家长制统治的雇佣关系。但在我们讨论的这个时代，在雇佣关系中还不占主要地位，以故略而未论。在我们讨论的这个时代里，占重要地位的是过渡性的雇佣关系。如果以法律上的变化作为标志，雇佣发展史上这个过渡阶段可以从明万历十六年（1588 年）算起，一直到辛亥革命（1911 年）为止，历时三又四分之一个世纪。上述的三种类型的雇佣关系表明了雇佣关系的具体发展过程。这些就是我们达到的主要结论。

---

① 《马克思恩格斯选集》，第 2 卷，第 217 页。

第二，要从生产力与生产关系，经济基础与上层建筑的对立统一中去研究雇佣关系的发展与变化，又要从生产与流通过程的对立统一中去研究雇佣关系的发展与变化。因此，不能忽视生产力的决定性作用。明清时代的雇佣关系发生了由等级的雇佣关系向非等级雇佣关系的过渡，这一过渡既不完全又不彻底，其根本原因就在于生产力有所发展而又发展不足的状况。同时，也不能忽视上层建筑的作用。自由劳动者是具有双重自由的，他既要摆脱生产资料的束缚，又要摆脱封建等级制度的束缚。摆脱等级制度束缚的问题同上层建筑是分不开的。特别是已经脱离了土地和生产资料的长工，更要着重研究他是否也摆脱了等级制度的束缚。如果忽视上层建筑的作用，这个问题就是难以解决的。同时，为要解决这个问题，还必须全面考察雇工受雇以后在生产过程中的情况。那种以流通领域的自由代替生产过程中的自由，亦即只见流通过程不看生产过程的研究方法是难以达到符合客观实际的结论的。

第三，事物的发展是不平衡的。各种不同的雇佣形式所处在的发展阶段是不相同的。所以，典当雇工、年限婢婿、抵债劳动、以工抵租、佃户兼雇工等等同长工和短工不能一例看待。就是同属长工和短工，它们在不同时代所处在的发展阶段是不相同的，就是在同一时代，也可以是不相同的。长工和短工都经历着一个由等级向非等级发展的过程，这两个过程既有区别又有联系，所以等级的长工和短工和非等级的长工和短工是可以同时并存的。这就大大增加了我们研究分析的复杂性。更有甚者，就是同一形式同一时代的雇佣关系的不同方面的发展变化也是不平衡的。完全脱离了土地和生产资料的劳动者可以进入等级的雇佣关系，而尚未脱离土地和生产资料的劳动者可以进入非等级的雇佣关系。货币工值与雇工人身分可以结合在一起，实物工值和自由的短工也可以结合在一起。如此等等，千差万别，所以，决不可离开列宁的具体问题具体分析的教导，企图一刀切齐。事实上，我们不能要求劳动者同时完全而彻底地摆脱生产资料和等级制度的束缚。因为，明清时代雇佣关系的变化是个渐进的过程，在这个过程中，新质要素在逐渐增长，旧质要素在逐渐衰亡。因此，雇工还有一点土地，还受着雇主的某些家长制的统治，在此情况下，他也可以为雇主生产剩余价值。列宁早就指出过，无论在自然界或社会中，“纯粹的”现象是没有，而且也不可能有的①。这都表明，形而上学的思维方法是科学分析的大敌。

---

① 参看《列宁全集》，第21卷，第212页。

第四，我们还没有对雇主的经营进行分析。这不只使我们达到的认识受有某些局限，而且，我们也只能提出明清时代的雇佣是否具有自由劳动性格的问题，还不能提出他们是否具有资本主义性质的问题。对这后一问题，我们只能作出一点推论。大概地说，等级的雇佣关系是同宗法家长式经营相联系的，过渡性的雇佣关系是可以同资本主义经营相联系的。不过，要强调指出，即便发生了过渡性雇佣劳动同资本主义经营的结合，在这个结合中，雇佣关系具有了资本主义的属性，这只是事情的一个方面；另方面，雇佣关系的落后性仍然是存在的。对于农业雇佣关系的发展来说，这并非是什么新现象。马克思早就指出过雇佣劳动在农业中是出现得最早而成熟得最晚的。